上海交通大学党史校史专著资助图书系列

穿越西东

纪念献身中国电气工业的先驱

本书编写组 编著

上海交通大学出版社
SHANGHAI JIAO TONG UNIVERSITY PRESS

内容简介

本书记录了中国电气工业的开拓先驱们从求学立志到参与私营再到创建国有电工企业的艰苦发展道路,他们在抗日战争初期西迁,之后东归助力我国电工企业的创建和发展。先驱们在我国电气工业从无到有、从小到大的过程中,创造了一个个奇迹,奉献了毕生的精力和聪明才智。他们不屈不挠、爱国奉献的精神激励着后辈勇往直前。

本书既有电气行业先驱恽震、褚应璜等多人的遗作,又有其后人倾注心血情感的回忆,还有近百位先驱的生平简介。本书是对行业先驱历史贡献的真实记载,对行业发展史能发挥叙事实证、充实添彩之作用,也为当代青年,尤其是有志投身于科技事业的研究者、工程师们,树立了榜样。

图书在版编目(CIP)数据

穿越西东:纪念献身中国电气工业的先驱/本书编写组编著.—上海:上海交通大学出版社,2023.10

ISBN 978-7-313-28990-2

Ⅰ.①穿… Ⅱ.①本… Ⅲ.①电力工业-先进工作者-先进事迹-中国 Ⅳ.①K826.16

中国国家版本馆 CIP 数据核字(2023)第 124460 号

穿越西东——纪念献身中国电气工业的先驱

CHUANYUE XIDONG—JINIAN XIANSHEN ZHONGGUO DIANQI GONGYE DE XIANQU

编　著:本书编写组			
出版发行:上海交通大学出版社		地　址:上海市番禺路 951 号	
邮政编码:200030		电　话:021-64071208	
印　制:上海文浩包装科技有限公司		经　销:全国新华书店	
开　本:787mm×1092mm　1/16		印　张:26.75	
字　数:560 千字			
版　次:2023 年 10 月第 1 版		印　次:2023 年 10 月第 1 次印刷	
书　号:ISBN 978-7-313-28990-2			
定　价:99.00 元			

本书由上海交通大学机械与动力工程学院
1982届校友刘共庭、冯莺夫妇捐设的
"校史研究基金"资助出版

编　写　组

组　长　周泽昆

副组长　褚启勤　陶喜群

成　员　沈　昆　俞增力　恽诚之　王晓光　孙亦玲　俞增平

参加编写的作者（按姓氏汉语拼音排序）

陈明燕　陈圣琳　陈兆音　褚启勤　丁梵林　丁小融

葛洪生　葛树祥　葛袁静　葛肇生　顾庆维　管大勇

蒋　骏　蒋　琳　兰　健　兰　杰　兰　俊　兰秀玲

蓝秀敏　李蓉香　李绍潭　李迎香　李兆钟　林　忻

娄明珠　娄燕雄　娄有滇　娄有申　庞海池　丘善敏

丘尚初　沈　京　沈　昆　沈　骞　沈　恂　沈　一

沈　怡　沈　媠　沈　逸　沈　悦　苏庆宁　孙亦玲

汤　焱　陶喜平　陶喜群　涂光群　王景安　王景慈

王景东　王景云　王晓光　温世范　温咏棠　温咏霞(武军)

吴大群　吴祚滨　吴祚潭　吴祚源　严　露　杨吉安

杨昆安　杨　仁　杨小平　殷海伦(Yin, Helen)

殷梅格(Yin, Margaret)　游　宏　游　明　俞爱平

俞家骅　俞天行　俞增力　俞增平　恽诚之　张朝杰

张　琳　张　美　张乃琛　张　燕　周晓华　周泽京

周泽昆　周泽申　周泽云　朱昌问　朱道亮　朱道一

朱履平　邹怀虚

序　　一

《穿越西东——纪念献身中国电气工业的先驱》一书,经过三年多的努力,终将完成。周泽昆等参与编写者的父辈多是从美国西屋电气公司培训归来者。编写者继承和发扬光荣传统,精心记载了父辈在新中国成立前后为祖国电机工业所做出的重要贡献。20世纪40年代初,国民政府派出一批人员到西屋电气公司培训,欲造就一批技术领军人物。按照合同约定,1945年8月至1950年7月,五年内中方会派遣近300人赴美国西屋电气公司培训,后来实际赴美培训人员为96人,有据可查赴美在西屋电气公司培训的人员为83人。

新中国成立后,这批归国技术人员受到党和国家的高度重视。20世纪50年代初,时任第一机械工业部(简称一机部)电工局局长的周建南、曹维廉按技术专长将他们分配到全国电机工业的领导机关、科研院所和工厂企业的重要岗位任职。回顾中国电机工业发展历程,周建南、曹维廉是我国电机工业的开拓者,为祖国电机工业的艰苦创业、创新发展做出了杰出贡献。

2011年,《中国电机工业发展史——百年回顾与展望》一书出版,江泽民同志为该书作序,书中有一章专门回顾1945年至1950年赴美国西屋电气公司人员的培训学习和回国后的工作情况,江泽民同志记忆力很好,讲出20多位曾在西屋电气公司培训的老前辈的名字,可见他和这些电工专家有着深厚的友谊和感情。

我在电工行业工作岗位上认识一些在西屋电气公司培训过的前辈,例如:恽震在上海解放初期曾任华东工业部电工处处长、一机部电工局一级工程师、高级技术顾问,褚应璜、丁舜年(中国科学院院士)、汤明奇曾任一机部电工局总工程师,杨锦山曾任上海发电设备成套设计研究所所长,蓝毓钟曾任西安电力机械制造公司总工程师,赵硕颀曾任哈尔滨汽轮机厂总设计师、杭州汽轮机厂和浙江省机械工业厅总工程师,周杰铭曾任一机部电工局总会计师,贺天枢曾任一机部标准化研究所所长,陶炜曾任东方电机厂厂长,张大奇曾任一机部技术情报所所长,高庆荣曾任佳木斯电机厂总工程师,沈从龙曾任哈尔滨电机厂总工程师、哈尔滨市副市长,游善良、张弘夏曾任哈尔滨电机厂副总工程师,朱仁堪曾任东方电机厂总工程师,孟庆元曾任上海电机厂总工程师,姚诵尧曾任上海电站设备公司总工程师,冯勤为曾任西安电力电容器厂总工程师。其他还有一部分赴西屋电气公司培训回来的电工界老前辈名单附后。

我长期在中小电机和大型发电机工厂担任领导工作。20 世纪 80 年代初,我任机械工业部电工局局长,负责发电、输电、配电和用电设备技术的管理组织工作。与电工界前辈有较多的接触机会,他们可以称得上是我的长辈和老师,我们也结下了深厚的友谊。

1983 年 5 月我率团赴美国匹兹堡西屋电气公司总部,双方商谈执行 30 万千瓦、60 万千瓦机组引进技术合同。其间,我和时任局副总工程师李佩璋、电站处处长杨洪年与美国西屋电气公司国际部主任谈起 1945 年至 1950 年之间中方派遣技术人员赴西屋电气公司培训事宜,我们希望他们提供人员培训情况档案,经电脑查对档案,确认培训人员名单及其来美国时间、培训科目。他们给我们提供了复印件,中方项目联络人为恽震先生。

1994 年夏天,我代表中国电工技术学会率团赴美国纽约参加国际电工学术会议。我抽空看望了住在曼哈顿地区一座公寓大厦 24 层的孟庆元老师。知道我特意去看望,孟先生十分感动。他精神矍铄,思维清晰,谈锋颇健。他告诉我,就是眼睛没有神,走道困难,什么也看不见。

回顾新中国成立以来,经历 70 多年的奋斗,全国发电设备总量由 1949 年的 185 万千瓦达到 2020 年的 22 亿千瓦,实现了千倍增长。特别是改革开放以来,我国经济社会快速进步,能源领域电机工业也实现了高速发展,我国成为世界上最大的电力生产和消费国。我国电力系统建设取得了举世瞩目的成就,发电装机、发电量、电网送出规模等指标均稳居世界前列。我国电力装备创新能力不断增强,制造能力和水平稳步提高,一大批有自主知识产权的大型电力装备并网发电投入运行,包括大容量燃煤发电机组、大容量水电机组、大容量核电机组、新能源风电机组、太阳能发电装备,以及高压、超高压、特高压交直流输变电成套设备,发电厂与电网运行控制设备等。30 万千瓦、60 万千瓦、100 万千瓦燃煤发电机组均实现了机组装备制造自主化,建成了以三峡工程为代表的大型水电工程,以及世界上电压等级最高、系统规模最大、资源配置最强、上下游产业链最强的交直流混合电网。大电网安全稳定控制技术位居世界领先水平,保障电力系统长期稳定安全运行。

出版《穿越西东——纪念献身中国电气工业的先驱》一书的主要目的:一是记载前辈们对我国电机工业发展做出的非凡业绩;二是追思和学习前辈们爱国奉献的优秀品质与崇高风范,表达我们对他们的无限崇敬和深切思念;三是展示国家电机工业发展的成就,使前辈们在天之灵可以欣慰;四是不忘初心、牢记使命,承上启下,继往开来,勉励后代为建设电机工业强国发挥一份光和热,把前辈的精神遗产代代相传,广为发扬。在建党百年华诞之际,完成此书,既有现实意义,又有深远影响。党史学习,汲取力量,传承精神,也可以与新中国电机行业发展史结合起来,因为中国电机工业蓬勃发展是在党的领导下取得的,同时与电工前辈们艰苦创业以及不断的技术积累分不开的。我们要永远继承前辈们的坚定信念,发扬前辈们自立自强的革命精神,砥砺前行担使命,在新时代为建设我国电机工业强国做出更大贡献。

周鹤良

2021 年 4 月 12 日

　　周鹤良同志于 20 世纪 80 年代至 90 年代曾先后担任机械工业部、机械电子工业部电工局局长,重大技术装备办公室主任,重大技术装备司司长,以及中国电工技术学会副理事长兼秘书长职务。

序　二

中国电气工业经历了艰辛而曲折的发展进程,其起步较西方晚七八十年,迟至 1905 年,中国首台实验电机的制造完成,标志着中国电机工业的萌芽。全面抗日战争前夕,民族危机日益加深,一批有识之士呼吁发展民族工业,以增强国力,应对时变。1936 年中央电工器材厂开始筹办,随着战争局势的变化,该厂迁往抗战后方,1939 年在昆明正式宣告成立。至此,电机工业作为其他工业发展的基础和重要战略行业,成为国家资本主导下发展的基础产业。在烽火弥漫的岁月,中央电工器材厂克服种种困难,取得了生产中国第一批国产绝缘电线、国产电话机,成功开发国内最大的 1000 马力水轮发电机组等一系列非凡的业绩,为中国电气产业发展打下了基础。

1944 年,抗日战争的硝烟尚未散去,怀揣实业救国梦想的国家建设者们,尝试通过开展与国外的技术合作,实现战后国家工业化建设的蓝图。在此背景下,中央电工器材厂的一批技术精英受资源委员会派遣赴美国西屋公司、摩根史密斯水轮机公司、亚克屈勒公司等地实习,另组织技术人员赴德国、英国等地实习,学习西方的先进电机技术,为国家储备电机人才。其中,赴西屋公司实习的技术人员最多,规模最大。这批技术精英回国后,成为中国电机工业第一代电机工程的设计、制造和管理人才。新中国成立后,他们大多数人被安排到上海电机厂、湘潭电机厂等全国电气工业领域的重要岗位,成为行业内有口皆碑的技术骨干和管理精英,还有部分人进入科研院所、大专院校培养电气人才、参与重大科研项目攻关。他们投身新中国的输变电、电线电缆、军工、加速器、电子管、电池、矿山机械、电工仪表等领域,为共和国电气工业体系的建立做出了不可磨灭的贡献。本书所收录的,正是这样一群积极投身战时电气事业,受过良好教育和技术训练,为我国近现代电气事业发展奉献一生的先驱者。

这群我国电气先驱者大多毕业于交通大学、中央大学、浙江大学、西南联大等著名学府。其中,有交通大学求学(或任教)经历者尤为引人瞩目。仅以西屋实习项目为例,交通大学 1921 届电机工程系恽震和 1931 届电机工程系褚应璜(毕业后留校任助教三年),在赴美国西屋公司的实习培训项目中发挥了重要作用。恽震是中央电工器材厂的筹建者,全面负责与西屋公司的技术合作事宜;褚应璜是中央电工器材厂驻西屋公司的代表,具体负责中国技术人员的培训工作。1945—1950年,该合作项目共计派出96名技术人员赴美实习,有据可查者83名,其中交通大学毕业生约占半数,有褚应璜、丁舜年、吴天霖、孟庆元、张大奇、杨锦山等人。难能可贵的是,这批技术领军人物几乎都学成归国,投入到如火如荼的新中国建设中。在建造中国第一座自己设计制造设备的大型水力发电站新安江水电站,设计万里长江第一坝葛洲坝工程中的水轮发电机组,组建举世瞩目的三峡工程发电机组和输变电网络,制定我国首个火力发电设备引进计划,研制我国第一台双水内冷发电机,建成我国第一条33万伏高压输电线路,实现我国中压机组自给自足,建立国家级高压强电流实验基地等事业中,交大电气人贡献了智慧和力量。

在近代中国电机工程领域,交通大学可谓声名卓著,这与交通大学电机系的辉煌发展史息息相关。1908年,开风气之先的交通大学(时名邮传部上海高等实业学堂),设立我国最早的电机专科,开启中国电机工程教育的先河,创建了中国高校中第一个电机实验室、无线电台,创办了第一个从事高层次电机工程人才培养的电信研究所。自交大电机专业开办以来,始终秉持严谨踏实的学风,以及"求实学,务实业"的办学传统,在一批学术造诣深厚的教师队伍的努力下,人才培养日见成效,蔚为大观,乃至蜚声业内。抗战时,资源委员会副主任钱昌照来校演讲时,谈及"资委会电力及电气制造事业之主管人员与工程技术之负责者,交大毕业校友占百分之七十以上。"可见,民国时期,"中国电机工程师之养成,实以交大最早而贡献最大",其言不谬,交通大学之"中国电机工程师的摇篮"的称誉,名副其实。

从风雨如晦的抗战时期,到蓬勃新生的共和国初建时期,再到万象更新的改革开放时期,包括交大电气人在内的老一辈中国电气人,始终将个人的选择与国家前途、民族命运紧密相连,不负时代,勇担使命。在我国电气事业走向发展繁荣的当下,这些为我国电气工业发展奋斗了一生的先驱者值得永远铭记。前辈先贤披荆斩棘,开疆拓土,我辈后学当薪火传承,不忘爱国荣校誓言,厚植家国情怀,赓续接力奋斗,建功立业新时代!

本人早在学生时代就慕名交大电机专业的良好社会声誉,并于1961年毕业于上海交通大学电机工程系,有感于《穿越西东——纪念献身中国电气工业的先驱》一书面世,重道中国电气工业由弱而强的雄关漫道,电气先驱砥砺与国前行的奋进华章,也有感于电气先驱的后辈们饱含深情,众志成城,广泛搜罗父辈遗存文献,悉心撰写纪念文稿,欣然受邀为本书作序。

上海交通大学原党委书记　王宗光

2023年5月

前　　言

　　2018 年电影《无问西东》上映,其中,抗日战争时期国立西南联合大学前辈的奉献精神令人敬佩。而鲜有人知的是,当年在昆明等地还有一批批拓土开荒、建设国家工业且值得史书的中国电气工业的先驱者,他们在昆明西山脚下的马街子建设昆明中央电工器材厂,冒着被日寇轰炸的危险,在艰苦的生活和工作环境中拼搏着,尽力为国家提供电工产品。抗日战争胜利了,他们中又有一部分骨干,怀揣着工业救国的梦想,远涉重洋,到美国的西屋电气等公司实习,百余人基本上全数返回。在内战和有限的资源条件下,他们继续追求和实现工业救国的梦想。1949 年,他们护厂护矿,抵制了国民党政府的迁台计划,保住了本来属于人民的财产和资源。1950 年初春,其中大部分骨干响应周恩来总理的号召,从湘潭、上海奔赴东北,开始新的征程,创建国家重工业基地,以实现理想。1953 年 2 月,中央人民政府批准成立新中国第一个全国电工行业管理机构——电器工业管理局(以下简称电工局),隶属于第一机械工业部,同时撤销地区电工局。当年,他们中一部分人奉调首都北京,参加电器工业的全国性管理工作,其余大部分人留在东北,继续建设发展“共和国长子”——东北重工业基地。几年后,留在东北的先驱,有部分奉调建设西安的电工基地。20世纪 60 年代初期,又有部分人员调去支援四川东方电工基地,建立起新中国完整的电气工业体系。“文化大革命”中,他们受到冲击和不公正的待遇,但他们的爱国之心和奉献精神始终没有被摧毁。1993 年,中央组织部与统战部专门联合发文确定:“恽震等几十位原国民党资源委员会护厂护矿有功人员视为中国共产党领导下的地下工作者对待,参加革命自1948 年 10 月算起。”21 世纪中国的工业有了长足的进步,中国电机制造业的规模已经跃居世界第一,但我们永远不应忘记,正是电工先驱们为实业救国和振兴中华的努力奋斗和无私贡献,开启了中国电工行业的现代化道路,奠定了摘取世界桂冠的基础。

　　本书的作者们就是这些电工界先驱的后代,他们组成“穿越西东”的后辈群体,共同缅怀前辈,努力保存好前辈的精神遗产,誓要实现前辈使中国强大、傲立于世界之林的理想,并把前辈的精神遗产代代继承、广为传扬。

　　本书“穿越西东”的含义体现在以下两个方面:

（1）地理上的跨越。抗日战争期间,前辈们从东部沿海撤退到西部坚持生产开发,抗日战争胜利后又自西迁回东部以图发展;1949 年后,自上海、湘潭北移东北,后又西赴西安、四川。

（2）技术交流的跨越。抗日战争胜利后,前辈们跨越大洋到西方实习,改革开放后再度引进西方技术;中国成长为制造大国后,走出国门,将中国产品和技术输出到全世界,实现东西方物质与精神文明的学习和交流。

目　　录

第二章
电气先驱生平介绍 038

第三章
先驱的回忆与记述

第四章
亲友怀念

第一章　中国电气工业先驱们的足迹

· 一、艰 难 起 步 ·

1. 步入民族电机工业

我们的电气工业先驱们为了改变祖国贫穷落后的面貌,从小就发奋学习,想用知识、技术、科学来挽救灾难深重的中华民族。他们考上了著名的大学,学习了心仪的专业,习得知识技能,受到爱国主义熏陶。毕业后,有些人留校任教,如褚应璜、丁舜年、林津等。在国家电工企业兴建之前,内外夹缝中的私营电工企业初创,缺乏懂技术的人才,也缺乏检测手段和技术支撑。工科生们希望得到实战的机会。他们在老师们如交通大学钟兆琳教授等的鼓励和牵线搭桥下,纷纷走进民企。褚应璜等在华成电器厂首次研制成功交流异步电动机系列产品及其控制设备。可以说华成电器厂与交通大学当时共同培养了一批行业巨头,许多后来主导新中国电机事业的权威专业人士,如褚应璜先生、汤明奇先生、朱仁堪先生、褚应鎏先生,都曾在华成电器厂实习或工作过。进入华生电器厂的丁舜年为创建名牌华生电扇立下大功。他们融入了弱小的民族工业,助力了民企的成长。第三章褚应璜院士的《自述》和第四章《追忆丁舜年院士的终生奋斗》讲述了这一段宝贵的经历。

2. 建设委员会电机制造厂

国家资本电工制造企业发端于 1905 年清政府在天津开办的教学品制作所,真正的第一家工商企业是 1911 年北洋政府在上海开办的交通部电池厂。建设委员会电机制造厂(位于上海半淞园路)是中国第二家国营电工企业。

1936 年下半年,正当 1931 年交通大学毕业后在华成电器厂工作的褚应璜同老板的关系渐趋紧张时,电机制造厂厂长许应期(1921 年毕业于交通大学电机系)邀请他加入电机制造厂。他脱离了华成电器厂,担任电机制造厂的电机主任工程师兼设计委员。褚应璜应许应期的要求,考虑扩大电机制造部门的规划设计方案,介绍俞恩瀛为设计工程师、陈家鼎为电机工场管理员、陈俊雄为技术员,加上原有的技术员蒋承勋等,在电机制造厂原有基础上开始小规模生产电动机与变压器。褚应璜一面管理电机变压器的生产,一面以主要精力从事电机部门扩建的方案设计。

这个厂还有电讯与电池两个部门:电讯部门仅能修理过去生产的军用无线电收发报机,主任工程师为严一士;电池部门生产干电池,主任工程师为潘福莹。上述三个部门各不相涉,三个主任工程师各司其职。

电机部门的技术负责人是主任工程师褚应璜,还有汤明奇、林津。他们三人是主要人物,王宗素、俞恩瀛、陈俊雄等也加入了建设委员会电机制造厂。

1938 年夏,建设委员会撤销,电机制造厂的电机部门改归资源委员会中央电工器材厂(简称中央电工厂)四厂。厂长仍为许应期,主要产品是电机、电池等。

1937 年全民族抗日战争爆发,战火中中央电工器材厂四厂一路迁移,俞恩瀛等探路汉口、宜都,到湘潭、桂林、昆明,最后在桂林、昆明西山落脚,成为中央电工器材厂桂林四厂、昆明四厂。

· 二、烽火硝烟中创立中央电工器材厂 ·

在抗日战争极其困难的条件下,恽震筹建了资源委员会的中央电工器材厂和几个分厂,大力支援了全民族抗战。

1. 筹建

1936 年 3 月,资源委员会制定了《重工业五年建设计划》。依此,中央电工器材厂筹备委员会于 7 月成立。资源委员会派恽震为专门委员兼中央电工器材厂筹备委员会主任委员,委员为王崇植、张承祐、朱其清、黄修青、许应期、冯家铮、杜光祖、张延祥,共 9 人。另外资源委员会还委派专门委员任国常(电瓷专家)和周维干(无线电专家)。这 11 个人多半是交通大学的先后校友,在 1935 年至 1936 年两年间集合在一起。他们同中央钢铁厂筹备委员会代理主任程义法、中央机器厂筹备委员会主任王守竞共同商讨建厂事宜。1936 年 8 月,恽震等带领一群测绘人员,开始选择建厂地址。其时,日本帝国主义的铁蹄已经由东北进入关内,重工业基地必然要选择比较安全的地方,比较过若干地点后选定了湖南省湘潭市。湘潭是远离东北的内陆城市,又具有十分便利的水陆交通,故决定以湘潭市下摄司为中央电工器材厂、中央钢铁厂和中央机器厂三大厂的建设地址。

按照筹备委员会的设想,中央电工器材厂总管理处设在南京,下设四个分厂,分别生产电线电缆、电子管与电照、电话设备,以及电机、变压器、电池等设备。

1937 年 3 月,中央电工器材厂在湘潭市下摄司正式动工兴建。

2. 四个分厂的布局和发展

南京失陷前,中央电工器材厂筹备处先从南京迁往湖南湘潭,后分开迁入昆明和桂林等地。1939 年,中央电工器材厂正式成立,并投入生产,产品主要供政府、军队、交通、工业等机关使用。

电工一厂(电线电缆)

张承祜,是交通大学电机科无线电信门 1923 届毕业生,1926 年毕业于英国曼彻斯特大学无线电系。他对中国的电台没有一根国产电线颇感遗憾,建议兴办电线厂。资源委员会同意了张承祜的建议,并邀请其参加筹建电线厂,也就是电工一厂。被筹备委员会委派去英国寻求电线电缆技术转让厂家,采购设备,了解国外电线电缆制造和电工事业的现状和发展趋势。资源委员会同时拨给伦敦中国银行一笔专款,供张承祜购买设备。为了选购设备,张承祜先后考察了英国、荷兰、法国、意大利、德国等国的有关工厂,购回了当时世界上最先进的电线电缆生产设备。

电工一厂与英国绝缘电缆公司(British Insulated Callender's Cables, BICC 公司)签订了技术协议,由该公司负责提供技术、培训人员等。张承祜抽时间到 BICC 工厂学习了 3 个月。同时,资源委员会又选派葛和林、娄尔康、支少炎、卞学曾分别赴 BICC 公司所属工厂学习电线制造技术。经办人洋为中用,吸收和借鉴了国外的先进技术,采购了设备,使电工一厂在建厂之初就拥有英、德、法、美等国的先进的电线电缆生产设备和技术。

1939 年,日机经常空袭昆明,指导安装和培训的 BICC 工程师布莱克为自身安全考虑,随即返回英国。以后的机器安装及试生产均由国内技术人员和工人自己完成。最初由吴维正、姚诵尧带领职工安装,后来赴英、德学习的史通等人陆续回国,又延揽了留学日本的李杜、交通大学 1937 届毕业生吴世英等共同投入紧张的安装调试工作中,按期圆满完成了任务。

1939 年 7 月 1 日中央电工器材厂一厂正式成立时,政府拨给创业经费 210 万银圆,建厂面积为 8 415 平方米,职工人数为 497 人。同年,技术人员和工人经过共同努力,制造出我国第一根铜导线,填补了当时国内空白。电工一厂被誉为中国电线电缆工业的摇篮,产品的商标被定名为"电工牌"。从此,中国电线电缆工业不断发展壮大。

电工二厂(电子管与电照)

为了生产电子管,资源委员会朱其清与蔡金涛、蒋葆增一起草拟了采购和技术引进的草案,赴美国寻找伙伴,与美国亚克屈勒电子管公司(Arcturus Radio Tube Company)进行了深入的讨论和交流。朱其清先生延聘张朝汉、刘卓钧两位留美人员去美国公司实习。1939 年,朱其清与美国亚克屈勒电子管公司签订了关于电子管的技术贸易合同。该合同特点如下:①简单明了,以 1 万美元的价格购买了几种收发讯管的设计图纸和工艺规程,并且提供两名实习生名额;②以引进技术图纸工艺流程为主,设备基本自制;③该技术属于非独占的普通许可；④许可酬金采用递减提成方式；⑤资源委员会已有一定的技术基础，从而能够保证良好的经济效益。1938—1945 年，电工二厂合计生产了 10.1 万只电子管，不仅生产出有技术合作的美国式样的电子管，还经技术消化后，生产了用于长途电话机的电子管，自行设计了石墨屏的电子管，加之生产了 375.4 万只灯泡，节省了大量外汇。这些产品对于坚持抗战、活跃后方经济，不可或缺。

抗日战争爆发前，中国电灯泡的供应没有太大缺口，且当时国人制泡技术已相当成熟，产品甚至出口海外，在民族工业技术水平普遍落后的情况下，实属罕见。真空管作为无线电设备的重要元件，在战时具有重要意义。虽然当时国内已有多家无线电厂，但没有一家能够生产真空管，这就使我国的无线电事业无法独立。资源委员会认为，真空管的需求最为殷切，亟应制造。但因其销路不广，不得不兼造普通电灯泡，以求调剂，似为最妥当的办法。

由于制造真空管与普通电灯泡的设备大部分相同，二者可以共用。因此，电工二厂通过生产电灯泡获利以缓解真空管销路窄、获利少给厂里造成的困难。中央电工器材厂成立不久就进入了照明行业。1938 年 7 月，普通白炽灯泡在该厂投入生产，电工二厂负责电照的厂长是冯家铮。内迁重庆的渝二支厂在厂长吴祖垲(1937 年毕业于交通大学，1995 年当选为中国工程院院士)的直接领导和主持下，于 1943 年研制成功我国第一根白光荧光灯。后来该厂发展成为南京电照厂。1951 年 2 月，南京电照厂分为南京电子管厂和南京灯泡厂。

电工三厂(电话设备)

1919 年毕业于交通部上海工业专门学校(交通大学的前身)的厂长黄修青(1898—1979)，在 1937 年受资源委员会委派，赴德国与西门子霍尔斯克公司签订了技术引进合同。在电话事业上磨炼过近二十年的黄修青带领技术人员沈家祯、卢祖谋(1931 年交通大学电机科毕业，为黄修青助理)在该公司实习考察一年，购置了必要的生产试验设备。

设备运出时，德国已发动第二次世界大战，沈家祯负责在德国采购及转运，在克服许多困难把机器交运后，绕道回国。因机器设备从德国进口，运输方案途经越南通过滇越铁路运至云南，而当时越南的法国殖民当局又禁止运输德国货，于是被迫将货物转运至香港，并在香港九龙成立电工三厂预备厂，将存在香港的军用电话机材料装配成件，及时供应抗战部队军需。后经多方艰苦努力，才将全部机器设备经缅甸仰光沿滇缅公路运入国内，并于 1940 年 7 月在昆明马街子投产，后迁往日寇军机难以轰炸的安宁清音山侧。

1937 年 7 月到 1940 年 6 月，资源委员会每年补助清华(后临时组建国立西南联合大学，简称西南联大)无线电研究所 4 万元，并且确定研究课题。电工三厂与其合作，双方协议规定：厂方关于无线电制造及研究的经验、技术尽量供给研究所参考，而研究所尽量把研究成果提供给厂方以资改进；双方技术人员互相参观讨论并交换研究、制造成果；研究成果的专利部分，双方各得该项专利权之半；经双方同意，可将部分成果公开发表；研究所如需向厂方购买研究设备，厂方当以优惠价格售与。

抗日战争期间，电工三厂与西南联大合作，仿制 E1 式单路载波机。杨嘉墀（1941 年交通大学毕业，1980 年当选中国科学院院士，当时称学部委员）参加并且做出了中国第一套单路载波电话样机，在昆明工业展览会上展出。还有由张景廉、戴振铎、王天眷等研制的多套军用无线电话机、航空用短距离通话机，由任之恭、林家翘、陈芳允研制的军用加密无线电话机，由毕德显与空军军官学校教官叶嘉祺合作研制的长波无线电定向器等。中央电工器材厂的产品还装备了美国志愿援华航空队，即飞虎队。

电工四厂（电机、变压器、电池等）

1938 年夏，建设委员会电机制造厂归并到湘潭，成为中央电工器材厂第四厂，厂长为许应期。

因战乱，电工四厂没有在湘潭开工，而是直接把设备运往西南。许应期和恽震商量将电工四厂分成两个部分：昆明厂占六成，专门制造电机；桂林厂占四成，制造电机和电池。昆明四厂有三四十位比较优秀的、可以独当一面的技术人员，优势非常明显。

昆明四厂和桂林四厂最初都由许应期任厂长。后来昆明四厂由电工一厂的厂长张承祜兼管，负责电机制造的是褚应璜、汤明奇、林津；桂林四厂由王宗素代理厂长。许应期先在昆明，后到桂林，又出国帮助恽震联系技术合作事宜，回国后到交通大学任教。

电工四厂人资充足：昆明四厂副厂长诸葛恂，1925 年毕业于交通大学电机科；主任工程师褚应璜，1931 年毕业于交通大学电机科；会计科长蒋家鏁，1937 年毕业于交通大学财务管理科；浙江大学毕业、留英实习的清华教师孙瑞珩；留英实习归国的艾维超；交通大学毕业的孟庆元、杨锦山、朱仁堪、沈从龙、林津、汤明奇、温建中、沈宝书、俞炳元、俞恩瀛、王金仁等；后又从上海大同大学、国立中央大学、国立西南联合大学、迁黔的浙江大学、迁渝的交通大学五校吸纳冯勤为、严筱钧、彭俊甫、周茂培、方福林、李子白、王文铮、高庆荣、刘堧、黄祖干、刘隆士、叶自仪、吴履梯、卢荣光、吴国城等。

桂林四厂副厂长王宗素（后为代理厂长）兼电机组长，技术人员有俞耀南、蓝毓钟、吴天霖、陶炜、张弘夏、丘伟、李文渊、萧心；电池组长为潘福莹，技术人员有魏彦章、高嵩、陶永明，其中高嵩兼重庆电池支厂主任，陶永明兼兰州支厂主任，皆富经验。

电工四厂两个分厂人才济济，多为以后派去西屋电气公司（Westinghouse Electric Company，简称西屋公司）及开展建设的技术、管理骨干。这时第一厂（电线）、第二厂（电子管）、第三厂（电话机）等的购设备经费皆已于 1937 年领到一部分，并换成外汇使用。唯独第四厂（电机方面）需款更多，而战事方殷，领不到额定的款项，无款汇欧美等国购买设备，甚为可惜。

电工四厂在电工器材领域是最重要的工厂，人才最多，产品供不应求。该厂能设计制造 6 900 伏、容量是 200～300 千伏安的变压器和 200 千瓦以内的电动机，虽不能造高压电动机，但可以修理大电机。修造电机所需的轴承、矽钢片可从上海的外商处购买。

冒着日寇的战火,中央电工器材厂投产后,为社会提供了大量的产品,对抗战所需电工器材的供应以及西南、西北各省工业和人民生活的需求做出了重大贡献。

中央电工器材厂在生产的同时,还开展科学研究,下设电气、化学、机械三个研究室,并与各个大学进行合作研究,先后试制成功了多种以前需要进口的原材料。当时该厂的产品"均系本国工程师自行研究、自行设计,毫不假外人之手"。1944年12月28日,在中央文化运动委员会举行的国防科学授奖大会上,发明绕方铜线线圈器的中央电工器材厂学徒汤家桢获奖。

潘福莹领导的化学研究室,在建设委员会电机制造厂迁移到桂林中央电工器材厂后,研制出适用于飞机的铅酸蓄电池,开创了西南偏远地区生产此军用蓄电池的历史。1940年桂林建厂期间,恰逢抗日前方急需一批地雷用、通信用军用电池,锌锰干电池就在这样的条件下一批批地造出来,并及时送交抗日将士手中。

电工一厂机器齐全,具有20世纪30年代世界最高水平,故厂房规模宏大,布置整齐,然而在战时却易成为敌机轰炸目标,两次遭炸,损失不小。幸职工上下齐心,每次厂房被炸后尽快修理,半月内即复工生产。桂林二厂、昆明四厂建筑均系临时性的,竹筋泥墙,覆以竹瓦后再加固增修,仍极简陋。电工三厂机器皆为德国货,在安宁县(现为安宁市)的清音山侧,建了一个与昆明四厂规模相似的厂房,虽然简陋,效率不亚于正规大厂。

电工四厂建厂之初,广揽人才,虽设备不足、经费缺乏,但市场需求旺盛,急需开拓新局。

3. 总管理处及其在抗日战争胜利后的计划

在恽震的主持下,中央电工器材厂力求推行科学、严密的管理体系。总管理处统一财权,采购、供应、销售等业务活动实行集中与分散相结合的原则。人才培养、技工培训计划井然有序。总管理处聘郑宗光为秘书室主任,姒南笙为业务室主任,王镇中为会计室主任,顾谷同为技术室主任兼电工三厂副厂长,朱璆为运输处主任。业务人才有陆鸣嘉、陶寿康、姒南笙、沈家桢、荣志惠、俞恩瀛、许声潮、童宝琪、方纪难、陈之颉、钱瀚声、魏重庆、沈嘉英、殷关元、程欲明、杨沁尘等。

在抗日战争胜利后,中央电工器材厂确定总管理处移至南京,张承祐任协理兼代总经理,呈资源委员会加派徐均立(电讯专家)为协理兼秘书处主任,王镇中为财务处主任,周杰铭为会计处主任,顾谷同为技术处主任,陆鸣嘉为购运处主任,俞恩瀛为业务处主任。业务处直辖各地区营业处。

各地区各厂调整布局:昆明一厂和四厂合并为昆明制造厂,孙瑞珩任厂长,兼管电缆电机。昆明三厂奉令改为中央有线电厂,移至南京,黄修青厂长改任总经理。电工一厂设备分一部分到上海,派沈良骅为上海制造厂厂长。在南京设电照厂,以制造日光灯管为主,吴祖垲任代理厂长。电子管厂设备尚待另购,以单宗肃为筹备处主任。派朱仁堪为湘潭下摄司电机新厂工程处主任,后林津任厂长。汉口定为电池生产中心,贵阳设备运至汉口,潘福莹、魏彦章任正、副厂长。呈准派王宗素为天津制造厂厂长、张朝汉为副厂长兼营业处主任。派汤明奇为沈阳制造厂厂长。

三、抗日战争胜利前后赴美实习

1. 与西屋公司签订技术援助及培训合同

中央电工器材厂的一、二、三厂分别与英国、美国、德国的有关公司开展了技术合作,唯四厂有待开拓新局面。1944 年 8 月,美国第二大电气制造商西屋电气公司主动向资源委员会主任翁文灏提交了向中国转让技术的合同草案,拟与中方商谈合作,翁文灏等认为与外商合作正是战后中方工业化建设所需要的。于是在 10 月组成了技术考察团,恽震等人于年底到达匹兹堡西屋公司总部,正式开始谈判。考察团参观了西屋公司的电机总厂、电瓷厂、变压器厂、汽轮机厂、高压开关厂、电表厂、电器配件厂,还主动联系了美国通用电气公司(General Electric Company, GE 公司)和艾利斯查默斯公司(Allis Chalmers Co., AC 公司),请这两家公司也各自提出合作方案。AC 公司无回应,GE 公司同意。考察团访问了GE 公司总部,并且参观了 GE 公司在美国东部的工厂。考察团认为,西屋公司与 GE 公司在工艺技术水平上难分高下。但后因 GE 公司表示暂时不在中国投资而作罢,于是考察团与西屋公司开展了深入探讨。参加决策的人有资源委员会派往美国考察的专门委员许应期、卢祖怡、任国常和陈良辅等人。一批实习人员褚应璜、林津、朱仁堪、汤明奇、葛世儒、俞恩瀛、王兆华等人一同前往,恽震同西屋公司负责人谈定了"技术援助"协议的主要原则、购买电工技术专利的范围、产品主要品种范围,以及供给产品的图纸、工艺技术资料和材料规格。

协议规定,西屋公司为中国设计一座综合性电机制造厂,按品种范围确定产品方案,年生产总值计划为 3 442.8 万美元。培训一批产品设计人员、工艺技术人员与企业管理人员。给付报酬方式为:一次性付"技术援助"报酬 340 万美元。电机制造厂建成投产后,按产品值给付一定百分比的"专利费"若干年。属于专利范围内的产品,限制中国工厂对某些地区的出口,以免影响西屋公司的业务。

恽震命褚应璜根据以上原则(还有一些其他原则),组织电工实习人员同西屋公司指定的工作人员一起研究具体产品形式规格、培训人员的主要实习内容和新厂设计任务书,由西屋公司草拟协议中有关上述项目的具体条文,内容经恽震审阅后形成"技术援助"协议草案。随后恽震回国汇报,西屋国际公司协理麦克曼尼格尔随行,向资源委员会呈报草案,得到核准,于 1945 年 7 月 31 日双方正式签订协议,由王守竞(时任中央机器公司经理,当时在美国)、恽震代表资源委员会签字,协议告成。

合同的具体条款参见恽震的《电力电工传略》或《中国电机工业发展史》第37—38 页。

2. 在西屋公司实习

签署协议之前的 1941 年第四季度,经时任资源委员会驻纽约办事处副主任陈良辅联系,西屋公司同意接受两名中国工程师前往实习电机与开关制造,恽震决定派褚应璜和林津前往。实习过程详见后文褚应璜的《自述》。

与西屋公司签订合同之后,资源委员会任命褚应璜为驻西屋公司代表,负责会同西屋公司的代表办理下列事项:①安排中方培训人员的岗位分配和考核调动;②接受西屋公司依据合同分批交来的技术图纸和工艺文件,加以核对审阅,装箱分批运华;③西屋公司派规划设计工程师负责中国新厂的布置设计、机床设备清单和平面图的编制工作,由褚应璜负责联系协调。除技术谈判工作外,褚应璜安排和指导派遣人员做好实习工作。

关于培训人员规模,合同规定在合同签字生效的 20 年内的头 5 年,西屋公司接受中方派遣的培训人员不超过 300 人,且在任何一年内的人数不超过 100 人。从本合同的第 6 年起,培训人员每年以 6 人为限。恽震与在昆明的代总经理张承祜往返函商,慎选优秀技术人员(包括部分财会、经营管理人员)分批派来实习。入选标准是,只要德才兼备、工作勤奋有成绩即可,不论其出身于何校,是否大学毕业,或是否国民党党员。此外,请褚应璜、林津、汤明奇、朱仁堪四位工程师一同物色在美留学人员,邀约参加这一实习队伍。恽震在印度约好赵硕顽、纽约办事处工作的王兆华,褚应璜约请了朱春甲、张均、朱维衡、张大奇、王述羲。实际参加实习者为分布在电机、汽轮机、水轮机、变压器、开关、仪表、绝缘材料、经营管理、工具基础等专业的 96 人,甚至可能多至 100 余人(其中 13 人名单散佚)。

《中国电机工业发展史——百年回顾与展望》一书统计的实习人员有 83 人,具体名单如下:

电机专业:褚应璜　丁舜年　沈从龙　朱仁堪　张弘夏　吴天霖　孟庆元　姚诵尧
　　　　　杨锦山　叶自仪　蓝毓钟　刘隆士　高庆荣　朱春甲　张　均　朱维衡
　　　　　管敦信　贺天枢　张大奇　张延禅　顾谷同　刘　墡　王金仁　陈俊雄
　　　　　似六谦　郑纯涛　吴国城　沈宝书　苏兆久　卢荣光　成众志　朱琪瑶
汽轮机专业:王兆华　赵硕顽　丁敬华
水轮机专业:俞炳元　陶　炜　王述羲
变压器专业:孙瑞珩　汤明奇　俞恩瀛　艾维超　周茂培　王文铮　冯勤为　史习菜
　　　　　　邵廷庆　李子白　吴楚方
开关专业:林　津　严筱钧　温建中　彭俊甫　谢应洪
仪表专业:张鸿吉　吴履梯　路树华
绝缘材料专业:葛世儒　邹时琪　殷向午　祝宗寿　倪钟甫　何时雨　游恩溥
　　　　　　　汤永谦　黄乃良
经营管理专业:陈良辅　周杰铭　许声潮　林世让　方纪难　王镇中　丘　伟
　　　　　　　陆鸣嘉　蒋家�邓金城　陈之颉　杨沁尘

工具基础专业:姚肇怡　章守华　刘忠同　陈良杰　丘华山

实习任务是繁重的,褚应璜在函件中表示:"以本厂新计划生产项目之繁,工程及制造上工作之艰巨,按照近代电器制造工业精密分工之原则,300 人中每一岗位实习之范围,约相当于西屋公司 5～10 人之工作。果能按照计划,逐步推进,前途之困难,尚难预料。"此外由于人员经费由派遣来美的中央电工器材厂和中央绝缘电器公司筹备处负担,外汇严重不足。按照实习外汇估计表,每人每日平均仅有 2 美元,必须竭力节省实习开支。他特意买下匹兹堡宾夕法尼亚大道 7137 号大屋,供实习人员居住,可以节约不少住宿费,还请了一位黑人阿姨,帮助打扫房间以及做其他家务。此大屋距离匹兹堡西屋公司总部车程大约半个小时,1948 年他离开美国前,此屋被售出。实习人员的生活待遇是按月发放生活费 150 美元,国内领取的工资上交。

自从 1945 年签订《西屋公司"技术援助"协议》之后,恽震于年底到美国任资源委员会驻纽约办事处主任。他想进一步获取美国投资,但又排不上队,就想方设法说服西屋电气公司将投资新厂建设的一部分费用,反过来促进争取美援借款。他采用两种方法:第一是要使培养实习人员、设计工厂和收集技术资料的工作做出成绩,以期获得西屋电气公司的好评,从而对投资中国发生兴趣;第二是要同西屋国际公司搞好关系,得到他们的支持。他一再嘱咐褚应璜从这两个方面努力,要用实习人员的优异成绩来显示中央电工器材厂的实力,增加西屋公司对执行协议的重视,从而增加对中国投资的兴趣。如果西屋公司暂时不愿意投资,就要通过他们的赞赏为争取美援优先投资创造条件。褚应璜按照恽震的指示,一方面抓紧培训工作的检查、落实,尽可能同指导实习人员的科室、车间搞好关系,必要时还请客吃饭以示友好;另一方面组织实习人员参加工厂设计,务使采用当时最新产品和先进技术,本人也尽量同西屋公司中国援助处处长华莱士保持好个人友谊,同中国援助处的工作人员搞好关系,如介绍杨锦山利用业余时间教他们汉语,介绍华莱士等到中国参观访问,由恽震出面欢迎,请实习人员向他们介绍中国情况,增进私人友谊等。褚应璜先生还举办短期"业务训练班",组织实习人员参观附近的电工企业及机械、工具等的展览会。这些努力都使西屋公司对我们的实习工作表示满意。

3. 在摩根史密斯公司实习

摩根史密斯公司(Morgen Smith Company)是当时美国著名的水轮机制造厂家。1945年,它与资源委员会以 3 万美元的入门费,签订了技术转让合同。恽震除指派俞炳元去系统实习外,还加派桂林四厂的陶炜和褚应璜介绍的王述羲去该公司。公司老板史密斯先生亲加考询,十分满意,就派公司的几位技术老手,带着他们到有关项目现场勘察设计,研究水轮机结构,根据不同的水头和流量,设计具有最佳性能的不同形式的水轮机成套系统;同时又指导他们在设计制造过程中选择合适的材料,以及铸造焊接的工艺方法,把他们训练成为知识比较全面的工程人才。摩根史密斯公司的历年设计图纸和技术资料,对他们三人全面敞开,听凭他们查阅,必要的可以复制拍照,所以他们从摩根史密斯公司所获图纸资料的数量不少而又切合实际。

史密斯先生通过俞、陶、王三人,更深刻地理解中国人的性情气质,十分称赞三人的好学苦干和吸收知识的能力,把他们当作自己公司的人看待,诙谐欢笑,情同一家。史密斯先生认为,他们能胜任具体参加过的一些研究、勘察和设计的工作,已经经受了考验,所以他们日后回国,都可以承担所负责的工程,尤其是俞炳元,成绩更为突出。

1948年6月19日,宾州约克郡当地报纸曾刊发并配图报道:中国实习人员正在摩根史密斯公司学习制造水力发电厂电气设备。该报道说,他们将返回中国,在中国建立电力项目和电气工业。

4. 其他实习项目

除在西屋公司和摩根史密斯公司实习的人员外,参加国外实习的还有以下人员。

资源委员会挑选了在美国的留学生张朝汉、刘卓钧在美国亚克屈勒电子管公司实习电子管技术。

张承祜、葛和林、娄尔康、吴维正、胡懋书、李杜、马盛模、毛安民、陈俊雷、胡国澄等人在英国、美国、加拿大等国各厂实习电线电缆技术。

赴德国实习的有在AEG电机制造厂实习的许声潮,在西门子电气公司各厂实习的毛鹤年,在西门子霍尔斯克电报机制造公司实习考察的黄修青、沈家祯、卢祖谋,在克虏伯公司(KRUPP)各厂实习轧钢的史通等。

赴英国实习的有孙瑞珩、王宗素、艾维超、蔡金涛、游善良、孟庆元、方福林、殷关元等人。

随着国内战局的发展,西屋公司的合同履行和人才培训计划不得不终止,最后一位驻西屋公司技术代表孙瑞珩于1949年结束工作回到祖国。西屋公司培训开创了中国电气工业发展史上大规模出国培训的先河,造就了一批技术领军人物。

5. 中共主动争取留学与实习人员,开展团结统战工作

早在1944年,周恩来就做出指示:共产党也需要自己的科学家,从现在起就要注意培养。抗日战争胜利后,蓝毓钟赴美前得到共产党的指示,与南方局西南工作委员会书记钱瑛大姐谈话;张大奇到重庆红岩村受到董必武的接见,董老鼓励他积极争取留美学习,并开展与留学实习人员的团结工作(详见第四章中相关怀念文章)。

1945年,由董必武建立以"星五座谈会"为代号的领导小组,并且由中共南方局和上海局展开工作,建立了旧金山支部。1949年年初,周恩来指示,"星五座谈会"应该被称为"中共在美工作领导小组"。1946—1947年,中共地下党员徐鸣、赖亚力、薛葆鼎、计苏华、张大奇、蓝毓钟等受命赴美留学或工作,主动联系并且广泛团结中国留美科学工作者,1947年年底,薛葆鼎组织成立了进步团体——建社。"建社"这个名称是周恩来同志亲自起的,意为"建设社会主义"。同时,芝加哥的中国留美学生创建了"芝社",明尼苏达州建立了"明社",

三社之间经常交流。建社作为留美科学工作者协会的筹备组织,其成员包括蓝毓钟、杨锦山、侯祥麟、陈冠荣、付君昭、李桓德、褚应璜等。1948年年底,三社的重要成员二三十人决定,以三社为基础,成立美国"美中科协"。1949年6月18日至19日,留美科协在匹兹堡正式成立。相关情况参见褚应璜的《自述》及蓝毓钟、张大奇等人的介绍。

· 四、追求光明,参加起义,迎接解放 ·

1. 奔赴解放区

褚应璜赴美后经常阅读中共在美主办的《美洲华侨日报》,对共产党有了更深的了解。他将工业救国的满腔热情,寄托于中国共产党的领导。他主动去寻找刊物的主编,认识了中共在美的负责人唐明照。1945年东北解放后,他向唐明照表示,夫妇俩想绕道苏联,直接进入我国东北,投奔解放区。但唐明照指示他,当前应当利用担任驻西屋公司代表的身份,好好为新中国培养顶尖的电工技术人才,于是他安下心来,兢兢业业地努力做好培训工作。1948年夏奉调离美回国前,唐明照给了他回国后与共产党组织的联系方式,让他寻找机会赴解放区。1949年年初,他在葛和林、汪季琦的帮助下,通过中共安排的大连大学招聘教授的机会,秘密离开上海,直接奔赴已经解放了的北平。见到周恩来、陈云同志后,他亲手将自己建设东北电工基地的设想和规划方案呈交给了陈云。

2. 1949年国内政局急剧变化,党中央部署开展统战工作

资源委员会的领导人和各部门及其下属企业负责人中的相当一部分是留学归国人员。在"实业救国"思想的影响下,有的毅然放弃了被视为"正途"的"功名"——做官的道路,有的放弃了在国外优厚的生活工作待遇,回到国内,长期在企业里从事管理或技术工作,他们都有强烈的爱国思想。

在共产党的感召和影响下,1948年10月时任资源委员会委员长的孙越崎借国民党中央社会部在南京举行全国工业企业联合会成立大会之机,把与会的资源委员会所属工矿企业负责人召集到资源委员会大礼堂,会同本部各部门的负责人共计四五十人,召开了一次秘密会议。会上,孙越崎用共产党解放鞍钢重视知识分子为例,检查了他之前将东北工矿企业负责人撤退入关的错误,提出了"坚守岗位、保护财产、迎接解放、办理移交"的方针。恽震参加了这次会议,心中有了底。

3. 南京五厂拒拆迁工厂和转运物资

1948年12月底,穷途末路的蒋介石命令孙越崎将资源委员会所属的南京电照厂、有线电厂、电瓷厂、无线电厂和马鞍山机器厂共5家企业马上迁到台湾去,并专门拨出132亿元

台币的拆迁建设费用。中共地下党组织闻讯后,专门安排在《大公报》工作的季崇威赶到南京,通过时任行政院资源委员会财务处处长的堂叔季树农找到孙越崎,动员他抵制了国民党政府撤赴台湾的命令,设法停拆这5家企业,保护了工矿企业的财产安全。中共地下党组织负责人刘人寿将有关情况转报了潘汉年。此后,潘汉年在香港会见了资源委员会负责人,与他们进行了恳切的谈话,鼓励他们争取起义,并与他们一起讨论了如何对待国民党的搬迁措施。

后来,这5家企业不仅一家也没有迁走,而且将蒋介石拨给的132亿元台币换成金圆券作为建厂补助费,一直维持到南京解放还有很多节余。

4. 上海起义

在美国和英国参加技术引进和考察的葛和林,服从中共党组织唐明照和刘宁一等负责人的指示,回国后没去解放区,而是接替孙瑞珩任中央电工器材厂上海制造厂厂长。刘宁一安排他与上海的地下党掌握的工会上下配合,获取经验,以对付破坏团结、分裂工人、带有黑社会性质的黄色工会。

葛和林上任不久,就与中共党员汪季琦取得了联系。汪季琦给他三点指示:一要保护工厂,二要掩护进步人士,三要迎接解放,把工厂完整地交给党。

这时候国民党败局已定,资源委员会在孙越崎支持下,已确定留在大陆的方针。张哲民同志当时在中共上海地下市委接管准备工作委员会工作,通过杨锦山向葛和林传达上级党组织的指示精神:"现在应尽力团结上层分子,保护工厂,保护资产,迎接解放。工厂应尽量正常运转,不要受到破坏。"葛和林根据这一指示,对恽震说:"希望你无论如何不要到台湾去。"恽震说:"我同意你的看法,不会走的,你放心。"

1949年2月4日,葛和林主持召开了上海制造厂由行政工会职员联谊会成员参加的会议,决定成立上海制造厂的"安全委员会",领导护厂工作。当时电工四厂安全委员会主席是孟庆元,委员有地下党员陶炜等,他们组织和参加了护厂斗争,还购买了枪支以备护厂之用。1949年5月,葛和林去找恽震,请他开出一份全上海资源委员会属下的仓库清单,并要求把仓库地址和里面的物资都开列清楚。恽震一两天就完成了制单任务,交给了葛和林,再通过杨锦山把清单转交给张哲民。

丁舜年接受并完成了中共地下党组织传达的指示:保护好从西屋公司根据合同运交我国的大量技术资料,工厂会计财务账册也完好无损地得到了保护。1949年5月27日上海解放,总管理处和工厂完整地交给了党和人民。(参见《上海电机厂早期工人运动史》"葛和林生平"等。)

5. 湘潭护厂

1949年7月,湘潭电机厂党支部安排党员蓝毓钟、卢荣光利用负责工程室和管理技术资料的合法身份,组织有关人员对全厂技术资料、图纸、文件和资金情况进行整理、登记,秘密收藏。同时经与厂方协商,由厂警卫队提供武器,成立了工人自卫队、巡逻队和职员护厂队。

1949 年 8 月 15 日,湘潭和平解放,电机厂的职工高举红旗,组织秧歌队,与全市人民一起欢迎解放军进城。

6. 对护厂和起义的评价

上海解放后的第三日,陈毅市长于 5 月 29 日轻车简从来到资源大厦,亲切地会见了资源委员会人员,做了他到上海后的第一个讲话,长达两个多小时。他是针对资源委员会的具体情况讲的,亦庄亦谐,有批评也有表扬。他说:"建设新中国的高潮即将来到。你们都是专家,以往你们忙忙碌碌,成果都到哪里去了? ……从今以后,你们的才智真正是英雄有用武之地了。"

陈毅做出评价:"蒋家王朝已经垮台,所有伪单位纷纷南迁台湾,伪中央部、会一级中,只有资源委员会所有人员,包括各级负责人,以及在已解放地区所属各厂矿企业员工及设备器材,几乎未走一人,几乎未有一点破坏,实在是伪中央文职机构中的一个全体员工起义的团体!"

"文化大革命"中专案组怀疑,原资源委员会拒迁台湾是带着任务的,是一个潜伏的特务组织。江青在一次集会上也这样说过,使得资源委员会的老同志受到重大的伤害。

1983 年 11 月 28 日,中共中央统战部发出《关于对原国民党资源委员会中护产有功人员落实政策的通知》,承认资源委员会的绝大多数员工在帮助我们顺利地接管该会所属的各地厂矿企业上做出了成绩。该文件称,留下来的原国民党资源委员会的全体员工对护厂、护产、迎接解放是有功的,对于新中国成立后经济上较快地恢复起了一定作用。对这些人应该比照对起义人员的政策"妥善安排"。

1992 年 10 月 7 日,中共中央有关部门在北京召开了原资源委员会部分人士座谈会,参加座谈的有原资源委员会中高级职员 40 多人。时任中共中央政治局常委、中央组织部部长宋平会见了与会人员并讲了话。他说,在孙越崎等负责人的领导下,原资源委员会人员有组织、有领导地起来护产、护矿,将所属工矿企业和财产移交给人民,移交给新中国,是正义的爱国行动,是有功劳的。党和人民充分肯定孙越崎等原资源委员会负责人和工作人员的这一历史功绩。

1993 年 5 月 15 日,中共中央组织部办公厅和中共中央统战部办公厅联合发出了《关于原国民党资源委员会部分人士按我地下工作人员对待的通知》,该通知中说:

根据中央有关指示精神,对原国民党资源委员会人士中,与我地下党有直接或间接联系,接受任务,且在组织、领导护产中有重要贡献或立功表现的,可视为我地下党工作人员。

据不完全统计,原资源委员会人士中得到中共地下党工作人员待遇的共有 40 多人,包括恽震、王平洋、吴世英、鲍国宝、徐博文等。

· 五、北上建设中国东北电力工业体系 ·

1. 上海解放,参加接收

上海解放前夕的 1949 年 5 月 26 日上午,上海军管会委员、军代表孙冶方等三位负责人听取资源委员会人员汇报,下午来沪参加企业接收的军代表徐今强、曹维廉、李伯涛、高飞、何依、沈康等三四十人,与资源委员会人员会商接收的具体办法:先不打乱系统,由资源委员会领导陪同军代表按原系统自上而下先接过来,以后再调整。上海的华东军管会统一由重工业处接管资源委员会各下属单位,重工业处处长由孙冶方担任。

后华东军管会派高飞为中央电工器材厂的军代表、何依为上海电机厂军代表、沈康为上海电线厂军代表、陈文全为上海华通开关厂军代表等。

后又有恽震与高飞一起在中央电工器材厂办公,丁舜年为上海电机厂厂长,葛和林为上海电线厂厂长,周杰铭为上海华通开关厂特派员,张朝汉为奇异爱迪生灯泡公司特派员等。

10 月,华东工业部成立,汪道涵任部长,孙冶方任副部长,部下辖的电机工业处由恽震任处长,曹维廉、褚应璜任副处长。

12 月 16 日,上海开始进行重要私营企业的公私合营,私营企业华通电业机器厂(华通开关厂的前身)被批准为公私合营,由陈文全、褚应璜、周杰铭、章杰四人负责完成公私合营工作。

2. 北出榆关,支援东北建设

褚应璜于 1949 年在北京向周恩来等领导汇报建设东北电工基地的规划方案后,得到了周恩来的支持和鼓励。

新中国成立伊始,经济建设百废待兴。1950 年 1 月,重工业部在北京召开第一次全国电机工业会议,周恩来总理亲自了解会议情况,并做了重要指示,决定筹建沈阳重型电机厂。张大奇、朱维衡先行到达沈阳,也向东北人民政府工业部电器工业管理局(简称东北电工局)领导汇报了西屋公司的项目和人员的培训情况,以及关于建设东北电工基地的设想,得到周建南副局长等领导的大力支持。

褚应璜为首的东北电工小组于 1950 年奉命来沪。一是要调用上海和湘潭的技术人员,除必须留下保持生产者外,应尽可能动员其他人员启程赴沈阳。二是要把西屋公司、摩根史密斯公司的图纸资料全部从湘潭和上海移往沈阳,湘潭和上海可保留必须用的副本一份。华东工业部积极部署,组织和动员了在沪的骨干队伍出关支援。此外湘潭电机厂等地也有 30 多人另行赴东北。这样,上海电机厂留下丁舜年、姚诵尧、孟庆元、方福林、冯勤为、朱春甲、萧心等几个工程师。在湘潭的资料由蓝毓钟、卢荣光等移交东北电工小组。

1950 年清明节,从上海出发的一行 12 人:褚应璜、孙瑞珩、王兆华、汤明奇、朱仁堪、沈从龙、吴世英、俞炳元、丁敬华、王述羲、张均、周杰铭等自华东工业部带着家眷奔赴沈阳,建设东北工业基地的沈阳变压器厂、沈阳重型电机厂(后为哈尔滨电机厂)、阿城继电器厂等项目。

4 月 7 日,一行人抵达北京,与湘潭电机厂来北京的 30 余人会合,受到重工业部刘鼎副部长接见并设宴欢迎。4 月 10 日,列车抵沈阳,周建南、肖陈人副局长,以及张大奇、温建中、杨沁尘等西屋公司实习的朋友接站欢迎。

3. 南厂北迁

1948 年 11 月,东北人民政府将日伪留下的电工企业按专业分工原则组建成 13 个电工厂,分别生产仪器仪表、电机、灯泡、变压器、电线、电缆、电瓷、蓄电池、干电池、电工专用设备等,成为建设新中国电工制造业的重要基地。

1950 年 6 月,朝鲜战争爆发,安全问题迫使中央不得不考虑调整东北工业布局,认为东北工业建设要着重放到北满(指吉林四平以北的东北地区)去,可移的工厂尽量北移,尤其如机械厂等,新建的工厂建在北满。

1950 年 10 月上旬,重工业部紧急会议责成东北电工局立即落实搬迁规划。

原定在沈阳建设的重型电机厂北迁哈尔滨后,1951 年 1 月 1 日改名为电器工业管理局第四厂(简称东北电工四厂),亦即日后成长为"共和国机电工业长子"的哈尔滨电机厂。历经艰苦会战,1951 年 1 月,开关车间首先开工生产。冬去春来,绝缘车间等也相继投入生产,铸铁件、工模具等也陆续生产出来。该工厂很快利用顾乡屯的原有厂房生产出小型交直流电机。当时产品设计与工艺由东北电工局技术处负责,技术处在南岗区一曼街租楼办公,技术负责人是主任工程师赵硕颀,电机组组长是朱仁堪。东北电工四厂内设制造技术科,科长为管敦信。

4. 工厂设计

20 多家北迁黑龙江的大厂,在国家与地方的政策扶持下,不仅都实现了企业的战略转移,也使黑龙江地区的工业获得快速发展。面对繁重的基本建设和设计任务,东北电工局于 1950 年秋成立了由制造处副处长张大奇兼任组长的新厂设计组,边设计边筹备。1951 年,张大奇等三位工程师受派到苏联重工业设计院对工厂设计考察学习近一年,收集了包括工厂设计条例等在内的多种资料。1951 年 5 月 5 日,东北电工局设立工厂设计处,褚应璜任首任处长,张大奇归来后接任。

1952 年 8 月 7 日第一机械工业部(简称一机部)成立。1953 年 3 月 10 日,一机部设计总局成立,下设四个分局,东北电工局工厂设计处改称第四设计分局,张大奇先后任总工程师、副院长、院长。

第二设计分局初建于上海,总工程师为丁舜年,设计总工程师有冯勤为、姚诵尧,游善良任电器专业科副科长。1953 年 8 月 31 日,第二设计分局完成了上海电机厂的初步设计,9 月完成了汽轮发电机车间的初步设计。孙瑞珩也曾在第二设计分局的总图科任工程师,承担了武汉锅炉厂的总体布置设计。1954 年下半年设计总局任务调整,沈阳的第四设计分局负责电机、变压器工厂设计。上海的第二设计分局电器科近 50 人的三分之一人员(有游善良等)被调往第四设计分局。他们需要从设备制造者、企业经营管理者向工厂设计工作的管理者转型,也面临着如何协调欧美与苏联设计理念的矛盾等问题。

1951 年 6 月,东北电工四厂(后更名为哈尔滨电机厂)在选定的新厂址香坊跑马场破土动工,新厂由东北电工局工厂设计处(后更名为一机部第四设计分局)设计,沈从龙为主任设计工程师。厂址确定后,由于哈尔滨城市道路规划限制了厂区面积,影响了东北电工四厂未来的发展,沈从龙工程师力主改变城市规划,以保动力基地合理布置,要求将安乐街南移 50 米,使厂区南北平均长度达 1 千米,使厂区布置更为合理,获市政府批准。调整后的工厂设计还纠正了原先设计中疏忽的原料供应与产品销售配合等问题,工厂的生产能力也比最初的设计提高了 30%。

1950 年 4 月至 1953 年 2 月,温建中任东北电工局技术处开关设备产品设计组的组长、工程师,领导设计了高低压开关设备产品。1953 年,温建中从其所熟悉的电器产品设计领域转入一机部第四设计分局工作,主管电器制造厂的设计,从此进入了工厂设计的全新领域。他首先筹划并设计了沈阳低压开关厂,接着完成了沈阳高压开关厂的规划、设计、建设与成功投产,为建设东北地区的电器工厂做出了贡献。温建中前辈在此期间还担负了北京电器科学研究院的总体设计任务,并于 1955 年完成。

1956 年,电机制造工业部成立后,一机部第四设计分局改为电机部设计院,下辖西安勘察处。1958 年年初,一机部、第二机械工业部(简称二机部)和电机部合并,电机部设计院更名为一机部第八设计研究院(简称八院),由沈阳迁址北京,下辖西安分院(后更名为第七设计研究院)和沈阳分院。1958 年年初,为适应地方工业遍地开花的发展局面,八院与兄弟设计院合作编制了 25 套电机厂典型设计施工图(参见沈从龙的《综合电机厂典型设计》),分电机、变压器、开关设备、电瓷、电池及电线六个行业。例如,基于积累的丰富的设计资料,温建中等提出了典型电器、电材工厂的设计方案,供全国"大学先进"活动采用。各省(自治区、直辖市)采用了他们设计的约 200 套设计图纸,对"大学先进"起到了很好的推动作用。电机制造工业所需的非标准设备,一般占全部工艺装备的 30%,高压电瓷厂、绝缘材料厂、电线电缆厂等专用设备所占的比例更大。正因如此,解决非标准设备的设计、制造问题历来是电机制造工业基本建设的薄弱环节。为此,他们深化和大力开展了非标准设备的设计,测绘和设计了 261 项非标准设备。温建中提出,工夹模具是生产电器产品的重要手段。他曾动手制作一些工装设备,以提高生产效率和产品质量。

数十年始终工作在工厂设计领域的有温建中、黄乃良等。西安是开发西北和接济北方与南方的重镇,在这里建设了新中国的输配电产业基地。除哈尔滨、沈阳、西安、上海四大重点基地外,之后又开发了西南。20世纪60年代上半叶,由哈尔滨基地分出若干得力人员,到四川三个地点(德阳、绵竹、自贡)建立了一套发电设备制造基地。北京、天津、湘潭、武汉、青岛、保定、郑州、南京、广州、福州、桂林、昆明等地都陆续成为中型的电工和动力设备基地。

六、水力发电设备事业的发展

1. 新中国第一台水轮发电机组——新中国初期的水电机组

1950年,中华人民共和国刚刚成立不久,解放战争的硝烟尚未散尽,建立共和国水电工程的庞大事业开始了。1950年8月,第一次全国水力发电工程会议在北京召开,朱德总司令在大会上做了重要指示。大会由燃料工业部李范一副部长做工作报告。按照中央部署,农业部部长李书城、重工业部副部长钟林、水利部副部长张含英发表讲话,水利工程和水电机械技术专家如清华大学工学院院长施嘉炀、清华大学教授张光斗、河北省立农学院教授舒扬榮、东北电工局工程师俞炳元等人在会议上发言。

东北电工局统一管理东北地区电器工业,将东北境内所有电工企业重组为13个电工厂。其中,后更名为哈尔滨电机厂的东北电工四厂负责生产水轮发电机组、交直流电动机和发电设备辅机。1949年年底,四川解放前夕,四川长寿龙溪河下硐水电站机组被逃跑的国民党反动派炸毁。这一事件引起了党中央的高度关注,周恩来总理亲自安排东北电工局全力抢制800千瓦水轮发电机组,要求迅速恢复发电。接到中央的命令之后,重工业部从全国各地调集了一些优秀的技术人员来到沈阳和哈尔滨,拉开了中国水电从无到有的序幕。

设计制造800千瓦立式水轮发电机组的任务落到了几位30多岁的年轻工程师的肩膀上。这个团队的主要成员是美国留学归国的工程师。1945年,俞炳元工程师被资源委员会派到美国摩根史密斯公司学习水轮机技术,1947年,王述羲和陶炜随后而到。1946年,吴天霖工程师被资源委员会派到美国西屋公司学习水轮发电机设计。1948年,俞炳元在回国前争取到自己设计国民政府原本准备向美国采购的3 000千瓦水轮机的机会,在美国工程师的指导下,他们几人系统地掌握了设计理论和制造方法,完成了这台水轮机的设计,回国时把全部设计图纸带了回来。

基于从美国学到的技术和收集到的资料,俞炳元和王述羲负责水轮机设计,吴天霖负责水轮发电机设计,陶炜负责水电机组制造,卢堃和李基昌分别负责水轮机和发电机的工艺。当时中国工业基础相当薄弱,绝大多数人都没有见过水轮发电机组的样子,这是项目团队面临的巨大挑战。参加项目的工程师、高级工匠和技工们白天紧张工作,晚上加班加点学习,上技术课,补习水轮机和发电机的知识。在冰天雪地的沈阳和哈尔滨,这批年轻人拉开了水轮发电机组设计制造的序幕。

工程团队面临的第一个挑战是转轮的设计。水轮机转轮是水电机组的核心组件,但是被炸毁的水轮机转轮并不是从国外学习时所获资料上的型号,必须进行全新设计。因为团队在美国摩根史密斯公司系统地学习了水轮机设计理论和方法,俞炳元领导的团队用两个多月完成了转轮的水力设计和全部结构设计图纸。在制造过程中,因为转轮叶片木模图的形状是三轴坐标的,不直观,工人师傅在第一次接触这种木模图时看不懂,不知道工件是什么样的和怎么做。设计人员也陷入了困境,大家充分发挥各自的智慧,最后找到了一个简便易行的办法。技术人员用容易切削的大萝卜,削出了一个与叶片木模图形状和尺寸都一样的物件,使工人结合图纸知道工件大概是什么形状,工人师傅按木模图纸参考此形状做成木制模型,由此解决了技术的挑战。水轮发电机的推力轴承镜板和推力头是一个整体锻件,其镜板镜面的表面粗糙度和精度要求非常高。老技师张乃西按照摩根史密斯公司的工艺规程,在一台1米立车上加工。张技师用镶乌金重盘研磨镜面,垫金丝绒,加研磨粉抛光,不仅平直度完全符合技术要求,而且光洁精美,明亮照人。水轮发电机的定子冲片的冲模由工具车间制造,经验丰富的八级工匠程星武率领他的小组,出色地完成了我国第一副扇形冲模,在冲床上精细地加工出了完全符合技术要求的扇形定子冲片。当时水轮机零部件在东北电工十五厂(后更名为沈阳高压开关厂)二车间制造,水轮机在哈尔滨电机厂组装。在车间主任雒永富、副主任张盛林等领导下,全体职工夜以继日,成功地完成了所有零件的加工制造,技工们一次次乘坐单程需20多个小时的火车,穿梭于哈尔滨和沈阳之间,终于在年底前完成了水轮机总装工作。

水轮发电机总装试验是一项相当具有挑战性的工作。发电机转子需要按飞逸(失控)转速做超速试验,是一种高风险的试验。在通常情况下,为避免万一出现转子磁极断裂等事故时部件飞出伤人,这项试验需要在专门的地坑中进行,可是当时哈尔滨和沈阳两地都没有这样的试验场地。大家集思广益,采用在车间装配平台上,在发电机的外围堆起一圈1米多厚、2米多高的沙袋防护墙代替试验场地。在主任设计师吴天霖的领导下,根据西屋公司发电机制造技术规范,制定了严格的试验计划。

1951年12月下旬的一天,项目组进行了超速试验,对于如此重要的试验项目,东北电工局局长周建南亲临现场指导。鉴于当时试验条件的限制,为了获取第一手情况,当一切准备工作就绪时,吴天霖不顾个人安危,走进沙袋围墙,登上了发电机的顶端,他要在上面亲自查看运转情况,亲自测量发电机转速。他表情严肃,展眼向沙袋墙外远处的人群望去。他向大家点了点头,随着一声令下,试验控制台上的徐毓翰工程师立即起动用于拖动电机试验的一台直流电机,同时被试电机也跟着飞转轰鸣起来。吴天霖迅速地投入工作中,忘记了周围的一切。而周围关注他的人却摒住了呼吸,双眼紧紧地盯着他一刻不离,到达规定的试验转速和测试时间后,试验结束。吴天霖宣布新中国第一台水轮发电机在哈尔滨电机厂总装试验成功。刹那间雷鸣般的掌声响起,哈尔滨电机厂向新中国交出了第一份合格的答卷。1952 年,我国第一套 800 千瓦立轴混流式水轮发电机组在四川下硐水电站顺利投产发电,开创了行业的先河。

1952 年,四川上硐水电站的 3 000 千瓦水电机组也完成设计和生产。同年中国科学院在长春召开的科技成果大会上,这个项目被列为国家重要成果之一。自 1953 年开始,哈尔滨电机厂在水轮机、水轮发电机、调速器设计和工艺方面逐步加大力度,完成了对引进的设计图样和技术资料的消化吸收,并储备了一批水电机组结构设计、水力计算、调速器设计、机组制造工艺和焊接工艺技术方面的人才,同时推行了初步设计、技术设计和施工设计的三段式设计法,掌握了完整的设计计算方法、制造工艺方法、管理方法,形成了初具规模的研发体系。1955 年,随着哈尔滨电机厂的大型水轮机厂房建成,工程团队开始挑战北京官厅水电站 10 000 千瓦水电机组。由于机组容量超过了在美国学习的技术范围,工程团队深入研究国内已有的外国大机组的经验,吸收其优点,终于试制完成并安装发电。官厅水电站的成功建设标志中国具备了自己设计和生产近代中型水电设备的能力。1956 年 6 月,哈尔滨电机厂二期扩建工程完成,具备了更大的生产能力。

回顾中国水电设备工业的发展史,在 1949 年前,国内自己的设计规模都很小,只是作坊式的水轮机、发电机设备,没有形成工业体系。抗日战争胜利后,这批年轻的中国工程师在美国摩根史密斯公司和西屋公司学习,引进了当时世界先进的水轮机和发电机的设计和生产技术,为新中国现代水力发电设备制造工业创造了条件、奠定了基础。

2. 新安江水电站—— 中国第一座自己设计制造设备的大型水力发电站

1953 年,中国从苏联和东欧国家引进了 156 项重点工矿业基本建设项目。哈尔滨电机厂是这批基本建设项目之一,同时工厂开始转向全面学习苏联,在苏联专家指导下设计水电机组。

1956 年哈尔滨电机厂开始设计新安江 7.25 万千瓦水电机组,虽然哈尔滨电机厂做过很多机组,也积累了不少经验,但一下子从 1 万千瓦做到所需要的 7 万千瓦以上的大型机组,着实有很大难度。12 月初,哈尔滨电机厂组织了由副厂长俞宗瑞带领,由水轮机专业的王述義、卢堃,水轮发电机专业的吴天霖,工艺专业的梁维燕,焊接专业的毛用宾等 11 人组成的中国水电设备代表团,专程到苏联列宁格勒(现名为圣彼得堡)的金属工厂和电力工厂,学习设计制造大型水电机组的技术。水轮机总设计师俞炳元因海外关系复杂,没有被允许出国学习。根据协议,这次出访引进了一批苏联图纸和技术标准,决定采用苏联水轮发电机组的先进生产技术和经验,如设计计算方法、制造工艺、管理办法。这些对推动中国水电设备工业水平的提高都发挥了积极作用。

制造新安江水电机组的工作在哈尔滨电机厂的新厂房开始。在制造过程中,苏联专家每天都在车间上班,检查指导工艺技术工作。哈尔滨电机厂的干部、职工和苏联专家相处得十分融洽,苏联专家对哈尔滨电机厂也全力尽心帮助,对生产的每个环节都严格审查把关,使新产品的试制进展得很顺利。机组的设计制造汲取了苏联水电设备工业的先进技术,采用了中国当时未采用过的一些新结构、新工艺。在苏联专家指导下,由中国工程技术人员设计的新安江水电机组在 1958 年 4 月设计完成,1959 年 5 月第一台机组制造完工,1960 年 4 月第一台机组投产发电。

新机组试制必然会出现一些问题,1960 年中苏关系破裂,苏联撤走了大批专家和设备,这让深处经济困难时期的国民经济雪上加霜。哈尔滨电机厂工程技术人员只能自力更生,勒紧裤腰带自己干。在已经担任副总工程师的俞炳元和吴天霖的领导下,他们改进了苏联的设计方案,第 8 台新安江水轮机的转轮采用上冠、叶片、下环分别制造,然后用电渣焊技术焊接成整体的制造工艺;水轮机主轴由整体锻件改为锻焊结构;水轮机顶盖由铸造结构改为焊接结构;蜗壳采用等强度变厚度钢板结构;发电机定子线圈采用水内冷设计;推力轴承和导轴承采用油浸自循环刚性支撑式结构等一批新技术。新设计的新安江机组技术经济指标接近了当时国外先进水平。该机组的研制成功为中国在大型水电机组的设计、工艺、生产组织和安装调试方面都积累了大量的经验。

总结新安江水轮机设计过程,从接受苏联的技术,到自己完全掌握设计和生产方法,哈尔滨电机厂技术人员走过了一段艰难的创业路程。水轮机专家王述羲说:"我国水轮机制造业是极其年轻的新兴工业,开头用美国技术,后来学习苏联技术。俞炳元同志积极争取并活动,为使国内新建电站能立足于自己设计制造的基础上,他曾为此进行了艰苦的努力。他从一开始就与苏联专家一起设计 7.25 万千瓦新安江大型机组。我们能在一定条件下,部分利用苏联和捷克斯洛伐克资料,于 1959 年制成这套机组,确非易事。初期盲目信赖苏联技术,跟着苏联专家走,而忽视了批判地接受苏联技术。没有做细微艰苦的工作,结果初期的机组出现了严重的气蚀问题。他组织力量分析研究,进行改型。这时已完全脱离了原有的资料基础,超出了我们的原有经验。"

1959 年 4 月,周恩来总理在视察新安江水电站时题词:"为我国第一座自己设计和自制设备的大型水力发电站的胜利建设而欢呼!"1961 年,国家组织有关水电专家在新安江电站召开了机组鉴定会,俞炳元带领工厂科技人员前去参加,大会对机组的性能和质量给予了充分肯定。1977 年 10 月,最后一台机组安装完成并入电网运行。哈尔滨电机厂前后成功地为新安江水电站生产了 5 台 7.25 万千瓦和 4 台 7.5 万千瓦共 9 台水电机组。这是哈尔滨电机厂设计制造能力的大跨越。新安江水电站被誉为长江三峡试验田,被称为中国水电事业的丰碑,它拉开了中国现代水电建设的序幕。

3. 云峰水电站——我国大型水电机组步入自主研发阶段

矗立在中朝界河鸭绿江上吉林省集安县境内的云峰水电站,是 20 世纪 60 年代世界上著名的水电站。1958 年 6 月北京,中朝鸭绿江水力发电公司第一届理事会会议决定:中朝两国共有、共管云峰水电站。水电站的建设主要由我国负责,4 套水电机组由苏联供货。

由于 1960 年苏联政府背信弃义,撕毁了所有援建中国项目的协议,苏联只为云峰水电站提供了 1 套 10 万千瓦的水轮发电机组,没有提供余下 3 套的设备和资料,使云峰水电站的建设陷入了困境,而当时世界上只有苏联和美国有生产 10 万千瓦及以上水轮发电机组的经验。

1962 年的一天,水电建设部门的代表和哈尔滨电机厂的部分技术负责人在哈尔滨电机厂进行了一次具有历史意义的座谈会。俞炳元、吴天霖、王述羲、王初铭等人参加了座谈。会上有两种截然不同的意见。哈尔滨电机厂人员一致认为,在新安江水电站 7.25 万千瓦机组已经成功投入运行的基础上,哈尔滨电机厂有能力承担云峰水电站急需的 3 套机组的设计制造任务。水电建设部门的代表则怀疑哈尔滨电机厂的能力,主张这批设备应向其他国家订货,并将国外的机组比作"绸衣服"、国内的产品比作"布衣服",认为当然希望要绸衣服。当时我国正受到资本主义国家的经济封锁,社会主义阵营除苏联外还没有一个国家制造过这么大的水电机组,要向国外订货谈何容易!哈尔滨电机厂人员表示:"布衣服"是我们自己做的,有了"布衣服",今后才会有"绸衣服",并表示有能力承担云峰机组的设计和制造。我们要争口气,把云峰 10 万千瓦机组做成"绸衣服"。座谈会虽没能取得一致意见,但却激发了哈尔滨电机厂人员的爱国热忱和质量意识。

座谈会后,沈从龙、俞炳元和吴天霖三位副总工程师再也按捺不住要制造大电机的愿望。他们顶着巨大的压力,由俞炳元提议,并在哈尔滨电机厂的支持下,按年龄排序,以三人个人名义联名上书周恩来总理,阐述了哈尔滨电机厂目前的技术水平和制造能力,表达了请国务院将云峰水电站 3 套 10 万千瓦机组制造任务交给哈尔滨电机厂的愿望,并保证其质量不低于苏联的产品。

在自己的手中实现中国人制造大型水轮发电机组的夙愿,是他们多年来的追求。他们从美国实习回国后,都怀着发展祖国电机事业的雄心壮志。直到新中国成立后,国家展开了大规模的经济建设,他们的夙愿才逐渐变成现实。同样他们都经历了我国水电机组从参考美国资料到参照苏联资料的仿制时期,已经积累了一定的经验。沈从龙曾主持过哈尔滨电机厂的工厂设计,并正在负责工厂的生产工艺,非常清楚工厂的生产能力;俞炳元和吴天霖又有刚刚成功完成新安江 7.25 万千瓦水电机组重大项目的经验,他们有充分的信心。不久,他们的请战书得到了周恩来总理和其他中央领导同志的首肯,国家计委批准由哈尔滨电机厂设计制造云峰水电站 10 万千瓦水轮发电机组。

1962 年 9 月,第一机械工业部在北京审查通过了云峰水电站 10 万千瓦机组技术建议书,审查会要求建议书中水轮机的最高效率保证值应采取措施尽量达到苏联供货机组的水平,对调节保证值中 48% 的转速上升值予以研究,使之适当降低。会后经哈尔滨大电机研究所努力,水轮机最高效率达到 92%,转速上升值降低到 45%。哈尔滨电机厂提出了对机组设计的具体细节的技术应对措施,并由哈尔滨大电机研究所进行结构试验,请哈尔滨工业大学焊接教研室协助核对金属材料冷脆试验结果。1963 年 3 月,由第一机械工业部主持,水电部代表参加,审查通过了云峰机组技术设计。会后进行施工设计,并于 1964 年初投入生产。云峰机组在设计制造过程中采取了 90 项主要改进措施,并进行了大量的试验研究工作。制定了行之有效的确保质量的 30 条措施,精心设计,精心制造,对水轮机、发电机主要部件制定了详细的技术要求和质量标准。

水轮机效率决定了对水的能量的利用率,而飞逸转速对发电机设计带来影响,按苏联传统的方法计算,飞逸转速偏高将会对发电机的设计带来困难。能不能把水轮机最高效率提上去,把飞逸转速降下来则必须经过试验。

主持水轮机设计的俞炳元非常重视科研基地的建设。他曾多次向有关部门建议,建立我国自己的水轮机科研基地。1958 年,一机部批准在哈尔滨筹建水轮机试验室。当时苏联专家来我国援助建设,本希望向专家多学些东西,结果 1960 年专家撤走时试验台也没有建成。一切又要从头开始,俞炳元在美国摩根史密斯公司曾看见过水轮机试验室并拍有照片,在自主创建我国自己的试验室时,俞炳元手中仅有的资料就是这张他从美国带回的试验室照片。俞炳元鼓励技术人员,建设水轮机试验室就靠我们自己去创造了。经过几年的努力,1963 年第一座水力机械能量试验台基本建成,我国终于有了可用于工业生产的水轮机试验基地。这首先为云峰水电站水轮机的水力设计准备了条件,使水轮机性能的设计计算在试验室里得到了科学的验证。经过试验,证明俞炳元的把水轮机的最高效率提上去、把飞逸转速降下来的设想是成功的,并以试验结果为依据降低了水轮发电机的设计难度。

水轮机的最主要部件之一是转轮,当云峰水轮机 40 多吨重的转轮在沈阳重型机器厂造好后,质量却没达到设计要求。俞炳元立即带队赶到沈阳,他们仔细检查了转轮的每个部位,发现是转轮叶片的铸造质量不好,型线不能满足设计要求。但是如果重新铸造,工期来不及不说,也不见得一下就能符合质量要求,而已铸造的庞然大物就要报废。俞炳元决定充分发挥工人师傅的技术能力,大家一起想办法、出主意。俞炳元确定了最终的修复方案,指导老师傅操作,终于调整好了转轮各个叶片,使修复后的转轮达到了设计要求。

推力轴承是水轮发电机的关键部件,云峰发电机组 1 000 吨的转动部分重量都压在了它的身上。所以推力轴承质量的好坏直接决定了发电机的生命。主持发电机设计的吴天霖常说,推力轴承是发电机组安全运行的心脏。早在 20 世纪 50 年代,吴天霖就严格要求技术人员和工人,必须十分重视解决推力轴承的生产技术问题。对于这次设计的云峰水轮发电机,吴天霖反复计算和权衡后把推力轴承的尺寸适当放大了一些。实践证明,他的设计思路是对的。水轮机的主任设计师是方庆江,水轮发电机的主任设计师和试制组长是王初铭,全体员工在毫无外援的情况下,精心设计、施工,终于按时制成,成为我国大型水电机组质量样板产品,并带动全厂的产品质量达到历史高峰。

1964 年 12 月,国产第一台云峰机组试制完成。一机部、水电部联合组成鉴定委员会,褚应璜担任主任,主持并监督整个工厂鉴定过程。出厂鉴定认为,本套机组质量比过去该厂生产过的任何一台机组都好,同意出厂交付电站安装使用。

电站运行表明,哈尔滨电机厂生产的机组比苏联制造的机组运行更平稳,噪声小,振动小,安全可靠,发电能力超过设计保证值。1965 年,哈尔滨电机厂顺利完成了 3 套 10 万千瓦水轮发电机组的设计制造任务。

1980 年 7 月,在北京人民大会堂,国务院举行第三次"质量月"广播电视大会,云峰型 10

万千瓦水轮发电机组荣获当时机电行业级别最高的国家优质产品银牌奖。可惜俞炳元、吴天霖都已在"文化大革命"中含冤去世,没能看到这块银牌。为机组试制做出卓越贡献的沈从龙积劳成疾,不幸于1983年病逝。哈尔滨电机厂的老工人、老同志至今怀念他们三位为我国水电事业做出的贡献,厂里仍流传着"布衣服"赛过"绸衣服"的佳话。

云峰水电站的建成标志着我国大型水电机组的设计和制造由仿制进入了自行设计的新时期,也是国内大型机械、电器企业联合完成的一项重要工程,是我国大型水利工程的重要里程碑。

4. 刘家峡水电站——中国第一座百万千瓦级水电站

刘家峡水电站是新中国成立后第一个五年计划的重点工程,黄河上游的重要梯级电站之一。如果说1951年龙溪河下硐800千瓦水轮发电机组的设计成功拉开了新中国水电建设的序幕,那么1966年刘家峡水电站22.5万千瓦和后来30万千瓦水轮发电机组的设计与研制成功则标志着中国水电建设体系的形成。这个时候,哈尔滨电机厂水电机组的设计制造技术与国际先进水平是相当的,哈尔滨电机厂设计22.5万千瓦机组时,苏联当时运行的还是21万千瓦的机组。

设计和制造超大型水轮发电机组,需要大批的科学技术人才。1956年,在苏联专家的帮助下,哈尔滨工业大学成立了我国第一个水力机械专业。俞炳元兼任教研室主任,他参与拟定教学大纲,亲自授课,指导毕业设计并主持毕业设计答辩等。1960年,第一批毕业生到厂后马上就参加了云峰、刘家峡等大型水轮发电机组的设计工作,成为一支生力军。这些专业人才后来都成为现代中国水力发电设备事业的栋梁。

设计22.5万千瓦大型水轮机,特别是水轮机的核心组件水轮机转轮,需要完整的理论与试验数据来验证设计的准确性。这时基本建成的水力机械能量试验台为刘家峡水轮机的设计定型起了关键作用。

当云峰10万千瓦水轮机组尚在设计的时候,俞炳元已经在研究刘家峡水电站水轮机的设计工作了。在初步设计阶段,机组容量是个大课题,当时有18.3万千瓦和22.5万千瓦两个设计方案。1965年,第一机械工业部和水电部在哈尔滨科学宫联合召开设计审查会,对两个初步设计方案进行了评审。因为是当时国内单机容量最大的水电机组,所以国家有关部委的领导十分重视,主管机械行业科技工作的原国家科委三局邓局长参加了会议,一机部周建南部长亲自主持,会议最终审查通过了采用22.5万千瓦机组的设计方案:水轮机的型号为HL008-LJ-550,采用直径为5.5米的分瓣铸造转轮;发电机的型号为SF225/48-12600,定子装配采用分瓣运输方案。

1966年年初,22.5万千瓦机组刚刚完成设计工作,就有技术人员提出搞30万千瓦机组的方案。俞炳元十分注意保护同志们的积极性,凭着他的经验,分析研究后认为有实现的可能性。他亲自到国家科委去争取,终于获得批准试制一台30万千瓦机组。

1966年8月,"文化大革命"在全国展开,俞炳元、吴天霖等被污蔑为资产阶级反动技术权威,被批斗,并被关进牛棚,哈尔滨电机厂也处于半停产状态。第一台22.5万千瓦水轮发电机组一直拖到1969年4月才在刘家峡投运发电。

哈尔滨电机厂为刘家峡水电站制成的22.5万千瓦机组中,水轮机采用了哈尔滨大电机研究所自己研究的A12转轮,转轮为分瓣结构,上冠用螺栓把合,下环在工地焊接;水轮机导轴承采用中国自己研究试验成功的筒式稀油自动润滑轴承;发电机定子线圈采用环氧玻璃粉云母B级绝缘材料;定子铁心采用高导磁、低损耗的D44冷轧硅钢片;转子磁轭采用3毫米厚钢板;转子支架由中心体和盒形支臂组合而成;推力轴承采用液压支柱式及双层轴瓦结构。刘家峡机组的研制成功使中国水电设备制造水平步入当时世界先进行列,成为世界上少数能生产20万千瓦以上水电机组的国家之一。

我国首座百万千瓦级水电站——刘家峡水电站于1958年9月27日开工建设,1969年4月1日第一台机组正式发电,1975年2月4日刘家峡水电站全面建成,并于2009年入选"新中国成立60周年百项经典暨精品工程"。

5. 葛洲坝水电站——长江干流上第一座水电站

葛洲坝是长江流域规划中三峡工程反调节和保航运的水电站,距三峡大坝下游38公里。1970年,湖北省根据国际形势和地区缺电的实际情况,建议兴建葛洲坝工程,作为三峡工程的实战准备。同年毛泽东主席批准了这项工程。一机部立即行动,组织哈尔滨电机厂、东方电机厂和武汉汽轮发电机厂成立了联合设计组。哈尔滨电机厂设计组的全体人员由王述羲牵头,十分自豪地投入紧张、繁忙的工作中。新年、春节他们不休息,都以百倍的热情为一个共同的目标连续工作,终以较快的速度提出了初步设计方案。1970年11月,一机部与水电部就葛洲坝工程中的水轮发电机组召开设计生产会议,哈尔滨电机厂、东方电机厂各有7位代表出席,哈尔滨电机厂由王述羲带队。这次会议确定了2台试验机组,单机容量为17万千瓦,转轮直径为11.3米,采用四叶片的A30转轮,由哈尔滨电机厂、东方电机厂各负责制造一台。但是当2台17万千瓦试验机组投料后,技术人员发现当时选用的转轮叶片合金钢材料有些性能指标达不到要求,并不合适,加上对应于该转轮的电站的最大运行水头偏高,难以保证机组长期安全运行。

葛洲坝水电站是长江干流上兴建的第一座水电站,是我国最大装机容量的低水头水电站,也是当时世界最大装机容量的低水头水电站之一。根据葛洲坝运行水头范围和性能要求,以及当时国内的金属材料水平,为慎重起见,技术人员认为采用五叶片转轮的轴流式水轮机更为合适。但当时我国水轮机系列型谱中五叶片转轮还是空白,而且我们所掌握的国外相应的转轮资料相当有限,且性能差,不能满足葛洲坝水电站的要求,因此必须为葛洲坝水电站开发具有世界先进水平的、全面满足葛洲坝运行水头范围及性能要求的、自主创新的轴流式水轮机五叶片转轮。

最终确定由哈尔滨大电机研究所、中国水利水电科学研究院和金华水轮机厂联合开发五叶片新转轮,由王述羲主持领导研发课题。经过一年多的努力,经多方案设计及其模型试验,最终获得了满足性能要求的新转轮,新水轮机采用直径为 10.2 米的五叶片轴流转桨式转轮,机组出力为 12.5 万千瓦,可以全面满足设计要求,解决了葛洲坝工程关键技术难题。经同台模型试验对比,新开发的水轮机转轮的各种性能指标均优于当时国内已有的其他转轮,填补了国内水轮机这一水头段转轮的空白,确定被葛洲坝工程所采用。1974 年 2 月,一机部确定了最终方案,葛洲坝二江电厂 7 台机组中的 2 台已投料的四叶片 17 万千瓦机组由东方电机厂继续研制(转轮叶片材料更换为强度更高、性能更好的不锈钢材质),5 台 12.5 万千瓦机组由哈尔滨电机厂研制,大江电厂的 14 台 12.5 万千瓦机组中的 8 台由哈尔滨电机厂生产,其余 6 台由东方电机厂按照哈尔滨电机厂的设计图纸制造。此后王述羲一直指导哈尔滨电机厂机组的研究、设计、制造及安装。

充分的科研是新产品试制成功的必要条件。葛洲坝机组研制中由哈尔滨大电机研究所与有关科研院所一起合作承担的有 39 项科研课题。水轮发电机推力轴承是重大科研课题之一,其中试验急需推力轴承试验装置,厂里就做了一套葛洲坝真机尺寸的试验装置和相应尺寸的推力瓦,在三门峡水电站的大力支持下,整套推力轴承装置装在被试机组上进行了运行试验,取得了完整的实测数据,验证了计算数值,确保了真机可靠运行。

经过全厂职工的努力奋战,到 1980 年年底,哈尔滨电机厂试制成功我国第一台五叶片、低水头、大容量轴流转桨式水轮发电机组,填补了国家空白。此外 12.5 万千瓦机组开创了世界上最早在发电机定子线棒绝缘成型技术上采用一次模压成型工艺的先河。在首批机组安装的关键时刻,王述羲常驻葛洲坝电厂安装现场,主持处理机组安装中出现的技术问题。为了保证机组一次启动成功,他一直在工地上,出现问题随时解决,因此常常彻夜不眠。

东方电机厂承担的 2 台 17 万千瓦机组由王荣昌担任水轮机主任设计师,陈锡芳担任发电机主任设计师。机组制造时,副总工程师朱仁堪作为技术专家主持了葛洲坝项目办公室(当时称为 330 办公室)的技术工作。在电厂安装试运行机组时,陶炜刚恢复在东方电机厂的领导工作不久,当时机组安装过程中曾发生过一些技术问题,他多次到葛洲坝工地现场开会研究,指导安装和抢修工作。

1981 年年底,二江电厂首批 17 万千瓦和 12.5 万千瓦水电机组先后交付电厂发电,都满足了设计要求。由于葛洲坝工程完全是国内设计和自制设备,而且均运行良好,1985 年葛洲坝二江工程及其水电机组荣获国家科技进步特等奖。1987 年,葛洲坝大江工程及其水电机组获得国家质量奖金质奖章。到 1988 年 12 月 6 日,葛洲坝 21 台机组 271.5 万千瓦达到全部满负荷稳定运行要求。机组投入运行后,由于性能优秀,对缓和华中电网缺电局面发挥了重大作用。至 1991 年,机组投入运行十年后,已收回葛洲坝全部工程投资,其经济效益和社会效益十分显著。五叶片轴流转桨式转轮被列入国内水轮机系列型谱后,被多个该水头段的水电站机组所采用。

葛洲坝水电机组荣获了共和国水电事业的最高荣誉,这是中国水电发展史上前所未有的光辉一页。历史会铭记,共和国会铭记,所有参加葛洲坝建设、为机组研制安装贡献过力量的人都将被铭记。

6. 三峡圆梦

孙中山先生的建国方略：1919年五四风云过后，孙中山先生再次应邀到交通大学发表演说，宣讲他的"建国方略——实业计划"，首次提到三峡工程的设想。当时的学生会骨干成员、电气机械科三年级学生恽震，在孙中山演说时专司记录整理。恽震对孙中山的演说感受极深，从此立志从事工程技术，后成为我国电机工业的先驱。

恽震等踏勘三峡：1932年恽震得到国防设计委员会的资助，11月他约了5名工程师历时约20天，考察了长江宜昌的葛洲坝段到黄陵庙的三斗坪段，认为三斗坪是作为三峡大坝的理想坝址。1933年6月，他完成了《扬子江上游水力发电勘测报告》（详见恽震《电力电工传略》）。

20世纪50年代的论证：1953年，毛泽东主席提出修三峡大坝的设想，通过论证，国务院准备1961年开工建设，后因经济困难和苏联撤走专家而暂停。1958年3月30日，毛泽东主席乘船视察长江西陵峡中堡岛，6月在武汉召开了三峡水利枢纽科学技术研究第一次会议，决定枢纽工程按蓄水高程200米设计。12月，哈尔滨大电机研究所与中国科学院电工所编制完成了《三峡枢纽机组容量论证初步意见》，由俞炳元、朱仁堪、吴天霖、王述羲等负责，提出了单机容量30万千瓦、45万千瓦、60万千瓦、80万千瓦和100万千瓦五个方案，含参数、尺寸和装配图等，内容十分详尽。但由于这个蓄水位方案淹没地区损失大，20世纪80年代初论证采用的蓄水高程降到150米的方案，单机容量也做了调整。

《人民长江》1959年第6期发表了王宗素处长代表一机部八局和装机容量组所做的三峡工程机组容量的报告，对于装机容量、装机进度、投入时间，以及动力系统规划等都进行了阐述。

三峡工程论证：1980年邓小平考察长江和三斗坪，再次提出兴建三峡工程。1986年6月，中共中央、国务院通知，责成水电部负责进一步论证三峡工程，史称"重新论证"。三年后，形成了可行性研究报告，1989年9月由水利、能源两部联合上报国务院三峡工程审查委员会。1990年12月到1991年8月，国务院三峡工程审查委员会审查通过，又报中共中央、国务院批准。1992年4月3日，第七届人大五次会议审议通过了《关于兴建长江三峡工程的决议》。

三峡工程实施：三峡水电站装备的巨型水轮发电机组的尺寸和容量大，水头变幅宽，机组多，运行稳定性要求高，设计和制造难度居世界之最。当时我国水电设计研发制造技术与国外先进水平仍有差距，国务院三峡工程建设委员会从全局和战略高度出发，做出了三峡机组"技贸结合、技术转让、联合设计、合作生产"的重大决策。1996年6月，中国长江三峡工程开发总公司宣布，三峡左岸电站14台70万千瓦机组进行国际招标采购。

为配合技术转让，中国三峡总公司支付了技术转让费，并在合同执行过程中，通过合同中的经济约束条款，根据技术转让的进程和执行情况分期支付，确保核心技术转让完全到位。

招标的结果是,法国阿尔斯通、挪威 KB 和瑞士 ABB 公司组成的 AKA 集团供应 8 台机组,加拿大 GE、德国 VOITH 和西门子等组成的 VGS 集团负责制造供应 6 台机组,国内哈尔滨电机厂、东方电机厂参与分包,两个集团各自最后一台机组分别由哈尔滨电机厂和东方电机厂独立制造。

同时,哈尔滨电机厂和东方电机厂于 1997 年和 2001 年分别承担了国家"九五"和"十五"三峡科技攻关"三峡水利枢纽工程成套设备研制"课题。

通过科技攻关,哈尔滨电机厂和东方电机厂掌握了大型混流式水电机组的水力、电磁、发电机冷却、刚强度及静动应力计算程序和试验技术,突破了巨型转轮(直径 10 米,重 500吨)、5 500 吨推力轴承、20 千伏绝缘线棒等关键部件的制造技术,达到了世界先进水平。两厂应用科研成果研制的 70 万千瓦机组及其关键部件达到国际先进水平,运行良好。

"十五"攻关后的三峡右岸电站 12 台机组招标中,法国阿尔斯通公司、哈尔滨电机厂和东方电机厂各中标 4 台。三峡地下电站 6 台机组招标中,阿尔斯通公司、哈尔滨电机厂和东方电机厂各中标 2 台。哈尔滨电机厂、东方电机厂均自主开发设计三峡右岸和地下电站机组。其中,哈尔滨电机厂设计的水轮发电机采用了全空冷技术。东方电机厂设计的地下电站的 2 台水轮发电机采用了我国具有完全自主知识产权的常温无泵自循环蒸发冷却技术。

各单位共同研究解决了三峡 70 万千瓦巨型水轮发电机组设计、制造和安装等难题,使我国水力发电重大装备的自主研制取得了重大突破。2012 年 7 月 4 日,最后一台机组交付,实现全面建成投产。三峡水电站共有 32 台 70 万千瓦机组和 2 台 5 万千瓦电源机组,总装机容量达 2 250 万千瓦,2015 年通过竣工验收。三峡水电站充分发挥了防洪、发电、航运和水资源利用等巨大综合效益,为长江经济带发展提供了基础性保障。

朱仁堪前辈是 1986 年中国三峡工程论证机电设备专家组的专家,全程参加了三峡水电站的技术论证和前期设计工作,并且主持研究了定子铁心隔振结构及绕组端部电屏蔽等新技术,解决了电机发热和振动等问题,功不可没!

丁舜年院士在 1992 年主编出版了《大型电机的发热与冷却》专著,这是第一部由中国学者编著的大型电机发热与冷却问题的专著,有力支撑了一线工程科技人员。在这个意义上,可以说我们的前辈一直与后辈共同前行,为三峡工程做出了贡献。

三峡工程通过引进、消化、吸收,实现再创新,经过几代人的坚持不懈的努力,三峡梦终于实现了。

引以为傲的是,我国哈尔滨电机厂在 1951 年首开纪录,为四川龙溪河制成 2 台 800 千瓦水轮发电机组,1953 年又为福建古田电站制造 2 台 6 000 千瓦水轮发电机组,到了 1955年 12 月 27 日,也就是第一个五年计划的第三年,已经能为北京永定河的官厅水电站制成 3台 1 万千瓦中型水轮发电机组,使北京直接受益。之后新安江 7.25 万千瓦、云峰 10 万千瓦、刘家峡 22.5 万千瓦和 30 万千瓦、龙羊峡 32 万千瓦、二滩 55 万千瓦,以及三峡 70 万千瓦等机组陆续投运。到 2004 年 9 月,我国水电装机容量突破 1 亿千瓦大关,装机容量和年发电量超过美国、加拿大,位居世界第一。2010 年 8 月,水电装机容量突破 2 亿千瓦。2021 年 6 月,白鹤滩水电站首批单机容量 100 万千瓦机组正式投产发电,标志着我国大型水电工程建设完成从"中国制造"到"中国创造"70 年的历史性跨越。截至 2021 年年底,我国水电装机容量达到 3.91 亿千瓦,稳居世界第一,继续刷新了水电开发速度的世界纪录。

· 七、火力发电设备事业的发展 ·

1. 建设上海火电设备生产基地

1952 年,政务院财政经济委员会同意了华东工业部关于利用上海已有工业基础,并争取捷克斯洛伐克的技术援助,迅速建设上海火电设备生产基地的建议。

为了以较快速度研制 6 000 千瓦火电机组,新成立的一机部第四设计分局设立了上海综合设计处,任命杨锦山为处长,统抓技术引进工作。

1952 年 8 月,杨锦山率代表团赴捷克斯洛伐克谈判技术合作事宜。代表团考察了锅炉厂、汽轮机厂、发电机厂、辅机厂和电厂等共计 20 多个工厂,结合调查了解的上海有关工厂的技术装备和技术人员条件,以及自己积累的电工设备生产技术经验,提出了由上海发电设备制造基地负责引进中压 6 000~12 000 千瓦火电设备设计制造技术,首先试制技术较成熟、性能指标颇先进的 6 000 千瓦火电机组的方案。

冯勤为、姚诵尧两位前辈在中华人民共和国成立后就担任上海电机厂的技术领导工作,20 世纪 50 年代初在上海电机厂闵行新厂址领导建设了电机生产车间和变压器生产车间。为了生产 6 000 千瓦汽轮发电机,上海电机厂需要进行扩建,由丁舜年担任总工程师的第二设计分局承担了设计任务。1954 年春,一机部派褚应璜、沈从龙等加入专家组,对上海电机厂扩建方案进行审查;5 月,一机部批准了上海电机厂工厂扩建总体设计;6 月 1 日,汽轮发电机车间奠基。冯勤为、姚诵尧在捷克斯洛伐克专家的帮助和指导下,参加并主持了一期扩建工程,除了主要厂房,还修建了相应的配套工程和生活设施,以及各种专用设备、超速试验室等。

6 000 千瓦火电机组的全套设备均在 1954 年完成试制和配套工作。褚应璜主持鉴定了上海电机厂试制的中国第一台 6 000 千瓦汽轮发电机。1956 年 2 月,机组在安徽淮南田家庵电厂投入运行,从此结束了我国不能制造火电设备的历史。

2. 30 万千瓦/60 万千瓦汽轮发电机组的成套引进、优化创新

1980 年 2 月,国务院批准一机部、电力工业部两部报告,决定引进大型火电机组制造技术和合作生产 30 万千瓦/60 万千瓦火电机组。对于 30 万千瓦/60 万千瓦机组的引进、消

化、吸收、优化,安排了"六五""七五""八五"三个五年计划的重大技术装备科技攻关,这一过程是分三个阶段来完成的:第一阶段以"消化吸收"为中心开展攻关,保证顺利生产出 30万千瓦/60 万千瓦考核机组;第二阶段以"国产化"为中心开展攻关,使 30 万千瓦/60 万千瓦锅炉、汽轮机、发电机三大主机和主要辅机基本实现国产化;第三阶段以"优化"为中心开展攻关,使引进技术有所发展创新。这中间的历程包含了几代人的汗水。

1980 年技术引进谈判阶段,恽震被聘为顾问(见恽震的《电力电工传略》),沈从龙作为哈尔滨电机厂代表参加,张均作为一机部第八设计院代表参加。沈从龙、张均先期(1978年)参加了一机部为主的 17 人火力发电设备专案调查团,考察了美国 GE 公司、瑞士 BBC公司、法国 AA 公司、美国燃烧工程公司、瑞士苏尔寿公司。引进谈判阶段汽机岛设备评标讨论时按收到的四个投标商资料分成四个小组汇报:美国的 GE 公司由沈从龙、李星煜汇报,瑞士的 BBC 公司由伍能、傅文铎汇报,法国的 AA 公司由朱家驹、周明晖汇报,美国的西屋公司由汪耕、任友询汇报。综合评比结果是,西屋公司居第一。1980 年 8 月下旬,一机部与美国西屋公司正式签订 30 万千瓦/60 万千瓦火力发电设备技术引进合同,同时与该公司签订中方当时还不能自制的机组配件和材料的购货合同,确定 30 万千瓦考核机组由上海完成,60 万千瓦考核机组由哈尔滨完成。

从 1982 年起,上海电机厂、哈尔滨电机厂、东方电机厂和北京重型电机厂的数百名技术和管理人员分别在美国西屋公司接受技术培训,包括科研开发、产品设计、制造工艺、质量保证、生产技术管理、安装调试和运行维护等项目,带回大量工程报告、技术标准、工艺文件、质量控制手册、计算公式及计算程序等资料。古稀之年的姚诵尧、杨锦山、沈从龙等参与了各自单位的技术引进工作。1986 年,上海地区先后完成了合同签订后首台锅炉、汽轮机、发电机,并及时安排了配套的辅机,使首台 30 万千瓦机组于 1987 年 6 月 30 日在山东石横发电厂并网发电。在"七五"期间,姚诵尧组织参加了上海地区发电设备制造厂的工厂改造工程,新建了近 8 万平方米的大型生产车间,增添了关键设备,能提高 30 万千瓦发电设备的机组制造质量,并为研制 60 万千瓦机组创造了必要条件。哈尔滨电机厂于 1987 年制成60 万千瓦汽轮发电机考核机,1988 年 12 月机组在安徽平圩电厂投运。

引进消化西屋公司 30 万千瓦/60 万千瓦制造技术和考核机组的投运,提高了中国火电机组的技术水平、工厂的质量控制和生产管理水平,促进了中国火电机组研制水平的迅速提升,使我国生产大型火电机组的能力上了一个新的台阶。

引进的考核型 30 万千瓦/60 万千瓦汽轮发电机沿袭西屋公司的技术,总体布置、冷却系统和技术经济指标还有提升空间,所以上海电机厂和哈尔滨电机厂根据中国特点在西屋公司的配合下进行了汽轮发电机的优化设计。

优化机组不但更适合中国国情,而且发电机的技术经济性能指标有了新的提高。优化机组的主要性能指标如效率、温升、振动、负序能力等达到了当时世界先进水平,并成为上海电机厂和哈尔滨电机厂生产的主导机型。

上海电机厂制造的首台优化型 30 万千瓦汽轮发电机于 1989 年 9 月制造成功,安装在湖北汉川电厂,1990年7月正式发电。哈尔滨电机厂首台优化型60万千瓦汽轮发电机组于1992年12月制造成功,1996年1月27日在哈尔滨第三热电厂投入运行。

上海发电设备成套设计研究院等单位联合申报的"超临界60万千瓦火电机组成套设备研制与工程应用"项目,荣获2008年度国家科学技术进步奖一等奖。

"六五"(1981—1985)、"七五"(1986—1990)期间,哈尔滨电机厂、上海电机厂、东方电机厂通过技术改造,使汽轮发电机生产能力分别达到300万千瓦/年、250万千瓦/年和180万千瓦/年;"九五"(1996—2000)期间,哈尔滨电机厂、上海电机厂、东方电机厂继续通过技术改造,使汽轮发电机生产能力分别达到500万千瓦/年、360万千瓦/年和360万千瓦/年。2004年,哈尔滨电机厂、上海电机厂和东方电机厂年产发电设备1 506.7万千瓦、1 508万千瓦和1 536.6万千瓦,成为世界发电设备产量最高的前三名企业。

八、科研及标准化

1. 组建电器科学研究院等科研院所

为了奠定社会主义工业化基础,除引进捷克斯洛伐克和苏联的火电设备制造技术外,学习苏联电工技术、建设科研院所和测试基地也是科技能力建设的重大举措。

褚应璜回忆了组建科研院所的过程,详见褚应璜的《自述》。1956年年底,电机制造工业部成立。电机部很快就成立了北京电器科学研究院,褚应璜任首任院长。1958年丁舜年接替褚应璜,成为第二任院长。

在丁舜年主持电器科学研究院近8年的时间内,该院已发展成为专业配套、设备较完善、人才梯队初具规模的电工科研基地,为我国电工制造业做出了积极的贡献。

2. 双水内冷汽轮发电机

1958年8月,中共中央政治局北戴河扩大会议提出,当年钢产量翻一番。这就需要发电机装机容量也翻一番,电机制造业必须面对。

第一台双水内冷汽轮发电机就是在国内对电力需求迅猛增加的经济发展背景,以及浙江大学科研成果的推动下上马的。上海电机厂根据上海市委指示,于1958年7月7日成立了在孟庆元指导下、以汪耕为组长的双水内冷汽轮发电机设计试验小组。

第一台1.2万千瓦双水内冷汽轮发电机于1958年12月在上海南市发电厂安装发电,正常运行了34年多,直到1993年8月才因机组小、煤耗大退役。

1958年12月,在苏联列宁格勒电力工厂召开了大型汽轮发电机和水轮发电机冷却会议,专门讨论大电机的冷却问题,一机部派哈尔滨电机厂的吴天霖和上海电机厂的汪耕参会。吴天霖副总工程师在大会上宣布,中国已用6 000千瓦汽轮发电机的转轴试制出一台

1.2万千瓦、3 000转/分的双水内冷汽轮发电机,并已在厂内总装试验获得初步成功,引起与会代表很大的兴趣。

当双水内冷汽轮发电机在运行中暴露出一些问题,正处于夭折边缘时,上海电机厂不断获得中央领导的关怀,给试制人员以巨大鼓舞。他们不断加以完善,直至存在的问题基本解决,可靠性达到常规冷却机组的运行水平。

其后,在12.5万千瓦、30万千瓦双水内冷汽轮发电机研制中陆续解决了关键技术问题后,上海电机厂投入批量生产,并形成双水内冷汽轮发电机系列。这一成果于1985年获国家科学技术进步奖一等奖。孟庆元在1959年获全国先进生产者称号(参见《上海党史与党建》2009年第9期中汪耕的《我参与双水内冷发电机研制的经历》等)。

3. 上海汽锅所和成套所

中国火电设备制造业在第一个五年计划期间形成后,只是初步掌握了中、小型火电机组的加工工艺,采用经验方法进行设计。为达到独立自主地开发具有先进水平的新机组,研究人员还必须从学科分支的角度来掌握其所包含的深层的规律,通过试验研究取得设计中所需要的数据。1958年,一机部批准在上海建立汽轮机锅炉研究所(简称汽锅所),任命赵之一和杨锦山分别为正、副所长。

杨锦山认为,发电设备的科学技术水平是一个国家的国民经济和工业是否发达的主要标志之一,必须迅速创造条件,予以提高。而汽锅所正是我国火力发电设备制造行业的第一个科研测试基地。1959年到1969年汽锅所迅速发展壮大。

可惜汽锅所于1969年遭到解散,之后处于十年停滞期。这也是令杨锦山最痛心的。1979年,杨锦山恢复工作后,坚持重建汽锅所,要将那些老汽锅所培养出来的人才再聚集起来。杨锦山不辞劳苦,做了大量工作,召回了已分散的科研人员,将原来的汽锅所重建为上海发电设备成套设计研究所(简称上海成套所,2006年研究所更名为研究院)。后该所的研究对象又扩大到核能和新能源发电设备等技术领域。上海成套所终于又一次成为我国热能动力机械科学技术研究中一支重要的力量。

该所代表国家牵头承担了20世纪80年代初从西屋公司、美国燃烧工程公司引进的亚临界30万千瓦/60万千瓦机组引进、消化、吸收、国产化和再创新工作,并且参加了国家历次五年计划重大技术装备科技攻关和国家重大技术装备项目研制。

4. J2-JO2系列电动机设计和标准化

新中国成立初期,我国电动机产品标准化程度极低,参数十分混乱,不利于电动机行业的发展和电动机的推广应用。褚应璜主持制定了我国电压、电流和频率等级标准,组织了我国中小型电动机及低压电器新系列的统一设计。

从1952年开始,一机部电工局即着手电动机的标准化、系列化研究工作,先是仿苏A、AO系列设计出了J、JO系列小型异步电动机,又仿苏C、CM系列研究出了中国T、TD系列中型同步电动机,初步建立了中国电动机行业的标准体系,基本实现了电动机产品的统一化、标准化和系列化。

1958 年,进行了全国第二次电动机统一设计。褚应璜带领和指导一机部主要电工企业的科技人员,由上海电器科学研究所和上海电机厂具体组织,进行第二次中小型电动机、变压器、低压电器等产品系列的统一设计,逐步摆脱仿苏的框框,自力更生设计出接近国际电工标准的新型产品。1961 年 12 月,按照一机部电工局指示,上海成立了 J2、JO2 系列调整设计的核心组和工作组。J2、JO2 系列的统一设计,虽然参照了苏联 A2、AO2 系列设计资料,但更多的是总结我们过去设计生产和许多试验验证工作的经验,集中全国技术力量进行的设计,是中国自行研制的新一代系列电动机。

为了赶上国际先进水平,1975 年,电工局组织了 Y 系列小型异步电动机统一设计工作。褚应璜主要负责国际电工委员会 IEC 标准体系的技术咨询与推广工作,参加了小型异步电动机、低压电器更新换代的研究讨论。1982 年,他主持设计了电动机新系列(Y 系列)的产品。IEC 标准体系的主要代表产品有 Y、YE2、YE3 等系列三相异步电动机。1996 年,为了提高中国小型电动机技术经济性能,开拓国际市场,中国电动机制造厂家又联合设计了 Y2 系列异步电动机。

朱春甲主持研制了 J2、JO2、Y 中小型电动机系列,高庆荣、贺天枢等也在电工标准化方面做了许多工作。

5. 研究机构和研究人员

我国还陆续成立了一批研究机构。据统计,中国机械电子工业部(1988—1993)所属的以电器产品为研究对象的专业研究机构就包括 16 个直属研究所、2 个直属设计研究院和 19 个附设在大型企业的研究所。这些机构集中了中国电工科学研究的主要力量,有工程技术人员约 8 000 人,建立了 29 个检测中心,并拥有装备比较先进的产品测试设备。

下列先辈们在各个研究院所中奉献力量,做出贡献。他们是:北京电器科学研究院的褚应璜、丁舜年、严筱钧、贺天枢、张朝汉、吴世英、顾谷同、周杰铭等,广州电器科学研究院的郑纯涛、祝宗寿等,哈尔滨大电机研究所的朱仁堪、吴天霖、王述羲、俞炳元、张弘夏等,上海电器科学研究所的朱春甲、萧心、陈熙等,沈阳变压器研究所的汤明奇、周茂培、王文铮、史习菜等,上海电缆研究所的葛和林、马盛模、胡懋书、李杜、毛安民等,沈阳电缆研究所的娄尔康等,西安各研究所的蓝毓钟、彭俊甫、孙瑞珩、冯勤为、殷向午、方福林等,上海的汽轮机锅炉研究所的杨锦山、倪钟甫等,一机部科技情报研究所的张大奇、高庆荣等,机械科学研究院的恽震、丁敬华、陈俊雄、陈良杰,一机部上海电动工具研究所的王金仁,中国科学院电工研究所的朱其清、朱维衡等,中国科学院电子学研究所的成众志,一机部二局金属切削机床试验科学研究所的姚肇怡。各个电工学会、协会也活跃着先驱们的身影。担任高校教授的各位先驱也都从事教学和科研工作,如交通大学的杜光祖、许应期、蔡金涛、王兆华、王平洋、孟庆元,哈尔滨工业大学的俞炳元、陈雨波,贵州工学院的恽震,成都电讯工程学院的蒋葆增、陈俊雷,上海大学的艾维超、吴履梯,北京钢铁学院的章守华,西北轻工业学院的游恩溥,哈尔滨电工技术专科学校的杨沁尘等。

九、输电配电事业的发展

1. 建设西安输变电设备制造基地

西安输变电设备制造基地(简称西电)于"156 项工程"建设高潮中开工建设。各个领域专家来自全国各地,集体奉献铸就了西电。负责电材工厂设计的第七设计院黄乃良提出的建议被采纳,对西安基地布局做了调整,安排了四个"156 项工程"项目。蓝毓钟奉周恩来总理之命从湖南湘潭电机厂来到西安,负责筹建开关整流器厂、绝缘材料厂、电力电容器厂和高压电瓷厂。四厂建成后,蓝毓钟任西安开关整流器厂厂长兼总工程师。

新中国成立初期,中、高压电器主要是仿美或仿日的产品。温建中自 1950 年 4 月至 1953 年 2 月任东北电工局技术处开关设备产品设计组组长,管理并指导年轻工程师进行高低压开关设备产品设计,设计出了多油断路器、高低压开关板、自耦降压启动器等多种国家急需的电器产品。"一五"(1953—1957)期间,我国开始制造仿苏产品。20 世纪 50—60 年代,我国在全国范围内进行了两次开关的统一设计。第一次始于 1952 年年底,至翌年 6 月结束,完成了 20 余种高低压电力开关及设备的设计。第二次在 1962 年的第四季度,是为修改仿苏型 10 千伏少油断路器而组织的。第一次统一设计的发起人是褚应璜,彭俊甫带头成立了开关设计组。1956—1958 年,断路器电压等级从 110 千伏上升到 220 千伏。20 世纪 60 年代,自行研制高压电器的主要力量集中于开发高压空气断路器。60 年代后期,高压电器向 330 千伏发展。1978 年,高压电器进入 500 千伏级。从 70 年代开始,各厂开发了六氟化硫高压电器和高压真空断路器等新产品。在高压电器产品开发过程中,沈阳高压开关厂的彭俊甫(后被调到西安)、周仲民,西安高压开关厂的楼家法和西安高压电器研究所的褚善元等都做出了重要贡献。一机部电工局的主管工程师林津等在领导层面也起了重要作用。

1960 年,国家遇到经济困难,苏联撤走了专家,撕毁了合同,开关整流器厂的心脏——高压强电流试验站的工程建设被迫下马。我国调整了布局和设计,终于自力更生建成了国家级的高电压强电流试验基地。蓝毓钟是领军人物。在他的领导下,我国建成了西安高压电力试验室。

1956 年,我国著名输变电专家、电力电容器事业的创始人和奠基人冯勤为离开上海支援建设西安输变电设备制造基地,任西安电力电容器厂副厂长、总工程师,曾兼任西安变压器电炉厂代总工程师、西电公司副总工程师。冯勤为曾成功研制超高压大型变压器、超高压并联电抗器、超高压电容式电压互感器和我国第一只高压电容套管超高压标准电容器、大电流冲击电流发生器等。

汤明奇、周茂培、王文铮、方福林等变压器专家参与和领导完成了 10～330 千伏,100～360 000 千伏安规格的电力变压器系列和各种电压等级互感器的设计工作。领导设计了 330 千伏、500 千伏电力变压器和互感器。

西安高压电瓷厂的发展中,副厂长、总工程师殷向午功不可没,开发出许多高性能电瓷绝缘子产品。西安高压电瓷厂的产品出口到包括北美、欧洲在内的五大洲 20 多个国家和地区。

2. 输变电技术引领世界

(1) 特高压±800 千伏直流输电工程于 2017 年获国家科技进步特等奖。

特高压直流输电工程设计,不但国外没有,而且当时国际电工界还公认这是办不到、不敢想的事。

(2) 特高压交流输电关键技术成套设备及工程应用获 2012 年度国家科技进步特等奖。

该项目推动成立了由我国主导的国际大电网会议(CIGRE)5 个、电气与电子工程师协会(IEEE)3 个特高压工作组和国际电工委员会(IEC)的特高压交流系统技术委员会,促使 IEC 接纳我国成为继美、德、英、法、日之后的第六个常任理事国,大幅提升了我国在国际电工领域的影响力和话语权。

除以上两项国家科技进步特等奖外,在输变电系统上,获得一等奖的还有:

(1) 高压直流输电工程成套设计自主化技术开发与工程实践(2011)。

(2) 三峡输电系统工程(2010)。

(3) 我国第一条 750 千伏输变电示范工程及其关键技术研究(2008)。

我们看到中国的特高压直流、交流输电工程,不仅有伟大的实践,更有大量的自主创新、引领国际标准,我们为前辈们高兴、自豪!

参加西屋公司实习与输变电系统有关的前辈名册参见本章第三部分的"2. 在西屋公司实习"中的内容。

20 世纪 50 年代中期,参加西电基地建设的前辈有:蓝毓钟、邹时琪、彭俊甫、孙瑞珩、温建中、李子白、黄乃良、冯勤为、方福林、殷向午。

汤明奇、周茂培、王文铮、冯勤为、史习荣、邵廷庆、李子白、吴楚方等前辈一直在变压器专业领域贡献力量。

在电力电缆行业,我们的前辈在 1939 年抗日烽火中生产出中国的第一根导线和电缆,恽震和张承祜是领导,前辈们如葛和林、娄尔康、马盛模、吴维正、胡懋书、李杜等都是技术中坚。在高压电力电缆方面,吴维正、娄尔康、葛和林等成就较为突出。

不必在新获奖名单中去寻找我们熟悉的先驱,他们已经陨落。但他们一定会说:"让我们的子孙后代,享受前人披荆斩棘换来的幸福吧!"

十、创业与创新的足迹——东方电气的故事

1. 创业艰难

我国的水电资源有三分之二在西南，因国民经济的发展和准备生产三峡水电设备的需要，国家决定在四川建设一家水力发电设备厂。1958 年 10 月 13 日，工厂正式开工建设，《四川日报》头版头条以"目前我国规模最大，将来产品世界称雄"为标题报道了德阳水力发电设备厂开工建设的消息。1965 年，国家调整德阳水力发电设备厂生产纲领，改为水火电并举，更名为东方电机厂。

为了支援东方电机厂的建设，全国大力发扬一盘棋的精神。据统计，仅哈尔滨电机厂支援东方电机厂的各种设备就达 218 台(套)，工人、技术人员、行政管理人员达 1 354 名，包括曾在哈尔滨电机厂工作过的朱仁堪、陶炜、管敦信也于 1960 年调来德阳。这三位参加美国西屋公司实习归国的前辈，1950 年也曾响应国家号召离开上海、湘潭，去支援东北电工基地建设。

东方电机厂建厂初期，德阳工业区人口激增，当时正逢 20 世纪 60 年代初三年经济困难时期，工厂不得已奉命下马，厂房建设暂停，设备封存。当时物资供应严重不足，粮食、蔬菜等短缺现象十分严重，生产生活条件非常艰苦。那时的德阳基本上是农村，工厂没有围墙，厂区内到处是荒草，野兔出没其间。当地老乡牵了牛到厂区内耕田，种些蔬菜和豆类以度荒年。工厂之前已经采购的进口设备却陆续运来，没有厂房和库房存放，很多设备连同包装箱只好露天堆放。上级安排工厂大面积减员，解聘不急需的职工。留下来的人的主要工作是做设备保养维护，对露天存放尚未安装就已经生锈的设备采取除锈措施和保护。那时职工的生活水平相当低，经历那时的岁月非常不易。

随着国民经济逐渐好转，1964 年年底，工厂重新上马建设，逐渐恢复了生机。特别是1965 年第一次从高等院校分配来较多的大学毕业生，哈尔滨电机厂支援内地建设的人员逐渐到位，又陆续招收了一批新工人，使工厂发展有了希望。1966 年年初，东方电机厂的主要厂房陆续竣工，各种设备相继安装就位，工厂逐步具备投产条件，准备投产一台 4.4 万千瓦的水电机组，可惜当朱仁堪、管敦信、陶炜等正准备大干一场的时候，"文化大革命"开始了。这些有过美国实习经历的前辈无一例外地被打成"反动技术权威"和"美帝特务"而受到严重冲击。工厂也在极"左"思潮的影响下，歪歪扭扭往前走，直到党中央粉碎了"四人帮"和召开了十一届三中全会后，企业才逐渐重新走上正轨，老一代专家才陆续得以恢复工作。朱仁堪作为副总工程师主持了乌江渡 20 万千瓦水电机组、30 万千瓦汽轮发电机、75 千伏安稀土钴永磁副励磁机等一大批重点科研项目的研制。管敦信作为副总工程师兼总工艺师负责生产制造，特别是临危受命，担任我国首批投标出口美国的机电设备的项目总负责人，

是名副其实的第一个吃螃蟹的人。陶炜作为代厂长兼总工程师承担了更多的拨乱反正、建立新秩序的管理工作。这时他们年事已高,仍在为企业长久发展发挥着作用,他们在极其困难的情况下决策新产品开发,据理力争东方型 30 万千瓦汽轮发电机的自主研制,在企业资金极其紧张的情况下优先建设高水平的水力机械试验台等科研项目,开创性地组织开展国际贸易,为企业长久健康发展奠定基础。另外,他们花更多的精力在传帮带方面,培养和选拔好技术和管理的第二、第三梯队,对年轻一代"扶上马,送一程"。

2. 技术创新

计划经济年代,一机部安排东方电机厂采用苏联技术生产 20 万千瓦汽轮发电机,在 20 世纪 80 年代初国家派员学习美国西屋公司技术时,上海电机厂、哈尔滨电机厂都有明确的 30 万千瓦、60 万千瓦机组的考核目标,而东方电机厂没有,尽管也派人参与引进技术的学习,但仅为"协作配合"。正在自行研制的 30 万千瓦汽轮发电机已被上级叫停,考虑到今后的市场需求,陶炜等工厂领导和技术人员还是坚持继续研制,在没有具体依托项目的情况下,通过对引进技术的消化吸收,提前做了充分的技术储备,在国内第一次举行火电设备招标采购时,获得了山东黄台电厂的 30 万千瓦机组的合同。朱仁堪副总工程师主持了该项目和配套 75 千伏安稀土钴永磁副励磁机项目的研制。第一台机组在厂内试制完成后,陶炜组织了大规模的模拟电站实际充氢运行条件下的试验,并取得成功。1987 年,黄台机组正式投运后,经过大量现场试验,机组技术性能全部达到国家标准和国际电工委员会标准。这台借鉴国外先进技术,自行开发研制的东方型 30 万千瓦汽轮发电机,被国务院重大办誉为"嫁接国外技术的范例",并荣获国家优质产品金奖,机组与 75 千伏安稀土钴永磁副励磁机研制均获得国家科技进步二等奖。

葛洲坝 17 万千瓦水电机组、龙羊峡 32 万千瓦水电机组和东方型 30 万千瓦汽轮发电机的研制成功,以及 DF-100 型高水头水力机械通用试验台的投入使用,使东方电机厂在水火电设备研究开发与制造方面走在了国内的前列。改革开放几十年来,德阳不断进步,逐渐成为国家重型装备制造基地和国内三大动力设备之乡(上海、哈尔滨、德阳)之一,截至 2021 年,东方电机厂以生产单机容量 100 万千瓦白鹤滩水电机组、100 万千瓦汽轮发电机、175 万千瓦核发电机走在行业的前列。

3. 外贸创新

中国水电设备出口,开始时主要是以援助的方式。例如,1963 年哈尔滨电机厂为中朝云峰水电站制成 10 万千瓦水轮发电机组,1969 年东方电机厂为阿尔巴尼亚伐乌代耶电站制造 5 万千瓦水轮发电机组。当时,这些项目都是按照国家计划组织生产的。以投标方式出口始于改革开放后,东方电机厂的陶炜、管敦信等是第一批开拓者,他们极有战略眼光,又善于从细节入手。

20 世纪 70 年代末 80 年代初,随着十一届三中全会后开始的对外开放,我们陆续看到了外面的世界,但是闭关自守的观念和"文化大革命"的影响还严重地束缚了人们的思想。国内很少的几家机电设备外贸公司也极少有对外交往的经验,特别是对美国这样的国家。东方电机厂领导研究了当时的形势,认为机电产品外贸是今后的必然趋势,于是下决心组建外销组开展外贸工作。

20世纪70年代末期,在这个能听懂英语的人都不多,没有传真机、复印机等办公设备,很难拨叫长途电话特别是国际长途电话的时代,东方电机厂组织了一支优秀的队伍,用打电报和发电传的原始方法开启了国际贸易工作。

通过多方面的努力,1980年东方电机厂以投标的方法,获得了第一笔出口美国加利福尼亚州卡曼奇水电站3套轴流转桨式水轮发电机组的订单。当时这个项目的重要程度非同小可,毕竟是全国第一套机电产品出口到美国,而且项目又有美国工程师在工厂现场监制,东方电机厂成立了专门的项目工作组,项目负责人的担子最重,厂里确定由管敦信副总工程师担纲,他出色地完成了任务。

这3套机组单机功率虽小(4 200马力,1马力=0.735千瓦),但设计制造过程困难重重。仅招标文件规定采用的技术标准,工厂就曾派人跑遍全国收集,并组织力量翻译。经过精心设计、施工,与用户多方协商,尽一切可能响应招标文件的要求,这3套机组1982年产出,1983年起陆续发电。由于提前交货和机组性能优秀,还获得了美方的奖金,也使东方电机厂在国际市场上开始建立起良好的商业信誉。

通过卡曼奇机组和以后一些外销项目的实践,除了出口换汇以外,东方电机厂的国际贸易队伍逐渐熟悉了外贸政策,掌握了进出口业务。技术人员学会了响应招标书的要求,采用国际标准,适应国际惯例。生产和质量管理方面也做到了无论是否有用户现场监制,都能严格履约。电站服务队伍学会了指导完全外行的国外工人从事水电设备的安装与调试。管理人员学会了涉外项目的管理。总之,通过早期的外销活动实践,东方电机厂逐渐培养和锻炼了一支懂技术、精业务、会外语的国际贸易队伍,他们逐步具备了独立开展国际贸易的能力。也使工厂能及早适应马上到来的我国市场经济的运作方式。

第一批水电设备的投标出口使我国水电设备企业在工艺、标准化及质量控制等体系方面得到提升和淬炼,是走出国门的序曲。东方电机厂的进步是我国机电设备企业的一个缩影。经过几十年的努力,我国机电设备产品成功进入亚洲、非洲和美洲等地区,正在创造更多的奇迹。

我国电机工业经过艰难曲折走向发展繁荣,我们不会忘记那些为我国电机工业发展奋斗了一生、做出了卓越贡献的先驱。他们在国家建设史上留下了艰苦创业、无私奉献的感人事迹。我们要永远记住他们的功劳,学习他们的开拓精神、奉献精神。

第二章　电气先驱生平介绍

本章是对前辈的生平介绍。我们选登了89位前辈的生平，绝大多数是后代撰写的，或取材自原工作单位的评价、行业企业史，或后辈们在追索、查阅先人留下的日记、笔记、信笺等后补充的相关内容。选登的相关照片均由各篇作者提供。人物按照出生年月的先后排序(鉴于恽震是我国电气制造业的奠基人，故特别排在第一位)。

一、恽 震

恽诚之

恽震(1901—1994)，字荫棠，别号秋星，江苏常州人，我国电气制造业的奠基人、中国电机工程学会的创始人之一，《少年中国》杂志编撰人，长江三峡第一个开发计划的发起人和主持人，原贵州工学院一级教授，第一机械工业部外事局、电工局和上海发电设备成套设计研究所顾问，中国电机工程学会和中国电工技术学会顾问，终身荣誉会员，原九三学社北京分社和贵阳分社委员会委员，贵州省政协委员，南京市政协委员，离休干部。

1901年10月14日，出生于江苏省常州市青果巷。1916年，中学毕业于复旦公学中学部，1917年考取南洋公学(交通部上海工业专门学校，后称交通大学)电机系。1919年五四运动期间，积极投身学生运动，是南洋公学学生会的中文书记，为李大钊主编的《少年中国》杂志撰稿，在1920—1924年发表过《学生运动的根本研究》等7篇文章。1921年夏，毕业于交通大学电机系，获学士学位。同年赴美国深造，1923年获美国威斯康星大学硕士学位。回国后，曾在国民政府建设委员会任职。1932年10月恽震选4位专家组织了我国第一支水力勘察队，从武昌到重庆沿途测量，编写了第一部三峡开发计划《扬子江上游水力发电勘测报告》，这个计划选定的葛洲坝、三斗坪两处坝址后来被证明是正确的。1933年，会同有关专家制定了我国电力标准，为统一我国的电压标准和频率标准打下了基础。

1936年起，负责筹建中央电工器材厂，其后任该厂总经理。这个厂包括四个工厂，他还负责一个提供电力的湘江电厂。这些工厂都为发展我国的电工行业以支援抗日战争做出了贡献。其中,电线电缆厂在1939年夏建成厂房,1940年即生产出我国第一批成套规模的电线电缆。1945年,他由资源委员会派赴美国洽购技术引进合同,组织和带领100名左右工程师在美国西屋电气公司和摩根史密斯公司接受技术培训,这批接受培训的工程技术人员和经济管理人员,在1949年后成为我国社会主义建设时期机电工业中德才兼备的技术骨干和领导力量。

1948年12月,在国民政府资源委员会南京五厂迁台委员会工作时,恽震按照"必须竭尽全力鼓励员工保护工厂资产不要迁移"的方针与中共地下党建立了联系,接受任务,为电工厂总管理处及所属工厂的全部资产和机器设备回到人民手中做出了努力。为此,根据1993年中央有关指示精神,按地下党工作人员对待,恽震享受离休待遇,其参加革命工作时间从1948年10月算起。

1949年8月,恽震被上海军管会选派参加中央财经委员会组织的东北华北工业考察团,进行恢复重建工作的考察,他提出了"要发展我国的电力建设必须自己制造设备的意见"。1949年10月,恽震任华东工业部电器工业处处长;1953年,调往北京,先后任第一机械工业部技术司和机械科学研究院一级工程师;1961—1976年,在贵州工学院任教授;1977年退休回上海,继续担任第一机械工业部外事局顾问,被电工总局聘为引进30万千瓦/60万千瓦火电机组制造技术谈判的顾问,协助部领导选定技术转让合作者,这项合同的签订对我国发电设备设计制造水平的提高起了重要作用。

恽震热爱党、热爱祖国、热爱祖国的建设事业。新中国成立前夕,他不顾同窗好友为他做好的去台湾的安排,毅然决定留下来为建设新中国出力。他在1957年的反右和1966年开始的"文化大革命"中曾受到冲击,但他始终坚信中国共产党的领导,对社会主义祖国的光明前途矢志不渝。

恽震为人正直、坦率,性格开朗,任劳任怨,不计毁誉,还热心社会活动,关心青年成长。他一生的志愿是发展教育、培养人才、建设电站、提高我国发电设备和电工器材的生产能力和技术水平。由于对我国电力事业做出了卓越贡献,恽震被《中国大百科全书·电工》列为十五位名人之一。

1984年,中国电机工程学会表彰他从事电气事业50年,授予"荣誉证书",并被授予"终身荣誉会员"称号。1991年,中国电工技术学会授予他"元老杯"奖和"荣誉会员"称号,表彰他对电气事业的贡献。

1994年1月14日,恽震病逝于上海。

·二、沈良骓·

本书编写组　整理

沈良骓,上海市奉贤县(今上海市奉贤区)奉城人,1885年生。1917在交通部上海工业专科学校(交通大学前身)电气机械科毕业后,考取清华大学留美官费生,入美国康奈尔大学电机系,第二年毕业后进研究生班。1921年回国,曾在中央电工器材厂二厂任顾问。抗日战争胜利后,他负责上海敌产的接收工作,被任命为上海电缆电机厂厂长。后因与工会关系难处等,他请辞回南京电照厂任厂长。此时他担任着中央电工器材厂总顾问。1948年年底,蒋介石亲自下令南京电照厂等五厂(另有南京无线电厂、南京有线电厂、南京电瓷厂、马鞍山机器厂)迁往台湾。蒋介石任命时任南京电照厂厂长沈良骅为五厂迁台委员会主任,负责迁移具体事项。然而沈良骅却一直不愿意搬迁。他秘密与中共南京地下党取得联系,决定"工厂不搬迁,就地迎解放"。他让员工把一些机器、设备、贵重材料等装箱搬运到码头。随后,趁人不注意,又偷偷运回工厂,并组织员工巡逻护厂。1949年2月,资源委员会接到京沪杭警备总司令汤恩伯从上海打来的电报,再次催促南京五厂速迁台湾。在孙越崎召开的研究对策的会上,沈良骅等领导一致决定:工厂不迁,电报不复。4月20日,沈良骅忽然接到迈皋桥国民党空军仓库通知,称国民党准备引爆仓库,沈良骅为了保护电照厂机器设备在混乱中不被破坏,立即动员组织工厂护厂队员冒险守卫工厂。由于沈良骅依旧"按兵不动",他被国民党政府以"抗令罪"通缉,幸而4月23日南京获得解放,工厂得以保存,他也免于被捕。南京解放后,沈良骅、吴祖垲代表电照厂全厂员工,向南京市军事管制委员会移交电照厂。至此,电照厂的全部资产和人员移交给了新生的人民政权,厂长沈良骅留任。同年12月,沈良骅被调往上海华东工业部任职,由副厂长吴祖垲接任南京电照厂厂长。1963年,沈良骅任中国硅酸盐学会理事。

❖ 三、颜任光 ❖

本书编写组　整理

颜任光(1888—1968),海南崖县人,一级工程师。早年曾在海南圣经学校读书,后被保送到广州的岭南中学,接着升入岭南大学。1912年考取公费赴美留学,在康奈尔大学学习机械工程,后专攻物理学,1915年获硕士学位。1918年获芝加哥大学物理学博士学位,后留校任教。1919年回国任北京大学物理系主任、教授,仪器委员会委员长。1925年与中国现代仪器仪表业的先驱丁佐成一起创办了中国第一个现代科学仪器厂——上海大华科学仪器公司,任工程师,主持国内第一架无线电收发报机的制造,设计和制造了国内首批交直流电表。1925年6月五卅惨案后,颜任光与胡适、丁文江等四位知名教授,发出慷慨激昂的三千字电报,谴责军阀的暴行,得到全国各地大中学生的热烈响应。1926—1932年,任上海光华大学(今华东师范大学)物理系主任、理学院院长、副校长等职。1932—1935年,任交通部电政司司长。抗日战争爆发后,颜任光任资源委员会专门委员,并和周维干一起主持建立中央电工器材厂三厂(电话设备),任副厂长、驻厂顾问、代总经理等职。该厂主要生产交互式发报机、收报机、发话机、收音机等通信设备,供应交通部、军政部、航空委员会、美国空军及其他军政机关,为抗日战争的胜利做出了贡献。1946—1947年,颜任光在上海中央无线电器材公司任工程师兼代筹备处处长。1948—1949年,颜任光受委托创立私立海南大学,担任海南大学首任校长,开创了海南高等学院之先河。1949年新中国成立前夕,颜任光为了响应周恩来总理的号召,毅然从香港回到上海,为发展国家的电力、仪器事业发挥自己的技术和专长,在大华科学仪器股份有限公司任研究室主任,又任上海华东工业部电工局电表制造指导。1953—1968年,任上海电表厂副厂长兼总工程师。颜任光早期从事气体离子运动的研究,在测定气体离子方面开展了独到的研究,对几种气体的黏滞系数的绝对值做出了精确的测定。他主要研究仪器仪表,特别是多种电表的设计制造,对发展我国的仪器仪表做出了重大贡献。他曾出席1962年全国政治协商会议。颜任光历任上海市政协委员、上海市电子学会理事、上海市物理学会理事、杨浦区科技协会副主席等职。

· 四、张承祜 ·

周泽昆　整理

　　张承祜(1898—1986?),上海嘉定人,1898年3月16日生,1923年南洋大学堂电机工程科无线电信门第十三届毕业生。1923年8月29日,交通总长吴毓麟签发交通部训令称,批准选派俞汝鑫、张承祜、洪传炯、陈广沅、郑泗、茅以新、金悫、韦国錝8人赴英国实习。张承祜是1926年交通大学旅英校友,毕业于英国曼彻斯特大学无线电系。

　　1927年,南京国民政府成立后,决定在上海筹建国际电台。1931年,真如发信台、刘行收信台、中央控制室、枫林桥支台和中菲转报台等单位合并,正式组成国际电台(简称CGRA),隶属于南京国民政府交通部国际电信局。1931年2月至1936年7月,张承祜任管理工程师,负责管理电台。

　　张承祜对于中国的电台没有一根国产电线颇感遗憾。鉴于以上原因,他建议兴办电线厂。资源委员会同意了张承祜的建议,并邀请其参加筹建工作。1936年,他作为中央电工器材厂筹备委员会委员,被筹备委员会委派去英国寻求电线电缆技术转让厂家,寻求电线制造技术协作,采购设备,了解国外电线电缆制造和电工事业的现状及发展趋势。资源委员会同时拨给伦敦中国银行一笔专款,供张承祜购买设备。张承祜先后考察了英国、荷兰、法国、意大利、德国等国的有关工厂,购回了当时世界上最先进的电线电缆生产设备。

1939 年 7 月 1 日,中央电工器材厂正式成立。工厂由国民政府拨给创业经费 210 万银圆,建筑面积为 8 415 平方米,职工人数为 497 人。经过一年多在昆明的建厂、设备到货安装调试等,一厂建设于 1939 年完工。同年经过技术人员和工人的共同努力,一厂制造出我国第一根铜导线电缆,填补了当时国内空白,被誉为中国电线电缆工业的摇篮,产品的商标定名为"电工牌"。

张承祐担任中央电工器材厂协理兼一厂厂长,抗日战争胜利后的 1945 年年底,他自昆明到上海、天津、沈阳接管日伪电工产业,被委任为中央电工器材厂总管理处协理兼代总经理。

1935 年 4 月,出席了第一届工程师学会年会(上海),1952 年,任中国机械工程学会武汉分会理事,1965 年任政协第四届全国委员会委员。张承祐曾在江西省机械工业厅工作,担任江西省政协委员、江西省机械工业学会理事、江西省民盟委员等职,1982 年退休。

❖ 五、杜光祖 ❖

本书编写组 整理

杜光祖(1898—1982),江苏无锡人,南洋公学附属小学部毕业,1918 年清华留美预备部毕业,1921 年获麻省理工学院机械学士学位。历任国立东南大学、江西公立工业专门学校(后并入南昌大学)和北京清华学校(清华大学)教授、国民政府建设委员会无线电管理处管理科科长。1925—1937 年,在上海南洋大学(1929 年更名为国立交通大学)任教 12 年,讲授力学课程,是学生公认教得最好的老师,曾经教过钱学森。抗日战争爆发前,他还在中国联合公司、无锡人造丝厂任职,曾任资源委员会中央电工器材厂筹备委员会委员。抗日战争时期他辗转到香港,在中央电工器材厂香港办事处任主任,在中国汽车制造公司工作。20世纪 40 年代初期,他回到上海,任上海华生电器制造厂协理兼厂长,曾在利达无线电公司、建设委员会淮南路矿股份有限公司任职。1949 年后,担任上海华生电器厂经理兼厂长,公私合营后任华生电器厂总工程师。杜光祖曾任上海市普陀区政协第二、第五届委员。

❖ 六、朱其清 ❖

本书编写组 整理

朱其清(1898—1973),南洋公学(交通大学的前身)毕业。受交通部公派出国留学,获美国斯坦福大学无线电博士,然后去英国马可尼公司实习,1922 年回国。1924 年,他参加中国科学社(中国最早的科学团体),当年试验成功自己造的中国最早的无线电话机,成功实现了南京至上海间的无线通话。1927 年,他创办了中国最早的无线通信公司之一的三极锐电公司。1932 年,国防设计委员会成立,后改为资源委员会,他担任委员、电气研究室主任(下设电话、电线、电瓷和电子管 4 个研究室),创建了中央电工器材厂二厂,1940 年创办了中国业余无线电社和战时服务团,开展抗日战争时期的军事无线电通信服务:一方面,积极维持与国外的业余无线电台进行通联,宣传抗日战争;另一方面,运用自己的无线电技术,开展针对日军的电台或广播电台的侦查和干扰工作,并为前线的抗日军队提供无线电设备和无线电人才。1938 年春天,该团就收集并改造了 20 余部短波接收机和发射机,并转交给了八路军。抗日战争胜利后,他仍在资源委员会任技术室专门委员兼电气研究室主任。当时他家在周恩来的南京办事处隔壁,他和共产党也有联系。为避开南京政府的耳目,他曾亲自开车送一些需要离开南京的共产党干部出城。国民党撤退台湾时,他毅然拒绝去台,留在上海迎接解放。1949 年后,应邀任华东军管会电讯处顾问,参加接收上海电信局和市广播电台。1950 年,他被聘请到长春东北工业部科学研究所工作,任电机研究室主任。1952 年,该研究室由中国科学院接管,更名为长春综合研究所。1958 年,他随机构到中国科学院电工研究所工作。

· 七、黄修青 ·

本书编写组　整理

黄修青(1898—1979),无锡县(现为无锡市)人,1919 年毕业于交通部上海工业专门学校(交通大学的前身)机电科,获学士学位,后进修于北京邮电学校。1919 年后,先后在上海、天津、南京、沈阳、哈尔滨等地电信部门任职,从事有线电方面的工程技术和管理工作。在此期间,曾赴德国、美国、加拿大、英国考察,进行技术合作。创办了资源委员会中央电工器材厂三厂并任三厂厂长。抗日战争胜利后,昆明三厂迁至南京,改名为中央有线电器材公司南京厂,黄修青任总经理。南京解放前夕,国民党当局企图将包括该厂在内的五个工厂生产设备拆迁到台湾,由于黄修青多方面努力以及工人进行护厂斗争,终将有线电器材公司全部设备保护下来,完整地移交给人民政府。新中国成立后,黄修青历任南京有线电器材公司总经理,华东工业部电器处工程师、组长,华东工业部电工局工程师、科长,第二与第三机械工业部有线电工程师、机械电子工业部电子科学技术情报研究所主管工程师,第四机械工业部(简称四机部)顾问等职。他为建立我国有线电工业、发展我国有线电技术做出了很大成绩。特别是在他晚年从事电子工业科技情报工作以后,对科技情报工作上的业务建设、技术干部的培养都有很大贡献。他被推选为中国电子学会理事,中国电子学会编辑委员会、科学普及委员会、通信专业委员会委员,北京市电子学会副秘书长。他主编的著作有《电子技术在国民经济中的运用》《国外人造水晶研制动态及著名专家》《人造水晶译丛》《人造水晶情报研究报告》《人造卫星及其电子设备》等。

· 八、鲍国宝 ·

本书编写组　整理

鲍国宝(1899—1978),生于广东香山(今珠海山场),中国电力工程专家。1909年入南洋公学小学部,1913年升入南洋公学中学部,1917年毕业,考进清华学校,1918年毕业于清华学校留美预备部,随即赴美,1922年毕业于美国康奈尔大学机械工程动力系,获机械工程师学位。1923年回国后,历任浙江大学教员,交通大学教授,国民政府建设委员会电气处处长,南京首都电厂厂长,福州电厂总稽核兼总工程师,广州电力管理处总经理兼总工程师,宜宾电厂、岷江电厂厂长,广州电厂理事长等职。抗日战争胜利后,任冀北电力公司总经理。按照资源委员会委员长孙越崎先生南京秘密会议"坚守岗位,保护财产,迎接解放,办理移交"方针的部署,在解放军进城后,鲍国宝将冀北电力公司全套发电设备和一批电业人员完整地交到人民手中,为日后京津唐电网的迅速恢复、保证国民生产和人民生活用电做出了重要贡献。1949年后,历任华北电力总局总经理、华北电业管理总局局长,燃料工业部修建司、设计行政司司长,电力工业部、水利电力部科学技术委员会主任。鲍国宝长期从事火力发电、水力发电的技术研究及发电厂的设计与管理工作,曾筹建并主持了前述各电厂的工作,对中国电力工业的初期建设做出过重要贡献。"文化大革命"期间,鲍国宝受诬陷,在身心受到极大伤害时,仍关心国内电力工业和能源发展,撰写《建议利用天然气和石油作为发电的过渡能源》《远近结合利用各种能源发电、加快电力工业发展》等系列文章,呈送给国家水利电力部领导,引起关注。1976年,鲍国宝被聘为水利电力部技术委员会顾问。年过七旬,他仍参与英国科学家李约瑟《中国科学技术史》的翻译和《物理学词典》的编译工作。鲍国宝曾任中国电机工程学会第二届理事长,是第二、第三届全国人大代表,政协第二届全国委员会委员。1993年经研究,鲍国宝按中共地下党工作人员对待,其参加革命工作时间从1948年10月1日算起。

· 九、许应期 ·

本书编写组　整理

许应期(1899—1976),江苏江阴人,1921年毕业于南洋大学堂(后更名为交通大学)电机系。1923年,考取清华学校留美预备部,在美国麻省理工学院学习,后转哈佛大学电机系并获硕士学位。回国后历任国立浙江大学、国立交通大学副教授,国立中央大学电机系教授兼主任。1930 年至 1931 年,任中央研究院气象研究所研究员兼秘书。1935 年,被建设委员会聘为电机制造厂厂长,遂辞去国立中央大学教职,就任厂长,但仍在国立中央大学兼课。1936 年,任资源委员会中央电工器材厂筹备委员会委员。抗日战争期间,建设委员会电机制造厂迁武汉,武汉失守前,国民政府决定将建设委员会电机制造厂并入资源委员会中央电工器材厂,成立第四厂。长沙失守后,中央电工器材厂四个工厂分别迁往桂林和昆明,许应期任中央电工器材厂昆明四厂厂长,兼桂林四厂厂长。1944 年,曾赴美国考察。抗日战争胜利后,任上海淮南矿路股份有限公司董事会顾问兼上海中国纺织建设公司副经理,并在上海纺织工业专科学校(东华大学前身)任教授。1949 年后,历任大同大学教授,交通大学教授,交通大学工管系主任、运输起重系主任等职。1973 年,院校专业调整,被调到上海铁道学院(现并入同济大学)任教授。曾为上海市政协第四届委员,上海电机学会交通电气化专业委员会副主任,九三学社上海分社宣传部部长。编著有《牵引电机》《电力牵引基础》,以及《电机学参考文丛》第一、二集多种,合译《无线电原理》等。

· 十、冯家铮 ·

本书编写组　整理

冯家铮,南洋大学堂(后更名为交通大学)电机工程科毕业,灯泡制造专家。留学美国,曾在 GE 公司实习。回国后于 1927 年加入民族企业家胡西园的亚浦耳电器厂任工程师。他悉心改良亚浦耳电器厂的生产程序,使直丝灯泡、可乐灯泡的质量大为提高;同时,又着手研制充气灯泡。充气灯泡时称哈夫灯泡,为当时市场上的最新产品。它的灯丝细而短,绕成半圆形,将泡内空气抽掉后灌入氩气及氮气。这种灯泡的灯丝不易蒸发,受震后不断丝,光呈白色,与可乐灯泡相比,照明效果更好、质量更高。在美国留学期间,他曾在 GE 总厂实习,经验丰富,因而研制工作很顺利。1928 年,他研制的充气灯泡正式投产。可乐灯泡、充气灯泡的研制成功,打破了外商对新产品的垄断局面,迫使 GE 灯泡厂不得不自动降价。亚浦耳电器厂击败了竞争对手。1936 年,任资源委员会中央电工器材厂筹备委员会 11 位委员之一。1939 年 7 月 1 日,中央电工器材厂正式成立时,他任电工二厂厂长,专门生产普通灯泡、日光灯、真空管、充氟灯泡和各类特种灯泡。抗日战争期间,他派出工程师吴祖垲和梅开基到重庆南岸黄桷树设立灯泡支厂,目的就是以产就销,接近市场,便利后方客户。1945 年秋冬,他到天津接收敌伪工厂。1949 年后,他到沈阳灯泡厂工作,后在大连东北电工十二厂任主任工程师。

·十一、任国常·

本书编写组　整理

任国常(1901—1991),江苏宜兴宜城镇人,1921年毕业于南洋大学堂(后更名为交通大学)电机工程科,电瓷专家,中央电瓷厂总经理。早年就读于宜兴县立第一高等小学,后曾任安德斯电气公司工程师、厂长。1929年创办中国第一家电风扇厂(华生电扇厂);1935年创办中国第一家自鸣钟厂(昌明钟厂,即上海手表二厂);1936年,筹建中国第一家高压电瓷厂中央电瓷制造厂,任总经理。从1933年起任国民政府资源委员会电气专员,中央电工器材厂11人筹备小组成员之一。以资源委员会名义与西屋公司签订了技术合作合约,建设宜宾总厂(后更名为宜宾红星无线电器材厂),由西屋公司进行整体设计,计划有电瓷、电具、家用电具三项,并计划工厂的设备、厂房、窑炉等在美采购设备达100万美元。1946年,任中央电瓷制造厂重庆分厂总经理兼总工程师。他是中国高压电瓷创始人、著名化工学家,曾任南京电瓷厂总经理、上海电瓷厂总工程师。由其首创为国家填补空白的工业产品有高压电瓷、火花塞、避雷器、真空练泥机、电风扇、自鸣钟等。

·十二、顾谷同·

本书编写组　整理

顾谷同(1902—1990),江苏无锡人,1924年毕业于交通大学电机系。1930年7月,在美国芝加哥自动电话公司实习。曾任无锡耀明电灯公司工程师、浙江长话工程处线路股主任、上海电话公司话务工程师、南京九省长途电话工程处工务科长。1936年8月,任武汉大学教授;12月,赴湖南湘潭下摄司筹建资源委员会湘江电厂,任总工程师。1939年年初,到桂林任中央电工器材厂总管理处工程师,次年4月调到昆明,协助筹建第三分厂(电话设备),任副厂长、总管理处技术室主任,后随厂迁至上海。1949年5月上海解放,受军管会的委托负责中央电工器材厂总管理处和上海各分厂的移交接管工作;后调华东工业部电器工业处任技术股长。1953年1月至1957年6月,任上海华通开关厂工程师和总工程师。1957年7月,任电机制造工业部生产技术司总设计师、一机部技术司副总设计师。1966年6月,他被调到北京电器科学研究院情报室工作。1973年1月,出任一机部技术情报所高级工程师,致力于《电机工程手册》的编纂工作。1980年后,兼任中国电工技术学会、一机部技术情报所、《电工技术学报》和《电工技术杂志》的顾问,曾任中国电机工程学会理事、中国自动化学会理事。顾谷同曾先后被选为上海市第二届人大代表,上海市长宁区政协委员,第三、第五届全国人大代表,政协第六届全国委员会委员等职务。

· 十三、孙瑞珩 ·

孙亦玲

　　孙瑞珩(1906—1993),我国知名的电工行业高级专家,高级工程师,江苏崇明(今属上海市)城桥镇人。1927 年,毕业于浙江公立工业专门学校(浙江大学前身)电机工程系,曾任清华大学技术员、助教、教员。1935 年由清华大学派赴英国汤生公司电机制造厂实习,继而到凯伦特电缆公司电力电缆寿命试验研究所实习,1937 年回国。

　　1938 年 7—11 月,在广州中山大学电机系任教授,中央电工器材厂香港办事处杜光祖教授介绍他去昆明筹建昆明第四厂,完成了选址、建厂,并担任艺徒管理委员会主任,培训艺徒。在第四厂任变压器组长,1941 年,昆明四厂进行改组,他先后任四厂计划组组长、副厂长,1945 年12 月接替张承祜兼任昆明一厂厂长,后将一厂、四厂两厂合并成昆明制造厂以集中资源开展生产,他被委任为昆明制造厂厂长。

　　1947 年 1 月,接替沈良骅任中央电工器材厂上海制造厂厂长。1948 年 2 月,被派赴匹兹堡接替褚应璜任驻美国西屋公司技术代表。1949 年 2 月,驻西屋公司代表处被撤销,他去西屋公司的 Sharon 变压器分厂实习考察半年,1949 年 8 月离开美国,10 月 10 日在天津塘沽登陆,到华东工业部报到,在电器工业处任计划组组长。

　　1950 年 4 月,受华东工业部委派赴沈阳东北电工局,任主任工程师。因为女儿不幸去世等家庭变故回北京,在燕京大学工作。1951 年,应邀到上海华生电器厂任制造科科长,半年后再回华东工业部电器工业处任工程师。华东工业部被撤销后,电器处改为基建设计处,最后改为一机部设计总局第二设计分局,孙瑞珩任第二设计分局工程师,完成了武汉锅炉厂的选址和总图设计。

　　1953 年,调到上海电机厂设计科,负责试制我国第一台多阳极铁壳式水银整流器并获成功。1954—1956 年,在上海主持筹建水银整流器中间试制及小批量生产车间,挂靠华通开关厂第八车间,被任命为上海电器科学研究所整流器研究室主任。1957—1958 年,负责试制 6 000 安、750 伏水银整流器,并获成功。1955 年,被评为上海市劳动模范。

　　1964 年,一机部八局将上海电器科学研究所的整流器室迁往西安,与开关整流器厂整流器室合并,孙瑞珩率队西迁,任西安开关整流器厂整流器研究室主任、西安电力整流器厂副总工程师、西安电力机械制造公司总工办高级工程师,为发展我国的电力整流器事业做出了重要贡献。他是我国造诣深厚的电机和变压器制造技术领域的专家。

　　1974 年 12 月,孙瑞珩退休,仍然关心着我国电工行业的发展。1993 年 8 月 3 日,他在上海逝世,终年 87 岁。

· 十四、殷关元 ·

殷梅格(Yin, Margaret)　殷海伦(Yin, Helen)　俞增力

　　殷关元(1907—1972),江苏松江(今属上海市)人,生于 1907 年 4 月 14 日,1972 年 3 月卒于香港。1929 年,毕业于国立交通大学铁道管理系。曾在胶济铁路局工作。抗日战争期间,在昆明中央电工器材厂任会计室成本课长、会计主任。1943 年 1 月,在昆明与俞炳元的胞妹俞德明完婚。当时同事们戏称,殷关元嫁进俞家了,俞家交大四兄妹变成交大 4.5 兄妹。1944 年年底,受资源委员会委派赴英国 BICC 电缆公司实习,再去美国实习考察。1946 年秋,返国后任中央电工器材厂上海办事处主任。1947 年后,辞去中央电工器材厂职务,与沈家桢等成立了人人企业公司,以"发展实业,改善民生"为目的,并在上海自行创办中国贸易暨工业发展公司。1948 年春后,他转驻香港。1949 年,公司总部迁到香港,开拓了国际海运等业务。其后公司又转移到美国,做美国内河航运、国际海运、轮船公司等业务,成为当时在美华人航运之首。1950 年,他了解到西屋实习同仁及亲朋好友北上支援东北建设,立即赶赴沈阳,表达了对新中国建设的关心和热情。之后他一直在香港经营自己的机械进出口公司,以不同方式支持国家建设。

· 十五、王宗素 ·

王晓光

　　王宗素(1907 年 11 月 10 日—1980 年 2 月 8 日),陕西蓝田人,我国电机工业的开拓者之一。

　　1933 年,毕业于国立中央大学电机系,1936 年赴伦敦大学及英国汤姆生-休斯敦公司从事电机工程研究及工厂实习,1938 年赴美国,1940 年获美国加州理工学院理科硕士学位,与钱学森、袁家骝为同学。

1941 年回国后应许应期厂长邀请到中央电工器材厂工作，抗日战争时，工厂 60% 的人才和设备被分到昆明四厂，40% 的人才和设备被分到桂林四厂。桂林四厂方面分为电机和电池两大生产组，王宗素历任桂林四厂工程师、副厂长，兼电机组组长，带余耀南、蓝毓钟、吴天霖、陶炜、张弘夏、丘伟、李文渊、萧心等人工作，1943 年 10 月参加在桂林市举行的中国工程师学会第 12 届年会，发表了关于电机磁场计算算法的论文《非平行边线槽磁漏导之演算》。

1945 年，他被调到重庆。抗日战争胜利后，国民政府接管了天津的 260 多个原属日俄的企业，建立八大公司，包括中央电工器材厂天津工厂，整合了电机、电线电缆、灯泡、通信等各种产品的生产业务。王宗素被派往天津任中央电工器材厂天津厂厂长，与副厂长兼营业部主任张朝汉一起工作，接管日伪敌产，组织恢复和扩大生产。

1949 年后，任天津电工器材厂第一制造厂厂长。1950 年，被推选为天津市第一届人大代表，属于工程界代表人士。

1950 年下半年，调入北京，历任重工业部（后机构调整为二机部）电信局计划处处长，一机部电工局、电机制造工业部电机局、一机部八局主任工程师、副处长等职，被评为高级（二级）工程师。因在规划、组织、领导多个国家水电重点建设工程中成绩突出，他被中华人民共和国科学技术委员会聘为电工组组员。他曾任北京市电机工程学会理事长，长期从事电机电工器材的生产、设计及技术管理工作。

1959 年，王宗素代表电机主管部门在长江三峡工程论证会上宣读了装机容量组的研究成果并做了综合发言（参见刊物《人民长江》1959 年第 6 期）。后来由于国内经济情况和国际形势的变化，国家放慢了三峡工程的建设进程，直到 1983 年再提出《150 米方案三峡水利枢纽可行性研究报告》。

"文化大革命"期间，王宗素受到冲击，身患重病。但他为人正直，忠于职守，一直念念不忘为国效劳。1980 年 2 月，王宗素因病在北京逝世，享年 72 岁。

十六、蒋葆增

本书编写组 整理

蒋葆增（1907 年 12 月—1987 年 3 月），生于江苏镇江，1930 年毕业于交通大学电机系，是我国老一代无线电技术科学家、教育家。1933 年，考取清华大学第一届留美公费生，入美国麻省理工学院（MIT）研究院专攻电真空专业，研究电子管设计和制造；1936 年完成了"光电控制三极管设计与制造"的科研项目，获电机工程硕士学位，为我国最早从事电子管制造

的科研人员之一，学成回国后在中央电工器材厂二厂创建了中国第一个真空管(电子管)制造车间，培训了中国第一批制造电子管的技术人员和工人，生产出中国第一批在抗日战争中用于收发报机的电子管，为我国电子工业生产做了开创性的工作。从1953年开始长达30年的时间里，他一直致力于建立和发展我国的电子工业。1949年后，历任成都电讯工程学院(现电子科技大学)教授、光电子系主任、教务长，参加筹建了南京、杭州无线电工业院校，曾任南京无线电工业学校(现南京信息职业技术学院)副校长、杭州电子工业学院(现杭州电子科技大学)教授、院长。学校老师把蒋葆增院长的精神概括为："为人正直、人格高尚、知识渊博、治学严谨。"他还担任中国电子学会生产技术学会第一届副主任委员、中国电子学会浙江分会副理事长。临终前四天，他在病床上用颤抖的手写下遗言："国家大事，千万尽力。"

十七、褚应璜

褚启勤

褚应璜(1908—1985)，浙江嘉兴人，电机工程专家，国家一级工程师。1931年，毕业于国立交通大学电机工程学院，担任过助教、工程师等，后去中央电工器材厂任工程师，1942年至1945年受该厂派送，在美国实习电机、水轮机制造和工厂管理，获得公司工程师学院的毕业证书。1945年，任资源委员会驻美国西屋公司技术代表，负责为中国培训电工技术与管理人员80余人，并负责与该公司共同进行电机电器工厂的设计工作。

1949年年初，褚应璜经中共上海地下党组织的帮助，由香港到北平，参加革命工作。他向周恩来等中央领导同志汇报了在美国西屋电气公司培训的一批工程技术人员的情况，并随后向中央提出了关于调集西屋公司实习人员到东北建设电器工业基地的建议。

1949年上海解放后，任上海军管会重工业处生产组副组长、华东工业部电器工业处副处长。

1950年年初，带队前往沈阳东北工业部电器工业局参加经济建设。1950年4月，任东北电工局总工程师、副局长。从1953年起，历任第一机械工业部电器工业管理局总工程师、北京电器科学研究院院长、科学技术司副司长、科学技术司顾问等职。

褚应璜最早研制并自行设计了中国交流异步电动机系列产品和电动机控制设备，多年来从事电机制造、高电压工程方面的研究工作，在电器工业的工厂设计和科研基地建设方

面做出了许多重要贡献。在技术管理方面,主持完成了多项发电机组的研制和鉴定工作。在长远规划方面,参与制定国家"十二年科学技术发展远景规划",并负责电器工业发展规划的制定、修改及实施;推动了中国电器工业标准化工作的发展以及与国际电工标准的接轨。1955年,鉴于他对电工技术发展做出的突出贡献和作为电器工程技术人员的领军人物,被选为中国科学院技术科学部的学部委员(院士)。他先后出任中国电机工程学会副理事长、中国电工技术学会副理事长,曾当选为第一、二、三届全国人大代表和政协第一、五、六届全国委员会委员,是我国电器工业重要的奠基者之一,为中国的电机制造业以及电工技术的建设和发展做出了重大的贡献。1985年3月,他加入中国共产党,实现了多年的夙愿。

十八、周杰铭

周泽昆　周泽云　周泽京　周泽申

周杰铭(1908—1996),高级会计师,广东中山人。1924年,考入上海南洋大学附中,1928年升入国立交通大学铁路管理系,1932年毕业,1934—1937年就读于日本早稻田大学,1948年在美国匹兹堡大学研究院研究工业管理。

1947年,到美国西屋电气公司实习,1948年回国,曾任资源委员会中央电工器材厂会计处主任、管理师,广西大学会计银行系教授。新中国成立后,历任华东工业部重工业局电机处特派员、东北电器工业管理局总会计师、第一机械工业部电工局总会计师、电机制造工业部总会计师、北京电器科学研究院总会计师、云南省机械工业厅、云南轴承厂高级会计师。参与了中国第一家公私合营厂上海华通开关厂的改制工作,主持制定了我国第一部电器工业财务会计制度。

1950年,在任东北工业部电工局总会计师期间,主持建立了电工行业的成本会计制度并且全面推行,培训了许多财务会计人员。1953年,调任北京一机部电工局总会计师。后任电机制造工业部财会司总会计师,除日常业务外,还进行了上海电缆厂成本计算制度改革、上海电机厂生产资金管理办法试点工作、沈阳低压开关厂全套生产组织设计等,取得了很好的效果。1957年,参加电机部派出的工作组到上海电机厂调查研究企业改革,负责财会体制改革和积累分配问题的调查研究,综合各司意见,提出企业体制改革方案,由部呈送国务院审定。1958年,任北京电器科学研究院工艺研究所总会计师,研究生产组织设计,所著《电工系统中小企业的会计和资金管理》一书,作为国庆献礼项目出版发行。

1986年11月,获得中华人民共和国机械工业部颁发的"从事财会工作30年,对机械工业发展做出了贡献"荣誉奖状。1987年,被北京电工技术经济研究中心聘为特约研究员。经多方努力,1987年3月云南省委组织部、昆明市委组织部、工业交通政治部等按照中央组

织部批转意见,为其落实了知识分子政策。

周杰铭青年时期积极参加了五卅运动和九一八抗日请愿活动等,又在解放战争胜利前夕,积极护厂迎接解放。他热爱祖国、热爱人民、热爱社会主义、热爱党。他勇于探索,努力实践,兢兢业业,建立和推行科学管理和会计制度,为祖国的建设奉献了终生。他于1996年11月14日去世,享年89岁。

十九、蔡金涛

本书编写组 整理

蔡金涛(1908—1996),江苏省南通县人(现为江苏省南通市),无线电技术专家,中国科学院院士,中国导弹与航天技术的主要开拓者之一。1930年,交通大学电机工程系毕业;1936年,于美国哈佛大学研究生院毕业,获科学硕士学位;1937年回国,1937—1938年在湘潭资源委员会中央电工器材厂二厂(电子管与电照)工作,协助筹建真空管车间,并于1938年生产出中国历史上第一批真空管;1938年7月,奉派负责上海物理研究所迁往广西桂林的工作,在该站领导组建了无线电话通信队,培训了300多名机务员、报务员,并研制了无线电收发报设备;1941年7月,任桂林中央无线电器材厂研究室主任,曾主持研制成功了扫雷探测器、军用通信机、交流稳压电源、战地宣传用的扩音机等无线电产品。1945—1946年,在中央无线电器材厂重庆分厂工作;20世纪40年代后期,在担任资源委员会上海无线电器材公司总工程师兼该公司研究所所长期间,组织和领导研制成功弹速测量仪、张力计、无线电探空仪、印刷电路、汞电池等产品;1947—1949年,兼任交通大学教授。

1949年,任华东工业部电信工业局上海电工研究所研究室主任。1953年,任军委通信部电信技术研究所研究员。1955年,带领有关科技人员在国内首先研制成功晶体管脉冲位置调制的多路通信样机。他对1米波长表的理论、设计和校准,电磁计量、经典的滤波器技术颇有研究。1957年,任中国人民解放军通信兵部电子科学研究院通信研究室主任、总工程师;20世纪50年代起,从事导弹与航天技术工作。1958年,通信兵部电子科学研究院并入国防部第五研究院。1960年12月,被任命为二分院总工程师,1961年9月被任命为二分院副院长。1963年,光荣入伍,被授予大校军衔,还担任了老五院首届科技委副主任委员兼地空导弹专业组组长。

蔡金涛主持和参加了P-2液体近程弹道导弹控制系统的仿制、改型的液体近程弹道导弹控制系统的研制、独立研制的东风三号导弹控制系统的方案论证与预先研究等;领导和参加了地空导弹的仿制、改型研制、独立研制等工作,制订了研制发展规划,为我国导弹事业的创建发展做出了奠基性的突出贡献。蔡金涛还主持了后续的弹道导弹控制系统方案的讨论,做出了采用平台-计算机方案的正确选择。经过实践的检验,这种选择对促进中国弹道导弹和运载火箭的发展发挥了作用,同时也促进了中国专用计算机技术的发展,并领导了关键技术攻关和飞行试验。

1964 年,任第七机械工业部(简称七机部)二院副院长。1980 年,任七机部二院科技委员会主任委员、七机部技术顾问,当选为中国科学院学部委员(院士)。1985 年,当选为国际宇航科学院院士。他还曾当选为第三届全国人大代表,政协第三、五、六届全国委员会委员。

二十、杨天爵

杨吉安　杨　仁　杨昆安

杨天爵(1908 年 8 月 11 日—1991 年 7 月 18 日),上海松江人,毕业于复旦大学。曾在国民政府资源委员会中央电工器材厂等单位从事财务会计管理工作。1945 年,任昆明中央电工器材厂一厂会计科长。抗日战争胜利后,在上海电缆电机厂工作。1949 年 5 月,迎接上海解放,他在共产党领导下积极护厂,与会计室同仁共同努力,将财务会计账册完整地交给了华东工业部的接收队伍。新中国成立后,他在华东工业部工作,后任上海灯泡厂会计科科长。他一生尊崇职业道德,勤勤恳恳,为人热心忠诚,颇得领导和同事们好评。

二十一、陆鸣嘉

周泽昆　整理

陆鸣嘉(1909—1982),1924 年考入上海南洋大学附中,1928 年升入国立交通大学。1932 年,毕业于电机科电信门,到昆明中央电工器材厂工作。恽震的自传回忆中对陆鸣嘉的经营管理才能赞誉有加:"陈良辅重视培植开辟营业的人才,并注意与大后方的用户联系。他依靠杜光祖所介绍倚重的陆鸣嘉和陶寿康,为上海购料代表,使上海不断地成为昆明、桂林工厂原材料的可靠来源。陆、陶二人对鉴别订购原材料和配件的能力和操守品格,不仅在当时有口皆碑,到新中国成立后 30 年之服务,仍不断受人钦佩。业务人才,首重品德,次论器识,然后是专业性的市场知识与应付变化的能力。"

抗日战争胜利后,中央电工器材厂总管理处协理兼代总经理张承祜根据国内的局势,拟定出中央电工器材厂开拓新局面的规划。恽震、张承祜二人与总管理处的几个主任审定了以下负责人选:徐均立(电讯专家)为协理兼秘书处主任、王镇中为财务处主任、周杰铭为会计处主任、顾谷同为技术处主任、陆鸣嘉为购运处主任、俞恩瀛为业务处主任。业务处直辖各地区营业处。

陆鸣嘉到美国西屋公司实习经营管理专业,他大学攻读电机工程,管理经营的实践经验又很丰富,对物资计划、采购工程、物流运输等现代管理尤其有心得。

新中国成立后,他在华东工业部和一机部八局工作,颇有建树。

好友周杰铭回忆:

我与鸣嘉同于 1924 年考入上海南洋大学附中,1928 年又同时升入交通大学。1939 年起,我们先后在中央电工器材厂工作。新中国成立后,我们又同在一机部八局工作。相交 50 余年,相处甚洽。兄为人忠厚,热诚待人,工作勤勉,一丝不苟,数十年如一日。

1982 年 8 月 12 日突接讣告,痛悉陆兄因患胰腺癌医治无效,8 月 9 日在北京医院逝世,后葬于八宝山革命公墓,追志至此,不胜黯然! 口占一绝以挽之:

六十年来患难多,惊涛骇浪逐逝波。

壮志未酬身先死,忠魂且听大同歌!

二十二、王平洋

周泽昆　整理

　　王平洋(1909 年 6 月 5 日—2003 年 4 月 23 日),上海市人,是我国电机工程界元老、著名电力专家和计算机应用专家,中国电力科学研究院总工程师、教授级高级工程师,中国共产党党员。1931 年,毕业于交通大学电机工程系。1936 年 12 月,毅然辞去洋人办的上海电力公司的职务,受建设委员会之邀,赴广州鲍国宝先生主持的广州电力管理处工作,任电务课课长,负责设计、建设全广州市电缆系统,自力更生地完成广州的 13 200 伏地下电缆配电系统的设计和施工。广州被日寇占领后,王平洋与同事们一道辗转到抗日大后方的四川,建设自流井发电厂,任工务长,将全长 75 千米、电压为 33 千伏的自流井至宜宾的井宜输电线路建成投产,创造了当时电压等级最高、线路最长的输电线路纪录,为抗日大后方的经济建设、支援抗日战争做出了重要贡献。1942 年,作为第一批公派选拔的实习人员出国实习,1942—1945 年先后在美国田纳西河流域管理局、意拨斯哥太平洋瓦斯电气公司、加拿大安大略水电公司等单位实习。

1945 年 9 月回国后,任资源委员会重庆电业处技正,1946 年 1 月在上海江南电力局筹备处任电务主任。1948 年 10 月北平解放前夕的围城期间,时任资源委员会冀北电力公司电务处处长的王平洋,为了执行资源委员会中进步领导层迎接解放的护厂命令,与解放军代表取得联系,与当时的公司总经理等人一起,为保证北平市的正常供电做出贡献。新中国成立后,王平洋历任水利电力部华北电力设计局、电力建设研究所、电力科学研究院总工程师,中国电机工程学会第二届理事、第三届常务理事。

王平洋是我国老一代电力专家,是电力系统自动化和信息化方面的开拓者和奠基人。1958 年,他率先学习应用计算机并支持派员参加我国第一台大计算机的调试。接着在他的领导和组织下,我国民用部门第一台国产电子计算机——161 机,于 1962 年在电力系统诞生。1962 年 6 月,他被调到电力建设研究所后,继续负责计算机应用的推广工作,将电子计算机在电力系统和电厂中的应用搞得有声有色。从离线应用到在线监控,从理论研究到工程设计和工程应用,从汉字输入方案研究和中文处理到情报检索、信息管理和企业管理等,无不凝结着王平洋的智慧和心血。20 世纪 80 年代,模糊数学和专家系统这两门新兴学科在世界上刚一露头,就被王平洋捕捉到,并将其迅速引入电厂选址和电力系统自动化等应用领域中。他撰有《系统自动化及计算机在电力系统中的应用》《现代电力系统自动化与电子计算机的应用与发展》等著作和论文。

1981 年,任国务院学位委员会第一届工学评议组成员。离休后,任中国电力科学研究院咨询委员。曾任中国电机工程学会副理事长、名誉理事长,是 IEEE 的终身会员,1997 年获得 IEEE 的千年奖(Millennium)。

1994 年,王平洋享受离休待遇。

· 二十三、温建中 ·

温世范　温咏棠　温咏霞(武军)

温建中(1909 年 10 月 18 日—1982 年 4 月 11 日),广东省台山市沙步村人,出生于贫农家庭,靠叔父提供的资助完成学业。

1936 年,毕业于国立交通大学电机系,后曾任南京自来水厂助理工程师、机务股股长、桂林电力厂技士、昆明中央电工器材厂四分厂副总工程师。1945 年至 1948 年,在美国西屋公司实习开关专业,1947 年在美国匹兹堡大学学习硕士学位课程一年。

新中国成立后,任东北电工局技术处工程师,设计了多油断路器、高低压开关板、磁力启动器等多种电器。从 1953 年开始,转入要求具备多种专业知识的工厂设计领域——一机部设计总局第四分局,在电气工业的工厂设计领域内做出了很大贡献。他首先筹划并组织了沈阳低压开关厂、沈阳高压开关厂和高压试验室的规划、设计、建设与成功投产,为东北地区电器工厂的建设立下功劳。他负责一机部北京电器科学研究院的总体设计,精准把关,为国家节约了大量宝贵资金。1958 年,提出了典型设计方案,供全国"大学先进"采用与推广。在广西南宁,规划了全自治区电工工厂建议方案,并于 1959 年建成了桂林电表厂、桂林综合电机厂、黎塘电瓷厂。

20 世纪 60 年代初,担任一机部第八设计院沈阳分院总工程师,开赴西北,奔波于沈阳、西安之间,负责西安的西电公司多个电器工厂的规划、设计以及施工的配合工作。

1966 年 1 月,担任一机部第七设计院总工程师。到祖国的西南和西北地区,先后为贵州遵义电工城选址与规划,该项目包括高低压开关厂以及有关试验站的建设,成功地生产了长征系列电器产品。除了甘肃天水电工城的选址与规划,他还参加了四川德阳工作组,从事德阳动力城的规划、设计等工作。

1978 年 8 月,担任一机部第七设计院技术顾问。

温建中于 1956 年被评选为沈阳市先进生产者,并在 1956 年 4 月 12 日被评为 1956 年全国机械工业先进生产者,同年 5 月又被评为全国先进生产者,出席了在北京召开的全国先进生产者代表会议。几次受到毛泽东主席和其他中央领导的接见并合影留念。

温建中是第三届全国人大代表,陕西省政协第四届常务委员会委员。

二十四、邹时琪

邹怀虚

邹时祺(1909—1996),汉族,江西省宜黄县人,1909 年 11 月出生,1930 年入国立交通大学读书,1934 年毕业于交通大学化学系。

1934—1942 年,任江西省南昌市第一中学化学教员、教务主任等。1942 年,就业于资源委员会中央电工器材厂。抗日战争胜利后,在美国西屋公司实习绝缘材料专业,回国后调湘潭电机厂工作。

新中国成立之初,我国既无绝缘专业的技术人才,又无专业的绝缘材料厂。曾在美国西屋公司留学培训的一批人,是我国电

机技术的奠基人和领军人物。他们大多在湘潭电机厂工作过,其中包括绝缘专业的祝宗寿和邹时琪。在他们的指导下,湘潭电机厂建起了试验室和化验室,开始自己制造绝缘材料,包括树脂合成、云母层压和塑料等产品,满足了新产品和生产的需要,也为湘潭电机厂培养了专业人才与技术工人,为湘潭电机厂的绝缘技术工作开展奠定了良好的基础。

1950年,到沈阳参加东北的经济建设,不久又被调到哈尔滨工作。他带领十几名工程师和技术人员在一个化学研究室内进行试验和设计,任绝缘材料研究室主任。

1952—1955年,调回沈阳,在一机部设计总局第四设计分局担任主任工程师。1956年年初,调到北京一机部电器科学研究院工作。半年后,调到西安市西郊筹备苏联援建的156项工程之一的西安绝缘材料厂,先后担任副总工程师和总工程师,直至1985年退休。曾任两届西安市政协委员。1996年1月7日,邹时琪因脑出血住院,医治无效,于1996年1月30日去世,享年88岁。

· 二十五、葛和林 ·

葛洪生

葛和林(1910—1984),江苏溧阳人,1927年考入北平清华大学物理系,1928年转入国立交通大学电机工程系学习,1931年12月在溧阳加入中国共产党。1932年5月,因组织抗日学生运动被学校当局开除学籍。1934年夏,中共南京市委遭叛徒出卖被破坏,他从此丢失组织关系,直至1982年重新入党。1936年,毕业于金陵大学电机系。

葛和林曾任湖南大学教授、中央电工器材厂昆明第一厂工程师,中央电工器材厂上海制造厂厂长。新中国成立后,历任上海电线厂厂长,一机部电工局主任工程师、副处长,上海电缆研究所副所长、总工程师,中国电机工程学会第三届理事,中国电工技术学会第一届理事,上海市第一届人大代表、第三届全国人大代表,政协第五、第六届全国委员会委员。

葛和林是我国电缆工业的创始人之一,1937年9月由中央电工器材厂筹备处派赴英国亨利电缆厂实习并考察购买电线电缆制造设备。1939年年底,到昆明中央电工器材厂一厂任计划组组长,后任工程师和主任工程师等。一厂于1939年7月建成投产,生产出中国第一根电缆,开创了我国自己独立生产电线电缆的历史。抗日战争期间,一厂承担了几乎战时全部电线电缆的供应。1945年夏,葛和林由资源委员会派赴美国考察和协助接洽电线电缆厂的经济和技术工作;1947年5月,到英国考察电线电缆生产设备;1948年1月,由英国回到上海,任上海制造厂厂长兼电缆新厂筹备委员会主任工程师。上海解放前夕,他遵照党的指示,保护了工厂的物资,为新中国的建设做出了贡献。

新中国成立初期,葛和林主持了电力电缆、通信电缆和橡套电缆车间的设计工作,主持设计、制造了我国第一套油纸绝缘电力电缆及纸绝缘通信电缆等全套设备,从而使我国有了自制的电话电缆、矿用电缆等,打破了外国对我国的封锁。1953年10月,调入北京,历任一机部设计总局第四设计分局主任工程师,第七、第八设计分局技术处副处长兼主任工程师和电缆设计室主任等职。1955年,国家首次技术职称评聘时,他被评为一级工程师。1958年10月,调任新组建的上海电缆研究所任副所长兼总工程师。任职期间,他在引进先进技术的基础上着手建立中国电缆产品标准系列,并提出施行产品研究、工艺研究、设备设计和制造"三位一体"的科研设计体制,受到一机部的肯定。1959年,提出电缆蒸发冷却理论,并进行了试验论证,早于日本有关发明专利十年。1964年,主持试制成功充油电力电缆,为后来的电缆研究发展打下了基础,为发展中国的电线电缆工业做出了贡献。次年,先后提出"以铝代铜""以铝代铅""以塑代橡""以玻璃纤维代棉麻丝绸"等四项建议,均获得成功,并开始实施,为国家节约了大批资金和贵重原材料。1967年,参加了《机电工程手册》的编写和审稿工作。1972年,参与500千伏充油电力电缆的论证和研制工作。

1982年2月,葛和林重新入党。1986年,中共上海市委组织部决定,恢复葛和林重新入党前的党籍,党龄从1931年12月算起。1988年,国家科委、计委、经委对葛和林在研究机械工业技术政策方面做出的重要贡献给予表彰,并颁发了证书。

❖ 二十六、娄尔康 ❖

娄燕雄　娄明珠　娄有滇　娄有中

娄尔康(1910—1991),汉族,中共党员,1910年10月出生于江苏省苏州市,是我国电缆工业创始人之一,国家一级工程师。

1933年,毕业于浙江大学电机系,同年于清华大学电机系任教。1936年,由清华大学派往德国留学,在柏林高等工业学校研读"高电压工程"。1938年,受资源委员会招聘,被派往英国绝缘电缆公司实习。1940年年初,抱着工业救国、抗日救亡的信念,到达昆明马街子的中央电工器材厂一分厂,正式开始电线电缆行业的工作,曾任昆明、上海中央电工器材厂的工程师、总工程师。

新中国成立后历任上海电缆厂总工程师兼副厂长、沈阳电缆厂总工程师兼副厂长、一机部东北电力机械制造公司副总工程师。

先后被选为第一届上海市人大代表;第二、第三、第四、第五、第六、第七届全国人大代表;辽宁省第五、第六、第七届人大常委会副主任;还担任过辽宁省、沈阳市政协副主席等职。1990年12月,他加入了中国共产党。

1935年在清华任教时,为电机系安装、调试了德国进口的超高压试验机,创建了中国第一个 150 千伏超高压试验室。在昆明利用国产材料制成了橡皮电缆和漆包线,并建成了一台 150 千伏冲激发生器。

20 世纪 50 年代,在沈阳电缆厂领导设计和制造了 220～330 千伏超高压电缆,并到刘家峡水电站领导设计了高压输变电系统。领导设计制造的铝包钢线、高强度漆包线等产品,得到用户的认可和赞扬。领导制造的从皮口到长海 16 公里的海底交流电力电缆在 20 世纪 90 年代仍具有世界先进水平。

20 世纪 80 年代初,研究了电工用铝的国产化、竖炉熔铝、连铸连轧机选型等问题,在沈阳电缆厂领导创建了竖炉熔铝加连铸连轧生产电工铝杆的新工艺,实现了高效优质生产电工铝杆,提高了钢芯铝绞线的品质等级,达到了国际先进水平。领导研制的 500～750 千伏充油电缆受到国家机械委的嘉奖。

20 世纪 70 年代,撰写了《五十万伏超高压电缆》一文,为后来成功制造出我国第一根 50 万伏超高压电缆提供了理论根据。1988 年,根据多年的实践经验,收集查阅了国内外大量资料,编著了 50 万字的《现代电缆工程》一书(于 1989 年在辽宁科学技术出版社出版)。

娄尔康曾任中国电工技术协会常务理事、中国机械工程学会顾问、中国电工技术学会电线电缆专业委员会主任、辽宁省科学技术学会顾问。

二十七、张鸿吉

张 燕 张 美

张鸿吉(1910 年 11 月 18 日—2006 年 1 月 29 日),江苏兴化人,美籍华人,物理学家,1930 年考取国立交通大学物理系,1934 年毕业。

毕业后,任国立北平研究院物理研究所研究员助理(所长为严济慈),一度与钱三强在镭学研究所为同事,合住一个宿舍。任职期间,为准确测定地球重力加速度而走遍大半个中国,完成了国际物理学会的科研课题。

在物理所的部分研究成果如下(合作者为顾功叙):

①云南易门县军哨铁矿区调查;②云南个旧县老厂锡矿区电法探测;③试用自然电流法于云南鲁甸县之乐马厂铅银矿及香杉黄铁矿;④云南昭通县褐炭田电法探测;⑤电及磁法探矿在云南易门铁矿区之实施。

1938 年,北平研究院物理学所(中央研究院物理所)入滇,张鸿吉在昆明后转入中央电工器材厂就职。复原回上海后,任中央电工器材厂上海制造厂技术室主任。

1947 年,张鸿吉被中央电工器材厂派遣到美国西屋公司仪表专业实习,同专业的还有吴履梯、路树华两人。其时对出国实习人员的要求相当严格,经过考试,应征获选。初赴美

国,他无意于学位,只想多学点技术,完成实习任务。

听闻新中国成立,张鸿吉欣然乘船回国,因途中受阻,不得已,又返美读书,于1953年获博士学位。他在美国匹兹堡西屋公司从事科研和工程建设达20年之久,取得了十多项发明专利,被列入美国名人录。他在西屋公司半导体材料部就职,曾任西屋公司太空核能研究所顾问,后任宇航局太空核能研究所所长。此外,他曾兼任美国著名大学(哥伦比亚大学、加州大学等)的教授和博士、博士后导师,被王安电脑公司聘为顾问,任台湾清华大学兼职教授。他所指导的博士生中,著名的如张俊彦。

张鸿吉虽然身在海外,却情系祖国,他一直以科研和科教为己任,未参加任何党派。

1994年,张鸿吉返沪探亲,受到上海有关方面接待,曾陪同重要领导参观了他的母校上海交通大学,考察了上海高科技产业和城市规划建设。

2006年1月29日,张鸿吉先生在洛杉矶与世长辞,享年96岁。

❖ 二十八、单宗肃 ❖

本书编写组 整理

单宗肃(1910—1990),江苏南通人。1935年,以本专业第一名的优异成绩从国立交通大学电信系毕业,由校方推荐到资源委员会中央电工器材厂当时设在南京的电气研究室,从事电子管的研制工作。1936年5月,他试制成功30型直热式放大管,这是中国人有史以来第一次用自己的双手组装成功的电子管。接着,他又试制成功多种收信放大管。1937年,日本大举侵华,单宗肃随电气研究室辗转于武汉、长沙,同年11月转入刚建立的中央电工器材二厂。1938年10月,二厂从湖南湘潭迁往广西桂林,他们在桂林成功组装了1A7、1H5、1F4、204A等不同型号的电子管。1941年,他接受了交通部急需的长途电话用的3CA3电子管的研制任务,克服了重重困难,很快取得了成功,解了抗战大后方通信的燃眉之急。1941年,被资源委员会派往美国无线电公司电子管厂实习。经资源委员会驻纽约办事处介绍,他进美国国际电报电话公司所属联邦电子管厂任工程师。1945年9月,应聘到驻纽约办事处担任专员、电照厂筹备处主任,展开了为祖国筹建电子管厂拟订建厂方案、洽谈中美技术合作和订购生产设备等业务工作。1948年年初,在筹建工作稍有眉目之后,他就义无反顾地回国。1948年后,就任中央电工器材厂南京电照厂副厂长、总工程师。1949年,受华东工业部电器处曹维廉处长邀请,成功筹建新中国第一家电子管厂南京电子管厂,任厂长、总工程师。1949年12月,试制成功了性能与质量均与美国同类产品相当的866A电子管,打破了当时美国等西方国家对中国的封锁与禁运。他先后指导研制成功电台用发射管、雷达用发射管、多谐振腔脉冲磁控管、卫星地面站用五腔大功率速调管。1963年,发明了DW-3型高频低损耗玻璃,为中国电真空技术填补了空白。"文化大革命"后期,他顶着压力,研制成功了KF-115多腔速调管,保证了中国第一个卫星通信地面接收站的正常运行,为中国卫星通信事业做出了贡献。1980年,年已古稀的他仍亲自指导技术人员研制成功了满足新一代氩离子激光器所需的DWQ三级过渡玻璃。他是第三、第五、第六届全国人大代表,政协第二届全国委员会委员,第一、第二届中国电子学会理事,第二届江苏省科学技术协会副主席,第三届南京市科学技术协会主席。单宗肃是中国电子管技术先驱,电真空工业创建人之一。在中国电子管工业的发展过程中,他在研制新产品、试制新材料、摸索新工艺和培养技术人才等方面做出了重要贡献。

二十九、丁舜年

丁梵林

丁舜年(1910年12月4日—2004年9月20日),电机工程学家,国家一级工程师,中国科学院院士。原籍浙江长兴,生于江苏泰兴。1932年,毕业于国立交通大学,留校当助教,后转民族企业华生电器厂工作。1945年抗日战争胜利后,应聘到资源委员会中央电工器材厂上海制造厂任工程师兼电机组组长。1947年夏,被资源委员会派往美国西屋公司实习,同时在美国匹兹堡大学研究生院进修。1948年回国后,任中央电工器材厂电机新厂筹备处工程师、代理主任。

1949年12月,上海电机厂正式成立,丁舜年被任命为副厂长兼总工程师。他于1951年加入中国共产党。1953年,被任命为一机部设计总局第二设计分局副局长。1954年年末,调任一机部设计总局副总工程师。1956年,奉命筹建一机部工艺与生产组织研究院,任副院长兼总工程师。1958年1月,调到一机部北京电器科学研究院任院长。1964年秋,调到一机部电工总局任总工程师,1979年调任一机部教育局副局长,至1984年退休。

丁舜年长期从事电工产品设计和电工技术,担任科研领导工作。他主持设计了国内自制最大的交流同步发电机,低噪声新型"华生"牌电扇;主持筹建上海电机厂,领导闵行电机新厂设计工作;领导设计了国内最大的高速感应电动机,研制成功无轨电车直流牵引电机;建立了一机部系统内第一代电子计算机站;指导研制成功许多新产品,如高精度控制微电机(包括自整角机、伺服电机)和磁放大器等;指导研制成功新型电工材料和新型绝缘材料;领导和组织有关单位进行了10万千瓦、20万千瓦、60万千瓦汽轮发电机成套设备的研制工作。他为发展我国电机、电器工业做出了重要贡献,于1980年当选为中国科学院学部委员

(院士)。

　　丁舜年曾任上海市第一届人大代表、第三届全国人大代表、北京市政协第五和第六届委员、中国电机工程学会副理事长、中国机械工程学会透平与锅炉学会(后改称中国动力工程学会)副理事长。1981年中国电工技术学会成立,他任副理事长兼教育工作委员会主任委员。1985—1988年,他被选为电气与电子工程师协会(IEEE)北京分会副主席。1989年,他被 IEEE 总会选为特级荣誉会员。2004年9月,丁舜年逝世于北京。

三十、支少炎

本书编写组　整理

　　支少炎(1911—2006),浙江嵊县(现为浙江嵊州市)人,国家一级工程师,1933年国立交通大学机械系毕业。1935年夏,到新中工程公司工作。1937年7月,受资源委员会派遣去英国绝缘电缆公司(BICC)电缆厂,负责联系技术协作,同时学习电缆生产工艺。1939年初,回到昆明,到中央电工器材厂一厂(电缆厂)担任铜线组组长和工程师,制造出我国第一根铜导线,填补了当时国内空白。1949年后,任原上海新中动力机厂副厂长。曾在上海的华东工业部电器处及一机部设计总院第二设计分院任副总工程师,在上海市机电设计研究院任副总工程师,是近代中国机械工业奠基人之一、著名机械动力专家。专于水泵、内燃机等设计制造,多年来从事电站设备等工厂设计。与他人合编了《泵浦的选择和应用》(1953年由机械工业出版社出版),参编了《机械工程手册》。支少炎为第三届全国人大代表,政协第五、第六届全国委员会委员。

三十一、毛鹤年

本书编写组　整理

　　毛鹤年(1911年9月23日—1988年10月2日),浙江省余姚市人,生于北京,1957年加入中国共产党。1933年,毕业于北平大学工学院电机系,留校任助教;1936年,获美国普渡大学工程硕士学位;1936—1938年,在德国西门子公司电机制造厂和克虏伯钢铁厂爱森电厂任见习工程师(与许声潮一起参加中央钢铁厂筹建班子在德国西门子各工厂实习);1939年回国后,曾任昆明资源委员会中央电工器材厂工程师、重庆大学电机系教授、冀北电力公司技术室主任;日本投降后参加接收鞍山钢铁公司,任鞍山钢铁公司协理兼动力所所长。

1948 年后，历任东北电业管理局、燃料工业部电业局设计管理局、水电部电力建设总局、电力建设研究所、规划设计管理局总工程师，电力工业部副部长，华能国际电力开发公司董事长等职。第一届至第六届全国人大代表。长期担任国家电力工业技术领导工作，曾组织建立大区电力设计、系统设计和发展规划，以及电力建设研究，组织制定了电力建设、设计技术规程和管理制度，主持并组织审核电力系统规划、设计以及一些大中型火电厂建设的前期工程和设计工作，参加主持了我国第一条 220 千伏、330 千伏、500 千伏超高压输电线路工程的设计和建设工作，为发展我国电力建设事业做出了贡献。

1980 年，当选中国科学院学部委员(院士)、技术科学部常务委员，中国科协全国委员会委员，国家科委发明评选委员会委员，国家自然科学奖励委员会委员，中国电机工程学会第一、第二届常务理事和第三、第四届理事长，国际大电网会议中国国家委员会主席。曾多次出国参加、主持国际学术会议，为促进我国电力、电机工程事业同世界各国的交流做出了贡献。曾获电气与电子工程师协会一百周年荣誉奖章。

毛鹤年同志生活俭朴，克己奉公，把自家大量遗产上交给国家，长期将月工资的 40% 交纳党费，是为政清廉的模范。尽管年迈体弱，身患癌症 5 年，但他仍孜孜不倦，勤奋工作，经常深入基层调查研究，查看重点工程，解决关键技术问题。为解决电力投资不足，他积极筹划集资办电，终年风尘仆仆，跑遍了南通、石洞口、福州等建设工地，还专程考察了三峡工程坝址，为电力工业的振兴贡献了全部智慧和力量。

三十二、林 津

林 忻

林津(1912—1970)，福建闽侯人，电机专家，国家一级工程师。1934 年，毕业于国立交通大学电机工程学院电机系，毕业后曾任交通大学助教、中央电工器材厂昆明四厂开关设备组组长。

1942 年，赴美国接洽技术合作，经有关部门申报，批准林津、单宗肃、褚应璜、俞恩瀛四人成为该年资源委员会派赴美国的实习人员，是资源委员会第一批派赴美国的实习人员，在西屋公司实习开关专业，完成派美实习人员总报告中的"开关设备工厂"和"电表电驿器工厂"部分。除实习外，还参加了美国技术引进项目的工作，向厂刊《电工通讯》积极投稿，介绍实习情况，提供技术与考察的信息。林津于 1945 年回国。

1948 年 7 月 1 日，中央电工器材有限公司湘潭电机厂正式成立。资源委员会任命林津为湘潭电机厂厂长。林津上任后，对工厂体制进行了变革，厂部下面成立了六个工场，并成立了制造室、工程室、管理室，开始进行正规生产。1949 年 3 月 10 日，总经理恽震来厂视察,任命林津兼任中央电工器材厂长沙区经理,就近领导湘潭电机厂和长沙营业处两个单位。

1948年年底到1949年年初,湘潭电机厂经济来源困难,经常发不出工资或打折扣,工人的生活难以维持,引起工人不满。1949年5月,上海临近解放,总经理恽震自沪来电:湘潭电机厂直接向迁到广州的资源委员会请拨救济经费,林津抱病去接钱,回厂发放职工工资。

新中国成立后,林津被调往北京重工业部工作,后任一机部四局主任工程师,八局技术处副处长、高级工程师。20世纪50年代,他被评为一级工程师;1956年,被评为全国先进工作者。他长期从事电器工业的技术管理工作,对高、低压电器及电工仪表技术有较深造诣。

张钟俊院士回忆道:林津于1934年毕业留校,在钟兆琳老师的领导下在电机工程学院电机实验室工作,除辅导学生做实验外,还为上海民族电机工业提供开发和鉴定工作。抗日战争开始后,林津即赴昆明,参加中央电工器材厂电器制造组工作,后赴美国西屋公司开展合作研究。回国后,他在一机部工作。(源自:"记34级15位级友在母校耕耘的点滴事迹",西安交通大学档案馆)

林津的家庭艺术氛围浓厚,心灵手巧的林津无疑受益匪浅。父亲是著名书画家林志钧,清华大学的王国维纪念碑文即为林志钧书丹。岳父林大椿是晚清民初瓷画名家,善画人物,衣褶劲健,亦间画山水,烟云变幻,笔法精熟。其传世精品有瓷板彩绘《秋林图》。林津的妻子林敏享百岁高寿。

林津的著述有《资源委员会派美实习人员总报告》之《开关设备工厂》和《电表电驿器工厂》两篇。

· 三十三、张朝汉 ·

张　琳

张朝汉(1912—2003),高级工程师,广东潮阳人,1936年毕业于国立交通大学电信系,1937年获美国哈佛大学无线电工程硕士学位,后继续攻读博士学位。因抗日战争爆发,国内急需研制电子管人才,故停学接受中央电工器材厂聘任,派驻美国Arcturus电子管制造厂实习。

1939年9月回国后,在桂林中央电工器材厂二厂(电子管与电照)任职,历任工程师、灯泡电子管组组长、代理厂长等职,1945年日本投降后,调到重庆灯泡厂,任代理厂长。1946年,调到天津分厂,任副厂长兼天津营业处主任。1948年,在上海任中央电工器材厂上海营业处主任。

1949年5月上海解放后,调到华东工业部电器处工作。1950年抗美援朝初期,任军管专员,接管美商奇异爱迪生灯泡厂(现名上海灯泡厂),建造研制钨丝车间,为国内首创。1953年,调到北京一机部电器工业管理局,历任生产调度科副科长、生产处副处长等职。1956年,被评为二级工程师。1957年,一机部决定在北京电器科学研究院内增设电器物理仪器研究室,张朝汉被委任筹建该研究室,并任室副主任(主任缺)。首项任务为试制完成一台1.2米回旋加速器,他被任命为该课题的总负责人。1962年,加速器如期全部制造完成,该成果获得1964年全国工业新产品成果一等奖。1962年,成功研制了当时世界上先进的真空检漏仪器,即氦质谱检漏仪。1964年,成功研制的25兆电子伏工业无损检测用电子感应加速器于1978年获全国科学大会奖。1967年,成功研制的60千瓦远聚焦式电子束熔炼炉于1978年获全国科学大会奖。1972年,张朝汉被调到桂林电器科学研究院,从事研制60千伏6千瓦电子束焊机的工作,1978年获全国科学大会奖。1980年,他被调到机械工业部北京机械工业自动化研究所,任副总工程师兼加速器研究室主任。1980年12月,张朝汉组织领导200千电子伏中束流离子注入机研制任务,该项目获机械部科技进步二等奖。1981年,国家科委组织回旋加速器代表团赴美考察,张朝汉任团长。1983年,国家科委决定引进该代表团推荐的技术性能先进的美国CS-30型等时性回旋加速器样机。该样机由自动化所自行安装调束,试生产获得成功。1986年,张朝汉提出关于试制一台符合我国特点的等时性回旋加速器的总体设计方案呈报国家科委,并领导科研人员完成了该攻关项目。

1977年,张朝汉当选为广西壮族自治区第五届人大代表。1978年,他被评为桂林市先进工作者。1992年10月,国务院授予他"为发展我国工程技术事业做出突出贡献"的证书,并享受政府特殊津贴。自1980年起,他被聘为中国粒子加速器学会第一届常务理事,中国电工技术学会第一届理事,电子束离子束专业委员会主任委员。1985年,国家科委聘他为发明评选委员会特邀审查员;1991年,他获中国物理学会奖章,同年获"元老杯"奖。张朝汉先生是我国低能粒子加速器行业的著名专家,在低能粒子加速器的研制及其在产业部门中的应用推广方面做出了重要贡献。

· 三十四、汤明奇 ·

汤　焱

汤明奇(1912—1981),中国电机专家,电机工业先驱,国家一级工程师,1912年9月8日生于河南省太康县,1936年毕业于国立交通大学电机工程系。曾任上海西门子洋行、华成电器厂工程师,1940年入资源委员会中央电工器材厂昆明四厂工作,任变电器组设计股长、工程师。其间,在著名爱国民主人士钱昌照的影响下加入九三学社,任国立西南联合大

学电机工程系助教。1942 年,被选拔到美国通用电气公司实习并在麻省理工学院进修,1945 年获得硕士学位。他还在西屋公司实习考察变压器专业,参加并协助恽震等引进西屋公司技术的相关工作,向国内同仁发回了大量关于美国电气技术等的报道文章。1946 年回国后,任中央电工器材厂上海制造厂工程师,后调任沈阳分厂厂长。1948 年 6 月,任中央电工器材厂上海制造厂工程师。

1949 年后,任华东工业部上海电机厂工程师,1950 年支援东北电器工业基地的发展,在东北工业部电工五厂从事变压器设计工作。1953 年后,历任沈阳变压器厂主任工程师、总工程师,变压器研究室主任,变压器研究所所长、沈阳变压器厂副厂长,《变压器》杂志编委会主任,中国电机工程学会常务理事,中国电工技术学会名誉顾问等职。

汤明奇在沈阳工作期间,为中国第一个大型变压器专业制造厂在变压器科研基地建设以及培养科研、设计和技术管理人才方面做出了贡献。他在担任全厂产品设计和技术领导时,深入实际,身体力行,使生产的变压器品种增多,技术水平和产品质量更是精益求精,产品亦由 35 千伏提高到 44 千伏、60 千伏、110 千伏、220 千伏,使其厂的产品在国内同行业排行榜上位居榜首。汤明奇是个多面手,他在完成全厂工作任务的同时还帮助东北地区设计、修建了几座大型发电站,并设计制造了我国第一台 33 万伏超高压输电装置。1958 年,汤明奇光荣地加入了中国共产党;1959 年,晋升为国家一级工程师。汤明奇对国家建设贡献很大,被推选为第一、第二、第三届辽宁省人大代表。

1965 年 10 月,任一机部七局、八局副总工程师,担负电工行业的技术领导工作。他主动参与中国自己设计制造的中国第一条 330 千伏超高压输变电成套设备的技术协调组织工作,还提出许多有关更好地发展中国电器工业、改进机电产品设计等方面的有益建议。1975 年,调至一机部科技情报研究所,专门研究国外科技情报。1977 年,任一机部电器工业总局总工程师、分党组成员、技术委员会主任,中国电机工程学会常务理事,中国电工技术学会名誉顾问,《变压器》杂志编委会主任等职。

1980 年 8 月,汤明奇当选为国家科学技术委员会电工专业组副组长和学科组副组长。著有《高电压直流输电工程》等书。1981 年 11 月病逝,享年 69 岁。

· 三十五、姚诵尧 ·

孙亦玲

姚诵尧(1912—2003),1912 年 10 月 31 日生,浙江嘉兴人,汉族,中共党员,中国电机工业专家,1937 年 7 月毕业于国立交通大学机械工程学院。1947 年 7 月,赴美国西屋公司和匹兹堡大学研究院实习,1948 年 10 月回国。曾任上海电机厂副总工程师、上海重型机器厂副厂长兼总工程师、上海电站设备公司副总经理兼总工程师、上海电气联合公司(后为上海电气集团总公司)技术顾问、上海市科协宝钢公司顾问委员会副首席技术顾问、闵行区政协第一届委员会副主席、徐汇区政协第四和第五届委员会副主席等职。1956 年,被国务院科技干部局授予国家一级工程师。1990 年 7 月,被国家人事部批准为首批享受政府特殊津贴的专家。

　　1937 年 7 月,大学毕业后,先后在汉口既济水电公司发电厂、昆明中央电工器材厂、上海华生电器厂、上海中央电工器材厂、湘潭中央电工器材厂从事技术工作。1947 年 6 月至 1948 年 10 月,远涉重洋赴美国西屋公司和匹兹堡大学研究院学习。1948 年 10 月,他怀着对祖国的一腔热血和报国之志毅然选择了回国之路。1949 年,他与资源委员会的其他同仁一起参加了保护国家资产的工作,以实际行动迎接新中国的诞生。

　　新中国成立后,从 1949 年 12 月至 1957 年 7 月,他先后在上海电机厂、上海电器工业局华东分局、一机部第二设计分局、一机部工艺研究院任工程师,意气风发地投身于社会主义建设事业。

　　1957 年 7 月至 1978 年 7 月,任上海电机厂副总工程师,为试制成功我国第一台 6 000 千瓦汽轮发电机、第一台 1.2 万千瓦空冷汽轮发电机、第一台 1.2 万千瓦和 12.5 万千瓦双水内冷汽轮发电机、第一台 6 万千瓦 96 极立式水轮发电机、第一台 30 万千瓦双水内冷汽轮发电机做出了积极贡献。1963 年,被上海市人民委员会授予上海市先进工作者称号。

　　1978 年后,他先后任上海重型机器厂副厂长兼总工程师、上海电站设备公司副总经理兼总工程师,参加了国家机械工业部引进美国西屋公司 30 万千瓦/60 万千瓦发电机组工作,多次率专家组出国考察、进行技术洽谈,组织技术攻关,为以后上海成功制造 30 万千瓦和 60 万千瓦机组做出了重大贡献。

·三十六、沈宝书·

沈　悦　沈　恂　沈　怡　沈　京

　　沈宝书(1912—1991),二级工程师,江苏淮安人。1936 年毕业于国立交通大学机械系。抗日战争期间,曾任国民政府兵工署第二十五厂技术员(前身为湖南株洲兵工厂的枪弹厂,1938 年因战事所需迁至重庆张家溪地区)、第二十八厂工程师(兵工署第二十八厂主要研制和生产国防与民用急需的高速钢、冲模钢等合金钢和铁合金。利用钨元素炼制成的合钨冲模钢的质量堪与进口的白锋钢相媲美。抗日战争时期该厂出品特种合金钢、机关枪枪管钢、

不伸缩钢、不锈钢、弹簧钢以及特种合金铸件等）、中央电工器材厂昆明电工四厂副组长。

抗日战争胜利后，他参加接管上海日伪企业，1945年12月至1946年8月任中央电工器材厂上海电缆电机厂电机组长，负责电机制造业务。1946年，赴美国西屋公司实习，1948年回国。

1949年后，历任华东工业部计划处组长、一机部设计总局审核处处长。1955—1956年，曾任华沙条约缔约国经济互助委员会中国观察员，东北电力公司处长，一机部七局、八局技术处副处长；曾参与组织20万千瓦、30万千瓦火力发电机组成套设备的研制和投产工作；参与组织了《电机工程手册》的编写工作，其他编写或合作编写的主要著作和论文有：《工厂基本建设设计》、《基本建设科学知识》(2)(8)（与马纪孔合作）、《昆四厂铸造工作概述》（《电工通讯》1944年第31期）。

· 三十七、俞显昌 ·

本书编写组　整理

俞显昌(1912—1966)，湖南长沙人。俞氏是长沙的士绅之家，其长辈参与过湖南大学、清华大学等院校的建设。俞显昌在湖南长沙省立一中读书，考入清华大学电机系，毕业后即被恽震招进刚刚建立的中央电工器材厂工作。抗日战争期间，他和杨振宁等一道留美，在哈佛大学学习电子工程，1945年取得硕士学位，急于回国参加祖国建设。当时有同去留学的同学劝他继续留美深造，他说："我学的是应用科学，回国可以立即报效祖国，杨振宁等学的是基础科学，回国后缺乏实验条件，难以深入研究，就应该继续留美深造。"回国时，他曾随身带回了大量技术资料，还私人留下一笔资金，委托友人代管，以便随时购买科技期刊等资料寄回中国，以掌握世界前沿科技情况。1945年抗日战争胜利后，中央电工器材厂重庆电池支厂和灯泡支厂合并为重庆制造厂，回国后他在该厂任副厂长。他还与资源委员会的元老们成立了"电工小组"，研发生产了中国第一个电子管，并继续开发系列产品。1949年后，由这个电工小组派生出一系列国营电子管厂，满足了国防和民用的需求。他曾任772厂（南京电子管厂）副总工程师，在1958年国庆前夕，天安门音响设备调不出声音，经在京专家仔细检查，找不出问题所在，国庆检阅在即，只好急电俞显昌赴京修理。他分析原因估计是某电子管出了问题，就带去了一支大功率电子管到达现场，将此电子管换上后，音响设备立即响起来。

1964 年,他被调到 770 厂(长沙曙光电子管厂)任总工程师。俞显昌为中国电真空事业奠基人之一。他曾是江苏省科学技术协会推选的省政协第二届委员会委员,是第二届南京市人大代表、第三届江苏省人大代表。

◆ 三十八、魏彦章 ◆

本书编写组　整理

魏彦章(1912—2000),江苏扬州人,1935 年毕业于国立中央大学化学工程专业,长期从事太阳电池、锌银、锂、锌锰干电池生产和科研工作,是我国电池专家。1939 年,在资源委员会中央电工器材厂桂林四厂电池组工作;1945 年,任中央电工器材厂汉口电池厂副厂长;1950 年,负责 752 厂(长江电源厂)新厂建设,改进锌锰电池电糊配方,废品率由原来的 30 % 下降到零;从 1954 年起,对苏联干电池生产技术进行学习消化,据此新建了 735 厂,对 481 厂(淄博蓄电池厂)进行扩建;1958 年以后,在天津电源研究所(电子工业部第十八研究所)任副总工程师,开始主持研究、生产硅太阳电池,并成功应用于 4 种卫星上,还主持鉴定了各类电池;1966 年,成功解决了某地空导弹电源在零下 25 摄氏度以下不合格的问题,并组织生产;1974 年,使库存长达 9 年的电池重新使用,超过了苏联规定的只能保存 3 年的期限;主持"上游一号舰舰导弹电池延长储存寿命"的研究,由原来的 5 年延长到 10 年,获国家科技进步三等奖。他是中国太阳能学会副理事长、中国宇航学会理事、国际光伏科学与工程大会第二届(PVSEC‐2)国际委员会主席。他主编了由国防工业出版社出版的《太阳电池及其应用》,发表了《中国光伏及应用》《中国光伏现状及未来》《航天电源三十年》等 15 篇论文。

◆ 三十九、潘福莹 ◆

本书编写组　整理

潘福莹,1912 年生于浙江嘉兴,1935 年毕业于国立中央大学(1949 年更名为南京大学)化工系,著名电化学工程专家,中国电池工业的主要开拓者,首家化学与物理电源研究所的创建者之一,在开发新型化学电源、为重点国防建设工程和尖端武器配套工程研制所需高科技化学与物理电源等方面做出了贡献。曾任建设委员会电机制造厂电池部分主任工程师、中央电工器材厂桂林四厂电池组组长。他领导的化学研究室,研制出适用于飞机的铅酸蓄电池,开创了西南偏远地区生产此军用蓄电池的历史。在抗日前方急需地雷用、通信用军用电池时,他组织生产的锌锰干

电池及时送交抗日将士手中。

1942 年,赴美国实习。1946 年回国后,任资源委员会汉口电池厂厂长。1949 年后,任电子工业部长江电源厂总工程师,该厂经扩大改造,成为国内最大的综合性电池生产厂,所生产的电池产品支援了抗美援朝战争。1958 年,协助筹建了新中国第一所综合性化学电源研究所天津电源研究所(现中国电子科技集团公司第十八研究所),任总工程师、高级工程师。任中国电子学会第二届常务理事和第一、第三届理事。他长期从事电池研究和制造工作。20 世纪 40 年代,他从美国引进干蓄电池技术设备,为发展我国电池工业奠定了基础。他先后主持新中国第一颗原子弹、第一颗氢弹、第一颗卫星等多个重点工程所需电池产品的研制生产工作,为我国国防现代化建设、航天事业发展和化学与物理电源的全面进步做出了突出贡献。

· 四十、高　嵩 ·

本书编写组　整理

高嵩(1912—1985),江苏靖江人,1935 年毕业于国立中央大学(后更名为南京大学),并留校任助教,电化学专家。抗日战争爆发后,面对江河日下的国土,他受到了实业救国思潮的影响,进入了当时的中央电工器材厂所属的重庆电池厂,历任助理工程师、副工程师、工程师、工厂主任。在此期间,他开始研究电化学理论,并在生产实践中积累了丰富的经验。1945 年抗日战争胜利后,高嵩赴美国哥伦比亚大学研究院攻读化学工程及电化学专业,还利用寒暑假时间,先后参观了美国和加拿大的许多电池厂。学成后他毅然归国,任资源委员会中央电工器材厂重庆区经理。重庆电池支厂和灯泡支厂合并为重庆制造厂后,高嵩任厂长。重庆解放时,他将完整的工厂的技术、财务档案交到西南军政委员会负责接收的万里部长手里,工厂三天后即恢复生产。1954 年,被选为重庆市人大代表,同年调一机部第八设计院任主任工程师,主持设计了沈阳蓄电池厂,并且三次赴越南支援,完成了两个电池厂的设计。1960 年,调任北京电池厂总工程师。1965—1967 年,去张家口市建电池厂并投产。1978 年,回北京电池厂担任国家重点科研项目——军用坦克起动电池的科研工作,付出了巨大努力,并着手编写《干电池技术手册》。高嵩是我国电化学行业的前辈,曾任中国电子学会化学与物理电源专业委员会委员,享有崇高的声誉。

· 四十一、张大奇 ·

张乃琛

张大奇(曾用名张景斐)(1913 年 1 月 9 日—2009 年 1 月 22 日),山东黄县人,1935

年毕业于国立交通大学电机工程系,中共党员,是我国机电行业著名的老专家、电器工业制造技术专家、中国第一个电器工厂设计院创始人之一。历任东北电工局设计处副处长兼总工程师,一机部设计总局第四设计分局副局长兼总工程师,电机制造工业部设计院副院长兼总工程师,一机部第八设计院院长兼总工程师,一机部技术情报所总编辑、所长兼所党委副书记,机械工业出版社社长。曾任中国电工技术学会常务理事、中国科协机械学会理事、中国电工技术学会中国电器工业发展史专业委员会主任委员、机械部科学技术委员会委员、机械委科学技术委员会委员、机械委电工技术委员会委员、机械电子部技术咨询委员会委员、中国科学技术委员会电工组组员、电气与电子工程师协会高级终身会员等。1980 年,被评为教授级高级工程师。

1991 年 10 月,被中国电工技术学会授予"元老杯"荣誉称号。1993 年,获得国务院政府特殊津贴,享受副省部级待遇。

张大奇于 20 世纪 50 年代曾赴苏联设计院实习考察一年多。1964 年,他出席一机部工厂设计、设备成套工作会议时,光荣地受到毛泽东主席等党和国家领导人的接见。1979 年,参加国家计委副主任段云率领的考察团赴希腊、瑞士、法国等国进行经济考察。1980 年 9 月,参加由薄一波副总理率领的中国机械工业代表团访问美国,考察了美国机电工业。1995 年,赴宝岛台湾参加海峡两岸能源研讨会。

张大奇从 1949 年留美回国参加工作到 1985 年离休,在 30 多年的领导工作岗位上及离休后的十多年里,主要开展了如下工作:

(1) 参与中国电器工业长期建设规划和地区规划。

(2) 组织领导重要电器工厂设计、技术设计和援外工程设计。

(3) 领导、主持与工厂建设相关的科学研究、新工艺研究、土建工程和环境科学研究。

(4) 领导推动电工制造专用设备的研究、设计、制造。

(5) 领导编制国家委托的有关电器工业和建厂方面的设计规划。

(6) 参与领导、推动、提高和加强文献与信息的收集、供应、检索,情报研究,书刊、声像出版印刷。

(7) 推动开展计算机情报检索研究,增设微机和国际联机检索终端,发展激光照排、彩色制版印刷设备。

(8) 紧密配合机械工业部领导部门和企业的工作,采用更有效的服务方式,扩大对外交流。

(9) 组织领导、编撰机电工业有关大型图书。

· 四十二、李 杜 ·

李迎香　李蓉香　李兆钟

　　李杜(1913年5月17日—2005年4月8日),山西朔县人,电线电缆专家,1934年毕业于山西省立工业专科学校,后曾赴日本、英国进修实习电线电缆生产制造及生产管理。抗日战争期间,在中央电工器材厂昆明一厂工作,参加了建厂、安装和调试电缆生产设备、生产组织等一系列工作。抗日战争胜利后,东迁到上海电缆电机厂,任销售室主任。1949年上海解放前夕,参加了抵制迁厂和护厂,把工厂完整地交还给人民。1949年,在上海电缆厂工作。1956年10月,调入一机部八局技术二处任工程师,后又调入沈阳电缆厂工作。1959年6月,再调入上海电缆研究所工作,在所长室、总工程师室、技术情报室协助领导完成了以铝代铜等技术政策的制定实施,参与技术组织和管理工作,参与组织和编写行业重要文献等工作。其著作(合著)有《电线电缆手册》《电线电缆产品样本》。从1993年起,享受国务院政府特殊津贴。

· 四十三、俞恩瀛 ·

俞天行

　　俞恩瀛(1913—2001),浙江德清人,1936年毕业于国立交通大学电机系。曾在上海南市电车、电灯公司工作,经褚应璜介绍进入建设委员会电机制造厂工作。七七事变后,电机制造厂从上海西迁至武汉,再迁至宜都。1939年,资源委员会中央电工器材厂筹建后,建设委员会电机制造厂并入资源委员会为电工四厂。其间俞恩瀛负责迁厂选址并在四厂工作。1940年5月,赴美留学。1941年,在美国加利福尼亚理工学院(CIT)获硕士学位。1942年,受聘于美国通用电气公司和西屋公司,后参加中国赴美培训班,在田纳西河流域管理局实习。1945年抗日战争胜利后,力争首批回国参加建设,任昆明电工厂业务处长。后受命领队返南京筹建中央电工器材厂,任总管理处业务处处长。1948年,迁至上海。

　　1949年后,入华东工业部工作,任电力处计划组组长。后被调到北京任华北电管局安全监察组组长,燃料工业部计划司、电业管理总局工程师,水利电力部生产司副处长、处长、

副总工程师,电力工业部技术监察司副处长,水利电力部外事局副局长,电力部外事司技术咨询,能源部中国电力企业联合会技术顾问,中国电力技术进出口公司专家委员会咨询专家等职,教授级高级工程师。

1986年后,曾历任电气与电子工程师协会北京分部主席、中国电机工程学会第三届常务理事兼副秘书长和第四届常务理事。

俞恩瀛专于电业事故的调查、分析工作,研究并制定了反事故措施,为我国电力安全运行做出了贡献。"文化大革命"后期被水电部领导首批调回北京从事电力外事工作。改革开放后,为电力工业引进外资、技术和设备做了大量工作,成绩斐然。如:协同机械工业部引进30万千瓦/60万千瓦机组的设计制造技术,组织葛洲坝至上海500千伏直流输电工程的技术和成套设备引进工作,为华能公司策划等。

俞恩瀛是政协第五、第六、第七、第八届全国委员会委员,1992年被评为具有突出贡献的专家,1993年首批获政府特殊津贴。1995年,获北京市归国华侨联合会"心血沃神州,永葆赤子心"的荣誉证书。晚年仍关注祖国电力工业的发展,关注国内外大事,更关注台湾问题,盼望祖国早日统一。

· 四十四、沈从龙 ·

沈　一　沈　昆

沈从龙(1913—1983),江苏省东台县(现为江苏省东台市)人,1913年10月生。曾任哈尔滨电机厂副总工程师,1980年当选为哈尔滨市副市长,1981年增选为哈尔滨市政协副主席;是政协第四、第五届全国委员会委员,中国电机工程学会常务理事、中国电工技术学会常务理事。

1932年8月,进入国立交通大学电机工程学院学习。1936年7月毕业后到上海华商电气公司任技术员,负责新电厂安装主机组的技术监督。1938年2月,因抗日战争爆发,他回到东台安丰,在家等待局势好转,其间曾与同学、同乡钱维翔合办了油印的《抗战日报》,介绍抗日战争形势,宣传抗日救国。1938年10月,经交通大学同学褚应璜、朱仁堪介绍,他到资源委员会中央电工器材厂工作,从当年10月至1939年12月在中央电工器材厂桂林四厂任直流电机设计员;从1940年1月到1945年8月在中央电工器材厂昆明四厂担任工程师,先后任电机组制造股股长、电机组副组长、公用组组长兼工政股股长和制造组组长等职。1945年8月至1948年2月,他以经济部留美实习生名义赴美国西屋公司实习,同时在匹兹堡大学攻读硕士课程,在1948年7月获得工程与科学硕士学位。回国后,1948年5月到1949年10月在湘潭电机厂工作,先后任制造室主任和中央电工器材

厂总管理处工程师等职。

1949年8月湘潭解放,他在湘潭电机厂参加革命工作。同年10月北上,他准备到东北参加老解放区的建设工作,路经武汉时受聘暂在武汉大学电机系任副教授。1950年4月,他接到褚应璜先生来信,号召原资源委员会的技术人员参加东北解放区的经济建设,他坚定了北上建设东北工业基地的决心。1950年5月至1952年12月,他任东北电工局技术处工程师;1953年1月到1958年10月,任一机部第八设计院主任工程师;1958年10月到1960年1月,参加一机部驻哈尔滨电机厂工作组,1960年1月起调任哈尔滨电机厂副总工程师。

20世纪50年代初期,沈从龙作为哈尔滨电机厂设计主任工程师,组织领导了我国电机制造骨干企业哈尔滨电机厂的建厂设计工作,为电机厂建设勾画了水电、汽发等生产车间的蓝图,为电机厂能够批量生产大容量水、火电机组奠定了基础。沈从龙在哈尔滨电机厂工作20多年间,组织10万千瓦、22.5万千瓦、30万千瓦等水轮发电机组和5万千瓦、10万千瓦、20万千瓦等大型汽轮发电机的研制,以及工厂重大技术改造,参加了《电机工程手册》的编写,为哈尔滨电机厂的建设和发展,为全国电力工业的发展做出了突出贡献。他对工作认真负责,经常用"已知夕阳晚,无鞭蹄自行"来督促和勉励自己。在年近古稀时,他为发展中国电机制造工业,又去德国、法国、美国、瑞士等国家进行学术考察,积极组织了针对60万千瓦汽轮发电机从美国西屋公司引进技术的工作,并试制成功。沈从龙为推动中国电机工业发展和建设大型电机制造厂,培养造就科研、设计、工艺制造等各类专门人才,提高企业管理等,做出了重大贡献。2021年,他被推选为哈电集团70年卓越功勋人物。

· 四十五、艾维超 ·

本书编写组 整理

艾维超,1913年生,上海人,1936年毕业于国立清华大学电机系。后赴英国实习,又被延揽到中央电工器材厂昆明四厂从事电机制造业,1946年被资源委员会派赴美国西屋公司实习电力系统,1948年获美国匹兹堡大学电机专业硕士学位。回国后,曾任国立中山大学教授。1949年后,历任燕京大学教授、机械系主任。1952年,加入中国民主同盟。同年,随燕京大学机械系合并转入清华大学任教授、电机系副主任。1961年,上海工学院建校之初,从清华大学请来艾维超教授,任系副主任。随着学校的转制和调整,他先后担任上海机械学院和上海工业大学教授、上海工业大学副校长兼学术委员会主任。他长期从事电机理论的教学科研工作,领导开展了多项科研项目,主持了永磁直线电机磁场的研究,进行了超导同步发电机三维场的优化设计。在新颖电机研究和设计方面,他取得多项成果。其科研项目

"直线异步电机"获 1985 年国家科学技术进步二等奖。主编了教材《电机学》上、中、下三卷，撰写了论文《电工行业的人才培养问题》等。

· 四十六、吴世英 ·

褚启勤

吴世英(1913 年 11 月 8 日—2000 年 10 月 28 日)，女，上海松江人。14 岁入苏州女中，后转入松江女中至初中毕业。1929 年，考入国立交通大学预科(高中)，是当年预科录取的两名女生之一。1931 年九一八事变爆发，她同大学部的两位女生一起报名参加医疗队赴东北抗日，后被学校劝回继续求学。1932 年，预科毕业直接升入国立交通大学电机工程学院本科，1937 年毕业。七七事变后，她随丈夫褚应璜护送上海电机厂的设备人员一路南撤，边生产边撤退，最后到达昆明。她在资源委员会中央电工器材厂供职，是当时稀有的女工程技术人员。

1942 年年初，丈夫褚应璜被派去美国留学、工作，她只身在昆明边工作边带孩子，靠自己的工资生活，将褚应璜的工资全数寄往上海交给公婆，资助公婆及弟妹们的生活和学习。

抗日战争胜利后，随厂从昆明迁回上海，在南京电线厂工作。1947 年年初，以自费公派的形式去美国留学，同阔别五年的丈夫团聚，同时在匹兹堡大学进修工业工程专业。在美国期间，她支持丈夫培训西屋公司实习人员的工作，支持他与中共在美地下党联络，拒绝西屋公司的挽留，同丈夫于 1948 年 8 月回到上海，又去湖南湘潭电机厂工作。1949 年年初，在上海地下党的安排下，随丈夫褚应璜经香港投奔当时刚刚解放的北平。她曾在天津电缆厂工作了一段时间，于 1949 年 9 月回到上海继续从事生产技术工作。

1950 年年初，她携全家(包括她的父母和弟弟一家)奔赴东北，建设东北电工基地，先后在沈阳、哈尔滨从事技术工作，并于 1955 年随丈夫调往北京一机部电工局，后在七八局从事技术管理工作，最后调入北京电器科学研究院，从事电工标准化的研究工作。她在开拓和创立我国电工标准化事业中做出了贡献。她默默无闻地付出，兢兢业业地工作，数十年勤勤恳恳地奉献自己的知识和才华。她的认真和努力工作的精神受到大家的好评，1995 年获得北京市侨联发的荣誉证书"心血沃神州，永葆赤子心"，肯定了她回国参加社会主义建设数十年所做的贡献；从 1993 年起，她享受政府的特殊津贴，后又因新中国成立前随丈夫投奔解放区，被国务院定为资源委员会起义人员，而由退休改为离休。

作为我国早期的女科技工作者、中国最早的女工程师，她热爱祖国、热爱党，为我国的电工事业奉献了自己的一生。

· 四十七、蒋家鎏 ·

蒋　骏　蒋　琳

蒋家鎏(1913—1997)，江苏武进戚墅堰镇人，1913 年生于北京，其父时任京汉铁路北京前门站副站长。1932 年，毕业于圣约翰大学附中，在花旗洋行上海分行做了六个月的练习生之后，于 1933 年考进国立交通大学，1937 年毕业于国立交通大学铁路管理科财务管理门。毕业后到浦口津浦铁路局会计处实习，因为战乱，随铁路局疏散到汉口。1938 年年初，到桂林广西政府会计处工作，5 月调到广西梧州禁烟督察处任会计室主任。1939 年 1 月，转贵阳到重庆民生实业公司工作，1940 年进昆明中央电工器材厂工作。1943 年，由总管理处调昆明四厂任会计科科长，1947 年随厂迁至南京，不久奉派美国西屋公司实习财务管理，1948 年年初回国，在湘潭下摄司湘潭电机厂负责财务工作。

1949 年 4 月，在上海解放前夕迁回上海，参加了护厂活动，后一直在上海电机厂做财务会计管理，任会计科科长。1949 年 12 月至 1964 年，任上海电机厂财务科科长。1979 年 1 月至 1982 年 10 月，任上海电机厂财务顾问，1984 年至 1988 年任上海机械工业会计审计咨询部顾问，为上海电机厂的财务管理工作做出了很大贡献。

新中国成立初期，在华东工业部领导下，组织全厂各部门试编生产成本财务计划，为厂经济计划建立了初步制度。参与建立车间生产(经济)计划核算职能组，健全了车间管理组织，为目前车间职能组织创立了初步模式，并且为提高科学管理水平，建立了各系统的原始记录，为现代化管理打下了初步基础。他于 20 世纪 50 年代为厂财务工作培养了许多财会人员，充实全厂财务成本管理的基础，也组织开展了季度经济活动分析会议和决算会议。

1979 年，他退休后被聘为厂财务顾问，积极参与整顿了“文化大革命”期间被破坏的财务会计制度，协助总会计师整顿了财务管理工作，着重抓了经济核算原始记录的整顿，使全厂经济核算的组织体系由厂部、车间二级核算逐步推进到厂部、车间、班组三级核算。1980 年，他建立了厂内结算中心，推行车间独立核算，自计盈亏。他曾应邀去四川德阳东方电机厂帮助整顿该厂财会工作和车间经济核算，取得了一定成果，受到了上级领导的好评。1984 年，蒋家鎏被上海机械工业会计审计咨询部聘为顾问兼特约会计师，派任该咨询部闵行上海锅炉厂和上海重型机器厂常年会计顾问。

四十八、罗沛霖

本书编写组　整理

罗沛霖(1913年12月—2011年4月)，天津市人，电子学与信息学家，中国科学院院士，中国工程院院士，信息产业部高级工程师，西安电子科技大学电子信息工程专业主要创始人。

1935年，毕业于国立交通大学电机工程系；1937年7月在同学孙友余、周建南等的行动影响下奔赴革命圣地延安。1938年3月，进入中央军委第三局，在王诤和李强领导下工作，参与创建了边区第一个通信器材厂，即延安通信材料厂，任工程师，主持技术和生产工作。这是浴血奋战中诞生的第一个红色电工企业。

1939年，遵照党组织决定来到重庆，历任重庆上川实业公司、中国兴业公司、资源委员会中央无线电厂重庆分厂和天津无线电厂工程师、设计课课长等职。1947年，党组织派孙友余向罗沛霖传达：全国解放在即，新中国建设需要技术人才，党组织决定派罗沛霖赴国外深造。

1948年9月，罗沛霖进入美国加州理工学院电机工程系，随身携带的是党的地下组织资助的500美元。鉴于他的成绩优异，学院给予他本学科最高的奖学金，授予他科尔学者的称号。罗沛霖还担任留美科技人员协会加州理工学院支会的负责人。

1950年8月，学成归国的罗沛霖进入了当时正在组建的电信工业局，任技术处处长，参与指导了用于抗美援朝战场的骨干电台设计和制造工作。

1954年至1956年，担任华北无线电器材联合厂第一副厂长；1956年，加入中国共产党；1963年至1972年，担任四机部科技司副司长。1962年4月起，任中国电子学会副秘书长、常务副主任委员、学术委员会主任、理事、荣誉会员。1978年起，任国家科技委电子科学技术学科专业组副组长。1980年，当选为中国科学院学部委员，同年担任电子工业部科学技术委员会第一副主任。1988年，受聘为机械电子工业部科学技术咨询委员。1994年中国工程院成立，罗沛霖是创议人之一，被选为首批院士和主席团成员。

自1956年以来，罗沛霖多次主持制定电子科学技术发展规划，主持建成中国首座大型电子元件工厂，指导中国第一部超远程雷达和第一代系列计算机启动研制工作，对雷达检测理论、计算机运算单元以及电机电器等有创造性发现。

罗沛霖是第三、第四届全国人大代表，政协第五、第六、第七届全国委员会委员，北京大学、成都电子科技大学、国防科技大学、南京大学兼职教授，北京理工大学、东南大学、西安电子科技大学、桂林电子工业学院等校名誉教授，获得电气与电子工程师协会建会百年纪念勋章、终身会士。

· 四十九、陶　炜 ·

陶喜平

陶炜(1914 年 1 月—2009 年 11 月),江苏无锡人,1939 年毕业于同济大学工学院造船机械系,毕业后曾任重庆民生机器厂技术员、工程师。

1941 年,资源委员会工程师吴震寰为四川长寿龙溪河下清渊硐电站设计了 1 000 马力双转轮卧式水轮机,而机组制造则由重庆民生机器厂陶炜负责。1943 年,该机组成功投运,该机组是中国人自己设计制造的第一台现代水轮机(配套的发电机是由昆明电工四厂朱仁堪等将闲置在宜宾电厂的一台变频机改装而成的)。后来他进入桂林四厂任副工程师。1947 年 1 月至 1948 年 4 月,被资源委员会选派赴美国摩根史密斯公司学习水轮机设计制造技术。

学成归国后,先后在中央电工器材厂总管理处和上海制造厂工作,任电机组(后为上海电机厂)副组长,此时已是共产党员的他组织参加了护厂工作,阻止了工厂设备和美国引进的技术资料运往台湾。

新中国成立后,任上海电机厂制造室主任,不久调至沈阳东北电工局电工五厂(后为沈阳高压开关厂)任总工程师。在此期间,他与俞炳元、吴天霖、王述羲等承担了新中国第一台 800 千瓦水轮发电机组的研究制造工作。

1954 年,调到哈尔滨电机厂任副厂长,负责福建古田溪 6 000 千瓦、北京官厅电站 1 万千瓦水电机组等研制工作。1957 年,调到北京,在电机制造工业部(后改为一机部第八局)任工艺处副处长和水电设备联合设计处副处长,其间担任天津发电设备厂顾问。1960 年,调往德阳水力发电设备厂(后更名为东方电机厂)担任副厂长。三年经济困难时期,工厂被迫下马,他负责已到厂设备的维护工作,以保证今后投产时设备的正常安装使用。1966 年,当他投入很大精力主持试制重新上马的东方电机厂首台 4.4 万千瓦双牌水电机组时,“文化大革命”发生了,他不可避免地受到了巨大冲击。20 世纪 70 年代中期,应一机部沈鸿副部长邀请,他作为特邀编辑到北京参加了大型工具书《机械工程手册》与《电机工程手册》的编辑工作。1979 年,被重新任命为东方电机厂代厂长兼总工程师,负责过葛洲坝 17 万千瓦、龙羊峡 32 万千瓦等自主设计的当时全国最大的水电机组和东方型 30 万汽轮发电机等的研制,以及开拓东方电机产品出口到国际发电设备市场的工作。

1983 年,担任第一届德阳市人大常委会副主任。离休后,任四川省科技顾问团顾问、东方电站设备成套集团公司(中国东方电气集团的前身)技术委员会主任等职。

20 世纪 80 年代中后期,作为丛书常务副总编辑主持编辑了《中国电器工业发展史》等著作。

陶炜是新中国现代发电设备制造业的第一代创业者和管理者,对中国发电设备工业做出了贡献。

· 五十、吴祖垲 ·

本书编写组 整理

吴祖垲(1914—2014),浙江嘉兴人,中国工程院院士,1937年毕业于国立交通大学电机系。之后到湖南湘潭下摄司中国第一个电子管工厂中央电工器材厂二厂实习(1938年该厂迁到广西桂林)。直到1945年,一直就职于中央电工器材厂有关分厂,先后任实习员、工务员、助理工程师、副工程师,电工二厂重庆灯泡支厂厂长。1945年9月被公派去美国学习日光灯制造技术,可是美国的工厂把电光源看得很重,不接受外国实习生。他不得已到密歇根大学求学,于1946年获得电机硕士学位。之后到美国无线电公司(RCA)产品开发试验部的阴极射线管(CRT)试验室任工程师,从事投影式显像管的开发工作。在将近两年的时间里,他除了着意收集一些发光材料的研制资料,还解决了投影管的问题,更重要的是他学到国外研究开发光电器件的工作方法,这为他归国后对日光灯、显像管、摄像管的试制起到很大的作用。1948年春,吴祖垲回国,被资源委员会任命为南京电照厂的工程师兼副厂长。1948年冬,蒋介石下令将南京电照厂等五厂迁往台湾,时任资源委员会委员长的孙越崎先生抵制迁台,他参与抵制行动并取得成功,使南京电照厂仍能开工生产。南京解放后,他任该厂的厂长、总工程师,肩负起了为新中国发展特种光源、日光灯、光电信管和电子束管的重任。1958年,他被调到成都任红光电子管厂的第一副厂长兼总工程师。1977年,年逾花甲的他奉命筹建咸阳的陕西彩色显像管厂,任第一副厂长兼总工程师。1995年5月,被选为中国工程院院士;1996年6月7日,获中国工程院授予的首届中国工程科技奖。他曾先后被选为第三、第五、第六届全国人大代表,政协第二届全国委员会委员,中国电子学会第一届至第三届理事,中国真空学会第一、第二届常务理事;曾任西安交通大学兼职教授、陕西省决策咨询委员会委员兼综合组组长、中国国际工程咨询公司专家委员会委员及特聘专家。

吴祖垲是我国著名的真空电子技术专家、我国日光灯技术研制的先驱者和电子束管产业的奠基人。他长期从事真空电子技术领域的研究工作,在组织开发和生产彩色显像管方面取得了杰出的成就,直接领导和参与研制了我国第一支日光灯、第一支黑白显像管、第一支5英寸直观式储存管、第一支超正析像管、第一支19英寸彩色显像管、第一支43厘米电

压穿透式多色显像管,多次获得国家奖励。早年的专著《日光灯制造基础》被视为发展中国日光灯工业的奠基之作,为我国微光夜视行业由仿制走上自行设计研制、自主开发开辟了道路。吴祖垲历经沧桑一百载,他不仅在年富力强时熠熠生辉,也在壮志暮年中流霞溢彩。他大胆创新、勇于探索,为提高有关产业的科技创新能力发挥了卓越的引领和示范作用。

· 五十一、蓝毓钟 ·

蓝秀敏　兰秀玲　兰　俊　兰　杰　兰　健

蓝毓钟(1914 年 6 月—1995 年 7 月),湖北黄陂人。1938 年毕业于国立中央大学电机工程系,取得电机工程学士学位,在国民政府经济部下属的中央工业试验所任技佐。1939 年下半年,进入江北的安达电机厂任厂务主任,一年后,到中央电工器材厂的重庆电池分厂任材料股长。1941 年年初,接受中国共产党安排,疏散到桂林,任桂林电工厂的规划股长,直至 1944 年湘桂大撤退,才返回重庆。蓝毓钟于 1935 年积极参加和领导了国立中央大学的爱国学生运动,1938 年 5 月加入中国共产党,是重庆沙磁区第一任书记,后调往重庆北碚任特别区委宣传部部长、书记等职。抗日战争胜利后,中共南方局西南工委书记钱瑛同蓝毓钟谈话,鼓励他出国学习工作。1946 年 9 月,资源委员会派他赴美国西屋公司实习,并且按照党组织指示,团结留美科技人员,开展了大量工作,成立了"建社"("留美科协"的前身之一)。1990 年 6 月初,薛宝鼎与蓝毓钟联名向党中央补做了全面汇报,为此汇集了各方面的资料,写成了《南方局与四十年代"留美科学技术人员运动"和回国高潮(1946 年—1951 年)》,这一书面报告以后由党中央批转中央组织部干审局存档。

蓝毓钟在美国西屋公司实习高压电器制造技术,同时又在匹兹堡大学研究生班进修。1948 年 1 月,他取道香港回到内地,被任命为湘潭电机厂制造室主任。曾任资源委员会重庆电工器材厂、桂林电工器材厂、天津电工器材厂、湘潭电机厂副工程师、工程师;负责组织领导了新中国成立前的护厂运动,保护了湘潭电机厂的厂房、设备和西屋公司的技术资料。

1949 年后,历任湘潭电机厂副厂长、总工程师;1956 年奉调西安,任西安开关整流器厂厂长兼高压电器研究所所长、西安电力机械制造公司副总经理兼总工程师、中国电工技术学会第一届常务理事。

1970 年,他组织领导了刘家峡至陕西关中的我国第一条交流 330 千伏超高压输变电线路成套设备的研制、调试工作,1972 年成功建成。紧接着他组织领导了交流 380 千伏超高压成套输变电设备和交流 500 千伏超高压成套输变电设备的研制调试工作。他担任锦辽线总指挥,这条交流 500 千伏超高压输电线路目前依然是我国事故最少的高压输配电线路之一,获得国家特等工程奖。

1981 年,他担任直流 100 千伏成套输变电设备的研制工作领导小组组长,实现了宁波—舟山直流输电,获得工程个人特等奖。在改革开放的岁月,他受命频繁出访东欧、西欧、北欧,为我国引进西方先进的直流输电成套设备以及参加国际大电网会议、恢复我国在国际电工委员会成员国的地位,做出了贡献。他在任西安电力机械制造公司副总经理兼总工程师期间,为公司的技术改造殚精竭虑。在发展机电产品出口方面,他主持组建了中国电器出口联营公司,培训了一批外贸业务骨干,扩大了出口产品范围,为发展电器产品进出口贸易业务开辟了道路。

五十二、丘华山

丘尚初　丘善敏

丘华山(1914—2007),香港九龙清水湾道井栏树村人。1914 年 11 月 2 日生于非洲圣多美,1922 年回乡。后在中央电工器材厂桂林厂工作,1946 年经选拔赴美国在西屋公司实习工具基础专业一年。一年后,得到当地华侨冯维炎夫妇的资助,又在美国学习金工一年。

丘华山于 1949 年春节后回国,在湘潭电机厂工作。他将在美国购得的一箱金工器材捐献给国家,缓解了当时湘潭电机厂设备短缺之急,为此获该厂授予的一等功奖状,并被评为当年的湘潭市劳动模范。

1958 年 11 月,他被调至北京,在一机部七八局技术处工作;1964 年,奉调昆明,在昆明电机厂工作,任高级工程师,直至退休。

1975 年退休后,他先被中学聘为英语教师,教英语一年,后受总工程师刘屏楚之托,翻译出口到塞拉利昂的水轮发电机组说明书。1986 年,他应邀参加了湘潭电机厂厂庆庆典。

五十三、朱仁堪

朱履平　朱昌问

朱仁堪(1914 年 12 月—2010 年 10 月),中国电机制造专家,1914 年 12 月 5 日生于江

苏苏州,1936 年毕业于国立交通大学电机工程系,1946 年获美国麻省理工学院电机工程硕士学位。大学毕业后,从事电机制造工作,先在民营华成电器厂工作,后进入资源委员会中央电工器材厂工作。

1939 年 10 月,在四川龙溪河上开工兴建下硐水电站,他与其他工程师将宜宾电厂闲置的 1940 千伏安(50 赫兹/60 赫兹)变频机,改装成 1550 千瓦的发电机,与由水轮机工程师吴震寰主持设计的、由重庆民生机器厂制造的两台 1 000 马力的水轮机组成一套卧式水轮发电机组,于 1944 年 1 月安装完毕,投入运行。1944 年至 1947 年,他受资源委员会委派前往美国,先后在通用电气公司和西屋公司实习,其间于 1945 年至 1947 年在美国麻省理工学院研究生院进修并获电机工程硕士学位。在美国,他参加了与美国西屋公司的技术谈判和引进工作,并且进行了西屋电机专业的实习。回国后,他被派往湘潭,以中央电工器材厂湘潭工程处副主任的身份,主持电机新厂建设。1948 年元旦,湘潭电机新厂举行开工典礼,本着“用旧房、用旧机、即开工、即生产、亦训练、亦制造、求自进、求自存”的原则,正式开工生产,并于 1948 年 5 月制造出首批电动机产品。

1950 年 4 月,响应国家召唤,他从湘潭奔赴沈阳、哈尔滨参加新中国电工行业的建设。在哈尔滨电机厂、哈尔滨大电机研究所,他参加和领导了培养科技队伍的工作,历任厂副总工程师、大电机研究所第一任总工程师等职。他曾组织研制多种规格的汽轮发电机、水轮发电机和大型电机,如新安江水电站 7.25 万千瓦水轮发电机。

20 世纪 60 年代初,朱仁堪奉命到东方电机厂的前身德阳水力发电设备厂任副总工程师,后任东方电气集团技术顾问,主持了定子绕组水内冷、转子氢内冷式 20 万千瓦和 30 万千瓦汽轮发电机的设计制造,乌江渡 21 万千瓦水电机组、葛洲坝 17 万千瓦水轮发电机组、汽轮发电机用 75 千伏安稀土钴永磁副励磁机等一大批重点科研项目的研制。其中葛洲坝机组获国家科技进步特等奖,30 万千瓦汽轮发电机获国家产品质量金质奖,75 千伏安稀土钴永磁副励磁机获国家科技进步二等奖。他主持研究了定子铁心隔振结构、转子气隙取气内冷结构及绕组端部电屏蔽等新技术,解决了大型汽轮电机振动和发热等问题,为嫁接引进技术独立自主开发 30 万千瓦汽轮发电机创造了有利条件。

从 20 世纪 50 年代开始,朱仁堪全程参加了三峡水电站的技术论证和前期设计工作;历任中国电机工程学会和中国电工技术学会理事、常务理事,中国旋转电机标准委员会委员、顾问,机械工业委员会电工技术委员会委员等职。1984 年,他被电气与电子工程师协会吸纳为高级会员。

1985 年退休后,他被聘为东方电机厂顾问,1990 年被国务院批准为享受政府特殊津贴专家。

五十四、吴维正

本书编写组　整理

吴维正(1914—2002)，江苏常州人，1936年毕业于浙江大学机械工程系，曾任资源委员会昆明中央电工器材厂工程师。1945年至1947年，在美国通用电缆公司和加拿大铝业公司实习，回国后任资源委员会中央电工器材厂上海制造厂副厂长。1951年，主持筹建了湘潭电缆厂，任湖南湘潭电缆厂副厂长兼总工程师，主持设计制造了年产四万根铜杆的压延机及辅机成套设备。1957年后，组织了220千伏、500千伏高压和超高压电缆，35千伏交联聚乙烯电缆，960路小同轴电缆，3600路中同轴电缆及120路浅海通信电缆产品的研制工作。后调任一机部电器工业管理局副总工程师、高级工程师，当选为中国电工技术学会第一届理事。所著论文有《浅论我国绝缘材料的发展与问题》，载于《电工技术》杂志1986年第2期。

五十五、许声潮

恽诚之

许声潮(1915—2010)，又名许兴潮，浙江省宁波市象山县丹城镇人，教授级高级工程师。1927—1932年，在浙江宁波效实学校完成中学学业，1936年毕业于浙江大学电机系，同年赴德国柏林高等工业学院进修。

1937年，资源委员会与德国合作筹建中央钢铁厂，许声潮在德国被中央钢铁厂遴选，先后去德国柏林西门子电机制造厂、AEG电机制造厂和克虏伯钢铁厂接受专业训练并监制AEG供应的动力设备。1939年7月，他回国参加筹建云南钢铁厂，主持设计、安装全厂动力设备，历任副工程师、动力股股长。随后进入昆明中央电工器材厂，历任工程师、业务室副主任等职。在此期间，1943年曾出任四川泸县电厂总工程师、工务长，主持基建、设计安装国产第一套成套发电设备。

1946年8月，他由中央电工器材厂选派赴美国西屋公司实习考察，继任该厂驻美代表，负责洽谈技术合作事宜。

1950年，他毅然做出回国决定，转道天津回到上海，投入新中国的建设热潮。

　　回国后,1950年6月至1962年6月,他先后在上海市人民政府公用局电力处,上海电力公司军管专员办公室,上海电业管理局材料处、生产技术处、总工程师室工作,历任技正、工程师、副处长;1962年6月任华东电业管理局生产技术处副处长;1973年6月到华东电管局电力试验研究所工作,任副总工程师;1979年10月起任华东电力试验研究所代所长,主持工作;1990年退休。

　　许声潮长期从事电机工程方面的工作,擅长发输配电系统设计、安装和技术管理,主持、组织与推行上海市发供电设备的计划检修工作,参与编写并审查发电设备检修、运行、改进和技术监督等规程制度。

　　大学读书期间,他加入了中国电机工程师学会;在美国工作期间加入了美国电机工程师学会。回国后,他历任上海市自动化学会第一届理事、上海市科委红外与遥感专业委员会委员、上海市退离休高级专家协会机电专业委员会委员、电力大组副组长。1988年,他获中国电机工程学会表彰证书。

　　1955年,许声潮在上海加入中国民主同盟,曾任民盟上海黄浦区综合支部委员;1980年10月,加入中国共产党。

· 五十六、张弘夏 ·

周泽昆　整理

　　张弘夏(1915年2月—2008年1月),高级工程师,浙江杭州人,1937年毕业于国立中央大学电机系。曾任国立中央大学助教、桂林四厂助理工程师、重庆四厂工程师。1945年,赴美国西屋公司实习,1947年回国到湘潭电机厂工作。

　　1949年后,他支援东北建设,北上到东北电工局技术处任主任工程师,1952年调到哈尔滨电机厂,历任哈尔滨电机厂工程师、副总工程师,哈尔滨大电机研究所副总工程师;1976年,任浙江省机械工业厅副总工程师。他是中国电机工程学会第一届理事、荣誉会员,中国电工技术学会顾问,教授级高级工程师。

　　1956年,他为大冶钢厂设计制造了 X500/X430/X300 线材轧机电机,这是工厂第一次为钢厂提供成套轧机电机。1962年,他与同事直流电机设计专家副总工程师叶自仪合作领导完成了由哈尔滨电机厂、大电机研究所与上海电机厂、南洋电机厂联合设计的中国第一个通用的 ZD、ZF 中型直流电机系列。

　　张弘夏为哈尔滨电机厂早期大型交流电动机和汽轮发电机研制的领军人物。他先后主持设计了一批汽轮发电机,其中1958年9月,成功制造了新中国当时最大容量的第一台2.5万千瓦汽轮发电机,安装在哈尔滨热电厂;1960年5月14日,研制的首台10万千瓦氢内冷汽轮发电机通过国家鉴定;1972年,主持设计、制造了20万千瓦氢内冷汽轮发电机,安装在辽宁省朝阳电厂;1974年,负责设计、制造了双水内冷6万千瓦、60赫兹汽轮发电机,于1976年12月作为援朝项目在朝鲜1600号电厂并网发电。

· 五十七、杨锦山 ·

沈 逸 杨小平

杨锦山(1915年7月—2010年8月),安徽怀宁人,热能动力工程专家,国家二级工程师。长期从事动力机械的技术研究和科研领导工作,是一机部汽轮机锅炉研究所的创建人之一、中国动力工程学会开创人之一。

1915年,杨锦山出生于河北山海关铁路职员家庭,从小立志当个工程师。1937年,毕业于国立交通大学电机工程学院。为了抗日救亡,他与同学周建南、孙友余一起在武汉遇到范长江,经叶剑英开具到西安第十八集团军办事处的介绍信,拟经西安赴延安,因病滞留,行动未果,康复阶段阅读了马列主义书籍,立下誓言为共产主义奋斗终生,后接受周建南、孙友余建议留在大后方工作,任贵阳汽车修理厂和炼油厂工务员、副工程师。

1944年,任昆明资源委员会中央电工器材厂副工程师,1947年1月至1948年3月被派往美国西屋公司实习,了解学习西屋公司有关机电产品各部门的生产技术情况和生产管理知识,在美国参加、组织了留学实习人员的进步活动。他于1948年4月回国,任职上海中央电工器材厂副工程师、工程师,并在中共上海地下党领导下工作,1949年3月被接收为中共党员。1949—1950年,任华东工业部机械处计划组组长。1951—1952年,任上海吴淞机器厂(现上海柴油机厂)厂长。1953—1955年,任一机部四局上海综合设计处处长。

1952年,他奉命赴捷克斯洛伐克谈判引进6 000千瓦火电机组制造技术,回国后,组织制造了我国第一套6 000千瓦火力发电机组,从此结束了我国不能制造火电设备的历史。1959年,他创建了一机部汽轮机锅炉研究所,为我国发电设备制造行业建设了第一个科研测试基地。1979年,面对在"文化大革命"期间遭到严重破坏的科研工作和研究体系,他克服重重困难,在各级领导和广大动力工作者的支持下,把研究所重建为上海发电设备成套设计研究所,并不辞劳苦,做了大量工作,召回了已分散在各地的科研人员,将该所的研究对象从火电设备扩大到核能和新能源发电设备等技术领域。

20世纪80年代初,我国从美国引进30万千瓦/60万千瓦火电机组制造技术,杨锦山作为引进单位的代表参与了与美国西屋公司和燃烧工程公司的谈判,组织了对引进技术的消化吸收,为 30 万千瓦考核机组的成功研制,以及工程成套水平和自动化水平的提高做出了贡献。他长期担任研究所技术副所长、总工程师,全面负责技术工作,培养了一大批中国热能动力技术专家。他长期实际运作学会活动,组织了大量国内外学术交流,促进了行业技术进步。

· 五十八、俞炳元 ·

俞增平　俞爱平　俞增力

俞炳元(1915—1968),江苏常熟人,水轮机专家。1937 年,毕业于国立交通大学电机工程学院电机系,曾任国家科委电工组和水利电力组组员,电工组水轮机分组副组长,中国透平锅炉学会(后改称中国动力工程学会)理事,哈尔滨市机械工程学会理事,哈尔滨电机厂和哈尔滨大电机研究所总设计师、副总工程师,东北电力机械设备制造公司副总工程师,哈尔滨工业大学和东北重型机械学院水力机械教研室主任等职。

俞炳元曾主持我国首批 800 千瓦至 22.5 万千瓦水轮机的研制,并成功安装于四川长寿下硐、上硐、古田、北京官厅、新安江、青铜峡、云峰和刘家峡等水电站,使我国单机容量迅速接近当时世界先进水平。其成果先后被授予全国科学大会奖、全国产品质量银奖。由他提议建成了国内第一座水轮机试验室,数年内研究开发了冲击式、斜流式、混流式、转桨式、贯流式等多种水轮机转轮,为 20 世纪 80 年代初葛洲坝 12.5 万千瓦巨型低水头机组和三峡项目研制奠定了基础。他参与制定国家"十二年科学技术发展远景规划"、长江三峡的水电规划,担任全国水轮机科研专题的召集人,完成了当时的三峡机组可行性论证、编制了三峡机组容量论证方案,是中国透平锅炉学会(中国动力工程学会)的筹建组织者之一。

20 世纪 50 年代中期,他在哈尔滨工业大学参与创建了国内第一个水力机械专业,培养了一批工程师,为中国水电工程奠定了人力资源的基础。"文化大革命"中,他被诬以"反动技术权威"及多项莫须有的罪名,遭隔离审查,于 1968 年 12 月 12 日不幸含冤去世。主要著作和译著有《水轮机科学技术的发展》《水力透平》《水轮机结构及零件计算》等。他曾当选第三届全国人大代表,哈尔滨政协第一、第二、第三届委员和第二、第三届常委,哈尔滨市人民代表、哈尔滨市人民委员会委员。他为中国的水轮机、发电机制造业的建设和发展,培养新中国第一代水轮机工程技术人员做出了重大贡献。2021 年,他被推选为哈尔滨电气集团有限公司 70 年卓越功勋人物。

· 五十九、游善良 ·

游　宏　游　明

游善良(1915 年 10 月—2005 年 12 月)，高级工程师，电机制造专家，江苏省泰县(现为江苏省姜堰市)人。1939 年，毕业于国立交通大学电机系，曾任重庆上川实业公司工程师、资源委员会昆明中央无线电器材厂技术员、国立西南联合大学教师。1945 年，赴英国，先后在洛伦斯斯图脱公司及通用电器公司实习，1947 年回国。曾任国民政府交通部第二区、第三区电信管理局工程师。1949 年后，历任上海晋华电机厂工程师，一机部第二设计分局工程师，哈尔滨电机厂工程师、副总工程师、高级工程师，中国电工技术学会第一届理事。曾主持设计、制造大型交流发电机、大型同步调相机、汽轮发电机和稀土钴永磁电机。组织并成功研制出我国首台 10 900 千伏安同步电动机、6 万千伏安同步调相机，为 2.5 万千瓦、5 万千瓦和 10 万千瓦以上的汽轮发电机设计制造奠定了技术基础。主编了《电机工程手册》"同步电机篇"，为全国交流电动机更新换代提出了设计方案，对电机噪声做了专题研究，发表了颇有见地的学术论文。主持制定了汽轮发电机的国家标准，修订了一般电机标准中有关大电机部分。

· 六十、李文渊 ·

李绍潭

李文渊(1916—1986)，高级工程师，中国工程师学会电机分会会员，祖籍广东梅县，1916 年农历五月初六日出生在四川成都。1935 年，考入天津的南开大学电机系，1940 年毕业于国立西南联合大学工学院电机系，获得学士学位。后被保送到资源委员会中央电工器材厂工作。

抗日战争期间，他积极参加抗日活动。1938 年 5 月，他参加了国立西南联合大学与云南大学联队对阵中央空军军官学校足球队的足球赛，为慰劳参加台儿庄抗日的六十军将士组织体育募捐。他投身抗日宣传，为抗日呐喊，并多次参加抗日义演。此后他一直在中央电工器材厂所属分厂任职。

1941—1945 年，调至中央电工器材厂昆明第四厂，任材料股长、开关制造股计划员、工程组检验部主管、副工程师。1945 年，调至上海分厂，任计划科规划组长。1946—1947 年，任上海营业处代理营业课长。1947 年 7 月，调至中央电工器材厂湘潭工程处，任副工程师兼工务股主管。1948 年 12 月，作为湘潭电机厂的代表驻广州营业处。

1949 年 10 月广州解放后，曾任华中财经委员会驻广州办事处副工程师兼主任。1950 年 3 月，调到湘潭电机厂工作，先后任副工程师兼工务股长、计划科副科长、工艺科标准化室副主任、主管工程师等职，1977 年退休。

"文化大革命"期间，在蒙受不白之冤的逆境中，李文渊始终热爱党、热爱社会主义祖国。工作期间，他负责主编了十余万字的《湘潭电机厂技术管理制度》。他对工厂生产工艺流程中的各个环节进行了严格的标准化、制度化管理，这是工厂电机、电器生产得以持续发展、名扬中外的关键所在，整套生产工艺管理制度至今仍在湘潭电机厂生产管理中沿用。他为工厂技术管理系列化、标准化做出的贡献功不可没。他还编著完成了《圆柱形螺旋弹簧制造》一书，此书被湘潭电机制造学院用作中专部教学讲义。

李文渊的一生是勤奋的一生，是对党、对人民、对中国的电机事业无私奉献的一生。

◆ 六十一、陈俊雄 ◆

陈兆音

陈俊雄(1916 年 8 月 1 日—2004 年 3 月 5 日)，出生于广东澄海，幼儿时期曾随父亲侨居泰国，并在泰国上学，接受基本教育，成就了较好的英语基础。回国后十几岁时，单身一人乘船去泰国寻找父亲。一路上"以工换乘"，充当海员做船上工作，换取旅费。他历经艰辛，到泰国找到父亲。父亲过世后，他把父亲的骨灰带回澄海。

20 世纪 30 年代初，陈俊雄未满 18 岁，只身到上海闯世界，进入周锦水创办的民营企业华成电器厂学徒。因勤恳好学，实践能力强，他被电动机设计工程师褚应璜先生选中，褚先生教他学习绘图、制图，他帮助褚先生做设计工作。

1936 年下半年，褚应璜先生离开华成电器厂，到上海电机制造厂任电机主任工程师兼设计委员。他随褚先生入电机厂，任技术员。

1937 年 8 月，日军进犯上海，他协助褚应璜搬迁工厂设备，先装驳船沿苏州河运往镇江，再转装民生公司轮船运至武昌，准备借临时厂房布置开工。电机厂在武昌开工不足三个月，又沿江越洞庭湖迁至湘潭下摄司。途中他协助褚先生多次拆卸机器装箱船运，又多次临时装机生产，争取尽量多生产一些电机、变压器以支持抗日战争。

1938 年夏，他任职的电机厂改隶资源委员会中央电工器材厂，1938 年年底因日寇进占武汉,陈俊雄随厂由湘潭迁至桂林,参加建厂开工。1939 年 11 月,他转调中央电工昆明四厂任职。1942 年年初,他升职铸造模型管理员,在昆明四厂工作直至抗日战争胜利。

1946 年秋,因工作表现突出,资质异禀,英语基础好,他被选拔到美国西屋公司实习电机专业;回国后,在湘潭电机厂工作,积极参加护厂活动。

1949 年后,他响应号召,参与建设东北重工业基地,在沈阳东北电工局、一机部设计总局第四设计分局、一机部第八设计院、一机部八局等单位工作,任处长。1969 年,他与夫人先后被下放到一机部江西奉新五七干校第八设计院所在的一连,后又被调到七八局所属的拥有小工厂的八连任连长。1971 年回京,他被调入一机部机械科学研究院,任处长。他参与规划、组织、协调一机部、水电部两部 60 万千瓦成套火电设备联合设计办公室的成套火电设备开发研制工作。20 世纪 70 年代末,部局决定停止自行研发制造该项目后,他转而参与引进美欧技术工作。

陈俊雄于 1955 年加入中国共产党。他是四级工程师,享受国务院政府特殊津贴。在处长的职位上,他一干就是 40 年,是一位认真工作、努力奉献而不计个人得失的人。他于1991 年离休。

六十二、管敦信

管大勇

管敦信(1916 年 8 月—2003 年 9 月),山东青岛人。1942 年毕业于重庆中央大学机械系,1944 年赴美学习,1946 年获美国密歇根大学机械工程硕士学位。1945 年在美国西屋公司实习电机专业,1948 年春结束美国的实习,回到青岛,不久加入湘潭中央电工器材厂。1950 年奉调到沈阳的东北电工局技术处工作。1950 年任东北电工四厂(哈尔滨电机厂前身)的制造技术科科长,后任哈尔滨电机厂副总工程师。1960 年调至哈尔滨机电设备安装公司任总工程师,负责哈尔滨三大动力厂(电机厂、汽轮机厂、锅炉厂)重大设备的安装。1960 年调至四川德阳东方电机厂,任工艺科科长、副总工程师、总工艺师等职。

管敦信先后承担和主持了中国多台重大发电设备的制造工艺工作,是中国现代发电设备制造工艺的开拓者和领军人物。1980 年后,管敦信又致力于将中国发电设备打入欧美市场的开拓工作,为中国发电设备走向世界做出了重大贡献。

· 六十三、吴天霖 ·

吴祚潭　吴祚源　吴祚滨

吴天霖(1916 年 11 月 3 日—1969 年 9 月 30 日),江苏镇江人,第三届全国人大代表,高级工程师,水轮发电机制造领域专家。历任东北电工局工程师,哈尔滨电机厂总设计师,哈尔滨电机厂、哈尔滨大电机研究所、东北电力机械制造公司副总工程师。

吴天霖于 1940 年毕业于国立交通大学电机系。1941 年任中央电工器材厂桂林第四厂助理工程师、设计股长。1945 年任重庆电工四厂电机组组长。1946 年 7 月受资源委员会派遣,赴美国西屋公司实习水轮发电机的设计和制造。1947 年 12 月回国后任湘潭电机厂副工程师、规划股股长。1950 年 9 月调至沈阳的东北电工局技术处工作,11 月随工厂迁至哈尔滨。1951 年,他主持试制了丰满水电站"100 号"高压绝缘线圈,该线圈作为中国一项重要技术成果,在莱比锡国际博览会上展出。同年年底,他担任主任设计师,组织设计并成功制造了中国第一台 800 千瓦立式水轮发电机,该成果是新中国发电设备制造史上的第一个里程碑。其后他又主持了青铜峡 3.6 万千瓦、新安江 7.25 万千瓦、云峰 10 万千瓦和刘家峡 22.5 万千瓦等一系列水轮发电机的设计和研制工作。

吴天霖作为新中国第一代电工行业的工程技术人员,在发展中国电机事业和制定技术政策方面发挥了积极作用。云峰水电站的四台机组,原定方案均从苏联订货,鉴于当时中苏关系恶化,苏联仅供货一台后不再供货,也不提供任何资料,他和其他几位技术专家一起上书周恩来总理,建议另三台机组自主设计制造,被国家批准。鉴于优秀的设计制造质量,该机组于 1980 年获国家质量银奖。他在发电机设计、制造方面具有较丰富的实践经验,并有较高的学术水平。他主持编写了《水轮发电机的电磁计算》《机械计算》《通风冷却计算》等设计计算手册,于 1963 年由技术标准出版社(现为中国标准出版社)出版,并被机械工业部指定为水轮发电机行业指导性文件。

吴天霖在"文化大革命"中被打成"反动学术权威",遭隔离审查。在强迫劳动中因公负伤,于 1969 年 9 月 30 日在哈尔滨去世。终年 53 岁。经中共哈尔滨市委、市政府决定,于 1978 年 12 月 14 日在哈尔滨电机厂举行了追悼会,为吴天霖平反恢复名誉。2021 年,吴天霖被评为哈电 70 年"重大成就人物"。

· 六十四、刘隆士 ·

周泽昆　整理

刘隆士(1916—1993),江苏常州人,中共党员,1916 年出生于上海,高级工程师,1941 年毕业于浙江大学电机系。

刘隆士在中央电工器材厂昆明四厂就职,1946 年赴美国西屋公司实习电机专业。1948 年回国。1949 年后历任湘潭电机厂副科长、副总工程师,中国电工技术学会第一届理事,湘潭科协主席、荣誉主席。他曾主持研制了我国第一台 25 千伏电力机车;组织研制了矿用小机车、80 吨矿山电机车、矿用蓄电池防爆型小机车及我国第一台百吨电动轮自卸车。

1970 年年初,我国煤炭、冶金矿山行业急需更加先进的运输设备来提高产量。这种采矿大车,集机电、机械与液压制造技术于一身,最大载重量为 108 吨,制造难度大,价格十分昂贵。当时的国际市场上只有"美国造""日本造",国外专家断言"中国绝对造不出这样的矿车"。湘潭电机厂决定勇挑重担,打破国外技术垄断,创造为国争光的属于中国人自己的"争气车"。湘潭电机厂总工程师刘隆士、副总工程师黄祖干带领党员先锋队,发起了一场矿用电动轮自卸车整车制造大会战。刘隆士每天骑着一辆老式自行车在研制现场跑来跑去,风雨无阻。他在用三块方桌拼起来的简陋试验台上,设计出了大车电传动系统的电控柜,完成了仿真试验;他通宵达旦研究原理图,设计出了大车上独创的磁放大器。1977 年 5 月 5 日,我国第一辆国产大型露天矿用 108 吨电动轮自卸车在湘潭电机厂成功下线。"韶峰牌"108 吨矿用电动轮自卸车先后荣获了国家优质产品金质奖和国家科学进步特等奖。

· 六十五、马盛模 ·

本书编写组　整理

马盛模(1916—1971),福州市人,1939 年毕业于交通大学电机工程系。毕业后在中央电工器材厂昆明电工厂任实习员、工务员、助理工程师、副工程师。1944 年 1 月被派往英国绝缘电缆公司(BICC)实习深造。1947 年再赴美国通用电缆公司、加拿大北电公司电线厂实习考察。1947 年 2 月回国后任中央电工器材厂上海制造厂副工程师兼工程室主任。1949 年后任华东工业部上海电线厂(现上海电缆厂)副工程师兼工程室主任。1951 年 4 月,他与厂长葛和林、总工程师娄尔康等研制成功中国第一根 ZQ6600 伏裸铅包铜芯油浸纸绝缘电力电缆和 200 对空气纸绝缘市内电话电缆,受到华东工业部表彰。1952 年 3 月任副总工程师,次年10月任副厂长、一级工程师。1956年3月任总工程师,主持电缆设计和制造。1957年5月任上海电缆厂副厂长兼总工程师。同年6月,他赴苏联莫斯科参加国际电工委员会(IEC)第22届年会,探讨电力电缆的发展方向,并编写《八国经济合作科研规划专题报告》。1958年兼任上海交通大学电线电缆教师。1966年12月,他主持船用电缆升级换代,导电线芯、绝缘橡皮和护套均采用新工艺、新材料。他发展了耐寒船用电缆和耐油船用电缆,确保"09"和"718"等军工任务如期完成,受到一机部军工管理部门表彰。马盛模历任国家科委电工组电线电缆分组副组长、一机部电线电缆研究设计室副主任等职,对中国电线电缆工业的发展起了重要作用。他还历任上海市电机工程学会理事、第二、第三、第四、第五届上海市人大代表。

· 六十六、叶自仪 ·

本书编写组　整理

叶自仪(1917年3月—1981年6月),江西萍乡人,高级工程师,1940年毕业于国立交通大学电机工程学院电机系。1945年赴美国西屋公司实习,1947年回国,任湘潭电机厂副工程师。1950年后历任东北电工局工程师,哈尔滨电机厂设计科科长、副总设计师、高级工程师。他领导设计、制造了我国第一套轧钢机配套电动机及700毫米、1 150毫米初轧机和2 800毫米铝板轧机配套电动机;参与组织了1 700毫米热轧机及冷轧机配套直流电动机的研制;组织了ZD、ZF中型直流电动机系列统一设计及可控硅供电大型直流电动机性能的研究工作。其典型论文有《可控硅供电对直流电动机换向性能影响的分析》(《中小型电机技术情报》1974年第3期)、《天钢750初轧可控硅供电直流电机初步测试》(哈尔滨大电机研究所《大电机技术》1974年第3期)。

· 六十七、孟庆元 ·

周泽昆　整理

孟庆元(1917—2004),1917年5月18日生于上海市,籍贯是浙江杭州,高级工程师,中国电机设计制造专家。1938年毕业于国立交通大学电机工程系。1939年,中央电工器材厂成立,孟庆元被恽震总经理延揽到昆明四厂,1942年考取教育部公费留英研究生,获英国文化委员会奖学金。1943年入英国利物浦大学学习,1946年获利物浦大学电机工程博士学位,任英国通用电气公司实习工程师,随后赴美国西屋公司实习。

1947年回国,任中央电工器材厂上海制造厂电机组组长。在十分困难的条件下,他设计生产出台湾糖业公司的订货——新产品200马力电动机,扭转了电机组的产量和效益差的被动局面。1949年3月他担任上海制造厂安全分会主席,领导护厂活动。安全分会的成员中职员与工人参半,发挥了全厂职工的积极性,配合中共地下党的策划,与黄色工会和国民党巧妙周旋,最终将电机分厂的设备和财产完整地交给人民。新中国成立后,他历任上海电机厂工程室主任、副总工程师、总工程师、副厂长。其中从1957年到1989年,他担任总工程师32年,在引进技术、消化吸收、国产化和独立创新开发方面都做出了很大贡献。1950—1952年兼任上海交通大学电机系教授,1957—1958年兼任电机系副主任。1954年,他领导试制成功新中国第一台6 000千瓦汽轮发电机。

孟庆元领导研制成功世界上第一台30万千瓦双水内冷汽轮发电机,并在研制过程中解决了一系列关键技术问题,随后投入批量生产,并形成5万千瓦、12.5万千瓦和30万千瓦汽轮发电机系列。这一系列成果于1985年获国家科学技术进步奖一等奖。他于1959年获全国先进生产者称号。

孟庆元曾任中国电机工程学会理事、中国电工技术学会第一届理事、荣誉会员,第二、第三届全国人大代表。

六十八、万定国

本书编写组　整理

万定国(1917—2017),浙江杭州人,高级工程师,1943年毕业于交通大学机械系。曾任国民政府兵工署重庆第十兵工厂技术员;1950年起任上海通用机器有限公司工程师,负责制造第一批国产汽轮机叶片,为被轰炸毁坏的杨树浦电厂设备换修,后又为大连沙河口电厂维修三菱汽轮机提供国产汽轮机叶片;1953年,上海通用机器有限公司改为上海汽轮机厂后任副总工艺师,参与试制我国首台6 000千瓦汽轮机,调试当时国内没有的高速动平衡机。叶片是汽轮机中的心脏,由于精度要求高,他帮助工人师傅发明了"半自动靠模工具",使加工出来的叶片质量完全达到设计要求。1955年5月汽轮机试车成功后,受到国家的奖励。后他调任哈尔滨汽轮机厂副总工艺师、北京重型电机厂副总工程师,是我国高压高温2.5万千瓦、5万千瓦、10万千瓦、20万千瓦汽轮机试制工作的加工工艺负责人。1972年,参与组织设计60万千瓦火力发电设备的工作。1983—1987年,在华能国际电力开发公司任高级顾问,参加同多家国际汽轮机制造商的谈判,并出访英国、瑞士、法国、美国。1993—1998年,万定国与美国汽轮机技术发明家合作,在中国推广应用汽轮机可调式汽封技术,共改造30多台汽轮机的汽封,平均提高发电效率1%~2%。2017年9月,他在加拿大温哥华去世,享年100岁。

·六十九、张　均·

朱道一

张均(1918—2012),原名张鋆,1966年以后改名张均,教授级高级工程师,江苏苏州人。1939年毕业于浙江大学机械系。1943年参加了当时在重庆举办的第一届自费留学考试,荣获机械工程第一名。

1944年赴美国留学,在密歇根大学获得机械工程硕士学位后去麻省理工学院继续深造,1946年开始在美国西屋公司工作实习。

1948年回国后,历任中央电工器材厂湘潭电机厂和上海电机厂制造技术科科长、上海电机厂公务室副主任。

1950年4月,他响应号召,奔赴沈阳,先后担任东北电工局设计制造处热加工科工长、制造技术科科长、东北电工局工厂设计处(后改名为一机部第四设计分局)主任工程师(沈阳)、一机部第八设计研究院副总工程师(沈阳)。

1958年开始,张均先后担任一机部第八设计研究院(北京、湘潭)副总工程师、(长沙)总工程师、副院长兼总工程师等职。1960年,他加入中国共产党。

1980年,张均参加30万千瓦/60万千瓦火力发电机组引进谈判全过程;参加三峡重大工程项目,主要负责研究大型水电机组的制造和运输问题。他长年负责"901工程"最大厂东风电机厂的升级改造设计,1981年"901工程"的工厂设计获一机部和二机部的科研成果奖。他于1986年退休,1993年获国务院政府特殊津贴待遇。

·七十、朱春甲·

本书编写组　整理

朱春甲(1918—2003),江苏金坛人。1940—1947年,曾留学美国武士德学院和美国麻省理工学院,获硕士学位,并先后在美国GE公司和西屋公司实习和工作。1947年12月回国后,先后在资源委员会湘潭电机厂和上海电机生产委员会任工程师。1949年后,在上海电机厂任设计科长,又在北京电器科学研究院任工程师。从1958年起,在上海电器科学研究所任中小型电机研究室主任和研究所副总工程师。

青年时代,他留学美国,刻苦钻研,掌握了当代先进的电机设计和制造技术。回国后,他将在美国所学的先进知识和技术充分应用到发展我国的电机事业中,成为我国电机界的知名专家。在上海电机厂和上海电器科学研究所工作期间,他曾主持多项国家重大项目。我国生产的量大面广的中小型电机基本系列 J2、JO2、Y 系列电动机等产品均是由他参与主持完成的,满足了国民经济各行业配套的需要。目前我国生产的 Y、Y2、Y3 系列电动机都是在此基础上不断改进而成的。这些产品目前已成为世界上产量最大的产品。他为我国创建中小型电机研究试验基地做出了很大贡献。他20世纪60年代主持建造的中小型电机试验站目前已成为国家中小电机质量监督检验中心。

七十一、黄祖干

本书编写组　整理

黄祖干,1918年12月3日生于湖南省长沙市,高级工程师,中国电工专家。1941年毕业于湖南大学电机工程系,随即进入资源委员会中央电工器材厂昆明四厂(电机、变压器、电池等)工作。1948年调到湘潭电机厂任副工程师,从1956年起,先后任该厂总设计师、副总工程师和总工程师。20世纪50年代,他设计出一批新建纺织厂用电器产品,后参与和组织仿苏电器产品设计。1956年,他获全国先进生产者称号。1957年,他主编了《电机电器设计手册》。1958—1961年,他组织了电力电子器件在电器产品上的应用工作。60年代,他主持设计了北京地下铁道车辆电气设备和100吨、150吨工矿电力机车。70年代,他主持研制出大型露天矿山用国产第一台108吨电动轮自卸车,并获1978年全国科学大会奖。1962—1985年,他先后被国家科委聘为铁道组、电工专业组委员,国家发明奖评选委员会特邀审查员。1987年,他任中国电工技术学会电动车辆研究会顾问。他曾当选全国劳动模范,获五一劳动奖章;著有《关于电路分析的简单方法》一书。湖南大学电机工程学会主编的"电工通讯丛书"收录了其《电动机及其控制法》一文。

· 七十二、殷向午 ·

本书编写组　整理

殷向午(1918—2007),高级工程师,江苏无锡人,1940年毕业于国立交通大学电机工程系。曾任资源委员会中央电瓷制造厂宜宾分厂副工程师、工程师、室主任、副总工程师。1945年,被资源委员会派往美国西屋公司实习绝缘技术,1948年获美国密歇根大学研究院电机硕士学位。密歇根大学根据殷向午的学习成绩,通知他可以继续攻读博士,但有着强烈爱国之情和报国之志的殷向午选择了于1948年回到南京。他被任命为中央电瓷公司南京厂副厂长,后又为代理厂长,在国民党溃逃时,在他的努力下,工厂得以完整地保存下来并交给人民。1949年后,他历任南京电瓷厂厂长、总工程师,南京大学副教授。20世纪50年代初,他先后受部局委托组织了全国电瓷行业第一次产品统一设计,主持制定了我国第一个加强电瓷行业的技术管理文件和我国电瓷行业产品发展的十二年规划。1958年,他从一机部七八局技术处副处长任上调往西安筹建了我国第一个全国性的电瓷技术研究机构——西安电瓷研究所,先后任西安电瓷所副所长、总工程师和西安电瓷厂总工程师等职务,经过不懈的努力,使西安电瓷所成为我国电瓷和避雷器的开发中心,西安电瓷厂成为全国同行业中技术力量最雄厚,新品、优品最多的企业。20世纪70年代,他曾以过硬的质量为我国第一条330千伏输电线路提供了成套的电瓷避雷器产品。80年代初期,他又为我国首次上500千伏超高压输电等级的河南平顶山至湖北武汉的平武线和辽宁的辽阳至锦州辽锦线提供了成套产品。改革开放以后,他瞄准国际先进水平和电瓷行业的薄弱环节搞技术引进和消化吸收,由他负责引进的油纸电容式套管制造技术很快就取得了显著经济效益。他是西安电力机械制造公司副总工程师,中国电工技术学会第一、第二届理事,中国电机工程学会第二、第三届理事,中国硅酸盐学会第一届至第三届理事。

· 七十三、冯勤为 ·

周泽昆　整理

冯勤为(1919—1989),高级工程师,浙江绍兴人,1941年毕业于大同大学电机系,是我国著名的输变电专家。

曾任资源委员会中央电工器材厂工程师。1946年,到美国西屋公司变压器厂实习,

1948年回国。新中国成立后,历任上海电机厂设计科科长、一机部设计总局第二设计分局设计总工程师,1953年被评为上海市第一届劳动模范。

他原从事变压器行业,当国家需要发展电力电容器工业时,他响应党的号召,放弃原来擅长的变压器行业,从上海到西安改行搞电力电容器,为建立和发展我国的电力电容器工业做了大量开创性工作,是我国电力电容器事业的主要创始人。他曾任西安电力电容器厂副厂长、总工程师,西安电力机械制造公司副总工程师,国际大电网会议电容器工作组液体介质工作组委员,中国电工技术学会第一、第二届理事,中国电机工程学会电容装置分专业委员会主任委员,《高压电器》编委(20世纪60年代),政协第三、第五、第六、第七届全国委员会委员。他曾负责研制成功超高压大型变压器、超高压并联电抗器、超高压电容式电压互感器、我国第一只高压电容套管超高压标准电容器和200千伏250千安大电流冲击电流发生器等。他还研制成功硅油与异丙基联苯等新型合成介质电容器,单台大容量80千乏、200千乏、334千乏膜纸与全膜电容器,3 600千乏密集型电容器等产品。20世纪70年代初,一位外国厂商讥笑我们:你们是发明纸的国家,为什么还要进口我们的电容器纸? 冯勤为决心为国雪耻,与造纸厂协作,促进国产优质电容器纸的生产。他还花了一个多月的时间,查阅了近百本文献资料,记了两本笔记。最后,他提出了研究开发用膜纸和全膜介质体系代替油脂介质体系的科研发展规划,决心进一步赶超国外先进水平。经过对设计、工艺等方面30多次的研究修改,新的聚丙烯薄膜移相电容器问世了。这不仅使我国的电容器行业迅速赶上了20世纪80年代初的国际水平,还较纸质电容器单台容量提高了50%。

1949年后,他曾11次代表我国赴国外进行技术考察,出席国际技术会议,探讨有关高压电器和电容器发展问题,并在国际杂志上发表过多篇论文,主编了《电机工程手册》"电力电容器篇"。

他不但是成绩斐然的工程技术人员,更是一位热爱祖国、为祖国建设付出毕生精力的爱国者。临终前,他还在为即将召开的全国政协会议撰写题为《老有所为,欲罢不能》的书面发言稿,并为大会撰写了十份提案,为祖国的现代化建设费尽了心血。"生命在于奉献,而不在于索取",这是冯勤为用以自勉的一句名言。他的一生充分践行了这种奉献精神。

(注:在20世纪50年代院校调整时,大同大学电机系并入上海交通大学,他们的档案已经全部转入上海交通大学的档案馆中,冯勤为就是上海交通大学的校友了。)

· 七十四、朱维衡 ·

朱道一　朱道亮

朱维衡(1919—2016),电机工程专家,浙江杭州人,1942年毕业于上海大同大学电机系。1944年出国,经印度于1945年年初抵达美国留学,后转到美国西屋公司实习,研究工效管理。于1948年年初实习结束归国,先到南京中央电工器材厂总管理处报到,后赴上海电机厂和上海电缆厂做工效研究,写出改进生产工位布置建议。8月初参加了筹建湘潭电机厂。

1949年,他在香港时受赴美留学同船同学、老朋友、中共地下党员、后来的二机部副总工程师、数学家秦元勋的影响,毫不犹豫地踏上了北上之路,并作为留学生代表队成员之一,参加了中华人民共和国的开国大典。1949年秋,他到沈阳东北电工局参加工作,参与了工效研究、工厂设计、哈尔滨电机厂筹建,哈尔滨电工学院筹建等工作。在东北电工局时,他作为100号项目技术负责人,克服缺乏关键配件和专业技术人员等重重困难,深入现场调研,提出替代方案,成功修复当时闻名全国的小丰满水电站发电机,为东北工业的恢复和建设做出了重要贡献。

1962年,他被调到北京的中国科学院自动化研究所,1965年研发制造出用在第一颗人造地球卫星"东方红一号"上进行姿态控制的力矩电机,进行卫星旋转定位。1971年,国内首次了解了直线电机的新思路。1972年,他调进中国科学院电工研究所特种电机研究室,探索直线步进电机,取得成功,进而进行大型直线感应电机研究,接受了平面直线电机自动高速绘图机任务,担任项目领导。这个项目填补了中国高速自动绘图机的空白,并因此荣获中国科学院一等奖和国家科委的科技进步二等奖。他长期从事特种电机的研究工作,曾研制成功10 000克·厘米,20 000克·厘米和500克·厘米的力矩电机。他参与领导了60米/秒平面电机及自动绘图系统的研制工作。

1984年,他被国家科委抽调筹建科健公司,自制核磁共振仪(MRI)。从1984年到1987年,任电工所二室主任兼科健公司首席顾问,安科公司董事会董事。1987年后,他从电工所退休,自己设计制造圆筒型1500高斯的铁氧体MRI磁体1/3样机;后来与其他三人合作,试制3 000高斯钕铁硼1/5样机,接近完成时,因移民美国而中止。

他晚年致力于磁悬浮列车等的研究,退休后继续在美国开展研究。鉴于他在中国科学院期间取得的成绩,在核磁共振方面坚持不懈的努力,对磁悬浮事业坚定不移的支持,获得了"中国磁悬浮之父"的美誉。

其代表作品有《国外直线电机应用》《交流电机统一理论》《飞车梦——中国磁浮列车之

父自传——朱维衡》。

2004年,他回国参加了上海磁悬浮国际会议并在分组会议上发表演讲。2012年,他回国参加了母校杭州七中建校110周年庆典等活动。

◈ 七十五、黄乃良 ◈

本书编写组　整理

黄乃良(1919—2004),江西萍乡人,1942年毕业于浙江大学电机系,分配到资源委员会中央电瓷制造厂沅陵分厂工作,任工务员、助理工程师、副工程师。1947年到美国西屋公司DERRY电瓷厂和芝加哥电力公司实习,1948年8月回国进入中央电瓷制造公司南京厂工作。1949年后任南京电瓷厂技术科长、制造科长、工程师室主任。曾利用西屋公司的技术,用真空练泥机挤制69千伏瓷套获得成功。1953年1月调一机部设计总局第四设计分局,任设计主任工程师,主管电瓷、绝缘材料、蓄电池、电炭等电材专业,设计实施了抚顺电瓷厂改扩建工程。1959年调一机部第七设计研究院任设计主任工程师,是主管电瓷、绝缘材料、蓄电池、电炭等专业的副总工程师,直至1989年退休。他从事电瓷行业工作48年,退休后还临危受命,主持抚顺电瓷厂搬迁工程设计总工程师的工作。他曾获国家优秀设计金质奖、国家科学技术进步三等奖,多次主持和负责编制电瓷、绝缘材料行业近期和远期发展规划,编写介绍国外电瓷、避雷器制造技术的基本情况等。他提出多项重大原则及有重大参考价值的政策性建议,受到部局的重视与采纳,以及同行专家的好评。他多次主持并参加引进技术的可行性研究,赴苏联、英国、德国等国考察并提出电瓷行业的技术发展方向,为我国电瓷行业的发展壮大和技术进步做出了重要贡献,是我国电瓷行业的奠基人之一和有威望的老专家。1990年,他被评为全国工程勘察设计大师,1991年被授予陕西省科技精英称号。其论文《原美国西屋电气公司电瓷厂近况》发表于《电瓷避雷器》杂志1996年第2期。

◈ 七十六、梅开基 ◈

本书编写组　整理

梅开基,1919年生,1942年毕业于国立交通大学理学院化学系。后在资源委员会中央电工器材厂二厂重庆灯泡支厂任副厂长。抗日战争胜利后调到南京电照厂,曾任总工程师,新中国成立前夕与沈良骅、吴祖垲等一起抵制蒋介石搬迁工厂去台湾的命令,保护了人民财产。他与单宗肃一起发明、研制的多硼硬玻璃获得了1951年南京市职工发明创造大会二等奖,解决了中国灯泡业的一个大难题,为新中国独立生产放映灯泡和各类大型电子管奠定了坚实的基础。普通玻璃在1400℃左右就会熔化,但是像放映灯泡这样的特殊仪器,

体积小、功率大、辐射能量大，温度能达到 1 800℃以上。梅开基工作很严谨，他经常去图书馆里查资料，遇到不懂的地方只能靠自己琢磨，半夜里想起来什么问题就立马起来去厂里试。天冷，他就自己从家里带个小煤炉，兼顾做饭和取暖。就这样，他硬是自己把配方琢磨出来了。虽然多年过去，随着工艺的改进，这种玻璃逐渐被淘汰，但在当时，它的试制成功对中国的社会发展有着重大意义。他曾担任第三届到第六届和第八届南京市人大代表或主席团成员，江苏省政协第三、第四届委员，中国光学学会第一届理事会理事，中国硅酸盐学会电真空玻璃专业委员会第二届副主任委员。

七十七、杨嘉墀

本书编写组 整理

杨嘉墀(1919—2006)，出生于江苏省吴江县(现为江苏省吴江市)，1941 年毕业于国立交通大学，是我国航天技术和自动控制、仪器仪表与自动化专家，自动检测学的奠基者。曾任国立西南联合大学电机系助教和中央电工器材厂助理工程师，在电工三厂(电话机厂)研制载波电话，做出了中国第一套单路载波电话样机，在昆明工业展览会上展出。他称这个工厂(电工三厂)的设备是从德国西门子引进的，规范、质量管理完全是西门子模式，所以后来感觉到自己一生的事业，受到德国生产方式的影响还是很多的。中央电工器材厂推荐他参加"租借法案"留美实习生考试。1946 年年初，他到芝加哥自动电话生产厂实习。1947 年 1 月，他到美国哈佛大学工程科学与应用物理系攻读博士学位，两年半后取得博士学位，又仅用了两年时间研制出快速自动光谱仪，美国专家将其命名为"杨氏仪器"，这一成果获得了美国专利。1950 年至 1955 年期间，他先后任美国宾夕法尼亚大学研究员和美国洛克菲勒研究所高级工程师。1956 年，他冲破阻力回到祖国。杨嘉墀对妻子说："咱们快回去吧，别等人家把祖国建设好了我们才回去，那就不像样了。"随后他变卖家产，倾尽积蓄购买了示波器、振荡器、真空管等当时国内急需的科研设备器材，携妻女踏上了回国的归途。他参与筹建中国科学院自动化研究所，任研究员、室主任、副所长，北京控制工程研究所副所长、所长。1962 年，他参与制定《1963—1972 年科学技术发展规划纲要》，1966 年参与制定了中国人造卫星十年发展计划。其间他成功完成了热力加温加载测试、火箭发动机仪器仪表和核爆炸测试等科研项目，研制出冲击波压力测量仪、地面震动测量仪、原子弹爆炸实验配套仪器、火球温度测量仪、地

下核试验火球超高温测量仪、火球光电光谱仪等。1970 年,他研制的姿态控制系统也圆满完成卫星监控。他是国家"863"高技术计划四位倡导人之一。1968 年后任国防科委五院502 所副所长、七机部五院副院长兼 502 所所长、中国空间技术研究院副院长、航天工业部总工程师。1980 年当选为中国科学院院士。1989 年,他牵头制定航天器智能自主控制的研究规划,提议建立空间智能自主控制国家重点实验室。从 20 世纪 90 年代起,深谋远虑的杨嘉墀又先后针对我国载人航天和探月工程做出专题报告,对进入 21 世纪后的月球探索和开发做了全方位的分析,并提出切实可行的建议和实施步骤;针对北斗导航的专利化、产业化和商业化,他与其他五位院士讨论后,牵头起草了《关于促进北斗导航系统应用的建议》,受到国务院的高度重视;杨嘉墀还致力于高技术产业化、科技成果转化以及知识产权保护等方面的对策研究。1999 年,他被授予"两弹一星功勋奖章"。2000 年,他获 IEEE 授予的"千年勋章"成就奖。2003 年,国际小行星中心将编号为"11637"号的小行星永久命名为"杨嘉墀星"。

◆ 七十八、吴履梯 ◆

本书编写组　整理

吴履梯(1919—1985),上海市闵行人,国家二级工程师。他幼年丧父,家境贫寒。1940 年高中毕业,由学校推荐至昆明中央电工器材厂当绘图员。1942 年考入国立西南联合大学(清华大学)机械工程系,以优异的成绩获国民政府特别奖学金,1946 年以第一名的成绩毕业,回昆明电工厂后被破格提升为工程师,随即由资源委员会派赴美国留学,在西屋公司实习仪表制造和工厂管理。他于 1948 年回国,先后在湘潭电机厂、中央电工器材厂上海制造厂任工程师;1949 年 5 月在华东工业部参加清查接管工作;1952 年主持试制出全套开关板电表及第一代国产电度表;1953 年 5 月参加上海电表厂筹建工作,任主任工程师;1954 年主持设计了国内第一条开关板电表装配流水线,当年投入生产;1965 年任上海电表厂副厂长;1977 年获全国和上海市先进科技工作者称号;1979 年任上海电表厂厂长兼总工程师;1981 年调任上海仪器仪表公司总工程师。他是第七、第八届上海市人大代表,中国仪器仪表学会理事,中国电磁测量信息处理仪器学会、上海市仪器仪表学会、上海市计量测试学会等的副理事长,上海工业大学客座教授、研究生导师。他在机电工业系统工作近 40 年,是中国电磁测试仪表界的老前辈,对仪器仪表行业做出了卓越贡献。

· 七十九、贺天枢 ·

周泽昆　整理

贺天枢(1919 年 8 月—1996 年 5 月),四川人,教授级高级工程师。1943 年毕业于国立中央大学电机系。1943 年 12 月考取国民政府第一批自费留学生,去美国留学。因为暂停留学,他被教育部分派到中央电工器材厂工作,与恽震面谈后,到昆明四厂就职,在留学生出国禁令撤销后赴美。就读于美国密歇根大学电机系,1945 年硕士研究生毕业,选派到西屋公司实习电机专业,回国后在湘潭电机厂工作。

1956 年调北京电器科学研究院工作,在试验工厂任厂长、微电机研究室主任,是我国微电机工业的先行者。在国内首先研制成功并小批量生产了高精度控制微电机,包括自整角机、旋转变压器、伺服电机和测速发电机等。微电机研制成后大都进行中间生产,供应国防和其他部门的需要。他在控制微电机研制方面填补了国内空白,其产品获 1964 年国家科委新产品奖。

1978 年调任机电部标准化研究所工作,长期从事电气标准化工作。曾任一机部标准化研究所副所长兼总工程师、第一届电工名词审定委员会副主任(1991 年 5 月正式成立)国际电工委员会中国委员会办公室代理主任、中国电工技术学会电工产品可靠性研究会理事长和机械部技术委员会委员等职。从 1992 年开始享受国务院政府特殊津贴。

与高庆荣合作发表的论文有:《电工术语辨误》《电工术语辨异》《电工术语讨论》,载于《电气应用》的 1992—1993 年间;主编的图书有《电气图形符号国家标准应用指南》和《国家标准电气制图应用指南》。

· 八十、赵硕颀 ·

陈圣琳　陈明燕

赵硕颀(1919 年 11 月 11 日—2009 年 11 月 11 日),高级工程师,上海市人。1940 年毕业于国立交通大学机械工程系,曾在印度塔塔钢铁厂、美国西屋公司汽轮机厂实习。1947 年回国。1949 年后历任哈尔滨电机厂主任工程师,哈尔滨汽轮机厂副总工程师,杭州汽轮机厂副厂长兼总工程师,浙江省机械工业厅副厅长、总工程师。他先后领导设计、试制了我国 2.5 万千瓦、10 万千瓦、20 万千瓦汽轮机系列;1972 年秋,一机部水电部成立联合办公室,计划自行设计制造 60 万千瓦火电机组,他主抓汽轮机设计小组,直到 1974 年。后来国家决定引进国外技术在国内制造,停止了自行设计制造任务。但通过这一阶段的研究设计,对消化引进国外先进技术和创新,起了重要作用。1975 年,他调入杭州汽轮机厂。

1989 年 1 月,杭州汽轮机厂 1988 年度"七五"CAD 攻关演示会召开,已经担任省机械厅总工程师的赵硕颀及省、机械局和工厂的领导一同到会指导。这一年赵硕颀已经 70 岁高龄,依然关心着科技的进步,积极组织、指导和参加有关活动。

1953 年担任哈尔滨市科普协会筹备委员会副主任,1954 年任哈尔滨市科普协会副主任,1956 年任中华全国科学技术普及协会黑龙江省分会及哈尔滨市支会主席。哈尔滨市第一届人民代表大会上,他被选举为市人民委员会委员;在哈尔滨市政协第三届大会上担任主席团成员并当选为政协常委;1962 年,他在哈尔滨市政协第四届委员会上当选为副主席。

他曾任中国机械工程学会动力工程学会第三届理事会理事和副秘书长(1983 年)、上海交通大学校友会杭州分会的第一届理事会(1984 年)和第二届理事会(1986 年)副会长、第三届理事会(1989 年)会长、第五届理事会(1996 年)名誉会长、浙江省工程技术人员高级职务评审委员会的评审委员。他十分热心建立和推广科技法规和专利制度,除进行领导外,还身体力行开展研究,申请了多项专利。

八十一、周茂培

周晓华

周茂培(1919 年 11 月 25 日—1981 年 6 月 23 日),江苏宜兴人,著名电力变压器制造专家,教授级高级工程师,中国共产党党员。曾任一机部变压器研究所所长,沈阳变压器厂总工程师、厂长、厂党委副书记等职;兼任沈阳市科学技术协会副主席、辽宁省机械工程学会理事、辽宁省电机工程学会副理事长、中国电机工程学会理事、输变电设备技术委员会委员、中国电工技术学会常务理事、国际电工委员会变压器专业委员会中国委员会主任委员等职务;任《变压器》杂志编辑委员会主任。

1941 年毕业于国立中央大学电机系,曾任资源委员会昆明电工四厂技术员、助理工程师。1946 年,他赴美国西屋公司变压器厂实习,到加拿大电气公司考察调研,于 1948 年春回国,曾任湘潭电机厂副工程师。1950 年,他调到沈阳东北电工局技术处。1952 年后历任沈阳变压器厂科长、副总工程师、总工程师、厂长。1950 年后领导完成了 10～330 千伏、100～360 000 千伏安规格的电力变压器系列和各种电压等级互感器的设计工作。他领导设计了 330 千伏和 500 千伏电力变压器、互感器。

他在变压器制造行业工作长达 40 年，为我国的变压器生产技术的发展献出了毕生精力，使变压器产品电压等级由 35 千伏提高到 500 千伏，产品单台容量由几十千伏安提高到 36 万千伏安。为制造超高压特大容量变压器的需要，在厂内建造了超高压冲击试验基地、大型变压器生产基地，1979 年，沈阳变压器厂试制出我国第一台 500 千伏超高压变压器和电压互感器，1980 年又突破了 500 千伏变压器局部级电量的重大技术关键，填补了我国 500 千伏输变电设备中的两个空白，受到一机部、一机部电工局和沈阳市人民政府的多次表彰和奖励。

他曾先后 12 次出国参加国际电工委员会(IEC)学术会议，在美国、英国、法国、德国、苏联、瑞士和瑞典等国家著名大型变压器制造厂参观产品生产过程、超高压试验技术和关键设备。每次出国回厂后，他都及时撰写国际会议讨论情况和专题报告。对国内外变压器制造方面的差距有深切体会，并结合我国实际提出具体改进建议，从而使我国变压器运行的可靠性得到提高，也促使我国超高压大容量变压器和互感器的研制工作加快了步伐。

自 1952 年起，他一直在沈阳变压器厂工作，呕心沥血，为祖国建设做出了重大贡献。

· 八十二、卢荣光 ·

周泽昆　整理

卢荣光，1920 年生，北京人，1943 年毕业于国立西南联合大学电机系。毕业后到中央电工器材厂昆明四厂工作。1946—1948 年在美国西屋公司实习电机专业。归国后，他在湘潭电机厂加入了中国共产党，领导了湘潭厂的护厂和起义。

1949 年后历任湘潭电机厂车间主任，哈尔滨电工局、沈阳电工局设计处副处长，一机部设计总局计划处、国外处处长，在基本建设和工厂设计中，参加我国代表团赴苏联和东欧谈判、采购等，为"156 项工程"的项目建设做出很大贡献。

因为我国发展原子能事业的需要，经一机部黄敬部长批复，他是支援二机部(主管国防工业后转为主管核工业的部门)的三位干部之一：一是冯麟，后来带队去莫斯科实习；二是连培生，是原子能所的总工程师；三是卢荣光。他们都是一机部的尖子。卢荣光历任二机部第二设计研究院副院长，核工业部计划司司长，部科技委员会常务副主任、高级工程师，中国核学会第一、第二届常务理事。他长期从事科技管理工作，参与领导了铀同位素分离厂、铀冶金厂、生产堆等核工程的工艺和土建设计，是高级工程师、核反应堆工程专家。

《中国第一颗原子弹制造纪实：596 秘史》一书揭示了中国在当年受到封锁、包围和背叛的险恶环境中，是如何制造出自己代号为 596 的第一颗原子弹的。其中记述了卢荣光的事迹：支援二机部，参加中国政府工业代表团赴苏联谈判、普查选址、领导合作设计尽显中国特色、建造存放原子弹模型的厂房等。卢荣光参与领导了铀同位素分离厂、铀冶金厂、生产堆等核工程的工艺和土建设计。

· 八十三、方福林 ·

本书编写组 整理

方福林(1920年7月3日—2002年11月5日),出生于北京,福建闽侯人,高级工程师,中国变压器设计制造专家。1942年毕业于国立西南联合大学电机系。1942—1945年曾任资源委员会中央电工器材厂昆明四厂助理工程师。1945年考取教育部留英公费实习生,先后在英国曼彻斯特茂伟电气公司和伦敦布雷斯公司实习并任变压器部门设计工程师。他1951年回国,1952—1966年曾任上海电机厂副总工程师兼总设计师;1952年设计出国产第一代动圈式交流电焊机;1953年主持国产变压器统一设计;1958年领导设计中国第一台560千伏安铝线变压器;1960年设计制造了1.5兆伏安铝线变压器,并推广建立了7.5~40.5兆伏安铝线变压器系列;1960年、1962年先后将纠结式连续线圈应用于110、220千伏变压器;1966—1973年任西安变压器电炉厂副厂长、总工程师;1971年领导研制了中国第一台使用换位导线的300兆伏安铝镁合金线自耦变压器;1971年和1979年分别领导研制了330千伏、550千伏超高压变压器和电抗器;1979—1982年在一机部工作;1982年任上海发电设备成套设计研究所副所长。1983年退休后,他任上海工程咨询研究中心副总经理、总工程师,上海市能源领导小组副组长。

方福林是中国电工技术学会理事,《电机工程手册》"变压器篇"的特约编辑,《变压器》杂志第一届编委会副主任、第三届编委会顾问,为《变压器》杂志的编辑出版做了大量工作。他是第三、第四、第五届全国人大代表,第八届上海市人大代表。

· 八十四、严筱钧 ·

严 露

严筱钧(1920—1993),1920年9月1日生于江苏省常州市。1941年毕业于国立中央大学电机工程系,取得工学学士学位,毕业后即进入中央电工器材昆明第四分厂,任助理工程师,从事工业自动化系统及控制设备的设计研制工作。他曾负责昆明电线厂、昆明钢厂、昆明冶炼厂、贵阳电厂等工厂企业的工业自动化设计工作,并投入运行,效果良好。

1946年,他去美国西屋公司深造,参加该公司工业控制部工作,学习研究设计方法,并

承担了部分订货和实际设计工作。工作期间,他曾去美国多处工厂矿山考察。他于1948年回国,任中央电工器材厂湘潭分厂和上海分厂副工程师。

新中国成立后,经华东工业部委派,他任上海华通开关厂技术科科长,主管该厂设计与工艺工作。他领导并参加设计了中国第一台69 000伏高压油断路器、中国第一台无轨电车控制设备,制成产品并投入运行成功,得到了华东工业部的嘉奖。在第一个五年计划时,他调任一机部第二设计分局设计总工程师。他曾负责设计国家重点工程哈尔滨电机厂大型电机试验站,获得成功。

1955—1972年,他任一机部北京电器科学研究院自动化研究室主任。1956年,他参加编写中国的"十二年科学技术发展远景规划",担任"电气传动与自动化"卷的执笔人;同年,他光荣加入了中国共产党。从1957年末到1958年第一季度,他参加中国自动化学会派出的三个全国调查组,实地调查,历时数月,完成报告,为中国工业自动化规划提供了国情和规划基础资料。他首创了国内磁放大器系列产品和多种饱和电抗器工业自动化系统,并获得成功,而且将磁放大器研究成果推广到北京、上海的一些工厂。他领导并参加了特殊磁放大器的材料、机理、工艺等研究,主持研制以半波磁放大器控制引燃管栅极的离子传动系统,为中国高速舰艇试验池的传动与自动控制做出了重要贡献。1964年,他承担了国家科委提出的工业自动化的重点试验规划之一的兰州炼油厂的工业控制机的试点,实现了用直接数字控制代替仪表控制。

1978年,他任刚成立的机械工业部北京机械工业自动化所副总工程师,后任总工程师,负责全所技术工作,并筹建了机械工业部的大规模集成电路制版中心,试制全部系列集成电路,并获得成功。在对美国及日本的国际商用机器公司的详细考察中,他带回了IBM公司的企业面向通信的电子计算机管理系统的详细资料,进行了消化、吸收,并结合我国国情,建立了计算机辅助工程项目管理系统(CAPMS),已在我国许多企业中得以应用。

1978年,他开始培养工业自动化硕士研究生,研究方向是系统工程的应用,并担任中国自动化学会系统工程专业委员会副主任委员,共任四届,是中国系统工程学会的发起人之一。1984年7月,他在参加国际自动控制联合会(IFAC)第9届世界大会期间,在技术局的会议上被授予IFAC主席奖,以表彰他在1981年至1984年担任IFAC发展中国家技术委员会副主席时所做的工作。

八十五、吴国城

吴大群

吴国城(1920—2008),籍贯台湾地区台南市,福建厦门人,从小跟随祖母在厦门鼓浪屿生活学习。在南京及西迁重庆后的中央大学学习电机专业,1942年毕业后在中央电工器材厂昆明四厂实习、工作,1946—1948年选派到美国西屋公司实习电机专业。回国以后,他一直在湘潭电机厂工作。他在"文化大革命"期间受到冲击。1979年平反后,他任湘潭电机厂工艺处处长、总工艺师。1981年,他考察比利时学习轻轨车技术、百吨车技术。他为我国138吨和150吨矿用电力牵引机车、100吨电动轮自卸车等大型矿山用电设施和电机车制造事业倾注了大量心血,做出了贡献,被国家命名为有杰出贡献的专家,是享受国务院政府特殊津贴的高级工程师。他曾任湘潭市政协委员,湖南省政协第四、第五届委员。他于1985年退休。

八十六、高庆荣

周泽昆 整理

高庆荣,1920年生,高级工程师,国立西南联合大学毕业,在中央电工器材厂昆明四厂工作,派赴美国西屋公司实习电机专业。新中国成立后,他支援东北建设电机制造基地,20世纪50年代后,一直在佳木斯电机厂工作。佳木斯电机厂是我国规模最大的防爆电机、起重冶金电机、屏蔽电机及专用电机科研生产基地,建有一机部佳木斯防爆电机研究所。工厂在1952年试制成功了我国第一台防爆电机,后佳木斯电机厂归属哈尔滨电气集团。20世纪70年代中后期,一机部技术情报所组织编写《电机工程手册》,高庆荣进京参加编写,后被调入一机部技术情报所,长期从事科技情报、电气标准化、学会等工作。他曾任北京机械工业信息研究院副总工程师,一机部技术情报所、机械工业信息研究院副总工程师,机电部机械科技情报研究所副总工程师,机械委科技情报研究所副总工程师,北京电工技术学会第二任理事长,中国电工技术学会第二届理事会理事,学会学报及杂志编辑委员会总编辑,机械委科技情报研究所《电工技术学报》总编,《电工技术》杂志编辑部主任,1991年5月成立的第一届电工名词审定委员会委员。

八十七、丁敬华

丁小融 庞海池

丁敬华(1921年4月23日—1997年1月27日),中国机械工程学会荣誉理事,研究员级高级工程师,上海市人。1942年毕业于昆明国立西南联合大学航空工程系;1946年毕业于美国麻省理工学院,获硕士学位;于1946年9月至1948年3月在美国西屋公司透平厂实

习。1948 年回国后，历任上海电机厂副工程师，沈阳及哈尔滨东北电工局技术处透平组副工程师，一机部设计总局第四设计分局动力组组长、技术科副科长、总动力师，机械科学研究院原五处主任工程师，标准化所副总工程师，机械科学研究院副总工程师兼技术计划处处长等职，并长期担任院技术委员会副主任。

1950 年，他参加东北电力工业建设，负责哈尔滨电机厂动力工程，解决了电机厂中型车间采暖通风系统存在的缺陷。20世纪 60 年代以后，在一机部机械科学研究院长期从事机械加工行业管理、项目规划、课题审定、技术组织和协调等工作。他撰文总结新中国成立 10 年机械加工工艺成就，参加制定国家"十二年科学技术发展远景规划"中的机械加工工艺规划，审议机械工业标准并专于机械加工工艺及齿轮传动等技术领域。他曾任中国机械工程学会第四届理事、第五届常务理事和机械传动分会副理事长兼秘书长。

·八十八、王述羲·

王景安　王景云　王景慈　王景东

王述羲(1921 年 7 月 10 日—1994 年 9 月 12 日)，高级工程师，祖籍浙江绍兴，1921 年 7 月 10 日出生于北平。1942 年毕业于国立西南联合大学机械系，曾任资源委员会电化冶炼厂助理工程师。1944 年 11 月赴重庆参加了经济部的租借法案赴美培训人员考试，并被录取。1945 年抗日战争胜利后，为了探望父兄，他北上返回北平，并短暂在石景山钢铁厂工作，任助理工程师。1947 年夏赴美国，应褚应璜先生的邀请，前往美国东海岸约克(York)城的摩根史密斯公司实习，学习水轮机技术。1949年年初，他由美国乘船赶回上海，与陶炜、俞炳元三人均留在上海电机厂。1950 年 10 月，他北上哈尔滨，由于水轮机车间尚未建好，不久又返回沈阳，曾在东北工业部电工局及沈阳高压开关厂工作，历任东北电工局副工程师，哈尔滨电机厂工程师、副总设计师、副总工程师，哈尔滨电机厂大电机研究所副总工程师、副所长，中国水力发电工程学会第一届理事。新中国成立初期，他参加了国内第一批下硐 800 千瓦等水力发电机组的设计。他主持设计了新安江、云峰水力发电站机组。20 世纪 70 年代，他主持三门峡5 万千瓦、白山 30 万千瓦和葛洲坝 12.5 万千瓦水力发电机组的研究、设计和制造工作。70年代中期起，他为葛洲坝 12.5 万千瓦机组的设计开展了大量的科研工作，并领导该机组的设计制造工作。1981 年秋，他亲临葛洲坝电厂安装现场，负责哈尔滨电机厂的机组安装指

挥,为了保证二江电厂五台机组都一次启动成功,他坚守在工地,常常彻夜不眠。80 年代初,他主持建立了我国第一座高水头水力机械试验台。他将毕生精力贡献给了我国的水轮机和发电机事业。

他与沈从龙合撰文章有《纪念国庆三十周年——哈尔滨电机厂建厂以来的成就》,刊于《大电机技术》(1979 - 06 - 30),翻译了 Walter L. Swift 的论文《运用计算机改善水轮机和水泵水轮机的设计工作》,刊于《大电机》(1973 - 03 - 02)。

八十九、苏兆久

苏庆宁

苏兆久(1925—2011),中共党员,1925 年生,早年在中央电工器材昆明四厂(昆明电机厂的前身)工作,当学工,学钳工。在此期间,他设计和制作了方孔钻夹具,提高了生产效率。由于这项革新,他受到了上级的欣赏,学工还没转正,就被派往美国西屋公司实习。1947—1948 年在美国西屋公司实习电机专业,回国后在湘潭电机厂工作。1951 年调往哈尔滨电机厂,任工具科科长。1964 年调往昆明电机厂,任工具车间主任。其间的主要业绩是:

(1) 组织开发了正弦磁力台,在此基础上形成精密成型磨削工艺,从之前的模具手工制造进入机械化制造的行列,极大地提高了模具制造的效率和质量。

(2) 将电火花加工技术首次应用于生产,组织开发了国内第一台电火花加工机床。

(3) 组织开发了国内第一台线切割机床。

(4) 组织开发的半自动线棒热压模在国内处于领先地位。

1983 年,他升为昆明电机厂副厂长,还经常下车间劳动,开展调查研究,不忘工人本色。他于 1985 年退休。

第三章　先驱的回忆与记述

　　本章选登了恽震、褚应璜、孙瑞珩、姚诵尧等前辈的遗作十篇，多是对自己人生经历和事业的回忆，也反映了我国电气工业事业发展的许多史实。《电力电工传略》是恽震自传精编；褚应璜院士的《自述》由其女儿褚启勤整理成文；《从事电工制造事业数十年的回忆录》是孙瑞珩当时为一机部要求编写《中国电器工业发展史》而编撰的文稿，因篇幅所限，他早年求学、在清华任教、到英国留学未收录，此文章仅节选孙瑞珩参加电工实业的相关内容；姚诵尧的《往事琐议》追述了看来平凡但很有意义的事件；朱仁堪的《职业生涯回顾》讲述了自己的业务经历；管敦信的《坎坷的道路，光辉的前程——东方电机厂建厂 30 周年》回顾了东方电机厂艰难的创业史；《忆老同事》是朱维衡回忆老同事们工作、生活的片段；王述羲的《怀念水电专家俞炳元》是老一辈之间情谊的表达；张均的《自述》回顾了他的一生，并重点介绍了他们工作简史；游善良的《我的电机设计生涯》回顾了他电机设计的人生道路。

◆ 一、电力电工传略 ◆

恽　震

1989 年 9 月

《恽震电力电工传略》书稿封面

　　恽震，字荫棠，别号秋星，老年自号松岩，江苏常州人，幼住常州城内青果巷老家，前后只住了 11 年。他生于 1901 年 10 月 14 日，即《辛丑条约》签订那一年。父毓华及母庄氏均在他出生一年内逝世。孤儿三人，一姐一兄和他，都由祖父恽祖祁(心耘)先生抚养成年，姐兄比他大 11 岁和 9 岁。他在常州家塾读了《四书》《诗经》《左传》，以及《资治通鉴》的一部分，书法学柳公权和《灵飞经》。辛亥革命前，他弟兄跟祖父到上海，租住在虹口。11 岁，即公历 1912 年，他进了虹口昆山路中西书院的中学预科，开始学习英语和算术，中文则排入中学，并从教务长孙闻远牧师学习生理学。长姐慧曾嫁吴兴沈迈士，生一子，姐早去世。兄恽济(梦楫)已婚，在沪人徐家汇复旦公学。恽震的幼年是在书香门第中长大的,很识礼貌;到上海后,剪辫读报,注意到袁世凯就职大总统时的誓词;哥哥恽济问他:"你为什么要这样认真?"他回答说:"我要看他将来是否真的能忠于誓言!"他从小就有爱国之心。

1913 年春季,哥哥带他进复旦公学,入一年级的下学期,校址在李鸿章祠内,花木亭池甚美。同年级者有华侨生何葆仁(A 班班长)、朱承洵(B 班班长)、吴竞清、陈登恪、龚文俊、汤武杰、刘慎德(芦隐)、戚恭甫(闻人)等人。孙越崎、俞大纶高他一级,俞大维高他二级,沈元鼎、恽济高他三级,张志让高他四级。他家先在闸北蓬路,祖父延江阴宿儒张尔常先生为嫡堂弟侄塾师,他每一暑假必在张师处读晚书,学秦汉古文及清诗。因此每次秋初入校,国文作业必显出进步。这样共计有 3 年。校中名师有林天木、王宠惠,国文教师有蒋梅笙、邵力子诸先生。他爱听力子师的讲课,又爱好梁启超和章行严的文章,关注《庸言》《甲寅》等杂志。1916 年夏,他中学毕业,获第二名;接着在复旦的大学预科读了半年,上了王宠惠的《逻辑学》课。1917 年春,改入大同学院,听胡敦复授莎士比亚、顾珊成授物理、吴在渊授高等代数,均有得益。他在复旦演话剧,又在郑正秋指导下演过一次。

1917 年夏,恽震考取南洋公学(交通部上海工业专门学校,英文名 G. I. T.)电机系一年级。同被录取的还有王崇植(受培)、吴保丰、周维干、诸水本,从中学升上来的老学生有彭昕(精一)、邹恩润(韬奋)、陈章、张宝桐、任国常、许应期等。恩润在下一年考入圣约翰大学三年级。1919 年的五四运动,是在恽二年级下学期的时候,事前他与同学已受到《新青年》的引导,他和彭昕、赵祖康等参加上海学生联合会的建立,与何葆仁等各校代表在复旦决议罢课,直到六三运动的全市罢工罢市,反对北洋军阀政府。孙中山先生到南洋讲话,恽司笔记。他也任过本校学生会的会长,并与赵祖康、侯绍裘共同办徐家汇工人夜校。交通大学分三校:上海、唐山、北平,以叶恭绰为校长,张铸为沪校主任。此事在民国十年宣布,正是该级(辛酉级,或 1921 级)毕业之一年,唐文治已退休回无锡矣。该校美籍教授有好几位,汤姆生(Gordon Thompson)教授建议他到威斯康星大学(Wisconsin University)继续深造。交通大学之电机系,兼顾电力与电讯,恽侧重电力,有意于做一个电力顾问工程师。

1921 年夏,恽在交通大学电机系毕业,得学士学位,并与其从小订婚而极相爱的翁之敏结婚。他祖父已去世,伯父资助他赴美,并与少年中国学会的会友、在金陵大学哲学系毕业的方东美君相约,同到美国中部麦迪逊市(Madison)的威斯康星大学会齐,同租一室。少年中国学会是五四运动的产物,由北京大学教授李大钊及学生王光祈、陈仲瑜、黄日葵、苏甲荣、杨钟健等发起,南方各校应之者有南京的黄仲苏、左舜生、方东美等,上海的杨贤江、沈怡、宗白华、魏嗣銮(时珍)、周太玄等,在日本有田汉(寿昌)。恽震、王崇植、吴保丰三人之加入,系由宗白华、沈怡所介绍。这些人加入少年中国会成为会员,皆以砥砺品行、努力进修、谋求结合同志、改革社会、致身救国为宗旨。但在 1921—1924 年间,他们几次在南京开会讨论方针,发现思想上分成左中右三派。左派以武昌文华大学毕业的恽代英为首,右派以在中华书局的左舜生为代表,学自然科学的多半是中派。恽、方二人同室一年,都是中派,各搞自己的学问。恽在电机系做研究生,导师是主任教授班纳(Edward Bennett),指导他做"电的瞬变"研究,并且选读几门本科的功课。麦迪逊市是大学城,非常安静,有两座湖,校园就在湖边。这一年的读书经历是令人难忘的。

由于不想再依赖他伯父的资助,恽按照导师班纳的指点,自己写信给西屋电气公司(Westinghouse Electric Corporation,简称西屋公司)自荐,愿意做电机试验员,得到公司同意,于1922年7月就束装到匹兹堡(Pittsburgh)去报到。关于硕士论文,导师班纳说,随时可以回来做,或者做好了寄来亦可。他在匹兹堡与东匹兹堡西屋总厂之间租到一间住室,每天凌晨乘车到公司总厂去工作。先在普通电动机车间3个月,次在大型变压器负荷测验车间3个月,又在电气机车电动机和发电机试验车间各3个月,工作完全同一般工人一样,比实习生多负些责任,他不厌其烦琐重复,极感兴趣。导师班纳介绍他同比他早一级的研究生W. A. Kater相识为友,W. A. Kater也在西屋公司,参加赖美(Lamme)总工程师领导的设计班,那时他已经正式做设计工作。这一历程似乎比恽参加试验员更有出息,可以早做工程师,但恽认为也不一定。1923年夏,恽妻子在上海学校已读书二年,恽深感新婚久别不好,就辞职回国。他向前辈同学周琦请求在益中电器公司找工作,但这没有成功。幸而得到李熙谋先生的介绍,恽到杭州接受浙江公立工业专门学校(后改名为浙江大学)的聘约,教电机系的课程,因此他认识了许多好学生,如蔡昌年、王国松、王鄂韩、楼钦忠等,成为终身好友。他与田汉本来是文字之交,后来又同属少年中国会,田汉、易漱瑜夫妇曾同到杭州他家中做客,恽告知田汉他已改变主意,不会做戏剧家了。他在那时积极赞助中国工程师学会的组织。邹韬奋介绍他与纺织企业家毕云程相识,毕坚邀他到河南郑州豫丰纱厂去协助他,担任纱厂自设电力厂的总工程师。恽认为这是练习电厂管理的好机会,就向学校辞职而北上。这个发电厂有美国GE公司制的汽轮发电机组二套,共3500千瓦,日夜供电给纱布厂,锅炉是B&W公司(Babcock & Wilcox Company)制造的链条炉。在那里工作了一年,由于中原战祸不断,他向毕云程荐举交通大学的同学鲍国宝来接替他的工作。恽又介绍唐山同学蒋以铎来做土木建筑科科长。恽与鲍、蒋二人友谊甚笃,有默契,将来三人可能组成一个电力安装咨询公司,一机一电一土木,正好是一个三人合伙的工程企业。

1925年夏,恽回常州过夏,还保持着同少年中国会友人恽代英通信。代英比他大五六岁,论辈分是他的族叔,但两人友好如兄弟。他不知道代英已经加入了中国共产党,只知道他在上海大学教书,主编《向导》杂志。代英写信给他,把准备调往广州工作的打算告诉他,并劝他也跟代英同去教书,因为广州是孙中山革命的根据地。他拿这封信给哥哥恽济看,他哥哥怕他走向革命,反对他去广州。恰好那时另一少年中国会好友黄仲苏由南京来信,将他介绍给东南大学物理系主任查谦,查谦欢迎他去讲两门课:"普通物理学"(一年级)和"瞬变电路"(四年级)。他接受了这个邀聘。

恽震夫妇在南京住了近一年,从1925年秋季到1926年暑假。这时孙中山先生已于1925年3月12日在北京病逝,南京的军阀由齐燮元换为孙传芳,奉军张宗昌退济南,北方直奉两系还在备战。那时孙传芳得到直系首领吴佩孚的支持,势力达到五省一市,又聘地质学者丁文江为上海商埠总办。1926年3月18日,北京学生发动一次反对皖系段祺瑞所执政的北洋军阀政府的学生运动。这一年是交通大学创立30周年,毕业生有余昌菊、黄辉、徐均立、朱瑞节、陆定一、徐一贯、费福焘等人,以后除陆定一外都与恽震成为同事好友。

1926年为美国建立联邦政府宣告独立之150周年,在费城举行国际博览会,邀请各国参加产品展览。北京无以应,孙传芳因有以上海为首的大区,募集展品,在总商会审查鉴定。恽由实业厅指定为鉴定专家之一,以科长邹驾白为赛品委员会主任,恽震、鲍植为委员,潘小萼为办事员,8月乘轮出发,恽妻随行。邹、恽因商务印书馆热心提供出色的赛品,在中国馆中遂以文化印刷展品为主,再辅以各种工艺美术品,中国的瓷器、茶叶、漆品亦表现突出,使参观者得到华夏的正确印象。恽首次被邀在费城做文化演讲,又多次参加了国际宴会。博览会年底结束,邹、鲍先回,恽作《始末纪事》寄商务印书馆,该馆印成小册子分送各方。

1927年年初,恽震向纽约著名的鲁滨孙工程公司(Dwight P. Robinson Engineering Co. Inc. ,以设计包工电力厂及其他工厂而著称,后被其他公司兼并)自荐为设计助理员,即蒙采用接纳,乃移家纽约Sickle Street,得一两室套间,租费约为月薪之1/3。妻翁之敏在费城工作已练习口语甚顺利,亦从报上广告觅得一儿童衣着用品制作所的工作,一同早出晚归。恽从所事的设计绘图工作,逐步熟悉建立一个工厂的各种程序。第一是弄清企业的目标和规模,分几步走,为雇主制订预算,选购厂址,大小恰如其分;然后设计房屋,协助选购设备,布置生产流程。该公司拥有相当多经验,表现为已证明可获成功的大量布置的图纸,其可供参考,而又必须逐次按时代工业进步来改进其设计,因此技术发展的信息必须迅速及时。他在工作中极想到工地参观,多看几个正在建设的电厂,并参加安装,取得内外相结合的经验。但是这一愿望必须经历好几年方能实现。他想不到国内的政治变化使他难以如愿。

他在国外从报刊上得知国内风云变化,但不知其详。1928年5月,忽接学友王崇植由南京打来电报,约他回国担任"交通技术学校"的教务部主任。他不知这是什么性质的学校,但因信任老友,就放弃两人每月两百美元的收入,束装乘船回上海。王崇植对他说,蒋军到上海控制局势后,交通大学就由总司令部交通处处长李范一君来管理,王在交通大学任教已两年,李、王二人很讲得来,李托他在校内办一个短波无线电机工厂,兼招训电台机、报两务的学员。1928年,蒋介石要李范一办理一个军事交通技术学校,地点在南京花牌楼马标,分两个专业,一是汽车修理和管理,二是无线电报的机务和报务,相当于中等专科的程度。王代李聘到教员茅以新、柴志明、陈章、倪尚达等人。王在上海甚忙,不能兼管沪、宁两地之事,所以要恽回来做他南京的工作。他这时才晓得这个学校是军事性质的,心里很不愿意。他到南京与李范一校长相见,了解李也到过美国,是湖北应城人,气质性格十分豪爽诚恳。李比恽大七八岁,曾参加过辛亥革命,董必武与他相熟,从美国回来就在广州任职,与陈果夫、陈立夫相熟。陈立夫在美国匹兹堡大学读矿冶,与曾养甫是同学,又在留美学生会中认识了吴保丰、徐恩曾。他们这批人都在广州共过事。蒋介石是陈其美的旧部,所以信任陈家兄弟。到了南京,吴保丰任中央党部的普通组织科科长,后来徐恩曾任此职。

王崇植也与陈立夫相熟。恽又见到了学校的教育长(相当于副校长)朱世明,他和李范一都是少将,恽是上校衔,其余重要教职员是中校衔。徐恩曾是该校事务长,郑家觉(王在麻省理工学院的同学)暂任会计,李廉菱是秘书。学生一般是高中程度,有400多人,其中有一人王诤,后来在江西为红军所俘,是红军第一个无线电台台长,开辟出红军的通讯制造工业。这时蒋介石正在联合阎锡山、冯玉祥、李宗仁与奉军作战。黄郛是外交部部长,他介绍内亲钱昌照为蒋介石的侍从秘书。而钱又与王崇植是同乡,同在浦东中学读书,此时知道恽震,要与恽见面。他从军事前线因事回南京,特地来学校看望恽,以后也就经常见面。3个月后,这个学校奉令并入中央军官学校,所有教师可以随往上课,也可辞职他就。真如昙花一现,李范一也失业了。李、王二人就通过陈立夫去找直属国民政府的建设委员会委员长张人杰(静江),另创一个通讯事业。

张静江是孙中山一辈的人,捐输军费甚多,是国民党的元老,与吴稚晖、李石曾交好,空头的建设委员会是为他而设立的,主管的事业是电力、水利、煤矿以及其他可归国营的事业。那时南京的首都电厂和太湖一带的灌溉是归他管辖的。王崇植出主意请李范一去说服张静江和秘书长陈立夫(张有残疾,不能坐办公厅,由陈立夫代拆代行),建议设立一个无线电管理处,理由是交通部的有线电报不通畅,传递缓慢,应用无线电来补充。恽随李、王二人参加建设委员会,他草拟无线电管理条例,由建设委员会呈国府交立法院审议通过,国府公布。张静江委派李范一为全国无线电管理处处长,由王崇植代理,恽震为副处长。王崇植之所以代理处长,是因为李范一被安徽省政府主席李品仙(桂系)邀去任建设厅厅长,而不能再兼顾无线电事业了。

王崇植呈明张静江,把无线电管理处机关设在上海,因为上海是海内外交通中心,机关选设在法租界与南市的联结处人民路上。王崇植延请交通大学教授杜光祖为管理科科长,徐恩曾为营业科科长,李某为监理科科长,王某为会计科科长,俞汝鑫为制造厂厂长,张玉麟副之,尹国墉(仲容)为文书股长(秘书),工程师有张承祐、卢宗澄、宗之发、潘世宜等。汉口地处桂系军事中心,由郑家觉前往任营业所所长兼台长。蒋管区凡是工商重点,都派有干员配好一套机务报务人员连同配件,前往设站营业。上海站设在南京路沙逊大厦北楼,以李桐为台长,在电信大厦未成以前,这里一直是电讯收发的中心。与香港订立协议,转报海外。广州陈济棠不受蒋介石指挥,恽震持张静江亲笔信去面洽,即予同意,邹思豫台长在长堤设台营业。全国新型企业的效率与服务水平,皆非旧式电报局所可比拟,其声名威望,交通部望尘莫及。总工程师张承祐在真如筹设国际电台,与菲律宾马尼拉商定通报及分收往来报费办法,定期通报。1929年业务初定,年终即生变化。张静江因交通部人言啧啧,皆谓王、恽二人逼人太甚,命徐恩曾、林士模接替王崇植、恽震的工作。为时不久,何应钦帮助其亲戚交通部部长王伯群在中央政治会议上提议,交通部电讯大权被人所夺不合国家常规。于是政治会议决议:无线电管理权仍应由交通部从建设委员会收回,电力行政权划交建设委员会。这是1931年的事。

1928年年底,张学良在东北三省易帜,与国民党蒋介石政权合作。恽震于1929年在上海工作和居住了一年之后,于 1930 年年初随同上海新闻界东北考察团到东北访问了一次,亲自听到张将军在席间的抗日和保卫东北的演说辞,决心很大,那时还料不到会出现 1931 年的九一八事变。朱光沐是张的交际处处长。

建设委员会在 1929 年向民营电业震华公司(在戚墅堰设厂,在无锡售电营业)进行了一次夺权国有化。这是张静江的部下潘铭新出的主意,他建议请交通大学教授鲍国宝到南京任电气处处长,并约前辈吴玉麟做戚墅堰电厂厂长,吴新炳任总工程师。那时秘书长制已改为副委员长制,曾养甫做了副委员长。他认为恽震不搞无线电,应该让恽震去担任戚墅堰电厂的厂长。不料潘铭新坚决反对,因此曾养甫只好调他到南京建设委员会里任简任技正,命鲍国宝专任首都电厂厂长,恽震兼任电业室主任。因此恽于 1930 年移家由沪赴宁,直至 1937 年日军攻陷上海后方离开。

在王、恽二人共事的时候,杜光祖、尹仲容、俞汝鑫三人的才能和友谊表现得很突出,可以共患难,相互帮助。王、恽二人共同写了一本书,是王崇植发起的,书名叫《无线电与中国》。他们找到国内外许多关于海底电缆和大东、大北公司历来控制中国对外电讯的资料。自从长短波无线电报电话问世以来,世界上电讯往来的情况大大改变。中国应该大兴无线电,但有线电保密性强,亦不可偏废。他们那时不可能了解今日利用电子计算机进行自动化的电信网络,以及利用光缆作为传递电报、电话、广播、电视的可能性。这本书近 20 万字,由商务印书馆于 1930 年以 32 开本出版,现在只能用作历史性的参考书。

这一年,恽回到南京,国内却大搞内战。阎锡山于 1930 年 2 月通电反对蒋介石独揽大权,要蒋下野。第二、第三、第四集团军将领 50 余人联合反蒋,在陇海铁路上大战,最后阎、冯相继败退。7 月,反蒋各派在北平开会,组成新中央。9 月,张学良派兵入关,通电拥蒋。11 月,冯玉祥、阎锡山宣告息兵退让。蒋介石获胜后,立即到南昌,开始对红军"围剿"。英国将庚子赔款退还中国,规定以大部分用作教育基金,并用于铁路建设及其他生产事业。南京政府设立中英联合董事会处理退款,命王景春在伦敦设购料委员会,主要为铁道部服务。

1931 年,日本于 9 月 18 日在沈阳发动袭击,侵占我国东北三省。此时张学良滞留北平,奉蒋介石命令对日不抵抗,日军遂沿南满路北进,占领我国东北各城市,义军纷起。上一年恽代英在上海被捕,叛徒指出其姓名,1931 年移送南京,关押在老虎桥监狱,恽妻翁之敏因恽出差,到监狱送药。蒋派人利诱劝降,代英屹然不动,乃移送水西门外军人监狱,4 月 29 日就义于狱中操场。

钱昌照在国民政府做了教育部次长,仍是蒋介石的参谋。1932 年是东北三省失陷后的第二年,1 月 28 日,日本军进攻上海,国民政府迁都洛阳,12 月始迁返南京。在这一年里,蒋介石采用了钱昌照的建议,在参谋本部之下设置了一个调查研究全国国情的"国防设计委员会",由蒋自兼委员长,以钱昌照为实际负责人,名义是副秘书长。秘书长则是尚未到职的北京地质调查所所长翁文灏。恽震那时与国防设计委员会尚无关系,因与钱昌照是朋友,十分知己。有一次他们谈到水利在浙闽的调查,恽告诉他:"我有志愿要实地调查勘测长江三峡水利到底有多大的开发可能性,并研究在什么地段可以建立大电站的水坝,但是建设委员会无意于此项工作,也没有勘测水利的预算。"钱先生笑着说道:"那真巧了,我们的国防设计委员会已经有黄育贤等在做浙闽一带河流的调查,因此可以帮助你做这一最伟大的三峡水利勘测。你需用的经费可以按实际报销。你先去约定你所要约请的工程师,然后由国防设计委员会正式函请建设委员会,借调你来主持这一特殊而有意义的任务。你所约请的专家,也由本会用公函去借调。"恽震听了十分欣慰,连声道谢,就立即开始这一工作,并与建设委员会秘书长陈逸凡说明这一原委,请他报知张静江委员长和曾养甫。这是1932年夏天的谈话。

恽当时对这一问题,心中已有了一个轮廓规划。他在美国威斯康星大学里认识了一位比他年长好几岁的水利工程师同学曹瑞芝(字子仙)。曹是该校著名水利教授Mead的得意学生,是山西人,学验甚深,作风朴实,当时在山东建设厅任技正。另外,恽知道这一工作必须取得交通部长江水道整治委员会的帮助。虽然该会只管航运,不管水利发展,但水文数据及勘测人力可以借助他们的宜昌勘测站,而且该会的技术处处长宋希尚(字达庵)是恽在南京相识相熟的,因为彼此都是中国工程师学会的热心会员。宋君才智不凡,学识亦广,他与曹君瑞芝尚属初交,由恽为他们介绍而熟悉。恽震启程前的准备工作是用两个月时间细读三峡地质名家(李四光、谢家荣、赵亚曾等)的研究报告,以及长江中上游的水文与水道资料。海关方面1923年出版的《扬子江上游图》宜渝段38张,以及扬子江委员会1924年测量的宜渝段河床坡度及水面纵剖图,均分别在南京和宜昌与曹、宋二君共同研阅讨论。宋希尚处长又邀请该委员会水道测量总工程师史笃培(Col. C. G. Stoebe,美国人)和技术员陈晋模参加恽的勘测队。这5个人于1932年10月下旬在宜昌会齐。研究勘测步骤后,11月5日起,他们开始测量宜昌附近的葛洲坝。恽已了解峡中地质多数是石灰岩,只有三斗坪地层是玄武岩,火成岩大片,因此于11月8日,租船到黄陵庙、三斗坪一带测量。曹、恽、宋、史4人都认为三斗坪地形好,这两处都可以选作将来筑坝开发水利的地方。从地质方面和地貌方面看,黄陵庙、三斗坪当然是最优越的高坝地址。11月10日,他们留陈晋模及测生二人在宜昌继续工作,曹、恽、宋、史4人乘班轮上行,前往重庆,趁低水期间,作宜渝间的全部瞭望,按图观察。在重庆和北碚,他们会见了民生实业航运公司的创办人卢作孚,11月19日回宜昌。全队又继续工作3天。恽、曹、宋3人23日由宜昌回南京,共同讨论报告的写法和将来初步开发的设计。

鉴于当时国力和工业水平的薄弱,电力需求不多。他们明知三峡水利工程开发的蕴藏能力必在一千数百万千瓦以上,如计划建设高坝和巨型水电站,在彼时徒然惊世骇俗,殊无实效可言。故不如按其常年最低流量,作一低坝之设计,长期出电30万千瓦,建设费用估计为每千瓦300元。实际上,当时的国民党政府根本也不会考虑这一设想。到了真正可以建设的时机,此计划则未能充分利用地貌落差的优越性,自然也必须重新设计。该报告之价值,乃在于根据地质水文资料,在1932年就选定了黄陵庙、三斗坪作为最优越的建坝地点。

12年之后,中日交战正殷,中国请了美国萨凡奇(Savage)博士在1944—1945年战火弥漫的时候,费了很多时间和力量,制成选址报告,却忽视了早已存在的资料,故其所选的几个坝址地点,在地质地形上都不及我们中国人自选的地点。当时接待他的陈中熙、黄育贤不把《工程》上的文章摘要翻译给他看,可以说是不够尽责的。当时恽震正在美国,没有机会见到萨凡奇先生。以恽震、曹瑞芝、宋希尚 3 人具名的勘测报告和初步开发计划于 1933年春写成以后,即以正本呈国防设计委员会,同时以副本送请建设委员会和交通部分别备案。此外,中国工程师学会的学报《工程》季刊总编辑沈怡早已向恽约稿,要求将该文在《工程》季刊上发表,并取得了钱昌照先生的同意。因此,这一篇原始性的勘测报告尚能公之于世,留存到今天,由长江流域规划办公室和水电部朱成章同志分别发掘出来并复印,再一次公开备查。这是一次私人宏愿偶得资助,从而对国家资源开发做出一种贡献的机缘实例。

关于三峡工程的方案,现在考虑的规模总在一千数百万千瓦以上,但库区移民数近百万、工程时间 10 年以上、费用连利息达二三千亿元、泥沙及地震影响等困难极多,研究论文成篇累牍,一时难以定论。孙越崎、周培源、恽震均反对近期开工。1989 年 4 月 3 日,姚依林副总理兼国家计委主任在中外记者答问会上说,目前不能做出决策,"八五"计划亦不能列入,这一问题应继续研究,将来再予议决,而且要在全国人大会上通过。

1933 年,建设委员会张静江委员长因所属高级干部陈逸凡出任立法委员,霍宝树调任中国银行副总稽核,皆已离开建设委员会,乃改派刘石心为秘书长。另设事业处,管理直辖事业,以秦瑜为处长,下设 3 科,即电业科,科长为张家祉;矿业科,科长为陈大受;水利科,科长为陈夙之。此外增设全国电气事业指导委员会(以下简称"电委会"),与事业处相等,以恽震为主任委员,委员 6 人,由鲍国宝、陆法曾、吴玉麟、吴新炳、张家祉、陈中熙兼任。电委会主管全国民营电气事业的登记注册和指导考核、电力法规的拟订审查,以及电力数据的全国统计和出版。这一工作原归交通部电政司负责办理,现无线电交还电政司主管,电力事业的行政事项遂由政治会议决定,交由建设委员会之电委会接办。由于以前没有公营电业,自 1933 年电委会成立之日起,不论公营民营,其营业区域必须经由电委会审核厘定,发给图照。

电委会工作人员,先后有尹仲容(一年后即由黄辉接替)、朱大经、高敏学、任培元等,其名义为技正、设计委员、工程师、科员。尹仲容是在全国无线电管理处参加工作而与恽震相识的。后任李范一是安徽、陕西建设厅的科长。他是一个通才和经济奇才,精通科技和中英文。王崇植因颜任光任交通部电政司司长,物理学博士不熟悉公文处理,便再三劝说恽震让出尹仲容,尹仲容便去帮助颜博士做帮办兼第一科科长。颜卸任后,霍宝树便将尹荐给宋子文,担任宋手下中国建设银公司协理。此后,尹仲容便成为宋子文的门下参谋,历任该公司所组织的扬子电气公司、淮南煤矿铁路联营公司、汉口既济水电公司的常务董事。1949 年 4 月,尹仲容携眷去台湾,被陈诚赏识,任台湾地区生产事业管理机关副主任。1954年,尹仲容任台湾地区经济部门负责人。1958 年 3 月,尹仲容任台湾地区外汇贸易审议机关主任委员。外汇牌价定每一美元,进口为新台币 36.38 元,出口物资为新台币 36.08 元,完成单一汇率的改革目的。1960 年 7 月,尹仲容兼任台湾银行董事长,他在台 12 年不断发表关于改革台湾经济的论文和演讲,出版《我对台湾经济的看法》。1963 年 1 月 24 日,尹仲容逝世于台北。

恽震在建设委员会的电委会之真正合作者是黄辉(福州人),二人在一起工作共 5 年。黄先在南京,后在湘潭下摄司。黄离开湘江电厂后,便在资源委员会专任水利勘察总队的队长,没有参加中央电工器材厂的工作。恽到美不久,他到美休养,病痊愈后参加了一部分国际考察。日本投降后,他被派为台湾电力公司协理兼总工程师。刘晋钰总经理被害后,他接任总经理。黄恽二友分别 40 年,1988 年 5 月黄辉初访上海,老友皆 85 岁以上之人,一旦相逢,其喜可知。

这里夹叙一下王崇植、沈怡、恽震 3 位青年的关系,1920 年交通大学之王、恽及同济大学之沈怡、宗白华、杨继曾 5 人,都因在五四运动中加入了在北京成立的少年中国学会,互相交好,成为至交。宗白华做了《时事新报》的“学灯”栏编辑,成为一个文学家。1933 年,王、恽、杨都在南京机关里工作,沈怡和留德同学黄伯樵(在上海市政府任局长)都是爱国忧时之士,觉得国民党党风不好,大家想到“先正己而后正人”的格言,就共同起草,设立“正己社”,其规约为如下三点:

一、处事唯忠,交友唯信,攻学唯勤,奉己唯俭。

二、不以贿赂或其他不正当之手段,取得任何地位。

三、不取非义的财物,并努力使同事朋僚同样廉洁。

正己社社员入社,须全体社员在年会时通过。除沈、黄、王、恽四人外,宗白华是文哲方面的教授,不在工业和经济界,因而未加入;其余社员,按是否移居台美来划分,列举如下:

(甲) 1949 年后仍在大陆者:黄伯樵(已故)、恽震、吴保丰(交通大学前校长,已故)、王志莘(新华商业银行前经理,已故)、李承干(国家计量局前局长,已故)、蒋以铎(参加建设长春汽车厂,已故)、陈中熙(电力工程师,已故)、许应期(已故)、张承祜(已故)、黄修青(四机部顾问,已故)、郑葆成(已故)、吴半农(外交部国际问题研究所顾问,已故)、郑家觉(化学工程师,已故)、孙越崎(全国政协常委)、杜光祖(交通大学教授,已故)、杨公兆(北京矿业学院教授,已故)、程义法(北京矿业学院教授,已故)、鲍国宝(电力专家,已故)、薛次莘(建筑及公路专家,已故)、冯飓云(已故)、许元方(经济学家,已故),以上共 21 人。

(乙) 1949 年及之前赴我国台湾或去美国者:王崇植(在台湾去世)、尹仲容(在台湾去世)、沈怡(在美国去世)、谭伯羽(在美国去世)、陈良辅(在美国)、莫衡(在台湾)、杨继曾(在台湾)、李法端(在美国)、黄辉(在台湾),以上共 9 人。

以下叙恽震在建设委员会电力方面的工作。当时中国几十个大中城市的电厂,都叫作“电灯公司”,它们的发电设备都是美、英、德、瑞等国的舶来品。除东北以外,关内总发电量为 63 万多千瓦。原在交通部电政司登记注册的电厂,1932 年移转由建设委员会的电委会来管理指导。从美国来的机器,频率用 60 赫兹或 50 赫兹。如上海原由英国主持电气处,在转移到美商上海电力公司手里时,只得仍用 50 赫兹。但是几个口岸城市已用了美国标准的 60 赫兹。美国专家认为,60 赫兹的电动机每分钟的同期转速(3 600 转/分)比 50 赫兹电动机(同期转速为 3 000 转/分)快 20％,因而比速和效率较高。因此,中国采用美国和加拿大的频率标准 60 赫兹是比较先进的、经济上合算的。关于用户的灯和电力合用的三相低电压,有 220 伏/380 伏与 110 伏/190 伏两种,欧洲习惯采用前者,美洲则习惯用后者。欧洲人说,他们的选择用铜可节约甚多;美洲人说,用了 110 伏的电灯电压,白炽发光效率较高,这也是节约方式。因此,中国在订立标准时,请教的外国专家或教授都各执一词,各有其理由。电委会已经把全国电气事业的设备技术数据调查清楚,并已付印发刊。当时各地所用输电电压是戚墅堰电厂送电到无锡而由震华公司所安装选用的 33 000 伏,算是较高的;东北由日本电厂用的输电电压,也不超过此数。介于其间的配电电压,3 300 伏和 6 600 伏都很普遍。

电委会的 7 个委员和黄辉都了解国外情况,知道 50 赫兹与 60 赫兹的标准频率(称作工业频率,或工频)在世界上早有论争;日本因为举棋不定,分成两个频率区域,联网时要设置变频站,非常不便,中国当以此为鉴,必须早定决心,不贻后患。电灯电压,110 伏的效率确比 220 伏的高,但中国铜资源尚未开发,故以节铜为要,其利远大于弊。针对这个问题开了好几次讨论会,也在中国工程师学会的年会里专题研讨过。结论是:标准工频应采用全世界多数国家采用的 50 赫兹,而不是美国人所鼓吹的 60 赫兹;用户电压应采用三相四线式 220/380 伏,而不是美国式的 110/190 伏或单相 110 伏;输配电的高压层次,采用欧洲习惯及本国已采用的电压,高于 220 千伏的暂不列入,将来再补充。这个《电气事业频率和电压标准条例》,经立法院审查通过(审查的经济委员会是由马寅初先生主持的),由南京国民政府于 1933 年公布实行。到了 20 世纪 50 年代,人民政府一机部于 1954 年修订这一法规,重新公布,当时有电工总局褚应璜、技术司恽震,还有一位苏联电力专家,共同研讨,增加了更高级的输电电压,成为一个新的标准法规,经过立法手续,公布施行,作为新中国第一个国家标准。

恽震、陈中熙、黄辉 3 人编译制定了中国的《电气事业气压气温造订规则》《屋内和屋外电气布线的安全规则》等 5 种规则,主要参考美、德两国的资料,经过有关政府机关会同审查,由建设委员会批准公布,印行发售。全国电委会编印了《中国电厂调查》和《中国各大电厂纪要》二书。此外,由黄辉、朱大经主持,逐年编辑发行《中国电气统计》若干册,直至抗日战争全面爆发的 1937 年为止。

电委会应军事委员会军需司陈良司长的公文邀请,为河南洛阳西宫设计安装一座 500 千瓦的烧煤小电厂,经正式招标,选购了英国制造的发电设备,招来了浙江大学毕业的寿光,带若干职工前往洛阳,会同供货商行的机师装机,如期发电。恽前往洛阳做了接收试验,前后不到两年,即告完成。陈良向蒋介石报告后,蒋在军校办公室接见,对恽加以赞许。

南京官办西华门电厂的设备过旧,改为首都电厂的办公处所,其下关发电所的地位甚高,其容量亦不过万余千瓦。建设委员会于 1928 年接管震华公司戚墅堰电厂及无锡耀明电灯公司合组的永兴公司筹备处,并未备具相当之代价,亦未与商办公司达成协议,只以"收归国有,听候估价"的一纸空文,径行接管,且未与震华、耀明双方董事会有任何正式之接洽谈判,大为两公司股东所不满,以致登报反对。戚墅堰电厂原有两台 3 200 千瓦发电设备,接管后又添置一台,合为 9 600 千瓦,成为沪宁铁路线上最大之电厂,与今日镇江谏壁电厂之 162.5 万千瓦相比,相差 160 余倍。该会欠两公司股款之债务,后以电气公债偿还,股东损失不小。对这两个国营电厂,上述之电委会无权过问。当时外国资本所办电厂共有 10 余所,关内装机总容量有 275 295 千瓦(1936 年)。1936 年,在电委会注册登记的民营电厂共有 451 所,不算东北三省日本人的势力范围,其总容量只有 355 870 千瓦。这些公司乐于与电委会发生接触,因其奖导有方,不摆官架子,而且在电气事业法人从开业规划是否与营业区域相配,到防止和处理窃电的规程方面,以及在取缔军警机关部队及所属官兵强行用电方面,都订立有正式法规,站在维护公司事业和社会安全的立场上,为人民立法创制,受到欢迎。

张静江原是一个在海外经营商业的商人,是孙中山先生的拥护者,但不赞成孙先生的三大政策,现在身体残废,雄心不减,想做一个大资本家。蒋介石对他很尊敬,但也不能助以巨额国库资金去发展事业,因此他对国营事业失去了信心。时世渐趋平静,宋子文已创办了一家“中国建设银公司”。张静江愿意联合宋子文,来创办他的“电矿王国”私营集团。霍宝树为宋所重用,正好做宋、张之间的联系人。他手下的秦瑜、刘石心、张仁农都是他的心腹。上海电力公司是美国大资本的海外公司。1924 年,它的杨树浦新电厂总容量达121 000 千瓦,已成为当时远东第一大电厂。它的营业区域早已向西区突出,包括租界外越界筑路的许多地段,但在法律上还没有根据,愿出资 300 万元购买专管权。因此,该公司总裁霍普金斯(Hopkins)拟组成一个“沪西电力公司”,当时已投资七百多万元,每年向上海电力公司购电 1.57 亿度。市政公用局局长黄伯樵认为,沪西区供电是该公司自愿投资的,并无另立电力公司及申请营业区域权之必要。但市财政局局长蔡某则认为,上海电力公司自愿出资 300 万元购买沪西营业区域专营权,没有理由不同意。蔡某就直接向张静江提出,并说这一笔营业区域专营权代价可由建设委员会与上海市政府对分,张听了十分同意。在这件事上恽震的看法与黄伯樵的相一致,不赞成接受这笔钱,但又拗不过上级张静江。张静江与霍宝树、秦瑜商定,将首都电厂和戚墅堰电厂组建为“扬子电力有限公司”,将淮南煤矿及由矿区通连蚌埠到芜湖北岸的铁路组建为“淮南矿路有限公司”。这两个公司的大股东是中国建设银公司,董事长当然是宋子文,张静江、霍宝树、秦瑜、张仁农、尹仲容等人既是股东,又是董事,有的是常务董事。恽震非常看不惯这种“化公为私,各吃一口”的勾当,因此他有意转移到资源委员会去工作。

在 1935 年的时候,各方面都需要中等电气专业人才,建设委员会需要,各地公营私营电厂也需要。事业处和电委会就合办了一个“电业人员训练所”,在各大城市招收中学毕业生40 多人,分为工程班和业务班,两年毕业。毕业后可以做电厂的工务人员和营业、会计人员。由于考试严格,学生水平不错,后来多半成为事业的中坚干部。恽震任所长,张家祉任教务长,教师除少数专职外,多数是由建设委员会有经验的职员兼任。

恽震在 20 世纪 20 年代已是推动中国工程师学会发展者之一,其前辈如铁道界的颜德庆、凌鸿勋、萨福均,机械工程界的程孝刚、陈石英、施伯安、李承干、支秉渊,水利土木界的李仪祉、茅以升、薛次莘、施嘉炀、曹瑞芝,采矿冶炼界的吴健、胡庶华、周仁、周志宏、程义法,电机电讯界的李熙谋、任之慕、黄友兰、陈东、黄修青,化学工程界的吴承洛、徐佩璜、吴蕴初等,皆为该学会之中坚。恽多次当选为学会之董事,两次任副会长,分别与凌鸿勋和徐佩璜合作。与学会会计裘锡钧、总编辑沈怡,在学会共事甚久。其时各专门学会都已成立,中国电机工程师学会独立后,清华大学教授顾毓琇、浙江大学教授李熙谋、交通大学教授赵曾珏 3 人发起组织,征求恽加入为发起人。1935 年第一任会长是李熙谋,1936 年第二任会长是顾毓琇,1937 年第三任会长是恽震,刚接事即遭逢卢沟桥事变。

1935 年 4 月,国防设计委员会改组为行政院资源委员会(简称资委会),负责兴办重工业,开发各种资源,专营钨、锑、锡、汞等特种金属之出口。蒋介石以行政院院长的身份,选派地质学家翁文灏为主任委员兼行政院秘书长,何廉为政务处处长。原国防设计委员会副秘书长钱昌照改任资委会副主任委员。该委员会有陈仪、俞大维、顾振、徐新六、吴蕴初、沈怡等人,皆是兼任。1936 年 3 月,该委员会根据历年调研资料,制成《重工业五年建设计划》,7 月行政院予以批准,开始分年拨款投资,初期由国库拨发,尚是足值。该计划要求五年内投资国币 2 亿 7 千余万元,兴建钢铁、钨铁、机械、电力、电机电器、化工、燃料等工业 30 余个大中型厂矿。电机电器工业只有 1 500 万元的预算。1936 年,资委会派委员顾振、专家王守竞赴德,签订 1 亿金马克的中德信贷合同,其中 90％用于购买军火及兵工设备,余下的 10％用于购买工业设备。到 1941 年中德断交时,中方收到购买的机器值 350 余万马克,用于昆明中央机器厂及川、滇两个小钢铁厂。

资委会派恽震为专门委员兼中央电工器材厂筹备委员会(简称筹委会)主任委员,委员为王崇植(曾为交通大学教授、开滦煤矿局总经理)、张承祐(曾为国际电台总工程师,电机专家)、朱其清(资委会电气研究室主任,无线电专家)、黄修青(曾为交通部电话局局长,电讯专家)、许应期(曾为国立中央大学教授、建设委员会电机制造厂厂长)、冯家铮(曾为民营灯泡厂工程师,灯泡制造专家)、杜光祖(交通大学力学教授)、张延祥(电力及机料采购专家),共 9 人。另外资委会还派专门委员任国常(电瓷专家)和周维干(无线电专家)提前到湖南长沙兴建电瓷厂和无线电厂,他们也是筹委会委员。这 11 个人多半是交通大学的先后校友,在 1935—1936 年两年间集合在一起。他们同中央钢铁厂筹委会代理主任程义法、中央机器厂筹委会主任王守竞共同商讨,初步决定以湖南湘潭下摄司为三大厂建设地址。王崇植因为北方煤矿事业责任所限制,不能来参加。筹委会首先请朱其清到美国去为电子管的专有制造技术寻求售主,请张承祐到英国去为电线电缆找技术转让厂家;最后关于电话设备的制造,究竟从何国引进方为恰当,在美、德两国之间踌躇未决,先在上海向美、德两国商行初步询价。

这时钱昌照副主委通知恽震,中国建设银公司董事长宋子文建议资委会应向美国芝加哥电话制造公司购买其专有技术许可证,因为其是宋子文的"关系户"。他们这些书生,对"权势豪门"的指挥有反感,同时询价比较下来,认为德国西门子霍尔斯克公司(Siemens

Halske Co.)条件比美国厂家优惠,技术水平相同,就决定舍美而取德。恽震于1937年全面抗战爆发前,呈请派黄修青赴德,谈判后授权他负责签订技术引进合同,并在德购机器设备。黄修青带新参加的沈家桢前往,到德后又吸收卢祖谋为助理,国内有黄宏任工程师。

湘潭下摄司设三大工厂,当地的电力无法供应,因此恽震于1936年就规划设立了"湘江电厂",第一期先购置两套2 000千瓦的汽轮发电机组和配套锅炉。此后铁道部和中国汽车制造公司又准备在株洲设立中央机车厂和中国汽车制造厂。恽震与王守竞联合签呈资委会转咨建设委员,湘江电厂的规模应以湘潭县之湘江东岸全部境界为营业区域,第一期先装4 000千瓦,用3万伏高压线贯通湘潭、株洲两地,则机车厂和汽车厂之动力问题及早得以解决,预计电厂工程于1938年3月即可完成发电,以后视需要可扩充至数万千瓦。同年12月,资委会委托全国电委会,在南京代湘江电厂购置机器询价招标。汽轮发电机组由德国AEG公司中标,锅炉由英国B&W公司中标,分别订购签约,机炉总值25 790英镑。所购设备皆从水路由沪运湘,第一批于1937年上半年最早运抵下摄司灵集渡电工器材厂所建码头。第二批货物卸存上海,因8月13日日军在沪入侵一直无法运出,只得重新补购。之后只好改在香港卸货,再由驻港的杜光祖、张延祥两委员提存,经由粤汉铁路陆续运下摄司。工程进行为此累遭困难挫折,直到1938年全部拆迁。

在1937年全面抗战前两个月,翁文灏主任委员由英国到了苏联,打电报给蒋介石和钱昌照,说苏联已同意我国组织一个技术考察团去参观几个关键工矿事业,请速派人来,他在苏联等着。钱奉命安排,水利选李仪祉,矿冶选王宠佑,机械工程选支秉渊,电气工程选恽震,等等。按常规,政府派往国外去的人,必须觐见一次蒋委员长。恽、支二人被安排立即飞往九江上牯岭去谒见。于是这两个老友就匆匆赶上庐山,由何廉引入蒋公馆,报名而入。蒋介石看了这两人的简历,对支秉渊的家乡嵊县产生了兴趣。因为嵊县和奉化只隔了一座山,他觉得支秉渊是他的同乡人,就谈起家常来,也没有来得及指示到苏联去应该注意哪些事。10分钟一到,他就示意送客了,这使得远道而来的人非常失望。这几个人最后也没有去成苏联,因为卢沟桥事变爆发了。恽震第二次谒见蒋,丝毫未得到扼要的指示,也未引起敬仰,只是心中想到他为什么不肯放张学良自由。1938年春,南京已失陷,武汉变成临时首都,资委会奉命接收建设委员会,张静江已经由南京逃往香港,后来赴美国去了。翁文灏在1937年军事委员会改成作战体系时,被任命为相当于中将的第三部部长,负责撤退战区工业到川、桂、滇、黔去。他任命恽震为电力工业处处长(相当于少将),要把战区的发电设备尽可能地拆迁到后方去,恽又保荐好友陈良辅为副处长,带着一队机匠去做具体拆迁的任务。南京和戚墅堰的电厂本来是应该拆迁的,可是现在归了宋子文。厂长陆法曾说"不许拆",那就是准备给日本侵略军来使用了。那时甚至汉口既济水电公司(电力10 500千瓦,又向英国订购6 000千瓦一台)也归中国建设银公司所控制,也是同南京戚墅堰一样,"不许拆"。陈良辅拆迁了河南焦作煤矿的发电设备,运到重庆,孙越崎深得其用;其他的电厂拆迁,为数就不多了。1938年,蒋介石在汉口被推为国民党总裁,改组了政府。第三部、实业部和建设委员会均被撤销,成立了经济部,资委会直属经济部。翁文灏任部长兼资委会主任委员,又兼任主管江南民营工业入川的工矿调整处处长,张兹闿、林继庸任副处长。经济大权集于翁之一身。他在资委会内,除主任秘书及其所属各室外,设工业、矿业、电业三大处,以杜殿英任工业处处长、杨公兆任矿业处处长、恽震兼任电业处处长。主任秘书初为沈怡,后改为童受民(浦东电气公司原经理,由恽震荐举),最后由吴兆洪升任。吴从国立中央大学毕业,钱之亲戚,但翁极加信任,后来至与老友孙越崎同一程度。由此可见吴之机敏和长才,无怪日后钱离资委会后,孙继任委员长,吴能任副委员长,且为行政院院长翁公之高级参谋。

恽震那时身兼两职,呈请以陈良辅、陈中熙为电业处副处长,函约广州电厂厂长鲍国宝经越滇入川,上海闸北电厂总工程师刘晋钰入滇会齐。他自己回湘潭,欢迎建设委员会电机制造厂许应期厂长到下摄司叙会。黄辉自1937年起已任湘江电厂厂长,辅佐他的工程师有方刚、顾谷同、姚由之、高敏学及哈尔滨工业大学毕业的孙运璿。他们夙兴夜寐,赶运赶装新机,并买了两台小型的柴油机和煤气机济急。许应期带来一大批优秀青年工程师,如褚应璜(上海自制第一台感应电动机首功)、汤明奇(变压器设计)、朱仁堪(电机设计)、林津(开关和电表设计)、俞恩瀛(电力)、潘福莹(电池)、王宗素(电机)、余耀南(电机、电力)、蓝毓钟(开关设计)、陶炜(机械)、吴天霖(电机)、张弘夏(电机)等。所可惜者,第一厂电线、第二厂电子管、第三厂电话机三厂的购机经费皆已于去年(1937年)领到一部分,并换成外汇使用,独第四厂电机方面,需款更多,而战事方殷,领不到额定的款项,无法汇款到欧美去购买设备,这使恽、许二人焦虑不已。

当时下摄司已设第二厂工场,由冯家铮主持。无线电通讯及广播已盛行一时,独缺收发信的电子管生产机构。朱其清早于1936年冬到纽约,由清华大学教授吴有训介绍,与两位在纽瓦克(Newark)的阿克脱勒斯(Arcturus)收信管制造厂和国际电话电报公司(I. T. & T.)的发信管制造厂实习的工程师蔡金涛和蒋葆增,共同草拟购机和技术引进计划,开出设备购置清单,并与Arcturus公司商订技术转让合同,接收设计工艺资料和一些设备。蔡金涛仍参与无线电器材厂工作,朱其清在美遴选另两位电子管专家张朝汉、刘卓钧一同回国。那时恽震已从各大学吸收到电讯系毕业的技术人员吴祖垲、朱谱康、陈熙、陈俊雷、俞显昌等,还有电气室专做电子管试验的单宗肃。灯泡厂的设备可供制造电子管之用,其利润可补电子管批量不足之损失。蒋葆增于1937年夏到达湘潭,合力研制,在1938年已试生产出第一批合用的电子管。因战局日紧,二厂和四厂迁移到桂林南门外将军桥江边设置比较简陋的厂房。全系列的收发信电子管到1939年才正式成批投产,经过鉴定试用,各方面的军民用户都感到满意。

张承祜于1937年年初到英国,凭借驻英庚款购料委员会主任王景春博士的介绍,及其助手朱世衷之合作,他与英国绝缘电缆公司(British Insulated Cables Ltd.)、开伦特电缆公司(Callender Cable Co. Ltd.)和亨利电缆公司(Henley Cable Mfg. Co.)三家商订技术转让合同,收费甚为合理。根据合同,该公司开具制造设备清单,在英招标买到一部分,但英国不能提供轧铜压延设备和电缆铅包机,只得到德国去买。工程师已有葛和林、娄尔康,后又聘得支少炎、史通(轧钢专家)、李杜等人。英方派来装机工程师布莱克(Blake),甚得力,装机于1939年完工。

由于湘潭地临战区,1938年6月,中央钢铁厂筹委会已放弃建设之希望,中央机器厂王守竞已先到昆明去设厂,中央电工器材厂筹委会最大的投资是电线电缆的第一厂,因此派土木工程师方刚先赴昆明找地。机器厂先选了北郊黑龙潭,电工厂选了西山附近的石咀和马街子。湘江电厂1号机炉不久装好,可以发电,恽、黄二人接到武汉的命令,先拆迁第2号机炉。黄辉选定祁阳,用12条船将300多吨的2号机炉运去,刚到祁阳,又有电报来命他运向广西,经柳州由昆明的人来接运,经越南上火车运达昆明。这就是以刘晋钰为厂长的第一台2000千瓦机组,恽震命名为“昆湖电厂”,地点在昆明湖畔西山石咀,紧靠着炼铜厂和电工一厂。总工程师是桂乃黄。湘江电厂的1号机炉,又奉电令拆卸运川,先派电业人员训练所会计顾芸,从水路辗转冒战火运至宜昌,也是近400吨的船队。1939年再从宜昌运经重庆,交给刚从广东来的鲍国宝和南京来的蔡昌年,转运川西五通桥,与天津搬来的碱厂总经理范旭东共处,并向该厂供电。恽震去看了即将建起电厂的地点,定名为“岷江电厂”,容量是2000千瓦,再加一个小型机器。真想不到,原安装在湘江边上的两台发电设备,为抗日之故,竟分别到昆明湖和岷江边上去效劳。

资委会又命令黄辉厂长到湘南去安设小型军用电厂,因为武汉失陷,政府移往重庆,而总司令部还要在南岳和郴县举行军事会议并组建训练营。黄辉、高敏学、孙运璿三人率机匠在这两个据点,利用几台柴油发电机(已受损)辛劳发电,躲避敌机袭击,供给军部办公之用。到1938年年底,军部也去重庆了,湘南小厂发电随告结束。黄辉赴重庆入电业处,于1939年任水力发电勘测总队队长,驻长寿。顾谷同、高敏学先后到昆明中央电工厂任职,孙运璿奉令到宝鸡去运输连云港电厂设备,由陆路过秦岭巴山,到自贡去安装。安装毕,陈中熙副处长又派他到青海西宁去建电厂。

第一、二、三厂都购有英、美、德三国较先进的新式机器设备,第四厂许应期厂长参加较晚,他带来制造电机、电器、电池的设备,精度都比较差,还要分设桂林、昆明两地(以昆明为主),而技术人才却比其他各厂多,故深感长才不易发展,制造的品种不能增多,规模不能扩大。桂林二厂和昆明、桂林四厂建筑均系临时性,竹筋泥墙,覆以竹瓦,后再加固增修,仍极简朴。第一厂机器齐全,具有20世纪30年代最高水平,故厂房规模宏大,布置整齐,然而在战时,却成为敌机轰炸之目标,两次遭炸,损失不小。幸职工上下齐心,每次炸后,尽快修理,半月内即已复工生产。第三厂机器皆为德货,越南不让通过,乃先在九龙设预备厂,将存港军用话机材料装配成件,供应军需。后经竭力设法,将全部机器经缅甸的仰光,由铁路转腊戍公路运到昆明,于1940年7月在马街子开工。但因厂房密集,空袭危险,乃在碧鸡关西20公里、安宁县的清音山侧,建一与昆明四厂规模相似的厂房,虽仍简陋,但效率不亚于正规大厂。

电工厂筹委会自1936年7月在南京开始工作,继而在湘潭、桂林,最后在昆明马街子村建成总管理处。1939年,筹委会呈会报告,四个厂已陆续开工,请准结束筹备。同年7月1

日,中央电工器材厂宣告正式成立,奉资委会令,派恽震为总经理,仍兼电业处处长,陈良辅为协理,解去其电业处副处长之职;张承祜、冯家铮、黄修青、许应期分别为第一厂、第二厂、第三厂、第四厂的厂长。秘书室主任为郑家觉,业务室主任为姒南笙,会计室主任为王镇中,技术室主任为顾谷同兼第三厂副厂长,运输处主任为朱璆。恽总经理派诸葛恂为昆明四厂副厂长,褚应璜为主任工程师、蒋家铢为会计课长,又延纳浙江大学毕业在英国实习的清华教师孙瑞珩,英国实习回国的艾维超、方福林,交通大学毕业的杨锦山、孟庆元,与原从上海来的工程技术人员朱仁堪、沈从龙、林津、汤明奇、温建中、沈宝书、俞炳元、俞恩瀛、王金仁等人合作。昆明四厂后来又从大同大学、国立西南联合大学迁到贵州的浙江大学、重庆的交通大学四校吸收冯勤为、严筱钧、彭俊甫、李子白、周茂培、王文铮、高庆荣、刘填、黄祖干、刘隆士、叶自仪、吴履梯、卢荣光、吴国城等。在桂林四厂方面,恽震同意许应期的意见,指派王宗素为副厂长,分由电机和电池两大组负责生产,王兼电机组组长,带余耀南、蓝毓钟、吴天霖、陶炜、张弘夏、丘伟、李文渊、萧心等工作,电池组组长是潘福莹,他的日月牌干电池配方是从上海老厂的易鼎新开始,而潘又加以改进的,他的同事魏彦章、高嵩、陶永明对于干湿电池都有足够的经验。许厂长建议在重庆化龙桥设立一个电池支厂,以高嵩为主任;在兰州也设立一个支厂,以陶永明为主任。二厂冯家铮也派出工程师吴祖垲和梅开基到重庆南岸黄桷树设一灯泡支厂。目的都是以产就销,接近市场,便利后方客户。

陈良辅重视培植开辟营业的人才,并注重与大后方用户的联系。他依靠杜光祖所介绍倚重的陆鸣嘉和陶寿康为上海购料代表,使上海不断地成为昆明、桂林原材料的可靠来源。陆、陶二人对鉴别订购原材料和配件的能力与操守品格,不仅在当时有口皆碑,甚至新中国成立后30年间的服务仍不断受人钦佩。业务人才,首重品德,次论器识,然后是专业性的市场知识与应付变化的能力。姒南笙、沈家桢、荣志惠、俞恩瀛、许声潮、童宝琪、方纪难、陈之颉、钱瀚声、魏重庆、沈嘉英、殷关元、程欲明、杨沁尘都是这方面的优秀人才。

1940年是资委会玉门油矿开始的第一年,也是全中国从无石油到有石油,并且可以大办石油化工的源头。那一年恽震在昆明,忽然接到钱昌照先生的电报,叫他赶赴重庆,陪同钱和孙越崎到玉门老君庙去看石油矿井,同行者有吴兆洪、孙恭度、陈中熙。原来地质学家孙健初、探矿工程师严爽已在老君庙苦干了好几年,现在油田眉目已有豁然开朗之势,翁部长已呈请设立油矿局,大量投资,要孙越崎亲自来看一下,希望他放弃四川煤矿公司之职务,一心一意来搞油矿。由于孙、恽二人是老同学和好友,所以翁、钱二公要恽同来一观事实,进行说服。看过油井之后,孙越崎思考了一番,之后恽震诚挚进言。他说:"四川几个煤矿是由你起死回生的,已有初步成就,放手也不要紧,而玉门油矿则在启蒙时期,等待你去开发,以供抗战的军用。国家对石油的投资,将是一次破天荒的规模。蒋先生对你已有深切认识,如本会委托他人,他就不敢放手投资,更不肯放心授权。所以这是抗战胜败的关键,也是你作为大丈夫报国的机会。当然,你接受这一委托,不是没有冒险的性质,但是我们不应该只顾自己的成败,而忘掉国事的安危。"恽接着说:"翁、钱二公都深信你肯担和能担这个责任。我环顾国内,也认为只有你可以当此大任。假如我具有你的条件以及搞煤和油矿的阅历,我就愿意毛遂自荐,当仁不让。机器要从美国买,由腊戍到玉门是万里征程;玉门出了石油,要炼成合格的柴油汽油运到前方,我认为这可以找薛次莘和莫衡。在矿上的辅佐,你有严爽和金开英,就十分得力。关于在重庆帮你管理财务领款,我推荐现在翁先生身边的主任秘书童受民,他原是我举荐给翁先生的。你以为如何?"这一番话让孙越崎点首称是。

从玉门回到兰州,钱先生有事要同朱绍良(八战区司令长官兼甘肃省主席)商谈几天,恽震、陈中熙二人就到青海西宁,去看孙运璿办电厂是否有困难。坐卡车费时一天半,住昆仑旅馆。这时正当金秋8月,孙运璿已经同马家军阀应付得很好,城里的电灯让各处都很光明。恽震写了一首诗送给陈、孙二友:

今夜中秋月,飞来青海看。谁怜西北地,尺寸近长安。

积石江河下,祁连风雪寒。举杯肝胆照,共喜泪痕干!

恽震回到重庆,就向翁先生请辞电业处处长兼职,理由是"电业处处长必须长期驻重庆,而电工总厂则远在昆明。电工总厂这个大型企业,有三类产品在中国从未生产过,还有第四厂的技术引进尚未办,所以我要以全力去使它们搞活,能够在国际上具有竞争力。两者不能兼顾,只得请辞一个,好在陈中熙也干得很好"。翁文灏说,他希望恽不要辞,电工总厂处可移来重庆,而且电工器材厂可以交给电业处管辖。恽不以为然,回答说:"电工器材厂是一种制造工业,应该由工业处监督指导。若为了我兼职的方便,而把制造工厂交给主管动力的电业处去管,那就是因人设事,人家会批评我,也会批评你翁先生的。"翁部长语塞,就批准了恽震的辞呈。之后恽因公每年总要来一次重庆,但是从1940年到1944年常在昆明办公。

恽震对动力机器的制造最感兴趣,第一、二、三厂的技术引进,只有一厂是兼顾电力和电讯两种事业的,第二、三两厂都属于电讯方面;第四厂含有两个部类:电机、变压器、开关设备和仪表属于电力类;而干湿电池本身是由化学物质提供电力,但它们的主要用途是电讯。中央机器厂设在昆明城北黑龙潭,其工作母机是战前从德、美两国订购的,精度比较高,主要技术干部有施伯安(锅炉设计制造)、吴学蔺(冶金铸钢)、张宝龄(机械制造)、王守泰(机械电机制造)、贝季瑶(机床制造)、连忠静(纺织机制造)等。由于施伯安在上海创办新通公司时,已与瑞士的 Brown Boveri Co. (BBC)取得协作的关系,所以王守竞总经理于1938年便通过他的介绍,与BBC签订技术引进合同。第一步先由BBC供给2 000千瓦汽轮机以及汽轮发电机的技术图纸和工艺规程。中机厂审时度势,只购买两台汽轮机(整机)和两台发电机转子,定子则由中机厂按BBC图纸自行制造。该厂按照与电业处所商订之供货合同,连同锅炉及一切辅机送到四川泸县电厂和昆明本地的昆湖电厂,分别安装交货,用户均相当满意。施伯安本人研究设计 Sterling 式的电站锅炉,掌握了瑞士 Sulzer 公司的工艺方法,所以这两套锅炉都是施厂长负责设计并主持制造的。此外,该厂还制造煤气内燃机和水轮机,与中央电工厂四厂的交流三相发电机相配合,供小型电站或工厂自备动力之用。在抗战时期,昆明中机厂和电工第一、四厂都能在发电和输变电多方面做出贡献,这是十分可喜的。

1942 年,资委会为了加强对美谋求技术合作,购买机料和训练人员,便在纽约设立一个驻美办事处,地点在百老汇(Broadway)111 号,与国外贸易分所相邻近,派王守竞为主任,又调电工厂协理陈良辅前往负责训练组事宜(厂协理由郑家觉接替)。钱昌照通知各主要厂矿及本会各处,推荐优秀人员赴美入学深造钻研,或进厂实习,这样选定了 30 多人出国。恽震保荐褚应璜、汤明奇、林津(电机电器)、单宗肃(电子管)、潘福莹(电池)、葛世儒(绝缘化工材料,他学到技术回国,离厂搞私营,1951 年去世);王守竞保荐雷天觉(机床)、韩云岑(工具设计)、江厚渊(柴油机)等;陈中熙保荐张光斗、黄辉(水力发电)、谢佩和、施洪熙、孙运璿、王平洋(电力);周维干保荐王端骧、沈嘉英、王安(无线电);杨公兆保荐袁慧灼(金属矿)、丘玉池、安朝俊(钢铁);杜殿英保荐孙竹生(机车)、刘曾适(造船)、龚祖德(化工);孙越崎保荐熊尚元(炼油)、翁心源(石油管运);吴兆洪保荐李彭龄(工业管理)、蔡同屿(会计)。后来有了美国租借法案对外经济管理局(Lend-Lease F. E. A.)的经营项目,经济部考选了358 人赴美,多数是资委会各厂矿和工矿调整处及私营厂的技术人员。这些人员的才干在新中国成立后都得到了充分的发挥,做出了出色的贡献。后来还有两批人员:三峡工程计划到美国 Denver 参加设计的约 50 人,中央电工厂与西屋公司技术合作专案派遣的 50 余人。在昆明考取美英留学的俞恩瀛、孟庆元,毕业以后也到西屋公司去实习。

资委会对技术人员和知识青年有一套"工业化中国"的理论,以"公、诚"二字为会训。技术人员和管理人员分成两大类,定职称和月薪为 6 等 32 级,最高级都是 600 元,使技术与管理同样受到重视。恽震拟订"忠、信、敏、确"四字为厂训,号召"忠于事业而信于人群,敏于设计而确于质量",这受到翁、钱两位领导的认可。国民党统治时期,国民党党员的名誉不太好,但在资委会范围内,青年们多有"国民党不好,但资委会还是比较好的"的看法。中央电工厂对于新来到的职工,要他们填履历表,其中有一项是"党籍",但该厂自 1936 年筹备起,到 1943 年夏天,从未设有国民党的党支部。到了昆明,也不向云南省党部联系。原因是恽震和厂长们对办党的事不感兴趣,虽然"总理纪念周"有时还作为集会的方式。国民党的陈果夫、陈立夫兄弟和组织部部长朱家骅,人称 CC 派,他们极不满意资委会下属各单位不设党部,就通过蒋介石对翁、钱二人指示,要资委会和所属各单位都一律设置党部。翁、钱二人对 CC 派讲明,党部可以设,但不同意由中央党部组织部派人下来,一切区党部和区分部书记的人选,都由原单位主管人兼任,有事请示或报告,应向翁、钱二人呈报,再转组织部。根据这些协议,翁、钱便下训令安排,昆明西山各厂设立西山工厂区党部,派恽震、张承祐、郑家觉、黄修青、阮鸿仪(昆明炼铜厂厂长)、刘晋钰(昆湖电厂厂长)6 人为区党部委员,以恽震为书记,其余 5 人兼任 5 个区分部的书记。这样的做法,就要求各厂尽量吸收优秀职工入党为党员,在生产力挣扎前进的时候,无疑是搞一种政治运动,对职工尤其是埋头奋斗的工程师,是一种骚扰,或者可以说是强制性的束缚。昆明四厂的沈从龙工程师对此不耐烦了,他正式对劝他入国民党的副厂长说:"我不喜欢这种政治玩意,我不愿入党,请勿来麻烦我。"这一反响,震动了昆明四厂,消息传到恽总经理那里,恽认为沈从龙的态度是正确的,入党一定要自己情愿,不可勉强,更不可将入党人数的百分比视作党基层单位的成绩好坏的标准。后来抗日战争胜利,国民党中央在复员时在报纸登出通告,要每一个新旧党员到达复员地点,到所在地的省市县党部登记。中央电工厂没有理会这个通告,各成员也不再在各级厂部里设置党的机构。因为人人爱国,人人也反对内战,你越要"戡乱",人们就越不靠近你。

蒋介石成为国民党的"领袖",他搞了一个"中央训练团",设在重庆郊外,命令军政工商各机关企业的负责人员都要轮流去受训五六个星期,出国人员也必须先去受训,目的就是灌注崇拜领袖和反对社会主义的封建主义。恽震因为翁部长派他出国考察,所以1944年夏天就被排定去受训,恰好支秉渊、华罗庚也同一期受训。那时翁文灏、钱昌照、孙越崎三人在国民党五届十一中全会(1943年9月6日至13日)已被选为中央委员。由于玉门油矿开发和炼油成绩卓著,蒋介石经常召见孙,要他开具有才能的知名人士的名单,孙把恽震的名字也开列在内,因此又被传见。这是恽第三次与蒋面谈,蒋问电工器材厂的成绩,恽回答:"战时建设工业,虽已生产出几种前所未有的国产电工器材,稍补时艰,但最需要的发电设备,从五千到一二万千瓦的机组尚不能自制,要引进制造技术,训练人才,厚集资金,购买机床,方为有效。"蒋对此只说,"好,好,你努力去干吧",并没有具体的指示。恽不得要领而退。

西屋公司的在华经销商威廉·亨特(William Hunt)是孔祥熙的好朋友,孔的国外财产由他经管。这次他拿了一份西屋公司的技术转让合同草案向翁部长兜售,想做一次二三百万美元的生意,他好拿佣金回扣。翁部长把这一合同草案交给恽震,说:"你同厂里的有关专家加以研究,看看提供开发的产品是否适合需求,增减后你带往美国,当面同西屋公司谈判,讲论代价,再与其他公司如通用电气公司等加以比较,向我报告。我估计战后国营工业,需要资金至少10亿美元,方能把几个主要工厂如钢铁、石油、发电设备、化工、机械等铺开,最好是同美国大企业合资经营,这样我方就可以一个钱做二三个钱的事。技术和资本都要引进。你可以先向西屋公司敲开大门,就可能引起别个资本集团的兴趣,这是你此行的要领。"这番话他是单独对恽震细谈的,恽十分佩服他的卓越识见。

恽震于1944年8月从昆明搭乘美军运输机到印度加尔各答,参观印度利用美国技术办的商营钢铁厂,约定了学汽轮机的赵硕顾参加美国实习,即乘火车穿过半大陆到卡拉奇,再换美机经非洲北陆到摩洛哥,休息后换机夜渡大西洋,到美国纽约,与王守竞、陈良辅、张文潜、卢祖诒、尹仲容相晤。时王为办事处总代表,尹为外贸分所美国所所长。恽奉派为驻美技术委员会常务委员。此时国内抗战战局紧张,11月国民党军弃守衡阳、桂林、柳州、南宁、独山皆沦陷,这就是震惊中外的湘桂大撤退。桂林三个厂拆迁重庆,因军事转恶,交通阻塞,撤退机料能安全运到贵阳的只有半数。桂林二厂与渝二支厂合并为渝二厂,另在昆明成立昆明二支厂。桂林四厂与渝池支厂合并为渝四厂,均于短期内先后复工。

恽震在美受命任资源委员会技术考察团团长，程义法为副团长，团员有鲍国宝、杜殿英、孙恭度、丘玉池、黄辉、任国常、周维干、许应期、林文彪、杨廷宝、吴半农、周茂柏、徐宗涑、姚文林、李庆逢。考察团在加拿大东部和中部，美国东、中、西部，分几次巡回参观。尹仲容亦参加一部分考察。张文潜担任团的会计，司旅费开支。这些人的考察，对一些重要的对象，如通用电气公司等，是集中参观的，此外依专业分散进行，均由办事处训练组代为安排联系。关于西屋公司，恽震到纽约后，即与其所属西屋国际公司联系，由亨特介绍恽去会见西屋国际公司的技术合作部经理麦克曼尼格尔（Mac Manigal）。他是恽此后半年多进行具体谈判的对手，是一位精明老练的工商业家。西屋电气公司的总部在宾州匹兹堡市，而这个直属的国际公司的地点在纽约华尔街。它有三个主要业务部门：第一个是管理国外各地区的子公司和代理商的销售业务；第二个是承办在国内外"交钥匙"（Turn-Key）的大型承包工程；第三个是技术合作部，负责开发和经营国际技术转让的许可证进出口商务。专有技术和专利权是有出有进的。麦克说，西屋公司当时在国际上已拥有 36 个技术受让人（Licensee，指公司法人），遍布于世界各国，主要的有英国电气公司、英国茂伟公司、法国 CEM 公司、日本三菱株式会社，以及意大利、西班牙、墨西哥等国的电机动力制造公司。

恽在纽约获得西屋国际公司的协助，编印了中央电工器材厂 8 年创业，由湘迁昆桂，经营情况的小册子，以便于对外做自我介绍。1944 年 12 月，恽偕桂四厂许应期，南开大学电机系主任卢祖诒，电机工程师褚应璜、朱仁堪、林津，应邀前去匹兹堡市，访问西屋公司总管理处及其主厂。其董事长是一位 70 多岁的老者，接见中国客人很有礼貌。董事长是一般公司决策集体的首脑（由股东大会选举出的一位股东，英文叫 Chairman of the Board），他与公司执行实际工作的总裁（President）很好地配合，在战略方针上导归一致，使公司适应时势，稳步前进，这是中国企业，尤其是中大型工业，应该学习借鉴的。西屋公司当时的总裁名叫伯纳姆（Burnham），年龄为 50 岁左右，恽震时为 43 岁。他们见面谈了两次，因系初访，谈话未深入。但他是一个极有才识的人，后来为西屋公司改造老厂，创建新厂，所做成绩很大。20 世纪 70 年代中美建交后，他以董事长的身份首先来华访问。恽震在报上看到他作了很有价值的演讲词，可惜那时恽远在贵阳被拘，没有机会同他见面谈谈。

西屋公司的三位副总裁（分别负责主持工程设计部、制造管理部、营业销售经营部）同中国来客开了一次座谈会，了解了中方的主观意图和技术合作范围，并且试图劝说中国最好能采用 60 赫兹的美国频率。恽透露了希望西屋公司和它的 Mellon 资本集团投资于中国工业的意愿。他们避开了直接的答复，只说时机尚未成熟，请先商谈技术转让。中方代表团参观了西屋公司的电机总厂、附近的电瓷厂、费城的汽轮机厂和高压开关断路器厂、纽瓦克的电表厂，以及其他几个电器配件厂。西屋公司表示不愿意把电灯泡管列入技术转让合作的范围。投资合作问题碰了软钉子。那时欧洲战事尚未解决，苏联对于协约国是一个有力的盟邦，但美国人对苏联的厌恶情绪很强烈，带中国客人参观的人员经常这样表示："如果你们是俄国人，我们决不愿意带你们看这一部分！"西屋公司的工人很喜欢像褚应璜这样的实习工程师，褚已经在这里实习过一年多，现在则在密尔沃基（Milwaukee）的阿里斯–查默斯公司(Allis Chalmers Co.，AC 公司)实习。西屋的负责人说,如果中美双方技术合作的合同签订了,西屋公司的各个部门都将会向中国的 N. R. C. (资源委员会的英文名称简写)人员开放。

在这次对西屋公司访问之前,汤明奇、葛世儒二人已在通用电气公司(General Electric Co.，GE)实习了一年。通用电气公司在旧中国乃至世界上的势力与影响都高于西屋公司,因为它早年在上海设立了"奇异爱迪生灯泡厂"(今日武宁路桥口上海灯泡厂的前身),其产品广销各省;此外通用电气公司同美国电力股票债券公司(Electric Bond and Share Co.)所控制的上海电力公司是属于同一财团资本系统的。因此,恽与王守竞、陈良辅商量,技术引进也要"货比三家",最好 GE 和 AC 两公司能各自提出一个技术合作方案来,以比较选择。联系之后,通用电气公司复信表示欢迎。1945 年 1 月,恽、许、卢三人和其他工程师都去参观该公司总厂和东部诸厂,相比之下,通用电气公司与西屋公司的工艺制造水平难分高下。恽在纽约曾单独邀约一位通用电气公司副总裁晤谈,向他表示愿与 GE 进行技术合作及经济合资经营,不知有意讨论否。他说,关于对华做新的投资,因战争尚未结束,须待将来局势明朗后再行商量;如资委会有什么建议,可先与现住在纽约的浙江实业银行董事长李铭商谈,他代表通用电气公司在华的利益。关于技术转让,则因西屋公司已向资委会提出方案,通用电气公司不愿与之竞争。如西屋公司谈判不成,那时再提方案不迟。后来李铭邀恽震到他寓所去会面,他说通用电气公司是不会愿意同中国官办企业合资经营的。技术转让的商谈则是可能的,但通用电气公司不同西屋公司抢这笔生意。

上述 AC 公司位于美国中部大湖附近,在动力电工制造行业中的地位,仅次于 GE 和西屋公司两巨头,居第三位,但它的水轮机制造更有名望,是前两家大公司所不能及的(现在哈尔滨电机厂已与该公司订有技术合作合同,关系十分友好)。褚应璜工程师正在这里实习,恽、许、卢等人前来访问时,他就做了他们考察小组的向导。恽特意在拜会 AC 公司的总裁时,谈了中国资委会欢迎该公司投资合作的意愿,得到的回答也是否定的。他们不愿意投资的理由是中国太乱,社会不稳定,投资没有保障。这样,资委会在邀请投资方面,连碰了三次壁;在技术引进方面,只能先同西屋公司周旋,求得一个合理有利的结果。

现在再回转去叙述恽震在纽约商订技术转让合同的经过。西屋公司原先主张资委会受让技术后的电工产品只可以在中国国内销售。经过据理力争,西屋公司始同意除美国本土及其附庸控制地带外,中方可以在世界任何其他国家或地区销我方产品。西屋公司原认为在合同期内中方关于合同产品的改进、发明、创造及专利,应该让该公司无偿使用,恽认为这样太不公道,不对等。麦克说,他们是老师,中国一方是经验不足的学生,学生不可能有许多发明创造,即使有,也应该给老师无偿使用。经过争论再三,麦克始同意中方的发明、专利和技术改进,西屋公司如要采用,也应该付给中方许可证代价或费用,其具体数值由双方届时共同核议。在合同期内,西屋公司对于合同产品的一切改进或新创造,在中方依约付足有关费用的条件下,应无偿将有关资料交与中方,其内容应无异于西屋公司自己工厂所使用的资料。

资委会可以在中国境内转让合同产品的制造技术产权,售给中方的任何许可证受让人。这一点在合同上载明,是很重要的。在合同期内,资委会得派驻西屋公司若干常驻代表,并将按照中方的需要,由西屋公司派遣专门人员到中国工厂去帮助做指导工作,其费用加来往旅费及在中国的食住费用为西屋公司所付的成本。如西屋公司将来需要中国专家帮助时,其办法和费用是对等的。在合同签字生效的 20 年内的头 5 年,西屋公司同意接受中方派遣培训人员不超过 300 人,但在任何一年内的人数不得超过 100 人。从本合同的第六年起,培训人员每年以 6 人为限。这一培训权利,中方后来没有充分利用,只培训了 87 人。

按照中方的产品范围、品种和年产量的要求,设计工厂完成后的规模为汽轮机年产 63 台、200 000 千瓦(最大 10 000 千瓦),配合凝汽器、汽轮发电机;同步电动机 340 000 千瓦;水轮发电机 300 000 千瓦;异步电动机 246 000 马力;单相电动机 16 000 只;三相电动机 40 000 马力;直流电机 2 170 台;电力变压器 300 000 千伏安;电炉变压器 30 000 千伏安;整流器变压器 75 000 千伏安;配电变压器 580 000 千伏安;单相变压器 10 000 只、110 000 千伏安;电流互感器 8 000 只,电压互感器 2 500 只,扼流器 500 只;载流调压器 200 只;电力整流器 50 000 千瓦;各种电焊机 1 600 只;电焊条 300 吨;油断路器 2 000 只;空气断路器 20 200 只;发电机自动调压器 300 只;熔断器 38 000 只;断路开关 10 000 只;避雷器 34 600 只;开关控制台 3 000 只;交流电机控制器 63 000 只;直流电机控制器 1 500 只;牵引电动机控制设备 200 只;电阻器和调阻器 6 500 只;电力电容器 6 000 只;电度表和最高负荷计 272 000 只;电流计和电压计 41 000 只;继电器 8 000 只;绝缘材料(塑胶、绝缘纸、绝缘布、云母制品、石棉品、各种树脂制品、漆类)年产值 2 100 000 美元。以上总计年产值为 34 428 000 美元。

生产规模商定之后,技术转让代价由麦克先生提出,在 11 年内分年缴付清,共计 3 400 000 美元,但第一次付 10 万美元后,此后 10 次须将全款在签约前一次存入纽约大通银行,由该行开出不可收回的信用证 10 张,交由西屋公司收执。从第 11 年起直至第 20 年,资委会新建厂全部有关合同产品的营业销售收入,按出厂价的 3% 向西屋公司缴纳提成报酬金。恽震不同意此付款方案,他认为,许可证代价总数应不超过 300 万美元;不应该将逐年待付之款一次存入纽约大通银行,这明明是不相信中方;第三是 10 年后的提成报酬金不应该全部以 3% 计算,而应按销售额分级递减。

麦克经过内部研商,于次日答复:第一点总数 340 万美元不能减少;第二点由于西屋公司技术图纸资料在 15 个月内均须向资委会交齐,所以 10 年的待付款也应一次存入美国银行,否则也是不对等;第三点可以接受,修改为:产品销售收入的第一个 1 000 万元,提成报酬金 3%,第二个 1 000 万元销售额,提成 2.5%,超过 2 000 万元销售额之数,提成减至 2%。

因为对方不同意修改第一点和第二点,恽震声明暂停谈判,并电告重庆资委会。这时欧洲战事已告结束,1945 年 6 月初,恽收到翁文灏的来信,其中附有致财政部部长孔祥熙的介绍信。翁氏信中说,他已商请孔财长支持这一技术引进合同,并取得其同意由财政部支付这笔款项。翁这时已兼任战时生产局局长之职,有调度金融的权力。由于孔氏有公务飞美,所以要恽去面晤孔氏,说明这一事的重要性。于是恽震就拿了翁部长的介绍信,到孔氏所居住的旅馆去找他。首先遇到他的秘书长冀朝鼎(中共地下党员),恽把情况先向冀说明。孔祥熙向来骄傲,这时好似恽有求于他,冷笑着说:"我给你们付了学费,可要好好地学呀!"实际上,他已经从他的好朋友威廉·亨特那里,掌握了我方和西屋公司的交涉争点,准备插入他那一只贪婪的手。但那时恽还不了解他的心思。

第二天,恽震正坐在自己的旅馆里,突然有客来找,原来就是亨特。亨特从未来过这里,此时他忽然来访,笑嘻嘻地拿出一张复印的英文信笺给恽看。原来这正是孔祥熙以中国财政部部长的名义给西屋电气国际公司的一张公事信。他在信中声明,他完全同意西屋公司提出的技术转让代价 340 万美元的数目及其先期付款预存的全部条件。恽看了这信默默无言,亨特却是得意非凡,一副狡猾的表情,好像是在说:"看,你的争论是徒劳的,你们的财政部部长尚且听我的话,依我的摆布,你能跳得出我的手心吗?"恽对他敷衍两句,收下这张复印的信,礼貌地把他送走。恽这时了然于心,原来这位美国投机商人兼孔府的大掌柜,又利用中美这次的技术引进交涉,为他的东家和他自己赚到一笔不小的回扣佣金。西屋、亨特、孔祥熙三方得利,中国吃了亏。后来由于中国发生了内战,这份技术引进合同没有完全兑现。

西屋公司通过这个捎客,在 1945 年 7 月 21 日签字之前,就可以一次取得 10 万美元和 10 张可以贴现的银行分期本票信用证,合计 330 万美元,而他们自己对华的技术服务还没有开场。这是何等优越而单向有利的技术交易!孔祥熙作为中国政府的财政部部长,竟对正在进行的涉外商务谈判这样插手干预,使对方大大占了便宜,丢尽了中国人的脸!这份合同还没有来得及全文译成中文,寄请重庆资委会审查,只是因为合同条款的争执已完全解决,翁文灏就打来电报,委派驻美办事处主任王守竞和中央电工器材厂总经理恽震二人为资委会代表,在合同上签字。签字的时间是 1945 年 7 月 31 日(日本尚未投降),地点在纽约西屋国际公司。对方签字人为西屋公司总裁伯纳姆、西屋国际公司总裁和经办的部门经理麦克曼尼格尔。过了 40 年,即 1985 年,恽震通过朋友的协助,重新获得该合同的原文复印本(他所保存的副本,经过几次折腾,已失落了),才能把这一过程的数目再现出来,公之于众。

恽在美国开始执行合同的具体项目。他呈准指派褚应璜为资委会中央电工器材厂驻西屋公司的代表,负责会同西屋公司的代表华勒士(Wallis)办理下列事项:①部署安排中方培训人员的岗位分配和考核调动;②接受西屋公司依据合同分批交来的技术图纸和工艺文件,加以核对审阅,装箱分批运华;③西屋公司派规划设计工程师蒙哥马利(Montgomery)负责中国新厂的布置设计以及机床设备清单和平面图的编制工作,由褚应璜负责联系。

恽震与昆明的代总经理张承祐往返函商,慎选优秀技术人员(包括部分财会、经营管理人员)并分批派来实习。入选标准:只要德才兼备、工作勤奋有成绩,即可选派,不论其出身何校,是否大学毕业,或是否国民党员。事实上其中有几位在新中国成立后方知是共产党员(如杨锦山、蓝毓钟、陶炜、卢荣光、葛和林),但当时的选拔人恽与张并不知道,都一视同仁。此外,他们也请褚、林、汤、朱四位工程师一同物色在美留学的技术人员,邀约其加入这一实习队伍。恽在印度约好的赵硕颀,纽约办事处工作的王兆华,都是后来在哈尔滨开创汽轮机厂时最出色的工程师,而杨锦山则是在上海的汽轮机专家。褚应璜约请来的有朱春甲、张均、朱维衡、张大奇、王述羲。

摩根史密斯公司(S. Morgan Smith Co.)在 20 世纪三四十年代是美国四大著名水轮机制造厂家之一。它的工厂和试验所设在宾州的约克市(York, Penn.),企业相传数代,维持着很高的产品信誉。恽震到美不久,在 AC 公司拒绝合作之后,就与该公司董事长兼总经理史密斯先生直接在纽约商谈技术转让,以便配合西屋公司的大型发电机,将来在中国大规模发展水力发电事业。史密斯是个 50 多岁的企业家,经营有方,善用人才,对中国这样一个水力资源丰富、人民勤劳勇敢的亚洲大国,非常感兴趣。他对恽震派去实习的俞炳元工程师十分喜爱并大加称赞。在西屋公司合同未签订以前,他以慷慨开朗的姿态,表示愿与中国的资委会签订技术转让合同。他不是不知道西屋公司的索价是数百万美元,但他开口只要 3 万美元的入门费,可见他眼光更远,所以双方诚意相向,一拍即合。恽震上报资委会核准后,在西屋公司签约之前,立即付款签约。该公司提出的合同条款简单明了,不像西屋公司合同的深文周纳。恽除指派俞炳元去系统实习外,加派原在桂林四厂的陶炜和褚应璜介绍的王述羲去该公司。史密斯亲加考询,十分满意,就派公司的几位技术老手,带着他们到有关项目现场勘察设计,研究水工结构,根据不同的水头和流量,设计不同形式具有最佳可能性能的水轮机成套系统;同时又教导他们制造上的材料选择和铸焊加工的工艺方法,把他们训练成为知识比较全面的工程人才。公司的历年设计图纸和技术资料,对他们三人全面敞开,听凭他们查阅,需要的就复印几份带回,所以他们从摩根史密斯公司取得的图纸资料,数量不少而又切合实际。所可惜者,中方应该再添派几个人去参加实习,但没有做到。新中国成立后,中方更应该继续同该公司保持联系,在几个重大工程如刘家峡、三门峡工程中同他们进行联合设计,这些出于政治外交的考虑没能做到,连彼此通信的可能也被断绝了。

这一年恽参加西屋公司纪念论坛会,认识了西屋公司的主要技术受让人——英国电气公司(English Electric Co.)的董事长纳尔逊勋爵(Lord Nelson);又到约克市去看望史密斯兄弟二人,叙话两天。他们通过俞、陶、王三人,更深刻地理解了中国人的性情气质,十分称赞三人的好学苦干和吸收知识的能力,把他们当作公司的自己人看待,诙谐欢笑,情同一家。史密斯说,他们已经在公司里经受考验,具体参加一些研究、勘察和设计的工作,都能胜任,所以他们日后回国时,都可以负责工程工作,尤其是俞炳元,成绩更为突出。他们三个人后来在东北电工局和哈尔滨电机厂受到领导重用,对水力发电事业不断做出重要的贡献。可惜俞炳元和配合他的发电机设计工程师吴天霖两人在"文化大革命"中受迫害致死。

恽震与西屋公司签订合同后,于 1945 年 8 月初,即以资委会工业技术考察团团长名义乘船赴英。到英两天,即获知日本于 8 月 14 日正式宣布无条件投降的好消息,大家非常欣慰。驻英大使顾维钧博士接见了考察团 15 人,举行茶话会把资委会考察团介绍给英国的制造工业企业家协会,恽震致辞。随即考察团分成几个组,由协会派员陪同各组出发参观。恽震、刘晋钰、鲍国宝等的电气组访问了莎士比亚的故乡,即由英国电气公司董事长纳尔逊勋爵(Lord Nelson)带领同驰车至拉格比市(Rugby),参观他的汽轮机厂。他是西屋公司许可证受让人,可是该厂工艺水平并不亚于西屋公司。他同恽在美国相识,知道美中合同已签订,即向恽致贺,说将来他将到中国去,要参观中国的汽轮机和发电机厂。英国的发电设备制造业有三大中心:一是偏北的利物浦的茂佛(Metropolitan Vickers Co.),二是中部的伯明翰的通用电气公司(General Electric Co.,与美国的 GE 同名而不是一家),三是偏南的拉格比市的英国电气公司。这三家的组织归属系统后来又有所改变。那时英国的电力部门已经由工党改为国营,经营管理很有成绩,所以保守党掌权之后,也不去改变这国家大电网(National Grid)的制度。这是资本主义国家最大的国营公用事业公司。恽不久就知道以毛泽东为首的中共代表团于 8 月 28 日到了重庆,经过 43 天的谈判达成了"双十协定"。不料蒋介石决心要铲除中共,发动了内战。他因为不能到巴黎、柏林去旅行,就即刻回到纽约,了解了一下陈良辅安排培训人员的情况,就从纽约飞回昆明。那时刘晋钰已奉命到台湾去接收电力公司,郑家觉已回到开滦煤矿天津总公司去了。张承祐根据国内的局势,拟订出中央电工厂开拓新局面的规划。恽、张二人与总管理处的几个主任审定了以下的步骤和负责人选:

(一)昆明一厂和四厂合并为昆明制造厂,一厂设备分一部分到上海去,以孙瑞珩为昆明厂长,兼管电缆电机(解放后电缆、电机、变压器均成立专厂),炼铜厂奉令并入一厂。

(二)昆明三厂奉令改为中央有线电厂,移设南京,黄修青厂长改任总经理。

(三)得知张兹闿任沪苏浙皖区敌伪产业处理局局长,中央电工厂派沈良骅为上海制造厂厂长,带一批电缆、电机人员与张兹闿联系,接管日本留下的一些工厂。

(四)中央电工厂总管理处移设南京,张协理兼代总经理之外,呈会加派徐均立(电讯专家)为协理兼秘书处主任,王镇中为财务处主任,周杰铭为会计处主任,顾谷同为技术处主任,陆鸣嘉为购运处主任,俞恩瀛为业务处主任。业务处直辖各地区营业处。

(五)桂林二厂剩余设备再补充新设备,在南京设电照厂,以制造日光灯管为主,由吴祖垲以副厂长代理厂长。电子管厂尚待另购,以单宗肃为筹备处主任。冯家铮已他就(新中国成立后到沈阳灯泡厂工作)。

(六)重庆电池支厂和灯泡支厂合并为重庆制造厂,由高嵩、俞显昌分别任正、副厂长。兰州支厂被撤销。

(七)与西屋公司技术合作正待筹建,但缺款的电机新厂设在湘潭下摄司,命名为湘潭电机厂。因许应期厂长已改就交通大学教授,褚应璜尚未返,故派朱仁堪为新厂工程处主任,从昆明四厂调一部分设备前往。下摄司发电设备已由资委会发来美制 1 000 千瓦机组一套。林津回国后,被派为代理厂长,这是一年后的事。

(八)汉口定为电池生产中心,贵阳设备运汉,以潘福莹、魏彦章分别为正、副厂长。

(九)天津的日本电器工厂留下了几个,在经济部特派员王翼臣(煤矿专家)的照管下,总处呈准派王宗素为厂长,张朝汉为副厂长兼营业处主任。整理后该厂分成电线、电机、灯泡三组。天津所需的原材料要从上海海路运去。

(十) 沈阳情况复杂,苏联红军占领后将有价值的机器设备拆运回苏,鞍山、抚顺、阜新、大连等地均有此事。孙越崎于 1945 年 9 月被任命为东北区经济部特派员兼河北平津敌伪产业处理局局长,1946 年出入关内外 9 次。恽震派去的沈阳电工制造厂厂长汤明奇在孙的照管下就任,可是沈阳铁西区各厂的主要设备都被苏军拆走了。李代耕(水电部副部长) 1983 年编著出版《中国电力工业发展史料》,他根据档案制成一表。该书第 123 页指出,苏联于 1945 年拆走的东北发电设备共为 133.9 万千瓦,其中已投入运行的机组为 97.3 万千瓦,计有大连甘井子发电厂的 5 万千瓦、阜新发电厂的 16 万千瓦、抚顺发电厂的 21 万千瓦、本溪发电厂的 4.3 万千瓦、水丰水力电站的 30 万千瓦、小丰满水力电站的 21 万千瓦。没有安装的新设备则有 36.6 万千瓦,其中有阜新发电厂的 10.6 万千瓦、小丰满水力电站的 21 万千瓦、鸡西煤矿的 1.5 万千瓦、佳木斯发电厂的 2.5 万千瓦。1948 年 9 月,沈阳解放。汤明奇并不是自请调离沈阳的,是在早几个月由恽震向孙越崎申请调到南京,然后在上海迎接解放的。

恽震在昆明部署以上十点安排后,于 1945 年 12 月接到资委会钱昌照的电召,即飞往重庆。钱昌照对恽说:“美军统帅麦克阿瑟占领日本,照理应该帮助中国从日本索赔大量的机器设备,尤其是重工业设备,以补偿中国抗日战争以来的生命和财产损失。宋子文行政院长希望派你去了解一下,要尽量争取美军部的合作。朱世明不久要被派去担任中国驻日本的总代表,他和你都是中国参加‘远东委员会’的委员,由外交部直接通知你。”这时翁文灏已调任行政院副院长,资委会直属行政院,钱任委员长。于是恽就直飞南京,安排一下自己收回的房屋,就于 1946 年 1 月初飞到东京,寓居帝国饭店。

恽首先访问了美军总部的赔偿组,主管者是一个上校,他把自己的身份和即将参加远东委员会的情况告诉了该上校。远东委员会的主席就是麦克阿瑟统帅,委员由美、苏、中、英 4 国代表组成。恽先要求参观东京城郊一带的工厂,他派一个美国军官和一个日本人陪同,分几天去看七八个工厂,包括航空、机械、电工制造、电力等行业。通过参观,可以看得出,美国的政策是要保全日本的工业精华,要日本很快复兴,做它将来抗御苏联的帮手。完整的工厂和发电厂,军部是不愿用来作为赔偿受害国之用的。这些意图,恽在 10 天左右的视察和谈话中,完全可以体会清楚,虽然军部的各组不肯太露口风。除了中国之外,还有菲律宾、印度、印尼、缅甸这些国家也都希望获得实物的赔偿。所以美军部事实上是日本的保护人,不能让这个已被它占领的国家被赔偿搞垮了。

恽震在日本访晤了蚕桑实业界,为国内蚕丝业专家葛敬中索取江南战后急需的蚕种纸版数张,据说这可以为蚕丝业起一个带头作用。1946 年 2 月,麦克阿瑟乘军舰由美来日,朱世明中将同舰到达,还有外交部的一位亚洲司杨司长,都在帝国饭店下榻。远东委员会第一次会议在东京开幕,讨论了天皇制是否应维持、日本宪法的纲领问题等议案,随即开了一个战利品展览会,每个委员赠送倭刀一把,作为纪念,然后坐火车出发巡视仙台、京都、名古屋等地。朱世明在东京选了一所办公厅房屋,就同恽一道飞回南京,他向宋子文院长和王世杰部长汇报。恽震做了一个视察调查报告。他认为,美国把日本当作囊中之物,豢养护持,使之为自己服务。赔偿的内容仅限于已受破坏的工厂,以其剩余机件作为赔偿物资,而不可能听凭盟国挑选,整厂拆运。将来拿到的机器,鸡零狗碎,不能形成一个工厂的整体,所以若把日本赔偿当作我国战后复兴的大资产来源,必将失望。这一意见并未得到当局(宋子文等)的重视。1947年7月,宋、王、钱三位商决,要派恽震由美调日,担任朱世明代表下面赔偿委员会的主任委员,恽坚辞不就,使他们三人都感到不快。

20世纪30年代初,交通大学有一位学业非常出色的电机系毕业生钟朗璇,他到瑞士BBC公司实习深造,对汽轮机的设计和制造工艺进行了全面的研究,到40年代已跃升为总工程师,1946年回国结婚。他在上海与恽震晤叙,恽告以已与西屋公司签订制造汽轮机的合约,劝他回来给祖国效力。他说等工厂建成后再回来。1949年后,他在瑞士已有著作出版,名望甚隆,因病死于瑞士。

由于1945年恽震在英国遇见钱昌照先生时,得知他已被任命为资委会驻美总代表,接替王守竞的工作。在他回国处理中央电工厂事务时,纽约办事处暂由陈良辅代理,不料他又被赴日差遣之事所耽搁,直到1946年4月方才再一次回到纽约。他之所以愿就此职,不是为了自己工资可得美金支付,而是为了湘潭电机新厂需要1500万美元购买设备。此外要继续培训新人,要请西屋公司专家及摩根史密斯专家来华指导,都需要外汇专款。他准备根据西屋公司技术合作计划,向美国进出口银行借款,如能如愿,则设法请求国家基建预算造厂房,尚不困难,只要国内团结安定,不打内战。如果内战扩大,不但美国人不肯借款,中国国库支付军费犹恐不及,哪有余钱用来建厂。恽震也主张把中央电工厂组成公私中外合营的股份有限公司,他已经把厂的英文名称定为Central Electric Corporation,呈准资委会备案。他还为了中央电工公司将来发行公司债的可能性问题同他的正己社社友、新华商业储蓄银行总经理王志莘商量。王说,一则你的新厂建设计划尚未开始实践,二则目前内战正在进行,金融动荡,币值下跌,所以现在不宜发动;如时局稳定,将来中国银行和新华银行一定会帮你进入市场。

恽震回到纽约资委会办事处时,该处分4个组工作:一为秘书财会组;二为业务组,由夏勤铎负责;三为购料组,由包新第负责,国内派人来购料的单位,都由他照料;四为训练组,由陈良辅负责,时昭涵协助,办公地点设在华盛顿,以便联络美方对等机关。在过去一年间,陈良辅、夏勤铎二人承资委会之命,为中国大陆和台湾的若干企业办理了对美技术咨询和规划工作。在钢铁方面,他们聘美国马基公司(McKee Co.)为顾问工程师,主要是给浦口钢铁厂和海南铁矿拟一个开发计划。在电力方面,他们与美国怀特公司(J. G. White Co.)签订合同,请该公司派人到东北去协助接收电力系统,因内战未能实现。在三峡水利发展方面,他们已与美国内政部水土保护局沟通,派总工程师萨凡奇(Savage)于1944—1945年勘察长江三峡,拟出一个高坝开发计划,决定在科罗拉多州丹佛(Denver, Colorado)的该局总部进行设计,派了30位水利工程师来做具体设计,其中有杨国华、杨贤溢、徐贤修等人。

恽于 1947 年春曾去视察叙谈过一次,并参观了美国西部的大型水力电站。在石油方面,恽为台湾高雄炼油厂与合众工程公司(United Engineering Corp)和世界石油产品公司(Universal Oil-Products Co.)咨询,开出一份修复所需清单。在铝业方面,夏勤铎与美国雷诺铝业公司(Reynolds Aluminum Co.)商谈同台湾铝厂合作事宜,以台湾铝厂的原有资产折价 700 万美元作为优先股,再由资委会和雷诺公司各出资 50 万美元,作为普通股。但此一协议并未实行。

恽震看到卢作孚为民生轮船公司在加拿大订制新式轮船,侯德榜为浦口永利硫酸氢厂购机,均向美国国营进出口银行借款,各为数百万美元的长期贷款,先后获得了成功。恽看在眼里,认为他提出湘潭电机新厂的项目,或许也有希望,何况西屋公司可以从旁协助讲话。他就在褚应璜工程师等相助之下,编制成一个与西屋公司、摩根史密斯公司技术合作的建厂购机计划,以及准备在美选购设备的清单,作为一个贷款说帖,向美国进出口银行申请借款 1 500 万美元,声明将由中国财政部提供担保,建成投产后分 10 年归还本息。西屋公司在美国国会和政府方面颇有一些影响,恽请他们帮助对进出口银行施加力量,使之接受我方的申请。当时资委会和中央电工厂的同事们多认为有成功的希望,在国内成立了中央电工器材厂董事会,资委会委任恽为董事长兼总经理,准备借款成功之后发行股票和公司债,招收商股,在国内外发行。

昆明中央机器厂本来是有能力自行设计制造电站锅炉的,但此时王守竞已经不过问该项事业,施伯安也离开了昆明,在上海重理新通公司的商业,所以无人来承办锅炉技术的引进。恽震在纽约,先后同美国的 B&W 公司、燃烧工程公司(Combustion Engineering Company)和福斯特惠勒公司(Foster Wheeler Company)三家商谈技术转让问题。但因资委会无暇及此,认为西屋公司计划尚无把握实现,何必急于再签订锅炉的引进合同,所以谈判就只得中断了。

恽震于 4 月中旬收到进出口银行董事长发来的一封信,邀请他到华盛顿总行去面谈。这位董事长在办公室接见恽后,便礼貌地请他到私宅去吃晚饭,以便畅谈。初次相识,主客二人就长谈了两个小时。主人坦率地对恽说:"美国政府以大量金钱和军火给蒋介石政府去打仗,早先是共同打日本人,后来是以更多的钱帮他打内战。如果内战打胜了,交通和地方秩序恢复了,那么借款给你们买美国的机器设备,去搞和平建设,是可以考虑的,不成什么大问题。但是目前蒋介石的军队打得不好,胜利看来没有什么把握。你说我们怎么能放心大胆借款给你去办工厂呢?"

这一番话说得中国客人无言可辩,只好把话扯到别处去。进出口银行之所以迟迟不给恽震答复,是有道理的,并不是怀疑恽震没有能力经营好一个大工厂,而是要等中国有一个和平办工业的环境,否则此时投资,他们认为就是把钱抛在海里。这位董事长接着又进一步说:"我们美国人的观点是,工业企业应该由私人企业家组成公司去经营,而不主张由政府投资去办实业。你们资委会的国营工业在抗战时期做出了成绩,值得我们钦佩,但是在平时就不合我们的口味。因此,中国的永利化学公司和民生轮船公司申请借款,我们都同意了,当然他们的担保人必须也是中国政府。这说明我们美国人的传统习惯是偏爱私人企业的,但是这也不是绝对的。你们这笔借款所遇到的主要障碍是中国当前的混乱和内战的局面。"

恽震这一天方才理解到,他的借款申请不能被美国国家银行接受,同他 1944—1945 年邀请美国资本家对华投资被拒绝,是同样的原因。美国政府对蒋政权的军事借款,是骑虎难下,欲罢不能。他们看出这是没有前途的投资,对方是一个不争气的腐败政府,所以不愿再在经济借款方面陷下去而做更多的投资。至于台湾,美国早就把它视作自己的势力范围。在 1946 年以后,凡在台湾的经济投资或银行贷款,只要其可行性已被证明,就不论私营公营,都可以获得美国进出口银行的资助。此外,美国政府还鼓励美商在台湾投资。

翁文灏 1944 年给恽震的使命,要他从美国吸引外资和借款来办战后工业,完全失败了。但是在中国方面也有所收获,那便是通过有限的技术引进,在国内战火纷飞、一片混乱的时候,培养了电工动力界七八十位工业人才。若把电线电缆、电真空和电子学、有线电和无线电通讯、电瓷、电池等的人才一道计算进去,则有一百四五十人在国外得到了培养训练。

恽震在纽约担任资委会总代表,时间仅一年半,便心怀退志,不想干下去,主要的原因是在向美国进出口银行的借款申请上,因内战的影响,受到难堪的打击。中央无线电器材厂总经理周维干和协理王端骧,希望同美国无线电公司(RCA)合作,获得技术转让许可证,请恽去协同谈判,但因对方要价过高,未能达成协议,使恽更感到懊丧。他向资委会提出辞职的请求,决定回国去继续为中央电工厂苦干,领取每天贬值的国币工资。亲友们都觉得这是一件怪事。那时候,中央电工厂已取得西屋公司在华代理专营权的合同,取代威廉·亨特及宋子安的代理商的地位。资委会指令由陈良辅接替恽的总代表工作,恽携眷回上海,乘轮船穿过巴拿马运河,路过台湾,上岸访问台湾电力公司的老友黄辉和孙运璿。回到上海,已是 1947 年的 12 月。

青年同事中同恽震接触得最早的是葛和林,他是由杜光祖教授介绍到建设委员会来的。他是一个地下共产党员,在大学里被校长开除了,恽把他引为助手,又让他到金陵大学电机科去插班,毕业后再到中央电工厂来工作。恽派他帮张承祐建设电线电缆厂,建成后他成为一个电线电缆专家。他同张厂长关系不好,就从昆明到湘西去教书,因为言语不慎,他和其夫人袁敏都被国民党特务陷入狱中。恽同湘西的湖南大学校长胡庶华商量,把葛和林夫妇营救出来,回到昆明留在总处工作。葛在被派到美国调研期间,同另一电缆工程师吴维正一道工作,深得恽震信任。葛和吴都不在西屋公司训练圈之内,但他们和褚应璜极要好。褚应璜的好友张大奇、杨锦山、葛和林都是共产党员,所以他对于回国之后应该往哪边走,煞费踌躇。1948 年年初,葛先回国,那时上海制造厂的电缆电机两条生产线都已初上轨道,电缆部分有娄尔康、吴维正、马盛模、李杜、胡懋书,电机部分有丁舜年、姚诵尧、孟庆元、冯勤为、方福林,可是工会方面很复杂,沈良骅厂长应付不了这种暗斗明争的局面,提出请求回南京电照厂,恽震同意,便命葛和林接替他,做上海厂的厂长。

褚应璜带着到解放区去努力的决心,同他夫人吴世英回到上海,吴也是一位电缆工程师。恽和张承祜要他去湘潭电机新厂做厂长。褚知道政局大势不会允许湘厂成功，所以不愿意去湘潭，他告知了葛和林，就夫妇同赴香港；到了香港，写了一信给恽震，说他们两"到北方解放区去，这是唯一的一条路，后会有期，愿先生珍重"。恽读了这封信，喟然而叹，葛和林开导他："蒋家王朝必倒，应璜走的路是对的，先生也要走这条路。"

恽震归国到上海解放，只有一年半的时间，除了得到葛和林、褚应璜二人之启发外，还有一两次是孙越崎给他的指导。1948 年 10 月，孙利用国民党社会部召开全国同业公会并成立"工业总会"的机会，把当选为代表来南京参加会议的资委会各地工矿电企业负责人，约有四五十人，召集到会本部开会，会内各处及在南京各总管理处负责人也参加。在会上，他以委员长的身份，动员大家坚守岗位，切勿惊慌，团结职工，迎接即将来临的解放，完整地办理移交。他举出当年 3 月鞍山解放的事例，资委会所属鞍山钢铁公司无一人伤亡，所有人员都被留用，高级技术人员受到优待。愿走者发给路条，沿途放行，可见中共办事是合情合理的。这一番话引起了大家的思想共鸣，当场有好几位发言表示充分支持。会后不久，孙又约恽震到他家里密谈，告知这一会议已请驻港可靠人员向中共代表汇报经过，深得对方同意和赞许。他主张会属几个专业总管理处，可从南京移往上海或其他城市，以便照料本行业。因此恽震随即安排将总处迁往上海，因为湘潭虽是从美国实习回来的绝大多数技术和管理人员集中的地方，而且大量的技术资料也保存在那里，可是那里生产较少，收入甚微，维持有赖于总处的挹注，至于调度金融、应付国民党残余势力对上海工厂的压迫，都需要总管理处驻守上海，比远处湖南起更大的作用，对全局有更多的好处。总处就与上海区营业共用广东路 137 号一所房屋，随时与上海制造厂（溧阳路 57 号办公楼）相联系，颇感恰当（电线电缆分厂在军工路，电机分厂在通北路）。

1948 年 11 月，翁文灏的行政院院长由孙越崎继任。不多时，大约在 12 月下旬，蒋介石问孙越崎："你们南京有几个工厂？"孙说："在生产的有 5 个：电照厂、有线电厂、无线电厂、高压电瓷厂、马鞍山机器厂。"蒋说："把这 5 个厂迁到台湾去。"这对孙来说，好比晴天霹雳，他想这样一来，他就无颜留在大陆了，立刻推辞说："5 个厂现在经济已很困难，拆、运、建需要很多经费。"蒋说："这不要紧，你做预算来，我交财政部照发。为了加快和省钱起见，你们一面拆，一面派人去台湾勘定厂址，把设备直接运到新厂地址，可以节省时间。"孙离开时，他还说："预算早日送来，越快越好。"

孙回去心情颓丧，只得叫沈良骅、黄修青、王端骧、任国常、张心田 5 人分别做迁厂预算。因为这 5 个厂中有 4 个是恽震担任董事长的，所以恽也赶到南京来商量。孙把预算送上去，很快就由蒋批回："交财政部国库署以'紧急命令'如数照拨。"机器设备拆卸工作也随即进行，孙派无线电厂总经理马师亮和机器厂厂长张心田带着其他 3 个厂的总工程师去台湾勘察厂址，选定新竹。孙又要恽同上海办事处主任夏宪讲租了万国轮船公司的新康轮，载重8 000 多吨，先到马鞍山装运机器设备后，下驶南京，暂停江心，要等候有空隙才好靠码头装货。这时已经是 1949 年 1 月 20 日。

想不到那时毛泽东核定的战犯名单和议和的八个条件已经公布，1949 年 1 月 21 日蒋介石宣布"下野",报上登出他即日离开南京飞往奉化,由副总统李宗仁代理总统。恽震早上8点在上海广东路办公室读到这一消息,不禁大喜,就打长途电话给南京的孙越崎,建议他立刻去见李宗仁,说明停迁南京5个厂,对于李主张的议和有好处,请他下手谕停迁。下午2时,恽再打电话给孙,问李宗仁手谕是否拿到,码头4个厂的机器设备是否已下令运回,照常开工。孙答:"已经办妥了,轮船公司请你去通知,运费损失可予补偿。"但后来恽看到孙写的回忆录,却说他并未去李宗仁处请示,而是他自己提笔写了一张条子,交秘书处发一个命令,通知各厂把码头上的设备全部运回原厂。这一点不知是否孙先生记错,照说这样的大事不给李宗仁请示,似不近情。当然拒迁5个厂,使这5个关键性的工厂仍然能在大陆上起作用,许多人才和职工能够不离开大陆,肯定是孙先生的功绩。

资委会这件事是冒很大的险也是有大功的,后来汤恩伯打来两个电报催运,南京卫戍司令万建藩又把沈良骅叫去催运,幸而南京很快就解放了,否则蒋介石还要拿出撒手铜来报复孙越崎。资委会拆迁费领到台币132亿元,通过台湾糖业公司的调换手续,把在上海售糖所收金圆券拨给有关5个厂,各厂得到这一大笔补助费,可以很宽裕地维持员工生活到解放还有余。蒋介石恼羞成怒,到了台湾,宣布开除了孙越崎的国民党党籍,并下令通缉他。

1949年春节前,湘厂因发不出工资向总处告急,恽电嘱纽约陈良辅、许声潮将购料款及西屋公司代理营业积存款抽出一部分汇沪,换成小金条,由恽携带飞往广州,转火车经长沙到湘厂,与林津代厂长、朱仁堪、沈从龙、蓝毓钟等叙谈。厂部收到金条,换成银圆分发员工,稍资应付。这是恽回国后第三次视察湘厂,当时召开大会说:"请大家放心,难关必能安稳渡过。"4月底,孙越崎在广州把从上海带去的150多万美金的支票分发给中南、西南、西北各厂矿数十单位,湘、昆、汉、渝4厂都派人去领,获得足够维持两月的应急款。到8月,长沙、湘潭都解放了。

第三野战军陈毅司令员率部队攻取上海的前夕,葛和林的好友汪季琦是中共上海地下党组织的成员,叫葛转告恽震,要他设法取到资委会在沪各材料仓库的地址、负责人姓名和电话号码。恽不愿找吴兆洪和季树农(财务处处长,他已与共产党员季崇威即他的堂侄联系上,但恽不知),但上海办事处主任夏宪讲(字心言)同恽比较熟,恽就请夏心言交出这一张关键性的单子,理由是可以更有把握地保护这一大批物资,不受败退的蒋军破坏。夏当然完全了解这些物资的情况,就乐意地交出单子。汪季琦后来当面告诉恽震,他十分满意,而且做了周密的布置,使全部物资没有任何损失。

上海军事管制委员会下面设一重工业处,处长是经济学家孙冶方,他负责接管资委会在华东一带的企业事业。他带来一批干部,其中就有褚应璜,原来他离沪之后,在东北找到主管电力和电工制造的程明升和周建南两同志,又到北京去觐见周恩来同志,别来不过是半年时间,相见时甚感欢慰。孙冶方的副手是程望,干部中有曹维廉、高飞、何依、沈康等人。高飞是被派来接管中央电工器材厂的军代表,何依、沈康二人接管上海两行业的制造厂。不久,重工业处即规定该厂分为两厂:上海电机厂,由何依任军代表,丁舜年任厂长;上海电线厂,由沈康任军代表,葛和林任厂长。这是一个很合理的安排。

　　这里要补叙一件事。解放上海的四五天前,恽震在家里收到沙逊大厦的和平饭店来的一个电话,原来打电话的是他在交通大学四年的同班同学、常熟人王崇植(受培)。他进建设委员会是受培举荐的,进资委会主办中央电工厂,也是受培推荐的,两个月前王从台湾又回上海,两个人一同在公园里讨论时局,慨叹了一番。此时正当天翻地覆,解放军正要进上海的时候,想不到这位结交32年的同窗好友又来找恽震了。恽当然知道王是来迎接他去台湾的。他乘车到和平饭店北楼,握手问候毕,王崇植开门见山,说:"你不该留在大陆冒险,你以为共产党能用你发展电力和电工制造吗? 尹仲容要我告诉你,还是同杨继曾、黄辉、谭伯羽、沈怡、莫衡这些老友在一起好,你的职位已定为美援委员会的委员,也可以在台湾建起一个电工事业。我已经给你买了4张飞机票,务必请你一家明天跟我一道走。至于房子,我买了两所,一所是送给你的,你也知道我是不愿同你分手的。"恽震听了就再握住崇植的手说:"受培兄,交友如君,可称莫逆。但是你难道不知蒋家王朝已经是天怒人怨,失尽人心,否则为什么蒋介石有全副美式武装而两年间丧师数百万呢? 社会主义无非是'不劳动不得食'和'为人民谋幸福'。民主与科学各国都要讲,共产党也要讲,现在再要加上'公道'二字。从前有人说共产党专制、独裁不民主,乱杀知识分子,那是谣言。毛泽东、周恩来、董必武、吴玉章、恽代英、陈毅、张闻天不都是知识分子吗?"恽接着又说:"你在开滦十多年,同英国资本家合作,薪资特高,怕被清算,所以我原谅你,避开一些也好。我则不然。资委会钱、孙二先生与我同心,归心中共,想为祖国多效一些力,请你也原谅我。好友分手,是非常难过的!"谈了一小时,恽与崇植凄然而别。他在台北只住了9年,尹仲容是做了一番事业的,崇植则郁郁不得志,身体一直不好,病殁于1958年2月14日,终年63岁。这时恽已获得"右派"之名,免职降薪留用于北京,但这并没有使恽懊悔9年前不听好友王崇植的话。

　　上海解放后,我们首先看到的是人民子弟兵的纪律性,其次是听到陈毅司令员对我们留用人员启发勉励之讲话。然后人民政府拿出安定人民生活的粮食、油、布之类各种物资,以平抑物价,同时以雷厉风行的法制行为制止市面上不法活动。甚至长期为害社会的鸦片和娼妓,亦能用釜底抽薪的办法合情合理地予以铲除解决。恽震率同主管人员将电工公司的账册、财务、业务以及全部人员与各地厂处的关系,完整地交给军代表高飞,两人对面办公,有问必答,双方关系十分和洽。同年9月,中央财经委员会主任陈云同志指示,解放区和华东区专家会合组成"东北华北工业考察团",以刘鼎为团长,沈鸿为副团长,团员北方南方各半,北方多半是后来一机部局级干部(人名记不得),南方以程望为小组长,组员有褚应璜、恽震、顾敬心、孙祥鹏等,都集中在北京出发。到了沈阳,工厂被破坏得较多,褚应璜要介绍与周建南相见,结果没有找到;鞍山、本溪、抚顺、大连、小丰满、长春、哈尔滨都去看了一下。考察团挂了一节客车,十多人集中在一起,路上谈笑风生,客车行动由刘鼎团长指挥。他在解放军中是负责兵工的,可以搭挂在任何一个列车上,适应正常班次,不是专用一部机车来拖。程明升是见到了,周建南未见到。北方的团员对天津、唐山和太原都已了解,因此这3个属于华北的城市只有上海来的几个人去看。恽震在天津看望王宗素、张朝汉和天津钢厂的史通,到唐山参观开滦煤矿,并与他哥哥恽济一家欢叙。在太原看了阎锡山办的钢铁厂和附近的名胜晋祠。然后齐集北京,把各人的参观随想和意见交给刘、沈二团长,转呈陈云主任。恽震所条陈的主要意见如下:

> 陈云主任:新中国要发展国民经济、提高人民生活,必须大力进行电力建设和自力制造各种电机电器。发电机、变压器和一切电动机的最主要原材料叫作矽钢片,或硅钢片。这种硅钢锭要轧成高级的硅钢片,用热轧达不到要求,必须用已冶炼合于规格的硅钢冷轧而成磁性最好的硅钢片。我在美国要向著名的轧钢公司买它的专利技术,他们不卖;我要介绍一位专家丘玉池去参观,他们也不同意。现在我们开始创业时,每年只要用几万吨,而且要分成几个品种,数量太少,国内钢厂又没有冷轧和冶炼的技术资料,往往不肯找这个麻烦,可是这是电工界也就是电气化的关键原材料,非它不可。10 年以后,可能每年要用几十万以至上百万吨。为此,我建议国家财经委员会第一步要购储每年十几万吨冷轧高效硅钢片。第二步,要选择指定一家有兴趣和技术人员的钢铁厂,专责研究和试制冷轧硅钢片,每年要准备生产十数万吨以至数十万吨的轧钢公司,将来该公司应尽快从国外引进炼制硅钢和冷轧硅钢片的新型设备与技术,同时不断在自己的研究所继续进行科研,以期依时代之发展,不使这一关键性材料受外国控制。

这一意见被陈云主任采纳了,但后来冶金工业部在执行上不够重视。冶金工业部先后命鞍钢和太原钢铁厂试制,但成效不佳,因为一般钢厂任务很重,品种繁多,硅钢片既难做,数量又不大。在欧美几个国家,他们费了好几十年的苦功和智力,才能掌握这一项工艺和技术。新中国如能及时引进这一制造技术,再用苦功和智力奋斗若干年,便能并驾齐驱,不使其成为居奇的货物。在 20 世纪 70 年代,武汉钢铁公司成立,它同日本新日铁技术合作,已能自制“取向的”和“无取向的”硅钢片,但次货尚不少,还没有达到令人满意的量和质。

上海派出的考察团员于 1949 年 10 月初回到上海之前,中华人民共和国的开国大典已经在北京举行了。恽等在火车上看到《人民日报》上登载着“华东工业部”的人员名单,部长是汪道涵,第一副部长是孙冶方,还有两个副部长是程望、吴兆洪。部内钢铁工业处有吴学蔺、袁慧灼,机械工业处有支秉渊、夏安世,电器工业处有恽震、褚应璜、曹维廉,化学工业处有徐名材,经理处有金芝轩,材料处有蒋易均,秘书处有张哲民、华明之,财务处有季树农、苏曾诒。褚应璜因在东北沈阳已被任命为电器工业方面的总工程师,不久便被召唤回去。曹维廉一向在新四军方面任电讯工作,恽震初次同他在同一办公室工作,相知未深,但彼此印象都感融洽。一个是党外人员,一个是老党员,两个人互相要了解彼此的性格与脾气,这就需要一段相当长的时间。按常例,执政党的党员一般做正职,党外人员一般做副手,可是在华东工业部的电器处则恰恰相反,对于性格比较主观且有些自傲的恽震来说,很可能在办事上不大征求曹维廉的意见,就习惯于相对的独断专行。再加处内职员大半是恽的旧部,他们请示很可能先找恽,或直接问恽而不太问曹。此外,当时上海的私营电工制造厂的企业家有华生厂的叶有才、华成电器厂的周锦水、新安厂的孙鼎、公用厂的胡汝鼎、大成厂的何其义、亚先厂的张惠康等,他们都和恽震较相熟,接触较多。其中,华通开关厂首先被重工业处核定为公私合营厂,陈文全同志任军代表。这使其他私营公司尤其是规模较大的华生电器厂的叶有才先生十分羡慕,不断地向恽处长要求,恽向汪道涵部长请示。当时因时机未成熟,不能予以满意的答复。

褚应璜为首的东北电工小组于1950年奉命来沪,其主要任务有二:一是要调用上海和湘潭的技术人员,除必须留下保持生产者外,应尽可能动员其启程赴沈阳;二是要把西屋公司和摩根史密斯公司的图纸资料全部由湘潭移往沈阳,湘潭和上海可保留必须用的西屋公司副本一份。这样上海电机厂留下丁舜年、姚诵尧、孟庆元、方福林、冯勤为、朱春甲、萧心等几个工程师。丁舜年没有到过昆明,他和姚诵尧是交通大学杜光祖教授最得意的两个学生,所以华生的风扇能有这样好的基础,在20世纪30年代就蜚声东南亚。姚到过昆明一厂,为时不久,但长才巨识,能负重任,抗日战争胜利后,同入中央电工厂,因此就优先被派往西屋公司实习。解放后一件大事是丁、姚、孟三人设计上海无轨电车上用的成套80千瓦串联式电动机,连同工艺规程,不但自己成套做,还要联合上海几个合格的电机厂一道制造,后来这一形式就风行全国了。

曹维廉得到组织的批准,正式担任上海电机厂的厂长,这样他可以充分掌握做一个厂长的才识要求。他在电器工业处的支部书记兼副处长的工作由吴渔村来接替。其作风与曹颇不相同。恽震与新安厂的孙鼎经理是同学,又因孙是一个出色的工程师企业家,新安的产品也颇有名望,恽便到他厂中去参观。他发现孙鼎的管理才能与其技术能力匹配得很好,厂中井然有序,效能和质量比一般的工厂高。新安还有一个天津分厂,孙鼎本人也曾在华通厂做过总工程师,在金融资本和生产销售经验上都是上海商品市场上的佼佼者。恽在一个刊物上著文称赞他和新安厂,说这个单位不但是私营厂的表率,公营厂在管理效能上也应向新安厂学习。曹维廉看到这文章后不以为然,当面劝告他,说这样表扬太过分了,这在政治上会产生不良的影响。恽虽年龄长于曹,政治知识却还欠缺得多,他对曹是心服的。

恽震的国民党党籍早已弃若敝屣,虽其时已有民革,因朋友劝引不多,亦未参加。他原为中国工程师学会多年董事,抗日战争期间曾任中国电机工程师学会会长3年。上海解放前后,他是上海电机工程师学会会长,与毛启爽同志合作办《电世界》等。毛是交通大学教授,已参加九三学社。在上海人民代表大会会议席上,由毛启爽、卢于道二人介绍,恽在1950年年初参加九三学社上海分社。他由沪入京,又经筑、宁二地,1983年重归上海,曾任贵州省政协委员和贵阳分社委员十多年,至今已将近40年矣。

1953年1月,恽震由上海到北京一机部技术司报到,任一级工程师。科学社旧友严济慈、吴有训两位同志,在中国科学院组织各学科的学部委员人选,知恽来到北京,即来访谈,正式邀请他为电机工程的学部委员。恽辞谢,竭力推荐褚应璜、林津、汤明奇三位后起之秀,可当此选。因电机工程范围甚广,褚任电机,林任高压开关及仪表,汤任变压器,共三大类,严、吴以为当。4月10日,《毛泽东选集》一至三卷出齐,恽通读再三。7月15日,长春第一汽车制造厂及沈阳电缆厂在苏联专家帮助下动工兴建。恽震访问电工总局局长周建南,表示愿意在电工总局内做参谋工作,不计名利,比在技术司里坐衙门要有意义得多。周没有同意,他劝恽还是在技术司里干,也会有电气问题可供研究。一机部部长黄敬为人坦诚,他本姓俞,名启威,是俞大维的侄子。他很器重恽震,要恽组织一个司局长科学讲习班。恽延请部内两位高级工程师分别讲物理概论和数学概论。其时上海电机厂已迁闵行,与汽轮机厂(原为资委会热能动力机厂)相邻,锅炉方面利用慎昌洋行修理厂的设备,组成上海锅炉厂。三个大厂成为动力制造的江南基地。汪道涵副部长到捷克斯洛伐克去,签订了兄弟国家无偿的技术合作合同。他指派杨锦山和吴恕三去捷克斯洛伐克 Skoda 厂引进 6 000 千瓦汽轮发电机组和锅炉的制造专有技术,捷克斯洛伐克派工作组到上海三个厂指导设计和工艺制造。上海电机厂总工程师孟庆元、姚诵尧,汽轮机厂总工程师印均田、戚荣普、伍能,锅炉厂总工程师史习仁,皆为一时之选。那时电工总局把哈尔滨基地视为大型发电设备制造中心,上海只算是中型的中心,而实际上双方是旗鼓相当、不相上下的。

东北发电设备本来是以沈阳为基地的,1950 年因朝鲜战事已起,规划好的几个大厂都迁移到哈尔滨去。头一个先建哈尔滨电机厂,首先创造水力发电的机组,并建设汽轮发电机车间和重型电动机车间;其次才建汽轮机厂和锅炉厂,组成三大动力制造工厂体系。高等学府则有哈尔滨工业大学,为之培育人才和推动科研。战局稳定,沈阳陆续建成电缆厂、高压开关厂、低压开关厂和变压器厂。这些工厂的基建设计都是由苏联协助的。电工总局的设计总局,由张大奇主持,调丁舜年来京任总工程师,以后基建都由自己设计。西安是开发西北和接济北方与南方的重镇,在这里建设了高压开关厂、变压器电炉厂、电力电容器厂、绝缘材料厂、高压电瓷厂。除哈尔滨、沈阳、西安、上海四大重点地区外,之后又为了开发西南,于 20 世纪 60 年代上半叶由哈尔滨基地分出若干得力人员,到四川 3 个点(德阳、绵竹、自贡)去建立一套发电设备制造基地。北京、天津、湘潭、武汉、青岛、保定、郑州、南京、广州、福州、桂林、昆明等地都陆续成为电工和动力的中型基地。

恽震一向主张大中型电机厂应兼营汽轮发电机、水轮发电机与水轮机制造业务。这是美国 Allis-Chalmers 公司的做法。因为这样水火结合,可以兼顾应付市场需要和完成国家任务。当然必须备有开发水力的人才和水力设备的专用车间,才能应付裕如,才能与电力部门通气,进行内行之间的协商讨论。值得庆幸的是,哈尔滨电机厂开创时就有了俞炳元、陶炜、吴天霖、王述羲,四人通力合作,与电力部门开诚协商,及时制成水力发电设备。有了人才,哈尔滨电机厂在 1951 年就首开纪录,为四川龙溪河造成两台 800 千瓦、水头 35 米的成套水轮发电机组;1953 年又为福建古田电站制造两台 6 000 千瓦、水头 110 米的成套水轮发电机组。到了 1955 年 12 月 27 日,也就是第一个五年计划的第三年,该厂竟能为北京永定河的官厅水电站制成三台 1 万千瓦、水头 41 米的中型水轮发电机组,使北京直接得其利益,而当时接受苏联技术转让的火力发电设备在哈尔滨三大动力制造厂里还没有发轫试锋。1956 年至 1977 年 10 月,浙江新安江水力发电工程水库库容为 220 亿立方米,具有多年调节功能,总功率 66.25 万千瓦的水电站兴建成功,九台机组并网发电。

1955 年 3 月 31 日,中共中央宣布已讨论通过发展国民经济的第一个五年(1953—1957

年)计划。新中国电力工业的起点是 1949 年的 184.86 万千瓦(其中水力占 8.8%);电工制造工业的起点是中央电工厂的 10 个厂,720 个职员,2 200 个工人;私营企业 200 多家,职工近一万人;解放区工厂 10 余所,职工千余人。恽震从此很愉快地调查研究新中国的电力工业和电工制造工业,但对于发展规划,并无职守。

上海发电设备三大制造厂经过 1953 年引进捷克斯洛伐克技术,设计试制两年,黄敬部长亲自监督,6 000 千瓦中压高温燃煤火电汽轮发电机组和锅炉成套设备,于 1955 年 5 月 14 日制造成功,1956 年 2 月 29 日在淮南田家庵电厂安装完成投运,30 多年运行,至今无恙。

电力工业的技术法规逐步制定发布:①1954 年 9 月燃料部颁布《电力工业技术管理暂行法规》,1959 年 9 月 12 日正式颁布,取消"暂行"二字;②一机部、电力工业部于 1956 年 6 月联合发布《中国电力设备额定电压及周率标准》,国务院批准,作为第 1 号国字工业标准;③1959 年水利电力部发布《关于电力设计技术的若干规定》《电气事故处理规程》《变压器运行规程》《变压架空电力线路设计技术规程》《降压变压所设计技术规程》《电气测量仪表装置规程》等电力法规。在这一方面,水利电力部的毛鹤年、俞恩瀛、徐士高,电机部的褚应璜、林津、汤明奇,皆有贡献。

恽震曾于 1954—1957 年在北京九三学社总社及分社参加许多活动,许德珩主席认为他是五四时期全国学生联合会的旧友,薛愚、涂长望、王之相、周培源都很看重他。他的支社生活原在北京大学,与楼邦彦、俞平伯等在一起。后来北大小组改为北京分社直属第一支社,楼邦彦为主任,恽为副主任。1954 年俞平伯因所著《红楼梦研究》受到批判,恽震对此感到难以理解。到 1957 年,恽已是九三学社北京分社委员会的委员。在前两年,沈鸿同志邀他参加科普协会的工作,他经常要到北京科普协会做演讲。1955 年,部里设立"机械工业科学研究院",由聂春荣(曾任机床局局长)调任院长,开创新型工作,调张方、雷天觉为副院长。恽震认为,聂春荣比张方更诚恳坦白,愿意在他手下效劳。恽已去过陕西灞桥电厂看苏联的发电设备,到过佳木斯电机厂与苏联专家审查防爆煤矿电动机,又与本院苏联专家和技术司宋矩之同志在沈阳、鞍山、大连做今后几年新产品规划的考察。聂院长听了汇报后,派恽震任本院技术经济室主任,要把各局的新产品的规模、质量、数量结合经济效益来审查。恽在一机部里,有黄敬和聂春荣这样知心的上级,觉得十分欣慰。

1956 年 9 月 15 日至 27 日,中国共产党第八次全国代表大会在北京举行。大会指出,全国人民的主要任务是集中力量发展社会生产,实现国家工业化,主要矛盾不再是无产阶级对资产阶级的矛盾。……在此以前,黄敬部长参加大会并发言,还邀约汪道涵、甘子玉、恽震 3 人参与讨论发言的内容。1957 年 4 月 27 日,中共中央发布《关于整风运动的指示》,要求各机关、学校、企事业的干部充分发言,要求各民主党派人士发言,以利推进党员整风运动。

在反右运动中,恽震被错误地打成了"右派",他和夫人翁之敏都遭到了不公正的待遇。所幸的是,恽震没有像好些年轻的"右派"被贬逐到边塞地方去(像电影《牧马人》和曲啸那样),而只是从苏州胡同的机械科学院转移到东黄城根的情报研究所去,做翻译国外技术资料的工作。他原住前门内垂露胡同,因该地恰好已划入待建的人民大会堂地盘内,故必须在 1957 年提前迁移,迁至建国门外的永安东里。他一家三口,有妻翁之敏及自幼由祖父母照料的孙儿恽诚之,此时他已在北京第二十五高中读书。

1958 年 8 月 17—30 日,中共中央政治局北戴河扩大会议通过了《中共中央关于在农村建立人民公社问题的决议》。会后,在全国形成了"全民炼钢"和"人民公社化"的运动高潮。不少机关里搞土炉子炼钢,更有上百万人甚至去烧木材炼钢。不必说炼出来的钢没有用,就是砍大树做燃料,看了也实在令人痛惜。1958 年 5 月 5—23 日中共"八大"二次会议制定了"鼓足干劲、力争上游、多快好省地建设社会主义"的总路线,修改了"八大"一次会议关于国内主要矛盾的论断,指出社会主义道路和资本主义道路的矛盾仍是当前中国社会的主要矛盾。

"多快"指的是数量,"好省"指的是质量,这四字联用表示数量第一,而质量只排在第二。这就贻误了中国工业的发展。不讲"质量第一"的制造工业,等于糟蹋原材料,同时也浪费人力。国际市场上中国货站不住脚,或者今年站住了,明年又垮了下去。甚至极度复杂而又费工的 20 万千瓦的汽轮发电机组,到 1988 年年底,哈、川、京 3 处国产台数已到 67 台,拿它同上海产的 12.5 万千瓦机组 59 台相比,还有所不如。根据水利电力部记录统计,汽轮发电机组的基本情况如表 1 所示。

表 1　汽轮发电机组情况对比

容量/MW	总数/台	平均年利用时间/小时	平均年利用率/%	平均计划停运时间/小时	平均非计划停运时间/小时	平均等效可用系数/%	平均等效强迫停运率/%	平均无故障可用时间/小时
200	67	5 930	68.6	1 065	795	76	9.9	699.7
125	59	6 581	76.2	837	378	84.7	4.6	1 422.0

20 万千瓦火电机组总的水平是比较低的,主要表现在:①利用系数和可用系数低;②非计划停运次数多,检修时间长。这是对水利电力部多年记录进行分析的结果,有专文发表。

1986 年,37 台 20 万千瓦机组的平均利用系数仅为 66%,可用系数仅为 75.8%。其中大多数机组非计划停运多,长期低水平运行,致使平均利用系数和可用系数比苏联同容量机组分别低 14.3% 和 11.06%(苏联机组 3 台在清河、2 台在马头、2 台在神头),平均可用系数比上海国产的 8 台 30 万千瓦机组的平均值(79.89%)低 4%。1986 年,有 37 台 20 万千瓦机组非计划停运 370 次,停用时间为 30 664 小时。平均每台机组年停运 10 次,每台停运时间为 829 小时。计划检修次数和时间也远远超过有关规定,平均每台每年检修 3.38 次,检修时间为 1 322 小时/(台年)。计划和非计划检修总时间为 10.75 小时/1 000 千瓦,比苏联同功率机组约多一倍,比上海国产 30 万千瓦机组多 83%。

以上的实例证明,仅重视产量和产值是非常不够的,必须把"好省",即质量放在第一位。有了"好省",再讲"多快",这个原则非常必要(参考 1989 年 4 月的《电力可靠性管理简报》第 15 期和 1989 年 2 月的《水利电力经济研究》第 49 期)。

恽震在技术情报研究所工作了 3 年,不算是工程师,只是一个"右派"译员。哈尔滨电机厂等三大动力制造厂在此时期进展甚快。1955 年已由该三厂派出一批技术人员到苏联学习大型发电设备的设计和制造技术,1956 年技术人员回国,开始试制 2.5 万千瓦的汽轮发电机组和相配的锅炉,不久成套问世。同年 5 月 12 日,全国人大常委会议决,设立电机制造工业部,于 7 月 1 日成立,部长为张霖之,副部长为沈鸿等 3 人,周建南升任部长助理。

1958 年 2 月 14 日,恽震好友王崇植(受培)在台北病逝,但恽于十年后始知之。

1959 年 1 月,哈尔滨汽轮机厂在厂长周伯藩、总工程师赵硕颀、总设计师王兆华的共同努力下,第一台高压高温(苏联传授,美国通用电气公司原设计)5 万千瓦汽轮机制造成功。5 月,上海闵行三厂已能将 2.5 万千瓦成套火力发电设备成小批投入生产。9 月,哈尔滨电机厂试制成 TQN-50-2 型 5 万千瓦氢内冷汽轮发电机。成套的 5 万千瓦发电设备安装于辽宁电厂。12 月,哈尔滨电机厂直流车间制成第一台 3 000 千瓦直流发电机,并开始兴建水力试验室,至 1963 年部分建成。这时梁维燕、沈从龙、俞炳元、吴天霖、王述羲等都在该厂,可称全盛。

1956 年,吴恕三、陆燕荪、吴一权在哈尔滨锅炉厂制成中压煤粉锅炉,能产生 130 吨/小时、450℃的过热蒸汽,与 2.5 万千瓦汽轮发电机组配套,接着又制成能产生 220 吨/小时、540℃的过热蒸汽的锅炉,与 5 万千瓦机组配套。

1960 年 1 月,哈尔滨电机厂和上海电机厂均于是月制成 10 万千瓦汽轮发电机。电机和电器制造工业仍归由一机部管理。10 月,以曹维廉为七局局长,辖 9 个厂和 15 个研究所;以张瑋为八局局长,辖 9 个厂和 14 个院所。哈尔滨电机厂为浙江省东部百丈漈制成 1.25 万千瓦冲击式水轮发电机组,这也是一个杰作。

1960 年 9 月,情报所所长施泽均劝说恽震去贵州省机械工业厅做计划工作,恽表示接受。乃于 10 月只身由北京经过上海,晤女恽璐、婿许声潮、外孙许健,乘火车穿过广西,进入贵州,到达贵阳。1960 年 10 月,贵州省机械工业厅厅长接见恽震,他说他向一机部要计划工作的技术人员是在两年前,贵州的煤及金属矿藏甚丰富,是大有可为的,但现在情势已大不相同。"本厅的工程技术人员均已下放,一切基建项目都下了马,你此时来,我很欢迎,又很抱歉。厅里办了一个机械工程学院,院长由我兼,副院长是岳光。我欢迎你来教书,不知愿否?"恽回答"甚愿"。

机械工程学院地点在贵阳城西罗汉营,靠近长途汽车站。代理院长是岳光,总务主任是田野,电机系主任是殷以睿(浙大毕业),这 3 人都待人坦诚。恽准备教一两个班的基础课《电机学》,将在下一学期上课。系里党总支书记姓张,身体抱恙,副书记是杜兆。那时菜肉都很贵,一只鸡要卖 30 元,许多人都患了三十号病,实际上就是营养缺乏病。恽也患了这种病。时值 1960 年终,学院里开了一次大会,请机械厅的厅长(本院院长)来做了一次形势报告,十分精彩,使人猛醒。

1960 年 6 月 24 日,以彭真为团长的中共代表团在布加勒斯特举行的各国共产党国际会议上,遭到赫鲁晓夫组织的对中共的围攻;7月16日苏联突然通知中国,决定在一个月内撤走全部在华的苏联专家,同时撕毁几百份协议和合同。中国留苏学生也只得全部返回。这非但没有阻碍中国科学和经济的进步,反而激发了中国自力研究开发的精神。

1961年上半年,恽震在罗汉营教课,岳光院长曾劝他写一本自述经历的书,可以对新建工业有用。是年春,恽震唯一的胞兄恽济在京患肺癌病故。暑假中,恽震离贵阳回北京,安排搬家,并扫兄墓,访问病嫂,与诸侄叙话。翁之敏带行李书籍于同年秋天乘车经武汉、柳州到达贵阳。恽震想不到他夫妇竟会在贵阳连续住十五六年之久,包括"文化大革命"的十年。

1958年,贵州前市长、老党员秦天真组成一所贵州工学院,地址在西郊蔡家关,经省委议决积极筹建,并决定于暑期合并机械学院,统一管理。岳光、田野两人调往花溪贵州大学,但岳光仍与恽在宿舍楼上对门而居,时相叙话。"电机学"是几个专业的三年级课程,每星期有实习课3小时,配有一助教协作。时电机系分"发电"专业和"工业电气化"专业,同事教师有卿定极、胡国根、李鉴民、陈梦麟(系主任)、王裕泰、刘原富、庞启淮、张贵、葛真、费初、施怀瑾、吴浩烈、张希周、黄明琪、胡瑞华、刘必信等。系外教师有罗绳武、蒋汇泽(校本部书记)、孙恭顺(地质系)、徐采栋(副院长兼冶金系主任)、刘正炯、安迪伟、达昭(教务长),皆相熟识。恽上课教书,这是第三次,第一次是在浙江大学前身,第二次是在南京东南大学,都只有一年,而这一次从1961年起到1966年暑期为止,共五年半,而且都是连续教的"电机学",自然可以熟极而流,得心应手。可是他的习惯是每次上课,必须充分准备,再三研究有否更妥善的讲导方法,从不因其熟悉而稍大意。他从龙门书店购得一本最新的美国MIT出版的电机学教科书,欣喜过望,就从事翻译,虽未全部完成,而大体已有轮廓,临行时赠送给后续的教师,作为学校的参考资料。

恽年过60,钻研不断,虽以电为业,却酷爱文史,以吟咏为乐。兹录其贵阳之作数首于下,以见其志,并赏其趣。

寄赠上海婿女(1961.12)

又到西南布一巢,双妻老伴念而曹。心随黄浦春波动,兴接天安夜月高。
世上今多千里马,人中党是九方皋。埋头苦干通形势,与子同行共战袍。

贵州竹枝词(1961)

家家户户挂红椒,百扇明窗红欲烧。绝似新年悬爆竹,满城辣味响连宵。

郊雪(1961)

积雪肥畦菜,微波漾小塘。青山头未白,戴雪更轩昂。

雪晨步行至蔡家关上课(1962.1.30)

楼居咫尺对黔灵,飘雪三天积不成。破晓出门星未落,板桥着我布鞋痕。

文竹赞(1963.4.10)

劲节如修竹,云姿类古松。层台常驻翠,直干细摇风。仿佛水乡畔,宛然岩壑中。梦入文殊院,望见韬光官。如何小盆内,竟有林泉容? 即小以知大,取精乃用宏!

在贵州工学院,恽震重新开始理工大学的"电机学"基础课教学工作,十分高兴,接连教了五年半,到 1966 年暑期为止。贵州工学院的同事来自五湖四海,即使学生也并不都是贵州人,尤其是在 1959—1960 年,贵州机械学院曾由田野老师到上海去招收过一两批苏浙学生。教师群里,吴浩烈、施怀瑾、费初是江苏人,卿定极是湖南人,陈梦麟是浙江人,胡国根、徐采栋、刘正炯是江西人,李鉴民、孙恭顺是四川人,庞启淮是广东人。可见绝大多数是华南人,很少有华北人。杰出的本省人则有罗绳武(地质学)、葛真(电机学)、王裕泰(水利土木)等。校务领导有校长秦天真,书记蒋汇泽,教务达昭、殷以睿,都是无私的正派人、好党员。但在"文化大革命"时期,无一不遭于难,更不论我辈戴有"学术权威"帽子之旧知识分子类。电机系总支书记赵连城,对本系业务知识不甚了解,但对同事颇坦诚,得人心。恽于 1962 年年初得省委通知,名单在报上发表,撤销原有的 1957 年"右派"分子帽子,其理由为:"知罪悔过,尽心业务。"名单甚长,恽列前茅,并由省委第一书记周林同志集体接见。赵连城告恽,全校唯徐采栋副校长是二级教授,在校务委员会上讨论,徐主张给恽以二级,多数认为应由赵书记安排。赵谓系主任陈梦麟只是四级教授,故恽的工资不宜超过陈,以四级教授为宜,赵问恽此议妥否。恽答:"甚妥。"故工资遂由月津贴 130 元(此级工程师)升为月工资 190 元(按当时贵阳城市物价指数的等级)。九三学社贵阳分社主任委员罗登义、副主任委员徐采栋于 1962 年推选恽震为该分社委员会的委员,不久贵州省政协委员会亦选他为政协委员,恽连任至 1976 年 12 月退休回上海之日为止。

"文化大革命"中,恽震被打成了"牛鬼蛇神",遭到迫害,甚至被"造反派"打残了右肩。在这段艰难的日子里,至亲翁五嫂给了恽震夫妇重要的帮助。1973 年冬,军代表在大礼堂里公开宣布,恽震的问题已查清楚了,他是新社会的好教师,我们大家要尊敬这位 70 多岁的诚实人,工资应该照发,银行存款应该解冻,并发还 3 年所欠工资。

1974 年,恽震一人首先到武汉他孙儿恽诚之家,看望诚之和孙媳包宗敬及重孙恽翔(在幼儿园)。然后他到北京去看望侄女恽琬,她现在已是 62 岁的化学家;到上海看望女儿恽璐,并还给她 1 000 元。到南京去看望侄女恽瑛,并由老同学杨简初陪游新近建成超过武汉的南京长江大桥。他回到贵阳,接受电机系受托代译国外精密坐标镗床说明书,并自译美国电机学新编教科书。他因"工农兵"学生上课求学太不认真,故不愿参加教学。

1964 年 10 月 16 日和 1965 年 5 月 14 日,中国成功地进行了第一次和第二次原子弹爆炸。1965 年工农业总产值比 1957 年增长 59%。哈尔滨电机厂高级工程师沈从龙、俞炳元、吴天霖三人代表科技职工上书周恩来总理,请求保证为中朝合用鸭绿江云峰水电站制造 10 万千瓦设备 3 套,得到批准,于 1966 年投入运行,获国家银质奖。1965 年 3—4 月,上海电机厂、哈尔滨电机厂、大电机研究所、德阳水力发电设备厂、哈尔滨电碳厂、洛阳有色冶金设计院 6 个单位共 18 人组成大型轧机用的电机调查测试组,为九大动力设备配套的大电机设计制造积累了大量技术资料。

1976 年,恽震向贵州工学院张新月院长提出退休请求,手续只差上海市的允诺,乃请求贵州省委统战部及贵州省政协向上海市方面有关机关说明原因及其必要性。恽震夫妇均已 75 岁,上海有女及婿,亲友甚多,他从前在上海读书 10 年、工作 6 年,上海电机厂和上海电缆厂同他的关系甚深,他极愿同他们经常联系,推动发电送电设备之前进。在上海未有适当居室,他可以在南京旧居暂住。恽震夫妇的住宅在南京城北珞珈路上,1958 年南京房地产管理局及其鼓楼管理所按照当时规定,将全宅十余房间之一半出租部分,由房管所代管,后即称作公房。尚有一半,可以自住,但 1975—1976 年砍伐掉了他于 20 世纪 30 年代种植的、后来长成的几十株茂盛高大的树木,而在园子里建造了两栋楼房。他无可挽回,1977 年 1 月只得住进这个大杂院,略加修理,读书自修。

一机部机械科学研究院党委于 1979 年 3 月 13 日根据党中央复查 1957 年“右派”分子的 55 号文件,查明恽震同志在反“右派”斗争中虽有错误,但不应被定为“右派”分子,组织上应恢复其政治名誉,恢复其一级工程师的工资待遇(改正以前的工资不再补发)。这一文件分别函发给他本人和贵州工学院。经过贵州工学院转到他本人手里已在下半年,那时曹维廉同志已升任一机部副部长,恽震就写信告诉他,表示他年龄虽已 78 岁,尚有精神和余力,可以在上海重建的发电设备成套设计研究所做些参谋工作。这封信是 7 月 26 日发出的,曹维廉正在出差,到 8 月 22 日方作复。他首先表示祝贺,说多年不见,得信十分欣慰。关于到发电设备研究所做些参谋工作,他和该所领导均表示欢迎,“但目前部里正在开展技术引进工作,经与外事局经管的同志(局长为江泽民、副局长为宋矩之)商量,他们很欢迎你来做他们的顾问,因为技术引进是一项技术、商情、法律交叉相关的事业,而你恰好在这些方面有较多经验和知识”。恽震得信,立即决定到北京去,由宋矩之同志招待他和夫人住在木樨地招待所。那里距一机部(在三里河街)和西单都不远,是在北京的西城,与曹维廉、褚应璜、丁舜年、王子仪、汤明奇、吴维正的宿舍区很相近,十分方便。林津已在“文化大革命”中去世了;褚应璜在科技司,身体不太好;丁舜年在部教育司;王子仪本是电工总局的干部,现已升为管生产的副部长;汤明奇任电工局总工程师;吴维正是照管电缆的副总。所以恽震住在那里,可以碰到或访晤许多朋友,并不寂寞。

那时面临着一个电力发展和设备制造的大问题,是一机部和电力部都最关心的。问题是国内已经能制 20 万千瓦(哈、川)至 30 万千瓦(沪)的发电设备,但工艺水平都不高,设备可靠性不能令人满意。要想进一步发展 30 万千瓦至 60 万千瓦的高水平和高可靠性的成套火力电站,非从欧美久负盛名的大厂家引进技术并训练一批人员不可。技术设计图纸,30 年前有西屋公司的一套,后来不再联系了。捷克斯洛伐克和苏联也都是老师,但彼此不联系也已 20 年。到了 20 世纪 80 年代,在汽轮机和发电机方面,美国声望最高的有通用电气公司和西屋公司两家,瑞士有 Brown Boveri Co. (BBC)一家,法国有 Alsthom Atlantic Co. (AA),联邦德国有以西门子 KWU 公司为首的一家。在锅炉方面,美国有燃烧工程公司、B&W 公司、福斯特惠勒公司,瑞士有苏尔寿公司(Sulzer)。以上几家都有实力和盛名,应加以研究,邀商评价。至于英国和日本,虽有出口产品,中国拟暂缓一步,并不是说它们的水平差。

恽震初回北京,知道一机部的部长是周子健,周建南已被调入国家进出口委员会任主任,辅助谷牧,汪道涵也在那里。电工总局局长是李达先,副局长有好几位,其中管发电设备的是陈延豪。陈直辖局内的电站处,正处长是陈宾墨,副处长是蔡复。恽到该处去查阅以往和当时的涉外资料或电传,他们都竭诚相助,后来恽才知道都是陈延豪副局长支持的。那时中央有意要调曹维廉副部长到香港去,故他未参加。

关于评选汽轮机发电机岛和锅炉岛两个方面设备事宜,涉及:①参观欧美厂家;②各厂家报价;③技术评论;④商务评论,是分两个阶段先后进行的。讨论与评定均以一机部为主(王子仪副部长主持),水利电力部为辅(张士海副部长主持),两部主持人互相通气。1980年9月,拟先决定汽电岛设备的合同,然后请锅炉制造厂的代表来华;1980年12月,决定锅炉岛设备的合同。同时,水利电力部虽有好几个电力设计研究院,这一次却非得找一家合适的欧美驰名的设计布置的顾问工程公司来指导。这一项报价、挑选、决策的程序,全由水利电力部主持,一机部不参加。在 Bechtel、Ebasco、Stone & Webster 等几家投标报价后,经过讨论选择,美国 Ebasco 公司得标。汽轮机发电机岛设备由美国西屋公司得标,锅炉岛设备由美国燃烧工程公司得标。

1980年春节,周子健部长和几位副部长召开老专家座谈会,请大家敞开思想,提出改革开放的意见。恽震说,他赞同几位专家提出的意见:①必须抓各生产及科研单位职工的基本功和现代化教育,引进外国技术,也要以培养人才为重点目标;②要千方百计地提高产品质量,抓设备成套供应,抓辅机和配合件,并注意任何一种小产品都有更新换代的问题;③要大力提高各科研院所的科技水平,特别要引导他们对部内部外都讲协作,相互补充;④技术引进的受益单位,在消化国外技术之后,要制定出推广的措施,送请部局核定采取措施扩大应用。此外,他以书面形式提出以下两点重要意见。

(1) 部属大中型制造厂,都必须从大量用户方面取得意见的反馈,以便改进产品的设计和制造工艺。今后相当规模的工厂都应该设立服务部和派遣出去的服务工作队。这些工作队要跟着大型或成套设备到用户现场去做安装工作,直到运行正常、用户满意为止。这类人称作安装工程师,可以从有设计和工艺经验的青年人员中选拔和训练出来,而且必须在实际工作中熬炼多年,才能在安装中发现问题、解决问题、反馈问题,使产品由此不断取得进步,才能使用户对制造厂真正有信心,而不必外求舶来品。产品(成套的)交货后也要有人继续负责。

(2) 管理与技术,孰重孰轻? 有些人认为,科学管理与技术进步二者相辅相成,缺一不可,无所谓轻重高下。科学管理,再强调也是不会过多的。我们固然需要革新技术,使之适应时代式现代化,但各机关和各工厂的管理工作,包括生产与科研、行政与后勤,都必须尽快积极提高其效率,剑及屦及,不容稍缓。例如,来往的公函或电报,如何能获得最迅速及时、准确无误的答复(包括传阅、签注、批示、办复、归档),以及将来需要调阅时,几分钟便可准确地从档内取得处理。今后必须调动一切干部随时提出改进工作效率的意见的积极性,各级机关和各工商企业都要提倡,防止阻塞。如果首长乐于采纳好的建议,而又适时地予以传播宣扬,则闻风而起者必将络绎不绝,蔚然成为风尚。

这一些意见,部长们认为很好,后来发电设备成套供应时,各基地三大厂各派安装服务工作代表(因电力部在各省均有安装公司直接负责安装),而一机部在安装基地另派有总代表主持之。这一办法,可能是由恽震首先在1980年建议,随后形成制度,对电厂用户服务。钢铁厂轧钢设备的安装服务亦用此方式。至于产品质量的全面提高,南北各地工厂均逐步设立专管部门,把守质量关。但质量水平是否能全面贯彻,是否能切实做到"质量第一,产量和产值第二",尚不能一概而论。目前已有两大事故出在汽轮发电机组的电厂里,至今尚在再三研究之中,不敢在工程技术刊物上公开发表批判,这就是"非现代化"的表现。

恽震在北京接触有关电工制造和大型火力发电机组技术引进的工作分述如下。①关于变压器制造。汤明奇总工程师介绍说,中国当前规模最大、生产能力最强的变压器制造厂,首推沈阳、西安、保定三个厂,常州可能是第四,但合肥、福州、宁波亦在向前赶。上海规模小,但质量高。保定的原设计不及沈阳大,但比较紧凑完整,成绩不错。1980年,我国自制的高压大型变压器已能做到500千伏,三个单相25万千伏安,合成75万千伏安变压器组,可以配合60万千瓦的发电机组。毛鹤年指出,变压器交货后,用户在工地常发现内有异物。②500千伏的高压六氟化硫(SF₆)断流器和用计算机设计的变压器,是从法国Alsthom Atlantigue(AA)公司引进技术的。电工总局在河南平顶山煤矿附近的开关厂里设立法语训练班,调集有关各厂的中高级技术人员五六十人集中学习法语,8个月结业,将来负责接受和消化法国送来的技术图纸资料。③关于工业汽轮机的项目。1974年,李达先局长到欧洲访问,1975年12月6日与西门子公司签订技术引进合同,一次总计的代价折合480万美元,分58个月付清。7种轴承箱,用积木式配置设计,培训人员规定110个人月,唯因合同签订时未讲明要给杭州汽轮机厂传授工艺,因此吃了亏。这是交涉外行造成了损失。由于对设备制造工艺的信心不足,石油部和化工部都不肯替国内几个石油化工厂、化肥厂向杭州汽轮机厂订货。④据统计,1972—1979年的七八年间,我国签订的技术设备进口合同共107亿美元,单机和特殊材料26亿美元,军工专案2亿美元,总计135亿美元,主要用于钢铁和化工两个行业。在这107亿美元的合同中,用于设备制造的技术引进项目仅为2%~3%。⑤沈从龙(哈尔滨电机厂副总工程师)于1978年9月给恽震的信中说,以一机部为首的火力发电设备专案调查团有17人,到美国的通用电气公司、瑞士的BBC公司、法国的AA公司三家电气公司,以及美国的燃烧工程公司和瑞士的苏尔寿公司两家锅炉厂,共计五家进行技术调查。这17人是李达先(电工总局局长)、金计寰(国家经委机械局工程师)、黄新民(水利电力部工程师)、欧阳鉴(水利电力部情报研究所副所长)、张均(机械部设计八院院长)、沈从龙(哈尔滨电机厂副总)、朱家驹(哈尔滨汽轮机厂工程师)、吴一权(哈尔滨锅炉厂副总)、汪耕(上海电机厂副厂长兼副总)、伍能(上海汽轮机厂副总)、沈天锡(上海发电设备成套设计研究所副所长)、史习仁(上海锅炉厂副厂长)、傅岑辉(哈尔滨电站设备成套研究所副所长)、龙汉河(阿城电站自动化研究所总师)、叶克武(一机部设计二院工程师)、邱长清(水利电力部科技委工程师)、霍宏先(水利电力部科技委工程师)。这个时候,曹维廉副部长也同时带较小的代表团,到西欧十个国家去做机械电工一般产品的进出口和制造技术的调查。范围太广泛,成效反而少,仅得概念。

1980 年 1 月,收到四个初步对汽轮机岛设备的 30 万千瓦/60 万千瓦技术传授的美、瑞、法报价,以及初步对两个锅炉岛设备的相对应规模技术传授的美国报价,兹将六家公司的初步报价比较表开列如下。

美国通用电气公司和西屋公司是世界电气工业两大霸主,前者有职工 8 000 人,每年能生产 2 500 万～3 000 万千瓦;后者有 11 000 人,每年能生产 1 800 万～2 000 万千瓦。通用电气公司的最大机组做过四极 60 赫兹 130 万千瓦左右的机组 292 台,但 50 赫兹的 110 万千瓦机组只做过 8 台。西屋公司最大机组做过四极 60 赫兹机组 150 万千瓦 170 台,但 50 赫兹者无记录。可见西屋公司稍逊于通用电气公司,再则苏联在 20 世纪 20 年代曾是通用电气公司的技术接受者,而新中国成立后又接受了苏联、捷克斯洛伐克之技术,故中国多数工程师倾向于选用通用电气公司的设计和工艺,可是通用电气公司已在我国台湾地区投资合股,建立"联亚电气公司",准备制造 55 万千瓦及以下的汽轮发电机组;又由美国某锅炉公司与中国台湾造船公司合作,制造配合联亚的电站锅炉。它认为,台湾和大陆都应在它的控制中。通用电气公司觉得奇货可居,骄傲自大,因此西屋公司第一次索要代价 107 万美元(未计入考核机组的材料配件费),而通用电气公司的技术传授费则索价 6 000 万美元,相差竟达 60 倍(西屋公司报价未包含 Condansu 和 Hot Waten Heatei 之技术)。

瑞士 BBC 公司索价合 5 600 万美元,分 15 年付清。这个公司的工艺非常精密,50 赫兹和 60 赫兹的制造经验差不多。在欧洲 50 赫兹的占优势,它最大机组之 50 赫兹、165 万千伏安占 80 台,而 60 赫兹的运往美洲者数量亦不少。它的缺点是索价甚高,几与通用电气相近。它的年生产能力为 1 000 万千瓦左右。它在日本的技术接受者为东芝公司,而西屋公司则与三菱公司发生师徒交叉合作关系。

法国的 AA 公司(包括 CEM 公司)既能生产传统火电设备,又能生产西屋公司式压水堆核电,并成批生产,实为后起之秀。其年生产能力亦为 1 000 万千瓦,最大机组容量为 50 赫兹 28 台,从 60 万千瓦到 100 万千瓦,技术转让费合 3 840 万美元。

锅炉方面初报价者为美国燃烧工程公司,技术转让费合 5 097 万美元,前四年付 1 500 万美元,后六年付 3 597 万美元;或用提成法,入门费为 450 万美元,每做一台提成 3％,30 万机组提成 80 万美元,60 万机组提成 160 万美元,逐次递减到 1.85％,15 年共付报酬金 4 000 万美元至 5 000 万美元。B&W 公司报价为 1 525 万美元。

1980 年 5 月 30 日,陈延豪走访招待所二次未晤,乃函告恽震:"引进发电设备的人民币和外汇款项请示文件即日可收到批复。国内参加讨论的人员拟于 6 月 5 日至 12 日来京集中,进行内部准备;外商拟于 6 月的第三周先邀汽轮机和汽轮发电机的四大公司来京谈判;等选签合同之后,再去邀两个锅炉公司来谈判。再有一个重要改革,进出口委员会将明文规定,此项大型成套技术引进工作,以一机部为主谈判者,费用直拨我部,也授权出面订约,不经过外贸部,派遣实习人员亦归我部。这方面将集合外事和电工等局力量,通力合作,力求承办完善妥当。希望恽老鼎力相助和指教。"

事实是这样的：1980 年 1 月 28 日，国家计委、经委和进出口委员会向国务院请示 30 万千瓦和 60 万千瓦大型火电技术引进的工作，经陈云、薄一波、李先念、姚依林等领导人批阅，予以同意。5 月 28 日，三委始正式函达一机部和电力部，批准用二亿五千万美元的外汇和七亿三千万元人民币引进全部技术，并与有关外商合作生产 30 万千瓦和 60 万千瓦考核机组各一套。30 万千瓦机组装在山东肥城石横电厂，三年完成；60 万千瓦机组则装在安徽淮南平圩电厂，四年完成。

技术引进工作以王子仪副部长为总负责人，李达先、陈延豪二人为副，聘恽震为顾问。各厂、所代表均集中在西城西苑饭店。1980 年 6 月 12 日，举行全体筹备会议。到会者有王子仪、陈延豪（李达先病假）、张存道（外事局）、恽震，以及电工局的李佩璋（进出口处）、蔡复（电站处）、张秉尧、何宜理等，上海机电一局的汪张镇、施信伟，上海锅炉厂的史习仁，上海汽轮机厂的伍能、宁顺同、李星煜、陶鼎文，上海电机厂的汪耕、周明晖、陈顺来、陈同济，上海发电设备研究所的沈天赐、胡忠、邱留圣，哈尔滨锅炉厂的吴一权、沈进如，哈尔滨汽轮机厂的朱家驹、徐大懋、任友询、杨东民，哈尔滨电机厂的梁维燕、沈从龙，阿城自动化所的周志恩、金科，哈尔滨成套所的傅岑辉、张静涛，东方锅炉厂的陈志森、裘兆源，东方汽轮机厂的王树槐、章汉臣，东方电机厂的钱易清、张绍林，一机部设计八院的张均、洪圣善，设计二院的叶克武、周昌泰、顾立功、潘耆芬，电力部的陈尚文、都兴有、邱长清、盛昌达、霍宏先。在这个会上，王子仪、陈延豪先后说明，对方外商有四个公司，先讨论技术问题，次讨论价目商务；讨论内容，既有解答我方提出的疑问，又有试制时要求对方供应的部件及其价目，所以是非常繁复且需要十分谨慎的。每次开研讨会，对每一个外国公司的谈话，只能分成四个组，随后分别在一个共同汇报会上汇报，这样就可以了解其他组里的进展程度，从而决定本组谈判的立场态度。

通用电气公司是由沈从龙、李星煜主谈和汇报的，该公司不供给凝汽器，但索价最高，不肯让步。电力部诸代表表示，我国多数电厂习惯使用通用电气公司的，且苏联所用的汽机中冲击性多于反应性，故主张用通用电气公司的。沈从龙去年参观该公司，觉得它在若干方面优于西屋公司，故他亦坚持主采用通用电气公司的技术传授。王子仪在最后讲价阶段，曾对通用电气公司总代表说："你方如能降价一半，即使比西屋公司高得多，我方亦可迁就同你方合作。"但该公司打电传向上级请示，仍不肯让步。一直等到中国与西屋公司签约后，他们才追悔，甚至在数年后使用不正当方法去影响中国的内部工厂，使美国的两家公司斗争在中国再现，实为不理想；而中国内部企业间的相互妒忌，以及团结力不够强，容易授人以隙。

瑞士的 BBC 公司产品水平确实高，由伍能、傅文铎汇报，耗损小而效率不减，过载能力大。卖方要派人来监督买方生产，直到完成考核机组之时，其费用已包括在总价内。培训只允许 200 人月，同时不能超过 15 人，它宁愿派人来华训练。由于价高，我方不考虑。

法国的 AA 公司态度很积极，它吸收了 GE 和 BBC 两公司的优点，由朱家驹、周明晖汇报。其外购和协作件特别多,约 150 项。叶片最长 1 040 mm,有 6 台订货。转让只包括 R&D 的 D(发展)而不包括 R(研究),似嫌小气。培训人员不能同时超过 30 人(15 人设计,15 人工艺及质控),总人数不限。我们要找大量学法语人员困难。

美国的西屋公司由汪耕、任友询汇报,态度明朗,志在必得。外购件只能在签约后提供详单。计算机的程序可以供给,而且还可协助中国自制 DEH 液控。工厂的改造、设备的补充是必需的。定子采用水冷,无刷励磁是优点。西屋公司自己的 60 万千瓦的水氢氢内冷方式今年将制成。考核机组的大部件重量高是一大缺点。它的故障停机率只为 0.08%,是优秀方面,片云母与粉云母是一矛盾,但可解决。

故综合评比,西屋公司居第一,其他三家不如。伍能说,西屋公司兼有汽轮机冲动反动的优点,价格远远低于 GE 公司,34.2 英寸①长的叶片可认为成熟,但热效率比 BBC 公司和 AA 公司差 1%。

我方打算培训的汽轮机的人数为 136,912 人月;发电机人数为 92,450 人月;锅炉的人数为 200,900 人月;总计为 500 人,3 000 人月(此系约计)。

最后陈延豪已经把签合同的财务和外汇手续办好了,1980 年 8 月下旬,王子仪、李达先、陈延豪、宋矩之、毕可峰、贾庆林(中国机械设备进出口总公司总经理)、李佩璋代表一机部,与美国西屋公司正式签订技术引进 30 万千瓦/60 万千瓦火力发电设备制造技术合同,同时与该公司签订我方第一套两台大型机组还不能自制的配件及材料的购货合同。恽震即于签约会后应外事局之邀,偕妻翁之敏到北戴河海滨休息一周,然后回京南行回宁。他在海边作有《菩萨蛮》词:

汪洋大海周包陆,双悬日月轮番浴。骇浪意难平,潮头打古城。
试听海呼吸,节奏风雷激。人语倚天声,清音更妙音。

5 月间,他夫妇欢迎翁之达(内弟)夫妇偕长子汾庆回国探亲,赋七律一首:

至亲暌别卅三春,云树相思两海滨。授女情深真骨内,赠袍意厚感平生。
何期二老蟠桃会,喜见双翁四代人。中美从兹常叙首,太平洋上好飞行。

6 月下旬,沈迈士姊丈偕恽外甥即其长子甫游杭州 4 天,闻之喜赋二绝句:

湖山处处留芳屐,七十儿郎九十亲。天上神仙应激赏,人间父子最情真。(其一)
坡翁去后近千年,又见宽翁万斛泉。对客挥毫真脱俗,银髯飘拂艳阳天。(其二)

---

① 注:1 英寸=0.025 4 米。

9 月上旬,恽震回到北京,参加了一次部内各司局对技术引进的座谈会。陶亨咸总工程师说:"要在谈判中谈好具体生产进度表,使两台考核机组能早日投产。在工作中重视辅机配件,是十分关键的。"这话说得十分中肯。计划司司长张自清说:"三年四年的期限必须保持。批量生产如何考虑? 辅机和仪表要十分注意。"当时想不到拖拉的因素特别多,例如上海制成的 30 万千瓦机体,等候铁道部的特制拖车就等了一年。30 万千瓦机组的投运是在 1986 年 12 月起动的,至 1987 年 6 月 30 日方始移交生产。这就不是三年投运,而是六年投运,幸而千辛万苦终于成为我国火力发电最光辉的一个自制外助的山东石横电厂。其第二台则于 1988 年 12 月底完成发电。至于哈尔滨承制的 60 万千瓦的第一台安徽平圩电厂,要到 1989 年方得完成,其艰苦复杂更非言语所可描述。

石横机组规划是 4×30 万千瓦,第一期安装两台,第二台发电只隔开第一台发电一年半,均告满意,分别按美国西屋公司和燃烧工程公司提供的技术图纸,制造三大主机。辅助设备采用五种方式订货,即:①直接向国外订购;②引进技术,由国内指定厂生产;③引进样机,国内仿制;④国内产品,按新要求改型;⑤直接采用国内产品。一台共 116 项辅助设备,有 69% 分别向美国、瑞典、联邦德国、日本、新加坡、瑞士、英国、加拿大 8 个国家的 35 个公司引进技术或直接采购;国内订购涉及 130 多家制造厂。这样的成套配合可称繁重。燃煤由肥城煤矿供应,两台 30 万千瓦一年耗煤少于 200 万吨。以四台机组建厂,开始只用一台,故此第一台投资较大,平均每千瓦造价为 1 862 元,以后国产化率提高,批量生产成本逐步减低,故在数年内平均每千瓦的造价应在 1 000 元之内。关于此次上海闵行三大动力厂及其他有关工厂为了技术引进而投资基建,张罗训练,鼓励士气,该电气联合公司之总工程师梅贤豪、技术总顾问姚诵尧及其辅佐工程师们之统筹功绩,不在三大动力厂各主持人之下,应予特殊称颂。

山东省的电力建设成绩,无论以水平还是进度而论,水利电力部均认为其冠于全国。水电则以湖北省葛洲坝为第一。石横主厂房于 1983 年 10 月开始,1985 年钢结构吊装,烟囱于 1986 年完成,锅炉蒸发量为 1 025 吨/小时、过热汽压为 186 千克/平方厘米、全重为 2 800 吨、16 571 个安装焊口、CE 式亚临界控制循环锅炉(发电煤耗为 316 克/千瓦时),设有炉膛安全监视系统(FSSS)和机炉协调控制系统(CCS),于 1986 年 8 月完成。汽轮机是单轴、双缸、双排气,中间再热凝汽式,净热耗为 1 930 千卡/千瓦时,1986 年 4 月至 10 月安装,使用先进的数字电液控制系统(DEH),使机组达到精确快速要求,保证安全可靠运行。发电机本应用水氢氢式内冷,现用西屋公司设计的全氢冷式,额定容量为 352.9 兆伏安,功率因数为 0.85。发电机定子重 256 吨,比较重,用旋转三相全波硅整流器和交流枢转式主励磁机,彻底革除了换向器、集电环和电刷,提高了可靠性。使用 FOX1/A 厂级计算机,能处理全厂的一切必要输入,是极庞大的监控系统,共监视 2 000 余个热工电气量。热控有四大主要系统(FSSS、DEH、CCS、FOX1/A)。输煤的控制系统是大连重机厂制造,煤场按 7 天储量设计,由输煤栈桥通过碎煤机室和二只混煤筒仓,转运至主厂房,一切动作均由 584PC 计算机控制完成。燃煤系统采用直吹式制粉系统,配备 5 台 CE 式的碗形中速磨煤机,送风机每炉两台,由上海鼓风机厂引进联邦德国的 TLT 公司生产的动叶可调轴流风机。电除尘器选用浙江电除尘器总厂引进瑞典的 Flart 公司技术制造的电除尘器,效率达 99%。除灰系统由美国的 ASH 公司提供,灰渣分除,程序控制,属于国际水平。水处理系统的化学补给水和凝结水均采用计算机程序控制。锅炉补给水采用阴阳离子除盐法;凝结水采用空气擦洗深层混床。循环水设有加酸加氯和硫酸亚铁凝汽器预膜系统。废水处理设备是由一机部通用成套公司环境工程部设计供给的。消防系统可以从探测、报警、药剂喷出到火灾扑灭为 8 秒钟,具有低毒、不留污迹的特点。对于这些优点,周建南、毛鹤年、陆燕荪、姚振炎皆亲加赞许。

恽震回到南京,担任了南京市政协委员两年,其间又复发了胃溃疡,住院两月。1980 年 11 月 21 日,一机部与美国燃烧工程公司(CE)签订技术引进合同,使西屋公司与燃烧工程公司的 30 万千瓦和 60 万千瓦两套考核机组相配合。蔡复来信说,和 CE 的接触,前后已有两年,其总公司在美国的温莎市(Windsor)。合同签订后,有许许多多工程师将被派赴美,蔡亦将前往温莎市主持训练。

CE 公司的技术转让费用为 1 200 万美元,包括技术资料、工厂改造的咨询费,人员培训 800 个人月,来华专家 70 个人月,27 个人次的费用。支付方式分七次付清。协助设计费为 120 万美元。相关支付金额及日期如表 2 所示。

表 2 CE 公司的支付金额及日期

合同生效后	30 天	6 月	12 月	18 月	24 月	36 月	48 月	60 月	72 月	共计
(1) 技术引进/万美元	120		300		300	240	180	30	30	1 200
(2) 协助设计/万美元	30	40	40	10						120
(3) 购买配件/万美元	1.汽包 2.水冷壁 3.协调控制设备 4.FSSS 系统 5.锅炉循环泵 6.循环泵卸荷阀 7.吹灰器 8.吹灰系统 9.点火器 10.磨煤机									2 069
总计/万美元										3 389

陈延豪是全部经手支持 30 万千瓦和 60 万千瓦火电机组引进工作的领导者。他在 1981 年及之后几年召开了推进生产技术引进、工厂改造以及人员培训的会议。他的目的是将每一方面的工作都发动起来,落实到人,使更多人员了解这项工作的重大意义并给予支持。培训工作也在各厂抓紧进行着。1981 年 7 月 15 日,部局已派张存道为总代表,蔡复为副总代表,何宜理、胡端纯为代表,分别驻美国的 Lester、East Pittsburgh、Windsor 三个点,管理照料各厂来的实习员,一年换一次。1981 年派出实习员 143 名,1982 年派出实习员 117 名,共计 260 名。

陈延豪十分尊重恽震的意见。1981 年 7 月 16 日,他写信说:"已分别邀请西屋和燃烧工程两公司,分别先后派五名和三名专家来华,赴有关厂进行制造工艺的咨询,采取既经济实惠又不浪费资金的必要措施,力求实现。派出的实习员都经过选拔和考试,在本单位进行,不许讲关系。总之,此项引进工作,在恽老的关怀下,我们力求做得更好一些。"

1980 年,恽震被中国电机工程学会第三届理事会聘为顾问。1984 年 11 月,该学会为表彰恽震在祖国电气化事业中从事电机工程工作已满 50 年,借中国电机学会成立 50 周年之际,该学会理事长毛鹤年特授予他荣誉证书,以作纪念。1988 年 7 月,该学会第四届理事会为表彰恽震对电机工程事业做出的重大贡献,特授予他为终身荣誉会员。1981 年中国电工技术学会成立,聘恽震为顾问。1987 年,该学会第二届理事会特授恽震为终身荣誉会员。

我国很想在核电事业上有所作为,政府很希望早一点办成这个事业,开辟一个水火以外的核电能源大事业,但是由于经济困难,不敢大规模去进行。法国政府和金融界早已声明愿意贷款,并给予技术协助。我国亦曾派过专家,几次到法国去参观其建厂工作,那些工厂的成批生产效益非常高。经过学术界的长期研讨,核能在我国能源中的地位早已明确无疑,认为必不可少。在全世界,美国出了一个小事故,苏联出了一个大事故,都已证明是职工不遵循纪律所致,并非不可避免的灾难。其他各国的核电站,凡按部就班、严守规程的,就不会出事。1990 年,中国浙江秦山将完成核电 728 研究所设计,闵行三大动力厂(特别是锅炉关系最大)合作参加研究,它是第一个压水反应堆 30 万千瓦核电站。接着,这一上海集团将立即进行秦山第二和第三反应堆核电站的合作,其出电将增加一倍,即 2×60 万千瓦。秦山总功率将为 150 万千瓦。广东深圳大亚湾的核电站,也已筹备多年,技术以英国为主、法国为辅,即将向广东和香港提供 180 万千瓦(2×90 万千瓦)的压水堆核电站,而且是中外合资的企业。

机械工业部《中国电器工业发展史》筹备编辑已经七八年了,总编辑是张大奇同志,他于 1982 年秋亲自在上海委托恽震主写新中国成立前的史料,并推荐柯士锵工程师协助查阅旧档,并襄理写稿。恽、柯二人合作得非常好,花费了足足两年的时间,写成全稿,并经朱仁堪审阅,于 1984 年 11 月交寄北京。据筹备编审方面的陶炜说,第一编《综合卷》会在 1989 年年底出版,其余分编亦可于 1990 年出齐。

恽震于 1980 年 11 月 12 日接受上海发电设备成套设计研究所所长陈文全、副所长杨锦山的邀请,担任该所顾问,言明因年老不到闵行办公。他的组织关系自从贵州工学院退休后,退休工资由上海市普陀区民政局核发,但仍以上海发电设备成套研究所为其业务所属机关。陈文全病休住院后,杨锦山继任所长,他原是"文化大革命"前上海汽轮机锅炉研究所的副所长。该所原来的设备业已散失或被截用,只得由机械工业部重列预算,建大楼,购新设备,几年来其成绩已为本行业所公认。该所地点在闵行区剑川路上,与上海汽轮机厂、锅炉厂、电机厂、电站辅机厂十分相近,又有新型计算机在电话线路上与以上各厂及上海电力局厂相通连,故其工作十分方便,亦为全国发电设备行业所信赖。该所杨锦山所长离休后,由锅炉室主任翁文理接任。1989 年翁亦病故,党委书记焦国成兼任所长,沈天锡任第一副所长,周锡生仍任总工程师。

恽震退休后,因上海天平路屋已缴公,而女婿许声潮、女恽璐亦无余屋,故只得住在南京。1981 年汪道涵调任上海市市长一年,恽乃与其婿声潮前往谒之,说明他是从上海 1958

年调往北京的,现既退归上海,户口医疗皆在此市,而二老无一屋可居,可否请汪市长在其申请书上批示一下,俾得一屋可居,亦可与声潮同住在一起。汪对此首肯。后经声潮为之奔走,房管局乃收回许家之万航渡路一间半,另给恽、许两家武宁路200弄27号302室,有三室一小厅。许家住二室,恽家住一室一小厅,厨厕共用。

恽震之旧友同事在上海者,有姚诵尧、孟庆元、杨锦山、程望、李杜、方纪难、方福林、陈文全、顾芸、胡英、杨天爵、蒋家鑅、胡懋书、郑友揆、袁丕烈、任国常、张坚、赵祖康、王兆华、支少炎、吴祖尧、朱春甲、李开第、范宝江等;十年之内的新交有刘锦祥、张攸民、沈天锡、焦国成、钱鲁民、赵之一、翁史烈、姜承谟、汪耕、周明辉、黄斌、顾慰庆、熊大纪等,故沪居胜于宁居,国外回来访晤者则更便。

1986年1月10日,恽震写了一篇关于"七五"计划中电力问题的文章。1月21日报载全国人大常委会已决定3月25日召开六届人大四次会议,审查批准我国第七个五年计划。"七五"计划指出:"能源工业的发展要以电力为中心,争取到1990年全国发电量达到5 500亿度左右。"恽震当天就上书国务院李鹏、田纪云两位副总理,国家计委宋平主任,国家经委吕东主任(同时也用挂号信寄给财政部部长王丙乾),内容如下:

由于我国各大电网地区长期严重缺电,特别是华东、东北、华北、中南四个电网地区,近年越来越供不应求,只得多方限制用电。因此在"七五"计划期间,必须用倾斜政策加快电力建设的步伐,不宜为一般工业基本建设常规投资速度所局限。水利电力部拟于1986年安装投运500万千瓦,数值与上一年相同。我认为这是不足以满足群众盼望的。

为了及时补救,我经过详细调查研究,多方商谈,谨向国务院、国家计委及国家经委提出以下四点建议。

(一)"七五"计划期间我国应增加水火电站的发电能力4 000万千瓦,其年度安排应为:1986年安装投运水火发电设备600万千瓦;1987年700万千瓦;1988年800万千瓦;1989年900万千瓦;1990年1 000万千瓦。这样的规模和速度,完全是我们水电部、机械部和各地方电力机构只要加一把劲就可以办到的,困难是可以克服的。上列的数目也包括浙江秦山国产30万千瓦核电站在内。这五年安装成4 000万千瓦,将包括从国外进口的机组,为数约占总额的10%。

(二)1990年的全国发电量计划,建议从5 500亿度提高为6 000亿度,与彼时的全国装机总容量相适应,可以尽快缓解严重缺电的困难。

(三)改革水利电力部领导下电力工业的财务经济体制,国家不再沿用统收统支,政企不分的老办法,让水利电力部把各地区的电力工业企业办成相对独立的经济实体,即国营或者是国家与单位合股经营的公用事业公司。国家对电力工业实行优惠政策,其中包括准许水利电力部把电力价格由1985年的每度平均0.068 6元提高到每度0.082 5元,即每度平均提高人民币一分三厘九毫,相当于对电力用户提价20%,用以让电力工业有足够财力多购装些机组,多增置些设备,尽快扭转缺电的困难尴尬局面。至于人民居户的家用电费率则保持不加价(试举一例:发售电工业用量为 4 000 亿度时,即可年增收 55.6 亿元,作为国家对电力建设之投资)。

(四)为什么说国产发电设备大型企业能在短期内达到年产 1 000 万千瓦的生产能力呢? 早在 1979 年,我们国产发电设备已经生产过 621 万千瓦,所以今年(1986 年)要求提供 600 万千瓦是完全可能的,以后每年增供 100 万千瓦,也是极为各制造厂所欢迎而力能办到的。应知我国机械部门千辛万苦地创建四大动力制造基地,即上海闵行、哈尔滨、四川东方集团、北京这四个基地,第一个三十年已能制成年产 600 万千瓦的基础,最近五年,与美国两大公司订立 30 万千瓦和 60 万千瓦的技术引进合同,加上重大技术改造,因此到 1988 年就可以生产 1 000 万千瓦的热能成套设备(作者注:1988 年统计,生产 1 097 万千瓦,而发电量则为 5 430 亿千瓦小时,以二年之提前超过"七五"计划的数值)。今日之事,要国务院和有关各部委督促制造水、火、核发电设备的公司工厂和输配电设备的制造行业工厂,继续加强技术改造,加强科学管理,提高产品质量,充分消化引进技术,力求更上一层楼,以自力更生的精神,使配套齐全,零部件材料国产化,从而降低成本,务使到 1990 年能形成完整充实、具有国际竞争力的 1 000 万千瓦发电设备的年生产能力。

我年八十五,晚岁逢盛世,展望社会主义新中国前程似锦,国家社会日益进步,心中愉悦,莫可言宣。敬祝首长们身体健康,并致崇高的敬礼!

恽震　1986.1.21

恽震于 1986 年 1 月 10 日写的《"七五"计划中电力建设方案和国产发电设备制造业的通力合作问题》一文,4 000 余言;1983 年 6 月 16 日写《试论国家对电力建设的投资问题》一文,约 3 000 言,均附呈国务院及三部委备查。当时还不可能应用上述两表来说明问题,但后来的客观事实说明了这一问题。

在 1987 年年底,我国电站在 6 000 千瓦及以上的机组共 2 122 台,总容量为 8 542.02 万千瓦,其中汽轮机组 1 585 台,6 498.27 万千瓦(高温高压的 525 台,供热的 125 台);水轮机组 479 台,1 960.17 万千瓦;燃气轮机组 32 台,62.3 万千瓦;柴油机组 26 台,21.28 万千瓦。是年,火力电厂的燃料烧油的还有 201 台,发电容量 842.5 万千瓦,用石油 1 623 万吨。全国总计从国外进口的机组有 411 台,1 709 万千瓦,占总数 10 192 万千瓦的 16.76%。他在 1988 年 3 月写成《1987 年我国发电设备制造和电力建设》一文,在中国电工设备总公司的《中电报道》1988 年第 4 期上发表。他称赞了四川东方电机厂的黄河最上游的龙羊峡水利枢纽内制成的 128 万千瓦(4×32 万千瓦)水轮机发电设备的优秀成绩。在火电方面,他认为业绩最著的是上海电气联合公司(包括上海锅炉厂、上海汽轮机厂、上海电机厂、上海电站辅机厂)成套制成的山东石横电厂 30 万千瓦烧煤发电机组。为了技术合作和引进,中国 17 个单位已派出 653 人合 2 432 个人月,在美国西屋和燃烧工程两公司接受多种方式的培训。上海、哈尔滨、四川等厂消化了 30 吨图纸资料和约 700 个计算程序,使我国发电设备设计、制造的水平向前迈进了一大步。水利电力部也派出了 76 人合 450 个人月去美方接受技术培训。上海各厂经 78 个月的消化吸收和大量的生产技术准备，终于在 1987 年上半年进行了石横工地的全速安装，在 6 月底按时完成了 72 小时的试运行，随即在半年满负荷运行中，安全稳妥，发电 9.97 亿度，设备利用率达 3 323 小时，创出全国当年投产机组运行的新纪录。1988 年，第二台又重复证明一次。其优点是自动化水平高、热效率高、运行平稳、调峰灵便。

该文指出，10 月 22 日，上海市政府与华能国际电力开发公司合资，采用卖方信贷，与瑞士 ABB 公司、苏尔寿锅炉公司，以及美国燃烧工程公司、萨金伦迪公司四家在北京签订了 2 套 60 万千瓦超临界蒸汽参数的火力发电设备合同。地点也在上海长江口石洞口，称为二厂，因为石洞口一厂装有国产亚临界 4 台 30 万千瓦机组，将于 1989 年年底完成。从价格分析，石洞口二厂每千瓦约为 300 美元。上海电气联合公司的有关工厂在"八五"计划期间可以获得学习制造超临界机组技术的机会。但技术人员提出，超临界要上，亚临界 60 万千瓦更要上，争取在上海浦东新高桥、浙江嘉兴、广东、山东等地新电厂的 60 万千瓦机组上大显身手。到 1995 年以后，超临界和亚临界可以并举。这在配合核电站的核发电设备一系列规格(30 万千瓦、60 万千瓦、90 万千瓦)上都有用处。秦山经验是上海发电集团一个很好的试制核发电设备的起点，算起来已有五六年了。

哈尔滨电机厂水火兼顾，是我国水轮发电机组制造的发源地。通过云南鲁布革水电站的 4 台高水头 15 万千瓦机组，与联邦德国西门子和挪威 KB 公司分别合作，1988 年又通过贵州天生桥 4 台 22 万千瓦项目，与瑞典 ASEA 公司(现称 ABB 公司)签订设计与制造的合作合同。哈尔滨三大厂在 1984 年为巴基斯坦古杜火电站出口 4 套 21 万千瓦成套设备，1988 年又为该国杰姆肖洛火电站再建 3 套 21 万千瓦机组，总价 2.3 亿美元，是目前机械出口最大的"交钥匙"成套工程。

北京重型电机厂进步迅速，已可逐步批量生产 10 万千瓦、20 万千瓦机组，并与法国 AA 公司合作生产天津大港电厂 30 万千瓦机组，已是我国发电设备骨干制造企业之一。

此外还有天津发电设备厂、武汉汽轮电机厂、南京汽轮电机厂(专长燃气轮机)、山东生建电机厂、青岛汽轮机厂、杭州发电设备厂、杭州汽轮机厂、广州电机厂、广州动力机厂、重庆水轮机厂、金城江水电设备厂、韶关水轮机厂、南平电机厂、昆明电机厂、柳州水轮机厂、零陵水轮机厂，以及其他几个省市的一些制造厂。它们在 1986 年共生产了 150 万千瓦、1987 年共生产了 207 万千瓦中小型水火发电设备，做出了积极的贡献。其中有很多厂的水轮发电设备不仅名扬东南亚，亦在美国获得佳誉。

恽震和边善庆认为，火电设备逐步成熟，辅机亦应运而兴，有出口中东、中南美及南亚之可能；水电设备成熟的程度更强，辅机的数量较少，出口的声望更为发达国家所承认。但对外贸易，不但要有质量强固的竞争力，还要有顾全国誉、协同一致、有取有舍的宏观合作力，方能取胜于国际大商场，获得精神和物质的胜利。

世界各工业先进国都遭遇到产品缺陷的巨大事故，他们不事隐瞒，而抉发原因，公之于世，以告同行，并作自儆。我国火力电站，首有 1985 年 10 月 29 日大同第二电厂及次生

1988 年 2 月 12 日秦岭电厂两次大事故,皆有屋破轴断之损失,令人遗憾。此等事件上级已经派专家详查。恽震认为应将事故原因写成论文,依次发表,对于我国动力工程定有相当的裨益。

1986 年 3 月,中国能源研究会的会刊《能源政策研究通讯》发表了恽震一篇论文《电力工业同发电设备制造业的通力合作问题》。该文强调,水利电力部和机械部以及两部领导的地区管理机构,一定要审时度势,顾全大局,捐弃"以我为主"的成见,通力合作,把我国的电力建设和设备制造能力搞上去。机械工业的制造厂,虽非水利电力部系统直辖的厂,但应该把它们看作自己的企业,给予帮助和鞭策,有任何缺点都要直接指出来,助其改正,直到满意为止。

能源部(接办电力部事业)1989 年 4 月 4 日出版《电力可靠性管理简报》第 15 期,指出火电 20 万千瓦机组现有 85 台,共计 1 700 万千瓦,其中苏联进口 7 台,捷克斯洛伐克进口 4 台,哈尔滨集团制造 35 台,四川东方集团制造 27 台,哈东联合制造 7 台,东方、北重联合制造 2 台,武锅、北重制造 3 台。从附表可以明显地看出:①国产机的等效可用系数不但比 10 万~12.5 万千瓦机组的低,也比 30 万~32 万千瓦机组的低,连续几年皆是如此;②非计划停运小时高,67 台 20 千瓦相当于有 8 台长年停运;③恶性事故重复出现,使运行人员高度紧张,无精力再求技术进步,叶片不断飞出,经济损失难以计算;④重要部件如高压加热器等,因质量问题投入率低;⑤机组的自保护性能差;⑥部分机组达不到设计参数,例如陡河电厂的主蒸汽温度和再热蒸汽温度皆达不到设计值,每度电增加煤耗 2.5 克。

据机械电子工业部赵明生副部长讲(1989 年 2 月 25 日),尽管增装机组有进步,但缺电现象却有增无减,缺电已持续了十多年,1987 年初水利电力部有人估计,一年缺电 600 亿~700 亿度,装机容量缺少 1 500 万千瓦,现在看来形势更为严峻。电工制造业产值虽增长,但年增长率下降,利润也下降,工人不满,令人担忧。问题的根本原因是国民经济发展过热,也就是宏观失控。1987 年时发电设备的安装总量约为 1 亿千瓦出头,而用电设备(特别是耗能工业和家用电器的激增)已达到 2.88 亿千瓦,使人震惊。赵副部长认为,火电应以 30 万千瓦和 60 万千瓦为主,不宜再用 20 万千瓦,而且供电煤耗不应大于 330 克/千瓦小时,虽然达到这个标准的难度很大。核电建设的秦山二期要尽快实现 60 万千瓦核电机组国产化和批量生产,从而把造价大大地降下来。

硅钢片为一切电机电器所必需,但 40 年来这个问题尚未解决。恽震为此不断地与各单位的负责人和专家函商。冶金工业部钢铁司著文并于 1988 年在座谈会上表示:1987 年上海生产热轧硅钢片约 60 万吨,供各地小厂及家电新厂所使用。正规制造厂要冷轧硅钢片,其中又分有取向的和无取向的两种,这只有武汉钢铁公司能做。例如,武汉钢铁公司计划 1988 年制供有取向的 3 万吨、无取向的 5.6 万吨。进口的硅钢片历年数字不一致,一般的是无取向的约 10 万吨,变压器所需的有取向的约 15 万吨。以上合计约为 100 万吨。目前国内正在逐步以冷轧代替热轧。武汉钢铁公司想搞成年产冷轧 40 万吨,但实现当在 20 世纪 90 年代,1990 年只能做到 20 万吨。宝钢打算利用现有设备轧出低牌号的硅钢片,用于家电、小马力电机、分马力等产品,以后再形成 10 万吨以上的生产能力。问题在于投资。冶金部希望在 1995 年达到 70 万吨,距机械部所规划的数字尚有距离。机械部认为 1990 年要冷轧 80 万～90 万吨,1995 年要冷轧 110 万～120 万吨。

恽震曾于 1986 年 5 月在《机械工程》杂志上发表《机械制造工业和各种成套设备使用部门要相互培训高级技术人才》一文。这一建议他又正式在中国电机工程学会第四届郑州会议上提出,要求水利电力部和机械部采纳试行。当蒙大会通过,转报国务院审查。

1989 年,恽震以 88 岁耆年,处于盛世,身体精神均感愉快。他身为九三学社老社员,定为殚思尽虑,参政议政,随时提供推动社会前进、提高人民素质的意见。念兹在兹,永矢不渝。

《解放前电工制造业发展史》完工志感

恽震

辛苦搜集资料,编写经年,再三修改重抄,甲子年立冬日校对完功。

(一)

天留一老书青史,博访周谘传写真。

兜上心来念亡友,不堪回首已成尘。

注:共事业之亡友有王崇植、郑家觉、翁咏霓、许应期、俞炳元、吴天霖、林津、冯家铮、黄修青、姒南笙、张延祥、陆鸣嘉、杜光祖、汤明奇、王镇中、陈中熙、葛和林、曹维廉、叶友才、周锦水、孙鼎、沈从龙。

(二)

建业终须群力擎,最难爱国有同心。

艰难历尽光明现,灿烂前程付后人。

(三)

篇成激动不成眠,往事犹如电影连。

腊戌昆明到英美,重洋几渡浪连天。

· 二、自　述 ·

褚应璜

褚启勤　整理

前　言

　　我在整理父亲褚应璜的遗物时,发现一本写得密密麻麻的笔记本,原来是他在"文化大革命"期间的交代材料——自传底稿,详细记录了他的前大半生的经历,其中也充满了无奈的自我批判,并扣上了许多莫名其妙的大帽子。我将其中大量历史材料提取出来,摒弃了那些夸张的批判内容,摘掉了所有的帽子,全部用他本人的文字,将父亲前大半生的经历整理出下文。

　　我于1908年3月16日出生于浙江省嘉兴县一个职员兼地主的家庭。记得幼年时听父亲说过,嘉兴乡下有田近百亩,托人收租,后来陆续卖掉,到了1928年已全部卖完,我父亲是清朝京师译学馆毕业的,生我时在开封"客籍高等学堂"教英文。幼年时由母亲在家教读,大约1914年全家迁南京,1916年考进江苏省省立第四师范附属小学初小三年级。这个小学是七年制的,初小四年,高小三年。1921年夏,我从该校高小毕业考进南京的江苏省立第一中学旧制一年级,相当于新制初中二年级。1922年改新制,1923年初中毕业升入高中理科。我读理科是受父亲的影响,他说读了理科将来能考取上海南洋大学,毕业后职业问题就牢靠了,这是我受父亲的鼓励埋头学数理化的开始。我从进高中的第一天起,就下决心努力准备,以考进南洋大学为奋斗目标。1925年,我升入高中二年级第二学期。是年5月,因上海日本纱厂罢工,杀死工人顾正红引起工人学生示威运动,于5月30日发生英租界巡捕屠杀中国示威工人学生的五卅惨案,掀起了全国规模的反帝国主义运动。南京大中学校纷纷罢课游行示威,我参加了游行、宣传,并鼓动南京英商"和记洋行"工人罢工的活动,从这时起,我开始接触并参加学生运动。这一年,全家迁浙江嘉兴原籍,父亲要我回家经过上海时,去试考一下南洋大学。当时我正值高中二年级,故参加学生运动不久,就开始准备南洋大学的入学考试。那时该校重视同等学力,不要求高中毕业证书作为投考条件。我紧张准备了一个多月就去上海考试了,结果被该校录取了。

　　1925年,我进了南洋大学。第一学期功课极忙,终日埋头读书,不问外事,争分数争名次,希望获得好成绩。当时的南洋大学是国内最有名的工科大学,如能毕业时名列前茅,将来的职业问题就解决了,而且保证不会失业,这是我当时的奋斗目标。1926年1月初寒假前,有大学三年级同学来宿舍找我,动员我参加一个南洋大学的国家主义组织,当时我对党派既不了解也不感兴趣,我的主导思想就是集中精力读书,取得优异成绩,所以拒绝了他们,没有参加这个组织。1926 年 3 月 18 日,北洋军阀段祺瑞政府指示反动军警枪杀北京游行示威学生。上海掀起了学生运动,南洋大学罢课,我参加了学生会组织的游行宣传活动。此时的学生运动已提出打倒军阀、打倒帝国主义的口号。同班同学张昌龄是学生运动的积极参加者,在他的影响下,我于 4 月参加了当时的一些爱国学生组织的"南洋大学青年救国团"。记得这个组织开始时是以反对帝国主义反对军阀为讨论中心的,后来发生"左派""右派"的争论,我对此不感兴趣,故参加了几次活动后就不再参加了。1926 年 5 月初,我得了急性肾脏炎重症,回嘉兴家中养病,只好暂时停学。

我的病情日渐严重,适逢北伐军进入浙江,家庭一度前往上海暂住,肾病从急性肾炎转为慢性肾炎,病势严重,不能起床,几濒于危,后经名医诊治,依靠淡食、中药调理,病情终于好转。1927 年春,全家迁回嘉兴,我继续服中药兼忌盐,休息,读读医书,学习微积分,后期也参加一些球类运动,病体渐渐恢复,到年底已经养好大半。这段时间完全在家休养,但我也时时关心时局的发展,听到上海工人纠察队打败北洋军阀的消息,为之兴奋鼓舞。

1928 年年初,父亲失业了。记得他说,把田产全部卖掉供学费,让我恢复学籍,重新上学,进大学一年级第二学期。此时学校已由南洋大学改名为铁道部交通大学,先是由程晓刚代理校长,后来孙科当校长,黎照寰任副校长,他实际上是校长。当时蒋介石"四一二"叛变革命已近一年,白色恐怖仍然笼罩上海,也笼罩着交通大学。黎照寰对学生采取高压手段,控制很严。原来我认识的学生运动积极参加者早已离开学校或被开除学籍,如我的同学张昌龄早在 1926 年暑假就被开除了,校内进步思想表面上消失了。我当时仍处在半养病状态,一面忌盐治疗,一面读书,除参加一些体育活动外,专心学习,不问政治。同宿舍有位同学宦乡,我知道他思想进步,经常外出活动,但他不同我谈政治。我经常同几位学习成绩较好的同学在一起,如王平洋、王兆藩、王天俊等。1928 年下半年,我认识了葛和林,他说起同我是南京第一中学的先后同学,这一年他以第一名的成绩,考进了交通大学机械学院。刚开始我只知道他用功读书,成绩优良,后来知道他思想进步,同他渐渐相熟,时有来往。他介绍我读一些理论方面的书刊,如辩证唯物论,我很佩服他,也很相信他。

1929 年到 1931 年,我进入交通大学电机工程学院电力系,功课极忙,更加专心读书少问政治。我和王平洋同房间,他功课很好,喜欢球类、田径等体育运动,我同他兴趣相投,除学习方面互相帮助外,还经常一道业余练习体育项目。进入大学四年级后,课程更忙,我开始同电力系主任钟兆琳教授熟悉。当时同学们选我当了副班长,班长是王平洋。我们的主要任务是在同学和教授、院当局之间联系有关课程及有关考试等事项。我们曾发动大家赶走一位名叫司徒尚逸的无线电课教授,因他满口广东英语,讲得不知所云,没人听懂。这段时间我认识了丁舜年、林津等同学,尤其是林津,他喜欢音乐,我和他一同参加校口琴会、国乐会、管弦乐会,我们俩对音乐有着共同的爱好。

1929 年,我参加了交通大学工程学会,被推举为文书。这个学会主要是搞工程讲座,出版工程刊物,组织参观工厂、电站等活动。1931 年,我撑竿跳成绩打破了学校已保持二十年的记录,成为上海市的田径选手,持续了三年。1931 年我从电力系毕业,初试考取了上海电力公司(现在的杨树浦电厂)实习生,同时,交通大学电机工程学院的教授钟兆琳、马就云要留我在校当助教。当时上海电力公司已由美国财团从英国人手中买过来,美国人有意采用考试方式选拔一批中国技术人员来代替原来任职的享受高薪待遇的英国技术人员。考试录取后要签订三年合同,内容主要是服从指挥,努力学习技术,包括动手操作能力。三年内第一年是实习生,工资比交通大学的助教高出百分之五十,第二年仍是实习生,工资比助教高一倍,第三年转工程师后,工资高出助教的三倍以上。论收入,进入电力公司比留校当助教要高得多,但我听说一些毕业同学在外国公司工作受到洋人侮辱的消息,看到租界洋人飞扬跋扈的神气,不由得升起一种爱国主义的情怀。当时群众中也有一种对在外国公司工作的中国职员或技术员的鄙视心理,称他们为"洋门小鬼",名声不好。故我决定放弃上海电力公司实习生的机会,留在交通大学当助教。

　　1931年九一八事变爆发,日本帝国主义出兵侵略我东北。上海的学生响应共产党的号召,同全国一样,轰轰烈烈地掀起了大规模的学生运动,反对国民党政府的不抵抗政策,坚决要求抗战。当时我已任助教,在葛和林的鼓励下,与同学们一起,参加了游行示威宣传活动,并赴南京请愿。经葛和林的介绍,我认识了当时进步的学生会主要负责人许邦和、袁轶群等人,并知道葛和林是这个学生会活动的主要出谋划策人之一。大约在1931年第四季度,我在葛和林的推荐下,参加了一个由少数思想进步同学组织的小型读书会,夜间熄灯后在宿舍内学习进步刊物,并由同学讲辩证唯物论等基本理论,钱学森就主讲过这个题目,读书会只持续了一个多月,就因放寒假而告结束。

　　大约在1932年,经钟兆琳、马就云介绍,我成为"中国电机工程学会"普通会员。这是由国民党政府工程技术出身的官员(如发电厂厂长、电讯局局长等)及一部分大学电机系主任、教授所控制的学术团体,每年举行年会,有官员报告、聚餐、宣读讨论论文、出版(电工)刊物,以及组织参观电厂、电机制造厂、大学电机实验室、电站和电报电话局设施等活动。

　　国民党反动政府一方面对日本帝国主义采取了不抵抗的投降政策,另一方面对工人学生运动采取高压分化手段,使上海学生运动被镇压下去。1932年年初开学时,交通大学开除了一些积极参加学生运动的同学,其中就有葛和林。据他讲,他在济南的未婚妻袁敏因参加爱国学生运动被捕,葛和林因营救袁敏而未能赶上学校的报到时间,学校当局以此为借口将他开除。当时葛和林已是大学四年级第二学期的学生,即将毕业,我心中很感不平。在那个年代,思想进步的知识青年,有一部分下了决心要跟着共产党走,同工农结合,走革命的道路。我当时的思想觉悟未达到这样的水平。我觉得发展我国的工业,提高科学技术水平也可以救国,我宁可在政府办的大学里,努力埋头技术业务,不问政治。当时大学里的工程技术方面的助教,在投考出国留学方面比较具备优势,同时私营资本企业也特别需要吸收一部分工程技术人员以图发展,助教正是他们看中的对象。我原本就有工业救国的理想,在钟兆琳教授的影响下,决心投身国产电机制造事业并终生为之奋斗。在钟兆琳的主持下,我通过教学,利用学校电机实验室,做了自行设计电机产品的各项技术准备工作。到了1933年年底,准备工作略有头绪,就在钟先生的推荐下,脱离学校参加了私营电机制造工业的筹建,进了上海华成电器厂。在1932年下半年,交通大学无线电系的讲师刘侃聘请我去他们创办的上海南洋无线电报传习所兼课,经钟教授同意,我去教电工基础。在该所兼课大约一年,为的是增加一点收入,因为我还要负担我弟弟褚应鎏在交通大学读书的学费和生活费。

钟兆琳介绍我认识了上海华成电器厂厂长周锦水,参加了该厂筹备工作,开始担任电动机设计工程师,工厂正式生产后任工程主任。我参加华成电器厂确实是出于爱国主义思想,为了将所学知识贡献给发展国产电机制造工业,同外国货竞争。两年半内,我负责交流电动机和低压控制设备的产品设计、技术标准制订和试验研究工作。在钟先生的指导和支持下,我利用交通大学的电机试验室并依靠全厂工人的力量,试制成功了自己设计的交流感应电动机和控制设备标准系列产品。

在华成电器厂工作时期,我选拔了徒工中文化程度较高的陈俊雄,教他制图,帮助我做设计工作。同时我认识了高级技工陈家鼎,他的手艺高超熟练,能操作各类机床,尤擅长钳工装配。他的文化水平较高,有初中程度,对关键技术问题肯动脑筋。他同其他工人关系又很好,对徒工也很和气,我在开展电动机系列产品的试制工作中,得到了他的很多帮助,同他有了深厚的友谊,为后来离厂后邀请他一起工作打下了基础。

在这段时间内,由于工作生活同工人群众在一起,许多技术问题直接同工人一道试验,很快得到解决,使我业务上进步很快,也做出了一些成绩。于是我更加埋头技术,首先是产品设计,希望做出更多的产品,对国内政治斗争形势较少关心,思想被"技术至上""工业救国"的理念所控制。但我还是喜欢阅读《生活周刊》,经常受到爱国主义民主思想的影响,因而同老板之间产生一些矛盾,我不同意采购日本制造的原材料,同时对徒工工作时间过长而没有星期天休假的现象心有不满。为此我曾向老板提出意见,但老板要考虑工厂的利益、他的利润收入等,他不会同意我的意见,渐渐地我们之间的关系不像以前那样亲密,而且逐渐疏远了。我开始考虑离开华成电器厂,另找工作。1936年下半年,正当我同老板之间关系有点紧张时,许应期约我相见。他原是中央大学电机系主任,我们曾因委托该校鉴定华成电器厂电动机产品而认识。此时他新任建设委员会上海电机制造厂厂长,邀请我担任电机主任工程师。他以发展国营电机制造工业作号召,说服我脱离私营工业,同他合作,扩大该厂的电机制造部门。当时我对建设委员会不甚了解,只知道它是管理国民党政府的国营电力与煤炭等工业的机构,上海电机厂也是它的直属企业之一,还知道建设委员会聘请了一些教授担任企业领导工作,如首都电厂厂长鲍国宝就当过交通大学的应用力学和机械设计教授,浙江大学教授恽震担任该委员会电业处处长,等等。许应期还告诉我,政府能给国营企业投资,扩大上海电机厂的原有规模,将来能比华成电器厂大多少倍;我自己也有想法,我想如果能负责整个电机制造部门的规划、建设工作,范围要比担任产品设计工作更广,如做出成绩能有更大作为,更能实现我的工业救国梦想,因而我毅然脱离了华成电器厂,参加到建设委员会的上海电机制造厂,担任该厂的电机主任工程师兼设计委员。许应期要我更多考虑扩大电机制造部门的规划设计方案。我介绍俞恩瀛任变压器设计工程师、陈家鼎为电机工场管理员、陈俊雄为技术员,加上原有的技术员蒋承勋等,在原有基础上开始小规模生产电动机与变压器。我自己一面管理电机变压器的生产,一面以主要精力从事设计电机部门的扩建方案。这个厂还有电讯与电池两个部门。电讯部门仅能修理过去生产的、但因质量不好经用户退回的军用无线电收发报机,主任工程师是严一士,原是许应期在中央大学任电机系主任时的助教。电池部门生产干电池,主任工程师为潘福莹。三个部门各不相涉,许应期对这两个部门控制较严,特别是干电池配方,由他指定极少数人掌握,防备泄密,因此我们都是各司其职。

大约1937年年初,我虽然离开了华成电器厂,我也不是华成电器厂的股东,但老板仍然给我发了工作奖金2 000元。我将其中500元交给了上海新中工程公司的经理支秉渊,表示愿意投资该公司,以发展国产机器制造工业,同时也可以获取利息。

1937年8月,日本帝国主义发动对上海的军事侵略,我帮助许应期主办电机部门的内迁工作,职工及家属,随同设备器材于大约10月初装载驳船十余艘,沿苏州河运往镇江,转装民生公司轮船运武昌,准备借临时厂房布置开工。在武汉时期,我介绍林津、沈有增加入了电机厂,他们曾在上海华明电机厂担任技术工作,华成电器厂和上海华明电机厂是相邻的两个厂。1937年年底,日本侵略军占领南京,继续溯江西犯,电机厂开工生产不到三个月,又于1938年大约5月沿江越洞庭湖迁湘潭下摄司。这段时期,我依靠老工人的支持和陈家鼎、陈俊雄等的帮助,在艰苦困难的条件下,多次临时装机布置生产,又多次拆卸机器装箱船运,尽可能多生产一些电机、变压器。看到工人们在支援抗战的精神鼓舞下,吃苦耐劳、高度负责的高贵品质和克服困难、恢复生产的创造精神,我深受感动。

1938年夏,建设委员会被撤销,电机制造厂的电机部门改归资源委员会(以下简称资委会)中央电工器材厂筹备委员会领导,主任委员是恽震,电机厂厂长是许应期,我是工程师,资委会归行政院领导,主任委员是翁文灏,副主任委员是钱昌照。资委会是管理国营重工业的机构,有钢铁、石油、化工、机器制造、电工器材、电站、煤矿、有色金属等部门,都称筹备委员会。中央电工器材厂筹备委员会同资委会其他部门一样,以发展国营企业作号召,召集一些教授、讲师、工程师,以及大学理工、管理科成绩优良的毕业生作为领导和各级技术、管理骨干,筹建企业,并依靠外国技术援助来争取投资。它以派遣出国实习来吸引人才,鼓励大家埋头业务,努力工作。当时筹备委员会下设电线、电灯泡、电子管、电话器材、电机、电池等厂。电灯泡电子管厂已经在湘潭下摄司初步建设开工,其余各厂均在筹备之中。电机厂迁湘潭后,器材装船未卸,为了观看战事发展,并未布置开工,准备随时溯湘江南下。我负责搞旋转电机建厂规划,开规格单订购英国机器。1938年年底,日本侵略军进占武汉,电机厂从湘潭迁桂林,建厂开工。中央电工厂筹备委员会桂林电机厂于1939年1月成立,分旋转电机、电池两个部门,又称桂林四厂,厂长是许应期,我任电机主任工程师兼电机组组长,负责旋转电机的小批量生产和扩建规划。此时的生产规模极小,产品只有20马力以下的交流电动机。此时中央电工厂筹备委员会已改称资委会中央电工器材公司,总管理处设在昆明,要筹建昆明电机厂,故不到一年时间,于11月间我从桂林调往昆明。1939年在桂林期间,我碰到一位熟人黄生茂。我们俩是在华成电器厂认识的,他是上海华联铸造厂厂长,华成电器厂和上海华联铸造厂是相邻的两个厂,都在南翔镇。他带了一批铸造工人和铸工器材,随同电机厂迁到桂林。为了使电机迅速投产,电机厂同黄生茂签订合同,由电机厂供给厂房、设备、原料,他代表上海华联铸造厂供应电机铸件,按重量论价,实际上属于包工性质。由于铸造工人经验丰富,很快解决了铸件问题,加速了电机的投产。黄生茂告诉我,他有意办一个铸造厂,专门铸造手榴弹、迫击炮弹壳以支援抗战,劝我投资合办,说是工人经验丰富,很快就能建成投产,利息优厚,等等。当时我手头正好有华成电器厂发给我的奖金余款1 000多元,我瞒了妻子,一次就将1 000元交给他,投资办厂。却没料到黄生茂根本没去办厂,而是将我的钱拿去投机。我因为相信他,没有任何手续,加之1939年第四季度,日本侵略军打到广西,侵占了南宁,我忙于准备迁移部分人员和器材去昆明,也无暇过问投资建厂的事。到达昆明后不久,我才知道黄已将我投资的钱全部用掉了,我支援抗战的一份心意完全落空。后来他再也没有同我联系。自这次上当后,我吸取了惨痛的教训。

1939年11月至1942年3月,我一直在中央电工器材公司昆明电机厂工作。中央电工器材公司在昆明设总管理处,总经理是恽震,协理是郑家觉、陈良辅。有秘书、人事、会计、技术、业务等处,公司所属在昆明地区的工厂有电线厂,厂长是张承祜;有电话器材厂,厂长是黄修青;有电机厂,厂长是许应期(兼桂林电机厂厂长),副厂长是诸葛恂,1942年年初由张承祜兼任电机厂厂长。电机厂下设旋转电机组、变压器组、开关设备组,以及总务、考核、会计等科,另有一个铸造车间。我担任旋转电机组组长,朱仁堪为副组长兼设计股长,沈从龙为制造股长,金工装配工场管理员是陈家鼎,铸造模型管理员是陈俊雄,变压器组组长是孙瑞珩,开关设备组组长是林津。我负责发电机电动机生产技术、铸造车间生产技术以及旋转电机部门的扩建规划。

在这一时期,除本职工作外,我还有以下一些经历。

(1) 参加了中央电工器材公司三民主义力行团。大约是1941年夏,恽震动员我参加这个组织。他说,这个团只是公司的一个组织,为了避免"中央党部"派人来厂活动,自己组织起来比较主动,希望公司的处长、组长都能参加。我表示专心搞技术业务,不想参加政治活动,恽说只要填一张入团表,参加一些劳动,以示身体力行,可以不搞政治活动。我听了后去找葛和林商量,当时他在电线厂当工程师,我们都认为既然这个团是公司的一个组织,也不搞政治活动,我就同意参加了,填了入团表。记得开了一次成立会,参加者有总经理、协理、厂长、恽震秘书高敏学,以及处长、组长、工程师等二三十人,名单好像是发表在公司的《电工通讯》刊物上。恽震讲了话,大意是要相信三民主义,加紧生产,身体力行等。他还提到要开辟一条通后山的小路以逃避空袭,大家都要参加劳动,我还被指定为劳动小组组长。以后没有发团证也没有交团费,似乎也没有再组织活动。

(2) 参加了一个小型读书会。1941年中期,在葛和林的影响下,我参加了一个他同张端元(当时她在昆明钢厂工作)组织的小型读书会,学习重庆《新华日报》及进步书刊,开始接触进步思想。读书会是在晚间轮流在各家举行的,每周一次。同时参加的有袁敏(葛的爱人)、孙瑞珩、娄尔康等。那时我的宿舍同葛、娄是比邻。读书会持续了一两个月,因工厂遭日本飞机轰炸,宿舍被炸毁而停止。

(3)参加了对付徒工逃跑事件的处理。1941年下半年,昆明电机厂技术工人被外单位"拉走"很多,工厂生产濒于停顿。许厂长召集组、股长开会商讨对策,决定招收一批高小毕业程度的徒工试行专业训练,使他们在几个月内就能操作机床加工某些零件,派我负责照管训练工作。三个月后,徒工们基本上能独立操作,加工电机、变压器、开关零件,徒工训练期满,正式调厂工作。为了防止这批徒工再被拉走,沈从龙、李子白出了个点子,就是如果发现有徒工企图逃走或逃走又被抓回者,实行禁闭处分,就是关在一间小房子里,少则一二天,多则一星期,这个点子随即获得大家的赞赏,许厂长规定禁闭要由他亲自批准方能执行。

后来,为了防止技工外流,已经同地方当局联系好成立"工人管理处"派专人管理。对外设法阻止外单位来厂招人,并在昆明附近公路上设卡阻拦,盘查载有工人的卡车,如果发现逃走的技工,就要抓下来送交管理处,施诸拘禁,至少要追回从上海到昆明的旅杂费用。这种惩罚活动一直持续了很长时间。我觉得这种做法也是为当时形势所迫,不得已而为之,但在"文化大革命"中被视为压迫和迫害徒工。

(4)曾经同一位资本家签了一个"君子协议",1942年年初,美日战争爆发,工厂因为缺材料无法正常生产,我就想另谋出路,经电机厂材料股股长李文渊的介绍,认识了一位老板金襄七。他经营进出口贸易行,表示愿意办工业。我劝他办电机厂,双方谈得融洽,不久便签了一个"君子协议",内容主要是等待战局好转,他出资本我出技术合作办厂,并介绍孟庆元、陈俊雄和我妻子参加,先做技术准备工作,搞设计图纸,每人每月二三十元。后来我被派出国,我通过李文渊向金提出,等我到美国后,他要汇款到美国让我购买机器设备,作为合作的条件。由于国民党消极抗战,军事上节节败退,中缅交通运输中断,昆明情况混乱,我在美国也等不到汇款,知道金襄七已无意办厂,这个"君子协议"就无形取消了。

1941年第四季度,经陈良辅(时任资委会驻纽约办事处副主任)联系,美国西屋公司同意接收两名中国实习生前往实习电机与开关制造,恽震决定派我和林津前往。

1942年4月1日,我们乘飞机从昆明启程到印度加尔各答,在那里等待飞开罗的飞机。当时英国军队正在非洲吃败仗,军事运输紧张,去开罗的民用航线不售票,我们只得在旅馆等待,看电影消遣。在旅馆遇到翁心源、孙健初,他们都是资委会玉门油田公司派遣赴美实习的。翁是资委会主任翁文灏的儿子,经过翁同大使馆的联系,才搞到英国海外航空公司飞机票,于4月底启程飞经巴基斯坦、卡拉奇前往开罗。在那里我们又等了两个多星期,仍然依靠翁心源的关系,由大使馆设法,搭上美国航空公司的运输机,经苏丹飞往利比里亚,改乘大型班机飞往纽约,大约在6月初到达。在机场迎接我们的有陈良辅、单忠肃等人。从办事处了解到我和林津需等待安排,前往西屋公司所属工厂实习。我们在纽约足足等了一月有余,于7月初奔向实习岗位。

1942年7月,我们到达匹兹堡后,先去东匹兹堡的西屋公司总部报到,我们的名义是该公司工程学校的实习生。公司主要的电机电器工厂大都集中在该城,训练部门给我们安排了一年半的实习程序,我先后经历中小型电动机厂、发电机厂、绝缘材料厂、工具厂、铸造厂等实习产品设计和工艺操作技术,并以一小部分时间了解车间管理和工厂管理。实习程序按周安排,由各部门负责产品设计工程师、制造技术工程师和车间主任进行指导,通过交朋友的方式,在设计室接触到热情帮助的技术人员,获得设计公式与经验数据;在车间接触到工人与设备,获得工艺技术的内部资料,并实践了关键操作方法。有时我们也帮助他们做一些设计计算工作,但大部分时间是自学,因而要找机会多翻阅一些新产品选型定型的工作总结报告。训练部门经常集中组织实习生听各种报告,包括设计理论、科研成果与重大产品、企业组织管理等,分别由技术权威主讲。作为实习生,我们上下班要打钟卡,每周领取工资,加班工资照发。我们的工资待遇相当于中等级别的技工。纽约办事处规定,每月领取的工资要上缴,由办事处每月发给生活费150美元。西屋公司的实习于1944年1月结束,然后去该公司的微电机厂参观了一周,又经陈良辅联系,我直接去了中部密尔沃基城的爱利士夏默尔机电制造公司实习汽轮机、水轮机、发电机设计制造及焊接、工具制造技术,实习时间一年有余。在设计室时间约占三分之一,车间实习操作时间占三分之一,在该公司所属工厂实习,情况也同西屋公司一样,实习了大型火力、水力发电设备(不包括锅炉)的设计制造技术,收获很大。我全面了解了该公司生产的汽轮发电机、水轮发电机的结构和工艺。在这方面,该公司是有突出成就的。我在那里的生活待遇也同西屋公司一样,每周领取的工资上缴,按月收到生活费150美元。

我在那里的实习于1945年2月至3月间结束,然后我在纽约办事处的器材组工作了几个月,工作内容是整理实习心得,写报告,参观纽约附近的电机厂等,同时制订扩建国内电机厂的规划方案并开列相应的机器设备清单,准备有了外汇马上订购。同我一起工作的有林津、汤明奇、葛世儒、俞恩瀛、王兆华。在此期间,陈良辅派我们去福特汽车公司考察了徒工训练模式,了解组织管理制度与实际训练活动,为期七天,我们写了考察报告并寄到国内。

在美国实习期间,我也参加了如下一些社会活动。

(1) 给中国留学生作报告。1942年6月中旬,我们四人刚到美国不久,住在纽约。当地的中国留学生邀请我们四人介绍国内的情况,他们三位推举我作代表发言,于是我向留学生做了一个报告,题目是《我国抗战情况和国内的工业建设》。我只能根据国民党的报纸上关于抗战的宣传资料、四人所掌握的有关资委会所属企业内迁,以及在内地搞生产的一些情况,向大家做系统的讲述。这些情况对长期留美的学生是很新鲜的,所以得到他们的赞赏。

1942—1943年实习期间,我也曾应电机厂工人和技术人员的邀请,在他们的礼堂或俱乐部做过几次演讲,内容有:中国军民抗日战争英雄事迹与新的风尚,中国地理、物产情况,中国生产建设情况,中国古代民族英雄、良母贤妻等文化历史。我的演讲,美国人还是挺欢迎的,每次讲完都会送些小纪念品,所以我逐渐同他们建立了良好的关系,也交了一些很好的朋友。

（2）参加资委会卅一学社活动。1943 年夏，资委会驻纽约办事处通知我去南部诺克斯维尔城参加集会。到会的有资委会派赴美国实习的各行各业实习生及纽约办事处的工作人员约三四十人。学社负责人王端骧、谢佩和介绍了卅一学社，它是钱昌照为资委会 1942 年派赴美实习人员在重庆组织的，先期到美的实习人员翁心源、孙健初、林津和我都算是社员。学社任务是定期在美国集会，交流实习经验，介绍国内生产建设情况，并组织集体参观企业、电站、水利工程设施，讨论参观心得；平时要出简报，报道社员行踪、实习情况及国内生产建设消息，目的在增进相互了解、联络感情。学社没有让我们办理入社手续，也没有约束我们的实习工作条例。诺克斯维尔城是罗斯福政府办的国营事业管理机构"田纳西河流域开发管理处"所在地，我们听了该机构最高负责人介绍有关国营事业组织管理、科学技术工作和生产建设情况的报告，参观了当地的水利建设工程、水电站、火电站、炼铝厂和水利水力科学研究所，组织了小组座谈会。除大会、聚餐、参观是集体活动外，大部分时间是分散成小组活动的。我们电工小组始终在一起座谈讨论，有时也和业务比较相近的电站小组共同讨论。总的看来，卅一学社的社员，原来是在一个单位工作的，专业相同又相熟的则联系较多，反之则联系较少。我平时只是同电工实习人员有通讯联系，开始时也曾给纽约办事处写同组实习人员情况的汇总报告，后来也不写了。学社出版简报，王兆华负责编辑，他在纽约办事处工作，简报的消息来源是每个实习人员按时的工作汇报，也有国内各企业的生产建设消息。1944 年，我们又集会过一次，之后在美国的活动就停止了。1945 年年初，他还出过简报。1945 年 8 月，日本投降后，多数社员回国，听说部分人员当了接收日伪重工企业的接收人员，王端镶曾要我继续编辑写简报，我没同意，这样简报也停了，学社的一切活动都停了。

（3）参加素友社美国分社。1945 年中期，经林津、俞恩瀛介绍，我参加了素友社美国分社。这是一个民间互助性质的社团，集合了一批志同道合的朋友，定期聚会，联络感情，交流生活工作情况，遇到困难，则互相帮助。美国分社主要由留美中国学生、实习生以及华侨组成。其中不少社员都是工程技术人员，电力系统的鲍国宝、王平洋等也都是该社社员。

（4）关于仁社。我的姐姐应章和姐夫邹禹烈住在纽约，我姐姐毕业于上海医学院，1939 年自费赴美。姐夫毕业于上海光华大学，1937 年留美学经济，后来在纽约中国银行工作。1942 年我到美国，姐姐在美国纽约医院内科当医生，去匹兹堡以前，我住在她家，以后到纽约也住几天，她经常介绍熟的朋友到家做客。姐夫曾多次和我谈起仁社这个团体，后来劝我参加，我曾一度同意，后来拒绝了，改为参加素友社。大致的经过是这样的：邹禹烈当时是仁社美国分会的秘书，据他说仁社的总社在国内，其宗旨和上述素友社是相似的。听姐夫谈起仁社中的一些成员，如交通部电话局局长徐学禹、电报局局长包可永、交通部次长曾养甫、永利公司经理侯德榜、国民党陆军孙司令，还有一些政府官员、银行经理、分经理等。1944 年，邹向我提起是否愿意参加仁社，当时我想多认识一些人也好，就表示愿意。1944—1945 年，我听到许多国民党驻美官员贪污腐化生活的传闻，又看到《华侨日报》及美国一些进步刊物揭发的国民党的黑暗统治,对国民党政府及这些官僚逐渐产生了反感,不愿与他们同流合污,思想上有些抵触情绪,对官僚比较多的仁社就不那么感兴趣了。1945年年初回到纽约后,姐夫告诉我仁社已经通过接纳,要我表态。经过一段思想斗争,我改变了主意,表示不愿意参加了。不久林津、俞恩瀛动员我参加素友社,大约1945年秋,我决定加入素友社。

(5)参加美国焊接工程师学会。大约在1944年,我在爱利士夏默尔公司的焊接车间里实习,经车间主任介绍,参加美国焊接工程师学会,当时的手续是:需要一个人以上介绍,填一张表,内容包括姓名、年龄、籍贯、学历、工作经历、专长和工作岗位,经批准后就成为会员。会员要缴纳一年会费,由学会编辑部按月寄《焊接工程师月刊》,这个刊物主要登载有关焊接方面的理论、工艺、经验介绍和大量焊接器材工厂的产品广告。月刊是公开发行的,会员有低价待遇,会员有权参加年会和地区分会的活动,后者是学术会议和参观工厂。我在参加学术会议以前曾作为车间主任的客人,参加过密尔沃基城的一次分会活动,并受邀做了一次报告,介绍我国抗日战争情况和国营电机工业内迁、建设和生产的情况,会上还听了一场"焊接大型曲轴新工艺"的专题报告并观看了有关电影。一般报告都会有会员所在单位的经验介绍,在报道新工艺的同时,宣传本厂产品的特点,寓广告于经验介绍之中。该学会还草拟、推荐焊接技术标准,组织讨论在月刊上发表,这是一个纯学术性的组织。

1945年6月至8月,我参加了资委会电工器材公司同美国西屋公司商谈"技术援助"协议的准备工作。大约在1945年6月,恽震到美国,与西屋公司国际公司负责人进行技术援助的谈判,参加决策的人有资委会派往美国考察的专门委员许应期、卢祖怡、任国常和陈良辅等人。商谈伊始,他们在西屋公司国际公司负责人的陪同下,全面参观了该公司匹兹堡地区的电机电器工厂和费城汽轮机厂,我和一批实习人员一同前往,有林津、朱仁堪、汤明奇、葛世儒、俞恩瀛、王兆华等人。恽震同公司负责人谈定了以下技术援助协议的主要原则。

(1)确定购买电工技术专利的范围、产品主要品种范围,供给产品图纸、工艺技术资料和材料规格。

(2)西屋公司为中国设计一座综合性电机制造厂,按品种范围确定产品方案。

(3)培训一批产品设计、工艺技术人员和企业管理人员。

(4)付给报酬方式——一次性给付技术援助报酬400万美元。工厂建成投产后,按产品值给付一定百分比的专利费若干年。

(5)属于专利范围内的产品,限制对某些地区的出口,以免影响西屋公司的业务。

还有一些其他原则,我已记不太清。

恽震命我根据以上原则,组织电工实习人员同西屋公司指定的工作人员一起研究具体产品形式规格,培训人员的主要分工内容和新厂设计任务书,由西屋公司草拟协议中有关上述项目的具体条文,经我们详加审核,由恽震审阅,经过讨论,最后使技术援助协议的草案定稿。我在协议的技术内容方面起到了主要的参谋作用。随后恽震回国,随行的有西屋国际公司协理麦克曼尼格尔,回国活动的结果是得到资委会的核准,从美援借款中拨付 400 万美元,大约于 1945 年 8 月间双方正式签订协议,由王守竞(资委会中央机器公司经理,当时在美国)代表资委会签字,协议告成。我们都参加了签字仪式,协议条文的英文版本在解放初期交给了周建南。在这之前,恽震曾率领许应期、陈良辅等厂级干部同我和林津等实习生一同去访问参观爱利士夏默尔机电公司,我曾在那里实习并取得较大收获。参观团曾经向公司副总经理试探技术合作的可能性,我非常积极地想促成同该公司签订技术援助协议,恽震也想争取他的投资,但终因该公司的资本不够雄厚而遭拒绝,谈判未能深入下去,转而回来选择将西屋公司作为谈判对象。

恽震大约在 1945 年第四季度又到美国任资委会驻美国办事处主任。他派卢祖怡和我任中央电工器材公司驻西屋公司"驻厂代表",我是副职,此时卢已被内定为厂长,他常驻华盛顿负责采购器材工作,实际驻厂代表的繁重工作由我负责,他每月到匹兹堡一次,检查工作,听取实习人员汇报并解决公司中的一些重大问题,我是 1945 年 9 月至 10 月进厂正式担任代表工作的。恽震派林津、汤明奇、朱仁堪、葛世儒到西屋公司帮助我规划新厂的工厂设计,提出派遣实习人员的具体建议方案以及指导他们的实习工作,他们将在那里工作 3 个月到 2 年。

驻厂代表常驻西屋公司对外制造技术部,同中国技术援助处比邻,后者是西屋公司专门为对中国技术援助而组织的,由工厂设计经验丰富的华莱士(Wallis)任处长。他原来是西屋公司电梯厂经理,由他组织一批专家,配合驻厂代表进行工作。我的工作任务如下。

(1) 根据国内通知,会同技术援助处训练组,安排实习人员的实习岗位、实习项目、实习程序,并检查实习进行情况,解决实习过程中出现的纠纷。

(2) 组织实习人员,会同技术援助处工厂设计组参加工厂设计。

(3) 组织实习人员,会同技术援助处,收集产品设计图纸、制造工艺技术资料、技术标准文件、科研报告及企业管理资料。

(4) 审阅实习报告,转寄国内写业务综合报告,有时还向恽震单独写报告。

(5) 同中国技术援助处协商,开办短期业务培训班,由公司派各部门负责人和技术专家向全体实习人员介绍公司所属企业管理情况、制度特点、产品特点与科学技术成就,作为实习人员实习程序的组成部分。

(6) 组织实习人员参观附近的电工企业及机械、工具等的展览会。

1945—1946 年到达的实习人员 40 余人,1947 年又有人员陆续到达,增至七八十人,工作量很大。我常驻东匹兹堡城,是总公司及电机、开关、绝缘、铸造、工具等厂所在地,实习人员多数在该地区实习,另有三批分别在费城汽轮机厂、夏朗城变压器厂和纽瓦克城电表厂实习。为了照管方便,派王兆华、李子白和吴履梯分别为三地区的业务组长,地区业务组长除实习个人专业外,兼顾本组成员的资料收集工作,检查实习情况,审阅实习报告,不定期向驻厂代表写综合业务报告,原来留在驻厂代表室的林津帮助我指导变压器、开关、电表等业务,葛世儒帮助我指导绝缘材料业务,我本人兼管汽轮机、旋转电机、工具、铸造等业务,朱仁堪帮我指导旋转电机的设计研究业务。

恽震没有要我管政治思想工作,所以我也没有听到或看到他们之中有什么三青团、国民党的组织活动,由于国内来的通知只提实习人员的实习岗位、学历和工作经验,根本未提他们的政治面貌,也不提出国政治条件,所以我并不了解他们之中谁是三青团员,谁是国民党员,谁参加过中央训练团等,有些人自己说了,也没人关注。

我在任驻厂代表期间,除努力做好实习人员的实习工作之外,也组织和参加了一些其他活动,大致如下。

(1) 积极帮助恽震为争取美援借款投资和西屋公司的投资而努力。自从 1945 年签订西屋公司技术援助协议之后,恽震于年底到美国任资委会驻纽约办事处主任。他想进一步获取美国投资,但又排不上队,就想方设法说服西屋公司能投资新厂建设的一部分费用,反过来促进争取美援借款。他采用两种方法:一是要使培养实习人员、设计工厂、收集技术资料工作做出成绩,以期获得西屋公司的好评,从而对到中国投资产生兴趣;二是要同西屋国际公司搞好关系得到他们的支持。他派我担任驻厂代表以后,就一再嘱咐我从这两个方面努力,要用实习人员的优异成绩来显示电工器材公司的实力,增加西屋公司对协议的重视,从而增加对中国投资的兴趣。如果公司暂时不愿意投资,也要通过他们的赞赏为争取美援借款优先投资创造条件。我按照恽震的指示,一方面抓紧培训工作的检查、落实,组织实习人员参与工厂设计,务使采用当时最新产品和先进技术;另一方面尽可能同科室、车间的指导实习人员搞好关系,必要时还请客吃饭以示友好,也尽量同中国援助处处长华莱士保持好个人友谊,同中国援助处的工作人员搞好关系,如我介绍杨锦山利用业余时间教他们学汉语,我介绍华莱士等到中国参观,建议恽震出面欢迎,我请实习人员主动向他们介绍中国情况,增进私人友谊等。这些努力都使西屋公司对我们的实习工作表示满意。

(2) 恽震除了经常问我要一些新厂规划方案一类的材料,听取我的工作汇报之外,也亲自来检查实习情况。1945 年,他来匹兹堡城召集实习人员聚会,并传达了他参加"中央训练团"受训的报告,提到蒋介石亲自去训话,蒋说他培养干部多年,对得起大家,但大家对不起他,对他效忠不够等。大约 1946 年第四季度,恽震再次到匹兹堡城检查实习情况,要我召集大家在我临时购买的集体宿舍(宾州大道 7137 号)里聚会。他询问了一些实习情况后,开始做报告,大意包括:中央电工器材公司所属各厂的生产建设情况,接收东北、上海等地日伪电工企业的情况,美援借款建设新厂的希望,等等。他勉励大家好好实习,给西屋公司留下好印象。

1947 年,为了争取到一点美援借款,作为新厂初期投资,以维系人心,恽震要我拟一个投资 400 万美元的初期建厂规划,我特别注意同中国技术援助处合作,组织实习人员日夜努力,编拟了一份规划方案,用英文编写(由王兆华执笔),在限期内交出,后来据说这个方案也未能实现。

(3) 同钱昌照的接触。他是资委会副主任委员,大约在 1945 年第四季度到达华盛顿,因恽震返国,我去华盛顿见他,代表恽向他汇报西屋公司技术协议开始执行的情况,提出了我对投资建厂、多派实习人员的意见,希望得到他的重视,但因等待他接见的人太多,我们只谈了 20 分钟。大约在 1945 年冬,探听到钱昌照到了纽约,我又去向他做了一次汇报。他问了一些实习人员的情况和工厂设计的进展后,告诉我美援借款建设新厂有希望,勉励我管好实习工作和新厂设计工作,他将去努力争取美援投资。这次会谈时间约一个小时,后来听说他去了英国。

(4) 办短期"业务训练班"。大约在 1946 年年底,恽震示意我利用西屋公司战后大罢工时期实习人员不能直接进厂实习的机会,同中国技术援助处协商,办一次短期业务训练班,将那些分散在几个城市的西屋公司实习人员集中到匹兹堡城,由公司派出人员向大家介绍公司组织管理的全面情况和技术发展新成就。公司派出了各部门的负责干部和技术权威开设专题讲座,分专业讲述各部门组织管理系统与管理方式、管理效率、产品特点、新工艺和科学技术成就。我也讲了一次新厂设计成就,这样使得实习人员在接受本岗位的专业技术管理与技术工作之外,能够学习到整个垄断资本电工托拉斯的全面组织管理和技术工作的经验和成就。

(5) 参加西屋公司招待国民党高级军官卫立煌的欢迎会。1947 年年初,应西屋公司的邀请,实习人员参加了该欢迎会,当时卫立煌是作为史迪威将军的客人。招待会非常隆重,在西屋国际公司的敦促下,我在会上向卫立煌报告了技术援助的收获和实习人员的培训情况,并请他支持,促进国民党政府投资建厂,发展我国电机工业,《匹兹堡日报》还登载了我同他握手的照片。欢迎会后,公司负责人邀我及少数实习人员陪他参观工厂并为他说明,晚上公司举行鸡尾酒招待会,我同朱仁堪、顾谷同应邀参加,并向他祝酒。

(6) 向美国政府官员汇报技术协议执行情况。1946 年中,纽约办事处通知我,向美国政府经济作战部官员韬勃汇报西屋公司技术援助协议的执行情况。韬勃同陈良辅相熟,我在实习期间,就听陈说过他对中国很友好,曾草拟了一份 10 亿美元贷款帮助中国战后建设的方案,向美政府献策。1942 年,资委会派赴美国的实习人员,不少是经他介绍进厂的,因此我对他有很好的印象。他来匹兹堡后,我向他详细汇报了协议的执行情况、实习人员的培训成绩和工厂设计的进展情况。他很感兴趣,赞赏之下,表示愿意尽力帮助实现建厂。

(7) 参加美国工具工程师学会和美国电机工程师学会的年会活动。大约在 1946 年年初,经华莱士介绍,我参加了美国工具工程师学会,成为会员。当时正值第二次世界大战结束,机电方面出现了许多新工具和制造工具方面的新材料、新设备,对电机制造业是很有用的,与上述焊接工程师协会很相似。我也草拟推荐工具制造方面的技术标准,并在地区技术报告会上讨论。我参加匹兹堡城的报告会,按月收到月刊,还参观过附近地区的工具设备展览会,观看过有关工具制造新工艺的电影等,西屋公司的实习人员中也有不少人参加了该学会,如张大奇、杨锦山等。我缴纳过两年的会费,1948 年不再缴费,会员资格也就取消了。

(8) 1946 年中期,我接受中国技术援助处的邀请,参加过一次匹兹堡的美国电机工程师学会的大型报告会,但我没有入会,因为觉得这个学会讨论和出版的有关理论方面的问题比较多,当时我着重电机制造技术,没有很多时间研究理论。实习人员中搞产品设计的人员如朱仁堪、孟庆元、汤明奇、吴天霖等都是这个学会的会员。

(9) 1945 年 8 月,资委会同西屋公司签订了技术援助协议以后,其他行业也都在同美国有关托拉斯谈判,但大多未达成协议。原来卅一学社社员中一部分已经回国参加接收日伪重工业,而资委会仍在继续派遣技术人员到美实习,纽约办事处希望大家能始终为国营工业效力,回国后保持联系,互相帮助提携,不要离开国营工业而转到其他官僚资本工业或私营企业去,故比较支持和欣赏留美学生能自发组织一些类似兄弟会一类的组织或社团,通过聚餐、郊游、参观学习等方式联络感情、交流经验、互相关心照顾。我因在实习期间已经参加了素友社,性质都是类似的,故没有再参加其他社团。

(10) 在担任驻厂代表期间,我也组织过一些集会,向美国朋友宣传资委会电工器材公司生产建设的成就。在当时的双十节,我组织大家搞聚会、郊游、晚会等庆祝活动。1947 年年初,短期业务训练班结束后,我还组织过一次西屋公司中国技术援助处的联欢会,以增进友谊。

我自 1942 年出国,至 1947 年已离家五年。1947 年 4 月,我妻子吴世英抵达美国,她也是中央电工器材公司的工程师,1937 年交通大学的毕业生,以留职停薪的方式请假赴美同我团聚,两个孩子留在上海祖父母家。她的出国护照是以纽约办事处工作人员名义领到的,她到匹兹堡以后,就报名入匹兹堡大学学习工业生产管理及材料运输等专业。我不让她参加西屋公司培训,是由于我当时的思想是不愿意回到国民党统治区,准备回国后即去解放区,不愿继续留在资委会,所以不愿让她陷入西屋公司的实习方案中。她在南京工作时,她妹妹吴侠曾从苏北解放区潜入南京办事并看望她,吴侠是新四军干部,共产党员,给姐姐灌输了不少共产党及解放区的新鲜事物,故我妻子是非常向往解放区的。而我从 1942 年来到美国之后,思想认识和观念发生了较大的转变,在美国接受了进步思想,同党内人士取得了联系,一心向往解放区。

在美国,我最先是 1945 年在纽约办事处工作期间接受进步思想的,那时经常阅读《华侨日报》,这是登载《新华通讯社》消息的唯一中文报纸。同年去福特汽车公司考察徒工训练情况时,途经密歇根大学访张大奇,他谈到在重庆接触了进步人士,了解到解放区情况以及国民党反动政府的黑暗腐败。他说,他参加过伪中央训练团"受训",是为了方便领取出国护照,这是经过进步人士同意的,还说他在重庆会见过董必武同志,所以我很信任他。不久葛和林到达美国,我在学生时代就相信他是进步的,对他一直是非常信赖的。他介绍我认识了留美实习电力工业的陶立中,我们约会交谈,陶畅谈了进步思想与解放区的光明与民主。其实之前我曾去过纽约华侨日报社做自我介绍,求见一位《华侨日报》上署名"陆鸣"的记者,因为他很生动地报道了有关国内斗争形势的消息。我很崇拜他,但是遭到报社人员的谢绝,他们说他外访去了。

大约在 1946 年春节前后,经葛和林的友人朱某(名字忘了,他以民主同盟负责人的身份在纽约哥伦比亚大学读博士学位)介绍与安排,我、葛和林、张大奇同华侨日报总编辑唐明照会谈了一次,直到深夜。唐介绍了国内斗争的形势、解放区的民主与光明、蒋管区的黑暗与腐败,使我明白了许多道理,思想开了窍。当时我就问唐,能否介绍我去解放区,表达了我不想留在美国的想法。唐明照鼓励我们利用机会,努力学习,掌握美国的先进技术经验,团结技术人员为将来建设新中国的工业做好准备。他还说,现在解放区还不能进行大规模的建设工作,等等,他的讲话给我留下了深刻的印象。

1946 年至 1947 年间是实习人员最多的时期。经过一段时间的观察,我看到有正义感、较明显地表现出恨国民党反动政府而倾向于共产党解放区的有蓝毓钟、张大奇、杨锦山、陈俊雄和卢荣光等人,陈俊雄同我相熟,思想本来很进步;蓝毓钟态度稳重,对形势分析用事实说明问题,讲话谈论有说服力,使人不容易直接看出他是反对国民党反动政府而心向共产党的,当时我并不知道他早已是 1938 年的老共产党员了,我猜想他可能是地下共产党员,但不敢问;杨锦山经常揭发国民党反动政府的腐化和反动,喜欢唱一些如茶馆小调等进步歌曲;卢荣光则是有强烈的正义感,勇于揭发国民党反动政府的罪恶;我已经知道张大奇是进步的,所以我同他们的关系比较亲密,经常在一起讨论形势,并在实习人员中做些宣传工作。我们也讨论过对付西屋公司中国技术援助处的策略,因为在训练和收集技术资料的问题上,同他们是有矛盾的,他们总是想留一手,不肯爽快地给资料和传授经验。蓝毓钟还介绍我认识了薛宝鼎、侯祥林、陈冠荣等。他们是在匹兹堡大学或卡内基理工学院学习石油、化工技术的,思想都比较进步。在他们的鼓励下,我曾在 1947 年年初,大胆地向一个美国进步团体做了一次关于解放区情况的报告,地点在匹兹堡大学区的一个俱乐部里。我谈到反对美帝帮助蒋介石打内战,陷中国人民于水深火热之中,并揭露了国民党政府发动内战,贪污腐化的罪恶,我讲话的材料来源于《华侨日报》《群众周刊》,记得侯祥林、薛宝鼎参加了这次报告会,蓝毓钟他们是否参加已不记得。这样的报告会,对其他实习人员是保密的。

1947 年上半年,我写信给葛和林的友人朱某,表示希望早日去解放区,接到了唐明照的回信,他对我加以鼓励,勉励我继续留美工作。他要我直接同他联系,并寄给我《群众周刊》,因此以后我去纽约,常去看望他,汇报实习人员的情况,还同我妻子一同拜访过他,我们共同表示愿意去解放区。

1947 年年中,得到薛宝鼎、侯祥林通知,会同我妻子吴世英,还有蓝毓钟、陈俊雄同去纽约,在一座公寓宿舍里,听唐明照做了一次小型时事报告会,参加的人还有张大奇等人。报告大意是说,美帝国主义外强中干。他分析了解放战争的胜利形势,和美国帮助蒋介石发动内战的罪恶,等等。这次的时事报告会对我触动很大,我的心愈加向往解放区。

大约在 1947 年年中,由侯祥林、薛宝鼎等人发起组织"匹兹堡科学工作者协会",要我参加。侯祥林谈到科学工作者协会是国际性的进步科学工作者组织,在美国这样的组织可以比较公开地活动。这个组织可以召集思想进步的中国在美留学的科技人员,在美期间互相帮助,通过学习促进思想进步,暴露国民党的黑暗统治,宣传解放区的民主与光明,回国之后,可以联络活动,向广大科技工作者宣传进步,为新中国建设服务。当时在实习人员中,政治态度进步的除蓝毓钟等五人外,我观察到丁舜年、周杰铭的政治态度有进步倾向,所以约他们同去参加。记得在侯祥林处开过两次会,讨论组织问题,宗旨如上述。我不记得蓝毓钟、陈俊雄是否参加了,而当时张大奇、杨锦山、卢荣光都在外地实习,没能参加。此后,我继续观察实习人员的政治态度,发现丁敬华、章守华、王兆华、张均、吴履梯等人思想也比较进步,但由于对他们有的还不够熟识,有的不在匹兹堡,所以没有继续推荐。

1947 年年初,侯祥林通知我去参加匹兹堡美国进步团体组织的一次中国问题辩论会。主讲人是安娜·路易斯·斯特朗女士和国民党驻美大使馆的陈之迈,要我组织一些实习人员去参加,并称已经安排好由美国进步学生出面向陈之迈提问题,当时听众近千人。斯特朗盛赞毛泽东主席领导下的解放区,如何光明、民主、进步、欣欣向荣;而陈则胡言乱语,大肆污蔑解放区,还无耻吹嘘蒋管区的民主,他被斯特朗驳得理屈词穷。紧接着一批美国学生接连向陈提出问题,揭露国民党发动内战,进行法西斯统治,迫害人民和贪污腐化的罪行,问得陈某狼狈不堪,中途逃脱,使参加的人员受到一次深刻的教育。据侯祥林说,这次活动也是与科协工作有关的。

1948 年年初,中央电工器材公司派孙瑞珩出国接替我的工作,调我回国筹建新厂,交接工作于 5 月底结束。此时留下的实习人员已不多,如丁舜年、吴履梯、姚诵尧等人,工厂设计已基本完成,收集了几万张产品图纸和其他技术资料,尚待装运去国内。当时我同孙瑞珩约好,我们共同努力使西屋公司迅速将技术资料装箱运到上海。1948 年 6 月,我在美的工作结束了。回国前夕,我进行了一系列的交接及准备工作。恽震要我回国筹备湘潭新电机厂,他对争取美援投资建新厂已经没有信心,但还是勉励我帮助张承祜集中人力物力建新厂。他认为,有了这批实习人员和技术资料,又有这个协议,是可以继续向上面争取投资的。

6 月初,我们先去纽约办事处办理护照签证手续,领取回国旅费。我妻子吴世英的来回旅费都是我多年津贴和工资中积存下来的,没有向办事处申领。

接下来,我们夫妇去访问了唐明照,向他告辞。他勉励我准备为新中国的电工建设努力。由于他知道我一直想去解放区,所以给了我介绍信,其实就是一个简单的纸条,说是去香港华商报社投递后,自会有人接见,其他事没有提,只记得纸条上写了我的姓名。此后,我们去向姐姐、姐夫告辞,我非常爱我的姐姐,但我始终也没有告诉她我和唐明照的关系,更没有告诉她我要去解放区。

我们很快又回到匹兹堡,向西屋公司中国技术援助处的华莱士和工作人员告别。即约了实习管理和会计的周杰铭,同乘我的小汽车从匹兹堡西行,经辛辛那提市折往南驶去。我们在诺克斯维尔城参观了那里的水利工程、水电站、火电站。当时还有一批建筑方面的中国工程技术人员也同我们一起访问了田纳西河流域开发管理处,听取了该处负责人的介绍。然后,我们一路西驶,参观游览,直到 7 月初到达旧金山。在那里,我们参观了西屋公司西岸的电机工厂,7 月中旬从旧金山搭乘轮船回国。同船回国的有艾维超夫妇,艾在西屋公司电力系统实习,同船的还有留美学体育的马奇伟,他是清华大学体育教授马约翰的儿子,床铺相邻,谈体育事业很起劲,故很相熟。7 月底,我们到达中国香港,船停一夜。我和妻子、艾维超夫妇、周杰铭、马奇伟一道去殷关元家访问,殷是我交通大学的同学,他的妻子俞德明同我妻子也很熟。他曾在中央电工器材公司昆明电线厂工作,也曾在西屋公司做短期参观实习,当时他在香港经营贸易,后来知道是"人人企业公司"。我将他们都请到殷关元家后,时已下午四五点钟,自己单独前往华商报社访问,投递了唐明照给我的条子后,即约我于晚间8时再去。我在附近吃饭后准时前往,中共香港工委书记章汉夫接见了我。我向他汇报了认识唐明照的过程,在西屋公司任驻厂代表的经历以及向往解放区的心愿。他简单谈了一下解放战争的胜利形势后,就告诉我到南京中央大学找梁希教授(新中国成立后任林业部部长),只带口信,不带条子,就说是章汉夫要我去找他的。我交给他一份在美国得到的关于资委会的情况报告(包括在美国的情况),是一份打印的资料。我们于8月3日抵达上海。

到上海后,我见到了中央电工器材公司协理张承祜。他要我准备去湘潭,任新厂设计委员会主任委员。我提出要到南京公司总管理处报到,准备借机访问梁希教授,他同意了。留上海仅三天,其间我同父母亲及弟妹们团聚,大弟应瑞特地从台湾回到上海相见叙旧。随后到南京,先赴中央大学找到梁希,告他章汉夫的口信后,他立即陪我去见潘菽(也是中央大学教授)。他们劝我暂时先去湘潭等待,不必急着去解放区,因为当时确实也没有去解放区的机会。此后我即到总管理处报到,见到恽震,汇报了回国的经过,他勉励我去湘潭就职,搞新厂建设设计,还说美援借款仍在争取之中,等等。恽震催促我去见资委会副委员长孙越崎。因是第一次见面,只简单谈了在美国的情况,他只讲了几句勉励的话,说我年龄还轻,希望今后努力为"国营"电工效力。我知道他也是素友社社员,但大家均未提起,以后我也再未见过他。我留南京四五天后即返回上海。

留上海约一个月,我参观了中央电工器材公司所属的电线厂、电机厂,同葛和林、杨锦山等留在上海的西屋公司实习人员会见。对葛、杨,我将同唐明照的告别及章汉夫会面等情况都告诉了他们,对其他人及家里父母兄弟,丝毫没有吐露我接触进步人士及向往解放区的情况。父母年老又十多年未见,希望我不要离开他们太远,我大弟应瑞抗日战争胜利后就去台湾教书,他参加过国家主义派,政治上与我的信仰有距离,所以我们不谈政治。他劝父母去台湾暂住,我没反对,说等时局稳定后,我会去接他们回来。在张承祜的催促下,我全家于9月中离沪去往湘潭,同去的还有张弘夏全家。

9月下旬抵达湘潭,当时湘潭电机厂厂长是林津、设计组组长是朱仁堪、制造组组长是沈从龙、技术检查组组长是李子白、总务组组长是彭俊甫,西屋公司实习人员调集在那里的已有20余人。蓝毓钟、卢荣光、陈俊雄都在。我同林津等会商后,组织了一批实习人员做新厂设计,在现有规模基础上扩大,规模比西屋公司的设计大大缩小。

此时解放战争节节胜利,国民党政府军事上土崩瓦解,资委会对新厂设计根本无暇过问,我干了3个月的纸面工作,在一无投资、二无新设备的情况下,工作也难以继续下去,此时湘潭电机厂工人运动已在酝酿。蓝毓钟、卢荣光忙于这方面的工作,我同他们的交谈机会很少,有时也参加听一下,但没有介入。他们劝我暂时留下不去解放区,蓝毓钟还约我同陶立中谈过一次话。陶此时是湘潭电厂厂长，我们谈的是护厂问题，他也劝我留下。但我当时的心情是急于去解放区，献上西屋公司协议及执行的全部情况，好让新政府早日了解，及时准备接管全部专家和技术资料，并规划下一步的发展。这一时期，我对湘潭电机厂的事务几乎没有介入。到了 1948 年年底，中央电工器材公司突然来电公布我为湘潭地区经理，总管湘潭电机厂和长沙办事处。为了摆脱任命，我没有就职，在取得蓝毓钟、卢荣光的谅解同意后，立即动身去了上海，向恽震和张承祐表示坚决不干，也不回湘潭。恽、张对我极其不满，恽说养兵千日用在一朝，我的行动让他十分失望；张说我们的合作因我不回湘潭而从此终结。他们不派我工作，也不给我宿舍，我就空闲下来，暂借住在我弟弟褚应鎏家。

我仍然每天到中央电工器材公司上海办事处去"上班"，恽震仍然通过各种方式，催逼我去湘潭当经理。当时我已经通过杨锦山同地下党有了联系，等待机会奔赴解放区，决不能再回湘潭。情急之下，我写信给恽震提出一个解决湘潭电机厂工人"闹事"的方案。当时由于国民党统治区生产停顿、百业萧条，电机厂产品没有销路，收入濒绝，工资和工厂维持费用没有来源，工人生活无着，有人提出将电风扇、电动机分发给工人自己处理，折抵工资，工厂领导被迫执行，但难以处理得当，故不断引起工潮，部分工人包围管理人员喊打。蓝毓钟、卢荣光忙于调解，必须想出合理的对策。我建议他设法筹措 3 个月的工资，解散一部分领头"闹事"的工人；接着我又提出组织一些留在上海的西屋公司实习人员，对上海的国营、私营电机电器工业进行系统调查，以便对整个工业体系有一个完整的了解。这样既缓解了恽震的催逼，我又可从容准备离开上海奔赴解放区。

到上海不久后，经当时上海电线厂厂长葛和林的安排，我住在仓库改的一间宿舍里。有了住的地方，我就设法让我的妻子、孩子，随同当时从上海出差去湘潭的丁舜年、姚诵尧一起回到上海。仓库宿舍正好与杨锦山的住处相邻，我们经常去杨锦山家访问，我妻子与杨及其妻沈栋臣原来就是交通大学的同学，也是好朋友。经杨锦山介绍，认识了张哲民，我知道他是地下党员，但对张的住处和工作都不了解。他经常夜间到杨家畅谈解放战争形势、上海的斗争形势、迎接上海解放，以及准备解放后如何接管官僚资本重工业企业问题。所以我组织西屋公司实习人员调查上海的电机电器企业，也是准备在上海解放后，为新政府的接管提供第一手资料，这件工作得到张、杨及葛和林的支持。我召集了张均、丁敬华、朱春甲、冯勤为等十余人进行了一个多月的参观访问和考察，写了详细的调查报告，一份交恽震，一份交给杨锦山转张哲民。张哲民劝我留在上海等待解放，帮助接管，但我急于去解放区的愿望难以遏制。自从 1945 年以来，我就对共产党有了新的认识，心向解放区。回国以后，我亲眼看到国民党统治区黑暗腐化的法西斯统治，由于发动内战而陷人民于水深火热之中，物价飞涨，民不聊生。所谓工业建设、新厂建设，完全是梦想。我急切地希望早日去解放区，向共产党领导汇报我对发展电机电器工业的规划和设想，给他们献计献策，让我们在西屋公司培训的成套技术人员和大量的技术资料及早发挥作用，以及新厂的建设规划早日得以实现。一旦上海、湘潭解放，就能迅速集中力量，去东北筹建新厂，所以我一直在千方百计寻找去解放区的道路和方法。葛和林非常理解我的心情,他也一直在帮助我寻找关系离开上海北上。

1949 年 3 月,通过葛和林的联系和安排,汪季琦来找我,说是大连大学教师招聘团正在上海秘密招聘一批教授、讲师,问我是否愿意应聘去大连,我表示愿意去应聘,先到大连然后设法去北平。汪给了我 150 美元并写了介绍条给王炳南,要我到北平去找他联系,还说通过他可能见到周恩来副主席。招聘团的负责人是沈其益,约好动身的轮船和班次。当时我只能带妻子和女儿启勤一同前往,儿子启民必须留在上海。儿子在清心中学读书住校,我们不知道上海会何时解放,只能将所有值钱的东西留给他作为生活费用,并托付给我信得过的西屋公司实习人员吴履梯,因为他母亲就在清心女中任教,女中在男中对门,照顾比较方便。我将心意告诉他们之后,他们欣然同意,吴履梯知道我要去解放区。

我向恽震请假,说是想赴台湾看望父母,很快回沪,到时可以考虑去湘潭任职。我避开了恽震的怀疑,积极准备启程,我买了约定班次的轮船票,带妻子和女儿搭 4 月初荷兰渣华轮船公司邮船,秘密离开上海去香港,行前只告诉了我弟弟应鎏。动身之日有张大煜来我弟家找我,说是葛和林要他来约我一道动身,他们是二十多年老友,他也是参加招聘团去大连的。同船的除大连大学招聘团所招收的十多位教授外,还有梁希和潘菽,到达香港之后,集中住在九龙威咸道一所宿舍里等船北上。后来梁希、潘菽先乘苏联货船去大连转北平,我们则在 4 月底左右乘英商太古公司轮船于 5 月初到达天津,即转北平,梁希、潘菽将我们安排在北京饭店暂住。

住在北京饭店期间,齐燕铭同我联系,我交给他汪季琦的介绍条后,即见到王炳南,向他汇报了在美国西屋公司的实习培训情况,同唐明照的认识经过以及会见章汉夫与离开上海前的情况。过了两天,大约在 5 月 10 日,齐燕铭通知我到中南海晋见周恩来副主席,他陪同我去,接见时在座的有林伯渠、陈云、连贯诸同志。我向周副主席汇报了认识唐明照并由他介绍会见章汉夫的经过,签订西屋公司技术援助协议的经过,我当驻厂代表的工作,以及培训技术人员、收集技术资料、设计电机新厂的概况,建议一旦上海、湘潭解放,立即调集两地西屋公司实习人员去东北筹建电机新厂,以奠立我国电机工业发展的基础。周副主席听了并时时插问有关这个协议的执行情况,还问起钱昌照和孙越崎,我把知道的都汇报了。周副主席告诉我,钱昌照在英国想要回国,已经同意他回来了。周副主席很关心湘潭电机厂,指示我写信给该厂的可靠同志,保护好重点设备,于必要时设法迁邵阳,并命我以后同陈云同志联系。他因有事就先离开了,陈云同志又同我谈了一会儿关于修复丰满水电机组的事宜。我根据指示,立刻写了信给蓝毓钟、卢荣光,信交齐燕铭转(后来蓝告诉我,这封信经辗转,确实到达他们手中)。周副主席的接见使我毕生难忘,我即于当晚赶写了一份报告,内容比汇报的更为详细,建议等上海、湘潭两地解放,就调集部分西屋公司实习人员(附名单)及全部资料到东北,在那里设计筹建新厂,同时去苏联和东欧民主国家采购机器设备,限期建成新厂并立即投产,报告交齐燕铭转陈云同志。5 月下旬,我曾去中央财经委员会见沈鸿,他说看到过我的报告。此时,我请齐燕铭转告沈其益,不打算去大连教书了,齐同意通知沈其益。

住在北京饭店期间,我认识了沈均儒,他告诉我他的儿子沈知津在沈阳东北电工局任工程师,沈知津同我是交通大学同学,本来相识,我即写信给他,告诉他有关西屋公司实习及培训情况,表达了我想去东北工作的愿望,当时我并不知道周建南是东北电工局副局长。

我没想到上海这么快就解放了,即从北京饭店发电报给葛和林,他回电希望我回上海工作,我不知道领导怎样安排,无法答复。大约在 6 月初,我听说钱昌照从英国回国住在翠明庄招待所,于是同鲍国宝等一起去看望了他。我告诉他,领导决定派我去上海工作,他谈了一些关于领导很重视资委会所属企业的情况,并委托我去上海时给他的朋友陶立和带封信,说是这里的领导欢迎他去北平,我完成了他的托付。

去上海是齐燕铭向我传达的陈云同志的指示,派我去上海协助接管官僚资本重工业。动身前,通过齐燕铭介绍,我妻子去天津电机厂工作,女儿随她前往。6 月中,我随集体离北京南下,带队的是吴良平(1962 年任国家科委党委副书记)。到上海后,他派我在上海军营会重工业处工作,孙冶方任处长、李文采、程望任副处长,主任秘书是张哲民。他们派我协助程望搞生产组,任副组长,照管机电产品的生产及专业分工规划。为了恢复淮南铁路以运输煤炭,我们接到了赶制 20 万个道钉的任务,当即组织了江南造船厂等企业于限期内完成交货。我亲眼看到新中国成立后工人阶级发挥巨大的积极性,千方百计完成国家任务的新气象,很受鼓舞。同我在一起工作的有吴恕三、杨锦山等人,我尽量做到事前请示、事后报告。我还不太适应新环境中的新工作。到上海后不久,就有电工资本家孙鼎(当时任新安电机厂经理)、周锦水(华成电器厂经理,我以前的老板)请我参加了一次同业公会的座谈会,孙鼎提出请我当他们的顾问。会后我向李文采汇报了,他严厉地批评了我,说如果去当了顾问,就是丧失立场。我开始注意到我的工作性质,再也不敢同资本家接近了,连那个我曾经有过一份技术股的中大化工厂也不敢接触了。那是在 1949 年 2 月间,我正在上海设法联系去解放区时,上海通货膨胀,生活压力较大。经葛世儒介绍,我遇到了过去在昆明工作时认识的资本家汪汉民,他开设了中大化工厂,制造塑料产品,请葛世儒、孟庆元和我合作,各送技术股一份,为的是联络感情,同时在技术上随时咨询,当场送了股息约 10 美金,我也就成了这个厂的股东。

9 月初,张哲民告诉我,北京来电,派我去湘潭帮助接管湘潭电机厂。当时我在上海的工作很忙,程望也有留我之意,我即去电询问是否仍留在上海,很快北京复电要我北上去参加中国人民政治协商会议,于是我就去了北京,作为自由职业民主人士的代表,出席了第一届政治协商会议。在 9 月 21 日,见到了伟大领袖毛泽东主席,聆听了他的开幕词,字字句句都使我十分感动与鼓舞。当毛泽东主席讲到"我们的民族将再也不是一个被人侮辱的民族了,我们已经站起来了"时,全场热烈鼓掌,经久不息,许多人感动得落泪,我也激动得热泪盈眶。我想,今后一定要拼命工作,才能对得起党和毛主席。周恩来的报告更是鼓舞了我,我觉得中国的工业化有希望了,中国有希望了。

毛主席为人民英雄纪念碑行破土礼是在傍晚举行,参加者数百人,我刚好站在距离毛

褚应璜先生参加中国人民政治协商会议第一届全体会议的纪念册

主席三四米远的地方,看着毛主席严肃而有力的动作,这是我毕生难忘的幸福时刻。1949年10月1日,我和程望、程明升等站在中央人民政府重工业部的队伍里,参加了中华人民共和国成立典礼。

　　我参加完中国人民政治协商会议后,即奉命参加中央财经委员会组织的全国工业考察团华东组,团长是刘鼎、沈鸿,华东组组长是程望,组员有吴恕三、恽震等,我们参观了沈阳、鞍山、抚顺、小丰满、大连、太原地区的电站与工业企业,大约在1949年8月间,张哲民告诉我周建南从东北来信问起我,希望我能去东北,我本来就有去东北工作的愿望,就主动写信给周建南,把西屋公司技术协议的情况向他做了扼要的报告,并提出我对筹建新电机厂及调集人员的意见。9月下旬,我参加全国工业考察团华东组时,遇到了东北组的程明升,他当时担任东北工业部电业局局长兼电器工业管理局局长(周建南是副局长),他向我谈起调集西屋公司实习人员去东北的问题,我就对他做了口头汇报。考察团到沈阳后,大约10月上旬,我们住在北陵招待所,某晚我去周建南家访问,恽震同我一道去了,结果我们没有遇到。我留条约他第二天清晨来招待所碰头,他按时来到,我们做了详细的面谈,因为中央财经委员会已经决定要筹建东北重型电机厂,希望他迅速推动,着手调集西屋公司实习人员来东北。我表示愿意调到东北并尽力做动员工作,他同意积极进行。随后,周建南招待考察团参观东北电工局各厂。我看到任务繁重,而技术人员严重缺失,某些产品设计工作是留用日本技术人员担任的,这就更激发我调往东北和促进调集西屋公司实习人员前往东北建设电器工业基地的热情和决心。我向程望表达了这种态度,他很支持,还对后来顺利地调集西屋公司实习人员去东北工作起了决定性作用。

　　1950年年初,重工业部在北京召开第一次全国电工会议,我参加了程望为首的华东工业部代表组。会议的中心议题是各地区支援筹建东北重型电机厂问题。在程望的支持下,我帮助周建南拟出筹建重型电机厂规划并调集技术人员的名单。在拟定名单中,我扼要向他介绍了这些人员的业务专长与实习项目,当时他并不问他们的政治面貌及表现。会议通过了从上海调集人员、设备、技术资料的决议(此时西屋公司提供的产品图纸、技术管理资料、工厂设计资料等都已运到上海),上报财经委员会批准。会议结束以后,周建南约我、汤明奇、王兆华等去沈阳参观电工局所属工厂,交谈了发展电工生产建设的远景设想。他再度表示要赶快调集西屋公司实习人员,并称一旦中央下了调令,便立即派负责同志南下。我主动表示愿意尽快来东北并尽力帮助动员上海地区的技术人员前来,他给我以鼓励。电工会议后不久,东北电工局派副局长肖陈人,厂长姚琅斋、方松谷于3月初到上海,向华东工业部联系调人问题。不久肖陈人去中南部联系调人。我在程望、张哲民的支持下,接受任务,帮助肖、姚做动员工作。这些留美技术人员都是南方人,拖儿带女,还有家属的工作,确实要克服许多困难,北上东北需要下很大的决心。终于在4月初,上海部分包括我在内的十多位技术人员和他们的家属,由姚琅斋、方松谷率领离开上海,先到北京,在那里同肖陈人率领的从湘潭电机厂调东北的二十余人会合,刘鼎代表重工业部向大家讲了话。我们在北京稍做停留,即于1950年4月8日到达沈阳。

1949年秋,由于我被留在上海工作,我妻子和女儿也随即从天津来到上海。1950年春,全家迁往东北时,我的岳父母及内弟全家也都一同前往。由于岳父吴柏杨是地主兼教师成分,他的离开需要请示当地政府,这项工作是由他的次女吴侠到松江县政府联系请示的。吴侠(原名吴世巧)是我妻子吴世英的妹妹,原是新四军干部,正好调到上海工作,所以我完全信任她,没有参与安排。我们全家到了沈阳,很快就报进了户口,从此我们就成为北方人了。

1950年4月到达沈阳不久,我就向周建南详细介绍了调东北的西屋公司实习人员的实习项目、重点、经验专长等,对他们的工作安排我也发表了建议。他们大多数集中在技术处,孙瑞珩任主任工程师,多数搞新产品、新厂设计工作,小部分下厂帮助生产工作。我的工作重点是进行筹建重型电机厂的规划。自从首次根据实习人员的实习专长发表过对他们工作安排的建议后,我对他们的工作调动、升迁、评级等,再未发表过任何意见。我特别注意这一点,因为我也确实不了解他们的历史、家庭状况及政治面貌。

周建南在1950年第二季度多次组织召开技术人员座谈会,批判崇美思想,批判资产阶级思想,鼓励大家学习苏联先进经验,批判美国电工产品设计的烦琐哲学和复杂结构,赞扬苏联产品结构简单,材料规格统一,便利仿造,适合国情,等等。他还要求大家学习苏联电工技术标准,认为这是我国电工技术发展的方向。我们这些学习了美国经验的技术人员,现在要反过来批判这些东西,重新学习苏联的电工技术经验,那是何其困难,但我还是积极响应党的号召,自己批判还要帮助其他实习人员一起来批判崇美思想,努力学习苏联的电工技术经验,为此我们大家都付出了更多的辛劳。

1950年第三季度,我和卢荣光随周建南去北京开计划会议,帮助他提出建设东北重型电机厂的纲领性规划方案。当时我们唯一的根据仍然是西屋公司的新电机厂设计资料。这个规划被列入了国家计划,筹建新厂工作即将迅速展开。我一心一意希望赶快向苏联和东欧人民民主国家订购机器设备，设备问题不解决，一切都是纸上谈兵，我们留京约一个月后返回沈阳。但是从北京返回沈阳不久，美帝侵朝战争已逼近我国鸭绿江边，沈阳电工各厂的设备要在抗美援朝的总方针部署下迅速迁往哈尔滨、阿城、佳木斯等地，找到厂房，立即布置开工。我生平第一次看到工人群众在党的领导下，能发挥出如此冲天干劲，以意想不到的速度完成了迁移恢复生产。对这样的奇迹，我深感佩服，也受到很大教育。

1951年年初，我随电工局技术处迁哈尔滨后，迅速开展新厂设计、勘察厂址和利用现有设备条件恢复生产工作。局领导决定派我参加赴苏商务代表团，同郭德文一起，前往谈判，订购重型电机厂的重型机床、起重和试验等设备。我的工作直接向东北工业部计划处处长柴树藩汇报，他也是商务代表团成员。代表团在团长姚依林、副团长江明的率领下于1951年2月初乘火车离京去莫斯科，经3个多月的谈判，在郭德文的帮助下，初步谈定一批重型机床设备及其他机床、运输、仪表、试验等设备。我们参观了一批工厂企业，了解了苏联社会主义企业的一些面貌，在大使馆听了一次萧三做的关于抗美援朝作战胜利的报告。6月初，我又与郭德文一起奉命参加民主德国商务代表团，在那里采购一批机床电气设备与变压器厂的高压试验设备，以及一批绝缘材料制造设备，参观了一些电工企业。在采购谈判中还参加了某些试验设备和复杂装备的设计工作，其间在大使馆听了柯华所做的关于镇反运动的报告。代表团于11月初结束工作，乘飞机返回国内。

在苏、德谈判及采购设备期间，我感到自己所掌握的一套经验和知识是远远不够的，我在西屋公司实习期间学到的都是美国的东西，我所开列的设备规格很难同他们交流，我必须根据生产技术的发展，以及他们的现状随机应变，灵活适应他们生产、供应的可能性，来进行谈判。我感到压力极大，深感自己的知识有局限性，经验也微不足道。虽然勉强完成了任务，但必定会有很多不足，比如错订了一些高压试验设备，造成一些损失，这些都是我的教训，必须继续努力学习以适应当前形势的发展。同时，我也看到列宁格勒修复战争创伤，迅速恢复工业生产的热烈景象。当时苏联人民在苏联共产党和斯大林领导下，艰苦奋斗、忘我劳动、恢复生产、加紧建设的生动情景，深深感动了我。这也大大激发了我坚决跟着共产党走、努力建设社会主义工业化的决心和意志。

回国后不久，我从沈阳去哈尔滨，开始了"三反"运动。此时的西屋公司实习人员大部分集中在哈尔滨，大家被分为技术处和工厂设计处两个处，根据局党委的指示，两处运动的重点是反对崇美思想和崇美技术观点。他们让我帮助姚琅斋、王欣领导这个运动，开始要我做动员报告，可能是想让我带头进行自我批判。由于我思想深处还是保留着崇美思想观点，不可能进行触及灵魂的检查，在具体技术业务问题上批判得多，而不能提高到阶级斗争和改造世界观的高度来认识。我自己没有敢于引火烧身，把自己作为批判的重点，因而对我没有起到冲击和改造世界观的效果，自然也不可能对其他西屋公司实习人员起到帮助作用。技术人员特别是我们留美的实习人员都被定为资产阶级知识分子，崇美思想一直是严重的。按照局党委的指示和部署，这个运动还是引导了广大技术人员，逐步扬弃西屋公司的一套技术经验和技术标准，走向学习苏联技术经验、推行苏联技术标准的道路，为1952年下半年掀起全面学习苏联技术经验和技术标准,奠定了思想基础。

由于苏联技术工作和技术标准从根本上讲是走专家路线的,它援引了大量资本主义国家的技术工作制度与技术标准,所以我在思想上还是能够接受的。我的做法是先全面模仿,即照抄照搬,这一步做好了再向独创的道路前进,在运用中加以发展。

1952 年,在局党委领导下,我开始同技术人员一起,全面学习苏联工厂设计的经验。我们从设计哈尔滨电机厂这一具体任务出发,在地质调查、厂房结构到总图布置、工艺设计等多方面向东北工业系统中的苏联专家请教,同时翻译苏联工厂设计参考书,翻译了就用,使电工行业的工厂设计走上了全面模仿苏联经验的道路。下半年,张大奇从苏联学习工厂设计结束回国,工厂设计处就由李达先和张大奇领导,我专管技术处。

1952 年年底,一机部在北京召开全国机械工业会议,确定了机械工业的总方针。领导要我介绍关于东北电器工业学习苏联先进经验、推行苏联技术标准的经验。我当时下定决心要按照党的指示去办,必须扬弃从美国学来的一套技术工作经验和技术标准,尽力动员和说服技术人员照做并贯彻到具体的技术工作中去。

1953 年 1 月,领导调我任一机部电器工业管理局总工程师,同技术处姚琅斋一道抓技术工作,在曹维廉推荐下,局里派我同他一起去上海,向机电技术人员做了两次有关东北电器工业的经验介绍。一次是学习苏联先进经验、发展仿苏电工产品、推行苏联技术标准的问题;一次是学习苏联工厂设计方面的先进经验问题。两次介绍都是强调苏联经验的先进性,为他们后来掀起全面学习苏联技术奠定了一些思想基础。

1953 年,局领导派我组织全国国营电器工业企业进行全国通用产品(电动机、变压器、开关、电瓷、电线、电缆等)的统一设计,为电工产品全面学习苏联先进经验、统一技术标准、统一设计公式和关键工艺开辟道路。我依靠技术人员,参照苏联的技术资料,依靠苏联专家的帮助,完成了统一设计的工作。1953—1955 年,我主持了几项重大电工新产品的技术鉴定工作,基本上也都依据仿制或仿照苏联先进经验这一主导思想进行,只能是跟在苏联电器工业后面,谈不上任何创新和发展,我希望先打好我国电器工业发展的坚实基础。

1953 年,局领导派我配合苏联专家规划北京电器科学研究院的建院方案。这是仿照全苏电工研究院的组织形式而规划的一个独立的研究机构,其中一部分科室偏重理论研究。建院方案的基本原则是经苏联专家建议,由汪道涵、周建南核准的。

1954 年,我当选为第一届全国人民代表大会代表。会上通过了《中华人民共和国宪法》,并投票选举了伟大领袖毛泽东为中华人民共和国主席。我们聆听了毛主席的开幕词,其中"领导我们事业的核心力量是中国共产党,指导我们思想的理论基础是马克思列宁主义"几句话说到了我们心里,我感到很亲切,所以凡有想不通的事情,就只要跟着党走就行,因此我对共产党的那些领导干部一直是很崇敬的。

1955 年,我又被选为中国科学院学部委员,我很感谢党对我的信任和重用。是年下半年,我参加了中国科学院接待苏联科学院来华参观访问的一批院士和通讯院士的工作。我和清华大学的章名涛一起陪同电机院士柯斯琴科参观考察。我们去了长春、上海、北京等地的电工电力科研机构和有关工厂电站,他从发展我国电机制造工业、铁道电气化和电力系统稳定方面,都提了不少有益的建议。我对他的才学和诚恳还是很有好感的。这一年,我还参加了电工局内批判胡风的运动,学习有关社论和文件,还要交代新中国成立前的重大政治历史问题,如留美期间的活动,同唐明照的关系,去解放区的经过,等等。那次我忘记交代关于卅一学社在美国的活动,我没以为那也是属于政治历史问题。领导这次运动的副局长王恩惠约我谈过一次话,要我对自己的政治历史问题做认真批判以提高认识。他还专门对我谈了有的西屋公司实习人员对我很有意见,认为我向组织反映他们的言论表现是出卖朋友、讨好组织以取得信任,对我非常不满。我觉得这里面一定有误会,因为我一向只谈业务,对别人的政治态度从不关心。

1956 年,成立了电机制造工业部(简称电机部),上面调我任北京电器科学研究院院长。

1956 年第二季度初,电机部派我参加制定我国"十二年科学技术发展远景规划",这是一个有计划有重点有步骤地赶上和超过世界科学技术水平的宏伟纲领,只有在我国社会主义制度下,才有可能组织进行制定。当时苏联派了一批科学院院士前来帮助指导,在规划委员会总的安排下,在电机部领导的支持下,我组织了一批电工行业的总工程师,会同一些大学电工专业的教授进行了规划,并向周建南汇报请示。我们主要以苏联电工电力远景发展初步规划的设想(当时苏联也还没有完整的电工科学技术远景发展规划,只是结合重大新产品发展任务和全国统一电力系统发展的设想制定的初步规划)为基础,加上已经掌握的某些资本主义国家的技术情报,结合我国国情制定出来的规划,经过部领导的审查而确定。

1956 年夏,我参加了以黄敬、张有萱为正副团长的国家技术委员会出国考察团,去苏联、民主德国、捷克斯洛伐克,考察其技术委员会的组织形式和科学技术的远景发展方向。我负责电工方面,并同朱物华一道了解电力工业技术发展方向的问题。当时除了参加大组参观、座谈会外,我们还进行了专业参观及座谈。根据黄敬的倡议,我们重点考察了民主德国、苏联按行业、专业组织的"国家专业技术组"的组织形式和工作活动内容。它是完全由专家组成的,总揽规划,管理并监督执行行业性科学技术发展的权威组织,是科学技术专家路线的集中表现,我们大家都很欣赏这种形式。当时的考察总结为后来国家科委决定组织"科学技术发展专业组"打下了基础,究竟好不好只能由时间和实践去检验了。

1957 年 4 月反右派斗争开始了。我参加了部分人大代表和政协委员组织的黑龙江考察组。组内有一批人被定为"右派"分子,包括吴景超、雷天觉、浦熙修、谢雪红等人。说他们以帮助党整风为名,到处参观,找阴暗面,以收集向党进攻的黑材料。我曾同意雷天觉的提议,同他组织了几次技术人员座谈会,听取鸣放意见。我也同意找些平时意见多的青年技术人员前来座谈。会上雷鼓励他们畅所欲言,根据座谈结果我们合写了一份报告,由雷天觉起草。主要谈两个问题,都是引用了参加者的原话串联起来的。第一是对将青年党员技术人员放在技术领导岗位上表示不满,认为这是党群关系紧张的原因。因为他们业务水平低,领导不好业务水平高的、有经验的非党员技术人员,谈的都是具体人具体事。第二是认为对出国技术人员的政治条件审查太严,希望放宽,举了个别业务水平不高的青年技术人员出国学习收获不大的例子加以说明。我们的这份报告后来被认为很有问题。

5月中旬我回到北京,看到《人民日报》登载社会上"右派"分子向党进攻的大量言论,这引起了我的警觉。因为我的不满情绪和意见只是针对个别事、个别人,对大批党的领导干部,我是从内心中十分钦佩他们的,我觉得他们的水平确实很高。此时,电机部正在举行技术人员座谈会,鼓励鸣放,中国科学院学部委员大会也正在召开。我在提案审查组里,看到召集人周培源同孟昭英的辩论(孟后来被定为"右派")后受到启发。想到新中国成立以来,我亲眼看到在党的领导下,我国社会主义工业建设的巨大成就和人民生活水平的普遍提高,又想到党对自己的信任、重视和无微不至的关怀。所以在电机部5月20日的最后一次鸣放会上,我请求发言,表示拥护党对科学技术工作的领导,我列举了新中国成立以来党领导电机工业发展的巨大成就,并提出了一些建议。

"反右倾"斗争结束了,我没有被打成"右派",没有受到批判,1957年10月间,部领导还派我赴苏参加中苏科学技术合作的会谈。1958年,我被调到一机部技术司,司长甘柏只要我写了一份检查上交,之后也没有受到批判。对我来说,这场考验就算是过去了。

1957年10月,在汪道涵率领下,我去莫斯科参加中苏科学技术合作代表团的机械工业组,同丁舜年一道,参加电工科学技术合作的谈判,了解电工各专业的远景发展方向,拟定了按专业工厂研究所的对口技术合作内容,当时以为是"十二年科学技术发展远景规划"的进一步具体化。汪道涵在谈判中,十分欣赏同他会谈的"机械总专家"的作用,他表示回国后要培养机电行业若干总专家。他说这些总专家能了解全面的情况,能组织制定本行业科学技术发展远景规划,并组织解决重大科学技术难题,我们也都很赞赏这种观点。

1958年,白坚约我谈话,决定调我任一机部技术司副司长,不再兼电器院院长。我表示自己政治水平太低,不适合在领导机关工作,请求还是调到基层。当白坚不同意时,我说那就试任一年后再定,白坚不置可否。这样,我就完全脱离了基层的具体技术管理工作,而转到领导机关。当时,电器院、电工局群众给我贴了许多大字报,揭发批判我做官当老爷的资产阶级工作作风,我受到了冲击。后来我比较注意改进对同志的态度和工作作风。或许因为我不是党员,党支部也没有要我做检查。1958年,我写了一些交代材料,对我过往的一些历史情况向党组织做了补充汇报。1959年年初,干部司司长孙照寰曾专门对我说:"你的政治历史问题已经调查清楚,放心工作好了"。

1959年,我当选为第二届全国人民代表大会代表,联合孟庆元、娄尔康做了"电器工业在'大跃进'中的巨大成绩"的书面发言。

1960年,我参与中国机械工程学会与一机部、中国机械工会在上海组织"机械工业万人接力先进经验推广队"全国技术推广活动,积极推广了机械工业工人群众在"大跃进"中创造的许多新产品、新工艺。

1961年年初,我随同周建南率领的工作组到哈尔滨电机厂"蹲点"。在周的总部署下,我同白刚、岳风、陈文祥、韩炳告等通过调查质量情况和问题,提出了整顿技术工作的意见。

当时强调的是整顿质量，重申部党委"先立后破"的理论，贯彻"治乱"方针，积极整顿技术工作。我们调查了某些新产品质量发生问题的现象，个别报废新产品的缺点，忽略了技术工作中搞群众运动的积极方面，因而提出了在本质上依然是管、卡、压工人群众，走专家路线的整顿技术工作意见。其实在"大跃进"期间，该厂把水电机组的单机容量从1万千瓦提高到7.25万千瓦，把汽轮发电机的单机容量从1.2万千瓦提高到5万千瓦，并创造出氢内冷冷却的方式。我们依据领导的部署，提出了工作意见。为部党委起草"机械工业七十条"提供了材料。

"工业七十条"出台后，我是赞同的，也是积极贯彻执行的。当部领导派我组织第二代全国电动机统一设计时，我依靠研究所的少数电机设计专家来进行产品设计，试制定型等也是以研究所为主体的，没有发动广大工人群众参与，系列产品设计工作历时三年才试制定型了标准系列，显得少、慢、差、费。随后，我又进行了低压电器、铝线变压器的统一设计，虽然在设计、试制中，科研与工厂配合方面做了一定程度的改进，但多少仍然受到专家路线的影响，所以在我组织领导下发展的数千件品种规格的电机、电器产品，如果说未能赶上和超过20世纪60年代初期的世界先进水平，我是应当承担主要责任的。不过在负责指导第二代小型电动机、低压电器新系列的统一设计中，我们已经摆脱仿苏设计与苏联电工标准的限制，开始在我国推行国际电工标准，比第一代统一设计在自力更生、自行设计方面已经迈出了一大步。1964年，我主持了云峰水电站10万千瓦水轮发电机组的研制和鉴定，这套机组为我国自行生产大型水电机组奠定了技术基础。之后我又组织研制和鉴定了为机械工业生产九大设备配套的主要直流电机和自动化控制设备。我主持鉴定了沈阳高压开关厂220千伏充气式高压空气断路器，然后准备负责20万千瓦汽轮发电机组的初期研制工作。60年代，"文化大革命"前，我主要抓了以上一些技术领导工作，有成绩，也有一些缺点错误，但我一直严格要求自己，努力做好本职工作，希望为发展我国电器工业、提高电工技术水平做出更多的贡献。

1963年，部领导派我参加国家经委召开的技术座谈会，因我力主自行设计制造20万千瓦火力发电成套设备，反对进口，受到国家经委领导人的青睐，他鼓励我上发展电机工业的"万言书"，当时我受宠若惊。我总结了新中国成立以来电工技术发展的成就，引用了苏联、英、美、德、日等国电工科学技术发展的情报，提出发展电工重大新产品与新系列产品的建议。我还重点推荐了美国垄断资本电工托拉斯的组织规模，结合苏联经验，建议创办国家垄断资本电工托拉斯，高度集中管理全国电工企业。"万言书"草稿长达16 000字，交给周建南、汪道涵审阅，周叫我精练核实后送出去，汪认为时间未到，劝我缓送，最后没有送出去。

1964年，段君毅指定我帮助周建南抓20万千瓦火力发电机组成套发电设备的重大战役，并提倡技术人员走沈鸿道路，就是只管业务，不管政治。他说："只要能抓出20万千瓦成套发电机设备，就是最大成绩！"在制订产品设计技术方案中，我也是走的依靠少数技术人员的专家路线。

1965 年因让我参加"四清"运动而脱离了此项目,"文化大革命"中没有再抓。

1965 年 7 月,部领导派我参加沈阳地区"四清"工作团的生产组,不久就参加了沈阳高压开关厂的"四清"工作队。工作队委派我深入技术科室和车间,重点抓产品设计革命,也参加了一个多月的体力劳动。在同工人一起劳动的过程中,我感受到工人阶级的高尚品质,他们的首创精神和负责精神都使我由衷佩服。在劳动中,他们无微不至地关心和照顾我这个 50 多岁的老年干部,让我感受到一种亲切的劳动人民的阶级感情。我在领导的支持下,组织工人、技术人员大胆试验,大胆创造,使这个厂在短期内以比过去快五六倍的速度,试制成功了具有先进水平的矿用防爆开关与线路用隔离开关,并且通过了矿井及变电所的实地考验。使我深受感触的是,工人群众的积极性和创造性是可以同技术工作很好结合的。

当我从"四清"运动结束归来回到北京,"文化大革命"开始了。铺天盖地的大字报向我扑来,当时我正好 58 岁,被当作机械部的"反动技术权威"打倒了!

后　　记

父亲的文字结束了。接着我再用极简洁的文字概述他的后小半生如下。

"文化大革命"中,一个"反动技术权威""资产阶级专家"的遭遇,人所皆知,不必赘述。总算在 1973 年 2 月 12 日,一机部审干办公室对他做出了审查结论,还他以清白,那时他正在河南罗山农场劳动,挑粪、种地,在那里得了急性肠梗阻,治愈后回到北京休养。从此他退居二线。1976—1979 年,有关领导让他做一机部机械科学研究院研究员,1979 年以后冠以科技司顾问。但他不会让自己闲下来。晚年,他主要负责国际电工标准的技术咨询和推广,主持制定了我国"电压电流与频率等级标准";参加了小型异步电动机、低压电器更新换代的讨论研究;主持了电动机新系列(Y 系列)的鉴定;他积极推动大型发电机的最新冷却方式的研究,为的是使我国电器工业赶上和超过国际先进水平;主动积极地扶持和帮助中小电机厂生产先进产品打入国际市场,经常带病自费去无锡电机厂、厦门电机厂等指导工作;积极鼓励和支持中青年科技工作者的成长。正如中国工程院院士、电机工程专家饶芳权在我父亲逝世时撰写的纪念文章的标题所述:"他是工程师的楷模。"我的父亲从青年时代就开始相信共产主义,热爱共产党,中年投奔解放区,努力跟着党、追随党。尽管"文化大革命"期间一度感到彷徨。但改革开放后,他更加坚定了对共产党的热爱和信任,内心愈加向往共产党,终于在 1985 年 4 月初他去世前不久,于重病中加入了共产党。4 月 21 日,父亲病逝,享年 77 岁。这就是一位老专家、老院士的一生。

三、从事电工制造事业数十年的回忆录

孙瑞珩

1984 年 2 月

1. 自英回国参加抗战

1937 年卢沟桥事变发生,抗日战争全面爆发。我急于回国参加抗战。回国仍乘 Aenea 号蓝烟囱船,这是一艘万吨客轮,仍走原路但经过法国时不到勒阿弗尔而到地中海的马赛港。这时上海已被日本人占领,到上海之日有日本人放出的气球告九江失守。1938 年 6 月,我在香港打听,说英国船仍可进入上海港,客轮进入黄浦江时,但见江中都是日本兵摇的舢板小舟。船靠码头后,我们的护照都交给船上总务长与日本人交涉,不用我们个人出面,尚无困难。我的父亲亲自到码头接我回静安寺大哥家。

2. 离沪去广州中山大学应聘又撤退到香港

我在大哥家看到了爱人及孩子都安好,而此时我的家乡崇明岛已被日本人占领。她们这次是从崇明逃难到大哥家暂住,幸好大家平安无事。在沪住了 3 个月,不能久居,回国后反而失业了。我在 Aenea 号船上遇到了广州中山大学讲师林超,他在英国利物浦大学攻读地理学,获得博士学位后回国。他知道我学电机工程,说中山大学也有电机工程系,如有机会会写信给我,到中山大学教书。后来我果然接到他的来信,中山大学聘我当教授。我不得已从上海乘船赴广州,随身带皮箱一只,内装一些教科书。中山大学地处广州郊区石牌,林同志安排我在一所小洋房住下。隔了几天是星期六,我进城到新华银行广州分行打听时局消息。广州分行经理陈步高先生是大哥的同学兼同事,他告诉我时局不好,据他获悉,日本人已在广州湾登陆,事不宜迟,接着询问我的情况。称如果我愿意跟他们撤退,则分行有一批人,今晚先行,可跟他们一起走。于是我立刻赶回石牌,大书箱交林超保管,拎了一只小拎包于晚上九时又到新华分行等候。同行者是什么人,怎样走,目的地是什么地方,我一概不知道。九时启程时,在与银行职工谈话中,我才知道今晚乘小木船沿珠江三角洲水网带赴中山县(现为中山市),过了中山县就是澳门了,从澳门再坐轮船去香港。

到了香港,我找到堂房弟弟瑞麟的住处,当时他在香港信托公司任职,单身在港住在他的一个好友家,这个好友的姓名我已记不清了。他很好客,我住在他家,吃在他家,总算暂时有了一个栖身之地。我从英国回来过港时也到过他家,当时我有一箱红簿面的书,因不便带进上海就寄存在瑞麟处,一直存放下去没有去拿。听说后来他发现这种书是赤色的,因为在香港而且是英国书,所以没有发生问题。

3. 应召进入内地，由港经过河内到达昆明

在港走了几天，我寻到了中央电工器材厂香港办事处。办事处主任是杜光祖先生，他是上海的交通大学的著名教授，我问他我有什么事好做。他说，我若肯赴内地，则派我到昆明筹建昆明四厂。不过，他先要请示总经理恽震，过几天再给我回音。我答应去昆明，他就打电报给恽先生，回电同意。

从香港去昆明，当时唯一的路线要去越南，经海防、河内，乘滇越铁路。这条狭轨铁路是法国人造的，车轮外边还包层橡皮。从香港到越南海防先要坐船。我在港等船很久，并不是因为没有定期班船，而是我的身体几经跋涉已大不如前了。第一次，我订了船票，船还靠在码头上，我到码头闻到船舱内发出来的味儿，就恶心得要呕吐，连忙退票回家，等身体好一些再走。第二次，我准备了晕船药，鼓足勇气，总算到了海防。河内是越南的首都，那时还是法国的殖民地。乘滇越铁路到中国边界城市老街，要一日一夜。因为火车沿狭谷而行，轨道转弯很多，摇得很厉害。车上没有卧铺，只好和衣而睡。我戴的一副在德国时新配的眼镜被火车窗门夹碎了。

4. 筹建昆明四厂

到达昆明后，我住在一厂宿舍，遇见的第一个人是吴维正兄。当时一厂大厂房大体上已建筑完成，它是钢骨水泥结构的，但机器设备尚未安装完毕。后来林津、俞恩瀛等先后到来，这是 1939 年的事。

第一件事，我们先去找昆明四厂厂址。为了避免日本人飞机轰炸，我们在渔街子后面的山谷里选择了一块 V 形平地。又由于经费有限，盖了几幢草顶竹壁平房。一幢作旋转电机用，一幢作开关设备用，另一幢作翻砂车间用。因为变压器需用十吨手动吊车，它的厂房高度更高一些，采用方木柱子。渔街子原有小洋房住宅两所，是一厂盖的，现在作职工宿舍之用。办公室、警卫队室、艺徒宿舍二层楼房的两幢是后来逐渐加建的。

昆明四厂由厂长许应期兼管。他是桂林四厂厂长，长期在桂林办公，由于战局关系，恐桂林也不安全，所以在昆明再创一个据点。

至此，昆明四厂的雏形已具备，机器设备已运到一部分，而技术工人奇缺。上海有一个办事处，主任是陆鸣嘉。请陆主任从上海招来一些技术工人，花了巨额路费。但来厂不久，就被其他内地工厂拉走了，很难挽留，因此决定招收艺徒自行培训。厂里先后招收了三批艺徒，每批 50 人。第一批、第二批从湘潭招来，大都是湖南湖北人；第二年在昆明招一批，都是昆明人，有初中文化程度。昆明四厂组织了一个艺徒管理委员会，由我和彭俊甫、李子白、沈从龙、范宝江五人组成。厂方委派我为主任，彭李沈范四人对培训艺徒着实花了一番心血，为他们上文化技术课，要写讲义，要考试，上课上操严格训练。还要办伙食讲卫生，他们常到艺徒食堂进餐，看看伙食好否。有时还在艺徒宿舍睡几天，看看有无臭虫，等等。总之，我们对待这批艺徒如对待自己的子弟一般，要他们很快成长起来，成为昆明四厂的一支

基本队伍,为共同抗战而努力。后来我才知道在抗日战争胜利以后,他们这些身强力壮、有中等文化程度、有一定手艺的工人,都参加了共产党,成为了无产阶级的先锋战士。我在西安时,就有昆明四厂艺徒出身的同学约20人分布在西电公司各个厂工作,有的任厂党委书记,有的任副厂长,有的任科长。

5. 昆明四厂进行改组

1941年起,昆明四厂逐渐开始工作,接受订货,因许厂长常在桂林,总厂派诸葛恂为昆明四厂副厂长。昆明四厂三足鼎立,各有一套人马,势必重复不能统一。所以总厂后来又派一厂厂长张承祐兼任昆明四厂厂长,实行改组。改设三组两课即计划组、设计组、制造组,以及会计课、总务课等,将原来三组中性质相同的部门统一起来。同时将我调任计划组组长,变压器工作由汤明奇接管。

变压器方面,在抗日战争期间,因内地炼钢、炼磷,需要做几套这种用途的电热变压器,所用矽钢片都用飞机从国外进口,可见成本之高。但抗日战争时,只根据需要能自制就行,其他如旋转电机,以及开关设备如"闸刀开关"、"林克"、普通"开关板"等也做了一些以供军用,对抗日战争做出了小小的贡献。更重要的是,我们在总管理处的领导下,那份艰苦奋斗的精神十分值得怀念。

有一次日本飞机前来轰炸,我们职工都背了干粮到厂的后山上逃警报,日机投下一枚500磅炸弹落于总厂厂门内、一厂前面走道交叉点上。警报解除后,我到出事地点查看,弹坑直径约十米,深约十米。还有别厂的职工也在总厂后山山洞里逃警报,警报尚未解除时,有几个人出洞察看,遇到扫射,伤了几人,我请厂里派一辆卡车送他们去西山惠滇医院救治。

6. 抗日战争胜利发生工潮

1945年日本投降,抗日战争胜利,一厂厂长张先生坐一辆小汽车动身赴重庆,转赴南京回原厂。他在离开的前夜告诉我,他走后,一厂职务由我暂时兼任。第二日上午九时许,一厂工人闹起来了,一致不上班。我即前往一厂围墙内探问原因。但见工人们气愤极了,他们说一个人走了,大家都要回家。回家的交通工具,他们自己想办法,不过要求厂方发给每人三个月工资。同时将我团团围住,不让我走。与我一起被围者有杨天爵、一厂会计课课长及杨锦山等。我告诉工人们,要求每人发三个月工资,兹事体大,我一个人不能做主,要请求上级批准才能办理。他们不答应,也不让我走出重围。杨锦山在场为我说了几句好话,就有一人拿了一根铁条打在他的左肩上,所幸未伤,他见势不妙,就走开了。我心里又仔细盘算了一下,要发三个月共需多少钱,一厂库存有多少钱。我见杨课长在旁,问他一厂现有多少钱。他后来同工人讲要出去小便,就溜到厂长室去查点,回来说钱不够。如此双方相持不下,中间没有吃饭,直到晚上七时。我最后下决心,一切由我负责,答应他们发三个月,他们说口说无凭,要我立据签字,说明明天早晨发放完毕,然后才能放我走。我连夜去昆湖电厂桂迈黄厂长处求援,桂厂长说他那里钱也不多,只能借给我1 500元,给了我一张支票。我拿了之后坐车进城到中国银行借款,说明借款用途,银行负责人不肯,告诉我此事是非法的,碍难照办。经我再三要求,最后,中国银行勉强答应凑足发放三个月之数给我提回。我当夜嘱会计课算好工资表,第二天一早如数发放完毕,工人们皆大欢喜,拿了钱走了。以上是一厂工潮的大致经过,这是第一家,随后炼铜厂相继发生类似事件,且要价更高了。四厂工人艺徒多,暂时没有动。但时隔不久,四厂艺徒也来要求,之后职员也陆续要求如数发放。我花几个月来应付这件事,疲于奔命,心力交瘁。

7. 与炼铜厂合并,筹建昆明分厂

当时四厂既无工人,又无原料,生产不能继续。炼铜厂有铜原料,一厂有拉铜线的设备,两厂合并起来还可生产橡皮线、纱包线、裸铜线等。我便建议总管理处将两厂合并成立昆明分厂,职工聚集起来,尚有200人左右。后来总管理处委派我为昆明分厂厂长、袁绩亮为副厂长。

此时总管理处已迁走,草棚很多,呈房多人少现象,于是我采取了如下措施:第一,将总厂及四厂警卫队合并改组以确保治安,防偷盗;第二,组织职员纠察队夜间巡逻;第三,鉴于四厂翻砂间火星之害,将总管理处草棚统统拆除;第四,重新组织职工队伍,设立炼铜组和铜线组,以何志远为炼铜组组长、文字藩为铜线组组长。昆明市营业处不动,照常营业,全国能炼铜、制造铜线的厂仅此一家,市场需求大,生意很好,产品还销往汉口及以远等地。

一厂原有栗园住宅区一处,现在已无人住宿,空关可惜,且还要派人看守。适有昆明市英国教会吴醒夫校长要办一所中学,前来接洽。我认为办教育是件好事,且希望空地早日脱手,便将其以低价卖给了吴校长,办天南中学,它有初中班和高中班,共6个班。

8. 离昆明赴上海

1947年1月,接总管理处电报,要我乘飞机(当时有美国军用飞机可乘)飞沪,预备派我赴美接替褚应璜兄,他已去美任电工厂驻西屋公司技术代表多年。我到沪后,总管理处要我在沪再留一年,接替沈良骅先生为上海制造厂厂长,此厂办公室在溧阳路施家木桥房一个大仓库楼上,分厂有三个,都是接收日本人留下的烂摊子。一是军工路铜线厂,二是河间路炼铜厂,三是辽阳路变压器厂及通北路电焊机厂。在河间路炼铜厂中,日本人离去时有一炉铜冻结在炉中成一大块,这是一只反射炉,当时大家不懂,对其没有办法。我请昆明分厂何志远同志到上海一个月以解决这个问题,后来将铜块取出,反射炉重新砌起,开始化炼。之后这三个分厂,分别成为三个大厂,即现在的电缆厂、冶炼厂,以及由辽阳路的变压器厂与通北路的电焊机厂合并后迁至闵行而成的上海电机厂。

9. 派赴美国西屋公司为驻美代表

1948年2月,我被派去美国匹兹堡西屋公司接替褚应璜为电工厂驻美办事处代表。乘

轮船经香港、马尼拉、夏威夷到旧金山上岸,再乘火车到匹兹堡。至时有沈从龙来接,把我接到 7137 号住所。7137 号是一所旧的二层楼住宅,是褚应璜兄买下来的,作为我们电工厂驻西屋公司实习人员居住和做饭的地方。这里雇佣一位黑人小姐,每天做打扫卫生等杂务。我在 7137 号住了一段时间,就搬到 Wilkinsburg 镇的一间家租屋居住。驻美办事处就在西屋公司一个大楼上,较为方便。有一间办公室,还有一位秘书 Brag 女士,她是公司介绍来的。我的任务是接收西屋公司的技术资料,并写信给西屋公司要求把这些资料装箱托运到中国湘潭厂。当时已没有新来的实习生,已来的都在外地分厂实习,留在匹兹堡的仅几个人。之后 7137 号住宅仍由褚应璜兄出售了,手续办完后他才回国。

此时国内解放战争正在进行。西屋公司交付的资料逐渐减少。西屋公司要我们的办公室迁至 111 楼,与墨西哥办公室、比利时办公室为邻。111 楼顶层为餐厅,我中午用餐就在顶楼。到 1949 年 2 月西屋公司已不给我们技术资料,我见此情景,请示总管理处,要求将驻西屋公司办事处撤销。获准后,我办理办事处结束事宜,将 Brag 女士仍交还西屋公司,同时要求去 Sharon 变压器分厂考察半年。

10. 回到新中国

1949 年 8 月,我得知上海已解放,即购船票回国,船票买到上海,途经旧金山、日本横滨抵达上海吴淞口外。船上中国人有数十人之多,要求开进黄浦江,船主说不知上海是否允许靠岸,大家说可打一电报给陈毅市长,陈毅市长回电说欢迎。但船主又请示纽约船公司应否去上海靠岸,纽约回电说开香港,不得已我们又到香港上岸。此时香港与上海船运不通。我们在港住旅馆等候去天津的小船。等了两个星期,我们买到太古公司的 3 000 吨小船船票,于 10 月 10 日到达塘沽新港。早上看到五星红旗迎风飘扬,心中有说不出的高兴。在天津海关检验行李时,我有新出版的美国国务卿艾奇逊的白皮书一本。解放军问这本白皮书可否借一借,我说可以,他还给我一张收据,实际上此书我在纽约新买的,尚未阅读过。

上岸后,我就到电工厂王宗素兄处住下,并参观了他的天津分厂。三天后,我就搭车赴上海,到广东路总管理处报到。被告知现已停止办公,可以直接到华东工业部电器工业处报到,第一个同我见面的就是曹维廉副处长。

11. 动员去沈阳

为了筹备重型电机厂,1950 年 4 月有关方面又动员我们全家赴沈阳,4 月 10 日我们夫妇携二女儿孙亦奇、儿子孙亦玲同行。亦奇当时在上海清心女中读书,功课常列入优等,思想也进步,年已十六岁,患有气喘病。我们劝她留在上海治病,她不肯,一定要随行。一到沈阳,天气寒冷,住在旅馆中,她气喘病复发。我带她到沈阳医学院看病,医生诊断后,告诉我们没有什么病。我同医生争辩说,她患的病是呼吸问题,要求住院治疗,他不答应。因为初到沈阳,人地生疏,只好颓然而返。回到旅馆后,女儿病情立即加剧,最后接氧气呼吸也无济于事。延至 4 月 14 日上午天明,她最后给我讲,"总算到过沈阳了",就溘然长逝。在沈阳不过四天,我们二人悲伤之极。不久,爱人也因旧病复发,生活不能自理,不得已向领导请假三月,不准,只准一个月,由沈阳电工局派人护送至北京燕京大学堂兄孙瑞芹家暂住。后以避免伤感,我们不愿再回沈阳。幸燕京大学校长陆志伟说,燕大校园需要管理水电的技术人员,留我在校工作一段时间,再作计议。我在校工作期间略有报酬,勉强度日。

12. 应邀到华生电器厂工作

1951 年,上海华生电器厂就要公私合营,我应邀到华生电器厂工作,当制造科科长。此时该厂制造感应电动机和电风扇两种产品,为国家加工订货,材料由国家供应,厂里只收加工费。我将加工工数分解为各种零部件定额指标,不得超过,提早完成者得奖励。工人都很满意,既能如期完成任务,又能得到若干奖金,如此者约半年时间。

13. 又回归华东工业部电器处工作

我在华生电器厂工作,吴渔邨处长知道了,有一天他打电话给我,对话如下:

问:你是谁?

答:我是孙瑞珩。

问:你从前是在电器处工作的吗?

答:是。

问:你愿意回来吗?

答:愿意,请问要何时回来?

答:四天可以吗?

这样,四天后我就又回到电器处工作了。

14. 到第二设计分院工作

之后不久,华东工业部撤销,电器处改成基本建设设计处,然后几经改变,最后成为一机部设计总院的上海第二设计分院,地点也多次变迁。起初借用上海大厦六层,继迁外滩法国邮船大厦,最后迁至外滩金陵东路附近一所红砖房子内,我被派为总图科工程师。基本建设设计在中国还是一个新东西,一切都要从头学起,由专家指导,有苏联专家、捷克斯洛伐克专家。值得提及的有一个项目,它是为武汉锅炉厂在武昌地区选择厂址,这项是由捷克斯洛伐克专家指导的。院里派我们三人前往武昌选择厂址,我们最后决定的厂址在离武昌火车站西北约 5 公里的一个小山谷里。材料运输、成品出厂有铁路专用线进入厂区,职工生活有公路可通市区,交通便利。厂址的选择对工厂的前途关系重大,至今我对武汉锅炉厂的厂址选择是满意的,它是经得起时间考验的。

15. 调到上海电机厂

1953 年,基建队伍十分庞大,领导动员调出一批人员,我首先响应号召。后来领导决定派我赴闵行上海电机厂设计科工作,方福林为科长。在设计分院时领导号召学习俄语,起先说突击一个星期即可,随后改为突击一个月、三个月,我们十个中年人结成自学小组,经过约两年自学,才掌握俄语。到了设计科,要我翻译俄语技术资料,我可以应付,但不能说熟练。后来,有一个任务是仿造苏联式铁壳水银整流器,上级规定由上海电机厂与新港路北京电器科学研究院上海分院合作,我就参加了这个试制任务。

铁壳水银整流器在中国还是缺门。我在美国 BJH 公司实习时,在大型变压器试验工场看到一台多阳极水银整流器,是一只庞然大物,估计有 5 000 千瓦,我们实习生只能校校真空计,其他不许乱动。我们试制的一台有六个石墨阳极一个水银阴极,用于无轨电车的电源供应站。这台整流器 1953 年年底试制试验完毕。第二年,一机部部长助理周建南到上海电机厂视察工作,听完汇报后表示这台整流器试制试验合格是一件好事,但不等于好用,还应送应用单位考验一段时间,才算完成任务。这是一个深有远见的建议,过去我国产品往往存在质量不合格的问题,就是因为没有经过考验。后来,由我赴北京电车公司进行联系,他们的电站里都是苏制产品,考验上海自制新产品,很容易办到,只要将他们的苏制产品一台接线拆开,把我们的产品接上去,让它运行三个月即可。最后据电车公司报告,我国自制产品质量比苏联的有过之而无不及,这是因为这台自制产品是精雕细刻而成的,苏联产品是大量生产的,这个因素以后也应考虑。

16. 筹建水银整流器试生产车间

1954 年,我在上海电机厂接到厂部通知,叫我到南京东路和平饭店去看前华东工业部副部长刘坦,此时他任电机部电器局局长职务,电机部部长是张霖之。电机部下设三个局,即电机局、电器局和电材局。见了刘坦副部长,他直截了当地对我说:“老孙,我要叫你出来,离开电机厂,你愿意吗?”我答:“我无所谓,叫我做啥就做啥,服从分配。”他说,水银整流器现在很需要人,想在上海建立一个试生产车间。我说:“建一个车间要有两个条件,一是钱,二是人。”他说:“钱包在我身上,人嘛,我请了一位人事科科长。”他介绍我与这位科长认识,以后人事就与他联系,我要什么人,就提出来。我提出在电机厂试制的几个人,他说:“你就在此写一张简略的计划,拿了计划去北京见曹维廉副局长,同他商量,自有办法。”

我回电机厂汇报情况后,第二天就提了一只皮包去北京,所以后来曹局长说我以皮包起家。曹局长给我几张介绍信,先找翁处长,他是上海设计分院原院长,后在部里当物资处处长。这位处长很好,很愿意帮忙。他告诉我,445 厂(苏联援建的 156 项中的西安开关整流器厂)有一部分设备已到货,但西安厂尚在土建,一时用不着,可以给你几台,说明借用。我问是否有 1 200 毫米的立车,他说没有。他告诉我,东北齐齐哈尔厂有这种产品,须自购。所以这次去京不无收获。临回上海前,曹局长同我一起坐一辆小汽车回局。他问我:“你的车间将来是否由西安445厂领导?"我说西安太远,遥远控制不好办,我建议由上海华通厂代管,他首肯。

我回到上海之后办了两件事。第一件事,去华通厂见刘锦祥厂长,告转托管事。他说没有看到公文,待公文来后再行计议。第二件事,我要物色一位会计,管理车间财务,以便将来交代时有账可稽,适有电工厂老会计黄震同志,我请他就来车间办公。

车间设在哪里呢? 此时尚无一点头绪。隔了几天,刘坦局长由京来沪,来找车间的地点。他记起在华东工业部时,知道澳门路宜昌路口有一座高楼,约我一起去看看。这高楼有九层,内有电梯可以上下,原是英国人的啤酒厂,新中国成立后改为上海医疗器械制造厂。我们进门找霍厂长,说明来意,霍厂长是一位老干部,他说要做车间,高楼不好,进门时有一个二层楼,英国人做啤酒的地方。二层楼尚空着,只要稍加修改,可作车间。他领我们上楼去实地看看,果然是一个钢筋混凝土结构的楼房,面积比较小些。但上海别的地方更没有这种房子,就同意借用两年。我随后说,还要一个办公的场所,问九层楼上有无空的房间? 霍厂长告诉我们,第九层现在空着,有电梯,上下尚方便,后来第九层也借用了两年。

现在车间由华通厂领导,定为第八车间,刘厂长说你的车间是独立旅,是暂时代管性质的。虽说如此,第八车间的一切就有了依靠。譬如人的问题,上次在和平饭店确定的人事科科长向华通厂要到一个工程师、一个技术员,于是托华通厂招描图员40人一班,自己培训,就在九层楼练习写字描图,描水银整流器的工作图。又譬如我自称为八车间主任,但不能唱独角戏,党政工团都要配备人员。还有技工、帮工、吊车工(吊设备至二层楼)及材料都有了着落,都从华通厂调用或借用,车间虽小,五脏俱全。

1955—1956年调拨的机器、自借的立车先后到货,吊上二层楼车间,陆续开工试制。石墨处理和水银纯化仍由新港电器分院担任。在此期间,445厂派赴苏联学习的技工10人由向进观同志率领来车间实习,同时参加工作。我就请向同志为八车间副主任,管理生产事项。投产500安600伏铁壳整流器13台。到了1956年12月31日晚12时,华通厂党委和刘厂长前来车间检查工作。我向他们汇报,投产13台已完成12台,经过试验合格,最后一台真空度稍低但可修好,所以最终以完成12台计算。

17. 八车间迁到武宁路上海电器科学研究所

有几个原因,需要在武宁路、曹杨路之间建造一个新车间:一是宜昌路的八车间借用期两年已到期,要归还原主;二是新港路的上海分院的一部分职工要迁出,与八车间合并;三是1958年中央在北戴河会议上决定要八车间承接40万千瓦的水银整流器任务。第三点是一个推动力量,而第一、第二两点也势在必行。当时,新港路分院主任陈文全及其他室的技术职工也要迁来,陈文全同志被一机部任命为上海电器科学研究所(简称上器所)所长。

据说毛泽东主席也参加了北戴河会议,所以会议非常重要。再说40万千瓦的任务有多大? 西安445厂是苏联设计的,其年产总容量为60万千瓦,它是一个大型厂。八车间是一个试制车间,势必难以完成任务。我建议陈所长到机电一局与胡汝鼎副局长联系求援。请胡局长召开机电一局下属的机械加工厂会议,布置一项任务,代我们加工 500 安型水银整流器 100 台,包括材料在内,每厂只加工一种零件共 100 件,完工后送上器所收取加工和材料费用,零件图纸由上器所发给。后来就照这个建议办事,一切顺利进行。

同时,上器所积极寻找办公地址,准备建所。水银整流器新车间由我画了一个草图,也开始建造,车间呈长方形,作为生产加工、石墨处理和水银纯化之用。旁边二楼作为研究试验室和整流器办公室等。我被任命为整流器研究室主任。关于快速开关和开关柜等保护设备,都交辽宁省锦州市新生电器厂配套,由上器所向新生电器厂订货供应客户。

经曹局长指示,成品出厂价格要比苏联订货稍低一些,苏联订货进口,经过外贸部等机构,价格要加 30%,所以我们产品的定价仍高得可观。对于上器所来说,这笔收入是很大的,因此建所经费有了着落。

整流器研究室还与南京工学院合作,有两届毕业生暑假来此实习并写毕业论文,对于南京工学院在教育方面也有一定贡献。

1957—1958 年,除生产多阳极水银整流器供无轨电车供电之用外,我们又试制和生产单阳极大容量——6 000 安、750 伏整流器供炼铝之用,40 万千瓦的任务分两年完成。

此外,我们又试制密封式整流器,供 2 万伏电气铁道之用。我们试制了一台交付宝成铁路宝凤段试用,结果常出问题,寿命不长,后来铁道部引进法国制的 100 台铁道用水银整流器应用。我们自制的密封式整流器质量不好,究其原因,有三方面:一是引燃极做得不好,引燃极是一件很小的东西,其引燃的理论及其半导体材料非有长时期研究试验不会有成;二是我们对于真空技术的研究没有花功夫;三是封口技术工艺尚需多多研究,当时唯有苏联专家来沪指导,但效果很小,因为他们也在摸索之中。

还有一事须提及,技术情报工作十分重要。例如,我们试制密封式整流器时,法国已研究半导体整流器,我们的情报落后了十年。不久,水银整流器被淘汰,法国在电气机车上已使用半导体整流器了。

在第一个五年计划期间,关于水银整流器的研究、试制生产、开会讨论,我始终是主持者或参加者。

18. 整流器室动员迁往西安

1964 年,一机部八局张本鸿副局长来沪,动员整流器室全体职工迁往西安,与开关整流器厂整流器室合并,尤其是主要的技术人员和老工人,同时有西安厂副厂长郭迁芳和王炎主任来沪接收。

大家心存观望,并不十分愿意离开上海。我首先在动员会上报名响应,同时将住房退还上器所,户口迁出。有一位真空焊接和氮气试漏的老工人,再三向我说:"要慎重考虑。"因为家有老父母无人照顾,我等待他考虑。同时我对他说:"人生生老病死是自然规律,总不能一辈子不离开父母,而你有妻室孩子也应为他们着想。"最后他答应了与妻子及三个孩子一起动身去西安,现在自己已升为干部,妻子在食堂为正式工,最大的孩子高中毕业后做了大地测量员,已工作多年,其他两个孩子也已高中毕业工作了。

这次动员结果,我室工程师、技术员、职工及家属共有 54 人去西安,其他职工则转入其他室继续工作。

我去西安后,1965 年与两位同志用约一年的时间到全国各地实地调查半导体整流器应用的厂家,年底回西安并在西安召集有关制造厂及研究所制定了半导体整流器的规格与型号一册并送八局备案。

我于 1975 年 2 月因患高血压病在西安电力机械制造公司退休。

· 四、往 事 琐 忆 ·

姚诵尧

1993 年 9 月

幼年启蒙，循序深造

1912 年 10 月，我生于浙江桐乡县(现为桐乡市)濮院镇小商家庭。幼年启蒙于书塾，我于 1926 年毕业于濮院敬业小学。同年秋，我到嘉兴县城，考取秀州中学。这是一所教会中学，全校崇尚爱国爱校爱科学的办学精神，重视英语，对我日后深造和参加工作奠定了较好的英语基础。1929 年夏，在嘉兴秀州中学初中毕业后，我到杭州考入浙江省立高级中学，选读理科，在三年学习期间，所有数学、化学、物理等课程都采用英文原版教材，连英语课本也侧重于科技外语文选。1931 年秋，东北九一八事变后，杭州掀起一次爱国学生运动，正值我们进入高中第三学年，我们理科 20 余位同学都参加了上街游行。记得那时浙江省教育厅厅长张道藩来校在大礼堂训话，斥责学生的爱国行动，引起广大同学的反击，被同学们嘘下台，事后虽同学们被各记大过一次，但却受到了一次强烈的爱国主义和反法西斯主义的教育。

1932 年夏，我在浙高毕业后，被保送到浙江大学，但我希望考交通大学，在暑假中，我向上海的交通大学(以下简称"交大")及交大唐山学院(以下简称"唐院")报考，后来唐院在 500 名考生中，录取了 25 名学生，我和吴祖垲考取土木系，张楷考取矿冶系。因上海的交大与唐院同属一校，因此我们三人都没有被上海交大录取。于是我就准备行装，北上唐山。

进了唐院土木系，在唐院数月，深感唐院学术氛围浓厚，师资力量都很理想。于是我专心一志，力求上进。谁知 1932 年冬，在第一学期即将结束之时，榆关(山海关)地区发生战乱，日本敌机频频在上空盘旋，唐院被迫停课，我就辍学南归，未再返校参加期终考试，按院规受到除名处分。在家自学半年，1933 年夏再考上海的交大，同时报考上海天厨味精厂吴蕴初的清寒教育基金的奖学金。结果被上海的交大录取，吴蕴初奖学金也考取了。同年考取交大的浙高同学共有十二名，他们是土木袁文伯、姚传甲、陈民三，科学蔡驹，机械张楷、王子仁、陈景福、姚诵尧、吴祖垲、王炳宇、马考驹、刘培德。

在交大四年，我深受母校基础深、起步高、要求严的传统学习环境的熏陶。大学一二年级，机电两个工程学院，课程颇多雷同；到了三年级，开始增加专业课程，我们在机械工程学院，都念电机学、电力厂工程；到了四年级，又细化了专业课程，我们念的属工业门，实际上是动力工程专业。我在毕业后半个多世纪的工作历程中，对当时学到的基础知识深感获益良多。在母校学习和生活方面，很多学长已在级友通讯上先后发表了不少回忆性报道。我要补充的有以下几件事。首先是在三年级暑期，我在青岛四方机车厂实习，这是铁道部系统的有相当规模的机车制造厂，我开阔了视野，接触了机械制造工厂的实际生产技术。其次,在 1936 年冬,上海学生为响应北平一二九学生运动,我们交大学生,有过一次寒夜上街游行,步行到江湾,向旧市政府请愿,要求政府出兵抗日,终夜未合眼,翌晨才返学校。最后是在大学四年级下学期,我们机械工程学院毕业班部分同学,由杜光祖老师率领,组织了一次毕业旅行,先后在南昌飞机制造厂、南京永利宁化工厂参观学习,还游览了一些名胜古迹,在南京住进了"首都饭店"。这一切活动,都给我们留下了难忘的印象。

1937 年夏,全班同学参加了毕业典礼,戴上了方帽子摄影,称为交大 37 届毕业同学,全年级总人数为 141 人。岁月易逝,半个多世纪已经过去了,先后已有 53 位级友谢世(按1993 年 8 月的初步统计),这些病逝的同学,诚使我们深深怀念。

抗战初期,涉足鄂滇

1937 年毕业前夕,杜光祖老师约聘我与徐绍梯二人,参加筹建无锡某人造丝新厂。杜老师于 1937 年赴日本考察后,又与德国机器制造厂商谈设备购置事宜。但因七七事变及八一三上海抗日战争爆发,无锡人造丝厂筹建工作停滞了。杜老师介绍我和徐绍梯去汉口既济水电公司工作。9 月抵汉,我被分派到既济电厂,徐绍梯到既济水厂。级友刘昉自首都电厂调来,在市区供电所工作,我们同级三人同在一个公司工作,但在三个不同部门。

既济电厂共有 6 台发电机组,装机总容量为 16 500 千瓦,我在电厂担任值班工作,又要参加全厂设备维修工作。因值抗日战争期间,日机经常在武汉上空侦察,并多次投弹轰炸。在电厂工作多年的技术人员纷纷离厂,让我们三个新手在厂值班,为保证电网供电,军民二用,形势严峻万分。

1937 年初冬,上海已沦陷,日军已迫及南京,长江下游上海等地的人纷纷逃难到汉口,经常在街头遇到熟人,见到不少母校老同学。记得 37 届和 38 届老同学,先后有范元弼、杨锦山、周建南、孙以德、孙俊人等,曾寄住在我和刘昉合租的住处。经过在汉口的活动,他们中有的同学奔向革命圣地延安。一直到新中国成立后,我才知道周建南、孙以德、孙俊人等自离汉到延安,又辗转到东北,新中国成立后到北京。他们都是我国电工事业的领导人物。

1937 年 10 月,我的女友钱卓柔女士从南京逃难到武汉。我们于 1937 年 12 月 19 日在汉口结婚,同班同学徐绍梯、褚应鎏代表双方家长,既济电厂同事和 37 届同学刘昉、安绍宣等参加了婚宴。当时兵荒马乱,在长江中下游的同学纷纷到达汉口,我只记得有陈景福、任郎、顾以任、张楷等,都曾到我住处叙晤。

1938 年春,抗日的战火沿长江溯江而上,武汉上空,经常发生空战,我工作的电厂又是被轰炸的目标。我先将家属搬离汉口到重庆,我单身住在厂内,并忙于拆迁 6 000 千瓦机组到宜宾。同年秋,厂内拆迁工作已告一段落。10 月初,汉口市区商店停业,交通瘫痪,在危机中我和徐绍梯搭上最后一班外轮到长沙,又经杜老师介绍到资委会中央电工器材厂报到。我被分派到昆明电缆厂,徐绍梯到广西桂林电工厂。我在 1938 年 10 月,经湘黔到昆明后,参加电线电缆厂的建设工作,厂址在昆明西郊,在滇缅马路上的马街子村,面临滇池,背倚西山。该厂与英国绝缘电缆公司技术合作,具有一定的规模,是我国第一个完整的电线电缆厂。所有设备均购自英、法、德等国,1939年建成投产,不久即遭敌机轰炸,于是组织抢救,再予投产。我在昆明的工作跨越了四个年头,1941年4月,我因母丧返沪。

在上海,我又经杜老师介绍,到上海华生电器厂工作,从事制造部的生产技术工作。华生电器厂在当时颇具规模,年产各式电扇10万台,又同时生产小型交流电动机和电力变压器。由于有一套科学管理制度,质量保证有措施,产品畅销我国内地和香港,以及南洋各地。1943年秋,级友沈炳中自昆明回到上海,于是我们又在一起工作,一直共事到抗日战争胜利。

抗战胜利,首渡赴美

抗日战争胜利后,我又回到资委会中央电工器材厂,参加上海分厂的筹建工作。沈家桢是分厂的副厂长,当时的工作是参加接收敌伪的电工电材工厂,使其迅速复工生产。上海分厂设有第一工场,在市区河间路,冶炼铜材,电解成材;第二工场制造铜线和电缆电线;第三工场轧制钢材;第四工场制造中、小型电机产品。我和级友沈炳中、庄标文共同负责第一、二、三工场,维持正常生产近两年。

1947年6月,我奉派到美国西屋电气公司实习,按当时资源委员会与西屋公司签订的技术转让合同规定,共有80余人接受培训。我在美16个月,先后在西屋公司的发电机制造厂、变压器制造厂、电动机制造厂、汽轮机制造厂等处实习。培训的主要内容为各类产品的制造技术、制造厂的设备和工艺布置。其间在宾州匹兹堡的发电机制造厂的时间最长,又在当地匹兹堡大学研究院选读了两个学期的机械制造和工厂管理等课程。多次在西屋公司的科技开发中心和原子能研究中心做短暂实习,借以了解西屋公司的技术发展动态。在美期间,我也晤见了朱承基兄(在宾州州立大学)和周健兄(在马里兰州),在波士顿我和徐绍梯叙晤,时为1948年春。

新的起点,闵行卅年

1948年冬,我回国到上海。1949年新中国成立后,我参加了上海电机厂的技术领导工作。20世纪50年代初,在国民经济恢复时期,我们就在闵行新厂址共建了电机生产车间和变压器生产车间,级友陈民三参加工程设计。1953年"一五"计划开始,在捷克斯洛伐克专家的帮助和指导下,我参加并主持了一期扩建工程设计,新建了汽轮发电机车间等主要厂房和相应的配套工程及生活设施。1956年,全部竣工投产,是当时第一机械工业部"一五"期间全面完成的第一个重点建设工程,与此同时,上海电机厂于1954年试制完成我国第一台6 000千瓦的汽轮发电机,于1955年与配套的汽轮机、锅炉等安装在安徽淮南田家庵电厂,这是我国第一台国产机组,服役30余年,运行情况良好。在上海电机厂多次扩建工程中,我参加并负责总体设计和全面施工投产,20世纪70年代为研制我国第一套核电机组,上海电机厂新建了大型发电机车间,其中有一个可试百万千瓦发电机的试验台,成为我国最大的电机试验站,在1980年基本建成投产,为80年代与外商商谈技术引进、合作生产创造了必要条件。我回想在近30年期间,上海电机厂从市区一个174人的里弄工厂,1951年迁到闵行黄浦江畔,在约 1 平方千米的厂区内,经过新建和多次扩建,到目前已形成一个拥有近万人的花园工厂。30 年来,我亲眼见到成千上万的各类电机产品,运往各个建设工地,也有不少工程技术人员,支援了重点建设单位,老工人一批批退休了,青年工人接上岗,各类年轻的技术人员和管理人员走上工作岗位,茁壮成长。我对这个厂的一草一木,都有深厚感情。

在 20 世纪 70 年代的最后两年,我又奉派去上海重型机器厂担任两年技术领导工作,边学习,边工作。我开始学习重型机械的制造过程,对发电设备所需各类锻件和铸件,全面了解其生产过程和保证质量的工艺流程。1980 年夏,我参加了上海市大型铸锻件考察组赴日本考察日本制钢所、新日铁株式会社、三菱电机、日立电机等单位生产大型铸锻件的全过程和有关装备措施。与此同时,我也考察了三菱电机、日立电机的电机生产概况,看到了我们的差距,收获良多。

技术引进　团结造机

1980 年 8 月,我奉调到上海市机电一局上海市电站设备公司,担任副经理、总工程师,从生产单机的工厂,调到组织生产成套发电设备的公司——主要有发电设备的主辅机厂。

为切实采取措施,提高我国制造大型发电设备机组的水平,经上级批准,我国机械工业部机械设备进出口总公司与美国西屋公司、美国燃烧工程公司,于 1980 年秋签订了技术转让合同,经两国政府批准后生效。1981 年 1 月,机械工业部与电力工业部组织了工作组赴美,商谈合同生效后的有关工作内容与进度要求。我代表上海地区和有关厂的技术人员参加了这个工作组。在美期间,先后于 1981 年 2 月和 3 月,与西屋公司和燃烧工程公司订立合同,经签字后正式生效。于是上海和哈尔滨两地就 30 万千瓦和 60 万千瓦首台机组的资料项目、培训人员的名额、在美订购首台机组的零部件目录,特别是首台机组的生产进度进行了部署。在美参观考察了西屋与燃烧工程两个公司的制造厂后,我们于 1981 年 3 月回国,迅速进行全面安排。

与此同时,国家又安排了电站辅机厂从美国福斯特惠勒公司引进高压加热器的技术,也签订了合同,并组织派遣人员出国培训。1983 年冬,我参加了上海市水冷电机考察团去瑞士 BBC、联邦德国 KWU 参观考察发电机生产技术。1984 年秋,我参加了赴美燃烧工程公司的锅炉年会,再次参观该公司各个生产厂的现场。

1985 年,上海地区先后完成了技术转让合同签订后首台锅炉、汽轮机、发电机,及时安排配套的辅机,使首台机组于 1987 年 6 月 30 日在山东石横发电厂并网发电。我国第一台引进型 30 万千瓦发电机组的并网发电,让我国生产大型发电机组上了一个新的台阶。

在"七五"期间,我参加组织上海地区发电设备制造厂的工厂改造工程,新建了近 8 万平方米的大型生产车间,增添了关键设备,能提高制造 30 万千瓦发电设备的机组质量,并为研制 60 万千瓦机组创造了必要条件。我于 1991 年 9 月获国家计委、国家科委、财政部颁发的国家"七五"科技攻关中做出贡献的荣誉证书。

1981 年赴美国西屋公司和燃烧工程公司考察

（作者：左五）

回顾往事，思绪万千，浮想联翩。特别是近 15 年来，当我到汽轮机总装车间，看到每台汽轮机上的 3 万多个零部件，当我站在发电机试验台前，参观 3 600 转/分的超速试验，或到电厂工地，爬上锅炉钢架之顶，了解每台 30 万千瓦的锅炉的 60 万个焊口，再到杨树浦的电站辅机厂，这时厂区已发生了翻天覆地的变化，所有这一切都使我感触万端。我今年 82 岁了，大学毕业后的 56 年工作，不胜庸碌，但是看到发电设备事业蓬勃发展，内心还是充满喜悦。

五、职业生涯回顾

朱仁堪

1989 年 4 月

1936 年，我毕业于国立交通大学，获电机工程学士；毕业后，在私营华成电器厂工作，曾任工程科主任。

1938 年年底，我加入当时资源委员会的昆明电工四厂，曾任电机组组长兼设计股股长、工程组组长。1943 年，我将一台 1940 千伏安变频机改造成 1550 千瓦的水轮发电机，安装在四川下硐电厂，这是新中国成立前国内制造的容量最大的水轮发电机。

1944 年，我受资源委员会委派，到美国 GE 公司实习。后来我在美国参加当时国民政府与美国西屋公司的技术转让谈判，并根据技术转让合同在西屋公司实习和收集技术资料。1945 年，我自费到麻省理工学院学习，1946 年获美国麻省理工学院电机工程硕士。其后以该校电机工程系助教的身份继续攻读博士学位。学习期间，被吸收为美国 Sigma Xi 自然科学学会荣誉会员。

1947 年，根据国内电工基地建设需要，按资源委员会要求，我提前结束学业回国，任工程处主任，主持湘潭电机厂新厂的建设工作。本着"用旧房、用旧机、即开工、即生产、亦训练、亦制造、求自进、求自存"的原则，新厂于 1948 年具备生产条件。其后我历任湘潭电机厂工程室主任、代理厂长，并在 1949 年将湘潭电机厂完整地交给了新中国。

1950 年，我调东北人民政府电器工业管理局，任技术处电机组组长，负责电机设计工作和指导电工二厂、六厂新产品试制工作。1952 年，东北电工局撤销，电机设计组留电工四厂，1953 年电工四厂改名为哈尔滨电机厂。

在哈尔滨电机厂期间，我历任副主任工程师、副总工程师。哈尔滨大电机研究所成立后，我兼任哈尔滨大电机研究所总工程师。其间我主要负责各类电机产品的设计开发工作，通过实践培养了一支科技人员队伍，具备消化吸收包括美苏在内的国外资料的能力，也具有结合实际自行设计的初步基础。我曾组织研制从 2.5 万千瓦起的多种规格的汽轮发电机，从 800 千瓦起的水轮发电机以及与轧钢、水泥、化工设备配套的大中型同步电机、异步电机和直流电机。其中如自行设计制造的官厅电站 1 万千瓦、新安江电站 7.25 万千瓦水轮发电机组，投运 30 多年仍可安全运行；采用苏联转子结构自行设计的 5 万千瓦氢内冷汽轮发电机，掌握了氢内冷技术和气体密封技术，为日后国内采用氢冷技术大型汽轮发电机的研制奠定了基础。20 世纪 50 年代末，我参与三峡工程主设备论证工作。

1953 年，在一机部领导下，我负责全国中小型异步电机、同步电机、直流电机五个系列产品的仿苏统一设计工作。统一设计采用苏联同类电机的型号、功率等级、外形尺寸、铜线规格，不仅便于与当时苏联大量援助的机器设备配套使用，而且彻底消除了当时国内电机规格、型号性能参数无标准的混乱局面。统一设计的系列电机在全国各电机制造厂推广使用,取得了极大的经济效益和社会效益。

1959 年,我在北京一机部八局技术处工作一年。

1960 年,我调德阳水力发电设备厂(后更名为东方电机厂),先后任副总工程师、技术顾问,组织领导全面技术工作。

在东方电机厂工作期间,领导开发的水轮发电机组新产品主要有:葛洲坝 17 万千瓦、费尔泽 12.5 万千瓦、乌江渡 21 万千瓦、龚嘴 15 万千瓦等多型机组。其中对葛洲坝机组的总体布局、水轮机的叶片布置、发电机的通风冷却等问题都做出了正确决策,该项目获国家科技进步特等奖,而费尔泽机组则是当时出口容量最大的水电机组。

领导开发的汽轮发电机组新产品主要有 20 万千瓦、30 万千瓦等定子绕组水内冷,转子绕组氢内冷,其他表面氢外冷的水氢氢型汽轮发电机。该型机成功借鉴苏联汽轮发电机转子绕组气隙取气的氢气内冷方式,成为 20 世纪 90 年代前的火力发电主力机型。特别是在 30 万千瓦汽轮发电机的自主研制过程中,重大技术决策有:三段式定子机座结构,克服了四川特殊的铁路运输条件限制;定子铁心隔振结构,避免了机座发生共振;定子端部采用铜屏蔽,减小了端部发热,扩大了机组调相运行的能力等,使首台机组一次投运成功,被国务院称为“成功嫁接引进技术”的典范。

其他电机方面有:为钢铁行业炼铁、炼钢、轧钢等设备提供了配套的一系列交直流电机,为火力发电厂的风机、水泵、磨煤机等提供了配套的大中型交直流电机。特别是为了给 30 万千瓦汽轮发电机提供稳定的励磁电源而研发的 75 千伏安副励磁机,使用国内开发的稀土钴永磁材料,处于当时世界领先水平,该项目获国家科技进步二等奖。

作为机电设备专家小组成员,我全程参与了三峡工程电力系统与机电设备专题论证。

作为国家旋转电机标准化技术委员会及原机械部电工技术委员会成员,我参与了多项旋转电机国家标准的审查工作。

同时,我积极参加全国电机工程学会、电工技术学会、电气和电子工程师学会(IEEE)等组织的学术交流活动,倡导成立了四川省电工技术学会。作为 IEEE 高级会员,我先后出席了 1983 年在北京举行的国际稀土永磁材料学术年会和 1987 年北京国际电机学术会议,均有合著论文在会议上发表。

· 六、坎坷的道路，光辉的前程——东方电机厂建厂30周年 ·

管敦信

1988年10月

　　当年，在全国工业合理布局、大力发展三线建设的政策指引下，一个计划年产250万千瓦水电机组、全国最大的德阳水力发电设备厂，于1958年在四川德阳县破土兴建。这个地方原是四川的一个小县，工业基础是零。施工初期条件十分艰辛，就连拖运设备用的几根滚杠，也要千里迢迢向哈尔滨老厂求援。但建设者们一心想把工厂尽快建成，早日为国家提供急需的发电设备，因此大家不辞辛劳，艰苦奋斗，边创造条件，边进行建设。正当工程进度逐渐加快之际，进入了三年困难时期，国家财力困难，施工尚不足周年的工厂被迫暂停。其后复工、停工又反复了一次，到1961年正式确定下马，工厂继之被封存。此时，有的厂房基础已打好，有的房柱已立起，部分厂房已上了房顶。生产准备也曾抓紧进行，2600余名徒工从各处招募而来，并部分派出培训、学习；有关技术和管理人员为生产准备奔波各地，收集资料，草拟规划，这一切曾呈现出一幅繁忙景象。工厂下马封存不是一封了之、万事大吉。人员要调整，徒工要遣返，那些半截子工程要看管、维护。那时厂区围墙尚未修建，厂区成了人行大道，厂内器材频繁失窃。不过工厂遇到的最大难题，还是那些早已到厂的设备，尤其是那些被称为宝物的进口大型机床。工厂不知封存到何时，像四川这样潮湿多雨的气候环境，哪怕只放上一年，机床的精密加工部分也会受到严重锈蚀，电器控制部件也会发霉损坏。怎么办？工厂及时组成一支全厂性的设备维护队伍，但人们对此情况都无经验，只能边探索边干，一面走出去请教、学习，一面自己研究试验。于是，什么机械除锈、化学除锈、涂油(特殊防锈油)防锈、气相防锈、拆卸维护、安装维护等办法应运而生。联邦德国12.5米立车、15米卧车，英国10英寸镗床等设备都曾做过安装维护。功夫不负有心人，存放的设备总算安全度过了长达四五年之久的存放期。在日后正式安装投产时，这些大型机床的精度指标都保持着出厂标准。

　　人们渴望的一天到来了。工厂于1964年上马续建，改名为东方电机厂，建设规模缩小，产品方案改为水、火并举，年产各60万千瓦。最大轴流式水轮机转轮直径为6.0米，最大汽轮发电机为20万千瓦，年产1/2台。由于资金过紧，民用建筑只能因陋就简，造价一压再压，连室内墙壁的抹面也压掉了，有的宿舍墙外下雨，墙内流水。

　　1966年，工厂的主要厂房已陆续竣工，设备也相继安装就绪，工厂开始边建设边投料生产(正式验收是在1967年年初)，可以想象，此刻工厂职工的心情有多么振奋。有谁会料到，就在工厂刚刚开始生产，一切规章制度尚未走上正轨之时，"文化大革命"的风暴席卷而来。工厂被折腾了几年，组织被搅乱，规章被废除，连续多年未能完成生产任务，这场灾难如此之深重，以致日后要恢复正常生产秩序几乎要件件从零开始。"四人帮"倒台后，情况有了转机,特别是党的十一届三中全会以后,厂领导班子经过新旧交替,工厂先后大抓全面整顿。进入 20 世纪 90 年代,工厂面貌迅速改观,长期被视为一个老大难的劳动纪律问题,很快得到彻底解决,车间生产井然有序。1983 年、1984 年两年建成职工宿舍 5 万平方米,为建厂 20 余年来所建职工宿舍总面积的 40％,长期以来住房难的问题得到较大的缓解。近年来厂里较好地安排了职工子弟的就业问题。随着生产的逐年上升,效益不断增长,职工所得也相应有所提高。职工情绪稳定,积极性高涨,形成了一种良性循环。近三年都是提前一两个月完成任务。原产品方案年产 1/2 台 20 万千瓦汽轮发电机,现在可生产 6 台以上。三年产值平均每年递增 18％。其他方面如节能、计量、设备管理和技术改造、产品包装等 60 余项获得省级以上荣誉称号,在科技领域,取得了较大的成就。东方电机厂的科技人员年纪轻、经验少,但他们多数人具有那么点初生牛犊的劲头,有干劲和闯劲。葛洲坝二江电站 17 万千瓦轴流式水轮机四个叶片的转轮直径为 11.3 米,是当时同类产品世界之最。这样大的转轮选用四个叶片也是稀世之举,机组荣获国家科学技术进步特等奖。东方电机厂生产的混流式水轮机转轮一开始就采用了新工艺,避免了大型整铸转轮缺陷多、造价高、周期长等缺点。从老厂引进的 20 万千瓦苏联设计的汽轮发电机图纸,经厂内研究,认为其转子通风结构不尽完善,我们果断地采用新结构,使转子的温升显著下降,潜力很大。国内首次研制成功的直径 850 毫米的大型硬质合金铣刀盘加工汽轮发电机转子槽效率高、质量好,为东方电机厂提高汽轮发电机生产能力创造了条件。东方电机厂的 30 万千瓦汽轮发电机是用自己的技术和国产材料生产出来的,国内首台定子线圈水内冷、转子与铁心氢内冷(水氢氢内冷)的 30 万千瓦汽轮发电机经电站安装、试运一次成功并网发电,被地区电管部门领导誉为"无懈可击"。海拔 2 600 米国内单台容量最大的龙羊峡水电站 32 万千瓦水电机组的发电机属于高原电机范畴,额定电压为 15.75 千伏。定子线棒的联结采用新方法,代替了传统的锡焊。这些都给设计和制造带来了不小的困难。就是这样的机组在 1987 年内有两套先后在电站安装、试运,一次成功,并网发电,电站也创造了一年内投运 64 万千瓦机组的新纪录。首次出口美国的三套水电机组,出力虽小(每台 4 200 马力),但困难重重。就新技术标准而言,工厂曾派人跑遍全国收集标书上规定的技术标准资料,由于长期以来我国对世界各国的标准了解甚微,近年的新资料几乎一无所有。经过工厂精心设计、精心施工,特别重要的是与用户多方协商,尽一切可能满足其要求,生产出来的机组质量好,初步在国外建立了信誉。联邦德国进口的 15 米立车导轨由工厂自行将其改为静压导轨,使原来的载重能力翻了一番。自行研制的"无心靠模放大"大圆弧磨床解决了多年来大型水电制造行业在大型定子铁心冲模生产中的一个难题。制成的国内最大的 75 千伏安稀土钴永磁发电机,荣获国家科学技术进步二等奖。新建成的水力机械试验台其测量精度及自动化程度达到世界先进水平。其他就不一一赘述。

　　在成就之外,东方电机厂自然也存在不少缺点和问题,曾造成一些事故和损失,但我确信东方电机厂的职工会将这些当成一面镜子,认真地照照自己,从中吸取教训,努力去克服和解决。值此东方电机厂举厂欢庆建厂 30 周年之际,回顾它走过的坎坷道路,看看如今取得的一些成就,我想我们的各级领导们,给予我们大力支援的老大哥厂的老大哥们,使用东方电机厂产品的各地客户们,以及与我们友善合作的女士们、先生们,会为此和我们一起共享此刻的欢欣之情。作为工厂的一名老职工,我衷心祝愿东方电机厂以其传统的艰苦奋斗、奋发图强、实事求是、善于创新的精神,努力进取,加快步伐,迈向更加光辉的前程;也祝愿在不久的将来镶有"东方电机厂"名牌的产品能在世界各处为当地经济的繁荣、人民的幸福做出出色的贡献。

（注:作者于 1960 年 7 月—1985 年 5 月任东方电机厂副总工程师、总工艺师、高级工程师。）

· 七、忆 老 同 事 ·

朱维衡

2005 年

　　正式参加公家工作是从蒋介石"一律不许出国"命令,不得不请求教育部分配工作开始的,我进了昆明马街子中央电工器材厂。不过两个多月后,又开放了,我就到美国留学。

　　1946 年,中央电工器材厂与美国西屋公司签订了合作合同,要派 200 人到该公司实习,回中国将建立一个新的大电工厂,国内一时派不出那么多人,就在美国留学生中找。我和贺天枢当初就是一起由教育部分配到该厂的,所以首先被动员回去。总经理恽震首先到麻省理工学院(MIT)动员我,过了一阵,又派他的大将林津再到 MIT 与我谈,建议我去学工效研究(Time and Motion Study)。这是一门新科学,是西屋公司首创的,中国还没有,他认为我比较灵活,一定能吸收这门新技术,回中国去传授。我这时正愁下一年的学费无着,听恽、林两位如此动员而心动,就在学期结束后去匹兹堡报到。1947 年年初,西屋公司爆发大罢工,延续了好几个月,该公司组织我们 30 多人在厂外的教育中心上课,由该厂各部门派人来介绍他们各部门的情况,等罢工结束,大家分别去各部门实习,我则参加该公司刚开办的工效研究训练班,从头学习全套技术。学员有该公司选出来的两位年轻工程师、墨西哥派来的一位工程师和我,共 4 人。教员 Fox 先生承担大部分课程,用该公司编写的四五本教科书,辅以大量实验室实验时间,做作业、考试,最后是 4 个人分别到 4 个工厂,像厂内本已存在的工效员(Time Study Man)一样工作一个礼拜,在厂里实际操作考核成绩合格,才算毕业。因为该工作关系到工人的工资,如果把标准时间定少了,工人吃亏会闹事,如果定多了老板吃亏,更要炒你鱿鱼,责任很重,所以训练特别严格。在该训练班毕业后,我回到中央电工器材厂的实习学员队伍中,因为我将来是要管各种不同产品生产的,不像别人只管一种产品或一个专业,所以我必须对各种产品的生产过程有足够的感性认识,我的实习计划就安排得比别人长很多,别人都半年结束,我要一年多,到分别位于不同城市的不同性质的工厂去实际充当一个星期的工效员。在此期间,我们驻西屋公司的代表褚应璜先生工作忙不过来,除了已有一位女秘书外,还需要有人替他翻译文件,出中文布告和通知,故选我作为他的兼职秘书,还增加了我的津贴,从 180 元增加到 210 元。1948 年年初实习结束,我与张均开他的车,从匹兹堡下南部得克萨斯州、新墨西哥州到加利福尼亚州,在旧金山上船,同船的有在西屋公司一起实习结束回国的蓝毓钟、蒋家鎏、苏兆久等,共 6 人,23 天后到上海。我们大家先到南京中央电工器材公司总管理处报到,然后我到上海电机厂和上海电缆厂做工效研究,写出改进生产工位布置建议。8 月初奉派与张均两人去湖南湘潭,参加筹建新厂的队伍,厂长是林津,设计室主任是朱仁堪,制造室主任是沈从龙,制造技术部主任是张均,我在张均领导下筹备建立工效研究部门。我首先把这个英文名翻译成中文,拟出几种方案向中央编译局征求意见,最后确定为"工效研究",在工厂从事这项工作的人叫"工效员",工效员记录工人操作每一个动作的时间,叫作"标定",记录每个动作所花时间的纸,叫"标定纸",用每分钟分成一百份的特殊秒表,来记录每个动作的时间,这样记下的时间单位就是分,而不是秒,加减都是分而不必将秒换算成分,省去许多时间。我因为知道这种秒表在中国买不到,所以从美国带回几只作为样品,准备回国请钟表厂定制应用。这一种新的科学方法,称它为"工效学"。确定好以上这些后,我用在美所学编写了一本《工效学与奖工制》教科书。因为工效学的宗旨是提高工作效率,同时奖励工人在标定后规定的额定时间内做出更多合格产品来,所以工效学就是奖励制度。那"定额"的标准,必须是一般中等水平的工人能够轻松愉快完成的,熟练工人一定能完成得更多,多出合格产品多得工资,公平合理,皆大欢喜。与此同时,我设计了适合我们中国应用,按中国纸张标准尺寸的"标定纸"格式,请印刷厂先印了1 000张试试。于是招来两位大学刚毕业的电机专业毕业生,用我这本教科书授课、做实验,进行实际标定和分析研究确定定额。

湘潭电机厂集中了二十几个从美国回来的年轻人,单身的居多。女同事们当然愿意和我们一起玩,成立了"职工俱乐部",我被选为管事人之一,除娱乐外还办起学习班,培训学徒工。我担任了英文教师,后来形势吃紧,发工资困难,职工情绪波动大,对领导的意见愈来愈难处理,就成立了"职工代表会",七人中我又被选上,另外是蓝毓钟、卢荣光、陈俊雄、陈光等。只要是工人开会,陈光就与厂长作对,火气特旺。到1948年年底,工资更发不出了,我们就动员有地方去的人各奔前程,我去了香港大姐姐家。

1949年我到东北工作,领导派我到湘潭电机厂出差,知道了新中国刚成立时,共产党任命的第一位厂长就是陈光,不过后来另外派了一位工程师党员去当厂长。我非常熟悉的蓝毓钟和卢荣光,原来都早就是共产党员,陈俊雄不久也入党了。

东北电工局在1949年9月时,总共没有多少人。我们一个院里四栋日本留下的平房里,住了周建南局长一家五六口人,计划处处长赖坚一家三口,基建处处长李达先单身一人,技术处处长姚朗斋一家两口,制造处处长张大奇一人,并正在等待他夫人带两个孩子从美国回来,我就暂时住在张处长家。孙华善到沈阳后,就住在姚处长家空着的一小间里。我们全院借用赖处长家客厅做饭厅,请一位厨师做饭,李处长管理,大家都在这里吃饭,也可以自己做饭。实际上有小孩的基本上不来,周局长只偶尔来一次。我们每天上下班,都同上一辆车,从南湖清华街宿舍到铁西办公,大家都非常熟。我与孙华善结婚后,搬到隔壁赵硕顾住的空着的那一半里,但上下班仍搭那辆车。李达先在我们结婚后也结婚了,碰巧他夫人也姓孙,而且我们差不多同时生儿子,这两个孩子从小同学,同时到了美国,现在还有往来。我在东北工业部工作到1962年,一直是工程师,李达先从基建处处长到设计院院长,到一机部任电工局局长,不断升迁。设计院时代,他是我的顶头上司。2003年,我突然接到李达先从他儿子家打来的电话,我完全没有想到,问他:"哪一位啊?"他回答:"你的老朋友。"我仍猜不出是谁,他才说出名字。他们两口子是到洋女婿家看外孙,已住了半年,准备回国。我问起周建南怎么样,他说周患癌症已经去世了,他的儿子小川,现在是中国人民银行行长了,当年我们看他长大的。2006年,我到北京,给他打电话,他说他现在已经不能出门了,赖坚还健在,姚朗斋也去世了。

1962年,我被调进科学院后,第一个找我谈话的是陆所长,具体安排我工作的是杨嘉墀副所长。我于1965年做出用于第一颗人造地球卫星姿态控制的力矩电机,是杨副所长拿了一张《Control》杂志上撕下来的广告,上面有一张力矩电机照片,什么说明都没有,要我想办法做出来,我才千方百计想办法琢磨,在刘英杰等年轻人帮助下试制出来的。杨副所长就住在我家对面的一座房子里,我家没有电话,紧急事情只好借用他家的电话,好几次麻烦他接到给我的电话,从他的三楼跑下来,上我的二楼来叫我去接电话,我实在不好意思!可他总是非常友好,毫不计较。"文化大革命"时他受的冲击是最轻的。杨嘉墀先生后来担任了航天研究院院长,做了许多贡献,可惜最近与世长辞了。

与我同一个室的主任是潘守鲁,他负责自动控制部分。我是负责传动装备研制的副主任兼附属工厂总工程师,厂长刘文庆接受我的建议,建立了快件车间,解决了长期存在的急件不能提前加工出来的矛盾。潘守鲁与我住在同一座楼,他住一楼,我住四楼,"文化大革命"时他也是挨整的。我挨整后被迫从甲级宿舍搬出丙级宿舍,他不知去向。可是1981年,我从美国开完超导技术国际会议经香港回北京,在去香港科技大学看朋友时,居然在那里遇见潘守鲁,他在那儿教电机基础,当即请我到他家去玩,他家可比北京的家考究多了。2006年,有人告诉我,他在美国儿子家去世了。他的儿子已是非常成功的科学家,他的女儿嫁给非常有钱的大老板,身价十倍了。当时同一个室的年轻副主任是黄玉堂,我2006年回中关村时在路上与他相遇,他已80出头了,两个儿子都在美国,很有成就,夫人去世多年。他偶尔去儿子家,基本上还是住在北京自己家。

1972年,我被调进电工所,在廖少葆主任领导的特种电机研究室(二室)第二组工作,组长是龙遐令。这时正在进行大型直线感应电机研究,正是我1949年在香港独自探索而未得结果的项目,1972年已有大量参考资料,容易多了。接着我开始探索直线步进电机,取得成功,接受了平面电机自动高速绘图机任务,金能强、徐善纲、韩功兰、苏来滨、张勇、杨蕴霞参加进来,成为最大的一个研究小组。经过半年多的时间,平面电机这核心部件研制完成,把五室计算机配合的一组人马和工厂加工的一组人马,都划为平面电机自动绘图系统研制队伍,共30多人,以我为首。经过多次失败,最后终于达到了预期一秒钟一米的速度要求,也实现了各种颜色的线条完全清晰不断线。这个项目填补了中国高速自动绘图机的空白,之后拿到了中国科学院破天荒的一等奖和国家科委的科技进步二等奖。我那时的老战友金能强、徐善纲至今还活跃在磁浮列车研究第一线的顾问岗位上,与我联系不断。

1984年,国家科委抽调我筹建科健公司,自制磁共振仪(MRI),那是以制造永磁体的名义调我的,实际上我只用永磁铁做过直线步进电机和平面电机,没有接触过大磁体,只有周荣琮那一组人在做,而且周还参加过去几年关于中国自制MRI可能性的讨论。这次没想到却抽调了我,我当然要完全依靠周荣琮的技术知识。我跟着学了一点这方面的知识,也参加制作,但主要的还是组织工作,特别在与外国人打交道、组建合资的安科公司等方面起一些作用。从 1984 年到 1991 年这七年中，前三年我还是电工所二室主任，兼科健公司首席顾问及安科公司董事会董事，1987 年以后从电工所退休，让位给顾国彪，我就只有科健和安科那两个虚名职务，并不支薪，也无固定任务。可是我自己找事干，先一个人设计制造圆筒型 1500 高斯铁氧体 MRI 磁体 1/3 样机，后找周荣琮、李建久两人合作，试制 3000 高斯钕铁硼 1/5 样机，接近完成，因移民美国而中止。这段时间，老同事中最接近的要算周荣琮，在我移民美国后他继续将钕铁硼样机做完，进而做 1∶1 的正式样机，成功投入生产。可不幸的是，他 60 多岁就去世了。周荣琮在我从自动化所调到电工所之前，曾经参考了我在自动化所做第一颗人造地球卫星用的轻小力矩电机后写出的技术资料，做成了大型力矩电机。董增仁负责那力矩电机的控制系统，后来周跟廖少葆到新成立的"可再生能源研究室"，去研究太阳能发电设备所需的驱动调速力矩电机，董增仁配合，之后他们又转回到二室，周研究永磁体，董参加我所主持的超导发电机课题中非常重要的磁性流体密封项目研究，取得满意成绩。超导发电机研究工作各国下马，我们也不敢单独作战，撤销了课题。董增仁参加周荣琮 MRI 永磁体研究，成为科健公司生产的中国第一台 1500 高斯 MRI 用永磁体研制负责人之一。周去世后，安科公司另找别人生产，董增仁自己研制了好几种 MRI 用永磁体，然后承担国家石油勘探急需的永磁去蜡装置研究课题，取得可喜成就。同时，他成了"京磁"钕铁硼永磁块生产厂的高级顾问。曾经通过我推销了一点钕铁硼磁块到美国 FONAR 公司，本来该公司是世界上最早用铁氧永磁体生产 MRI 的公司，现在想用钕铁硼生产，可是这时他们那常导型立式 MRI 生意好得不得了，Damadian 老板安于现状，不想再花工夫研制更高档的 MRI 了，这笔生意就到此为止。

其他老同事中，张超骥至今还有来往，他也是我们当时筹建科健公司的成员之一。另一位成员是侯自强，虽然那个年代他已经是中国科学院秘书长，后来又是最成功的超前技术领军人，现在地位颇高，但他和他夫人与我还是像老朋友一样，并未忘记我。

移民美国以后，同事朋友分开后没有往来，只有方家荣因为磁浮列车的事，时有通信。WANG MRI 公司的老板王守田先生多年不联系，突然给我打电话说，曾经打电话到我麻州家里找我，电话打不通，直到最近才知道我西迁加州。他从北京的张超骥那里拿到了我的电话号码，要请我吃饭，说还想请我去帮他建立永磁技术部门，只要部分时间就可以，我说我太老了，恐怕不行。

八、一生献给祖国的电力事业——怀念水电专家俞炳元

王述羲

1981 年 6 月

现在，我厂正在热烈庆祝建厂 30 周年。这 30 年走过的道路，差不多就是我国电机制造业走过的道路。其中重要的一环是水轮机制造业。当它走过从无到有、从小到大、从仿造到独立设计制造、从低水平到某些领域接近世界水平的光辉历程中，几乎无一不与俞炳元同志的名字联系在一起。

早在 20 世纪 40 年代，年轻的炳元同志就幻想着满目疮痍的祖国能够实现工业化，变得繁荣富强起来。为此，他大学时代刻苦学习。在美国实习期间，他深谋远虑，不仅率领我们几个实习生系统学习，努力掌握从设计到制造等全套水轮机技术，并且他竭尽所能，收集、复制有关资料。记得在那段时间里，他到处奔波，领着我们这几个实习生，在那个处处以金钱为目的的社会里，争取美国朋友的友谊，经过种种艰苦努力，总算争取到了有力的帮助。从我们复制资料开始的那天，他就一头扎进了资料室。炳元同志总要亲自过目每一份资料，生怕发生遗漏。资料复制完成后，他又亲自参加清点、装箱工作，直到起运。

回国后，他从云南到华中，到处奔走呼号，争取制造中国自己的水轮机。当时的国民党当局，给他泼来的是一瓢一瓢的凉水。他的幻想破灭了。

新中国成立之初，党和政府决定在东北进行重工业建设。他立即响应号召，来到当时唯一的重工业中心沈阳。后来，他为了工作的需要，远离自己的家乡——江南，搬到冰天雪地的哈尔滨。当时炳元同志任设计组组长，组员有我和另两位刚从学校出来的同志。我们在他的领导下设计了我国第一台单机容量为 800 千瓦的水轮机，并把它制造出来，装在电厂安全发电。

1955 年，哈尔滨的大型水轮机厂房建成了。我们也开始设计并生产北京官厅水电站 1 万千瓦的水轮机。由于其容量大，超过了我们在美国学习的范围，为了制成这台机组，他就和大家一道深入学习国内已有的外国大机组的经验，吸收其优点，终于制成发电。饮水不忘掘井人。没有共产党就没有中国的水轮机制造业，而要不是炳元同志领着我们取回了工具，我们这些人就只好用自己的双手去开荒了，就不可能那么迅速地造出自己的水轮机，并且使容量这样大幅度地提高。

俞炳元同志的学习精神是值得钦佩的。正是由于他身体力行，我们设计组全体同志都努力学习。我们从字母开始，直到能翻译国外书籍，并认真学习了新的设计知识。这是当时充满朝气的小组，在他的领导下，为后来人打下了基础。

俞炳元同志这时积极争取使国内新建电站能立足于自己的设计制造之上，他曾为此进行艰苦的努力。我国水轮机制造业是极其年轻的新兴工业，我们能在一定条件下，于 1959

年制成了 7.25 万千瓦新安江大型机组,确非易事。这时我们已完全脱离了原有的资料,出乎原有的经验。为此,周恩来总理在新安江水电站亲笔题词,这给了我们极大的鼓励。

这时我们意识到,一个年轻的水轮机制造业,如果没有科研手段作为发展的支柱,那么我们是无法前进的。为此,炳元同志曾积极向上级提出意见,之后在领导的大力支持下,又开始了水力试验室的建设工作,建成了我国最早的规模最大的水力试验室。

在 1958 年的"拔白旗"运动和 1959 年的"反右倾"运动中,炳元同志受到了冲击。而他不仅没有消极下去,反而更加认真地读马列,并且取得了很大的收获。当时《哈尔滨晚报》用很大篇幅发表了他的学习心得。这件事反映了他严于律己、勇于自我批评的精神,也体现了他对党、对祖国的深厚感情。党和人民也充分肯定了他的进步。不久,他光荣当选为第三届全国人民代表大会代表。他的工作劲头更足了。

1960 年,苏联背信弃义,单方面撕毁技术协定,于 1962 年停止供应中朝合建的云峰水电站 10 万千瓦水轮发电机组。面对这样的情况,我们该怎么办? 有人认为,应该从其他国家进口。炳元同志则认为,我们要争这口气,应该自己造。他和其他几位同志联名上书周恩来总理。他和同志们的意见得到了总理等中央领导同志的支持,我们的愿望很快实现了。正是这台机器,于 1980 年被评为国家优质产品,得了银质奖章。

炳元同志是一位具有远见卓识的技术领导,无论是在他担任设计组组长时,还是后来担任副总工程师以后,当我国的水轮机技术在走这一步的时候,他的眼光已盯在之后的那一步。从弱到强,我国水轮机制造业正是这样走过来的。当云峰水轮机尚在设计的时候,他已经在研究刘家峡水电站 22.5 万千瓦水轮发电机组的设计工作了。他十分注意保护下面同志的积极性。1966 年年初,刘家峡水电站 22.5 万千瓦水轮机刚刚完成设计工作。有的同志就提出搞 30 万千瓦机组的方案。他凭着丰富的实践经验,立刻预见到了实现的可能性。他亲自到国家科委去争取,并且获得批准试制一台。

若离开炳元同志这样一位技术上如此成熟的专家和他的积极努力争取,我们的这个建议能获得批准吗? 不幸的是,在 30 万千瓦水轮机的设计制造中,竟然排除了他的参与,走了一些不应有的弯路。

1968 年,炳元同志才年过半百,在"四人帮"的残酷迫害下含冤去世。这是我们行业,甚至是国家的损失。怎不令人痛心!

炳元同志生前未能看到云峰水电站机组获得奖章,未能看到刘家峡水电站 30 万千瓦水轮机安全供电,未能看到葛洲坝水电站巨型转桨式水轮机的研制成功,也未能看到我们水力试验室里搞出的五叶片转轮,以及其他一个又一个重大科研成果。但是谁又能忘记,我们今天所取得的一个又一个成果、30 年来我们事业的每块里程碑旁,都留着炳元同志的坚实脚印呢? 在这 30 周年的喜庆日子里,我们怎能不更加怀念炳元同志呢?

(注:王述羲曾任哈尔滨电机厂副总工程师,哈尔滨电机厂大电机研究所副总工程师、副所长。20 世纪 40 年代他与俞炳元一起在美国摩根史密斯公司实习。)

· 九、自　述 ·

张　均

2010 年

张均的密歇根大学
硕士毕业照

张均,原名张鋆,字效冲。1918 年正月初五(阳历 2 月 15 日)生,出生地是苏州。我小时候随父亲去天津,在天津浙江旅津小学读书。小学六年级时,我又随父亲回苏州,在苏州中学附小读六年级;小学毕业后在苏州萃英中学读初中和高中;在高中时曾代表萃英中学参加苏州市英语背诵比赛。

高中毕业后,我考进浙江大学机械系,于 1939 年大学毕业,毕业后由学校分配至滇缅交界处的垒元中美飞机制造厂工作。不久飞机厂因战事关系要迁至贵州,原飞机厂同事包文龙约我在昆明与另一位朋友三人合办"合众工程公司"。我在昆明曾办过替代锅炉厂,解决当时汽车汽油供应紧张的问题,由木炭不完全燃烧产生一氧化碳代替汽油驱动汽车;在缅甸仰光生产汽车零部件等产品。

1943 年,我去重庆参加第一届自费留学考试,曾获机械工程第一名。当时参加自费留学考试者甚多,大多数并不富裕。而那时官价美金与市价美金相差十倍。凡考取自费留学者可以先领取美金,额度为 4 400 美元,然后以其中一小部分用市价换来足够用官价偿还的法币,再还给政府。所以,名为自费,实际上与公费差不多。

我于 1944 年去美国留学,先在美国安娜堡(Ann Arbor)的密歇根大学研究院读书,获机械工程硕士学位后,转学入麻省理工学院(MIT)继续研读。1946 年,我在美国参加中国资源委员会中央电工器材厂在西屋公司的实习,实习专业先为焊接和金属结构,后改为电工产品制造技术。于 1948 年回国,回国后先后在湘潭电机厂和上海电机厂工作。

留学闲暇

1949 年新中国成立,为支援东北工业建设,我先后去沈阳、哈尔滨东北工业部电器工业管理局工作。在沈阳时我曾参加制造新中国的第一台 800 千瓦水轮机组的焊接。我在美国曾自费去焊接技校学习电焊,技能娴熟,并手抄下电焊条的一些配方带回国内,为当时技术资料十分匮乏的上海电焊机厂提供了宝贵的技术指导资料,为电焊机厂的发展提供了有效的资料依据。中国从此有了国产电焊条。

抗美援朝战争结束后,东北电器工业局并入第一机械工业部(简称一机部),东北电工局设计处改为一机部第八设计院。我在第八设计院先后担任热加工科工长、制造技术科科长、副总工程师、总工程师、副院长等职,技术级别为教授级高级工程师。我曾去过苏联莫斯科动力设计院实习半年,后来又去了瑞士 BBC 公司、法国 AA 公司、美国 GE 公司、美国西屋公司等处考察电机制造工业。

除国内几个大电机厂外,我还指导设计制造核原料生产的 901 工程和海军核潜艇电机车间的设计。

1966 年,"文化大革命"期间,我被隔离审查,因我会烧电焊被从宽处理。当时湘潭的八院正在基建中,屋顶的水箱、厂房的铁屋梁等我都参加烧焊。20 世纪 70 年代,一机部电工局组织专家去国外考察,我均参加,并负责全团的旅途财务。在八院工作期间,在审批项目时,我经常亲自核算分析,提出改进意见,为国家节省数以亿计的投资,受到嘉奖。

我在 68 岁时退休回上海,参加上海工程咨询研究中心工作,任常务顾问。我在设计院工作 30 多年,我因在工程技术事业上做出的突出贡献,获得了国务院颁给我的特殊津贴。我参加上海工程咨询研究工作后,因工作性质和业务范围广阔,除每周咨询公司开会外,几乎每天都到上海图书馆查阅资料,因此我解决客户的咨询项目比较多,咨询公司的领导对我的工作表示满意和赞誉。

1950 年,我因事请假回上海,在上海又碰到与我同船回国的也是第一届自费留学生且在美国西屋公司实习的朱维衡。在我去苏州朱维衡妻孙华善家时,看到其妹妹孙庆英,我一见钟情,就请朱维衡代为介绍。我和孙庆英于 1950 年 11 月 16 日在上海青年会结婚。结婚后孙庆英随我同去东北,也在一机部第八设计院工作。她的技术级别为高级工程师。结婚后我们没有生育子女,就在上海领养一女孩,取名张琪,但她与我们感情不和,她在北京生活,与我们没有任何来往。朱维衡的长子朱道一在"文化大革命"时去青海工作十年,后来作为我们的养子,由本单位出面将朱道一调到一机部第八设计院工作。现在他在美国工作,我们与他经常有来往。1990 年,我和孙庆英去美国旅游时,就住在朱道一家中。

1995 年,应芙弟弟邀请我俩去香港游。2000 年,我俩去欧洲游。2004 年,我俩去杭州参加朱维衡为孙华善逝世举办的纪念活动。为了我 90 岁耄寿,2006 年 1—3 月我俩去北京住在小弟孙华黔家中。在北京时,我忽然患心血管病在北京安定医院治疗,胸部安装了两个支架。

近年来我的耳聋问题日趋严重,助听器不起作用,不能听电话,亦不能和别人交谈,基本没有什么社会活动,所幸孙庆英很能干,她承担起里外所有的活动。水城南路属古北区附近,环境很好,我们家前面是一片绿地,空气很好。附近还有一个健身苑,我们每天清晨去健身苑锻炼身体。

主要工作简史

1950 年,我响应组织号召,从上海电机厂调赴东北电工局工作。在沈阳电工九厂,我利用过去在美国西屋公司实习期间获得的焊接工艺知识和操作技术,指导并参加制造新中国成立后的第一台钢板焊接结构的 800 千瓦水轮机，它是当时国内自己生产的最大的一台机组。

20 世纪 50 年代初期，我先后担任热加工科工长、技术科科长，以及沈阳低压开关厂、沈阳高压开关厂的设计主任工程师。我当时培养了一批年轻的工厂设计人员，并为我院编制了一些技术管理资料。在设计院成立初期，这些文件还是很需要的。

1956 年，我担任苏联援建的 156 项工程中的西安高压开关整流器厂、西安高压电瓷厂、西安绝缘材料厂和西安电力电容器厂的中方配合设计的技术总负责人，同时还担任西安高压开关整流器厂的配合设计主任工程师。现在这四个厂已成为西安电工城的骨干企业，为中国输配电行业做出了重大贡献。

1957 年，我代表工程设计部门赴苏联参加苏联设计的湘潭电机厂潜艇车间的设计审查，并在莫斯科动力设计院学习。在学习期间，我收集了有关工厂设计的大量资料和一部分产品设计图纸。我带回的几套电焊机产品设计图纸对当时技术资料十分匮乏的上海电焊机厂是非常宝贵的。

1958 年，我再度赴苏联学习大型发电机和水轮机的制造技术，回国后编写资料，传授当时苏联的先进技术，并为我日后具体指导和提高哈尔滨电机厂、东方电机厂等大型工厂的设计水平发挥了重要作用。

20 世纪 60 年代以来，我任副总工程师和总工程师职务后，我的主要工作是审查大量的工厂设备和设备设计。我对审查工作是认真负责的，审查前做好充分准备，仔细阅读被审查文件并查阅有关资料。有些我不太熟悉的专业，就请其他有经验的同志协助。不少项目都在现场审查，我认真听取工厂领导和工人们对设计的意见，在打印设计文件前还要检查文字和图纸底稿，这对保证设计质量和提高设计水平起到了积极的作用。

东方电机厂是我在 20 世纪 60 年代初、中期长期蹲点的项目。我指导和协助主任工程师搞东方电机厂的续建工程设计。在总结哈尔滨电机厂经验的基础上有所改进和提高。过去大型发电设备工厂都是按产品划分的封闭式车间，如水轮机车间、水轮发电机车间、汽轮发电机车间、大型电机车间。多种产品生产的不均衡性，导致各车间的大型贵重设备忙闲不均。为此，这次设计把各成品车间的大型机床集中起来而设立一个重金工车间，这样既能充分利用大型贵重机床的加工能力，又相应提高了机床的效率和零部件的加工精度。例如，把水轮机的金工部分从水轮机车间划分出来，使成品车间的环境清洁并避免损伤机床的精度。其他如两个大型试验站共用一个电源机房，若干个配电所设计一个集中遥控室等。该厂经济效益比较好，从 1967 年续建工程建成投产后，到 1977 年上缴利润总额已把基建投资总额全部收回。

1965 年至 1971 年，"文化大革命"中我受到审查，未参加院领导工作，当时我主要在院试验工厂当焊工。

20 世纪 70 年代以来，我指导制造核原料的 901 工程和海军潜艇电机车间的设计。901 产品的调查、规划和单项初步设计共有东风电机厂、上海电机厂、武汉锅炉厂、郑州电缆厂、平顶山开关厂、西安仪表厂、重庆水轮机厂、先锋电机厂压缩机研究所等 8 个厂所。潜艇 035 电机的调查、设计意见书和初步设计共有湘潭电机厂、上海电机厂、先锋电机厂、张店电机厂、武汉锅炉厂等 11 个厂。这些都是军民结合的项目，调查和规划的工作量很大，部局参考设计院提出的意见下达设计任务，实际上设计院起到了部局参谋部的作用。

恩爱夫妻

东风电机厂是 901 工程中最大的一个厂。该厂在 20 世纪 60 年代中期开始建设。当我与主任工程师和其他设计同志于 70 年代初去现场蹲点时，该厂已部分投产并暴露出较多问题。突出的是电镀车间，在厂房、设备、通风等方面都有不少问题。如氰化镀铜槽与盐酸洗槽放在一起，产生剧毒的氢氰酸，四川省防疫站测定氰化物排出浓度超过国家标准 4 倍；电镀槽宽度太狭；槽间操作室地方过小；厂房高度和面积都不够；建筑和通风不能适应生产和维修要求；电镀车间与其前工序机加工之间的距离有 1.5 公里，在运输过程中，铝件容易被碰坏；山洞内湿度大，布置机加工设备，对机床和工人都不利。其他如在装配试验、焊接、上下水、动力等方面也有一些问题。因当时 901 工程设计资料很少，仅有部分产品图纸，无工艺文件，同时又受当时过"左"战备思想的影响，设计中存在一些问题是可以谅解的。除电镀外，大部分问题在设计人员下现场边改边建中逐步得到解决。1976 年，按上级要求，我编制了东风电机厂电镀车间扩大初步设计。1981 年，901 工程的工厂设计获一机部和二机部的科研成果奖。

三峡工程是举世瞩目的重大工程项目。自 20 世纪 50 年代，我陪同苏联专家考察三峡工程以来，已有很多次论证和可行性研究，我院主要负责研究大型水电机组的制造和运输。过去很多次可行性研究都由我指导和协助主任工程师工作。这项工作涉及面很广：从了解我国水力资源、水电部水电规划、调查全国重型机械的加工能力和铸锻毛坯供应情况，最后落实到加工三峡机组所需的大型机床在国内制造的可能性，以及把这些焊接后的巨大部件运到三峡工程工地等工作。1986 年，我虽已退休，中电设计院领导仍邀请我参加三峡水电站水轮发电机组生产技术改造方案的论证工作。

1979 年，我代表八院参加由一机部、水电部组织的引进大型火电设备技术考察团赴美国 GE、瑞士 BBC、法国 AA 等公司考察，回国后我参加编写了 300 万字的技术总结。在考察期间，我收集了大量我院工厂设计所需的技术资料，并举行过几次技术讲座，传授这几家公司的先进技术。

1980 年，我参加中国与美国西屋公司、美国 GE 公司、瑞士 BBC 公司和法国 AA 公司的技术商务谈判，为引进 30 万千瓦、60 万千瓦火电机组的制造技术做了一点贡献。1981 年，为利用美国西屋公司大型火电的制造技术，我指导了哈尔滨电机厂和上海电机厂的技术改造设计。上海电机厂的试验站设计得到机械工业部优秀工程设计二等奖。

1980 年，我主导了由八院主编的《大电机、水轮机制造技术》。

十、我的电机设计生涯

游善良

1993 年 6 月

如今哈尔滨电机厂已走过 42 个年头,第一代工程技术人员经过 40 多年的艰苦创业、勤劳耕作,为我国电力事业做出了一定的贡献。现在绝大多数同志都已经离开了他们所熟悉和热爱的工作岗位,新一代电机制造者已经成长起来,成为电机厂的主力。哈尔滨电机厂生产的交流电机是历史最长、品种和规格最多的产品。产品容量范围已发展到 11 号机座及以上的大型交流电机,包括异步电动机、同步电动机、发电机、卧式水轮发电机和调相机等系列产品,积极支援了国家的经济建设。

我已经退休,接近耄耋之年,耳闻目睹了哈尔滨电机厂的发展壮大,祖国繁荣昌盛,感到兴奋不已,经常会回想起当年的那些往事。

留 学 归 来

我 1915 年出生于江苏省泰县(今泰州市姜堰区),1939 年毕业于交通大学电机系,先后在私立重庆土川公司电机厂、昆明无线电机厂担任工程师、技术员等职。1942 年,我辗转到国立西南联合大学当电机系教员。1944 年,教育部在全国招考一批留学生,我当时正在昆明的国立西南联合大学任教。为了更系统地充实理论和实践知识,我报考了电机制造专业。这个专业只有 10 个名额,规定前 4 名去美国读书、后 6 名去英国工厂实习。当时由于我的考试成绩不够理想,列第 5 名,因此只好去英国工厂实习。经过在洛伦斯斯可达公司、位于伯明翰的通用电气公司等处实习,1947 年 1 月,我乘船回到阔别一年多的故乡。

从国外回来后,1951 年经同学介绍,我到上海私营晋华电机厂工作,这是一家只有 100 多人的小厂,生产技术落后,产品不定型。我来厂后主持设计工作,为工厂设计了一种纺织用电动机,性能比其他同行的产品好,得到华东工业部供销办事处的信任和支持。1953 年,国家号召工程技术人员参加国家基本建设,我怀着满腔热情,毅然放弃了私营厂的优厚待遇,报名参加了第一机械工业部第二设计分局的工作,主要负责上海电机厂的设计工作。不久华东工业部供销办事处又借调我去组织上海私营电机厂小型异步电动机的统一设计工作。产品要求按苏联出版的电工手册中的部分安装尺寸数据进行探索。在上海各厂技术人员协作下,我们仅用 3 个多月的时间就完成了全部小型(1 千瓦～100 千瓦)异步电动机的系列设计。这套设计为华东工业部供销办事处对私营电机厂的加工订货的价格统一管理和提高产品质量起到了举足轻重的作用。

扎根北疆实现梦的追求

1955 年,第一机械工业部第二设计分局设计方向改变,我不再承担电机厂的设计任务,奉调来到了哈尔滨电机厂,这使我多年来向往东北的梦想终于实现了。哈尔滨电机厂是新中国第一个大型电机厂,它是国家重点建设工程之一。能为电机厂建设添砖加瓦,我感到无比自豪。受为加快祖国建设步伐出力的爱国之心所驱使,我立志扎根电机厂,为中国电机事业贡献自己全部的智慧和力量。

当时东北生活条件比较艰苦,气候寒冷,生活习惯也有差异,对于一个南方人来说,困难是可想而知的。当时,我国正处于第一个五年计划时期,工厂第一期建设工程尚未结束,基建、生产平行交叉进行。全厂工人、技术人员热火朝天的工作热情使我这个知识分子受到很大激励,立即投入工作岗位中。工厂领导对我在生活和工作上十分关心。组织上安排我担任设计科交流组组长,副组长是张静涛同志。20 世纪 50 年代中期至 60 年代初,是我国工业生产发展较快的时期,我厂交流电机品种发展也处于一个鼎盛时期。这时交流电机的设计工作已有比较健全的基础,对一般大中型电机都已有较完整的设计程序。我来工厂后,根据国民经济发展需要和工厂计划安排,与设计人员一起设计了一批专用大型电机,如化肥工业用电机、球磨机用电机、轧钢用电机、试验用电机、调相机等。其中设计的 4 000 千瓦化肥工业用电机是哈尔滨电机厂生产的最大形体的卧式电机。1957 年,我又主持设计了 2.5 万千瓦、5 万千瓦、10 万千瓦、20 万千瓦汽轮发电机,参加了当时我国最大容量的刘家峡水电站 22.5 万千瓦水轮发电机的设计工作。

在最初交流电机设计中,由于资料匮乏,设计经验不足,大家反复琢磨,有时通宵达旦不肯离开图板,终于攻克了许多难关。记得在 1956 年,我主持设计制造化肥大型低速压缩机用电机时,曾遇到一个难题,化工部要求我们进行测绘或按国外图纸生产全套电机。但由于压缩机是从苏联和捷克斯洛伐克进口的,所采用的标准、加工方法都不相同,若采用两家图纸生产,则会在生产上造成混乱。我们提出按照自己的技术标准进行设计,统一当时进口样机的结构,简化工厂的生产过程和工艺设备,组织建立了大型异步电机系列。该设计方案完全可以达到安装尺寸和性能的要求。这一建议在厂和局有关领导支持下被采纳,经过全体工程技术人员精心设计、精心施工,这台电机终于制造成功,电机运动性能优于国外进口电机。后来在生产 3 万千伏安调相机时,也没有采纳苏联图纸,而是自行设计,使这台电机的重量比苏联产品减轻了 20 多吨。虽然第一台 3 万千伏安调相机由于设计考虑不周,出现了转子温升偏高的质量问题,经过分析后,在原设计范围内更换了线圈,解决了这一关键问题。这套图纸后来被国内同行业 4 个厂家广泛采用。在试验机组上也遇到过一些特殊问题,如双速同步电机的资料找不到,双速不同步,经过同志们反复认真思考研究后,终于克服了双轴励磁同步电机的这一难关。我们在不断总结经验的基础上,又组织开发了 6 万千伏安调相机,填补了国内空白。

近几年,在引进和消化技术的基础上,哈尔滨电机厂交流电机的设计、制造技术水平已接近和达到国际先进水平,取得了令人瞩目的成就,这是全体职工经过 40 多年不懈努力的结果。我自己为工厂所付出的劳动是微不足道的。工厂委我以重任,我感到这是对我的鼓励和鞭策,我要在有生之年为哈尔滨电机厂继续发挥余热,为国争光。

第四章　亲友怀念

· 一、回忆爷爷和奶奶 ·

恽诚之
2023 年 3 月

我是爷爷和奶奶带大的，在后来的几十年中，我们共同经历了社会和家庭的一系列风云变幻，所以他们的音容笑貌、风骨情怀已经永远镌刻在我的心中。回想起和他们在一起的日子，恍如昨日，历历在目，勾起我的无尽思念。

我的爷爷恽震，字荫棠，别号秋星，自号松岩，1901 年出生于江苏常州青果巷。400 米长的青果巷坐落在古运河畔，曾经走出一百多位进士，以及唐荆川、钱维城两位状元，近现代又走出一大批名人，涉及革命、实业、科学、文学、艺术等多个领域，形成一道极具华彩的人文景观。

爷爷的父亲恽毓华，在他未满周岁时死于瘟疫，母亲庄氏服毒为夫殉节。爷爷有一姐，名慧曾，长他 11 岁；一兄，名济，长他 9 岁。孤儿三人，相依为命，由他们的祖父恽祖祁抚养成年。恽祖祁曾任清福建兴泉永道道台，因力争主权，与日本人为厦门虎头山划界一事闹翻。迫于日方压力，清政府将其调任，他一怒之下辞职回籍，成为当地著名乡绅。后出任常州江防统领和商会总理，推行新政，兴办洋务，主持工商教育各业的建设。

2012 年，常州市投资近 40 亿，启动青果巷历史文化街区修缮项目。2017 年 3 月，恽家后人回乡寻根，我们参观了恽祖祁故居"松健堂"。老屋经过精心修缮已恢复明清风貌，许多老照片让人浮想联翩，仿佛穿越历史又回到那个时代。

爷爷幼时在常州家塾读古文、学书法。辛亥革命前，他随祖父到上海，每年暑假必在江阴宿儒张尔常处读晚书，学秦汉古文及清诗。因此后来写诗成为他的业余爱好，我曾与安徽日报社高级编辑鲍义来一起把他从 1914 年至 1991 年间的诗词作品 532 首汇成一册，出版《松岩诗稿选存》，供关心他的亲朋好友翻阅。

爷爷从小就有爱国之心，13 岁时，因日本向我提出二十一条亡国条款，他愤而作诗："豪气消沉壮志磨，汉家从此哭山河。东邻虎视开边衅，西国狼争唱战歌。天险任人驰铁马，英雄无地练金戈。诸公滚滚居津要,借问谋猷果若何?"

五四运动期间,爷爷很活跃。他参加上海学生联合会的组建,发起罢课,直到六三运动全市罢工罢市。他被选为全国学生联合会评议员,也当过本校学生会会长,并参与兴办徐家汇工人夜校。孙中山先生到南洋公学讲话,他司笔记。1920 年,爷爷加入李大钊等 7 人创立的"少年中国学会",后来少年中国学会会员发展到 108 人,分化为左中右三派:左派以恽代英为首,右派以左舜生为代表,中派主张实业救国。恽代英比他大 6 岁,论辈分是族叔,但友好如兄弟,恽代英劝他同去广州工作,但他选择了实业救国之路。爷爷曾写诗云:"代英风谊兼师友,指点殷勤似长兄。愧我愚顽不堪教,永怀长恨念英雄。"后来,恽代英被捕,1931 年移送南京,关押在老虎桥监狱,托人带信给爷爷。奶奶通过关系去老虎桥探监、送药。

1921 年,爷爷完成交通大学电机科学业,与青梅竹马时订婚的翁之敏完婚。奶奶是清同治、光绪两代帝师翁同龢的曾侄孙女,她的母亲又是恽祖祁的女儿。婚后,他们的感情一直非常好,爷爷的许多诗是写奶奶、写一往情深的,十分动人。从他们初恋时的"难得两心遇,险哉指腹盟。"到耄耋之年时的"两老相依誓同命,无君我即化灰尘。"73 年间,南来北往,数渡重洋,共度过很多欢乐时光,也经历了不少别离磨难,还遭遇数次暴风骤雨,但始终肝胆相照、忠贞不渝、互相鼓励、不离不弃。他们的婚姻使我懂得了什么是真正的夫妻,什么叫真正的爱情,他们已经水乳交融成为一体,共同书写了"醉心事业、情系中华、风雨跌宕、百折不挠的一生"。

1926 年,美国为纪念独立 150 周年在费城举办世界博览会,正在南京东南大学当物理教授的爷爷被指派为展品鉴定专家和参展委员,开始他的第二次赴美学习考察,这次奶奶随行。中国的瓷器、茶叶、漆品表现突出,在各个奖项的角逐中取得了不俗的成绩。爷爷被邀在费城做文化演讲,多次参加国际宴会交流,使参观者对华夏文化有了正确印象。在此期间,奶奶当上了电话接线员,口语练得很流利。1927 年年初,爷爷被纽约的鲁滨孙工程公司录用,逐步熟悉建设电厂和电工制造厂的各种程序、关键设计及实施经验,奶奶也从报纸上觅得一份纽约童装用品制作所的刺绣缝纫工作,他们移居纽约,租了一个两室套间,一同早出晚归。爷爷诗中曾这样描述那段生活:"有愿渡重洋,双飞如愿偿。秦淮好风月,携去梦家乡。刺绣夸针巧,天天上早班。隆冬昏黑起,茶热好冲寒。"

他们对美国子女的独立生存之道印象颇深:"子女对父母不能依赖,唯有自己奋斗,才能有丰富快乐的生活。父母的责任只不过使子女尽量受教育,至于成人后的前途幸福,都是子女自己的事。"后来,爷爷奶奶虽然对我十分疼爱,但除了学习上全力以赴的支持和生活上无微不至的关怀,他们从不阻拦我到艰苦环境中去锻炼,到社会风浪中去搏击,不断鼓励我自立自强,这也许是他们那时的人生感悟在起作用。

1928 年 5 月,爷爷接王崇植电邀,回国担任南京交通技术学校教务部主任。半年后,由国民党元老张静江主持的建设委员会设立全国无线电管理处,发展无线通信,以弥补当时国内有线电报服务传递缓慢之不足,任命王崇植和恽震为正、副处长。王是两弹元勋王淦昌的叔父,与爷爷是莫逆之交。他们草拟了无线电管理条例,交立法院审议通过。国内重要工商城镇均派干员、团队连同设备前往设站营业,又与香港订立协议,转报海外,还筹设国际电台,大大提高了中国当时的通信效率和服务水平。在此期间,他们合写过一本书,名为《无线电与中国》,由商务印书馆出版。

爷爷一直有进行长江三峡水力勘测的宏愿,这一想法得到时任国防设计委员会副秘书长也是他的好友钱昌照的全力支持,为此邀约了水利专家曹瑞芝、长江水道整治委员会技术处处长宋希尚、水道测量总工程师美国人史笃培和技术员陈晋模组成勘测队;又花 2 个月时间仔细阅读诸三峡地质名家的研究报告、大量长江中上游水文水道资料、最新测绘地理地质《详图》《河床纵剖图》。1932 年 10 月下旬,他们开始中国第一次三峡水利勘测。过三峡时,爷爷写过几首诗,其中一首为:"十万奇峰扑面来,一天黛色动崔嵬。前山尽处疑无路,翠壁排空江又开。"勘测报告与初步开发计划于翌年春写成,曾在中国工程师学会学报《工程》上发表。此报告的价值在于当时就确定黄陵庙三斗坪是未来最优越的建坝地址。12 年后,著名美国水利专家萨凡奇博士来三峡考察,费了很多时间和力量,写出选址报告,但所选几个坝址在地质地形上都不及中国人自选的地点。

1933 年,建设委员会成立全国电气事业指导委员会(以下简称"电委会"),爷爷调任主任委员。当时中国除国营电厂、十几个外资电厂外,在电委会注册的还有 451 个民营电厂。各厂的发电设备来自多国的舶来品,电气标准不统一。欧美之间早有频率标准 50 赫兹与 60 赫兹、电压标准 110 伏/190 伏与 220 伏/380 伏之争。日本因举棋不定,形成两个频率区域,联网时要设置变频站,非常不便。爷爷组织各方专家多次研讨,最终制订了比较适合中国国情的《电气事业频率和电压标准条例》,频率为 50 赫兹,电压为三相四线式 220 伏/380 伏,该条例经立法院审批执行。20 世纪 50 年代,中央人民政府修订此条例,保留原有主要内容,增加更高等级的输电电压,成为新中国的第一个国家标准。他还主持制定了 5 项重要电气标准,编写了 2 本全国电厂详细调查资料,逐年编辑发行《中国电气事业统计》,并订立正式法规:不论国营民营电厂必须在电委会注册登记,电委会审核厘定其营业区域,发给图照。保护电厂和消费者的合法利益,防止和处理窃电行为及军、警骚扰,受到广泛欢迎。

仍是 1933 年,爷爷和几位爱国忧时之士成立"正己社",共同起草规约,后来社员发展到 30 人。爷爷一生痛恨贪腐、赌博,信守"先正己而后正人"的格言,奶奶全力支持,并制定家规,严格执行。爷爷曾写诗云:"不爱银钱不爱名,生来白眼傲公卿。男儿放浪还勤俭,自喜金刚不坏身。"又有"我家从无牌局戏,君郿赌博女儿跟;封建迷信皆绝迹,厚道待人是本根。"所以"鄙视贪腐、远离牌局、严于律己、宽厚待人"已经成为我家代代相传的家风。

1935 年爷爷被委派为资源委员会(以下简称"资委会")专门委员兼中央电工器材厂筹备委员会主任委员,兴办电气制造业。卢沟桥事变后,爷爷又兼任资委会电力工业处处长,组织力量,夙兴夜寐将战区电厂设备转移至后方多地建厂,为军方作战抢建临时电站,有力支持军民抗战。转运途中,战火纷飞,千难万险。孙运璿就地组织骡队,历时三个月徒步越过秦岭与大巴山,将成套设备运往后方,接着又奉派到西宁建电厂。爷爷去青海看望他,写诗云:"今夜中秋月,飞来青海看。谁怜西北地,尺寸近长安。积石江河下,祁连风雪寒。举杯肝胆照,共喜泪痕干。"

爷爷在工程界颇有影响,曾两任中国工程师学会副会长,1937年起任中国电机工程师学会会长。

中央电工器材厂从1936年7月开始筹建,随着日寇的逼近,一路后撤。全体员工不畏艰辛,边建设,边生产,边拆迁,到了下一站又重新开始,最后在昆明马街子安家。爷爷有诗云:"凄然含泪别长沙,一路秋光红叶赊。去岁南京弃乡土,今年江汉又无家。"到1939年四个厂陆续开工,电工牌产品批量投产后,军民用户均感满意。

当爷爷全力以赴指挥、组织发电厂和电工制造厂内迁重建时,奶奶较早就着手筹划南京家庭的撤离安排,然后带领全家老小及相关人员跟随电工厂踏上数千里转移征程。每到一地,立刻建立一个临时新家,为爷爷的生活和议事尽可能地创造条件。

爷爷一生惜才如命。自企业筹建之日起,他就持续不断地从著名大学招聘前三名,从品牌企业物色领军者,从海外学子中遴选优秀者,请专家推荐得意门生。到昆明马街子时期,电工厂云集了一大批青年才俊,成为中国电气工程师的摇篮。奶奶在昆明搞起来的新家虽然简陋,但气氛和谐,成为凝聚电工精英的驿站。晚饭后,我家经常高朋满座,谈工作,聊生活,畅想中国电工制造业的未来。1943年我出生在这样一个摇篮中,我记得,爷爷教我的第一首诗是:"松下问童子,言师采药去,只在此山中,云深不知处。"

爷爷和工人们关系很好,带领职工进行星期天义务劳动。1942年的一天,爷爷在车间里不慎被机器卷入,当师傅们抢上前去拆开齿轮把他抱下来时,他已气若游丝。奶奶十分着急,但很镇静,爷爷在医院抢救时,她日夜守护在病床边,爷爷出院后,在她的精心调理下终于恢复了健康。

电力和电工产品是重要战略资源,昆明电工厂对抗日战争胜利做出了贡献,1944年,美国副总统华莱士访华时,专程视察了马街子电工厂。

1945年爷爷被任命为资委会驻美总代表,与美国著名的西屋公司进行几轮谈判后,签订了技术转让合同。随后他组织审核西屋公司交来的成套技术图纸和工艺文件,研讨西屋公司为中国新厂所做的扩初设计和施工方案。不久培训计划如期实施,在西屋公司培训的以及在其他公司实习的各领域人才,总计为140~150人。这是民国以来电工制造界规模最大、质量最高、人数最多的赴美学习,后来他们成为新中国电机、电子业等领域的奠基者和带头人。

在美国的那段日子里,每到周末,我们家经常成为大家聚会的场所。爷爷和参加实习的伯伯、叔叔们研究技术,讨论心得,奶奶和女眷们忙着做中国菜。还是故乡的饭最好吃,伯伯、叔叔们不但把饭菜吃得精光,还像孩子一样把盘子舔得干干净净。

1947年秋,爷爷拒绝了中国驻日赔偿委员会主任的任命,辞去资委会驻美总代表的职务,携眷回国。此时,电工厂已改组为中央电工器材有限公司,他任董事长兼总经理,企业分布在上海、南京、湘潭、汉口、重庆、昆明、兰州、天津、沈阳。资委会的掌权者已是孙越崎。

孙越崎和爷爷等人对当时国民党统治失去信心,对共产党领导的新中国充满期待。1948 年年底,蒋介石急令南京 5 个关键性工厂迁台,其中 4 个厂的董事长都是爷爷,他们借蒋介石下野的机会,利用李宗仁与蒋介石的矛盾,把迁厂的事情压下来。之后,他团结职工,坚守岗位,保护工厂,把公司所属企业的全部员工、设备器材、大量物资及美国运回的全套技术资料完整地移交到人民手中,为新中国保住了电工制造业的家底。他有诗云:"爱国志坚决,邦危迫国门。解放同欢悦,互勉乐新生。"

新中国成立以后,爷爷满怀激情地投入建设热潮。他先在上海华东工业部与汪道涵、曹维廉共事,后调到北京第一机械工业部任一级工程师。奶奶先在上海参加扫除文盲运动,做街道扫盲班的老师,后在北京被选任为人民陪审员,每次参审她都感到无上光荣,要花大量时间认真准备:阅卷、研究背景资料和学习相关知识。

1957 年爷爷被划为"右派"后,大病一场,奶奶默默地陪他看病疗伤,去中山公园看花散心。运动后期,部领导对爷爷温言相告:"右派必须撤职撤工资,但对你特加照顾,发生活费每月 130 元,调往技术情报所做英文译员。"奶奶也失去陪审员资格,她主动要求去政协组织的制药车间劳动锻炼,改造思想。

1960 年爷爷被下放到贵州工学院电机系教书。他在赴筑途中写诗云:"三年未出北京城,万里南迁壮此行。""花甲孤征不惆怅,江山到处是青春。"贵阳条件较差又正值三年困难时期,他生了浮肿病,全身肿得发亮。奶奶在料理完北京的事情后,马上赶过去把生活安排得井井有条,保证他专心工作。

由于爷爷理论功底深厚、电工知识广博、教学水准高超且教学态度认真,很快受到全系师生的尊敬。有一天,大雨滂沱,盘山路难行,校车停驶,大家以为住在 20 里外罗汉营的恽老师不可能赶来讲课,但随着上课铃声响起,教室门开了,一位浑身湿透的老人出现在门前。他疾步走上讲台,用手帕擦干挂满水珠的眼镜,开始讲课,讲得与平时一样精彩,全班同学无不为之动容。

"文化大革命"期间,爷爷被关入"牛棚",经历无数次严词拷问,他始终实事求是,不说假话,不诬陷他人。那是一段艰难的岁月,奶奶举目无亲,像一根小小的劲草,坚强不屈,毅然挺立。全家被搬入一个大杂院,两人每月只有 30 元生活费。每隔两周,奶奶可探望爷爷一次。每到那一天,她总是背着还能提供的最有滋味的小菜,披星戴月,跋涉 20 多里林间山路去看望爷爷。爷爷有诗云:"半月一相会,情亲似昔年。密针缝被旧,微笑赞孙贤。跋涉宁辞远,炎凉不计嫌。善恶都在眼,直道对人间。"

"造反派"要求大杂院中的群众对爷爷奶奶实行监督改造,但几年后我去探亲时惊奇地发现群众对他们十分爱戴和敬重。每天晚饭后,大家都自动聚集到他们的破屋中,听他们讲述各种知识,请他们答疑解惑,似乎又重现了昆明时代的情景,这使我不得不敬佩他们的人格魅力。1976 年爷爷终于获准退休,在"岭外孤悬十五冬"后回到了魂牵梦萦的江南故里。

党的十一届三中全会后,机械部副部长曹维廉邀爷爷到北京,聘请他为外事局和电工总局的顾问。但此时爷爷的生活起居已经离不开奶奶的照料，于是80高龄的老两口重新披挂上阵，全力协助部领导完成了"引进30万千瓦/60万千瓦火力发电设备制造技术"的谈判。历史就是这样富有戏剧性，这次技术引进谈判的最终对手仍旧是35年前的美国西屋公司，随后也选拔出一批优秀工程师赴西屋公司培训。其时，我在美国匹兹堡卡内基梅隆大学电机与计算机工程系做访问学者，那个城市正是西屋公司总部及总厂所在地，我和中国新一代的电工制造业精英们又在那里相聚了。

1991年，爷爷患结肠癌动手术，翌年秋癌瘤转移至脑部，住入上海华东医院。奶奶也因患严重的白内障，几乎双目失明。

1993年的一天，上海市委统战部的同志去看望爷爷，告诉他："中央领导同志肯定了你在中国电力与电工制造业方面的历史贡献和新中国成立前夕护厂的历史功绩。为此，中央组织部与统战部专门联合发文确定，恽震等几十位原国民党资源委员会护厂护矿有功人员视为中国共产党领导下的地下工作者对待，参加革命自1948年10月算起。"那时他已神志不清，但可能听懂了，脸上露出了微笑。

1993年年底，爷爷进入昏迷状态，下肢开始溃烂，奶奶知道后，毅然向医院提出请求："放弃无谓治疗，停止用药。"她认为爷爷已经坚守到祖国改革开放的新时代，目睹了他视为生命的电力与电工制造业蓬勃发展，在弥留之际亲耳听到他等待了44年的政治结论，让他安心地走吧！

"松岩"是爷爷暮年最喜欢的名号，1994年1月14日，他走了，我想老人已经化作屹立在绝巘上的一棵苍松，奶奶深情地抚摸着墓碑，久久不肯离去。

1995年我们把奶奶接到武汉常住。离沪前，她做了双眼的白内障手术，重见光明。奶奶在汉的六七年里，吃得下，睡得着，精力充沛，脑筋清楚，经常读报、写信、看大部头的中英文小说。她最喜欢的事情是聊天，讲过去的故事。

2001年年底，奶奶卧床不起，经常昏睡，住入病房。2002年正月初七午夜突然狂风大作，电闪雷鸣，我家门窗剧烈振动，风雨过后，在一片宁静中，电话铃声响起，我从床上跳起，对爱人说："快穿衣服，一定是奶奶走了！"她遗体告别的那天来了很多人，大家都要为这位带有传奇色彩的老人送行。我护送她的骨灰到上海，与爷爷合墓于上海奉贤滨海古园。

我仿佛又看到了爷爷、奶奶和一大群熟悉的电工界伯伯、叔叔们逐渐远去的身影，历史不会忘记他们的爱国情怀和奉献精神，不会忘记他们为建设并做强祖国的电机制造工业所做的一切。作为他们的后代，我们将继承他们的遗志，奋勇前行。

二、我的父亲和母亲——记两位老交大人褚应璜和吴世英

褚启勤

2016 年 3 月

在此交大百二十年校庆即将到来之际,我特别想念我的父亲和母亲。当看到网上流传的"湍流卷不走的先生"李佩的故事时,更让我回忆起父母生活中点点滴滴的往事。联想到20 世纪 30—40 年代,中国有一批爱国知识分子,在他们的灵魂深处和精神境界中,似有一种极为相似的对祖国深深的情愫,一种将自己完完全全融入祖国命运的无私奉献精神,这让我无限敬佩和景仰。我的父母都是 20 世纪 30 年代交通大学培养的学子,最早的"交大人"。我没有上过交通大学,但因 1977 年末调入交通大学任教 20 余年,直到退休,竟也成了"交大人",于是同我父母、我先生、我儿子,以及公公、叔叔、姑父等构成了一个"交大人"的大家族。

全 家 福

我的父亲褚应璜是交通大学 1931 年的毕业生,当年他虽然考取了上海电力公司,人称洋行(外企),但为了寻找机会去振兴中国的民族工业,他毅然接受了钟兆琳老师的邀请,先当他的助教,然后进入民族工业企业,参加筹建,担任工程主任,制造了我国第一台自己设计的电动机,开创了我国自主设计电机产品的新时代。抗日战争时期,他被政府委派去美国西屋公司学习了 3 年,之后又担任了 3 年中国驻西屋公司的技术代表。在此期间,按照当

时美国的援华计划,他接待了一批又一批国内派出的技术精英,认真组织并安排他们的学习科目,精心策划并指导他们的实习,想方设法让他们在短期内掌握美国的先进技术。父亲要尽可能利用美国的资源,为中国系统地培养一批技术过硬的人才,他们后来都成为新中国电器工业的骨干力量,许多人担任了各大企业和科研院所的总工程师和所长。当父亲在西屋公司的任期即将结束时,公司领导想用高薪留住他,他们非常看中他的人品和才华,他们说:"中国正在内战,时局动乱,你就留在西屋公司工作吧,我们需要你!"可是父亲坚决要回去,他认为中国的工业基础太薄弱了,他有责任回去建设自己的国家。

我的母亲吴世英初中毕业就考上了交通大学预科(相当于高中),她是当年从上千考生中选录的 60 名学生中仅有的两名女生之一。1931 年九一八事变时,还是中学生的她同两名大学女生一起,报名参加医疗救护队,要去东北战场打日本鬼子。火车到达南京后,被交通大学及上级领导劝回学校并告诫她们,你们是学工程的,回校努力学习,将来把中国建设成工业强国。母亲从预科毕业后,直接升入交通大学电机本科。她于 1937 年本科毕业时,正值抗日战争爆发。为支援抗战,母亲将结婚时的全部首饰捐了出去,以至于我哥哥读小学时,问妈妈金子是什么样子的,她都拿不出一枚金戒指给儿子看看。抗日战争胜利后,母亲去美国留学和探望父亲,将我和哥哥寄托在上海祖父母家。1948 年,内战正在激烈进行着,时局很不太平。西屋公司为了挽留父亲,除了要给他加薪之外,并对我母亲承诺将他们留在国内的一双儿女接到美国。在那个年代,让孩子离开战乱,全家人团聚,又能享受美国的物质文明和先进技术,这对任何人都有着巨大的吸引力,但母亲积极支持父亲的决定,拒绝了西屋公司的好意,夫妻双双于 1948 年夏天回到上海。从此母亲伴随着父亲在中国电器工业的建设和发展中,兢兢业业地奋斗着,贡献了自己的精力和才华,直到离休。

我父母在新中国成立前夕从美国回到中国,并在上海地下党的帮助下,于 1949 年年初冒险经香港去解放区北平。父亲后来参加南下工作组,随军管会接收上海的工业企业。之后他又动员并率领一批在西屋公司实习过的人员从上海到东北,参加东北工业基地的建设。随后父亲被调到北京担任电器工业方面的技术领导工作,而那些原西屋公司的实习人员,则分赴祖国各地,担任各大企业及院所的技术领导。他们为新中国的工业建设呕心沥血,做出了巨大的贡献。在我同父母共同生活的日子里,父亲似乎从未有过星期天。他总是利用休息日,听取各地来京的老总们汇报工作,讨论方案,研究对策。家里的客厅从来都是父亲的会议室,里面经常传来解决问题后的欢乐笑声,工作成为他们生活中的最大乐趣。那时母亲会帮着保姆做很多饭菜招待他们。

褚应璜、吴世英夫妇
(1948 年夏美国旧金山)

这些人不仅是父母的同事、朋友，其中不少还是师兄弟。这些曾在西屋公司实习过的工程技术人员中，我认识的许多人，都是 20 世纪 30—40 年代的交通大学毕业生。这一批老"交大人"，确确实实在交通大学的发展史中留下了光辉的一页。

我反思自己，从 10 岁开始，接受新中国的教育，在红旗下长大，但总觉得自己同父母那一代人，在精神境界、思想觉悟、爱国热情等方面似乎都有差距。他们在人生经历中的许多选择，我可能难以做到。我觉得自己不如他们，我对上一代爱国知识分子，包括我的父亲和母亲，充满了敬意和爱戴，他们永远是我做人的楷模！

◆ 三、追忆丁舜年院士的终生奋斗 ◆

丁梵林

2012 年

1. 开启科技生涯

丁舜年出生于 1910 年一个教师家庭,少年时代战乱频繁,民不聊生。中国工业十分落后,大量东西都要从国外进口,社会上流行"振兴工业,富国强民,抵御外侮"的思想,他的老师也经常宣扬"科学救国论"。丁舜年热爱算术、自然、博物等课程,家里又有不少其父亲的理化书籍可供翻阅。因此,在社会和家庭的影响下,他下决心要努力学好数理化,然后考入理工科大学,以便为发展科学技术、振兴工业做出贡献。在小学和中学阶段,丁舜年特别努力,成绩优良。1928 年从杭州省立第一中学高中毕业后,他考入在上海的国立交通大学电机工程学院学习。

在交通大学学习时,教师要求很严格,他学习极为刻苦、认真。交通大学是当时上海的民主堡垒,广大学生不但努力学习,而且热爱祖国,关心国内外大事,反帝、反封建的革命思想影响较大。丁舜年在校学习期间,先后发生了震惊中外的九一八事变和一二八事变。当时由交通大学学生会发起,组织上海各大专院校学生 3 000 余人赴南京请愿,要求政府出兵抗日,收回国土,丁舜年也积极参加。学生会还经常请国内知名人士和进步人士来校演讲,如胡适、杨杏佛等。1930 年,学校来了一批国民党特务监视学生活动,当时丁舜年班上就有数人遭到开除,大家都极为气愤。

丁舜年在学习期间曾担任过班长、舍长、交通大学学生会班代表等工作,并因成绩超群而多次获得奖学金和免交学费的奖励。1932 年,他在交通大学以电力门第一名的成绩毕业,并荣获学绩优异奖状,取得工学学士学位,留校任助教。

1932 年 1 月,交通大学新建的工程馆落成,以钟兆琳教授为首的老师们精心设计了电气实验室的设备配置和安装方案,在变动电源、调压电路和测量数据等方面颇有新意,需要一些特殊器件。钟教授找到了由中国人集资创办、在上海规模最大且声誉颇好的华生电器厂承包这项工程。项目完工后双方均很满意,华生电器厂当即聘请钟教授为技术顾问,并提出要聘用交通大学毕业生到该厂工作。当时中国的电工制造业尚处于萌芽时期,电气方面的工厂很少,而且大都从事修理和仿制工作,技术能力薄弱,极少聘用高等工业学校的毕业生,华生电器厂此举实属难得。在钟教授的推荐下,1934 年丁舜年辞去交通大学助教的职务,应聘去华生电器厂任工程师,后又兼任技术部主任,负责设计制造交直流电机、变压器、开关设备、电表和电扇等产品,从此开始了他的科学技术生涯。

1937 年,八一三事变后,华生电器厂的工厂被日寇占领,混乱中丁舜年被迫携眷返故乡浙江长兴暂住。11 月,长兴也沦陷,全家只好避居山区。1939 年年初,浙江省政府在临安天目山游击根据地创办了一所临时中学,即浙江省立浙西第一临时中学(今嘉兴市第一中学),丁舜年被邀任教师。当时中国共产党领导人周恩来正在东南战区视察,他特地出席了学校的开学典礼并做了报告。丁舜年有幸近距离聆听周恩来的报告,周恩来精辟分析了战争形势,指出抗战必胜,这大大增强了大家的信心。这期间他接触到一些共产党员和进步人士,很受教育和启发。1940 年,华生电器厂在上海新办工厂,丁舜年被召回在新厂工作。

2. 起步之初

从 1934 年应聘至上海华生电器厂任工程师至 1949 年 5 月上海解放前,丁舜年主要在华生电器厂和资源委员会中央电工器材公司的上海制造厂工作。当时他感到最有意义的是能将学校里学到的知识,结合自己的研究心得和必要的科学试验,运用到根据用户要求设计制造出性能优异的产品。他的指导思想是:知难而上,保证质量。在当时的情况下,设计制造要求高的新产品难度是很大的,主要原因有经验和资料缺乏,科研条件较差,材料性能低下,制造设备陈旧落后,等等。而要想得到订货单,又往往要与外国公司进行激烈的竞争,若是国家指定生产的或市场急需的设备,则大多是国内从未制造过的,且交货时间常常较短。尽管如此,丁舜年仍然设计了不少新产品,主持设计了重要的工程项目,而且大多是国内领先水平的。1934 年,他负责设计了 110 千伏安、375 转/分的交流发电机,投入运行后情况良好。后来他又设计制造了容量更大的 500 千伏安的交流发电机。这些都是当时国内自制的容量最大的发电机。为了满足电镀和电解的需要,他又设计了难度较大的 15～20 伏、1 500 安低压直流发电机,其间解决了大电流换向器制造的难题。1935 年,镇江电厂由瑞士著名的 BBC 公司制造的 3 000 千瓦汽轮发电机因转子线圈严重烧毁,被迫停止运行,造成了镇江大面积停电,形势十分严峻。国内无人肯接受修复该机这一艰巨任务,如向国外请专家来修,费用既贵,时间也来不及。在这种情况下,丁舜年勇敢地担起了修复重任。在他的指导下,更换了全部转子线圈,很快完成了这一从未经历过的艰难任务。当晚全城重放光明后,镇江的父老乡亲们都十分欣喜。1936 年,丁舜年主持设计制造了建设委员会订制的要求三个月即交货的 2 000 千伏安、2.3 千伏/6.6 千伏变压器,制成后按英国标准验收,完全合格。这是当时中国自行设计制造的最大变压器,并首次在国内采用新颖的真空浸渍和饼式高压线圈结构。丁舜年还主持设计制造了上海南翔镇 400 千伏安、33 千伏/2.3 千伏变电所中除高压断路器外的全套设备,安装后运行良好,其输电电压是当时国内输电线路中最高的。他又成功研究出电扇转子鼠笼压力铸铝技术,并获专利,提高了电机性能和劳动生产率。后来他进一步改进了电扇设计,既节省了材料,又提高了性能。在他主持下,通过不断革新和完善,终于研制出低噪声新型电扇等若干新产品,使华生电扇品种齐全、性能优良、声名大振,创造了"华生电扇"名牌产品。原先由外国电扇垄断的中国市场几乎被"华生电扇"全部占领,产品还远销我国港澳地区和东南亚各地。时至今日,"华生电扇"在国际市场上仍是享有盛誉的名牌产品,不能否认,其中有丁舜年的重要贡献。

早在二十世纪三四十年代,丁舜年即在工作之余编译出版了《磁铁与电磁铁设计》《保护替续器及其应用》《交流发电机与电动机》等著作。这些著作都是在极为困难的条件下诞生的。在上海沦陷期间,丁舜年经常只能吃发霉的碎米和咸菜,荤腥很少,而且全家六口人挤住在一间狭小的三层阁楼中,条件十分艰苦。由于房顶是由中间向两面倾斜的,因此在房间的一端,头很易碰撞到天花板。房间又仅有一个小小的窗子,到了夏天,既热,蚊子又多。晚上室内只有一盏 5 瓦的"经济电灯",十分昏暗。在工厂辛苦工作了一天的丁舜年就在这样的环境中,完成了上述三本书的编译,将国外较新的技术介绍到中国来。

3. 担起重任

1945 年,他任资委会中央电工器材厂工程师。1947 年,他被派到美国西屋公司实习,同时在美国匹兹堡大学研究生院进修。1949 年回国后,在共产党地下党组织领导下,他积极参加护厂并保护西屋公司和摩根史密斯公司移交的宝贵技术资料等活动,迎接上海解放。

上海解放后,担任上海电机厂副厂长兼总工程师的丁舜年考虑到国家为了恢复和发展生产,急需各种电工设备,本着为国家多做贡献的精神,勇于接受各方面提出的生产任务,领导试制成了许多中国从未生产过且难度很大的新产品。如当时国内自制最大的 600 马力、3 000 伏二极异步电动机,300 马力、二极全封闭矿用电动机,5 000 千伏安有载调压变压器,15 000 千伏安、11 千伏/3.3 千伏三相电力变压器,等等。

1952 年,他担任一机部上海第二设计分局副局长时,主持设计了闵行镇上海电机厂新厂,负责华东地区其他电工厂的扩建工作,还被派往朝鲜短期工作和参与多项苏联援建工厂的设计审查。这一时期,为了介绍国外技术,丁舜年主编出版了全套 6 册的《电工技术参考资料》,并在期刊上发表了不少电工方面的论文。有些论文详尽分析介绍了美、英、德、法等工业发达国家的标准,并提出一些我国可以采用的原则性建议。他还与毛启爽教授一起创办了《电世界》杂志,这是当时国内发行量最大的技术刊物之一。丁舜年不仅自己潜心科学研究,还积极投身于电机工程界学术组织的创建与领导工作。早在 20 世纪 50 年代初,他就与毛启爽先生等一起,积极组建了上海电机工程学会,此后又参与筹建北京电机工程学会。1956 年,丁舜年任一机部工艺与生产组织科学研究院副院长兼总工程师。

1957 年,他参加中国科学院赴苏联科技考察团调查了解苏联电工技术的发展水平和长远规划,供修订《1956—1967 年科学技术发展远景规划》参考。

从 1958 年起,丁舜年开始担任一机部北京电器科学研究院院长,达 8 年之久。在此期间,他为电器科学研究院的发展、研究方向和重点研究领域的确定、重要实验室(如加速器实验室)的建设、优秀科技干部的选用做出了重要贡献,并领导和指导研制成许多重要的电工新产品。如在国内首先研制成多种高精度控制微电机和其他高性能的特种电机、电器,包括自整角机、旋转变压器、伺服电机、磁放大器、磁调制器、磁倍频器等。研制成后大多进行中间生产,供应国防和其他部门的需要,使电器科学研究院成为中国最早研制和小量生产小功率与微特电机的机构。

在传动自动化方面,除开发新元件外,为了发展高新技术的研究和应用,丁舜年还重点进行了传动控制系统的研究设计,取得了不少成果。如研制成难度很大的为船舶科研用的特大型试验池高精度同步传动系统,达到国际较高水平,得到用户的好评。自动化研究室还曾研制出供军工配套用的特种磁放大器,性能良好。在丁舜年的领导和指导下,1960年建成了一机部系统第一个电子计算机站,当时全国变压器的统一设计就是在该站进行计算的。

在发展新技术方面,早在1959年年底,北京电器科学研究院即成立了半导体研究室(后搬迁到西安,扩建为半导体器件研究所),进行多种较大功率半导体电力电子器件的研制及生产,从锗硅提纯、拉制单晶到制成各种晶闸管,只比美国制成第一个晶闸管晚两年,当时最大的整流管已能达到500安。在新型绝缘材料方面,在国内首先研制出粉云母纸,以代替昂贵的进口优质片云母,再配合新开发的B级胶和新研制成的F级绝缘,使应用国产B级绝缘制造高压大型电机成为可能。此外,他对F级和H级绝缘材料也曾进行过大量的科研工作,取得了可喜的成果;还研制成电工用聚酯薄膜及高强度漆包线,使量大面广的中小型电机的耐热等级提高到E级。在新型电工合金方面,他研制出多种耐弧合金触头,这是开发制造高低压开关设备所必需的。他还研制成坡莫合金和铝镍钴永磁材料,性能处于当时的国内领先水平。

在丁舜年担任北京电器科学研究院院长期间,该院还兼管电工标准化工作。当时由丁舜年组织制定了数百项标准,曾多次被邀请去苏联、东欧各国参加国际学术活动,并5次代表中国出席国际电工委员会(IEC)年会,他还将IEC组织管理国际标准的经验介绍到中国,为电工标准化工作做出了重要贡献。此外,与全苏电工科学研究院、电机科学研究院、仪器仪表研究院建立了直接联系和合作关系,双方曾多次派代表团互访。在丁舜年主持北京电器科学研究院期间,该院迅速发展成专业配套、条件完备、技术力量雄厚的电工科研基地,为我国电工制造业做出了积极的贡献。1961年,他参与了我国十年科技发展规划的制定工作,被国家科委聘为自动化组副组长和电工组组员,参加制定自动化和电工技术长远发展规划。

1964年秋,丁舜年调任一机部电工局总工程师,他重点抓了国产10万千瓦和20万千瓦汽轮发电机组的研制工作。1966年,第一套由我国自行研制的10万千瓦汽轮发电机组制造完成,安装在北京高井电厂内,运行情况良好。同年,他又完成了20万千瓦汽轮发电机组的初步设计,试制成的第一、二套20万千瓦汽轮发电机组均安装在朝阳电厂。这两种发电机组经运行试验后,由一机部和水电部进行联合鉴定,认为性能良好,决定成批生产,成为当时我国发电设备的主力机组。

20世纪70年代初,国家决定自行研制60万千瓦汽轮发电机组,由一机部和水电部抽调专家教授组成联合设计处。丁舜年除参加领导外,还担任电机组和自动化组两个组的组长,从收集国内外资料、研究提出机组参数到确定机组形式和设计原则等,他都亲力亲为,并恢复和新建必要的试验室,调动有关人员的工作积极性。虽然后来国家决定引进国外技术在国内制造,停止了自行设计制造。但通过这一阶段的研究设计过程,对消化引进国外先进技术和创新起了重要作用。

4. 退而不休

1980年,丁舜年被推举为中国科学院技术科学部学部委员(院士)。他与褚应璜是电机领域最早的两位院士。1984年,74岁的丁舜年退休后,还不断发挥余热。除经常参加一些专著、科技论文和发明创造的评审,博士生论文答辩,科学院、学会及政协的活动外,他还主要做了以下四件事。

(1) 主编出版了《大型电机的发热与冷却》专著。

电机的发热和冷却是一项综合性技术,也可视为一门边缘学科。它涉及电机学、电机设计、结构、材料、工艺、运行、维修、流体力学、传热学、材料腐蚀、介质物理化学特性、机械强度、振动等方面,是影响电机运行可靠性与寿命的重要问题。特别是对大型电机,这一问题尤为重要。但因涉及面广,解决起来难度很大,因此长期以来中国在这方面的研究一直十分薄弱,研究工作主要依靠国外的书刊资料,缺乏国内自己的实践经验、试验数据和计算方法。为此,丁舜年在退休后致力于电机发热冷却的研究,并在1992年主编出版了《大型电机的发热与冷却》专著。这是第一本由中国学者自行编著的大型电机发热与冷却问题的专著,填补了国内的空白,这类专著在国外也较少。书中系统总结和讨论了国内外大型电机发热与冷却的现状和研究成果,着重反映了中国近年来在这一领域内所取得的最新研究和实践经验,提供了许多行之有效的计算方法。专著出版后受到专家和读者的广泛好评,很快销售一空。

(2) 共同主持"100万千瓦级大型汽轮发电机开发设计研究"课题。

鉴于电力工业的需要,我国必须发展100万千瓦级核电和火电机组并国产化。1997年,丁舜年与汪耕院士共同向中国科学院申请到"100万千瓦级大型汽轮发电机开发设计研究"院士科研基金,经机械工业部审核同意正式立项研究,项目负责人为丁舜年与汪耕,负责单位为上海汽轮发电机有限公司。该课题于2000年6月完成并通过国家验收,曾获国家科技进步奖三等奖、上海市科学技术进步奖一等奖,为中国100万千瓦级大型汽轮发电机的设计制造奠定了良好的基础。

(3) 致力工程继续教育。

从1985年起,丁舜年致力于工程继续教育。在机械工业部和中国电工技术学会的支持下,他创建了以函授为主,加面授辅导的电气工程师刊授进修大学。汇集了一大批业精学者和资深专家,承担教学研究、教材编写、专业设计、助学辅导等一系列工程继续教育工作。这一适时举措,为机电行业的振兴和发展,为广大工程技术人员渴望接受继续教育、提高自身素质创造了必要条件,提供了良好的学习园地,受到行业广大工程技术人员的热烈欢迎。他们用"及时雨""加油站"等来表达自己的渴望得到满足的心情。丁舜年担任校长,组织编写了 20 余种反映电工新技术的教材,效果良好,第一届学员近万人。1988 年,该校与他校合并改组为机械电子工程师进修大学,丁舜年被任命为副校长兼电气学院院长。1990 年,他改任名誉校长。该校曾培养了全科或单科毕业生几万人。后该校改名为北京电气工程师进修学院,并增加了机电结合的自学考试大专班,他继续被聘为名誉院长。此前,丁舜年还曾被聘为机械工业管理干部学院客座教授和机械电子工业部专业教学指导小组顾问。

（4）主持和参加有关电工国际学术会议。

1987 年,中国首次在北京召开国际电机会议,丁舜年担任总主席,主持和领导整个会议的各项工作,会议取得了很大成功。1988 年,他还先后担任于北京召开的"电磁场计算在电机工程中的应用"国际会议的名誉主席和"第二届电介质性能及其应用"国际会议中国委员会主席。

丁舜年院士服务于电器工业 70 余年,历经风雨沧桑,对民族的电机制造业,对发展新中国的电器工业和电工学科学术活动,做出了可贵的贡献,他的一生是奋斗的一生!

四、父亲永远活在我心中——纪念家父丁舜年

丁梵林

2019 年

父亲丁舜年离开我们已整整 15 年了,但他的音容笑貌仍鲜活地留在我的心中,特别是他留给我们的精神财富更是永远激励着我。

父亲是一位正直的共产党员。上海解放前夕,他担任资源委员会中央电工器材厂工程师兼电机组组长时思想就比较进步,倾向共产党。当时的白色恐怖很厉害,听说有一次有几个特务就曾到父亲的办公室来找他,幸亏他有事不在,同事借故将特务们打发走了。

上海解放后,1951 年父亲正式加入了中国共产党。我当时正在念中学,在他的影响下,也很快参加了共青团,不久又担任了团支部书记。1956 年,我在大学读书时也加入了中国共产党。

父亲是一位热爱祖国的知识分子,一位在事业上有着矢志不移的坚韧与执着并尽毕生精力为中国电机、电工事业的发展做出重要贡献的中国科学院院士,一位严于律己、宽厚待人、谦虚谨慎、勤勤恳恳、技术精湛的科学工作者,一位对子女关怀备至、疼爱有加的慈祥父亲。

父亲从小学习努力、刻苦,成绩优异。他在交通大学学习时屡次获得奖学金,并以第一名的成绩毕业。这些都极大地影响了我们,使我深深地感受到必须向父亲学习,把自己的

丁舜年(左)夫妇和长子丁梵林

功课学好。因此，我对学校的功课从不放松，从小学到大学，我的学习成绩始终名列前茅。1956年，交通大学首次评选三好学生时，我以各门功课全优的成绩获得了学校颁发的"三好全优生"奖状与称号，当时我们班30余人中只有我一人获此殊荣。

父亲十分重视外语学习，把外语看成学习国外先进技术和与外国人交流的重要工具。在他多年的努力下，他能顺利阅读英文、法文、德文、日文和俄文的技术书刊和资料，在他的书架上放满了这5种文字的书刊。有一次，他作为中国代表团成员（也可能是副团长）参加在德国召开的国际电工会议时，代表中国在大会上用德语宣读了一篇论文，当时使德国人十分惊奇。还有一次，我的妹夫在科研工作中遇到一篇重要的法文论文需要翻译，父亲就挤出时间帮他完成了这一工作。父亲对英文读、听、说、写都很熟练，他曾在美国西屋公司实习一年，并同时在匹兹堡大学研究生院进修。在交通大学学习时，经常听老师用英文讲课，自己用英文记笔记，工作期间又多次参加国际会议，所以久经锻炼和考验。他的俄语学习则是在新中国成立后才开始的，由于担任技术领导和行政领导，工作十分繁忙，脱产学习俄语没有可能，但又经常要阅读俄文资料和技术书刊，还要经常接待苏联专家，甚至参加中国代表团赴苏联谈判和考察，因此熟悉俄语对他相当重要。由于条件所限，他就坚持收听收音机中的俄语广播、讲座来学习俄语。为了抓紧时间，他在上厕所时也背诵俄文生词。经过艰苦努力，一段时间后他便能顺利地阅读俄语技术资料和进行一些简单的会话，方便了他的工作。

为了不断吸取知识，不论在国内还是国外，他都十分注意买书，但因经济条件所限，经常购买的是旧书。在1940—1945年，我们生活条件相当艰苦，住的是三层阁楼，只有一扇窗户，天花板是倾斜的，有些地方会碰头，夏天极为闷热。无奈之下，父亲在夏天的晚上常常从这扇小窗户爬到房顶吹吹风、乘乘凉。就是在这样的困难条件下，他还经常在工作之余利用晚上的休息时间在5瓦灯泡的昏暗灯光下从事翻译工作，编译出版了数本专业书籍，这些书直至新中国成立后还继续出版发行，为我国电工事业做出了贡献。在专业方面，父亲始终努力学习，刻苦钻研，勇于实践，善于创新，知难而进，不畏艰险，勇攀高峰。无论是他在华生电器厂担任工程师兼技术部主任时，还是后来担任一机部系统内很多单位的技术领导或行政领导时都是如此，甚至退休后在80岁高龄时还主编出版了我国第一本有关大型电机发热冷却的著作，此书受到了广泛的欢迎和好评，并迅速销售一空。此书也是对大型电机发热冷却的理论研究和实践经验的全面总结，为我国大型电机的研制和生产创造了有利条件。

在培养人才方面，父亲也做了大量工作。在担任一机部教育局领导时，不顾80岁高龄及体弱多病，他前往哈尔滨、沈阳、兰州、长沙、上海等地所属学校（高校或专科学校）进行视察，和有关领导共同研究学校的改革方向，提出了不少改进意见。他特别强调学校应走"产、学、研"相结合的道路。在大家的努力下，有的学校取得了很好的成绩，例如沈阳机电学院面貌焕然一新，不但扩大成为沈阳工业大学，而且在科研工作方面也取得不少可喜成果，特别在永磁电机方面走在全国前列，还培养出一位全国知名的中国工程院院士。有关教育和人才培养方面,父亲不但在担任领导工作方面出力,还写了一系列文章来支持和宣传正确的观点,并用自己的亲身经验和体会谆谆教导年轻人,尽管后来已经退休、年迈多病,但仍不间断。

父亲为人一贯严以律己,宽以待人,平时热心助人,平易近人。我从小印象很深的是,不管假日还是晚上的业余时间,经常有人来我家向父亲求教问题,父亲总是耐心地为他们解答。其中有些人是工人,有些人则是遇到困难的小企业主。正因为父亲技术精湛,又热心助人,且能虚心倾听别人的意见和建议,所以大家乐于与他合作,关系融洽。在新中国成立前,他就和工人关系很好,经常共同研制新产品,这也是他能较顺利地完成许多国内领先或国内首台新产品的原因之一。

父亲对家人和亲属也是十分关心和充满亲情的。我曾听祖母和母亲说过,1937年正当我1周岁时,抗日战争爆发,日寇攻占上海,正在上海华生电器厂工作的父亲因挂念家人,被迫逃回家乡长兴。由于原在县城的住房全被日寇焚毁,全家三代人只好避难到附近的山区居住。但山区农村并不安全,日寇频繁扫荡,烧杀抢掠无恶不作。经常在晚上刚睡下,就传来日寇将到的消息,此时父亲就抱着我和大家一起迎着刺骨的寒风,爬上漆黑的山坡。由于天黑无路,荆棘丛生,十分艰辛。要不是有父亲的护持,我早就离开了人世。以后华生电器厂生产稳定了下来,就把父亲召回上海工作,他就又和全家两地分居。直到1940年左右,我和大弟弟(当时我仅4岁,大弟弟2岁)被当地保安部队从绑架我们的土匪手里救出,登报通知我家后,父亲才从上海赶到苏州,将我们领回上海华生电器厂的单身宿舍。此后母亲克服重重困难和危险,只身一人从日寇统治区的长兴山区经湖州到达上海,与我们三人会合,租住在华生电器厂区附近的一个三层阁楼里。没过多久,祖父因山区生活条件恶劣,心爱的两个孙子被土匪抢走,家中房屋财产等又被日寇抢掠焚烧殆尽,加上年事渐高,含愤而死,去世时才50多岁。祖母只好以年老带病之身奔赴上海,和我们一起住在这小阁楼中,直至抗日战争胜利。

我由于早先受土匪绑架,被困居在太湖中游曳的一艘小船上,衣衫褴褛,食物简陋,营养严重不良,多次感受风寒,因心中十分思念亲人但无法相见而极为痛苦和郁闷,这种生活持续了2~3个月之久,因此后来虽然获得解救,但我的身体变得相当虚弱,在20世纪40年代初,我仅四五岁就得了急性肺炎,高烧不退,不断咳嗽。但当时正当日伪统治时期,虽在上海,医疗条件却很差,好不容易请了一位医生前来诊治,谁知竟误诊为伤寒病。他要求尽量少吃东西,最多只喝些稀粥和流汁,结果一周下来,我变得面目全非,脸色苍白,手指甲发乌,人也虚弱到站不起来。晚上我频繁地做噩梦,看到的都是牛鬼蛇神、妖魔鬼怪,睡觉时不敢闭眼,要求父母不要熄灯。我的姨婆婆听说了这一情况,她就千方百计请了一位比较有名的大夫来为我治疗。这位大夫看后立刻指出,我的情况已经很危急,必须迅速注射盘尼西林,否则生命难保。当时盘尼西林在国外刚研制出来不久,产量很少。加上因其用途广泛,日伪统治下对其销售控制极严,故很难购买,而且价格很高,许多药店都无货。在这种情况下,父亲连夜出去设法购买。经过长时间的努力,他多方奔走,终于在一家药店设法买到了一些药,然后迅速交给医生给我注射。在盘尼西林的作用下,经过这位医生的全力治疗,我的病情终于有了起色。若没有父亲排除万难地购买到救命药盘尼西林,我当时可能就去世了。好不容易爸妈将我从死神手中夺回来后,由于病魔的折磨,我的身体已衰弱到了极点,不能起床,只能整天躺在床上,最多也仅能扶着床沿慢慢地移动几步。对于一个四五岁的小孩来说,长期卧床,实在是极枯燥又痛苦的。当时家中没有收音机和玩具,为了减轻我的痛苦,母亲每天都花大量时间坐在床边陪我。她一面讲一些故事,一面折叠些纸鸟、纸猴、纸船等纸工艺品给我玩,使我这个可怜的病孩子感到特别亲切和温暖,对前景看到一线希望。经过父母半年多对我的精心调养,我终于可以脱离床铺,逐渐慢慢地走路了。也可能是抵抗力太差之故,又莫名其妙地患上了沙眼。母亲几乎每天都要辛苦地带我坐电车到一个相当远的眼科诊所去进行清洗和治疗。这样经过了差不多半年之久,我的病才基本治愈。从3岁起,母亲在家里就教我认字和写字,所以6岁时母亲就陪我去报考了一年级第二学期(当时是春季班)的插班生,从此开始了我正规的学习生涯。

父亲唯一的一个弟弟从小学习就很优秀。高中参加全浙江省高中毕业会考时名列第一,可免试进入浙江大学学习,但他放弃了这一奖励,另行报考了清华大学水利系并被录取。他思想进步,曾想前往延安,但途中被捕,后经亲友保释出狱。他从国立西南联合大学毕业后在水利部工作,由于在治理黄河花园口决堤工作中表现出色而荣获勋章,但因工作辛劳,不幸患上了肺结核。上海解放前,叔叔被迫住在我家,为了帮我叔叔治病,必须购买一种价格十分昂贵的特效药雷米风。但当时,我们全家三代人都依靠父亲一人的工资维持生活,加上物价飞涨,经济十分拮据。因此,父亲决定将他从美国实习和进修带回来的唯一一样值钱的东西——电冰箱——卖掉,从而使叔叔肺结核病的治疗有了保障。

父亲酷爱音乐,特别是西方古典音乐。1948年,他从美国西屋公司实习回国时,带回来一台电唱机和很多唱片,其中有许多著名的经典名曲,包括交响乐、小夜曲和圆舞曲等。之后在北京工作时,他还曾多次去东四人民市场购买过不少唱片,我就曾数次陪他去商场采购旧唱片。可惜他辛苦收集的这些很珍贵的唱片在"文化大革命"中均被毁掉。

父亲从学生时代起就酷爱收藏邮票、艺术品和古玩等,尽管当时收入不高,但他设法收藏了不少珍贵邮票,如清朝的大龙邮票、小龙邮票、红印花邮票等,还收藏了一套20世纪20年代苏联发行的列宁邮票,十分珍贵,其他如鸡血石、铜币和银质硬币等也有一些。

应该说,父亲能全力以赴投身于电工事业并取得巨大成就是和我母亲的鼎力相助和令人敬佩的自我牺牲精神分不开的。我的母亲赵应文是浙江湖州人,生于1912年5月,卒于2003年10月,享年91岁,元代著名的大书法家、大画家赵孟頫是她的祖先。我的母亲是一位善良热情的知识女性,早年毕业于浙江省立湖州中学,成绩优异,曾受到老师的高度关爱和赞扬,毕业后多年从教于长兴县立小学,受到大家的普遍欢迎。她又是一位伟大的母亲,放弃自己热爱的事业,使父亲毫无后顾之忧。她操劳一生,用宽容和无私的爱营造了一个充满温馨的家。她不仅在我童年患重病期间用伟大的母爱使我挣脱了死神的魔爪,还在后来妹妹患肺结核和妹夫患肝炎时,给予他俩悉心照顾,用爱的阳光使他们顺利渡过了难关。

在此之前,我的两个弟弟和一个妹妹都曾在年幼时不慎从楼梯上滚至楼下,导致昏迷不醒,送医院急救。当时父亲工作十分繁忙,我和大弟弟又忙于上学,全是由母亲陪护,用母爱的温暖使他们都恢复了健康,而且都未留下后遗症。母亲在上海和北京居住期间都曾在家属会工作过,为邻里做了不少工作,得到了大家的一致好评。

在父母的言传身教与精心呵护下,我们兄弟姐妹五人都在社会主义的阳光下健康地成长,有的成为高级工程师,有的成为教授,而且都建立了美满的家庭,分别有了自己的孩子,孩子们也都发展得不错。

我和弟、妹们衷心感谢和爱戴自己的父母。他们永远活在我们的心中!

· 五、回忆父亲孙瑞珩的若干事 ·

孙亦玲

2022 年

家父孙瑞珩 1935 年从清华大学以电机系教员身份赴英国汤生公司 BTH 电机制造厂实习,1938 年回国。我是 1936 年 6 月出生在崇明的,因而这次才见到父亲。因日寇侵占了上海,他一时无工作,只好自己匆匆赶到广州中山大学任教。后广州沦陷,经仰光转到昆明资委会中央电工器材厂四厂工作。母亲带着我和小姐姐于 1942 年千辛万苦穿过封锁线,途经浙江、江西、广西、贵州,历时半年才到达昆明与父亲团聚。

父亲投身国产大型变压器制造。这足足两人高的变压器是建厂后为抗日战争提供的急需的电力设备。父亲忙于工作,很少关照子女的学业。他回家没有什么业余活动,但对学习英语从来不放松。他一边看书一边朗读,因而在电工厂接待英国和美国国际友人时应答如流。

一次,我发现父亲从英国带回来的美国记者埃德加斯诺写的《红星照耀中国》,因为是英文版的,当时海关没有发现。父亲从中认识到中国共产党为民族解放而艰苦奋斗和牺牲奉献的精神。

1945 年年底,中央电工器材厂昆明制造厂成立,家父被任命为制造厂厂长。当时大部分员工已迁往南京、上海和湘潭等地,刚组建的工厂生产尚未恢复。一天父亲带我去看望留在昆明的艺徒,他们大部分为湖南籍,很有失落感。父亲告诉他们,工厂生产会逐渐恢复,大家要有信心。这次我结识了几位艺徒哥哥。他们手把手教我做矿石收音机,使我成为小无线电爱好者,时年 9 岁。这促进了我爱科学之情,也打下了我以后学工程的基础。

父亲的专职司机是位较胖的老司机。他开车送父亲去昆湖电厂和市内中国银行洽谈,以筹集遣散款。有时误了用餐时间,父亲会用自己的钱贴补他。

1946 年 7 月,国民党特务在昆明暗杀了民主人士李公朴、闻一多。时任民盟负责人之一的冯素陶教授(我们小学校长陈瑞仪的丈夫)收到恐吓信,内含 1 枚子弹。父亲知道后,派老司机连夜从昆明市内把化装后的冯老转移到电工厂(马街子)躲躲风头。

20 世纪 50 年代,他组织大型铁壳大电流水银整流器的仿制工作。他以身作则,依靠工人和科技人员发挥聪明才智,终于获得成功,他认为是集体奋斗的功劳。

1959 年,我在邮电学院学习时,拜访了在高教部工作的陈端仪老师。她说,冯老对你父亲在当时白色恐怖的清洗下能做出如此决定非常佩服。他说,你父亲是个正直的人,非常不容易。

60 年代,上级要求上海电器科学研究所整流器室内迁西安,他带头响应,并主动做科研人员和工人的思想工作,讲明国家发展需要和个人家庭光明前途。后来不少家庭分到了房子,子女有受教育的机会,生活有了改善,觉得他有远见。

父亲的工业救国精神始终不渝。他团结同仁,严于律己,宽以待人,在技术上精益求精,这些精神永远是后辈们宝贵的财富!

六、殷关元家庭数事

殷梅格（Yin, Margaret）　殷海伦（Yin, Helen）　俞增力
2022 年

殷关元与夫人俞德明感情甚深。在英国、美国实习考察时，殷关元与俞德明两人每天都给对方写信。一封家书描述了去英滞留印度之经历，中央电工器材厂月刊对此亦有记载。在抗日战争期间的昆明，当日本飞机来轰炸时，他们总能与同事们提前一步躲到山洞里，大家一起打桥牌。没轰炸的工余时，他们与同事们一起进行娱乐活动，他们特别喜欢跳舞。

1948 年夏，在香港家中，殷关元夫妇接待了自美国西屋公司回国的褚应璜、吴世英和周杰铭前辈。在此期间，褚应璜秘密会见了中共香港工委书记章汉夫。章又为他提供了回国后的联系人。在美、英完成学习后，途经香港返国的同仁大都得到了殷关元的帮助。虽居香港，却是内地与海外的桥梁。初期在香港，他们也不宽裕，但在内地与外界断绝关系的时候，他与夫人俞德明还是想尽一切办法资助一些留在国内老电工器材厂的同仁的生活，直到改革开放后。在困难时期，他们寄食物给朋友及家人以渡难关。20 世纪 80 年代初，夫人俞德明资助培养多位族内侄、孙到美国深造，使他们都成为所在领域的有用之才。

殷关元与夫人俞德明有一双女儿。长女殷海伦生于上海，毕业并执教于哈佛大学医学院，现为美国德州大学生物学教授。她在自己的实验室里带出多名来自国内的博士及博士后研究生，为中国培养了很多有用人才。次女殷梅格生于香港，毕业于康奈尔大学与加州大学柏克莱分校，在美国 IBM 公司工作 35 年，为执行架构师（Executive Architect），直至退休。她因精通中英语言，1978 年受公司派遣去中国香港，在香港中国银行安装、管理和运行东南亚（SEAR）第一个 IBM MVS 操作系统。1980 年，中国沈阳鼓风机厂买进中国第一台当时最先进的 IBM 大型计算机主机。殷梅格再一次被派往沈阳安装，训练中国工程师，得到中方一致好评和赞赏，为增进中美公司的互相了解，起到了积极的推动作用。当时 IBM 很少有工程师同时精通中英文和计算机的，她出色地完成了任务，深受公司信任。在为公司服务的 35 年里，她曾为很多项目做出重大贡献。殷关元的第三代也都在他们各自的领域内有着出色的表现。

1943 年 1 月殷关元、俞德明在昆明结婚

[小花童(前右)为褚应璜、吴世英之女褚启勤]

1944 年 12 月 12 日欢送殷关元、王镇中赴英美实习

(前排左三为殷关元,左四为王镇中,左五为周杰铭,左六为蒋家鏁)

1945 年在美国实习考察时殷关元与夫人长兄俞炳元同游美国国会大厦

1950 年赴沈阳考察调研东北建设情况时与亲友合影

（摄于沈阳，北陵右起殷关元、俞炳元、周杰铭）

七、纪念先父王宗素

王晓光

2022 年 5 月

　　我亲爱的父亲王宗素已去世 42 年了,而他依旧每时每刻活在我心中。还记得,当我幼小无知的时候,他教导我要严以律己,因为他就是一个有责任心勇于担当的人;当我失魂落魄陷入低谷时,他给了我力量和勇气,因为他就是一个坚强的人;当我遭遇不公痛不欲生时,他给了我顽强斗争的信心,因为他就是一个刚正不阿的人;当我焦虑不安不知所措时,他给了我镇定和自信,因为他就是一个成熟而稳重的人。

　　我的父亲出生于陕西蓝田,自带着北方人的淳朴与厚道、踏实与本分。他的父亲王子年是陕西的开明人士,曾做过西安中学的学监,新中国成立后被选为西安市人大代表。祖父造就了父亲的勤学好问,终以优异成绩考上国立中央大学电机系,毕业后在杭州工作两年。1936 年,父亲考上公费留学生,去英国伦敦大学学习,后又转入美国加州理工学院继续深造,与钱学森、袁家骝、吴健雄成为亲密学友。1940 年,他获得硕士学位后,谢绝了美国教授的挽留,立即返回祖国,立志为中国的电机事业做出贡献。他一心扑在工作上,直到 36 岁,

父亲在美国加州理工大学留学时,与钱学森、袁家骝是同学,这是他们在一起的合影
(后排右一是父亲王宗素,中排右二是钱学森,中排右一是袁家骝)

父 母 与 我

经人介绍才认识了我的母亲金慧君——大公报总经理金诚夫（毕业于北京大学法律系）的女儿，时年23岁，毕业于上海沪江大学。他们于1944年举行了婚礼。婚后，由于日寇侵华，母亲跟着父亲随中央电工厂辗转于桂林和重庆，在重庆生下了我。

在我幼小的时候，正是父亲事业的高峰期，父亲做事做人十分低调，一直像一头老黄牛一样，勤勤恳恳，埋头苦干，谦虚谨慎，忠于职守；他工作很忙，每天早出晚归，经常开会或出差，因此少有时间陪伴我。而母亲也是一位从小受到中国传统思想教育的人，对于工作上的人和事从不轻易谈论，所以我对他们的了解基本上是通过孩童的视角，就像《城南旧事》里那个英子一样，靠侧面的观察和感觉，这也是我目前十分后悔当年没有与父母多做交谈，所以对他们的了解十分有限的原因。这次先驱们的后代们组织编写《穿越西东——纪念献身中国电气工业的先驱》一书，是件大好事，借此机会抒发对曾经为新中国建设立下汗马功劳的至亲先辈们的怀念，也为后人树立了人生奋斗的榜样。所以我尽力回忆，并搜索家中尚存的有限资料，写下先父给我留下深刻印象的二三事。

母亲曾告诉我，1946年，抗日战争胜利后，当我还在襁褓中的时候，父亲就奉资源委员会的派遣，飞往天津担任中央电工器材公司天津厂厂长。在天津时，父亲认识了共产党地下党员李光冶同志，并经常去他那里交谈。1948年，天津解放前夕，李光冶根据天津地下党组织的布置，告诉我父亲"要为人民保护好工厂"，于是父亲组织了护厂队，完整地保存了工厂。因而天津一解放，工厂生产就搞得很好，很出色。中共领导人刘少奇同志去天津时专程到父亲的厂里视察，并亲临父亲的办公室听取了他的汇报。与此同时，还有一件令我终生难忘的事:为了保护我与母亲的安全,也为了能一心做好护厂工作,父亲在天津战役打响之前,护送我和母亲到上海我外公家里,当晚又火速赶回天津。这件事是我亲历的,当时已有记忆。

父亲在工厂检查发电机

1949年后,父亲任天津电工器材厂第一制造厂厂长。由于表现出色,1950年他被推选为第一届天津市人大代表,工程界代表人士。1950年下半年调入北京,他开始了在中央机关部委的领导工作。这期间我对父亲的一个深刻印象是,每天晚上他都跟着收音机学俄语,星期天更是半天都搭进去。原来,机关请来了苏联专家,为了更好地向苏联专家学习,尽快提升我国电工技术水平,父亲在45岁时又当了一次小学生,并终于能够与苏联专家直接口语交流并快速阅读俄文资料了。父亲孜孜不倦的求学精神影响了我一辈子,从小我就是学校里的优等生,长大后也是工作中的佼佼者。

1958年3月,周恩来总理在中共中央成都会议上做了关于长江流域和三峡工程的报告,会议通过了《中共中央关于三峡水利枢纽和长江流域规划的意见》。1959年,父亲作为第一机械工业部八局水电设备联合设计处的负责人,代表电机主管部门在长江三峡枢纽科学技术研究工作会上宣读了装机容量组的研究成果并做了综合发言。能参加国家这样巨大的工程建设,为民造福,他非常兴奋,也深感责任重大。为了完成好这项任务,父亲忙得几乎不沾家,晚上总是边拉计算尺边写材料,直到深夜。也就是从那时开始,我家墙上端端正正地贴上了一张三峡水库的远景照片,一直保留到"文化大革命",给我留下了深刻的印象。

父亲(右一)、赖坚局长(左一)与苏联专家在一起

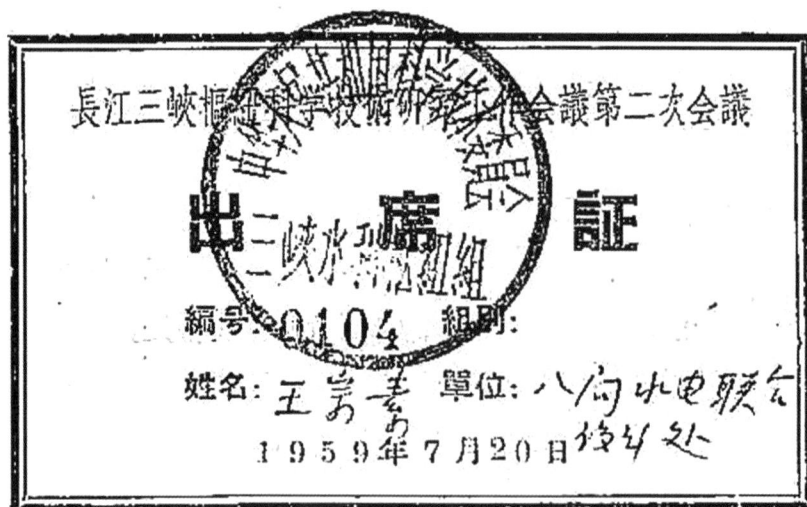

父亲受邀出席长江三峡枢纽科学技术研究工作会议的出席证

第一机械工业部王宗素处长代表装机容量組的綜合发言

（一）装机容量

影响三峡水电站装机容量的因素很多，牵涉的面很广，在充分考慮各种因素，进行全面、深入研究之后，才可能决定出最恰当的装机容量。

初設要点中提出的装机容量（初期2,200万瓩，远期3,780万瓩），我們認为这个数字偏大了。普遍認为三峡装机在2,500万瓩左右較为适宜（初期1,800～2,000万瓩，远期約2,500万瓩），也有个別認为装机到2,500万瓩以上，平均利用小时数还

不致太低，装机在3,000万瓩以內，还是可以考慮的，建議作进一步論証。

討論意見如下：

1.多装机的經济效益

三峡电站保証出力有一定限度（初設要点为1,260万瓩，最近拟修正为約1,100万瓩）装机多少与电站在系統中的工作位置有关，即主要决定于工作容量，而工作容量与設計負荷水平、供电范圍、工作位置有密切关系，如果多装机，它的作用只是带

· 18（总338）·

父亲在长江三峡枢纽科学技术研究工作会上的发言片段

（刊于《人民长江》1959 年 06 期）

1959 年 9 月，具有深厚学识和出众业务能力的父亲被聘为中华人民共和国科学技术委员会电工组组员。

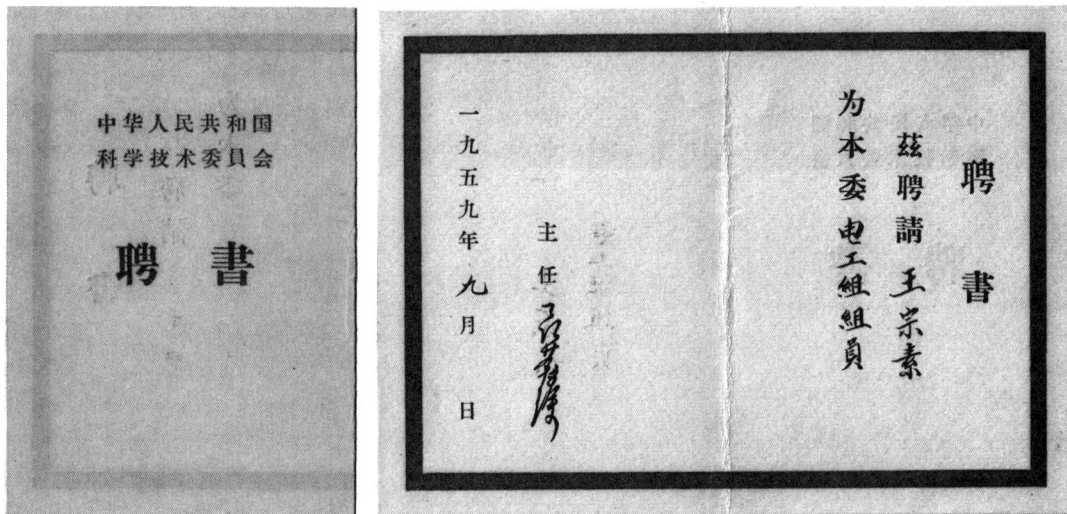

中华人民共和国科学技术委员会发给父亲的聘书

由于父亲在工作上的优异表现，祖国给了他很多荣誉和待遇。他多次受邀到天安门广场观礼台上观看国庆大游行。

父亲参加国庆观礼的观礼证

　　父亲在第一机械工业部工作了很长时间,既是副处长又是主任工程师,主抓具体业务工作,不仅事事以身作则,而且对下属非常关心,既严格要求,又耐心指导,所以威信高,群众关系也很好,使处里的工作蒸蒸日上,经常受到上级的表扬。

　　在第一机械工业部的有力领导下,我国电机工业迅猛发展,上海电机厂、哈尔滨电机厂等不断传来好消息。世界首台双水内冷汽轮发电机和 7.25 万千瓦水轮发电机等陆续开发研制,父亲参与了对这些项目的规划管理和技术支撑工作,而且非常热心和投入,以至于当年才十几岁的我对这两个电机的名称已耳熟能详了。1962 年,为了宣传和普及我国电机事业的发展,中央电视台特邀我父亲上电视讲课,带着自己精心画制的好几大张电机彩图,父亲圆满地完成了任务,只可惜那时音像技术有限,不方便向电视台要一份影像保存。

　　父亲虽然工作忙,但在我成长的关键点上却抓得很紧。这里讲三件事。第一件,学校开家长会时,都是父亲参加,而且在老师面前,毫不保留我在家中表现出的缺点,于是家长和学校联合起来教育我,加之父亲早已有“严以律己”的家训,所以我不但很快克服了缺点,而且变缺点为优点,这使我终身受益。第二件,关于我的升学选择。在我初中毕业时,因为爱好表演,所以我瞒着家人报考了北京艺术学校,而且考上了。与此同时,我所就读的市重点学校师大女附中又保送我升入本校高中。父母知道这两件事后,果断地中止了我的从艺之路,我后来的发展证明他们这么做是对的。第三件,关于我报考大学的专业选择。1963年,我高中毕业时,准备报考北京大学或清华大学,那时父亲正因病住在北京医院,他建议我报清华大学,但选专业时我考虑了无线电电子学系。他说,那第二志愿就报电机系吧。看来父亲还念念不忘他的专业后继有人。虽然后来我被无线电电子学系录取了,但父亲还是非常高兴地带我去王府井一家高档商店购置了学习用品。

父亲与处里同事们的合影留念

（父亲：上图前排左六，下图前排左三）

在我大学学习期间，"文化大革命"开始了。全国各地的工作几乎陷于停顿，但父亲仍坚持在岗位上，在被拘留审查之前，还出席了"全国 TSN、TSWN 农用水轮发电机系列鉴定会议"。

然而不久，父亲与其他先辈们一样，受到严重冲击，被拘留审查。虽然他被某些人诬陷，但却从没有为了解脱自己而去推脱和诬陷别人。这种精神，是我对他尊重有加的重要原因。

父亲(第二排右六)参加"全国 TSN、TSWN 农用水轮发电机系列鉴定会议"

　　难以想象的是,在如此高压和艰难的环境中,父亲依然保持了对国家、对工作的认真负责态度,这可从他"文化大革命"时期的农场日记中看出:"由于这两天感觉到头晕,下午请假去医务所检查血压,测量得 240～250/110～120。大夫给开了半个月休息证明,回到工地我没有拿出来,也没有告诉班长,目下正在抢收抢种,劳动力很紧张,只要还能动,我就不休息。"

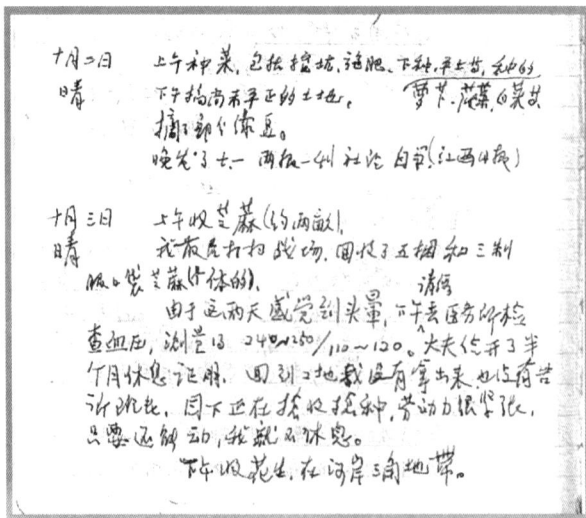

父亲的劳动日记

1972 年,父亲被允许回到北京,虽已 65 岁高龄,并患有严重高血压,但依然坚持每日给局里翻译情报资料,最终躺倒在办公桌前。春蚕到死丝方尽,留取丹心照汗青。他 71 岁时还办了工作证。他将自己的生命与祖国的强盛永远紧紧地联系在一起了。生命不息,奉献不止!

父亲的工作证

第一机械工业部致父亲的悼词中写道:"王宗素同志作风正派,谦虚谨慎,平易近人,团结同志,关心他人,克己奉公,艰苦朴素,生命不息,工作不止。"而这些,正是我们当代科技工作者应该具备的品质。

最后,我要感谢父亲不仅对国家做出了自己的贡献,而且也为我树立了做人的榜样:高尚的思想情操,卓越的事业理念,以及优秀的学习作风。这使我兢兢业业地为祖国工作了55 年,不止一次赢得了出版界的最高奖。

我耳边经常响起世界名曲《蓝色多瑙河》《春之声圆舞曲》《维也纳森林的故事》……那是因为父亲当年从美国留学回国时带来了电唱机和几大本唱片,以他的音乐修养感染和熏陶了我,把我培养成一个多才多艺全面发展的人,并与音乐结下了深厚的感情。在优美的音乐声中,常常浮现父亲的面孔,我会发自内心地说:"父亲,您永远是我最美好的回忆!"

◆ 八、点滴的回忆，永远的怀念——纪念父亲周杰铭 ◆

周泽云　周泽昆　周泽京

2019 年

　　父亲已经离开我们 20 多年了。翻开他生前张贴整理的一本本相册，望着那一张张褪色泛黄的照片、那一行行白底黑色的字迹，记忆的碎片浮现在眼前。

　　100 多年前，在香港做机器工人的我们的四伯不幸因病离世，父亲随他父母来到上海，投靠在轮船码头工作的几个伯伯处，初到上海，关于父亲的读书问题就发生了一场家庭风波。几个哥哥主张他去码头学生意，八哥、九哥主张他去读书，双方争执不下。后来八哥、九哥一再坚持让他去广东同乡会办的不收学费的广肇义塾小学念书，并表示由他们承担书本等费用，父亲才得以走进学校。父亲在他的自述《逝水》中写道："对于我的上学最感愉快的是妈妈，她老人家一再勉励我要争气，加倍努力，好好读书……""我那时心情是兴奋的，也是愉快的，穿上老布鞋（妈妈不知给我补了多少次了，实在破得没法穿时，才去购换一双），每天跟着电车在路上奔跑到离家很远的学校去念书……"

　　父亲在他"八十二高龄的慈母"相片下面写道："母亲，性慈而直，一生艰苦，但乐于助人。予兄弟十人均受其平日潜移默化的诚恳及慈爱教育。母虽未学，顾较有学者感人尤深，予脑海中至今尚深深刻印其深夜伴我读书之动人情景也。"

　　父亲小学毕业后，又考取南洋中学（交通大学预科的前身）和交通大学。当时广肇义塾小学董事长霍守华先生设有奖学金，专发给考取交通大学附中、交通大学、北京大学、清华大学的学生。父亲有九个哥哥，只有他一个人有幸读到大学。学生时代，他刻苦读书，汲取知识，一心想能学成报效祖国。

　　在交通大学附中学习期间，父亲积极参加五卅运动和九一八的抗日请愿活动等。他写道："1926 年至 1927 年是个革命风暴时期，学校风潮较多。我参加了各种爱国游行运动。……九一八事变一声炮响，又一次把我从读书救国的迷魂阵中推出来。我们游行示威，我们要求抗日救亡，我们占据了北火车站……"

　　2018 年，泽云、泽昆到上海交通大学徐家汇校区瞻仰"五卅纪念碑"，碑上刻有陈虞钦和吴恒慈两个烈士的名字。当年交通大学学生会组织学生罢学停课，一部分学生出发到闸北，一部分学生在英租界南京路一带宣传。在南京路先施公司附近宣传的学生遭遇英帝国主义开枪。饮弹穿肠的陈虞钦是我父亲的同班同学，还是广东同乡；吴恒慈愤激而亡，他也是父亲的同班同学，父亲写道："我的死读书的迷梦被敲醒了，我的爱国热血沸腾了。"他终日和大家宣传募捐，夜里还参加纠察队和同学一起镇守在徐家汇天钥桥口，杜绝粮食、蔬菜被人偷运入租界。

　　在交通大学学习期间，父亲担任两广同学会会刊《南针》的总编辑，我们在交通大学档案馆查到这杂志，读到父亲写的《到沪之初》《交大生活》《霍守华先生轶事》等几篇文章。在《到沪之初》一文中，他抒发了自己的爱国情怀，在《交大生活》一文中，他从衣、食、住、行、读书、运动、娱乐七个侧面写了当年交大学子的生活场景，让我们看后备感亲切。他一生有记日记的习惯，应该始于学生时代喜爱写作吧！

　　父亲后来在霍守华和几个哥哥的帮助下，到日本早稻田大学攻读经济。1937年全民族抗日战争爆发，他愤而返国，1939年进入资源委员会电工厂工作，于1947年被派到美国西屋公司培训实习。西屋公司副总裁 James Clark 安排了实习一年的计划，并亲自指导。父亲在总公司的各管理部门以及所属的匹兹堡电机厂、霞龙变压器厂、费城汽轮机厂和布法罗的电机厂，所属经济研究所，IBM 计算机房，纽约国际贸易公司都实习过。实习的重点第一是财务会计管理，第二是生产管理，然后是存货、销售管理、工作研究、定额管理、标准化工作、协作工作、人事管理、各部门之间联系与协调、对外关系等。在霞龙变压器厂实习标准成本时，他与该厂会计同仁相处极为融洽。在实习中，他指出了他们财务会计中存在的问题，引起他们重视，临别盛宴饯行。西屋公司管理的科学化、专业化、标准化、迅速化、准确化，权责分工与赏罚严明，给父亲留下了深刻印象。同时，他也在匹兹堡大学研究院研究工业管理等，得到 Calront 教授的指导，受益匪浅。1948年8月，父亲回国。父亲有两本相册，记录了"美国留痕"的日子。

父亲在美国匹兹堡大学

　　1948年底，在中国共产党地下党的引导和资源委员会高层起义策动下，他为保护财务账册竭尽全力，和沈大勋率22人负责运送总公司的全部账册单据。用两辆卡车，从南京经当涂、芜湖、宣城、绩溪、徽州、屯溪、休宁、祁门、浮梁、景德镇、乐平、黄年、黄金埠、进贤、南昌、高安、浏阳、永安、黄花至长沙。他们走了十天，行程为1 632公里，于1948年12月23日，将全部账册运至长沙。在经江西境内之乐平渡时拍摄了照片以留念。

1948 年父亲在江西乐平渡

父母在上海的合影

后来他又向恽老提出，经同意后，将账册及时运往上海，使这批财务账册单据能在上海一解放便完整无缺地向华东军管会办理了移交手续。他为百废待兴的新中国保存重工业家底和大批物资做出了自己的贡献。他还与同事们一起积极参加值班护厂，上海解放后，他得到一枚护厂纪念章。

1949 年上海解放后，父亲被华东工业部委派为特派员，并和陈文全、褚应璜、章杰负责筹办新中国第一家公私合营华通开关厂。

在相册中还会夹有一些纪念品，往往更引起我们的关注。

恽老的一张墨宝至今仍夹在相册中。这是 1950 年春，恽老在上海火车站为前往东北参加电器工业建设的曾在西屋公司接受培训的人员写下的一首壮行诗,见证了这批知识分子建设新中国的极大热忱和无私奉献的博大情怀。

新中国成立后,东北工业部电器工业管理局副局长肖陈人等专程到沪动员在西屋公司实习过的人员从上海到东北参加工业建设,褚应璜伯伯也动员并带领这批人去东北参加工业建设,父亲毅然决然带全家北上。父母克服拖儿带女的不便,当时最小的孩子不足 1 岁,四个孩子中最大的也只有 5 岁。

父母在沈阳电工局宿舍前合影

1950 年 4 月 5 日,这批人员北上。到沈阳后,父亲被委任东北工业部电器工业管理局总会计师一职。遍访各厂调查研究后,他写出《我所见到的几个问题》,在部属各局会议上和向部局领导的汇报中,多次提出鉴于电工产品特殊情况的改革意见,最后得以主持全局新成本制度的设计工作。父亲全身心投入,埋头设计,至 1951 年 4 月编写完成《电器工业管理局暂行成本会计制度》计 305 条。其中文字 65 000 字,表格 180 种,连同撰写总说明,共10 万余字。书中各种图表均为我母亲席南媛义务绘制的。

这里要提到我们的母亲席南媛,她武汉大学肄业(因抗日战争,武汉大学迁往四川乐山,她未能前往而辍学)。在资源委员会桂林中央无线电器材厂工作期间,她与父亲相识,组成家庭。她一生对父亲的工作都无条件支持,在父亲赴任沈阳和哈尔滨工作期间,她除参加家属委员会的工作外,还自学俄文,不但按时收听俄语广播讲座课程,还请白俄罗斯人来家中讲授,坚持数年。这为她日后随父亲调任北京期间,在北京电器科学研究院情报所从事情报资料收集及外语翻译工作奠定了基础,因其严谨敬业的工作态度、深厚的文字功底和较强的语言能力屡获好评。

　　《电器工业管理局暂行成本会计制度》经东北工业部批准,由电器工业管理局出版,颁发局下属各厂执行。之后,父亲又组织局下属十余个厂财会人员学习,指导业务,进行考试,财务制度改革取得显著成效。东北工业部化工局、上海财经学院闻讯也纷纷来索取。

　　1952年,父亲所在的经理处在电器工业管理局红旗大竞赛中获"优胜",得大红旗一面,奖东北币500万元。相册中有一张父亲身着"奖"字衬衫,笑容满面,意气风发,站在办公大楼门口台阶上的留影,感染了我们。

　　相册中还夹有浅绿色的天安门"观礼证",几十年依然平帖如初。可想见1953年庆祝五一劳动节,父亲在天安门观礼台上,观看浩浩荡荡游行队伍时的激动心情。他一定为祖国蒸蒸日上、繁荣强大而倍感自豪!

全家到东北(1950年)

北京天安门观礼台观礼证

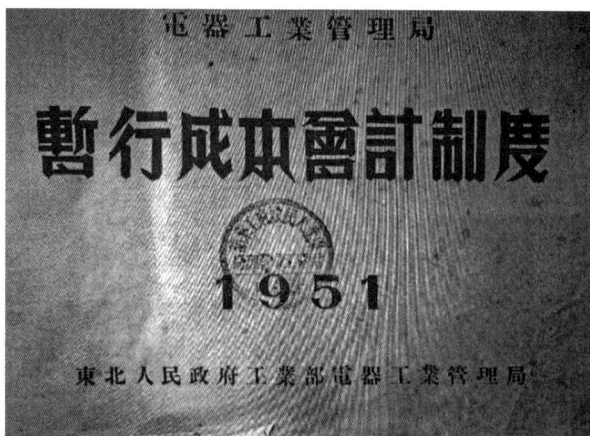

东北电器工业管理局暂行成本会计制度

记得在北京电机部、一机部八局、电器科学研究院任总会计师期间,父亲经常出差下厂。1953 年 8 月他到上海电缆厂,承担经济计划和技术组织措施的设计工作。1954 年 3 月在上海电机厂,他搞生产资金管理试点,研究企业管理体制问题半年。11 月,他撰写 5 万字的《生产资金管理办法》。1956 年 4 月至 7 月,他参加局组织工作组到沈阳低压开关厂搞全套生产组织设计,完成十余本。1957 年 4 月至 6 月,电机部派工作组(由鞠杭捷部长助理率生产、计划、技术、财会、劳动人事等司长参加)到上海电机厂调查研究企业体制改革等问题。父亲负责财会体制改革和积累分配问题的调查研究,大家提出意见再综合各司意见,提出企业体制改革方案,由部呈送国务院审定。父亲完成 2 万字的《企业财务体制改革和积累分配的意见》,发表在《机械工业》上。同年 10 月,他和谢传昭叔叔随张司长赴沈阳和哈尔滨,调查研究和推动电机部部营的沈阳高压开关厂、沈阳低压开关厂、沈阳电缆厂、哈尔滨电机厂、哈尔滨电表仪器厂、哈尔滨电缆厂、哈尔滨绝缘材料厂等厂的财务工作。1958 年电机部被撤销,父亲调北京电器科学研究院工艺研究所,承担生产组织设计工作。根据调查研究的资料和自己的经验体会,写出了 10 万字的《电工系统中小企业的会计和资金管理》一书,作为国庆献礼,一版再版发行。

父亲在工作上兢兢业业,不辞辛苦,回到家中,他既是我们的严父又富有爱心。一件有趣的事让我们记忆犹新。有一次,父亲出差回来,居然带来几只小乌龟,任它们在房间自由出没,给我们孩提时光带来惊喜。这几只小乌龟陪伴我们四姐弟许多年,也算是“家有宠物”吧!他给我们买日记本,并在首页写上寄语,指出缺点和努力方向。

他买回小书架,放上我们心爱的读物,这书架伴随着我们成长。父母带我们观看过赵

一机部八局办公大楼台阶上的全家合影

青主演的民族舞剧《宝莲灯》，还有话剧《列宁与第二代》。父亲学生时代就注意身体锻炼，课余喜打排球和篮球，在交通大学读书时他是学校越野运动队队员，他们队曾夺得江南八大学越野赛团体冠军。为培养我们从小对体育运动的爱好，他给我们添置足球和游泳衣……每逢节假日，父母会带我们到公园游玩，到天文馆去观看星星宇宙……相册中当年的照片记录了我们少年时光的欢乐和家庭的温暖！

为支援地方工业和边疆建设，1959年父亲来到昆明，在云南省机械工业厅、厅属云南轴承厂工作。他不计名和利，兢兢业业工作，默默无私奉献。云南轴承厂、云南内燃机厂、昆明电机厂、昆明电线厂……都留下了他的足迹和汗水，他培养了一批年轻力量。

在蒙受不白之冤的日子里，他忍辱负重，坚强地挺了过来。

1987年3月，云南省委组织部、昆明市委组织部、工业交通政治部按照中央组织部批转意见，为父亲落实了知识分子政策，将技术职称改为"高级会计师"，颁发证书。又在昆明市中心的新建小区为他购买了住宅……《云南日报》头版刊登的"我省落实知识分子政策工作获得新进展"一文对此还进行了报道。

迎来了改革开放的春天，父亲欣喜地在《七十偶成》中写道：

七十欣逢治国年，
爱妻笑奏乐于阗，
老夫喜诵归来赋，
采菊东篱少挂牵。

九、忆父亲温建中

温世范 温咏棠 温咏霞
2019 年

莘莘学子 报效中华

我们的父亲温建中(1909—1982),广东台山市沙步村人,出身于一个贫农家庭,靠叔父提供的资助完成学业。1936 年,他毕业于交通大学电机工程学院,这届毕业生共 27 人。

温建中和这些年轻人满怀技术强国的抱负,在艰难的岁月中,迎着一个个意想不到的困难,踏上了漫漫的人生旅途。他和其中的许多人成了事业上毕生的挚友。

1936 届交通大学电机工程学院毕业生合照

[第一排:(从左至右,下同)方鼎,李璇(女,班长),俞恩瀛,简寅官,张朝汉,冷永宽,童登嵩,陆济仁,熊秉侠;第二排:蔡家鲤,黄宗裳,侯恩铭,温建中,朱仁堪,汤明奇,凌松年,陈熙,钟士模;第三排:陈仁怡,王兆振,王为元,程欲明,沈从龙,张家樑,钱孙吴,杨缵武,徐天强]

父亲于 1936 年至 1937 年任南京自来水厂助理工程师、机务股股长;1937 年南京失陷后,转到桂林;1938 年至 1939 年 5 月任桂林电力厂技士;1939 年 6 月至 1945 年 8 月任昆明中央电工器材厂助理工程师、工程师和四厂的副总工程师;1945 年 8 月至 1948 年 4 月,在美国匹兹堡西屋公司实习电器设计与制造专业两年半;1947 年在美国匹兹堡大学学习硕士学位课程一年;1948 年 4 月回国,1949 年 8 月参加革命。

父亲在美国匹兹堡西屋公司实习期间,认真学习,刻苦钻研,积累了许多关于高低压开关工作原理、设计知识等的宝贵资料。其中有一套他在 1948 年 1 月回国前绘图、编写的《西屋开关操作机构汇编》,包含底图 57 张。他在序言中说,"(电器)开关操作机构的设计不是公式和规则的简单应用,它的研制与开发是在经历了一些失败、无数的测试与试验而得到的,它还来自人们的感觉和设计灵感。"透过他对国内及西屋公司开关设备具有的高屋建瓴的全面深入的理解,他希望这份汇编资料中"简化的工作原理结构图有助于中国工程师们理解繁杂的设计原图,""以便找出一个用最简单的组合方式,设计制造出最佳的开关机构"。

在美国学习期间,他与昆明中央电工器材厂的工程师们保持联系,对该厂试验室中开关操作机构"关合"过程中,部件的惯性与动作加速等试验数据与实际结果十分关切,并促进双方技术交流。

封　面　　　　　　　　　　　　序　言

《西屋开关操作机构汇编》(温建中,1948 年 1 月 28 日)

这套 1948 年编制的汇编资料,已被多次翻晒出蓝图,被国内许多厂家和设计人员学习、使用。

电气产品设计专家

1948 年,父亲回国后在湘潭电机厂工作。1949 年 8 月湘潭解放,他就地参加革命。1948 年至 1950 年 3 月,父亲历任湖南湘潭电机厂工程室主任、代理厂长、工程师,主管电机、变压器、开关设备产品设计。新中国成立后湘潭电机厂恢复生产,为山东博山提供电机、电器全套电气设备。他为我国设计出一批简易电器产品,用于各工矿企业。同时,他培养出湘潭电机厂一名总工程师。

1950 年 4 月,父亲响应国家建设东北工业基地的号召奔赴东北。1950 年 4 月至 1953

年2月,他任东北电工局技术处(沈阳和哈尔滨)开关设备产品设计组的组长、工程师。当时新中国成立初期,百废待兴,工作十分困难。在电工局技术处,技术人员对电机和变压器的设计多少有一些接触,但是对于高低压开关设备产品设计,几乎是空白。任组长期间,他凭借多年的工作经验和在国外学到的知识,主管并指导年轻工程师进行了高低压开关设备产品设计,设计出了多油断路器、高低压开关板、自耦降压启动器等多种国家急需的电器产品。在此期间,他注意到了高低压开关设备中有大量的紧固件,强调对它们的品种、规格、材质、性能和生产方法一定要掌握。他结合自己所熟悉和掌握的国外生产工艺指出,工夹模具是生产电器产品的重要手段。他曾自己动手制作一些工装设备,以提高生产效率和产品质量。

在技术管理方面,他一向注意产品设计人员在进行设计之前,应该编写设计论文。有了设计论文,才能进行技术民主讨论,搞好产品设计。父亲坚持这一有效的技术管理方法,通过新产品的设计实践,为国家培养了大量宝贵的电器产品设计骨干人才,天津电气传动设计研究所一名总工程师便是其中一例。

电工城的总设计师

为适应机械工业恢复和发展生产需要,从1950年开始,国家组建东北人民政府工业部电器工业管理局。从美国西屋公司实习回国的十多名技术人员,集中在其下属的工厂设计处工作。该设计处于1953年归属一机部设计总局第四设计分局,后其名称多次变更,在1958年成立了一机部第八设计院,下设一机部第八设计院沈阳分院、一机部第八设计院西安分院。西安分院在1965年并入一机部第七设计研究院,主要负责输变电设备、电器、电材行业的工厂设计。

1953年3月至1958年12月,父亲在一机部第八设计院沈阳分院担任工程师、主任工程师、总工艺师。父亲于1953年由他所熟悉的电器产品设计转到一机部电工局新成立的第四设计分局,主管电器生产制造工厂的设计,从此他进入了要求具备多种专业知识的工厂设计的全新领域。在此期间,父亲组织并参与了我国的电工行业最早的骨干企业如哈尔滨动力城(哈尔滨电机厂汽轮发电机车间、哈尔滨电机厂、哈尔滨电表仪器厂、哈尔滨电缆厂)、沈阳电工城(高低压开关厂、变压器厂、绝缘材料厂、电瓷厂、电缆厂、电力电容器厂、开关整流器厂等)的规划和设计,并积累了设计资料;同时建立了各自的高低压试验室,培养了一大批中青年设计、制造和试验人员(其中有多名人员担任了总工程师的职务);建立了成套设计管理制度,为独立设计打下了坚实的基础。到1956年年底,中国已开始自行设计生产220千伏、24万千伏安变压器,吊车起重量为200吨的变压器工厂。可喜的是,经过几代机电人员的努力,前几年,我国已经有了自主知识产权的1 000千伏级别输变电设备的设计、制造国际标准及其设计规范。

父亲在1953年还负责一机部北京电器科学研究院的总体设计,它的主楼设计后来又被广州电器科学研究院所采用。北京电器科学研究院的设计内容与一般工厂不同,计划任务书上没有"产品方案",设计范围不太明确,而设计进度又较紧。父亲在设计人员缺少经验的情况下,完成了这一项特殊任务,即包括传动、仪表、电机、电材研究科室,试验室与试验工厂的初步设计,于1954年通过审批。在技术设计中,为了加快和保证质量,他采用了交叉并行设计方法。强化设计的中间审查,先审工艺,稳定了设计的主要部分。设计充分满足了当时的需要,又考虑到了未来发展的要求。他在这一年中还完成了试验大楼的施工图,1955年全部设计完成。父亲工作精益求精,兢兢业业,积极贯彻设计节约的要求,上报的财务报表他都认真审核,该项目为国家节约了占总投资17.12%的宝贵资金。在报送上级的"温建中同志先进事迹"中提到,"总的来说,北京电器科学研究院的设计是成功的,有比较显著的成绩,温工在这项设计中,是有较大贡献的"。

鉴于父亲的工作成绩,他于1956年被评选为沈阳市先进生产者,并在1956年4月12日作为1956年全国机械工业先进生产者代表,接受了毛主席和中共中央政治局委员的接见,并合影留念。

1956年5月被评为全国先进生产者,并出席了在北京召开的全国先进生产者代表会议。

沈阳市先进生产者奖章(1956年)　　全国机械工业先进生产者代表　　全国先进生产者奖章(1956年)
　　　　　　　　　　　　　　　会议奖章(1956年)

在如此繁忙的工作期间,我们经常看到父亲晚上把大图纸铺在家里的地上,拿着手电俯身审图。1956年年底,父亲因工作劳累患病全休数月。在此期间,他全力配合医生的治疗,同时积极乐观地对待疾病。他自己制作翅展一米多的大蝴蝶风筝,带着小弟世范到广场放风筝、晒太阳。在母亲丁玉宝的精心照料下,父亲不久就康复,重返繁重的工作岗位。在咏棠考大学前,因为"学工还是学文"的人生大事,给经常出差在外的父亲写了一封信。父亲在百忙中给咏棠的长信中说道,学工的人可以欣赏文,但是学文的人欣赏不了工!从此坚定了咏棠随父亲走上科技强国之路,父亲的话让咏棠的人生无比丰富多彩。

　　1958 年年初，为适应地方工业遍地开花的发展局面，沈阳八院编制了成套的电器、电材行业的工厂典型设计施工图。在积累了丰富的设计资料基础上，父亲提出了典型设计方案，供全国"大学先进"采用。各省市采用了约 200 套"大学先进"设计图纸，对"大学先进"起了很好的推动作用。

　　在此期间，他还在南宁为广西规划了全省电工工厂建议方案，并于 1959 年建成了桂林电表厂、桂林综合电机厂和黎塘电瓷厂。

　　1958 年 2 月下旬到 3 月上旬，周恩来总理亲自带领有关方面的领导和专家，乘坐"江峡号"客轮到三峡地区进行考察。父亲参加了船上召开的多次选址研究会议。当时保密级别比较高的是三峡工程起动工程的可行性研究，其中有开关设备和变压器设备的大小、陕西潼关隧道的大小等相关论证。初步定在沈阳或保定制作和组装大型变压器，在重庆建设变压器厂以便进行维修，现在就是这样干的。

　　父亲从 1959 年 1 月在一机部第八设计院沈阳分院任副总工程师，于 1962 年 9 月 1 日被任命为总工程师。

　　在国家建设大三线的战略思想指导下，他作为总工程师于 20 世纪 60 年代初开赴西北，奔波于沈阳和西安之间。长驻西安市的西郊，负责西电公司的规划设计以及施工的配合工作。西安的西电公司包括西安开关整流器厂、西安电瓷厂、西安绝缘材料厂、西安电力电容器厂等。之后从北京及全国各地一机部的研究院所，抽调相关科技人员直接进厂快速投入工作。如北京电器科学研究院的微电机研究室，整体搬迁至西安，后成立微电机研究所，继续开展国家急需的国防与民用微电机的科研与生产。西电公司于 1965 年 11 月 16 日经国家鉴定验收，全面投入使用。西电公司为我国的电机、电器的科研和生产发挥了愈来愈大的作用，平衡了我国电气装备工业的战略布局。

　　父亲于 1964 年 1 月 8 日，作为参加第一机械工业部工厂设计与设备成套工作会议的代表，再次荣幸地接受了毛主席的接见。会议为国家未来的建设展开了宏伟的蓝图，他受到极大鼓舞，为此作诗一首：

> 十八颗心向太阳，
> 激动鼓舞永难忘。
> 幸福得来须奋斗，
> 宏图施展放光芒。

　　1962 年 3 月 23 日—4 月 18 日，他在北京列席参加了全国政协第三届全国委员会第三次会议。

　　1964 年 12 月，父亲当选为第三届全国人大代表，任职期为 1964 年 12 月至 1975 年 1月。父亲于 1964 年 12 月 21 日至 1965 年 1 月 4 日在北京出席了第三届全国人民代表大会第一次会议。

1965 年,父亲担任沈阳市政协常委。

1965 年我们家搬到西安。1966 年 1 月,父亲担任一机部第七设计院总工程师。在这一阶段,他到遵义,负责遵义电工城的选址与规划。该项目包括高低压开关厂和有关试验站的建设,均为生产长征系列电器产品的企业。他还负责天水电工城的选址与规划,该项目也包括高低压开关厂和有关试验站的建设。他还参加了四川德阳工作组,从事德阳动力城的规划、设计等工作。

在这期间,父亲还发挥自己的英语听、说、读、写能力强的专长,给设计院翻译外文资料,并热情地帮助与提高设计院出国人员的英语口语能力。

赤胆丹心　晚霞依旧

1976 年 1 月 8 日,父亲回到家,禁不住大哭——是敬爱的周恩来总理去世了。是周总理的一句话,拯救了"文化大革命"中的一批 1945 年赴美技术培训的专家。

1978 年 8 月 7 日后,父亲担任一机部第七设计院技术顾问。

父亲总结了自己的经验体会,于 1980 年向设计院领导提出工厂设计新的设计方法建议书——"工程单元设计法"。其核心思想是强调以工程专业为单元,高效地、高质量地组织设计,如:

土建方面包括结构、建筑、总图(含物流);

公用方面包括水道、暖气通风、动力和电力;

工艺方面包括电器(高低压开关厂)、试验(高低压试验站)、变压器、电容器、电瓷、绝缘、电缆、机加工、焊接、喷漆、电镀和蓄电池等。

这样不同工厂的设计,犹如搭积木一般,高效快捷,大大提高了设计质量。直到现在设计院还是按照这个理念组织设计的。

1979 年 12 月,父亲担任陕西省第四届政协常务委员会常务委员。

父亲数十年如一日,一贯工作积极肯干,任劳任怨,踏实细致。他工作中积累了丰富的相关产品、工厂和试验室的设计理论和经验,有相当高的专业理论与技术水平。他对新问题肯钻研,对科研、设计、技术资料等方面的工作,均能提出建设性的意见。对年轻一代科技人员热心帮助、耐心指导,培养了一批电工行业的国家栋梁。他个人虽然在"文化大革命"期间受到冲击,但他仍然坚信党、坚信人民、坚信社会主义,始终为国家、为人民贡献自己的一切。

父亲积极参与学会工作,他 1963 年 10 月担任中国电机工程学会第二届理事会理事,1980 年 12 月担任中国电机工程学会第三届理事会顾问、中国电工技术学会顾问,以及美国电子电机工程师学会会员。

他在生前为自己提出的努力方向是,学习一点数控技术、辩证法,并编译一本书《开关设备》。无奈,他在 1981 年秋冬再发心脑血管病,于 1982 年 4 月 11 日因心梗去世,享年73 岁。

十、追忆父亲邹时琪

邹怀虚

2019 年

今年是父亲诞生 111 周年,回忆他勤奋工作、关心同志、无私奉献的一生,受到同事和行业同仁的爱戴和尊敬,他做到了为国为家尽职尽心,永远铭记在我心中。

父亲生于 1908 年 1 月 3 日,江西省宜黄县人,1934 年毕业于国立交通大学化学系。他先在江西南昌市第一中学教物理、化学,兼任学校教导主任。后经校友褚应璜先生介绍,他参加了资源委员会中央电工器材厂的工作。

1945—1948 年,他在美国匹兹堡西屋公司实习。当时政府派往美国实习的有工程师、技术员和技术工人约 90 多人。回国后他在南京市山西路的资源委员会工作,后来被调到中央电工器材厂(后称为湖南省湘潭电机厂),担任绝缘材料车间主任。

1949 年湘潭和平解放,1950 年响应国家号召,分处于各地的原资源委员会的工程技术人员经北京短暂停留,聚集到沈阳参加东北的经济建设,不久又调到哈尔滨工作。我记得在我们居住的家属区对面有几间平房,父亲带领十几名工程师和技术人员在一个化学研究室进行试验和设计,父亲任绝缘材料研究室主任。

1955 年父亲又调回沈阳,在一机部第四设计分局担任主任工程师。1956 年年初,他被调到一机部北京电器科学研究院工作,半年后又调到西安市西郊,筹备苏联援建的 156 项之一

邹时祺在美国西屋公司实习

的西安绝缘材料厂工作,直至 1985 年退休,先后担任副总工程师和总工程师。他曾任两届西安市政协委员。

父亲把自己的一生献给祖国电力绝缘材料的研究开发和生产事业,在国民党执政的年代,深感政府的腐败,在新中国经济建设的时代洪流中,深刻体会到中国电器工业的发展与进步所取得的辉煌成就,说明只有在中国共产党领导下,走社会主义道路,国家和民族才能兴旺发达,从而不断坚定自己献身祖国建设事业的决心。在"文化大革命"中,他身处逆境,被关进"牛棚",被打成"资产阶级反动学术权威"。十一届三中全会以后,他恢复了工作,并

担任了总工程师。他更加刻苦钻研技术，废寝忘食，忘我工作，积极进取，任劳任怨，平易近人，精心培养后继的事业接班人。

1956年年初，父亲调到北京工作时，我和母亲还住在沈阳市南湖区的第四设计分局家属宿舍，父亲让我于1956年8月转学到北京读高中二年级，当我通过了转学考试到北京上学时，父亲说他又要调往西安筹建新厂，让我住舅父母家，不要再转学去西安上学了，而且说今后中学毕业也不必考西安的大学，就考北京的大学。后来我考取了天津大学无线电系，毕业后分配到中国科学院兰州物理研究所工作。所以我从16岁起，父亲对我的教育有许多是在书信中，对我高标准、严要求。在我求学和工作的不同阶段，他及时指明我努力的方向，给予我孜孜不倦的教诲和鼓励，让我终身受益。父亲离开我23年了，他的音容笑貌永远留在我心中。他留下的精神财富，值得我仔细思考和深入学习。父亲，我怀念您！

全 家 福

（后排左是邹怀虚的舅舅，后排右是邹时祺，前排右是邹时祺夫人，前排左是邹怀虚）

十一、怀念父亲葛和林

葛洪生　葛肇生　葛袁静　葛树祥
2022 年

父亲葛和林系江苏溧阳县(现为溧阳市)下坟村人,出生于 1910 年 7 月,中小学就读于溧阳和南京。

1927 年,父亲考入北平清华大学物理系。受"工业救国"思潮影响,他于 1928 年转入交通大学电机工程系学习。学习期间,他努力认真学习马克思主义理论,积极参加进步学生运动,组织读书会。1931 年日军发动九一八事变侵占中国东北后,父亲组织领导学生抗日救国运动,发动改组交通大学的御用学生会,参与领导新的学生会,并代表交通大学参加上海学联组织发动的"包围张群"和"赴南京请愿"等各次运动。

1931 年 12 月,父亲在家乡溧阳加入中国共产党,是溧阳第一个中共组织(溧阳特支)的七个成员之一。

1932 年 5 月,父亲因组织抗日学生运动被学校当局开除学籍。

由交通大学教授介绍,父亲在南京建设委员会下属的电气事业指导委员会工作,任技术员(技佐)。同时,他继续在中共南京市委组织部担任地下交通及文书工作。1934 年夏,南京市委遭叛徒出卖被破坏,他从此丢失组织关系,直至 1982 年"重新入党"。他转入南京金陵大学学习,毕业后回到电气指导委员会工作,在南京谦信机器公司和中央电工器材厂筹备处任工程师。

1937 年 9 月,父亲由中央电工器材厂筹备处派赴英国亨利电缆厂实习,并考察购买电线电缆制造设备。

1939 年年底,父亲回到昆明中央电工器材厂一厂任计划组组长、工程师和主任工程师等职。

中央电工器材厂是 1936 年资源委员会创办的大型工厂之一,原址在湖南湘潭。抗日战争爆发后,工厂总管理处和第一、第四分厂于 1938 年迁到昆明马街子,一厂于 1939 年 7 月建成投产,生产出中国第一根电缆,开创了我国自己独立生产电线电缆的历史,被誉为"中国电线电缆工业的摇篮"。抗日战争期间,一厂共生产各类电线电缆 4 330 吨,承担了几乎战时电线电缆的全部供应。

1940 年夏,父亲受聘位于湖南辰溪的湖南大学的电机系教授。

1942 年秋,他返回昆明电工器材一厂,担任主任工程师并兼任中央电工器材厂总经理恽震的技术秘书。

为解决自贡盐井的竹篾不能持久的历史难题,他主持设计并制造成功钢丝绳生产设备,并生产出中国第一根钢丝绳。1943 年,他撰写的《有关钢丝绳焊接技术》论文,获中国工程师学会论文第一名。

　　1945年夏,父亲由资源委员会派赴美国考察和协助接洽电线电缆厂的经济和技术工作,并首次引进了美国制造的电线电缆设备。

1947年2月葛和林在纽约

　　在美期间,他考察了美国和加拿大全部电线电缆企业和一部分电机工业。他利用美国政府对中国技术人员没有严格限制的情况,会同当时苏联派往美国的电缆专家考察了美国主要的八个电线电缆工厂,横跨美国大陆,历时一个半月,为1949年新中国成立后与该位专家在苏联援助的156项工程中沈阳电缆厂建设项目的合作埋下伏笔。他参加了资源委员会与美国电线企业的经济和技术合作谈判。他对于合同中美方提出的丧权辱国条款坚决予以反对,会同中方成员终于废止了合同。在美期间,他与中共党组织负责人唐哲(即唐明照)建立工作联系,主要目的是游说美国议员阻止美国国会通过新的援助国民党反动政府的"援华法案"。他提供了远东委员会、资源委员会及国民党政府其他机关的有关美援问题的情报。

　　1947年5月,资源委员会通知他,拟任他为中央电工器材厂上海制造厂厂长,派他到英国考察电线电缆生产设备。

　　1948年1月,他由英国回到上海,任中央电工器材厂上海制造厂厂长兼电缆新厂筹备委员会主任工程师。

　　在1949年上海解放前夕,当时南京五个工厂(电照厂、有线电厂、无线电厂、电瓷厂、马鞍山机器厂)被要求搬迁至台湾。上海厂亦奉命南迁。父亲果断地组织反搬迁斗争,经过努力说服,总经理恽震将总管理处迁往上海,部分赴长沙的员工也回到上海,并促成恽震组织总公司的四位高级官员成立秘密小组与地下党配合,很好地保存了资源委员会所有电工器材厂的设备、人员,以及技术和财务资料,为新中国的电工电器事业打下了坚实的基础。

　　尤为重要的是,1949年2月,国民党政府拟将上海地区日本归还的7 000吨铜线运往国外换取外汇。为进行阻止,他以中央电工器材厂名义接洽中央银行,称先由上海厂炼成精铜,再出口换取较多外汇,以拖延时间。最后拖到5月上海解放前一个星期,国民党政府才匆匆用四艘货轮运走1 000多吨,保留下了5 000余吨,保证了电线电缆两年内生产的原料供应。

　　1949年12月,他出任华东工业部上海电线厂(上海电缆厂前身)第一任厂长。他主持了电力电缆、通信电缆和橡套电缆车间的工厂设计、新产品研制和工艺设备的设计工作,使工厂得以迅速投产,试制成功新中国第一根电力电缆和市内电话电缆,以及第一套熔铜压延设备。从此,我国有了自制的电力电缆、电话电缆、矿用电缆等器材,以自力更生精神打破西方的封锁禁运,为中国电缆工业的发展奠定了基础。

父亲于 1953 年 10 月调入北京,历任一机部第四设计分局主任工程师,一机部七、八局技术处副处长兼主任工程师,电缆设计室主任等职。

在苏联援助中国的 156 项工程中的沈阳电缆厂建设过程中,与前面提及的苏联专家(时任苏联电缆总局副局长)一起,进行设计、探讨,还同工程技术人员一起,穿过茫茫的西伯利亚,前往莫斯科等地考察。合作之融洽是 156 项工程里苏中双方技术人员合作中少有的。他还组织对沈阳电缆厂引进的国外技术和设备进行消化吸收和移植,并着手建立起我国自己的产品标准系列。

1955 年,父亲通过国家首次技术职称评定,被评为一级工程师。

1958 年 10 月,父亲调任新组建的上海电缆研究所副所长兼总工程师。他在引进先进技术的基础上,着手建立中国电缆产品标准系列,并提出施行产品研究、工艺研究、设备设计和制造"三位一体"的科研设计体制,受到一机部的肯定。

1959 年,他对长江三峡水力发电输电方案进行论证,提出电缆采用蒸发冷却结构,提高载流容量,保持恒温运行的理论,并进行了试验论证。这项发明早于日本有关专利 10 年。

次年,他先后提出"以铝代铜""以铝代铅""以塑代橡""以玻璃纤维代棉麻丝绸"等 4 项建议,均获得成功,并开始实施,为国家节约了大量资金和贵重原材料。尤其是我国铜铝资源本来就天然不平衡,铜的资源严重缺乏,对外依存度高达 75%;铝的资源相对丰富,而电线电缆行业的用铜量,占我国铜消费总量的 50% 以上。因此,从国家资源战略的角度出发,扩大电线电缆产品中铝的应用,对节约铜资源、维护国家资源安全具有重要意义。我国于 20 世纪 50 年代制定的"以铝代铜"技术政策,不论是从国家资源状况,还是从产品技术进步方面来说,都具有重大社会意义和技术意义。

1965 年,父亲为大庆油田试制成功油井加温熔蜡专用电缆;为四川油田试制超深井油矿专用电缆,成功用于 7 000 米测井。

1965 年 4 月,他主持试制成功中国第一根油浸纸绝缘全铝电力电缆,为后来的电缆研究发展打下了基础。

1967 年,他参加《机电工程手册》的编写和审稿工作。

1972 年,他参与 500 千伏充油电力电缆的论证和研制工作。

1982 年 2 月,他重新入党。

1984 年 3 月,父亲因病去世,享年 73 岁。

父亲生前历任第一届上海市人大代表,第三届全国人大代表,政协第五、第六届全国委员会委员,国家科委电工组电线电缆分组组长,中国电机工程学会和电工技术学会理事等职。

1986 年,经中共上海市委组织部决定,恢复其重新入党前的党籍,党龄从 1931 年 12 月算起。

　　1988 年，国家科学技术委员会、国家计划委员会、国家经济委员会对葛和林在研究机械工业技术政策方面做出的重要贡献给予表彰，并颁发了证书。

1962 年父亲（前排右一）与李杜、吴维正、张承祜及养子包明

1964 年父亲（左）和娄尔康在一起

·十二、关于父亲葛和林生前的一些小事·

葛树祥

2019 年

我于 1968 年年底读高一,去了江西井冈山区插队落户。当时父亲还被关在上海电缆研究所的"牛棚"里,未能见面告别。1974 年,因为父亲身边无子女的特困政策,我被调回上海。我在生产组里劳动了半年,终于被正式分配了工作。根据我当时的良好表现,公安局和上钢五厂都要我。但是由于母亲的历史问题尚未平反,有政治问题,公安局进不去。由于父亲收入高,全民所有制的上钢五厂也进不去,最后只能到大集体企业的小菜场去卖菜。楼上的一位邻居在菜场办公室工作,得到了这个消息,上门来告知。当时我们正在吃晚饭。父亲听到这个消息以及原因后,放下筷子,长叹了一口气。然后他在饭桌上立刻约法三章:第一,不准我在所工作的菜场买菜并带回家(当时的菜场开后门严重,因为各种商品缺乏,顾客常常四五点钟就去排队);第二,家里的秦阿姨(跟随我家几十年的保姆)不准到我所工作的菜场去买菜;第三,既然是卖菜,也算是搞经济工作了,今后我应该每天设法记录蔬菜销售情况,积累原始数据,没有数据是不能搞研究的。

过了几天,他骑自行车从上海杨浦区军工路到市中心四马路的福州路科技书店,买了几本方格纸,让我开始天天记录大白菜的销售量,做统计曲线。他还请了他多年的老朋友,中国科学院经济研究所研究员狄超白,给我列出一份有关经济学的必读著作清单,第一本就是马克思的《资本论》。狄超白先生还给我出了一个以后研究的方向和课题,那就是:关于社会主义的价值规律。他说因为多年来我国不讲价值规律。

就这样我每天一早去卖菜,下班后就啃《资本论》。我读了第一卷,实在枯燥无味,觉得远离现实。半年之后,我也还真的写过一篇关于改善上海市蔬菜供应的建议文章给市商业局有关部门。

由于这种在这么低的级别和条件下自学经济学,在当时"四人帮"政治条件下我觉得没有前途。我想还是搞翻译吧。因为翻译只要有一本原著和字典,再加上时间就可以了。所以我后来放弃了自学经济学,开始自学英语,还真的翻译了一本书(那是斯诺的《西行漫记》之后另一个美国记者写的书)。在翻译过程中有些不认识的字,我问父亲,希望从他那里得到快捷的答案。他总是要我去查字典,不得偷懒。我说有些字我老记不住,他告诉我:"那是你重复得还不够。"

1977 年恢复高考,我已经 29 岁了。我想学物理,三个哥哥姐姐都是北京大学物理系的。我又想学地质(自小的浪漫),还想学考古(一生的兴趣)。父亲说他 29 岁已经当教授了。"算了,你还是学我的专业,子承父业吧。"就这样我报考了国内唯一的和电线电缆专业关系最近的西安交通大学电气绝缘专业。当时我也没有把握,特别是对物理课。因为十年前我上学的上海中学正在搞教改,我们高一只学化学,没学物理。

一天晚上,父亲下班回家。一进门就大叫秦阿姨,快去买啤酒。原来西安交通大学来上海招生的伍老师下午去了电缆所,告诉了我父亲,我已以上海市高考总分第八的成绩被西安交通大学绝缘专业录取了。我父亲一直为三个子女同在北大物理专业而自豪。现在家中老幺在上山下乡十年之后能进入交通大学学习自己的专业,他的心情是何等快乐。尽管我将远离家中,留下他一个人孤独,他也在所不惜。

上大学后,他还寄给我《英汉科技大辞典》,一再嘱咐我要掌握好两门工具:外语和计算机。这也是我后来出国后改行从事计算机工作的原因之一,就是当时打下的坚实基础。

我终身遗憾的事就是在父亲生前有限的时间里没有请他多说说他的历史和经历,以及他对世界上一切事情的看法。他曾经对我说过,不要在他一离开一个房间后,就马上关灯。电费用不了几个钱。当时我不理解。我这一代节约惯了。现在我也老了,我才体会父亲那时的感觉。

1983年,他重病临终前,我赶到北京医院他的病床前,告诉他我的研究生毕业论文已经答辩通过了。这时他病得只能点了点头,表示知道了。这是我们之间最后的交流。他没能见到几个月后我被分配到了他所创办的上海电缆研究所,子承父业了。

1958 年在北京的全家福

（前排左起为葛树祥、葛和林、袁静,后排左起为葛洪生、葛肇生、葛袁静）

1965 年在上海的全家福

（前排左起为袁静、葛和林，后排左起为葛袁静、葛肇生、葛洪生、葛树祥）

·十三、回忆父亲葛和林的几件往事·

葛洪生

2019 年

父亲于 1984 年离世,时光匆匆已近 35 年。几件往事依然让我记忆犹新。1972 年,父亲从电缆所的"牛棚"里放出来,继续"检查交代",无法工作。一天,水电部通过一机部让他去实地调查四川映秀湾水电站 22 万伏穿墙电缆事故(无法为金口河铀扩散工厂供电,事关重大)。山道弯弯,风尘仆仆,他终于找到充油电缆铅包漏油的症结所在,制定出改进的良策。回到上海家里,我问事故原因,父亲愤愤说,"造反派"根本不顾操作规程,粗制滥造,产品不做最后检验就出厂,怎能不出事故? 沉默良久,父亲却说起他在四川沿途看到的经济凋敝,民众贫困疾苦的实况。从大山深处的电站乘车返回成都途中,他在一个山坡上的小饭馆里吃饭,门口站着一个小姑娘,只套着一个大人的破旧卫生衫,赤脚站在雪地里,乌青的手里拿着一个空罐头盒,在要饭。在"牛棚"里被关了好几年,父亲出来时才知道母亲已在另一个"牛棚"里悲惨地去世,从来没有当着我们的面流过泪的他,说到这个事情的时候,眼圈里满是泪水。"解放 25 年了,老百姓怎么还那么苦?"我当时没有体会父亲心里的迷茫和忧愤,说了一句,中国苦的地方还多呢。父亲立刻批评说,同样的孩子在要饭,你们的孩子要吃巧克力,公平吗? 这件事,这几句话,我始终记得牢牢的。我们子女从小和当时的一代青年一样,主要在学校里接受全面的德智体教育,父母忙于工作,平时交流较少,记得我在中学少先队当了大队委员,父亲一天早上看到我戴着少先队臂章,吃惊地说:"啊,你还是三道头?""文化大革命"后的几年,父亲历尽了人世沧桑、悲欢离合,和我们多了些交流,记忆很深的是他谈到的以下两件事。

第一件事是 1934 年,上海的党组织已完全被破坏。当时还是共产党江苏省委地下交通站的父亲,按照省委指示,安排 70 多名党内隐蔽在国民党政府内部仅存的骨干,分批去往江西苏区。父亲记得做了两份名单,一份真名,一份假名,假名是父亲从供职的资源委员会里弄来的身份通行证上的,父亲倾其所有,每人给了五个大洋,这些好同志,有的都来不及回家辞别亲人,就前赴江西苏区。父亲始终记得一些人的真名字。不久父亲顶头上司省委组织部部长顾衡被捕牺牲,从此失去组织关系。再也无法知悉这 70 多位同志的下落,父亲也就此与上海党组织失去了联系。

第二件事是 1949 年,未能恢复党员身份的父亲依然做着党员的工作(恽震伯伯和褚应璜伯伯等前辈在他们的自传里一直以为父亲是党员),期望即将迎来新的社会,父亲动员恽震伯伯留在上海,并通过地下党系统送褚伯伯北上解放区,而自己留在上海护厂,不搬迁至台湾。然此后数十年,世事沉浮,不免唏嘘,不再赘述了。

1981 年,在宣布平反"叛徒、特务、走资派和资产阶级反动学术权威"之后,父亲希望回到党的队伍里来,提交申请书后,父亲重新入党。褚伯伯临终前申请入党,也是同样的心境吧! 1986 年,父亲去世后两年,上海市委组织部发文,批准父亲恢复党籍,从 1931 年开始计算党龄。和"穿越西东"的发小的父辈一样,父亲这一类真诚的知识分子,不为名不为利,爱国爱民,写完了他们悲壮的一生。他们永远值得我们敬仰和怀念!

十四、父亲娄尔康教我怎样当老师

娄燕雄口述　娄明珠整理

2021 年

父亲娄尔康于 1910 年 10 月生于苏州,自幼感受国家贫弱,列强侵略豪夺,逐渐树立了"工业救国"思想。

我 1953 年考大学,欲继承父业而想报"电机系"。父亲却说:"当年电机是新兴行业。搞电就成了我终身事业。现在建设国家实现社会主义,首先要有钢铁、铜、铝,才能造机器、造枪炮,国家才能实现机械化、电气化,才能搞国防,冶金是基础啊!"于是兄妹们先后都学了冶金。毕业后分别到中南矿冶学院(现为中南大学)和东北工学院(现为东北大学)的有色金属及合金压力加工教研室任教,一个弟弟在新余钢厂搞炼铁。

父亲是个资深工程师,还是个好老师,懂得为师之道,深有教学心得。

1955 年夏,我参加对专业认识的实习,去鞍钢、沈阳等厂参观一个月。在沈阳电缆厂(以下简称"沈缆")参观的第二天,在沈缆工作的父亲给全班同学做全厂情况介绍。他说:"电线和电缆是用来传导电的,必须有导电的芯线;为将电输送到远方,电损耗要少,芯线材料一般用电阻率低的紫铜,但其资源少价格贵,有些场合也用铝;芯线的直径或截面积是根据输送电流的大小来决定的;可以把若干芯线组合成一根电缆,例如三根相线和一根零线组成的电力电缆,又如几百根正线和几百根零(地)线组成的通信电缆,可供几百门电话同时通话,这些芯线绝不能相互接触,否则就要短路或者串音;所以要用如橡胶、塑料、纸、丝、棉纱、漆等对芯线加以绝缘,绝缘是电缆的一大要素;按它们的使用和运行需求,外面还要加保护层、屏蔽层、防腐层、铠装层等。这样就产生了各种各样的电线和电缆。各工厂有自己的产品目录供用户选用。"然后父亲又介绍了生产装备、流程和工厂组成。同学们听得入迷、过瘾。第二天再去现场参观就主动多了。

周日回家我对父亲讲:"你讲的内容同学爱听,收获很大。我们有的老师有学问,讲得也认真,可我们还是听不懂。"父亲讲:"我知道你们学过电阻电流这些基本知识,在厂里又参观了一天,于是在你们现有的基础上略加提高,所以同学觉得有收获。"我说:"你是工程师,不是老师,怎么会讲课呢?"父亲讲:"工厂有了好的设备,工程师有了好的设想,没有高水平的工人是做不出稳定的好产品的。所以必须提高工人师傅的技术水平,而工艺规程、一些数据和规定,都是有很深道理的,你必须让工人懂得,我的任务之一是向他们讲课。你们是在课堂里系统地学,工人则在现场干什么学什么,工人的文化程度不同,你就要在他们的文化基础上,用通俗易懂的话讲给他们听,教学中有句话叫'因材施教'嘛。"我说:"工厂那么大,工人那么多,怎么讲?"父亲说:"每天上班我就各车间走一圈,看看听听,问问谈谈,时间长了对师傅们的性格、技术,甚至家事都有所了解,有了共同语言,工作也就好做了"。

我说："我见了工人师傅都不知该怎样说话。"父亲说："工人师傅常干这个，有很多经验，而大学生只是多学了些理论，你要放下架子，尊重他们，时间长了就有共同语言了。"父亲的嘱咐，我是在以后的学习和工作中逐渐"悟"懂的。

生产实习时，我被分到沈缆压延车间，当年它是很先进的，一些工人还到苏联受过培训。我决心好好实习。第一天进车间，我就想学拿钳子，学枪头喂料，可师傅不让，叫我到一旁去看，我无所事事地过了一天，第二天早早到了现场，只见师傅们各自在忙，有的处理轴瓦，有的在调整孔型和导板，有的在搞冷却水，我插不上手。师傅说："先看着。"师傅们手上工作就绪，电铃响起，加热工喊"温度到了！"只见一根锭坯落到辊道上，被送入轧机，来回反复十多次轧制，100毫米见方的坯料，轧成了直径为7.2毫米的线杆，它穿出最后一个机架，进入卷取机盘成圈。工长检查线杆的表面和尺寸，合格了，高喊一声"开轧"，于是一个接一个锭坯有条不紊地一道接一道地进行轧制，轧件越扎越长，在机架间跑道上往复穿插，偶然也有乱线或飙出跑道的情况，工长时刻盯着即刻处理，又不时替换各工位。几天下来我才"悟"出来了，前一段工作就是开车前的准备，若一项出错则影响全盘。还有进入正常状态后出了异常应怎样处理等，我没遇到的事多着呢。我第一天就要掌钳真是不知天高地厚。

实习时间长了，与师傅们渐渐熟了，发现的问题也多了，如加热好的铝锭也是银白色的，怎样知道锭子加热好了呢？我就问师傅，师傅找根火柴棍在锭表面划一下，又在没加热的锭子上划了一下说："你看，一个有黑印子，一个没有，黑印有深有浅表示温度高和低，没有黑印，表示温度不够，有黑印同时还带火星，表示温度过了"，我又问："怎样了解内部温度呢？"师傅说："锭子落到辊道上的声音'有脆有哑'。听多了，划多了可分辨得更精细。"师傅的测温法虽是定性的，但简单、快速、好用，我很佩服。父亲说得对，"师傅工作多年，总结的经验是很宝贵的，要好好学。"

大约1964年，我回家探亲，父亲很高兴。一天父亲上班叫我同行，说去看电缆铝套双向挤压机。立式的、卧式的、管材的、棒材的挤压机，还有电缆铅套挤压机，我都见过，听说这台是新引进的，我急切地想看到。父亲把我送到现场，请一位工程师带我，我们地上地下，前后左右看个仔细，果然是新的：动力是用单独传动可调流量的油泵，加热用工频感应，挤压用真空双向侧挤，无压余连续地进行。挤出的铝套精致美观，另外还有消除停车印、电缆纸保护和隔热等措施，果然是一台极好、极新的机器。父亲还把说明书和图纸让我阅读。不言而喻，父亲是想告诉我，当老师要认真学习新东西，教学内容要更新。不管是东方的还是西方的，好的就要学。但他主张学了要消化理解，要国产化，反对照搬照抄重复引进。

父亲从事电缆事业50多年，大都处于奋发图强的年代，对国家和人民做出了贡献，应该说壮志已酬，无怨无悔。晚年的父亲躺在病床上对我们讲："你们兄弟姐妹现在已成为老师或技术干部，是国家有用的人，我很高兴！"是的，我们的成长是父亲润物细无声的关怀与引导的结果。几天后父亲昏迷了，经抢救，第二天清晨醒来了，看到我们笑了，之后含笑而终，他放心地去了。安息吧！爸爸，你的嘱咐我们永远记在心上，也会将你的嘱咐代代传承下去。

十五、父亲娄尔康教我做好工程师

娄有滇

2021 年

打我记事起,总觉得父亲工作很忙,出差、开会加上班,很少有时间带我们玩儿。儿时我对很多事都很好奇,所以特别顽皮,经常闯祸。例如,把可折叠的童车、座钟拆开,结果装不回去了;台灯不亮了,开关、插座坏了,定要打开看看;甚至把牙膏皮放在铁勺子里,在煤炉上熔化后凝固成块等,凡此种种,不一而足。母亲怕我玩出事情,十分担心,父亲却十分宽容。他说:"小孩子爱动脑爱动手,倒是一件好事。但要告诉他,千万注意安全,不可马虎,尤其是在修理电器时,一定要先拉掉电源,修好后等我回来再送电!"有时候父亲还会讲一些关于制造电缆的金属与合金知识,虽然那时我只是似懂非懂。

听我哥说,他在昆明电工厂附属小学读书时,每天清晨随父亲到车间办公室。父亲让他坐在椅子上"早读",就自顾自地工作去了,直到学校升旗做早操前才放他走。所以我哥从小就是"闻着车间的气味,听着车间的声音"长大的。我当时还小,没有这种经历。1955年,全家搬到沈阳后,父亲也曾带我去过一次工厂、一次矿山。

记得大约是在 1958 年春节期间,父亲要我陪他到电缆厂去走走,原来是向参加年终检修的维修人员拜年。原以为春节放假可能没有多少人,可是到现场一看,人还很多。只见机器都被拆开了,零件放了一地,行车在上面走,将机件吊到需要的地方,大家各自忙着,干得热火朝天。父亲说这是年终检修,在为以后的生产做好准备。休息期间,父亲向师傅们拜年,拿出好烟请大家分享。同时听着师傅们反映的情况,了解检修的进度与问题,还关心大家在检修期间家中的生活安排。这种情景我第一次见到,它深深地留在了我的脑海中。

也是在 1958 年前后,父亲问我:"愿意到抚顺煤矿去看看不?"我回答:"当然愿意。"到煤矿后,父亲随着矿里的同志到井下去,把我安排在调度室里等他。调度室虽然只有两个人,但电话繁忙,铃声不断,有汇报生产进度的,有下达指示的,甚至父亲一行的行踪也在他俩的"监督"之下,真是长了见识!

直到工作之后,每年提交检修报告,参加年终检修和每周调度会议时,我又有了当年的感觉。后来我曾担任过公司生产处副处长,主管过总调度室的工作,更加深切体会到父亲的良苦用心!

从煤矿回家的路上,父亲告诉我,矿井下曾发生过煤气爆炸,伤了人并且影响了生产,找他去是为了商量今后怎么办。父亲接着说,虽然防爆电机、防爆开关都有系列产品和型号,但与井下用的防爆电缆是不同的,这还需要做许多工作。不久,父亲回家时高兴地对大家说,防爆电缆已研制成功,开始批量生产并在井下试用了。父亲再三强调,我们生产的产品一定要适合用户,使它好用并且安全可靠。现在产业分工越分越细,要求也越来越复杂多样,绝不能借口已经有了代用产品,或以成本偏高制作困难来回应,这种态度绝对不是社会主义生产之道,要多为国家的建设和其他企业的困难着想,对有利于环保与安全的产品尤其如此。

大学毕业后,我被分配到江西工作,与父亲更是离多聚少。1987年,父亲病重住院,我回到沈阳陪护,父子间有过一次长谈,我向他汇报了工作情况。父亲说:"你当了几年的炉前工,十来年的三班倒,是辛苦了一些,但是你熟悉了基层,参加了实践,认识了很多第一线的工人,弄清楚了企业的整体运作机制,这都是十分宝贵的经验。一个技术人员的工作就应该来自生产实践,他要用科学的理论来分析、解释生产实践中统计上来的大量数据,从中发现问题,找出原因,解决问题,使生产指标更上一层楼。你现在已调到技术处工作了,正在搞高炉锰铁的新国标(GB 4007 - 83)和锰铁高炉富氧鼓风的试验研究,这就是在为国家、为企业做实实在在的工作,也就是在为人民服务,为国家做贡献。现在你当了工程师,特别是当了高工之后,要站得更高,看得更远,想得更宽一些,要多提些各式各样的问题,与各专业的人员讨论研究,一起得出解决措施。当然,只提出解决措施还不够,还要仔细计算分析措施执行之后的经济效益与社会效果,例如对环境的影响,等等。这样才算把一个问题研究得基本透彻了。"

我还向父亲汇报了正在将一个不定期的企业内部的技术汇编,按照科技杂志的要求,升级为定期出版的《新钢科技》杂志,为企业科技人员搭建一个展示与交流的平台。父亲听了十分高兴,再三强调:科技人员要做好两件事情,其一是对工人的科学普及,要将生产工艺和产品质量用最通俗的语言来解释,让工人们明白其中的道理和自己岗位的作用,要做好这件事情,其实是很不容易的,关键自己要先透彻理解和深刻认识才行;其二是科技人员更要不断地学习提高,办法之一就是要做好日常工作总结,重点是找出具体问题之所在,寻找和研究改进的办法,只有不断地总结、研究、对比,才能找到方向、改进工作,并为下一步的技术改造与升级做好准备。当时还没有"信息爆炸"一说,但父亲对我说,各方面来的信息,不可能全部适合你们企业,这就需要去伪存真,寻找那些企业急需又通过努力可以实现的信息,将它们保留下来,进行更深入的研究与探讨,以备将来使用。

以上这些都是父亲多年来工作的总结,为一个工程师成长的过程和步骤指明了方向。这就是父亲教我当好工程师的肺腑之言!

50年来,父亲一直工作在生产科研的第一线,他从年轻时"工业救国"的思想,逐渐自觉地提升到"为实现祖国四个现代化"终生奋斗的思想。他有深厚的理论基础,但他又结合实际,实事求是,联系群众。他对祖国对人民、对共产党的爱,是他工作的力量源泉。他对子女既严格要求,又注重言传身教。父亲永远是我们学习的榜样。

如今,父亲离世已经30年了,他为之奋斗终生的中国电缆事业,在几代人的接续努力下,彻底改变了落后面貌,走到了世界前列。我想,只有在中国共产党领导的社会主义制度之下,才有今日中国的繁荣富强。父辈们安息吧,我们将按照你们的嘱托,永远努力前进。

十六、驾控粒子，不断创新——追忆张朝汉先生

张朝杰

2003 年

日月牌灯泡的诞生

日月牌灯泡是我国第一个纯国产的灯泡，是张朝汉和他身边的科技人员和工人群众在爱国主义思想指导下憋着一口气搞出来的。

张朝汉在家中

张朝汉的简历我比较清楚，因为他是我的大哥。1936 年，他在交通大学毕业后即留学美国哈佛大学，获得无线电工程专业硕士学位后，继续在哈佛攻读博士学位。抗日战争爆发，他毅然放弃博士学位的学业，接受资源委员会中央电工器材厂的聘任，驻美国亚克屈勒电子管公司（Arcturus Radio Tube Co. ）实习。1939 年回国，他在桂林中央电工器材厂二厂任职，研发小型收发电子管、研制荧光灯等。1945 年日本投降后，他先后调重庆灯泡厂和天津制造厂，1948 年又调上海，任营业处主任。新中国成立后，他调华东工业部电器处工作，1950 年抗美援朝初期任军管委员，接管美国奇异爱迪生灯泡厂（后名上海灯泡厂）。我国虽然钨矿资源丰富，但不会生产钨丝，制造灯泡的钨丝全靠从国外进口。美商移交时用讽刺口气说，不知这个厂哪年哪月能像他们一样制造出电灯泡来。张朝汉吞不下这口气，马上启动建造国内首个钨丝车间，只 3 个月就取得成功，生产出了中国前所未有的纯国产电灯泡，取名"日月牌"电灯泡，美国人得知后，不得不佩服。

不断创新，不断前进

不断创新，不断前进，是张朝汉从事科技事业的一个特色。

1957 年，一机部为配合二机部发展核技术，成立了我国机械制造部门首个加速器研究室。我大哥张朝汉被委任筹建该室，并任室副主任（主任缺）。研究室首项任务为试制完成一台 1.2 米回旋加速器。回旋加速器是高精度综合型设备，主要用于核物理、核技术研究或生产放射性同位素，当时世界上仅有几个技术先进的发达国家在研究。北京电器科学研究院将这项任务列为重大研究课题，他被任命为该课题的总负责人。1962 年，加速器如期全

部制造完成,运交上海原子核研究所安装调试。

1964 年,加速器经国家鉴定后投入使用,经多年运行,性能保持良好。该成果获得 1964 年全国工业新产品展览会一等奖,并被国家科委编入《科技工作重要成就汇编》。张朝汉还成功研制当时世界先进的真空检漏器,即氦质谱检漏仪,填补了国内空白。

"文化大革命"结束后,中国大地迎来科学的春天。以他为技术指导或参加的重要科研项目,有 3 项同时获得 1978 年全国科学大会奖。

其一,1964 年研制成功的 25 兆电子伏工业无损检测用电子感应加速器,为军工和机电工业部门检测大厚度部件的缺陷、裂纹等做出贡献。

其二,1967 年研制成功的 60 千瓦远聚焦式电子束熔炼炉,达到当时国际先进水平,生产高纯度钽、铌等难熔金属,成效显著。

其三,1977 年研制成功的 60 千伏 6 千瓦电子束焊机,居国内先进水平,为焊接卫星等部件做出贡献。这一项是在"文化大革命"中他被打成"反动学术权威",1972 年从北京调到桂林电器科学研究所后,在该所克服种种困难而研制成功的。就在他获得成功的那年(1977 年),他当选为第五届广西壮族自治区人大代表。次年他被评为桂林市先进生产(工作)者。

活到老,学到老

1979 年,应日本原子能产业会议邀请,张朝汉作为国家科委组织的中国放射性同位素代表团团员,赴日本参加第 14 届日本放射性同位素会议;会后考察了日本原子能事业的主要途径。他不无感慨地说:"文化大革命"前日本专家曾应邀到中国科学院讲日本在和平利

张朝汉先生(前排左二)赴日考察

用原子能方面的情况,他和其他我国专家听后都只给礼貌性的鼓掌,因为两国在这方面的起步和成就都差不多。我国有些项目还超过日本,而这次他到日本考察,发现经"文化大革命"的折腾,人家已远远超过我们了,因此我们非迎头努力赶上不可。

1980 年年初,他正式调机械工业部北京机械工业自动化研究所,任副总工程师兼加速器研究室主任。同年 5 月,自动化所组织代表团应邀前往法国考察,他任团长。考察的内容和带回的资料对自行设计中束流离子注入机具有重要参考价值。年底他组织领导研究所的科研人员,完成当时居国内先进水平的 200 千伏中束流离子注入机的研究任务,获机械工业部科技进步二等奖。

1981 年,国家科委组团赴美考察,他任团长,主要考察美国著名的回旋加速器研究所、制造厂,以及生产、使用放射性同位素的厂家或医院的情况。1983 年,国家科委决定引进该代表团推荐的技术性能先进的美国 CS-30 型等时性回旋加速器样机。张朝汉又组织领导研究所的科研人员,自行安装调试该样机,试生产获得成功,为国家节省了聘请美国专家到北京的外汇 17 万美元。美国厂家对用户能自行安装调试它的产品感到十分惊奇,因为该厂销往国外的产品尚无此例。

1984 年,他还没有退休(他是 1988 年退休又被返聘到 1991 年),担任硕士研究生导师,先后招收 3 名加速器专业研究生,都获得硕士学位。他不服老,到 1986 年年底还提出关于试制一台符合我国特点的等时性回旋加速器的总体设计方案,呈报国家科委,经立项后,领导科研人员完成了该攻关项目。在这前一年,国家科委聘他为发明评选委员会特邀审查员。1991 年,他从事物理工程 50 年,获中国物理学会奖章;同年获"元老杯"奖。1992 年 10 月,国务院授予他为发展我国工程技术事业做出突出贡献的证书,并成为首批(全国一万名)享受政府特殊津贴者之一。

热爱祖国,献身科学

张朝汉的爱国思想和优良品德是值得人们学习的。他从美国考察回来后与我在上海见过一次面。他说,他年已七旬,今后不会再出国了。值得一提的是,他三次出国考察费用从未超支,余款总用来为单位购买资料。他自己未带回过一件家电用品等,而给我这个弟弟什么呢? 从日本回来送我一张他在宾馆的留影;从法国回来什么也没有;从美国回来只是一打塑料架的一次性刮胡子刀,但我还是很愉快地接受了他的心意。

他到家后讲了许多国外见闻,给我留下印象最深的是:国家强受人尊敬,国家弱受人欺侮。他说新中国成立前由于国家落后,中国人在美国很受歧视。例如他当年在哈佛大学留学时,哈佛大学网球场就有有色人种不得入内的牌子,不准中国留学生使用。又如,他的一位在哈佛学法律的美国同学,带他去参观 RCA 电子管制造厂,由于他是中国人,许多车间都不让看,即使是非保密车间也是如此。他要我们弟妹努力向上,将来为中国人争光。

我家同代兄弟姊妹 3 男 5 女,大哥张朝汉居首。今年元旦,我打长途电话到北京给他祝贺新年快乐,原准备春节再打给他拜年,不料 1 月 18 日晚,他因突发急性脑梗死,经抢救无效与世长辞,享年 91 岁。噩耗传来,我很悲痛。后得知原机械工业部的北京机械工业自动化研究所为悼念他而写的《张朝汉先生生平》,对他的一生做了很高的评价,正如在他遗体告别仪式的会场上挂的挽联所云:"热爱祖国,献身科学,无愧一生九十载;崇高品德,淡泊名利,堪称师表代代传。"他确是这样的人,值得我们骄傲!他的遗体在八宝山火化,骨灰盒永存在八宝山革命公墓,该公墓石碑上刻有他的姓名。大哥安息,我心稍安。

大哥张朝汉是一位热爱祖国、敢于创新的科技工作者,一生从创造性地生产纯国产日月牌电灯泡到成功成为低能粒子加速器行业的著名专家,不断创新,在 1978 年同时获得三项全国科学大会奖,他的科技事迹对后人进一步做好科技工作必将产生有益的启示。

赴美考察期间,张朝汉先生重返阔别 40 余年的母校哈佛大学

十七、追忆父亲张大奇的一生

张乃琛

2019

少年时期张大奇

父亲1913年1月9日出生于黄县(现龙口市)洼里村,他的成长受其父亲的教育影响较大。其父为前清秀才,因反对腐败的清政府,他秘密从事反清工作,是山东省内早期的同盟会会员,1915年出任第一任黄县民选县长。

张大奇3岁时,他父亲就开始教他识字,6岁时上小学读书。1924年小学毕业,他父亲把他送到黄县城关的私立志成中学。那时黄县志成中学刚成立几年,而这一年正值该校成为黄县第一个改行中学新制的学校。开学的那天,他父亲鼓励他:"勇者不惧,你一定会学得很好。"这时他心中只有抓住机会好好学的念头:"发愤忘食、乐以忘忧。人一能之,己百之;人十能之,己千之。虽愚必明。"

负笈游学南开中学、交通大学

自幼受父亲熏陶,又受初中老师程子万先生"读书就是为了救国,读科学技术最好,你就走科技救国的道路吧"思想的影响,1927年张大奇赴南开中学读书。临行前父亲叮嘱他:"好好读书,日新月异,放开眼界,评察世界,提高能力,报效祖国。"这句话成了他一生的座右铭。

张大奇非常高兴能在进入南开中学后没几天,就听到南开大学校长张伯苓先生的报告。报告主题是《教育是强国之本》。张伯苓说,为了富民强国,首要任务是教育,教育乃救国之本。为此他辞去了海军工作,创办了南开学校。他还宣讲了"允公允能,日新月异"的校训和"敬业乐群"的校风,以及教育要重视"德、智、体"的思想。这些讲话对当时只有14岁的张大奇触动很大,他一直铭记心中,一生难忘。

中学期间,他成绩优秀。老师经常给他一些"加餐",讲一些更深的数学知识,甚至连大学的课本都讲,其中讲到微积分并引用了力学和电器的例子,给了张大奇很大的启示,对他后来选专业产生了很深的影响。

第一学期即将结束时,张大奇母亲去世,由于回家奔丧,耽误了学习,按学校规定他留了一级,这给了他更多的去参加各种社会活动的机会:他参加了东三省研究会(满蒙研究会),做些社会调查,了解到工人的居住条件太差,生活非常苦。在校外,他见到日本人在演习时,活活打死中国老百姓。还有中国人进日本租界时向日本人敬礼,而国民党政府对这一切不闻不问。这些都激发了张大奇对日本帝国主义的仇恨和对国民党政府的不满。此外,他还参加了无线电研究小组,自己制作了一台矿石无线电收音机。他还召集5名同学组织成立了学校的篮球队,这为他以后在交通大学出色的篮球本事打下了基础。后来他在交通大学读书期间曾被选为学校篮球队队长(曾带领校队在上海打败了"上海常胜队"的美国驻上海陆战队的篮球队,为中国人争了光)。

1931年张大奇读完高二,他原同班同学熊汝达高三毕业,要考交通大学,积极动员张大奇与他一起考,结果张大奇一考就同时考上了交通大学和清华大学,他决定去交通大学。

交通大学原名南洋大学,是当时国内最著名和最难考取的大学之一,而张大奇又是高中只读了两年课程就考上了,心情的愉快是不言而喻的。

张大奇入交通大学后,适逢学校建校25周年,学校举办了一个25周年展览会,指定张大奇到展览会当工作人员。展览服务期间,他了解到学校的历史、教学情况,得知这个学校基本上是模仿美国麻省理工学院建设起来的。早期大部分教授是从美国请来的。后来中国留学归国的学生多了,才逐步接替了外国教授的工作。在展览服务时,学校的一位助教对他说,这个学校,只要你进来,就会被这里的学风感化,一定会变成个"读书虫"。

在交通大学读书,他发现不少教授都有各自的教学特点,他们运用不同的教学方法帮学生变难成易。张大奇在校期间的学习成绩一直保持优异。

1931年九一八事变后,针对蒋介石的不抵抗主义,上海的大学生组织起来要去南京请愿,要求国民党政府打日本强盗,张大奇和几个同学决定参加请愿团。上海市政府知道后,不让学生坐火车,他们便找到交通大学一位会开火车的同学,自己开了一列火车去了南京,参加请愿抗日活动。

1932年一·二八事变后,张大奇和同学陆家琛与校外十几位同学参加了义勇军,一起到十九路军所在的驻地真如。军长蔡廷锴接见并欢迎他们,希望他们留下,一起对日作战。于是他们穿上了军装,与十九路军并肩同日寇战斗了一段时间。

张大奇在南开中学读书时的一个许姓同学听说张大奇要去交通大学读书,就把他在交通大学读书的哥哥许邦和介绍给了张大奇。张大奇利用在校庆展览会工作的机会,打听到许邦和的下落,知道许邦和已经被学校开除了,后来张大奇还是找到了他。许邦和告诉张大奇,自己是共产党支部书记,由于他不小心透露给了一些人,结果被人告发而被学校当局开除了。

张大奇在南开中学读书时已对国民党政府不满,但是对共产党并不了解,所以听说许邦和是共产党员,就很想了解共产党和共产主义的情况,许邦和很高兴地与张大奇交谈,向张大奇讲述了共产党就是要打倒国民党、蒋介石,解救广大老百姓。在以后的一个多月里,张大奇一直与他联系。可惜不久许邦和生病,不幸去世了。

九一八事变之后,一位叫王骥的东北大学学生随张学良进了关,被分配到交通大学借读,正好和张大奇同一班。一次王骥问起他交通大学有没有共产党党小组,张大奇说听说原来学校里的党组织被破坏了。后来王骥告诉张大奇,根据上级的指示,"要在校内开始重新建党小组",希望张大奇和他一起做这件事。张大奇这才知道王骥是共产党员。在王骥的带领下,张大奇积极参加地下党组织的各项活动。经过这一阶段的学习,张大奇认识到只有共产党才能救中国。不久之后(1933年),王骥介绍张大奇加入了中国共产党,以后有什么事就由王骥与他单线联系。

张大奇入党后,为了壮大党的队伍,还在交通大学发展了两名党员。以后他们就每周开一次党小组会。除了开会,那时的主要活动还有几项:一是组织同学到街上写标语,他和同班同学郑世芬分为一组到徐家汇;另一项活动是到农村向农民宣传共产党。

由于当时斗争环境复杂,后来与张大奇一直单线联系的直接领导人王骥突然失踪,张大奇与组织失去了联系,这种状况一直持续到1939年。

1935年,张大奇从交通大学电机系毕业,获学士学位。

张大奇与茅於文结为伉俪

张大奇在交通大学读书期间,经同室校友茅於恭介绍,认识了同在交通大学读书的茅於恭的妹妹茅於文。茅於文是财务管理系的学生,兄妹俩的父亲茅以南16岁留学日本时参加了孙中山先生的同盟会,1952年被陈毅任命为上海市工务局办公室秘书。叔叔是著名桥梁专家茅以升。

茅於文在学校是很有名气的运动员,在中学及大学期间曾参加过南京、上海、江苏乃至全国的运动会。在南京女子中学读书期间,她曾获全国女子网球单打冠军;在南京参加50米、100米、200米跑步和三级跳等比赛项目均获得过冠军。参加的其他项目还获得了银盾、银牌和奖旗。茅於文大学期间在津浦铁路局实习时,查出铁路局正要上报铁道部的报表中有较大错误,并予以纠正。因事迹突出,她受到铁路局领导嘉奖和交通大学校长在全校大会上的嘉奖。

1936年茅於文从交通大学财务管理系毕业,获学士学位。出于共同的兴趣爱好以及对国家命运的共识,张大奇与茅於文在1937年结成伉俪。

张大奇和茅於文

网球冠军茅於文

　　茅於文工作上清正廉洁，她在重庆中国运输公司任稽核科科长期间，有部门趁她不在家时用汽车运家具等送到她家企图贿赂她，她回到家发现后气愤至极，自己花钱雇车立即送还，为此受到单位表彰。1943 年，张大奇将去美国留学深造，虽然她因腰病需卧床又要带女儿，不能同时前往，她仍坚决支持张大奇赴美。

　　1947 年茅於文赴美，先在美国的中国发电机厂纽约办事处做会计工作，1948—1950 年在纽约联合邮轮公司负责财务工作。

全　家　福

1950年茅於文回国,曾在东北电工局、沈阳电缆厂、北京电器科学研究院等单位工作。在沈阳电缆厂任财务科科长时,她因采用美国联合邮轮公司按每一邮轮计算成本的方法,用于各种产品成本计算,迅速精准,受到东北电工局表彰。在任基建财务科科长时,她注重基建与生产相结合,严格按照生产顺序安排基建进度,在节约投资和提前投产方面做出贡献,多次受到上级表彰。在北京电器科学研究院图书馆担任领导工作期间,她分别采用类似国际十进分类法和图书资料分类法,使十几万册图书和期刊的管理纳入了正常运行轨道,井井有条,将借书时间大为缩短。

抗日战争时期做贡献

张大奇从交通大学毕业后,面临工作的选择。由于看到政府部门太官僚,他决定不去政府部门,而是选择了去上海电力公司杨树浦发电厂实习。当时的上海电力公司有东亚最大的装机20万千瓦的电厂,他曾在配电室工作,负责全上海市的电力供应、维修、运行、配电。后来由于他感染了伤寒病,按公司的管理规定被辞退了,虽然在电厂工作时间不长,但是收获还是不少的。病愈后经茅以升介绍,张大奇于1937年到了杭州闸口电厂工作,任发电值班工程师。该厂不大,只有1万千瓦的发电能力,他负责所有的发电事项。茅於文当时也在杭州,茅以升主持下张大奇和茅於文就在杭州把婚礼办了。他们将日子选定为一战停战纪念日的11月11日。婚礼由杭州市市长主持,茅以升代表女方家长,交通大学同学郑世芬代表男方家长,一起参加义勇军的同学陆家琛做伴郎。

当时钱塘江大桥刚建造起来不久,茅以升决定不能留给日本人使用,茅以升将他的炸桥计划和方案告诉张大奇,并带他一起去钱塘江大桥寻找到一处最适合放炸药的地方,既能把桥炸得日本人无法用,又能在日本投降后尽快地修复。

因为日本挑起了卢沟桥事件,杭州也处于危机之中,他不愿意留下为日本人工作,决定离开杭州。此后不久张大奇和茅於文便离开杭州去了西安。在西安时张大奇找到了共产党西安办事处的周子健处长(新中国成立后曾任一机部部长),表明了他要去延安的想法。周子健让他找林伯渠同志。见到林伯渠后,林伯渠让他暂时在西安工作,不忙去延安。1938年,茅以升介绍张大奇去兰州一个电厂工作。此时的兰州只有两个电厂,机器还是清朝时期的,很陈旧,电厂发出的电连电灯都只能一闪一闪地发光,那时厂里只有不到10位当地工人和五六位上海来的工人,他们之间还不团结。张大奇的任务是让电灯亮起来。在没有设备、没有人员的情况下要修复十分困难。他首先做工人们的工作,使他们和好,调动了大家的积极性,然后进行分工。大学刚毕业三年的他对设备深入调查分析,提出解决方案。用了一年,他们就将电厂修复成功,恢复了兰州市的正常供电。此后张大奇担任了兰州电厂发电股股长。在任期间,他又负责设计建造了城东一座新电厂,满足了作为抗日大后方的兰州用电量日益增大的需求,为抗日做了一份贡献。

1939年,张大奇任重庆资源委员会电业处副工程师。1940年,他任重庆上川实业公司机器厂经理,制造市场急需的通用机床。1942年,他在重庆大公职业学校实习工厂任公务主任兼厂长。1943年,他任重庆中国桥梁公司正工程师,后任重庆缆车公司正工程师。在此工作期间,为解决重庆特殊地区的交通问题,他设计并制造了重庆第一台缆车的车体和制动装置。同时,他研究制造出纯铁片代替当时匮乏的硅钢片的电动机,获得了重庆国民政府经济部授予的硅钢片替代品制造工艺专利和奖励。

在重庆这段时间,他终于联系上了党组织。此时的重庆正处在国民党白色恐怖统治的笼罩之下,他坚持参加地下党组织的各项活动,并加入了党组织支持的青年科学技术工作者协会。从此,他的家庭住所就成为党组织的开会场所和秘密仓库,茅於文则负责放风。张大奇利用办工厂的机会,以安排工作为名,实为安插掩护根据地派来的地下党员(如周建南等同志),并积极筹措党的活动经费,包括捐出自己的积蓄。

受党组织鼓励赴美国留学

1942年,国民党政府在重庆招考自费留美学生。张大奇在茅以升的建议下虽然考取了留美研究生,但仍希望留在国内参加革命。后来董必武同志得知此事后,鼓励他出国学习,并在曾家岩50号八路军办事处为他饯行(在去曾家岩的途中多次甩掉跟踪的特务)。董老告诉他,日本鬼子被打败的日子就要到来,蒋介石的命运也不会长久,解放全中国后需要大量知识分子、科学家参加国家的建设,希望他出国好好学习,多团结点人,为将来的建设做准备。届时会打电报给他,希望他"见电即回"。在董老的鼓励和八路军办事处的资助下,张大奇于1943年从重庆乘坐美国小型军用飞机飞印度,在印度孟买买了轮船票去美国。

1945年,张大奇从美国密歇根大学毕业获机械工程硕士学位,考虑到党组织随时有可能发来"见电即回"的电报,决定不再攻读博士学位。1946年,他进入美国西屋公司匹兹堡大电机制造厂和费城汽轮机制造厂实习电机专业有关制造技术。1947年,他任美国的中国发动机公司林顿工厂主任工程师兼厂长,负责冰箱制冷机等设备的制造工作。

美国密歇根大学毕业获机械
工程硕士学位(1945年)

在留学人员中开展团结统战工作

在美国留学实习期间,张大奇一直牢记董老在他临行前对他的期望,多团结些人,争取回国参加新中国的建设。鉴于留美科技人员流动性大、分布又广,在美的中共领导小组决定,以组织"建社"小组开始,发展成区域性中型组织,最后成立全美组织。建社的名字是周恩来起的,意思是建设社会主义,它是成立留美科学工作者协会的筹备机构。

在纽约,薛宝鼎、钱保功、茅於宽、张炜逊、张大奇、茅於文等人组织了一个"建社"小组。1947年12月在纽约,薛宝鼎主持召开了建社代表大会。参加会议的有建社社员计苏华、陈冠荣、侯祥麟、杨锦山、付君昭、李桓德、褚应璜、钱保功、张大奇、茅於宽、张炜逊等。建社积极筹备了全美性质的科学团体,并于1949年创立了留美科协。

　　张大奇来美国之前,党组织曾有意识地把他介绍给唐明照同志。他们接触很多,常常商量有关在留美学习人员中开展团结与统战的工作。1949 年 5 月,唐明照与张大奇商量,由张大奇在麻省理工学院召开中国留学生会议,大家可交流自己今后的打算。他在交通大学的同学钱学森也参加了会议。会上,钱学森说,过去在交通大学有不少同学在一起讨论过如何进步,现在不少同学已回国加入了进步的行列,他不能马上回国,很有些感慨之意。张大奇在会上讲,自己在美国工作是为了熟悉美国工业的情况,早已立志要回国。事后,张大奇把会议的情况转告唐明照。这天张大奇在回家路上,听到无线电里谈到有关中国革命的报道,听到了上海解放的情况。刚回到家就接到国内来电"见电即回上海",让他参加接管上海工厂的工作。他大喜,立刻办理离美手续,到旧金山购票回国。虽然茅於文当时血压高,腰痛病复发,不能同行,他仍毅然决定一人先行。茅於文也极力支持他的决定。

回 到 祖 国

　　张大奇回国时所乘的总统号轮船经过吴淞口到上海,由于战火,船长不愿开进上海。得知此情况,张大奇代表回国人员给陈毅市长打电报,表示希望仍在上海下船,但船长把他们拉到了香港,快到香港时船长才说出陈毅市长回信了。陈毅信中提到如果进不了上海,到香港可找乔冠华。到香港下船后张大奇找到乔冠华,并在乔冠华安排下,不久就乘太古轮于 1949 年 7 月到达天津,他们再由天津前往北京。一到北京,张大奇等几位美国留学生就受到了刘杰、严济慈、丁瓒等人的热情接待。

　　1949 年 10 月 1 日,张大奇光荣地在天安门观礼台上出席了盛大的开国大典。

为我国机电行业设计建设事业开创基业

　　一机部第八设计院是一所专门承担全国机电行业工厂设计的综合性设计研究院。1950 年,东北电工局的制造处成立了新厂设计组(由制造处副处长张大奇兼任组长),它是新中国电器工业第一个工厂设计机构,最早建在沈阳。1951 年,充实技术力量后,它改名为东北电工局工厂设计处,1953 年 3 月将设计处改为一机部第四设计分局,张大奇任副局长兼总工程师。1958 年 4 月电机部设计院改名为一机部第八设计院,归一机部八局领导。1958 年 5 月 8 日,一机部决定将八院从沈阳迁往北京。

　　张大奇自 1950 年起担任设计处、设计院领导以来,近 30 年如一日,刻苦钻研大量国内外先进技术与管理知识,攻坚克难,与全院职工共同努力,创建并发展了我国电器工业的设计院。

　　(1) 在担任东北人民政府电器工业管理局制造处第一副处长期间,他参与东北地区电器工业的恢复、改造工作。这段时期主要做新建的哈尔滨电机厂、哈尔滨绝缘材料厂和改扩建沈阳变压器厂、沈阳高压开关厂的设计任务;分别在沈阳、抚顺和大连等地重新组建了包括电机、电器、电材、电讯等 11 个电工厂,为后来中国电器工业的专业化和行业划分提供了有益的范例;组织领导在沈阳变压器厂、沈阳低压开关厂、沈阳电机厂等旧厂进行技术改造的试点工作,如生产路线的调整、铸造专业化等问题和改进工艺方法工作。

(2) 抓新中国电工行业的全面规划、布点,筹建工厂设计机构。1950 年,张大奇参加了陈云同志主持的中央关于新中国成立后开展经济建设的会议,陈云同志在会议总结报告中提出:"全国解放了,工作重心要转到经济建设。要建设,就要有许多好的工厂,好的工厂就要有好的工厂设计,好的工厂设计就要有一大批水平高、生产经验丰富的工程技术人员。会后你们回去把最好的工程技术人员抽出来,干这项重要工作。"陈云的讲话极大地鼓励了他。当时张大奇已被调来组建我国第一个电器行业的设计院,全面负责新中国电工行业的基建规划、布点和工厂设计等全面技术领导工作。他认识到他的工作不是一个单位的事,而是国家大事,必须全力搞好。那时全国百废待兴,环境条件十分艰苦,如何合理布局机电行业系统的工厂、院所,是一个急切需要解决的问题,没有哪个国家的经验可以借鉴。他抱着自力更生、勇于创新的精神,凭借在美国学到的工厂改造、工艺过程、生产线调整等知识,带领一批有理论知识和实践经验的工程技术人员,包括从美国西屋公司实习归来的技术专家一起,到哈尔滨、佳木斯、沈阳、大连、抚顺、北京、上海、淄博、西安、武汉、湘潭、德阳以及其他地区深入调查。他还带队到苏联考察,广泛搜集各类资料,学习消化,最终完成了全国机电行业工厂、院所付诸实施的布局方案。当时另一项十分紧急的任务是,要在几年时间内同时建成十几个电机厂和电器厂。他带领同志们夜以继日、全力以赴地工作,对厂房和厂内工段生产线的设计、人员安排、资金预算等工作进行全面设计,最终圆满完成了任务。

(3) 领导和组织设计了各类电机厂、电缆厂、电表仪器厂、电碳厂、科研院所等。组织领导 400 多项工程建设,重要电器工厂设计,技术改造以及援外工程设计,按照这些设计,建设或改造的工程形成了中国电器工业的重要生产基地,为将来能跻身于世界电气工业之林打下了良好的基础。这些工厂中有的规模很大,生产能力很高,如最早设计的哈尔滨电机厂,无论是在总产量还是在单机容量上都可以与世界最大同类厂相比。该厂水轮机、水轮发电机在同一厂房生产,加上其试验设备的完善,使中国水力发电设备不仅有生产最大容量机组的能力,而且水电机组性能也可列为世界先进水平。有的设计水平很高,如上海电机厂的大型电机试验站,技术性能高、设计合理、设备可靠,是世界上少数几个大型试验站之一。大连电机厂的小电机座加工生产线、轴加工自动线、装配生产线、半自动试验转盘等,按设计建成后一跃而成小电机行业的排头兵。中国电器工业不仅能满足国内的需要,而且可以向国外输出,如向美国、菲律宾、秘鲁、斯里兰卡、土耳其、马来西亚、尼泊尔、泰国、巴基斯坦、智利、南斯拉夫、加拿大等国出口。中国电器工业(机械工业的系统)产值由 1950 年的 0.9 亿元跃升到 1981 年的 249.8 亿元。生产出的产品品种几乎无所不包,在民用和军用方面都有很多贡献。

(4) 针对工厂设计的需要,领导、主持与工厂设计有关的发展科学研究、新工艺研究、土建公用以及环境科学研究。20 世纪 60 年代以来,在八院职工的共同奋斗下,八院取得了许多成果,不少项目获得表彰和奖励,1978 年获得的全国科学大会奖有 9 项,获得机械工业部和国家建委奖有 57 项。

(5) 领导建设生产设备的基地,推动及开展电工制造专用设备的研究、设计和制造工作,制造的多用专用设备都已在生产中发挥作用。

（6）在建立第一机械工业部第八设计院后,又将重点放在水、火电发电设备,大、中、小型旋转电机方面的技术领导工作上,为新中国的电工行业的全面蓬勃发展创造了生产条件。张大奇为使大型水电设备早日投产,在设计哈尔滨电机厂的同时,带队赴苏联、东德、捷克斯洛伐克购买重大关键设备,如6.3米立式车床、200毫米卧铣镗床、直径2米长10米重型卧式车床、300吨冲床、800吨油压机等近30台。

（7）既做设计又搞科研,既做国内项目又做援外设计,既做大、中型项目也做小型项目。工作范围从东北扩展到全国各地,设计范围从发电设备扩大到大、中、小型电机,以及微分电机、工矿电机、工业电炉等各种类型的电机电器工厂的设计。这一阶段主要设计了四川德阳水电设备厂、哈尔滨电机厂第三期工程、湘潭电机厂电机车间、北京重型电机厂等项目。同时根据部局的要求,编写了《中小型电机厂的典型设计》,后按此设计建造的工厂遍布全国各地。在援外项目方面,有阿尔巴尼亚的斯库台电机厂、朝鲜微电机厂、古巴汽车电器厂等。

（8）领导、组织编制多项国家委托的有关电器工业以及建厂方面的设计规划,如部标《工厂电力设计技术规程》《压缩空气站设计规程》《国家抗震规范》等;参与编制全国电器工业长远建设规划,如1952年在讨论全国“一五”计划中电工部分时,屡次讨论电工制造中心地区的分布,诸如三大发电设备厂的建设、西安电工城的建设等,提供科学资料和经济论证,为会议决策提供依据。

（9）抓人才培养。电工行业产品品种繁多,有几十个品种,针对这些产品的加工工艺,有冷热加工、特种加工,还有各种检测、测量和试验。做这些工作需要大量专业人才,新中国成立初期从美国回国的各位专家和旧中国留下来的一些专业人员也不过近百人,距满足各类电工产品工厂的设计需求相差甚远。为此,除了尽量多争取国家分配的大学毕业生外,还派遣人员去国外学习、考察,派部分人员去大专院校进修,采取老专家带大学生的方式在工作中重点培养,从而满足了工厂设计的要求,提高了设计质量。

张大奇在数十年里培养出一批青年技术专家,他们成为国家电器工业建设中的骨干力量。

张大奇在近30年的设计工作领导岗位上做了大量工作,对电器工业的发展和建设决策起到了重要参谋作用,对电器工业的技术进步起了桥梁和推动作用,为工厂设计建设项目做出了贡献。1964年,他参加一机部工厂设计、设备成套工作会议期间,与代表们共同受到毛主席的接见。

科技情报工作的领路人

1958年,一机部组建了技术情报所。“文化大革命”后,张大奇担任机械工业部科学技术情报研究所所长兼党委副书记、机械工业出版社社长和总编辑,同全所人员一道将情报所建成了机械工业系统的科技情报中心、咨询服务中心和出版中心。他不断学习和引进国外现代电子技术和通信技术,探索替代传统技术,发展实时、数据性检索,组织引进国外计算机及软件建立数据库,使情报所成为国内第一个开展计算机检索服务的单位,并逐步实现与欧美完成国际联机,成立了机械工业科技音像情报网,在出版方面探索和运用新的排版方法,实现激光照排新工艺,使印刷技术革命初见端倪。

张大奇阅稿

张大奇工作中

1979 年陪同国家计委副主任段云访希腊

（左一为段云,左二为张大奇）

为推动中国机电科技发展、学术进步做出重要贡献

张大奇无论是在任内还是在 1985 年 12 月离休以后十多年内,一直默默耕耘,他倡议成立了中国电工技术学会,又创办了《电工技术学报》杂志。他担任中国电工技术学会高级会员、中国机械工程学会第一届理事会副理事长、中国电机工程学会第五届理事会名誉理事、机械工业部技术委员会委员、机械工业企业管理手册编委会委员等,为推动科学技术的发展和应用努力工作。

　　他负责编著了多部大型手册和其他著作。曾分别担任《电工技术杂志》《电工技术学报》《中国大百科全书——机械工程》《中国大百科全书——电机工程》《当代中国的机械工业》《机械工业企业管理手册》《电气工程师手册》《机械工程师手册》等著作、刊物的编委会副主任、总编辑、主编、编委等,张大奇担任编委会副主任委员兼总编辑的《中国电器工业发展史》及续本共5卷,240多万字,记述了中国电器工业从清朝末年刚刚出现,直到改革开放后1995年电机行业取得的各项伟大成果,所涉及的年代之长、战线之广是前所未有的,需要大量的资料,开展大规模的调研。张大奇参与组织和编著的《机械工程手册》《电机工程手册》是两部理论性很强的大型综合性技术辞典,篇幅浩瀚(有25卷,3 400多万字)。这两部巨著总结了我国当时机电工程各主要方面的科学技术成就,同时吸收了国外成熟经验,对我国未来技术发展起着重要的指导作用。为了编写这些著作,除了需要扎实的理论和丰富的实践经验外,组织工作也非常繁重。在组织全国500多单位2 000多人的过程中,遇到的困难十分多,他不仅要负责编著工作,还要疏通协调多方关系,抽调人员、落实户口、安排住所、安顿家属、筹措资金等,为编写和出版工作的圆满完成立下了汗马功劳。《机械工程手册》和《电机工程手册》获得了1978年全国科学大会奖,1982年度全国优秀科技图书一等奖,并在1984年被国家选中,参加了全国伟大成就展。

张大奇在机械工业部赴香港赠书
开幕式上致辞(1982年)

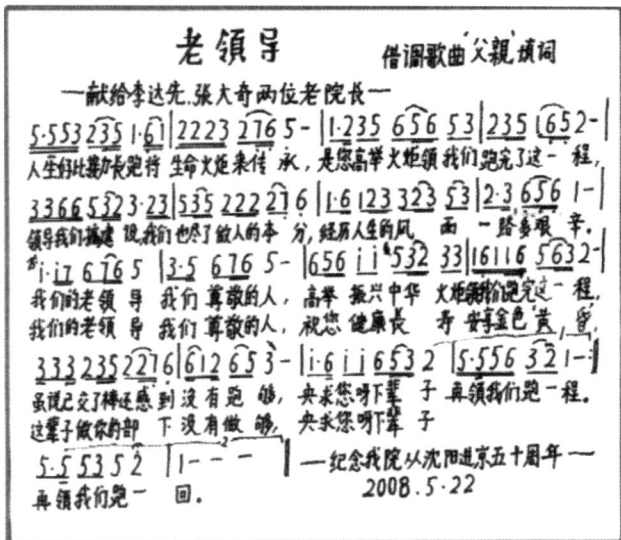

八院老同事填写的歌曲

　　张大奇同志于2009年永远离开了我们,但他的爱国情怀、敬业和奉献精神、善良的品质永远留在我们心中,我们永远怀念他。在张大奇病重期间和逝世以后,党和国家领导人以及相关单位领导和同事们前往医院探望和送了花圈。

　　(特别感谢提供大量宝贵资料的八院穆祖德等和情报所杨德厚等老同志。)

十八、回忆父亲李杜先生

李迎香　李蓉香　李兆钟
2021 年

父亲李杜曾在日本留学,学习电线电缆专业。毕业后回到家乡不久,七七事变发生,他立即与众亲友奔向大后方,积极参加抗日救国,并以自己所学技能为祖国奉献,是我国电缆工业的奠基人之一。

父亲(25 岁)　　　　　　　父母亲(1943 年摄于昆明)

国难当头,父辈们经常是忧心忡忡,难以安眠。后来,他听说在长沙时曾去过的"华北八省会馆"那里有国民革命军 200 师招考战车驾驶员的通知,他便立即去湘潭报到当兵,3个月后就被提升为少尉。但是当时战事混乱,而他不忍离开尚未定居的家人,便与好友赵先生先去成都开办了一个"一六化学工业公司",生产老百姓所需要的笔、墨、纸、糨糊等文化用品,同时父亲还兼任了当地一所小学的语文教师,生活比较稳定,因此 1938 年 4 月母亲带着三个孩子由长沙乘船到成都,并且不久又将尚在陕西阳县的外公、外婆及姨姨们接往成都与我们同住。

在长沙居住时,那里的 200 师领导已知他在日本留学时所学的专业是电缆制造,并且他们得知父亲做着与他所学专业无关的工作,而国家正需要电缆相关的技术人员,师领导设法找到"一六化学工业公司",并通知父亲立即去昆明的资源委员会中央电工器材厂报到。接到通知的父亲知道报效祖国的机会来了,他毫不犹豫,立即行动。那年的秋天,他很快安排好家里的一切,要母亲安心地等待上级的安排,他则离别我们,独自先去昆明。

远赴昆明,日本轰炸

父亲所在单位是抗日战争初期中央政府在昆明建立的中央电工器材厂。它与邻近的炼铜厂、炼锡厂、昆湖电厂和化工厂同属抗战期间在大后方的重要工业企业,它们被统称为

"西山五厂",同处于昆明市近郊的山区。那时,父亲所到的电工厂位于沿山丘陵地带,其附近有个人口不多的集贸市场,人们称它为马街子。

昆明电工厂因建厂时间不长,加之条件所限,当时父亲就暂住在厂内的单身宿舍。不久,母亲带着我们四个孩子也来到昆明,被安置在一个叫作大渔村的小镇上,至今我们还清楚地记得那里青山绿水,鸟类和牛羊都很多,眼前能见到的一切对我们来说都是非常新鲜的。每天随着太阳的出没,我们愉快地在屋前屋后与自己年龄差不多的小朋友们一同玩耍,在田地里可以看到不同颜色而且以前从未见过的各种植物,蔚蓝的天空中常可看见鸟儿们的自由飞翔,农民们都是乐呵呵地干着自己的农活儿,一切都在有序地进行着。回想起来,那时的我们在那里享受着从未感受过的农家快乐,母亲也和我们一样,自然而愉快地与农民们生活在一起。记得每到傍晚时刻,农民们休息时都极爱听她讲述我们一家人由大老远的北方,紧张而疲惫地逃难到了美丽而安静的昆明,彼此都真实地体会到日本鬼子侵略我国疆土是极其可恶的。我们在大渔村居住了8个多月后,父亲将我们接到了马街子电工厂。厂里先给我家安排了一间小屋,屋内仅有一张大床、一个小桌子和一个凳子,因地方狭窄,弟弟每晚就去父亲宿舍与父亲同睡,早上起来后再回到母亲身边。那时家里每天三顿饭都是我和姐姐按时去离家不远的职工食堂买回,而全家人的穿着用度均靠母亲辛苦劳动,极其不易。1940年,我们搬进了厂区的宿舍,这里设备较齐全,至此父亲才回家居住,我们才过上了正常的生活。

那年秋天,爷爷由四川来看我们,自太原离别后尚未见过面,彼此均非常想念。

我爷爷家在山西,太原沦陷后,爷爷随着山西省政府南迁到四川重庆,被委派任中央赈济委员会赈济专员,两次回到山西督发难民赈济款。1939年,发生了震惊中外的五三五四重庆大轰炸,爷爷支持并组织了流亡学生"抗战灾区救护队"赶赴灾区现场抢救伤员,那是当时重庆的一支有名的志愿者灾区服务队。同年8月,友仁中学被敌机轰炸,损失惨重,爷爷坚定地要把中学继续办下去,在教育界人士支持下,恢复成立了流亡时期的友仁中学。学校迁至江津县(现为江津市)的真武场,借用那里闲置的庙宇作校舍,因师资力量雄厚,办学经验丰富,课程设置亦灵活机动,教学秩序井然,故在当地知名度极高。当时因为爷爷在大后方的文化教育界、科技实业界的威望以及当时的行政院参议的合法身份,得到一张盖有军事委员会大印的"学校重地,军民严禁干扰"的布告,避免了各类反动势力渗入学校破坏或捣乱。

此次爷爷来昆明,全家皆大欢喜。那天晚饭后,迎香与姐姐早早地等候在厂大门处,见对面铁道上过来一列小火车,灯光中看见铁道边快步走着的爷爷。两人急忙跑过去拉着爷爷的手,往家里走。那一夜,久别重逢的喜悦几乎让人忘了那是正在逃难的年代。爷爷不时地勉励我们必须不畏艰苦,努力学习。爷爷到昆明后,不久就开始教迎香和姐姐识图认字,为两人初入学校打下了很好的基础。不久时局略显紧张,爷爷不忘自己的教育事业,便迅速离开而回到四川江津真武场。新中国成立后,爷爷奉召返回山西,继续在教育等各方面做贡献,受到人民政府的重视。

1941 年的夏秋之际，鬼子的飞机不断在我们所处的"大后方"侦察轰炸。敌机主要的破坏目标就是"西山五厂"，在那段时间里，只要看见附近山头上插了白旗，说明鬼子的飞机已经出动，一听到警报声，工厂和学校就立即停工停课并迅速跑往就近山上大小不等的洞穴中躲避。有一次，在学校刚听到警报声，敌机就既快又低地飞到了西山五厂的上空。我们一家大小六人赶快挤进了那个不大的山洞。四个小孩紧靠洞壁坐下，父母亲则坐在洞口，他们的身体在洞内而腿脚基本在洞外，看到敌机直冲过来时，他俩的身体紧紧地往洞内挤，使我几乎透不过气来，父亲接着说："不要怕！"那一刻敌机似乎就是冲着我们的洞来了，我们同样都听到了敌机飞近的轰隆声。眼看着敌机就在我们洞口的上方扔下了好几枚炸弹，随后便听见了几声轰隆隆的爆炸声，那时我们还没有任何反击它们的武器，只能眼看着鬼子们很快地溜掉了。敌机刚走，护厂的警笛声迅速响起，父亲抚慰母亲告诉她不要急，带着孩子们下山去，他自己则与厂里的男同志们很快地跑下山去救火，母亲当时身怀二弟碧碧，也很着急地带着我们尽快往山下走，只见山下电工厂内熊熊烈火，硝烟弥漫。当我们跟着母亲走到山下时，看到宿舍区被炸得一片狼藉，眼前所见到的景象令我们惊呆，我们的家已被炸毁，还在不断地喷吐出白茫茫的烟雾。当我们快要走到时，母亲嘱咐我们都不要随便动，更不要走近屋子，她自己却鼓起勇气，冒险进了那个烟雾弥漫的破屋，从破烂堆里找出一些可用的衣物后走出来让我们拿着，她再一次走进去找了一些尚能用的物品后迅速往外走，当她刚走出那间破屋时，一声巨响，整个屋内支架连同摇摇欲坠的屋顶"轰"的一声塌落下来。万幸，妈妈很快走到了我们的面前，并庆幸自己未受到伤害，同时看看自己手中拿的刚捡回来的衣物，长叹了口气。忽然母亲发现屋旁鸡窝的小门被震开了，过去一看，母鸡已逃走而窝里还有一个刚生下的热乎乎的鸡蛋，母亲说："可怜的鸡还给我们留下了一个蛋。"当天晚上，厂领导就将被炸的各家安排到新建不久，原准备为即将招聘来的工人们居住的宿舍里安顿，暂时安定后，母亲又开始忙着做许多事情。加之冬季即将来临，那真是一个让她心急而劳累的时期，那年母亲才 29 岁。

父亲所在的资源委员会中央电工器材厂在国民经济发展中和抗日斗争中都占有相当重要的地位。它也是日本鬼子想要破坏的重点，在那次日寇的猛烈轰炸中厂房被破坏得相当严重，因此全力自救是首要的任务，全厂职工都夜以继日地努力工作，争取尽早恢复生产。那时父亲经常很早出门，很晚才回家，因而我们经常看不到他的身影。那次日寇轰炸时，我们的学校也遭到了严重的破坏，以至于无法上课。厂领导为了不耽误学生们上学，将职工的食堂作为课堂，每天职工们用完早餐后，员工们迅速清理餐桌，为学生们准备好整洁的学习场所。那时我们的校舍虽然被炸了，但我们的学习热情却是有增无减的。

抗战胜利以后我们才知道，那时候我们学校里的师资力量是非常强的，老师们大多是国立西南联合大学的毕业生，有的还是中共地下党员。虽然我们那时都还在念小学，但每天晨练后，老师都会给我们讲述当时的抗日形势，每每老师们生动的讲解都会激发起我们的爱国热情。我们的音乐老师是刘天露，他教我们唱的歌大多都能激励学生们的志气并很受人们热爱。同学们那时极爱唱的是《在太行山上》《松花江上》《嘉陵江上》等，以及当时世界知名的如《喀秋莎》《夏日最后的玫瑰》《可爱的家庭》等,刘老师还为我们谱写了大家都非常喜爱的《昆明湖的儿女》。这首歌至今在我们家里只要有人哼出一句,在旁的都会情不自禁地接着唱下去,以至永不忘怀。

记得剧作家田汉先生带了一批流亡学生到达昆明后,被邀请到马街子电工厂为大家演唱。在观看表演时,所有观众都非常热烈地为那些振奋人心的节目欢呼鼓掌,每每观看那些演出,我们便深深地受到爱国主义教育,至今难忘。

抗战胜利　定居南京

1945 年 8 月的一个清早,忽然听到母亲小跑步推开房门大声喊道:"快起,快起来! 好消息,日本鬼子投降了! 咱们很快就可以回老家了!"我们几个兄弟姐妹们雀跃而起,尽管那时我们并不清楚老家是什么样儿,为什么一定要回老家去,但看到母亲那样激动,自然而然地就和她一同欢呼这个振奋人心的消息。那时,无论大人或孩子个个都欢欣鼓舞,见面最爱说的就是:"真开心,可以回老家了!"那时的同学们都来自不同的地方,因此都有各自不同的老家。果然在抗日战争胜利后不久,许多同学都逐渐离开学校,跟着父母回到那阔别多年的家乡了。

资源委员会要求昆明的电工厂战后迅速回到南京,父亲的单位即开始行动,并通知了所属人员准备整装待发。10 月初,包括我们家在内的部分职工及家属分别乘上十辆带篷大卡车,告别了抗战西迁所在的昆明电工厂,由马街子出发途经半个中国,经贵州、湖南、湖北等省向东行驶,沿途我们可以借机欣赏祖国各种未见过的奇特景色。

我们乘汽车行进到湘潭,然后改乘小型汽轮,顺长江东行,与我家同乘一条船的是杨伯伯一家,两家共 8 个小孩,一路颇为热闹。有一次船停,我们上岸后,突然看见几个尚未撤回的日本兵,那是抗日战争以来我们第一次见到日本人,我们胜利了,所以他们只要见到中国人就即刻弯腰行礼,有的还连连鞠躬。

回想那段残酷的战争年代,虽然我们是在昆明,并未遭到鬼子们的直接残害,但在胜利后回归的路途中听到过很多那时的沦陷区中群众悲惨的遭遇,无不引起我们对日本鬼子的仇恨。

在经过了 30 多个日日夜夜后,终于抵达了目的地南京,我们住到了资源委员会事先已为大家安排好的住处——中山东路铁汤池明德新村,我们家和几家同学的家均在一个院子里。在路口处见有一卫兵持枪守卫的大门,上写有"经济部"三个大字,当属政府部门。

1946 年年底,资源委员会派父亲到英国进行有关电缆工业方面的考察和寻求业务方面的合作,家中一切均由母亲操劳主持,那时她已身怀弟弟宁宁,可想而知她那时是很辛苦的。记得她每周给父亲写一封信,而寄信的任务则交给了迎香。那时每天有邮政专车按时停在离我们家不远的路口,因此迎香常去路边观望那邮车的到来,一有父亲来信,便很快拿回家和母亲一同高兴。那年新建的资源委员会电工楼完工后,我们都搬进了新楼,原来的同学也都还在一起,所以很高兴。

1948 年 5 月,父亲结束了在英国的工作回国,那时他已被调往上海电缆厂工作,因而我们全家于 7 月份由南京迁往上海,住瑞吉里。

迎香因正在念初中三年级的上半学期,所以继续回到南京读书,在那里有老师们的关怀,父母亲都很放心。老师们多是震旦大学的毕业生,对学生很是认真负责。迎香小时懂得生活简朴,几乎每学期结束时都能得到不同程度的表扬或奖赏,曾经将学校颁发的奖学金全部购置了教学用具,如挂图及教学模型等送给学校,父母对此做法亦很称赞。迎香初三上学期的时候,国内内战形势非常紧张。那时也不懂是什么原因搞得人心惶惶,眼看学校已乱得无法上课了,不知这种兵荒马乱的形势何时才能结束,迎香心里很想和自己的家人在一起,正好知道一位同班同学也是急于想回上海,她们俩慌忙合计后决定采取冒险行动。所以在未征得学校意见的情况下,打包好自己的衣、被及书包等,住到下关火车站附近的一个旅店去,那旅店的老板是同学家的朋友。第二天一早,老板叫店里的一个小伙计帮她们把行李背上,并把她们送到火车站,但车厢人已满满的,车门也都已关上,而且立刻就要开车了,急得她们没办法,急忙跑到一列军车前敲打窗户,里面的军人把玻璃窗很快抬起,她们马上就往上爬,店里那个小伙子赶紧把她们两人的行李塞进了窗子,在她们尚未站稳时车即开动了,一阵紧张过后才发现,车内军人个个手握步枪,感到害怕,好在军人们挺和气,对迎香两人说:“不要怕,很快就到上海了。”好在火车确实很快就到达上海了。

下车后只见街上也非常混乱,她们喊了辆三轮车直接拉到我们家,母亲见她们回来了极高兴,赶快给她俩准备饭菜,她们则像饿狼似的,总算吃了一顿饱饭。饭后迎香将同学送到不远处的家里。母亲说,那些日子就一直在担心着独自在南京的迎香,见迎香回来了,一家人都大大地放心了。

迎 接 解 放

当我们回到上海后才听说那时国民党败局已定,解放军迫近南京、上海,人们大多在家不敢出门。父亲单位已不上班,并早已考虑好有关护厂的工作,当时虽然有人劝他速去台湾,而他坚持留在上海不去。1949 年 5 月,社会上一般人都因害怕而不敢出门,偶尔还听说有人因中弹而横卧路边。实际上当时解放军进上海时,大部分军人军容整齐,纪律严明,决不扰民,这是我们亲眼所见。我们家当时住在虹口地区,晚上见到解放军就在路边坐着休息,静静地整装待发。南京是不能回去了,不久迎香便就读于附近的虹口中学,念完了初中的最后半年,在此阶段明显地感觉到解放军进入上海后,一开始就做到维护社会治安,给老百姓留下很好的印象,因此在我们的记忆中,解放战争在上海仅仅是几声枪响,随后就是民众的热烈欢迎。

父亲,永别了

2004 年,父亲病重住进新华医院,虽然医护人员细心治疗,但父亲毕竟已是 93 岁高龄,终因久病体弱和长年的辛勤劳累,医护人员虽倍加努力亦难以治愈。老父于 2005 年 4 月 8 日病逝,走时安详自然。

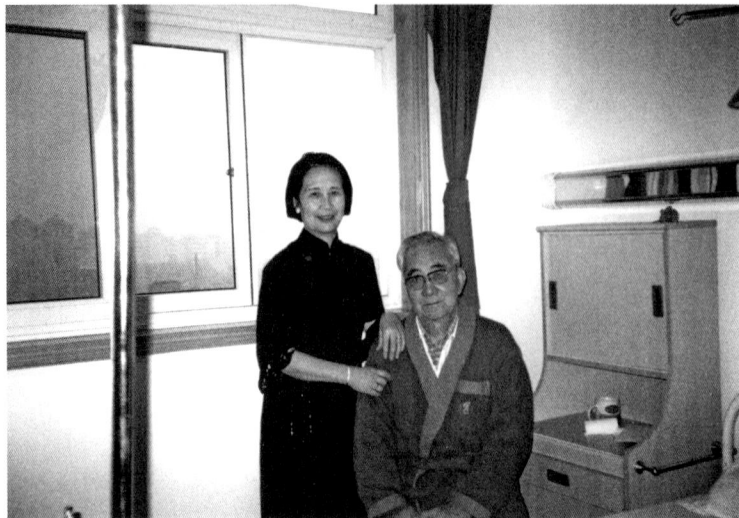

2004 年父亲在新华医院

　　父亲在日本留学后回到国内时，正值抗日战争开始，当时即带领大家迅速离开山西太原老家，经过各处奔波，最后到达昆明，在资源委员会中央电工器材厂从事技术与生产的组织工作。上海解放后他曾在上海电缆厂和上海电缆研究所的所长办公室、总工程师办公室、技术情报等部门工作，享受国务院政府特殊津贴。他工作认真负责，为我国的电缆工业做出了历史性贡献，是中国电缆工业的奠基人之一。父亲为人忠厚，对工作细致踏实，对技术刻苦钻研，我们将继承他的崇高品德，为建设好祖国贡献力量。

　　以下摘父亲所赋诗三首，纪念父亲对抗日战争胜利后，充满信心地向往着祖国美好的未来。

1990 年 赋
（1990 年作于上海）

日月如梭催人老，人生那能净少年。
幸福虽在活得久，快乐还在活得好。
权位名利身外物，及时行乐无所求。
改革开放建四化，身逢盛时乐其中。

忆 昆 明
（2001 年 3 月作于上海）

昆明中央电工厂，电缆工业大摇篮。
前临清波滇池水，后依巍峨碧鸡山。
恽张诸公负责任，员工齐心搞生产。
电缆产品声誉高，军工民用器不凡。
欢庆抗战大胜利，班师京沈上海滩。

国军败退迎解放,艰辛扩厂有功劳。

岁月峥嵘稠往昔,满园春色喜今朝。

故旧渐稀增感慨,几人仍在养天年!

寄 语 献 花 者

(2005 年 3 月 6 日作于新华医院)

九朵花儿红又鲜,白里透红胜蜡梅!

无愧誉为花中王,见花如见献花人。

李杜先生九十大寿,三兄弟聚首合影

[左起为父亲李杜,三叔李悦(留美化学家,响应周恩来总理号召于 1949 年回国),四叔李杬(元)
(小行星 6741 号以中国天文科普作家李元名字命名)]

· 十九、我的爷爷俞恩瀛 ·

俞家骅

2022 年

　　我的爷爷去世的时候,我还在上高中。在那之前,我们一直生活在一起。记忆中的爷爷不善表达,但是很和蔼,受人尊敬。虽然时间过去很久了,但是关于他的很多记忆仍清晰地留在我的脑海里。

　　我小的时候,我们一大家子人住在一起,有爷爷奶奶、父母和我们兄弟俩,叔叔一家三口,一家人相互照顾,生活得很和睦。1993 年,叔叔英年早逝,对家里氛围有很大影响。我和哥哥小学毕业后,年事已高的爷爷的健康开始逐步走下坡路。我对爷爷的印象主要集中在我上小学前一年至初中毕业(1990—2000 年)这一段时间。

　　在 1997 年以前,爷爷虽然年纪较大,但是双目有神,身子骨还硬朗。那会儿的爷爷喜欢给我们拍照,相册里存有很多他给我们拍的照片。我和哥哥上小学前,爷爷特意带着我们到小学门口,让我们背着小书包在花坛旁边合影留念,大家笑得很灿烂。我们上小学以后,每年春天的时候,爷爷会招呼我们大家在客厅里合影。我从小不善于面对镜头,不太喜欢照相,所以每次都磨磨蹭蹭的,但是爷爷对这件事很有热情,我虽然不是很情愿,但每次也就配合着完成。多年以后看新闻,有一对父女每年在同一个地方合影记录成长的过程,并且还上了春晚,我就回想起了当年爷爷的坚持,立时感受到爷爷那种老一辈对晚辈的深沉的爱。现在我再回看那些照片,看着我们一年一年的变化以及照片中开心洋溢的笑容,感慨倍生。

　　我印象中的爷爷生活很朴素,在家时常穿着一件白色的背心,家里的家具看上去也都有些年头了。家里没有请保姆或者清洁工。每天早上,爷爷都会拿着拖把,仔仔细细地把客厅的地板从里到外拖一遍。我和哥哥从小就学会帮助家里做一些家务活儿,诸如打扫卫生、取牛奶、做饭等力所能及的事。我喜欢看爷爷用毛笔写字,因为我们都是用铅笔或钢笔。对我来说,写毛笔字是很有趣的一件事。我们住的楼每层都有一个垃圾通道,打开盖子倾倒垃圾后可通至一层。有的时候,有人倒完垃圾但是没有关上盖子,就会导致垃圾的臭味散出来。爷爷看到后就用毛笔写了一张"请倒完垃圾后记得关上盖子"的字条,贴在垃圾通道的盖子上,后来没有关盖子的情况就少了很多。

　　印象中的爷爷话很少,平时没有事的时候几乎不到我们的房间来。他和我们说话时很和蔼,从来没有过严厉的批评。印象深刻的是,每次当我在外面和小伙伴一起踢球,爷爷回家刚好碰到时会远远站着看着。小伙伴看到了会提醒我,爷爷回来了,我就跑过去跟爷爷打招呼,爷爷也笑着跟我打招呼,然后才上楼。长大以后,每年夏天看到小孩子们在外面追逐打闹,就想起了我小时候,想起爷爷看着我们玩儿,嘴角就会不自觉地上扬。

　　我和哥哥上初中以后，爷爷得了阿尔茨海默病，神智经常不清醒。那会儿夜里，爷爷经常不睡觉，在家里走来走去，奶奶就在旁边扶着他。爷爷会走到各个房间的门口，用力敲一敲，看到我们醒了，就大声说"大家赶快起来，我们还有很多的工作要做""醒醒，抓紧时间，要赶快起来工作"，等等。爷爷很快连我们是谁都认不出来了。但是当他以前的同学、老友来看望他的时候，他却很快就能认出他们。那个时候，我并不了解爷爷为什么会有这种表现，只听说阿尔茨海默病的患者对近期的记忆会比较模糊，但是仍会保留一些以前的记忆。

俞 恩 瀛 全 家

（左起：俞力行　俞桓　俞天行　俞恩瀛）

1945 年在美国合影

（左起：恽震、林津、俞恩瀛、鲍国宝）

后来,我看到了爷爷写的一篇关于他的老朋友孙运璇的回忆录,里面记录了他自己年轻时立下的"实业救国"的志向,以及他后来的人生经历,我才从中真切感受到了他年轻时那份报国救国的热切心情。

斯人已逝,我们仍时常回忆起爷爷健在时的美好童年时光。2017年,迪士尼有一部电影《寻梦环游记》在国内热映,里面提到了墨西哥的亡灵节,墨西哥人认为死去的人并没有真的死去,只要人间还有人记得他们,他们就会在亡灵的世界继续幸福地生活下去,并且在亡灵节返回人间与亲人团聚。我相信,爷爷一定也正在另一个世界开心地生活,并像我们小时候那样,在微笑着远远地注视着我们。

二十、追忆与思念沈从龙先生

沈 瑄 沈 骞 沈 昆

2013 年

2013 年,沈从龙先生 100 周年诞辰,由长子沈骞牵头组织家人编写印制了先生的百年诞辰纪念册,捐资"海外中国教育基金",设立"沈从龙残疾人奖学金",资助国内残疾人教育,作为对先生的永久纪念。

为国为家,尽职尽心

(沈 瑄)

沈从龙先生的妹妹沈瑄在从龙先生百年诞辰时,回顾二哥勤奋刻苦、努力奋斗、关心同志、无私奉献的一生,称颂他做出了杰出的贡献,受到同事和行业同仁的敬爱,且照顾家庭,培养后辈,孝敬父母,关爱弟妹,也表现了他深沉的爱心和责任感,做到了为国为家,尽职尽心。

沈瑄回忆,自 1950 年到东北后,就罕见二哥周末假日休息。他在经济恢复和"一五"期间,"参与东北电机工业基地初创阶段的工作,一直奔忙不息,出差的日子远比在家多,就连二嫂生孩子,也出差在外"。他工作和生活上严于律己,对周围的同事们也处处关心入微,主动组织八院设计人员去镜泊湖等水电站参观,扩大眼界,增加感性认识,还招待大家吃了有名的镜泊湖鲤鱼,鼓舞了院里同志。他在八院工作时,常到哈电机出差,对厂方的困难十分体谅。当时工厂正值初建,八院人员出差十分频繁,按商定,厂方应派车接送,他见厂方天天接送不胜负担,遂由己始,主动取消接送规定。

1956 年沈瑄(左)在北京与二哥沈从龙(右)和堂侄沈骅(中)合影

莛文称,"二哥对具体工作十分认真执着,一旦认为自己的意见正确,就敢于坚持"。

二哥在照顾父母家人、关心弟妹方面堪为楷模。大嫂曾总结我们家的优良家风:"长兄提携幼弟、叔伯培养子侄,是我们家在困难中世代相传、求学上进所培养出来的传统。"抗日战争期间,三哥兆龙在四川读交通大学至毕业,全靠两兄长资助,他说:"我能读书,直到读完大学,也全仗兄长的培养。"二哥培养弟妹贡献最大。

莛文细述1950年年初随二哥到东北,当时南、北学制不统一。到哈尔滨后,因春季班和秋季班之差,她需降级入学,耽误一年。二哥当即决定暂不入学,在家补习。时值其电机厂规划设计工作十分繁忙,但每晚回来后,二哥坚持为她补习数学,从不放松;还请同事帮她补习化学、物理。经半年强化补习,次年她插班考进哈六中高二班读书,对她帮助极大。转年她考入东北工学院,二哥负担了她大学阶段的全部费用,深情厚谊毕生难忘。

二哥和毓言二嫂生活很简朴,节衣缩食,主动承担培养后辈的责任。不但资助亲友读书,保姆的孩子考入学校,他也解囊相助。甚至子女的同学有困难,他也不时给以帮助。他们乐于助人、刻苦为乐的精神令人十分敬佩。

二哥一生十分刻苦,自我要求近乎苛刻,细枝末节也从不放松。三年经济困难时期,哈尔滨市物资紧缺,人们生活艰苦。他来京出差,亲友们劝他买些肉制品和挂面带回哈尔滨,但他绝不肯把全国人民支援首都的供应品再背回去。二哥在哈尔滨工作几十年,住房逐渐紧张,终至他"无立足之地"而住办公室,却自诩一举两得:一可晚间工作加班;二可解决住房困难。花甲之年,每晚为求一床之憩奔波,却乐观以待,让同事和亲友深为感动。

莛文提及"我们家的又一优良家风":想方设法主动尽责,从不推托,不计各人条件,尽力资助父母家人生计。无论是战乱还是远离故乡万里,都未阻断兄长对父母家人尽责资助。音信难通的抗日战争时期,在四川的大哥、二哥设法以"互相补偿"接济家人,即以米作价,他俩支持故乡亲友的子女们在川读书;故乡的亲友则付给父母家人生活费。解放战争时,战事发展很快,二哥急自湖南赶回镇江,安排好父母家人的生活,以免两相隔绝,陷父母家人于绝境。1950年远去东北前,二哥又赶回家,用安家费安置好父母的生活。

"从龙二哥一生勤奋好学",这是他突出的优点。放假了,他就随父学中医,以至自己也能开出简单的处方,成兄弟中唯一能懂中医的。抗日战争中,日寇进犯家乡,我们避难住乡下亲友家,他每天清晨早起挑水、扫地,十分勤劳,广受亲友们称赞。他还十分爱护幼小、关心弟妹,和善可亲。他工作后生活节俭,回家时却总给妹妹带衣食。

二哥百年诞辰之际,牢记他一生为国全力奉献、忠诚尽职的高尚品质,对家庭和亲人无限关怀、尽心爱护的深情,作为精神财富传承,以为永远的怀念。

言传身教永不忘

(沈 骞)

2013年父亲诞辰百年,他已离世30年,但音容笑貌犹常存如故。其言传身教,使我们懂得人生,明确方向,面对考验。

父亲出身于苏北安丰一耕读世家。祖父自幼丧父，15岁入药店学徒并从师学医，师传严谨，践行"医为仁术"，热心公益，关怀贫弱，受乡里称颂，在苏北农村小有名气。

父亲有兄弟三人与一小妹。祖父对子女教育严格，一生刻苦从业，生活节俭，凭信誉向亲友借贷加子女互助，四人皆大学毕业，被乡人传为美谈与教子楷模。父亲受家庭影响，自幼学习努力，生活刻苦，自律严格，一生注重实干，学生时代就被亲友誉为"拿笔能写文章，撂笔能挑粪担"。

父亲1936年毕业于交通大学，入华商电气公司新建3万千瓦发电厂主机组做安装技术监督。不久，抗日战争爆发，返乡自行宣传抗日。1938年，经校友介绍，他赴桂林进中央电工四厂任工程师，设计直流电机。后随厂西迁昆明，他在昆明四厂先后任电机组制造股股长、电机组副组长、公用组组长兼工政股股长和制造组组长等。

1942年沈乘龙（前）、沈从龙（后右）、沈兆龙（后左）三兄弟在渝合影

1944年父母与沈一在昆明

1945年，他被派往美国西屋公司实习，并在匹兹堡大学攻读获硕士学位。

1948年，他回国，到湘潭电机厂工作，先后任制造室主任和中央电工厂总管理处工程师，在湘潭迎解放，后应聘武汉大学任教。1950年春，应褚应璜先生邀请，他离开武汉大学教职，经上海赴沈阳，参加建设国家大型电机制造基地。

　　1950年早春,我们随父离开长江边,奔赴东北。父亲满怀献身国家工业化的热情和向往,对亲友说:"建设新中国,我应有出力之处了。"在京稍事停留再出发,他首批到达沈阳。

　　我虽年幼,亦感到父亲献身国家建设的火热心情。我们兄妹五人,相伴父母的时间不同,感受却相同。三弟沈秦体会特殊,常思念父亲为自己做过的事,若无父亲关怀帮助、谆谆教导和亲切鼓励,这一生或许完全不同,庆幸"有个我永远怀念的爸爸"。

　　他回忆:20世纪50年代初,他随祖父母住在安丰,11岁时祖母病故,余祖孙相依为命。祖父晚年思子心切,唯有从爸爸来信中寻求安慰。直到祖父病故,父亲才匆匆连夜赶回料理丧事。沈秦随父到家后,见父日夜奔忙,几无工休,家人已经习惯。才明白,爸爸并非不思念父母,只是献身国家工业化,忍痛割舍罢了。1979年,三叔从美国来,兄弟相见,父亲痛心地讲道,当年离开父母竟至永诀。

　　父亲难得工休,记得鲜有的一次,父亲星期天带我去参观沈阳市工业展览馆,颇为自豪地让我看一台他们单位设计的小型水电设备。

1958年春节在沈阳全家合影
(坐者左起依次为:姑姑沈媗,姑父陈宏儒,父亲沈从龙,母亲严毓言;
立者左起依次为:沈昆,沈一,沈骞,沈秦;父前为沈阳)

　　父亲对同事的真诚关心和帮助令人难忘。有次我年末回哈尔滨探亲,曾与父亲在路边见到个上大下小的修鞋亭,生意挺忙。父亲解释,因修鞋的退休师傅生活困难,他促成批给这报废了的行车驾驶室,使他冬天能出摊。父亲关心同事十分细心体贴,多次厂里有同事生病到沪就医,父亲都写信嘱我代为探望。

　　父亲一生坚持自己动手,尽量减少他人负担。1950 年,全家搬到沈阳,有专人搬运,他仍参与,搬一大铁箱扭了腰,幸尚年轻,未碍大事。父亲在市政府兼职后,他坚持不让市政府或厂里派车接送,而搭乘他人的车,并坚持不让送到家,而自行到该同志住所上下车。父亲的言传身教对我们影响深刻。

　　父亲乐于助人,亦获回报。"文化大革命"中父亲被打倒批斗,关进"牛棚"与家人隔离。我回哈尔滨探亲,去厂里探望父亲被拒,正感失望,得到旁观的一位老师傅提点:"午饭时间,你站这儿就能见到。"果然在午饭时,父亲随队走过厂门,父子对望相视,格外高兴。

　　父亲艰苦努力、不向困难低头的精神也堪为我们的楷模。

　　沈一大学毕业后,曾在贵州贫穷边区工作,生活艰苦,她回想父亲留给我们最多的就是勤劳、不怕苦,父亲的榜样鼓舞她经受了艰苦生活的磨炼。

　　她回忆,从 1950 年春到东北后,就很少有父亲休周末的记忆。在哈尔滨,父亲早出晚归,很少在家。后搬回沈阳,父亲不再休周末。偶尔一次星期日下午 3 点多,父亲加班提前回来,带我们去南湖公园划船,这是他力尽父责。

　　20 世纪 70 年代,哈尔滨电机厂住房紧张,全家老少三代三家八九口挤在两室户里,外地子女不时探家,父亲只好去睡办公室,达一年半之久。每天早晚在厂和家之间反复奔波劳累,实在不易。

1977 年初夏家人在哈尔滨合影

(沈骞家由长孙扬文代表,其余四家都到齐了)

沈一调天津后常出差，那时父亲正参与编辑《电工手册》，也常来北京住在苏州胡同。她常用转车间隙见父亲。因出差旅途赶点，她常买烧饼为餐，曾就此对父诉苦，没想到父亲这样年纪和资历的人，差旅中也同样常以烧饼为餐。

她记得，父亲原来很有情趣，喜文学、打篮球、看戏剧、下围棋、玩桥牌，但调哈尔滨后，除了忙工作，几无业余活动。1964 年，父亲到中央社会主义学院学习一年，那是他时间宽松的"假期"，周末曾带她看电影，欣赏交响乐。父亲回哈尔滨投入工作后，就再无周末休息。

"文化大革命"中父亲被打倒，出牛棚后"劳改"一年多，反而作息规律，工休正常。但他闲不住，为以后一旦不让做技术工作，只让做具体工作做准备。父亲也主动承担做饭，她才知爸爸忒会做饭，伙食常改善，尤其干豆腐做的素鸡比吃过的都好吃。若无这两段日子，她绝不知父亲如此有情趣，但为工作牺牲了生活乐趣和爱好。

小弟沈阳清晰地记得："文化大革命"中父亲出"牛棚"后又去工地劳动。挖防空洞时，他的右手不慎被铰到卷扬机里，面临生命危险。父亲果断地硬拽出手，拉掉右手拇指，押出长筋，昏迷了七八天。父亲伤后暂在家养伤，但仍主动帮盲人诊所干活儿。

父亲失去右手拇指，只能用剩余四指夹着笔写字，起初极困难，但他总是用力移动笔，一丝不苟地写。他参加编写《电机工程手册》，就这样坚持做完了编写。他失去拇指处仅留下磨成老茧的肉突，从未叫苦抱怨。

父亲的俭朴是对我们深刻的身教。父亲参加政协会议的正式服装，是一套穿了十多年、前胸襟磨出了白点点的深蓝色呢制服。20 世纪 70 年代末出国考察，为节省单位的出国服装费，他向亲友借了大衣和西装。他从不容忍浪费，常讲"一饭一粥当思来之不易，半丝半缕恒念物力维艰"，使我们永远难忘。

父亲对我们要求很严，亲查学业。凡有退步必细问，督促改进。我中学住校，父亲抽空专程到校，拜访老师，了解我的学习情况，关心之细令人难忘。我初入哈尔滨工业大学时，父亲每次出差到哈尔滨，都会带些食品来看我。一次因误解，父亲等了很久。我一直铭记他寒风中盼望的身影。

沈一原本学习吃力，初三学几何突然开窍，全区几何统考获满分，全区唯二，从此自信大增，学业日进。1962 年，她考入清华，父亲十分高兴。入校不久，父亲到清华看望，带她去自己在交通大学时的同班好友钟士模教授家拜师。

自幼因先天性青光眼渐渐失明的沈阳，深感父亲的关爱不同寻常，两处最难忘：一是教他自立自强，学习就业；二是父亲身处困境，仍毫不犹豫地帮助他的同学。

他回忆，当时残疾人受歧视，能力被轻忽。多数城市家境较好的父母对待残疾子女，一是避免他们接触社会，二是扶持有加，以至他们一直依赖父母而缺乏独立生活的能力。如此护爱反为害。

父亲一直鼓励他，帮助他自立自强，从小就要他尽量"自己能做的事自己做"。他未满 9 岁去京郊盲校寄宿上学，因不习惯而不愿去。每次母亲送进校门，他就往回跑，再送再跑。母实不忍，欲迟几年再议。父仍坚持，讲了很多自强的故事激励他，他才坚持下来，开始了学业。那时条件差，教室冬天很冷，他脚上长了较重的冻疮；宿舍十几人两通铺，一人生虱，余人皆有。盲文亦难学，苦了几年，想放弃。母心疼，也想算了；父不允，硬送他去学校，"逼"他适应，终至完成学业。他感念，父亲深明大义，鼓舞他自强不息，是对他的真正爱护，使他终成能为社会服务的按摩医师。

阳弟亦难忘父亲助人的真诚热心。1970年，家贫同学德胜要来哈尔滨就业，父亲得知寄予百元。德胜到哈尔滨，工作久未落实，就在我家吃住了半月多；到诊所借住后，头年无薪，父为他代交伙食费。其时父亲正受迫害，仅发生活费，住房一小间，从未有些许畏难。

三弟沈秦1964年高中毕业，因大学招生实行"阶级路线"政策，未能升学。他响应号召，下乡北大荒。他回忆：父亲工作繁忙，仍抽空帮他做准备，还想到买长筒雨靴；支持他走向社会，鼓励他不畏艰苦，努力上进。他在农场十几年，从拖拉机手到修理工以至中学教师，样样工作都刻苦钻研，尽心尽力，表现优秀，多次受到表彰奖励。他归之于父亲对他的教诲及其敬业精神的影响。他总结此生，父亲的榜样作用无可替代："十年浩劫，父亲遭到种种磨难，但他从未悲观失望，总是满怀信心，积极工作。"年近古稀时，父亲仍为技术引进四处奔忙，做了大量工作，践行一生奉献给国家工业化的宏愿。这一切鼓舞和激励着他，历经艰苦，始终努力，做啥爱啥，力求出色，充实人生。父亲的情怀激励他前行。

**1978—1982年父亲为学习、引进大型汽轮发电机技术到欧美考察，
图为在法国阿尔斯通公司参观、考察**

四弟沈昆于1965年考入清华大学，"文化大革命"中的四年，只学"阶级斗争"主课。毕业后他深感学业不足，坚持自学并学以致用，初尝知识之力量。恢复考研后，他先后考入哈尔滨工业大学与北京工业学院，聊补所失教育，后留学美国获博士学位。他得到父亲的支持和关心，感受父亲身教的作用最大。父亲复出后，因落实政策，他从大庆调入哈尔滨电机

厂,陪伴父亲走过最后十年。他深受父亲的影响,做事认真,直抒己见,不容忍粉饰浮夸。他感言:"我们家人都深受父亲'较真求实''不唯上只唯实'的影响,可谓'真''正''直'。"

想起父亲,我们深感愧疚,在父亲生前对他的关心实在太少,他的匆匆离去,留下我们"子欲养而亲不待"的伤怀与追悔。

父亲诞辰百年,谨以此文寄托我们的怀念。他的工作热诚、勤奋刻苦的精神,对他人的真诚关心与帮助,对我们的亲切关怀和悉心培养,我们将永志不忘,鼓舞后代努力上进。

斯人虽逝,其魂永驻

(沈　昆)

1983 年 3 月 17 日晨,父亲因脑瘤急速发作后抢救无效,于北京宣武医院离世,令我悲痛万分,刻骨铭心。

此非一般痛失亲人之悲伤,更因父亲一生操劳,为民族复兴、国家建设呕心沥血,历经坎坷,正当国家一天天好起来,人民生活开始长足改善之时,父亲却未得享用这些成果就撒手西去,让我们更加悲痛和惋惜。父亲亲历了中国电机制造业从无到有、从小到大的发展过程,以年届古稀之龄主持领导大型发电机技术的引进工作,热望亲见标志我国电机制造业又一里程碑的 60 万千瓦火电机组研制成功,却出师未捷身先去,令人痛惜。父亲对我一生所倾注的关怀,我未及报之万一就永远失去了机会,唯余不已追痛。

父亲在青少年时目睹国家积弱、民族屈辱、人民贫困的社会状况,立志以科学、实业救国,为民族复兴奉献。父亲后半生的努力奋斗体现了他报国救国情怀的实践和追求。

正是由于目睹旧中国政府无能、官员腐败的烂象,亲历了旧时工业发展的艰难曲折,痛感难以伸展报国之志,与新中国的情况形成鲜明对比,使父亲衷心信服,自觉追随共产党。洁身自爱的父亲几十年坚持追求加入共产党,虽经历"文化大革命"仍初衷不改,惜未能如愿。有领导对父亲说:"你留在党外比在党内作用更大。"父亲就继续留在党外坚持不懈,为建设事业发光发热。

父亲作为经历过旧社会的老一辈知识分子,富有新旧社会对比的切身体会,尤感自己专业领域的发展与成就,加之所受中国文化传统教育的爱国主义熏陶,相比于在党教育下成长但缺乏新旧对比亲身体验的我们这一代,就更认同党和信仰党的思想理论,主动力求与党保持一致,真诚自觉。

父亲喜读各种回忆录与纪实文学,受他影响,我从小学三四年级始就喜读父亲订阅的革命纪实文学。有次父亲见我读《红旗飘飘》,就向我推荐陈赓将军的一篇回忆,说陈赓将军多次受冤遭错待,始终不顾个人得失努力工作,忠于党。言语间他充满钦佩与崇敬之情,透露出他学习共产党人不计个人得失的心声。

周恩来总理逝世,是我见到的父亲最悲痛之事。从 1956 年到 1957 年的一年之内,我祖母、祖父接连去世,父亲虽悲伤但未曾落泪。周总理去世那几天,我亲见父亲曾多次在睡梦中哭泣着念叨着。在父亲心目中,极具人格魅力的周总理就是中共的具体化身。

　　父亲对周总理的真挚感情与发自内心的敬爱，除钦佩周总理本身的人格魅力以及周总理与知识分子息息相通的内心世界外，还由于父亲与周总理的几次直接接触。

　　1950年，父亲在武汉大学电机系任教，颇为学生敬爱，但父亲更钟情于实业发展工作。正当父亲在教学与工业之间举棋不定时，他接到交通大学学长兼民国时期老上司褚应璜先生的来信。他告诉父亲，周恩来总理致信褚先生，诚挚邀请他参加东北的工业建设，并热切希望褚先生发挥影响，尽可能动员原资委会的同事与下属同赴东北。于是，父亲决定辞去武汉大学的教职赴东北工作，当时北京还派黄毅诚先生到武汉接我们全家北上。从此，父亲投身大电机制造业，也奠定了父亲对周总理的倾情向往。

**1976年1月周恩来总理逝世，
父亲在电机厂的追悼大会上致悼词**

　　1962年6月，周恩来总理视察哈尔滨电机厂，父亲以副总工之职全程陪同，与周总理首次近距离接触。后来父亲回到北京家中，对母亲和我讲了些细节，提到周总理在接见厂里几位老知识分子副总时，称他们为国宝，还说："'大跃进'时我们头脑发热，你们可不要发热啊！"父亲讲述时充满了受到周总理信赖与尊重的意外惊喜和感佩。

　　后来，1963年8月父亲离京飞哈尔滨，在机场餐厅偶遇因故临时就餐的周恩来总理，以及1964年父亲在全国政协大会上再次遇到周恩来总理。这两次相遇，周恩来总理都认出了"哈尔滨电机厂的沈工"，主动与父亲打招呼。周恩来总理平易近人的亲民作风和以知识分子为挚友的真诚态度给父亲留下了深刻印象，使周恩来总理成为父亲心目中党的具体象征，更强化了父亲对党的信任和认同。

　　父亲自1950年到沈阳后的30多年中，先后组织和领导了哈尔滨电机厂的工厂设计、建厂工作和东方电机厂的设计工作，组织试制了7.25万千瓦、10万千瓦、22.5万千瓦和30万千瓦水轮发电机组，以及5万千瓦、10万千瓦和20万千瓦等大型汽轮发电机组。晚年他仍不辞辛苦，多方奔波，参与组织和领导了大型火电技术引进工作，为我国的60万千瓦大型汽轮发电机的设计与制造做了大量的组织准备工作。

　　父亲在其电机发展与制造的专业工作中务实认真，勇于负责，不计名位，重国家事业而轻个人名利。

　　父亲对工作的认真负责在电机厂的技术人员中素负盛名。工作中有分歧时，父亲总是直截了当地公开摆明看法，坚持其技术性意见，不顾及人情世故。如在哈尔滨电机厂建设过程中和投产初期，父亲作为一机部派厂工作组负责人，与他最要好的交通大学时的同班同学、哈尔滨电机厂实际主管技术工作的副总工朱仁堪伯伯，经常因各自岗位的观点不同而激烈争论，但从不影响两人的至深友情。

　　工作上，父亲对己要求严格，对下属要求也严格。电机厂的技术干部尤其是中层领导都知道，与父亲谈工作问题不能含糊不清，必须做好"功课"，否则会受严厉批评。

　　父亲对工作的认真负责与对自己个人得失的轻忽不顾恰成鲜明对比。父亲 30 多年来工资曾降无升，且要求母亲不占加薪名额，以至母亲 26 年里除工资普调从未加薪。1976 年我要结婚，老少三代七口之家将添人增户挤于两居室内，实难安排。被家人推动，父亲破例提请有关领导解决住房。答曰，没可能。父亲只好去办公室睡觉，每日早晚由厂到家，再由家到厂，往返奔劳 18 个月。我自然觉得愧对父亲，又对我这样一个 6 年工龄技术员的住房死结心中不平。父亲每见我不平，都会要我想想住房更困难的工人家庭，还说："我总算还有办公室可住。"

　　1980 年，哈尔滨市委领导决定选任父亲为主管科技的副市长，一机部则要求父亲继续负责 60 万千瓦火电设备的技术引进工作，父亲当然也更钟情于这项技术引进工作，毫不犹豫地遵从了一机部与哈尔滨市的安排：肩负 60 万千瓦火电设备技术引进与市政府工作两挑担子。从此再无周末的休息日，并使自己陷入尴尬境地：有市政府工作职责，却属市政府编外成员，市政府领导的生活待遇，则无涉。父亲自我调侃"工作责任越做越大，住房越住越小"。父亲不为自己争待遇，而对于别人的生活，尤其是技术人员的生活困难、住房等问题，父亲常常认真主动与有关方面沟通，尽力帮助解决。父亲任职市政府不久，书面报请照顾南方人喜食大米的习惯，经市长批准，南方籍科技人员每月增供 2 斤大米。

　　父亲认真地按职责管事，1983 年哈尔滨市召开科技大会，市科委的科技工作报告按规定应经主管副市长审批签字。但此报告仅于临开会前一天才送交父亲签字，父亲认为此举违规，未及审阅不能签字，后经市委书记对双方做工作，父方签署。

　　父亲在科技大会结束回家后，呈嗜睡、说话不着边际等状。次日晨送父去市医院急诊，确认为脑中枢发病。父亲病发骤然，很快进入半昏迷和昏迷状态，未及给家人留下一字嘱托，其弥留之际留下的话语都与 60 万千瓦发电机技术引进有关。住院后第二天，处于半昏迷状的父亲，握着来探望的引进工作主要助手赵永亭工程师的手，接连说了很多含混不清的话，只能断续地听出"60 万""引进"等字眼，那是父亲唯一心系而难以瞑目之事。

　　父亲对下属工作上要求严格，也很支持，需要时主动担当拍板。八院同事回忆与父亲共事，每有疑难都会讨论出明确的方案，没有后顾之忧。

　　日常生活中父亲与工人和技术人员相处则极为随和宽容。周围同事常以父亲的高工资与他开玩笑，要他请客，父亲从不以为忤，坦然处之，甚或请客报之。父亲的慷慨助人，对我们耳濡目染，影响深刻。父亲很注重帮助提携年轻一代。技术引进工作中破除"论资排辈"，较早安排了几位 1974 年后才从工人转为技术员的、他发现确有专长的老五届大学生出国实习。20 世纪 70 年代末恢复研究生学位制度，当时具备博导资历的专家不多，哈尔滨市尤缺。父亲常参加哈尔滨市几所大学电机专业研究生的答辩委员会，去支持他们，用自己的行业声望鼓励年轻学子。

　　技术人员往往因各自工作传统差别，对自己的设计与产品情有独钟，而对他人的成果易抱偏见。父亲比较超脱公正,常为对方的设计与产品的优点说话。20 世纪 70 年代建设长江葛洲坝水电站,哈尔滨电机厂提出 12.5 万千瓦水轮发电机组方案,东方电机厂提出 17 万千瓦机组方案。我曾目睹父亲明确制止哈尔滨电机厂人员否定 17 万千瓦机组方案的偏见。经部长决定,葛洲坝安装了两台 17 万千瓦机组,1986 年双双获国家科技进步特等奖。

父亲在"文化大革命"中遭受批斗甚至被施暴,却宽容对待,归之于受蒙蔽。父亲对于老同事、老上司在"文化大革命"或早前政治运动中受到的不公正待遇则尽己所能地呼吁、申诉,力促早日恢复其应有的待遇。他曾为充分评价电机工业先驱恽震先生的重大功绩,以及为老上司褚应璜先生恢复应有的政治待遇,与同仁故旧联名上书陈情获正果。

父亲的同学及八院同事李子白先生在"文化大革命"中遭迫害致死,落实政策不到位,父亲多方吁请、推动,直至政协全国委员会专此提案,经政协下交电工局落实,稍得改观。

"文化大革命"后,父亲开始破除盲从,回归自信;对于资本主义、修正主义、社会主义分配原则、知识分子的社会定位等认识更加切实。父亲于 1982 年接受《光明日报》记者采访时提出,厂矿科技工作人员也是第一线生产人员,应与工人一样对待。这引发了知识分子是否应该仅仅作为统战对象看待的讨论。这对于一个几十年来一直作为"资产阶级知识分子"被批判、做自省的老知识分子来说尤其难能可贵。

父亲是喜怒形于色、不知掩饰的率直个性,而我又是直言无忌,有话就说,我们成长的环境与经历截然不同,思想观点难免差异,所以会碰撞乃至发生争论。但父亲对我的关心与帮助仍然舐犊情深,有求必应。我踏入社会,成家立业,父亲都关心备至,倾力相助。我需求的书籍,请父购买,父必欣然照办。我读研需英语词典,父亲就把自己在用的《新英汉词典》和《英汉科技大词典》给了我,现在成为我手头最珍贵的父亲遗物。父亲对我的同学和校友也竭诚帮助。

父亲虽已离去,但留下的精神财富,足堪我们细思深学,充分理解其精神与情怀,果如此则可说:父亲虽逝,英魂永驻!

· 二十一、怀念我们的父亲陶炜 ·

陶喜群　　陶喜平

2021 年

我们的父亲陶炜成长在江苏无锡的一个大家庭中,爷爷奶奶曾东渡日本留学,也要求子女掌握科学知识。他们兄弟姐妹虽多,但都接受了高等教育,这在 20 世纪初是很不容易的。他们兄弟姐妹就曾经在我国的清华大学和北京大学、美国的哥伦比亚大学、日本的帝国大学等学校读书。

父亲 1914 年元月 3 日出生,1927 年入上海立达学园中学部学习。1934 年考入上海的同济大学,就读工学院造船系,抗日战争期间,日寇的战火烧到黄浦江边,他曾参加去南京向政府请愿抗战的活动。同济大学位于上海吴淞的美丽校园在日机的多次轰炸中成为一片废墟。全校师生被迫内迁,经过浙江、江西、广西迁到云南昆明,1939 年在那里毕业。

抗日战争时期中国著名爱国实业家、民生轮船公司卢作孚先生冒着日机轰炸的危险,将堆积在宜昌的 9 万吨工业物资和 3 万人员抢运入四川,为抗日战争做出了重大贡献。考虑到造船业人才对抗日战争的重要,民生轮船公司尽力召集造船技术人员,父亲毕业后就去了民生轮船公司的重庆民生机器厂工作。

这家工厂除了造船修船,1941 年还造了四川龙溪河上的下硐水电站的 2 台 1 000 马力(约 750 千瓦)水轮机,这是旧中国自制的单机容量最大的水轮机。(这是由两台水轮机和一台发电机组成的一套卧式机组,水轮发电机是由在中央电工器材厂昆明四厂工作的朱仁堪伯伯利用一台闲置的变频机实施改造的。)

1942 年,父亲辗转来到桂林电工四厂工作。其间长寿发电厂的设备在四厂检修,检修完成后父亲提出去长寿发电厂实习,得到四厂许应期厂长的批准。

因为这一段经历,以及他有机械工程专业基础,1947 年年初他被资源委员会选派,前往美国摩根史密斯公司实习水轮机的设计与制造技术,同时在这家公司实习的还有俞炳元伯伯和王述羲伯伯。父亲多次说过,摩根史密斯公司对他们去实习的中国工程师非常好,所有资料和技术诀窍对他们都敞开,指定技术高手对他们讲授技术。加上他们几个人自身的努力,确实学到了设计制造水轮机的关键技术。

1948 年结束实习回国,父亲先在中央电工器材公司总管理处工作,后来调到上海制造厂电机组(也简称"上海电工四厂",上海电机厂的前身)担任制造室主任。这时他已经加入了中国共产党,当时上海临近解放,上海电工四厂成立了护厂安全委员会,负责工厂的设备、人身安全以及从美国西屋公司和摩根史密斯公司带回来的资料的安全,严防敌人破坏。他是护厂安全委员会的委员之一,组织并参加了护厂活动,护厂活动取得了成功,保住了人员设备和资料的安全。

在摩根史密斯公司实习时父亲(左)和王述羲伯伯(右)的合影

那时父亲经组织批准与母亲结婚,母亲洪楚阶的中学也就读于立达学园,毕业后曾在苏北的新四军办的江淮大学读书,后来在上海的南通学院化学系毕业,这时在上海科协工作。

1950 年,为支援东北建设,父亲被调到东北电工局电工五厂任副厂长、总工程师。(1952 年,该厂将高压开关部分单独分出成立电工十五厂,1953 年后更名为沈阳高压开关厂。)

在沈阳的第一项重要任务就是抢制 800 千瓦立式水轮发电机组。爸爸和王述羲伯伯、俞炳元伯伯、吴天霖伯伯等几位工程师一起完成了新中国第一套水轮发电机组,除下硐所在的龙溪河狮子滩梯级以外,在哈尔滨电机厂正式投产前,在沈阳又陆续生产了新疆乌拉泊、福建古田等机组共计 17 套。

1954 年,在沈阳高压开关厂设计制造水电机组的全体人员、主要设备,以及在制部件整体搬迁到哈尔滨电机厂,父亲奉调带领这些人员和设备一同搬迁,并在哈尔滨电机厂担任副厂长主持技术工作,参与了新中国第一个重型电机厂的建设。

母亲洪楚阶在大学学的是化学专业,到沈阳后在东北电工局试验所从事电机绝缘技术工作,1954 年和父亲一起调哈尔滨电机厂,参与了电机绝缘的应用工作。

1954 年“一五”计划中,苏联派遣的专家陆续进厂工作。那时到哈尔滨电机厂的苏联专家对中国都挺友好,可是他们的英语不一定好,但普遍会德语,由于父亲德语(同济大学用德语教学)和英语都很好,技术上也内行,在突击了几个月的俄语后和他们交流没有障碍,成为与专家沟通的桥梁,为全面引进苏联的发电设备设计制造技术做出了成绩。

在苏联专家的帮助下,哈尔滨电机厂设计制造了官厅三套 1 万千瓦水电机组,这是当时我国单机容量上万千瓦的第一台机组。为了干好机组,用他自己的话说,“官厅机组的每一颗螺丝都亲手摸过”。官厅机组的首台机组于 1955 年年底发电,1956 年 4 月电站建成。

爸爸、妈妈、喜平在哈尔滨安乐街 146 栋后面

　　苏联专家带来了苏联发电设备的经验和资料,开拓了中国水电工作者的视野,敢于在仅做了 1 万千瓦官厅机组的基础上直接挑战 7.25 万千瓦的新安江水电机组。苏联专家的援助使中国水电设备技术发展突飞猛进。

　　1957 年父亲调北京,到电机制造工业部电机管理局(后电机部与一机部等合并为新的一机部)水电设备联合设计处担任副处长,负责全国中小型水轮机设计工作。在水电设备行业极其缺少技术人员的年代,这个设计处培养了一批设计人才。后来这个设计处并入天津电气传动设计研究所,不过这时他已经调到德阳参加新厂建设了。在北京时,妈妈在北京电器科学研究院工作。

　　1958 年,德阳水力发电设备厂(1965 年更名为东方电机厂)动工兴建,计划 1960 年开始生产水电机组。这时他和朱仁堪伯伯、管敦信伯伯等一批技术和管理干部调到四川参加德阳厂的建设。

　　时逢三年经济困难,1961 年工厂被迫下马停建,但是已经进口的设备还在陆续到达没有任何存放条件的工厂,还在包装箱里的大立车、大镗床等国宝设备竟然只得在风吹雨淋的露天堆放着,工厂的工作重点转入设备维护,他负责这项工作,几年的艰苦工作,使恢复建设时东方电机厂库存设备基本没有损失原有精度。母亲的化学专业派上了用处,他们研究开发的化学除锈技术和防锈保护技术在设备维护中起了重要作用。

　　1964 年,国家经济情况逐渐好转,国家批准工厂上马续建。1965 年,开始筹备组织制造东方电机厂第一套双牌 4.4 万千瓦水轮发电机组,父亲力图通过科学的管理使工厂的生产经营逐渐走上正轨。1966 年上半年,双牌机组生产技术准备正在积极推进,负责技术工作的他组织了一次务虚会,分析罗列了机组研制过程中可能出现的问题,希望通过讨论研

1960 年离开北京到德阳之前在报子胡同家中

究,集思广益提出解决方案,但是当时"文化大革命"刚刚开始,人们"阶级斗争"的弦绷得紧紧的,刚提出问题,就被认为这是他不相信工人群众,接着就不让他继续参加双牌项目的工作,不久又被派到水轮机车间铲磨组参加劳动。

"文化大革命"期间,他很早就被冠以"资产阶级反动技术权威"等罪名受到了巨大的冲击,抄家、批斗、长达数年的住"牛棚"强迫劳动,每月只发 12 块钱的生活费。母亲原在绝缘试验室工作,"砸烂"科室后被下放到线圈车间,也被关在车间的"牛棚"里。

离开"牛棚"后,父亲被派往焊接车间继续被监督劳动,从事零部件转序的搬运和半成品的刷漆工作。即使在这种困难环境中,父母亲仍为工厂生产解决了若干重大技术难题。

龚嘴电站 10 万千瓦水轮机制造过程中,一次因厂里现有的退火炉尺寸稍小而无法解决重要部件座环的退火问题,只得考虑外委加工,这样制造工期根本无法保证。父亲听同在焊接车间当工人的喜群说起,当晚就到车间退火炉现场了解情况,思索解决方案,第二天一早就向车间主管生产的副主任提出临时改造退火炉的建议。这位副主任马上向工厂的生产管理部门反映了这项建议,得到采纳使之得以实施,使得座环的热处理质量得到保证,制造进度得以保证,没有影响到电站的安装工期。

焊接车间进口了一台先进的全自动气割机,却没人看得懂外文安装说明书,父亲在征得车间领导同意后翻译了该气割机的说明书,并指导工人安装调试,新设备减轻了工人的劳动强度,皆大欢喜。

喜平下乡后从农村被招工进厂,在线圈车间当绝缘包扎工,在包带机上绕制大型圈式线圈绝缘云母带时,每个重达 60～70 斤的线圈让全是女同志的绝缘组工人苦不堪言,两人抬着线圈在包带机上包绝缘带不但非常累,而且包带不均匀,任务重时全组天天加班都完不成任务,父亲听到喜平抱怨后,到线圈车间她的工作现场实地了解观察,然后用焊接车间的废料为她设计制造了一台自平衡的吊架,喜平试用后感到很好,一个人就可轻松操控,大大降低了劳动强度。线圈车间技改组闻讯后按父亲的设计仿造了一批吊架,配给所有的包带机,使这道工序的线圈绝缘带包扎质量和产量直线上升,而且基本上不用加班了。

父亲当搬运工时经常需要用行车吊运水电机组特有的分瓣环形部件,这种部件一般采用两点式夹钳吊运,和他一起承担搬运挂钩任务的都是文化程度偏低的临时工,常会因为夹钳放置位置不合适而出现吊运不平衡现象,有安全隐患。父亲通过计算工件的重心,在工件上用粉笔标出起吊位置,为工人安全吊运工件提供了方便。只要他在,每次都能顺利吊运,以至于工人惊叹说这个"技术权威"真有本事。他还把经过他简化过的公式抄给工人,使他不在时他们也能安全操作。

20世纪70年代初,二氧化碳气体保护焊是一项新工艺,可以大大减轻工人劳动强度和提高生产效率,可焊接车间电焊班组的试件焊缝质量长时间过不了关,无法推广,父亲仔细研究了问题所在,查阅了当时没人看的外文资料,提出了建议方案,经班组实施试验后获得成功,困扰工厂的技术难关终于解决。

1973年,哈尔滨电机厂的王述羲伯伯来德阳参加一个会议,老朋友相见,父亲特别高兴。会务组安排会议代表周末参观映秀湾水电站,王伯伯和他约好一起去。可是到了电站门口,东方电机厂带队的人明确告诉他,说他不能进电站,只能在厂房门外等候。一位参与开创新中国水电设备事业的工程技术人员竟然不能走进中国的水电站!

1973年,一机部协同有关部门编写大型工具书《机械工程手册》《电机工程手册》。1974年,沈鸿副部长点名借调父亲到北京,担任手册的特邀编辑。尽管这时他还没有恢复党的组织生活,但刚调来不久的担任工厂党委书记的老干部深明大义,响应了沈部长的要求,批准他到北京参加手册编辑,这样,父亲告别了当搬运工、刷漆工的劳动现场,到北京工作了。

在北京编辑部,还有很多像他一样的老技术人员担任特邀编辑,他们相处得非常愉快。邓小平复出后,这些老专家得以陆续回到原岗位工作,而父亲在这儿一干就是五年。这套手册获得了全国科学大会奖、全国优秀科技图书一等奖和国家科学技术进步奖等奖项,这里就有他的辛劳。

粉碎"四人帮"后,美国的一个企业家代表团来中国考察水电建设情况,其中就有收购了摩根史密斯公司的阿里斯查马公司(Allis-Chalmers Co.),一机部安排正在北京手册编辑组工作的父亲作为中方主陪人员。外方人员知道父亲他们当年在美国实习的情况。代表团去了东方电机厂、哈尔滨电机厂,去了刘家峡、新安江、丹江口等电厂,这是十多年来父亲第一次如此出差。代表团来到东方电机厂时,他坐在主席台上和外宾谈笑风生,指出译员翻译得不够准确的地方,使习惯于见到他被监督劳动的职工颇感意外,而这时他尚未恢复在东方电机厂的工作。

1979年,父亲被重新任命为东方电机厂副厂长兼总工程师,后被任命为代厂长。此时党的工作重点刚刚转到经济建设方面来,百废待兴。我们看到他真的很忙很累,那时厂长工作简直是事无巨细都要过问,却又未必能做主,除了生产经营的各种杂事,还有给部分人

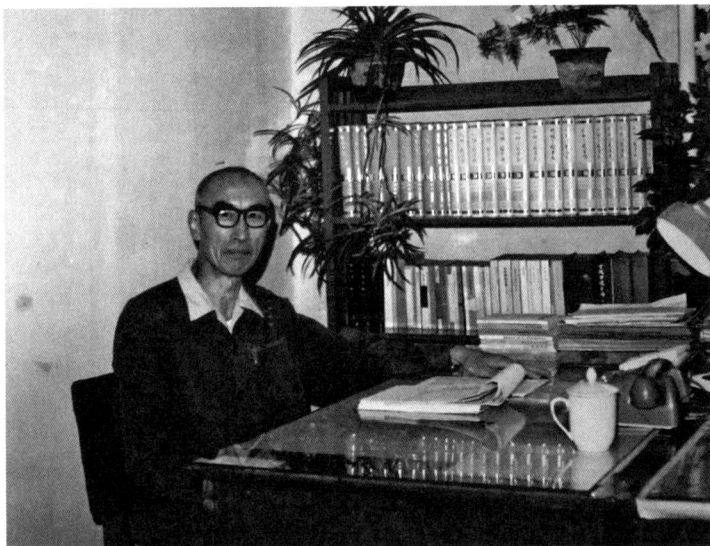

《机械工程手册》《电机工程手册》出版后父亲在编辑部书架前留影

员调整十多年没有动过的工资以及1965年后就没有进行过的专业职称评定等棘手问题,从职工家属的吃喝拉撒睡,到医院、幼儿园、小学、中学,特别是福利分房,真的有过激的职工扛着铺盖卷到家里来闹事。为了避开干扰,提高工作效率,他常常早上4点多就到办公室工作,以至于曾有早锻炼的职工经过办公楼误以为他晚上回家离开办公室时忘记关灯。

父亲对三峡机组的研制很有感情。我们小时候就常听他说起三峡项目,说建立德阳水力发电设备厂的原因之一就是考虑了三峡工程(他说那时国家准备三峡工程在20世纪60年代兴建)。葛洲坝大机正在安装之际,长江流域规划办公室发出通知,请制造厂配合对三峡机组进行选型设计,他安排了这次东方电机厂的研究设计工作。几年后,从事水轮机设计工作的喜群参与了三峡工程的重新论证和左右岸及地下厂房机组设计的全过程。喜平从事工艺工作,参与了三峡机组水轮发电机定、转子线圈制造过程的钎焊技术指导,以及三峡工地检修时的技术服务,我们也为父母亲见证了三峡工程的建成。

20世纪80年代初,青海高原黄河上游32万千瓦龙羊峡水电机组正在设计,这是当时全国单机容量最大的机组,又是平均海拔2700米的高海拔地区,而且采用的是东方电机厂水力试验台研究的新转轮。父亲非常关心机组的设计工作,在人员配备、生产技术准备上给予具体安排与指导。

计划经济年代,一机部计划东方电机厂用苏联技术生产20万千瓦汽轮发电机。在20世纪80年代初,国家派员学习美国西屋公司技术时,上海电机厂、哈尔滨电机厂都有明确的30万千瓦和60万千瓦机组目标,而东方电机厂没有,尽管也派人参与引进学习,但仅为"协作配合"。东方电机厂曾自主研制的30万千瓦汽轮发电机也被叫停,考虑到今后可预见的市场需求,父亲与东方汽轮机厂和东方锅炉厂的领导研究,决定无论如何也要重新开始自行研制东方型30万千瓦机组。在没有具体依托项目的情况下,通过对引进技术的消化吸

在东方型 30 万千瓦汽轮发电机开发
动员大会上发言

收,自主进行研制,并提前做了充分的技术储备。在国内第一次举行的火电设备招标采购时,东方电机厂获得了山东黄台电厂的 30 万千瓦汽轮发电机合同。第一台汽轮发电机在厂内试制完成后,他组织了大规模的模拟电站实际运行条件的厂内充氢试验,取得重大成功,请来的客户专家观摩了试验的全过程,非常满意。1987 年,黄台机组投运后经过大量现场试验,表明机组技术性能全部达到国家标准和国际电工委员会标准,还获得了国家产品质量金奖,从此确立了东方电机厂在大型火电产品中的三足鼎立地位。

为了东方电机厂的持续发展,他认为企业发展的后劲是科研。在计划经济末期,企业自有资金特别是外汇非常紧张的情况下,他据理力争,力排众议,集中财力推进 100 米水头高精度水力机械通用试验台等科研基地的建设,为东方电机厂持续发展做好铺垫。

葛洲坝 17 万千瓦、龙羊峡 32 万千瓦水电机组和东方型 30 万千瓦汽轮发电机的研制成功,以及 DF－100 型高水头水力机械通用试验台等科研基地的投入使用,使东方电机厂在水火电设备开发与制造方面走在了国内的前列。

改革开放初期,他组织开创了东方电机厂的对外销售工作,1980 年东方电机厂以投标方式出口水电设备获胜中标,使三套 4 200 马力轴流转桨式水电机组出口到美国加州卡曼奇(Camanche)水电站,实现了我国机电设备向美国等发达国家出口的零的突破。在实施这个项目的时候,东方电机厂遇到了非常大的困难:没有现代化的通信手段,不熟悉国外的技术要求,没有相应的国家标准和国际标准,“文化大革命”后企业管理和质量控制的混乱,对用户派遣驻厂监制工程师的不适应,等等。为了认真履行合同,工厂委托德高望重的副总工程师管敦信伯伯担任卡曼奇项目总负责人,在管伯伯的具体指挥下,东方电机厂克服了重重困难,提前完成了试制任务。通过这个项目的实践,东方电机厂实现了一系列的管理和技术的飞跃,也带动了其他产品的技术进步和质量升级。

1979 年,他刚回东方电机厂重新工作,就与干部们制订计划,认真挑选和培养中青年领导干部,使他们尽快成长,适应工作。事实证明,当时他们选拔的一批干部在政治上和业务上是过硬的,都成为了东方电机厂发展的杰出骨干。

1982 年年底,父亲退出一线岗位,改任顾问。

1983 年德阳市建市,他当选首届人大常委会副主任。1985 年离休,不久被东方电站设备成套公司(现中国东方电气集团公司)聘为技术委员会主任,参与研究东方电站设备成套公司前瞻性的技术工作。

1980 年和王述羲伯伯到瑞士参加国际电工委员会 IEC 会议

1984 年他在德阳市人大常委会办公室工作

1985年，为筹备建国40周年，国家决定编撰一套《当代中国》丛书，父亲又被借调到北京，担任常务副总编辑，主持《中国电器工业发展史》一书的编辑。总编辑是张大奇伯伯，他们合作得非常愉快。

我们住宅区后面是农村，回德阳后父亲非常喜欢去周边农村散步，结识了很多农民家的孩子，和他们交朋友，对于一些确实困难的孩子，只要他们愿意继续读书，父亲都会给予一些资助。他喜欢孩子们，孩子们也喜欢他。我们陪他散步时，不时有小孩子跑过来拉着他叫"陶爷爷"，那是他最愉快的时候。

父亲对生死和身后事一直看得很淡。20世纪90年代后期，听说可以自愿遗体捐献供医学研究和教学用，他赶紧托东方电机厂老干部科的工作人员帮忙了解，终于在1999年打听到华西医科大学开展这项工作。于是在老干部科的帮助下，学校来人带来遗体捐赠申请表，父母亲双双完成了遗体捐赠前的准备工作。

2009年父亲病重住院时，让我们把这份申请表找出来再确认了一次。同年11月23日，他安详地结束了96年的人生。按照他的遗愿，告别活动后，他的遗体捐献给了华西医科大学。几个月后，我们重病多年的母亲也随父亲去了，她的遗体也捐献给了华西医科大学。

父母亲离开我们十多年了，他们这一代人开创的新中国的发电设备制造事业，现在已经取得长足的进步。从开始学习美国技术起步，到"一五"计划期间学习苏联技术取得了一些进步，"文化大革命"耽误了他们为国效力的机会，改革开放又给了他们新的契机，他们完成了自己的使命，退出奋斗的一线，但始终牵挂着祖国的发电设备事业。

现在中国早已是"多电并举"。通过引进技术的消化吸收和再创新，中国在发电设备领域逐渐接近或赶上世界一流水平。对于这些进步，如果先辈们九泉有知，定会感到欣慰。

亲爱的爸爸妈妈，你们永远活在我们心中。如果有来生，我们还会做你们的子女。

二十二、追忆蓝毓钟的传奇人生

涂光群

2002 年

引 言

晚上听得见江声。那浩荡的江声,我想起东流的逝水,我想起人生的长卷。人生譬如一件浮载物,常被历史的大潮浮载、推拥,这往往有点儿不由自主。人生又实在应该是一个船工、水手、弄潮儿的角色,这是自主的。他不停息地搏斗、奋进,驾驭着命运之船,朝向理想的彼岸。

昨天我歇在一个山村。在那古老的可能沿袭了上百年的祠堂(这祠堂如今改为乡办小学)里,我看见一群天真活泼的孩童,穿着土气的衣服,稚气的好奇的眼睛追踪着外来的陌生人。这小小山村的孩子们,你们知道吗? 60 年一个甲子。60 多年前有个孩子,也是在你们祠堂,在私塾里发蒙的。而今你们抬眼看见的那高高的"铁架子"(超高压输电线的铁塔),那在阳光下闪闪发亮的几股粗大的银线,说不定同他还有点儿关系呢!

前天在我们家乡的城市那所著名的高等学府里,上千人的礼堂座无虚席,在听一位老专家演讲。他是一位电器工程师,为我国电机工业的发展,奋斗了半个多世纪。然而他似乎又不同于一般从事自然科学专业的专家学者,他的讲话充满着丰富的人生阅历和人生哲学意味,因而听者兴味盎然,尤其对那些刚刚入学,刚刚告别少年时代的十七八岁新生。我的外甥就在其列,他选择的专业是生物医学电子工程,据说是最新的边缘学科之一。事后他告诉我:"蓝爷爷的讲话真精彩!"他对"蓝爷爷"一生的经历感兴趣了。"蓝爷爷"在讲话里很少正面涉及自己的人生经历,但是仅会议主持人的简短介绍,就够大学生听众们"扑朔迷离"的了! 比如"一贯的优等生""一二九……南京学生冲上街头的带头人""1938 年中共重庆沙磁区第一任区委书记""1946 年至 1948 年被国民政府选去美国实习深造""1949 年代表人民政府接管湖南湘潭电机厂,任副厂长""西北地区最大的厂家之一西安电力机械制造公司的副总经理兼总工程师"……外甥向我提出有关"蓝爷爷"的一连串问题。

是的,作为也是从乡村祠堂小学发蒙的人,作为舅舅,我应该向外甥,也向所有孩子,讲讲我的姐夫——蓝毓钟工程师。特别在这江声如鼓如诉,月光如水如银的夜晚。

遗腹子和优等生

姐夫是个遗腹子,在他父亲去世 3 个月后他才出世。那是 1914 年 6 月,在湖北黄陂县(现为黄陂区)的乡下。他年轻的父亲那时是北京京师大学堂(北京大学的前身)的工科预科生,不幸突患牙病去世,留下 24 岁的寡妇和这个遗腹子。24 年后的 1938 年,我第一次见到蓝母:宽额、浓眉、皮肤白皙,眼睛非常明亮。这是一个了不起的母亲。她善良、聪慧,虽说不识字,而重情、明理、知义。她将抚育独子作为自己责无旁贷的人生义务。她靠帮人织布、绣花,独立支撑母子两个人的生活,含辛茹苦,坚持送孩子上学受教育,日子是艰难的。

毓钟发蒙上学是在本村祠堂的家庭子弟学校。他小学毕业了,正赶上北伐战争,学校停课。1928年年初,农村里恢复旧秩序,请老秀才来祠堂教旧书,毓钟读了一年旧书,学了《左传》《史记》《古文观止》,以及古典诗词等。毓钟回忆说,这些书都有益,不但增长知识,而且打好了文字基础,对后来的书写表达特别有帮助。1929年春,母亲将孩子从乡下带出来,送至武昌的舅舅家,秋季毓钟考取了省立一中,第一学期成绩名列前茅,学校奖给他辞典一册。第二学年上学期,省里组织中学生专科竞赛,毓钟一个人当了语文、英文、数学三科的选手。毓钟说:那时我想的是怎样给妈妈争口气。1931年初中毕业,毓钟参加全省毕业会考和考高中,结果考了全省第一名,考取了新办的武昌省立高中,同班级的同学中有后来一二九学生运动的风云人物,黄陂同乡杨学诚,还有当今的文学家严文井。1934年高中毕业考大学,毓钟选择了电机工程,报考南京中央大学,接着又报考武汉大学机械系。中央大学先发榜,他考取了。武汉大学随后也发榜,他名列第一。他决定去南京上学,于是妈妈变卖仅有的田地支持儿子上学,舅舅对“名列首选”的外甥也给以援助。

我了解了姐夫学生时期一直是个优等生,深有所感。这优等来自贫寒的家庭、母亲的催化。所谓“自古寒门出英杰”“梅花香自苦寒来”,这是有一定道理的。学习成绩优等,不一定在人生的战场上也优胜。但蓝毓钟这个优等生,在其后几十年的人生战场上也是优等。品学兼优是各方面优秀的人才之源,这种好学上进的精神永远值得提倡,也是一个健康向上的社会应当具有的风气。蓝毓钟在晚年说过一句话:“拥有知识,就拥有一切。”新中国成立后在他担任一些企业的领导职务时,有一件事情是他最关心而且贯彻始终的,便是为职工办学校,培养人才。湘潭电机厂最初的职工学校是他创办的。在他工作的最后几年,筹备创办了西安电力机械制造公司的机电学院,至今已培养了千余名大专生。

动荡年代的求索

毓钟上学的年月,正值动荡不安的时代。1927年下半年,蒋介石、汪精卫先后叛变革命,武汉天天有共产党人、革命志士遭屠杀,有的甚至暴尸汉阳门码头。这些骇人听闻的罪行都是留在毓钟童年心上的印象,非常深刻。1931年他进高中,即发生了九一八事变,武汉群情激愤,蓝毓钟加入了学生游行示威的队伍,向省政府请愿,高呼抗日口号。而省主席何成浚出面讲话,只是一味敷衍,学生们大为失望。这时在学校的老师、同学中,有倾向进步的,也有相信国家主义的,还有说无政府主义好的……此时,人生的苦恼第一次袭上了毓钟的心头,他不知自己的精神究竟寄托在哪里,人活着到底为什么。他开始寻找、思索。冯友兰、克鲁泡特金、三民主义,好像都不能解决自己的问题。同宿舍的朱语今(新中国成立后曾任全国青联委员、中国青年出版社社长)介绍《中学生》杂志给他看,他初次从这个杂志上接触了马克思主义哲学。但是,这时影响他较深的还是西方国家科技进步、工业发达、国力强盛的信息。他猛攻数、理、化,准备为祖国的工业化贡献力量。直至进了大学,他还是主张这种“工业救国”的思想。

南京是国民党政权的中心,盖了不少高楼大厦,然而一出校门,便能看见不少穷苦人居住在难以遮蔽风雨的破旧棚子里。还有一大排人力车停在校门口抢生意,有的年纪很大的车夫缠着青年学生拉生意:"先生去夫子庙不? 不快不要钱!"这不明显是社会的畸形和不公吗? 蓝毓钟心里很不安宁。他有篇日记的题目就叫《一个年老车夫的呼喊》。这本日记不慎掉在洗脸室被化工专业的同学薛葆鼎(新中国成立后曾任国家计委投资研究所所长)捡去,于是在归还日记本时两位素不相识的同学认识了。薛葆鼎、薛葆宁两兄弟这时已在中共地下党领导下活动,他们经常跟国民党左翼上层人士王昆仑(他其实是秘密的共产党员)、孙晓村,还有进步分子、经济学家狄超白等人联系。薛葆鼎很快成为蓝毓钟的朋友。一年级下学期(1935年春),蓝毓钟换了宿舍。同宿舍有位叫后文瀚的同学,见蓝毓钟思想苦闷,便送给他一首诗:"底事埋头格自然,难将真理说荒唐。如今世事皆颠倒,终日辛苦为谁忙?"这无疑给毓钟服了一剂对症的药,使他顿时醒悟过来,觉得光"埋头格自然"还不行,还得抬起头来正视现实,追索救国救民的真理。

薛葆鼎、后文瀚、蓝毓钟这几个朋友,还和其他院系的季钟璞、孙运仁、徐荃等人组成了读书会,他们看《大众生活》《读书生活》等进步刊物,读艾思奇的《大众哲学》等马列主义通俗读物。不久他们自己也办了一份《科学生活》杂志,由艺术系的徐荃设计封面,大家凑了一点钱,由蓝毓钟、冯秀藻负责编辑出版。该刊得到上海文化界救国会的支持,《大众生活》为其破例登征订启事,免收费用。《科学生活》是他们结合实际、宣传辩证法观点的一个尝试。

惊雷午起

1935年民族危机日益深重。北平爱国学生忍无可忍,终于爆发了一二九运动,喊出抗日救国的心声。

一二九爱国运动很快波及南京。在这国民党反动统治的心脏地区,首先振臂高呼响应北平学生者当推中央大学;而中央大学之带头者又首推工学院二年级学生;二年级学生中,又首推后文瀚、蓝毓钟、薛葆鼎等读书会成员,他们自始至终站在爱国学生运动的最前列。

蓝毓钟早在一二九之前,就与北平的学生运动的领袖、清华大学杨学诚等有通信往来。一二九的消息传到南京,蓝毓钟他们的读书会的成员又振奋又不安。12月17日中午,毓钟与后文瀚在饭厅里一边进餐,一边率先跟熟识的同学们商量,下午又串联同班的十几个同学一起继续商量,决定以工学院二年级同学名义,邀其他年级同学代表于下午4时半后去蓝的宿舍开会。就这样滚雪球式地串联了全院、全校同学的代表,一致商定第二天上午在校礼堂开全体同学大会,表示对北方同学的声援。校长罗家伦闻讯赶来劝阻,同学们对他说:"你是参加过五四运动的,希望你拿出当年的劲头来支持我们向政府请愿的正义行动!"罗家伦无言以对。12月18日上午,全校同学大会在大礼堂举行,后文瀚发表慷慨激昂的讲演;大会通过了当天下午到行政院请愿的决议。当时全校同学近千人,多数参加了下午的游行,同学们5个一排,秩序井然地步行到行政院,一路呼喊着要求政府出兵抗日的口号。

围观的市民很多，许多中学生也加入了游行队伍。军警没有阻止，学生们胜利地到达行政院后门，派出代表与行政院秘书长交涉。当晚，学生代表决定即日起罢课。

一声惊雷震动了南京各界。12月19日，金陵大学、金陵女大及一批中学生数千人上街游行请愿。国民党中央政府为请愿的学生所震慑，急忙调动全副武装的军警，打算采取镇压措施。一天，后文瀚收到一封信，内装一个子弹壳，是明显的恐吓信。几个核心分子遂商量，后文瀚不再公开出面，领导这次学生运动的主席团改由季钟璞和蓝毓钟出面。当然还争取了国民党某些派系的学生参加，因为这是抗日请愿，联合的人越多越好。

蓝毓钟在这次南京学生抗日请愿活动中，冲锋在前，敢于斗争，又磨炼了在复杂环境里如何斗争的艺术，20岁出头的他变得老练起来。接着他参加了共产党领导下的秘密学联的活动。1938年年初，中央大学学生自治会成立，他又代表中央大学学生，参加了重庆（1937年11月中央大学迁校重庆）的学生救国会。1938年5月，蓝毓钟参加了中国共产党。

地火运行

两个月后（1938年7月），蓝毓钟大学毕业，取得电机工程学士学位，在经济部下属的中央工业试验所谋得一个技佐职务。又两个月后（1938年9月），中共四川地下省委副书记兼重庆工委书记廖志高将蓝毓钟和重庆大学、南渝中学（南开中学前身）几个地下党员组织在一起，成立中共重庆市沙（坪坝）磁（器口）区委会，并指定新党员蓝毓钟为代理区委书记。沙、磁区为学校、文化单位较集中的一个文化区，当时区委联系的党员散布在从小龙坎到磁器口的许多单位，除重庆大学、南渝中学外，还有师范学院、职业学校、军工厂、书店、机关和街道。那时区委的主要任务是巩固和发展党的组织，教育、培训党员，党的活动完全采取隐秘的方式。当时跟蓝毓钟共事的几位区委委员有：妇女委员沙轶因，新中国成立后曾任南京市人大常委会副主任；青工委员徐培光（后改名徐淡庐），新中国成立后曾任我国驻瑞士使馆政务参赞；组织委员曹自明，新中国成立后曾在江西省广播事业局担任领导工作。区委书记蓝毓钟同时又是工业试验所的技佐，正受命编一本电机电器知识的小册子，他征得所长同意不必每天上班，这样就有更多时间从事党的秘密工作。所长曾派他去北碚出差，他也接受了上级领导廖志高的任务，去劝说北碚救国会的党员负责人，让他停止救国会的活动，因为那种群众团体继续保留下去，对保守党的机密反而不利。不久廖志高有意调蓝去北碚工作，毓钟乘机向工业试验所领导提出调北碚的要求，所长欣然同意。于是1939年年初毓钟正式调北碚任北碚地下特委宣传部部长兼北碚区委书记。

1939年下半年，国民党掀起反共高潮，在其统治中心的重庆，形势更是严峻、紧逼。它搞了"限制异党活动办法""防止共产党打入国民政府内部"，要求政府内的工作人员一律填表加入国民党。蓝毓钟请示了党组织，决定撤出经济部下属的中央工业试验所而另谋职业。正巧他的一个四川籍同学在江北办了个私营的安达电机厂，愿请他去当厂务主任，工资也明显高些。那时共产党在国民党统治中心区的策略是搞长期隐蔽，因此廖志高对蓝毓钟去江北私营厂表示支持，要他去同地下党员李应吉（新中国成立后曾任外贸部副部长，

"文化大革命"中遭受迫害去世,那时化名宋林)联系。李应吉告诉他,江北是个很好的点,人家不大注意,在那里安身好。不要搞地方党组织的工作,把工厂搞好,将来还可以组织人去那里隐蔽安身。当然,在工厂也可以搞些群众性的社会活动,如周建南、孙有余(周、孙两位新中国成立后任第一机械工业部的副部长、部长等职)就搞了个重庆市青年科技协进会。李应吉还说,党内就同他一人单线联系。一年后,老板关闭这家私营厂,蓝毓钟有个老师在资源委员会中央电工器材厂当厂长,他打听到"资委会"并不要求它下属事业机构的人员参加国民党,他遂去这个电工厂的重庆电池分厂当了材料股股长,一面把家搬到江北的牛角沱对岸,继续从事隐秘的地下活动。这时正逢皖南事变发生,国民党在重庆搞大清洗。蓝毓钟在材料股股长任上除了为党筹集经费,还受命负责掩护工作。当时重庆市委撤下来的人员,还有从别的地方撤下来的党员,他们晚间过江到蓝家来隐蔽,白天再出去。蓝毓钟这时家庭遭受了不幸,日本鬼子飞机对重庆狂轰滥炸,体弱的我大姐刚刚生下第二个孩子,就在防空洞里突发心脏病去世。蓝毓钟忍着个人的悲痛承担党交下来的任务。而蓝伯母也深明大义,尽管她不认识这些天天晚上来的客人,也不了解他们是干什么的,还是配合儿子做好接待工作,为他们准备热茶、热菜、热饭,准备干净温暖的被褥。除了温馨、慈爱的微笑,她什么也不问、不说,仿佛早就同儿子有了默契。

1941 年年初接受党安排,蓝毓钟疏散到桂林,任桂林电工厂的规划股股长,直至 1944 年湘桂大撤退,他才返回重庆。

白色政权造就的红色专家

毓钟在桂林的三年有个苦恼:党的组织关系联系不上。离开重庆时,组织上曾对他说,党的关系随后将转去。可是等了许久,却没有人找他联系。在复杂的地下环境,他只好独立地凭着自己的党性行事,好在没出过任何差错。回到重庆,找到自己原来联系的薛葆鼎去红岩村面见南方局西南工作委员会书记钱瑛大姐,钱大姐对此做了说明解释,毓钟才知道自己的组织关系就保存在重庆。钱大姐说,原来是想转去的,后来南方局做出决定,采取了转地不转党的办法,以防万一在转的过程中组织关系暴露。"文化大革命"期间,有些人蓄意捏造事实,污蔑蓝毓钟是"假党员",曾任四川省委第一书记的廖志高同志对此勇敢地做了澄清,说"转地不转党"是南方局的决定,毓钟的组织关系一直在党手里,怎么是"假党员"?

抗日战争胜利后,蓝毓钟的老同学、老朋友、地下党员薛葆鼎,已经奉组织之派去了美国。原来经济部下属工业试验所所长是他的表哥,这个所与美国西屋公司有业务往来,薛正好利用这种关系去了美国。这时资委会下属机构的工程技术人员,可能被派去参加接收东北、华北的日伪工业,也可能轮流赴美深造。蓝毓钟被召去红岩村,南方局钱瑛大姐亲自同他谈了话。钱瑛说:"这个时候党员出去没有坏处,应该动员党员出去。你们不应错过这个机会,反而应利用这机会出去,学习本领,锻炼提高自己。回国后,要用一些办法提高自己的地位。因为不管'和'或是'战',我们总要有人。如果'和',要有人头跟地位。如果是

'战',打完了仗,还是要搞建设,需要大批的专业技术人才、人员才能实现祖国的工业化。所以你们出去深造是好事。将来你要出去,组织关系还是放在组织部。"1946 年 2 月,在资委会系统内,蓝毓钟受命去天津接收工厂,但在 4 月即接到通知,要他准备出国。毓钟 5 月份回到武汉,安置了家小,9 月份即从上海出发直航美国,到匹兹堡城西屋公司学习高压电器制造技术,同时又在匹兹堡大学研究生班进修。

毓钟到美国后不久,一次在一家中国饭馆吃饭,见到有薛葆鼎留下的地址,他高兴得悉老同学薛葆鼎也在匹兹堡城,住在大学区,从毓钟所在的工业区乘车半小时可达。他们立即联系上了。薛告诉他,他已与党在美国的组织取得联系。抗日战争胜利后,所有在美的中共党员曾开过一次会,董老(董必武)曾到会讲话。这时党的负责人是唐明照,薛这位活跃分子已同他取得了联系,唐也从纽约传信给他,了解资委会在美人员情况,取得联系。他们在匹兹堡搞了个读书小组,每星期碰头一次。薛在美国一所学校毕业后,任《华侨日报》编辑,他到处联络中国留学生中的进步分子,例如我的堂兄,地质学家涂光炽也是在这时候同他建立了联系,也参加了他们的读书小组。这些以中共党员为核心的读书小组,在美国团结了许多爱国知识分子,这是个人才库。新中国成立前后,这一大批进步知识分子、专业人才陆续回国,成为中国社会主义工业建设的核心骨干力量,这是在旧社会的母胎中生长出来的新生力量,是新中国第一批红色专家。蓝毓钟工程师不过是其中之一而已。还有一大批更知名的,如华罗庚、赵忠尧(中国科学院高能所高能物理学家)、朱光亚(著名原子物理学家、我国第一颗原子弹的总体设计者,曾任国家科委主任)、严东生(陶瓷专家,中国科学院原副院长)、侯祥麟(匹兹堡大学化学工程博士,新中国成立后曾任石油工业部副部长)、徐鸣(新中国著名外交官,曾参加朝鲜停战谈判,后任我国驻瑞典使馆官员、国家科委科技局局长等,当时任《华侨日报》编辑)都是这个圈子里的人。

薛葆鼎因为老伙计蓝毓钟的到来,弄起这些社会活动来自然更是如虎添翼。"读书小组"聚在一起主要是讨论时事或了解国内形势。此外他们还组织了在美国的中国科协和一些联谊性的机构如"建社""明社",就靠这些组织和机构联系,更广泛地团结了在美国的中国科学技术人才。

"科协"和读书小组影响的扩大,使得资委会派驻匹兹堡西屋公司的上层人士也设法同这些进步分子沟通联系,尤其在解放战争中后期。如资委会驻西屋公司代表褚应璜就是通过蓝毓钟这个渠道同中共地下党取得联系的。褚应璜于 1948 年回国后,推动资委会系统的工厂拒绝拆迁台湾,帮助护厂,起了很好的作用。褚本人也秘密离开上海,经香港转赴东北解放区,后来成为新中国全国政协第一届委员。

蓝毓钟于 1948 年 1 月取道香港回到内地,受党组织指示立即与在香港的中共地下工委负责人之一的章汉夫取得联系。章汉夫指示两条:一是要搞好护厂斗争,但绝不能暴露身份;二是要保护好已经运进和正在运进的美国技术资料和机器,防止国民党分子破坏或运走机器(蓝毓钟这时接到资委会通知,他已被任命为湘潭电机厂制造室主任,而湘潭电机厂主要是接受美国西屋公司援建的一个工厂)。

　　蓝毓钟回到湘潭电机厂后,以分工管设备和技术的制造室主任的身份,以"不懂政治"的"灰色"姿态,巧妙地同国民党当局和国民党分子周旋,依靠厂里的老工人、技术骨干和少数地下党员,成功地进行了地下护厂斗争,保护厂房和机器设备完好无损地回到人民政权的怀抱。例如,当时国民党当局指示要将新运进的美国设备拆迁走,蓝毓钟依靠厂里的技术工人,早就搞了"狸猫换太子"的把戏,把一批废旧设备包装好了。国民党如欲将它运走,也只能是白忙活半天,得到一堆废料。

四十年历程

　　1949年新中国成立,为中国工业的建立和发展创造了前所未有的有利条件。新中国成立后蓝毓钟任湘潭电机厂管生产技术的副厂长。几年之后,这个厂的产品产量增加了许多,工人和技术人员由解放初期的500人发展到1956年的3000多人。1956年是中国工业建设大发展的一年,蓝毓钟调往西安受命筹建西安开关整流器厂,并被任命为总工程师兼厂长。

　　1960年,西安开关整流器厂正在加紧建设之时,苏联政府突然撤走了专家,中断了行将交付的设备和技术资料,使开关整流器厂的心脏工程——高压试验站——的建设工作被迫停止,热火朝天的工地一下子变得冷清了。由于我国当时还没有自己的高压试验基地,每次都需派专人带着产品样品去国外做试验,既费时又费力,人家也正好卡我们的脖子。高压试验站的筹建正是为了改变这种依附别人的状况。蓝毓钟决心组织科技人员自力更生,克服困难,建成我国自己的超高压试验基地。在一机部电工局的直接领导下,他和几位技术人员一起,认真分析了苏联的设计方案,结合我国情况,重新修改了设计方案。

　　33米高的高压试验大厅、36米高的强电流试验场地终于建成了。这座拥有1000多台设备、建筑面积26000多平方米、亚洲一流的具有世界先进水平的高压试验基地的建成,结束了我国做断路器容量试验依赖外国的历史。

　　20余年来,这个试验基地为我国开发各种电器设备提供了必要的手段和条件,发挥了科研基地对我国输变电设备和其他电工产品技术开发的中心作用。20世纪60年代试制出第一批330千伏空气断路器,20世纪70年代研制成功500千伏空气断路器以满足我国电力工业发展的需要,都是利用了这些试验装置。至今总部设在瑞士的BBC跨国公司的专家们来参观,仍然对这里的设备、环境赞不绝口。

　　"文化大革命"期间,蓝毓钟被戴上了"走资派""反动学术权威""假党员""美国特务"四顶吓人的大帽子。然而祖国是多么需要她的忠诚儿子挺身而出为其解决建设中的大难题啊!1969年,国家确定建设我国第一条从刘家峡送到关中的330千伏超高压输变电线路,要求一年内交付成套设备。这套设备需要组织西安电力机械制造公司六七个工厂和研究所通力合作,更需要一位权威的技术总指挥。蓝毓钟被从"牛棚"里解放出来,受命担任这一职务。他不计个人恩怨,立即全身心地投入工作,数九寒冬以接近花甲高龄,深入工厂车间,试验场地,荒郊野外,哪里有难题他出现在哪里,同工人、技术人员一道攻克一个个难关。他既是普通一兵,更是一名身经百战、经验丰富、所向披靡、令人敬服的指挥员。终于,难题在他面前一个个化解。1972年,我国第一条330千伏超高压输变电线路如期送电。蓝毓钟工程师在这条西北高原大输电线路的建设中立了大功,做出了卓越贡献。但他既不图名,也不求利。工程结束,他只宽慰地一笑,便匆忙地又去领受新任务。

在改革开放的年月,他受命频繁出访东欧、西欧、北欧、美国,为我国引进西方先进的直流输电成套设备、参加国际大电网会议,以及恢复我国在国际电工委员会成员国的地位,做出了贡献。而他在西安电力机械制造公司副总经理兼总工程师的任上,还为公司的技术改造殚精竭虑。在发展机电产品出口方面,他主持组建了中国电器出口联营公司,培训了一批外贸业务骨干,扩大了出口产品范围,为发展电器产品进出口贸易业务开辟了道路。到1986年蓝毓钟卸任之前,西安电力机械制造公司,已建起十一家工厂、七八个研究所、一所机电学院,成为一家大型联合企业集团,拥有工程技术人员5 000多人,工人28 000多人,每年产值近6个亿,上缴利税1.4亿～1.5亿元,为国家计委计划单列单位。在西安市西郊,人们远远地便可以望见一座厂房林立、建筑宏伟的城。这就是蓝毓钟和他的同事们30年心血建设起来的电工城——关中地平线上的一座丰碑,一座永恒的城。

(注:涂光群为蓝毓钟的妻弟,此文由蓝毓钟之女兰秀玲推荐。)

二十三、丘华山逸事

丘尚初　丘善敏

2018 年

先父华山公,离开我们已有 11 年了。然其音容笑貌,犹在眼前。遂以鳞爪为篇,聊作纪念。

"我是党外的布尔什维克"

新中国成立初期,父亲将从美国购得的一箱金工工具器材献给国家,缓解了当时器材短缺之急。为此,厂里为他记了一等功,发给他奖状和奖品。

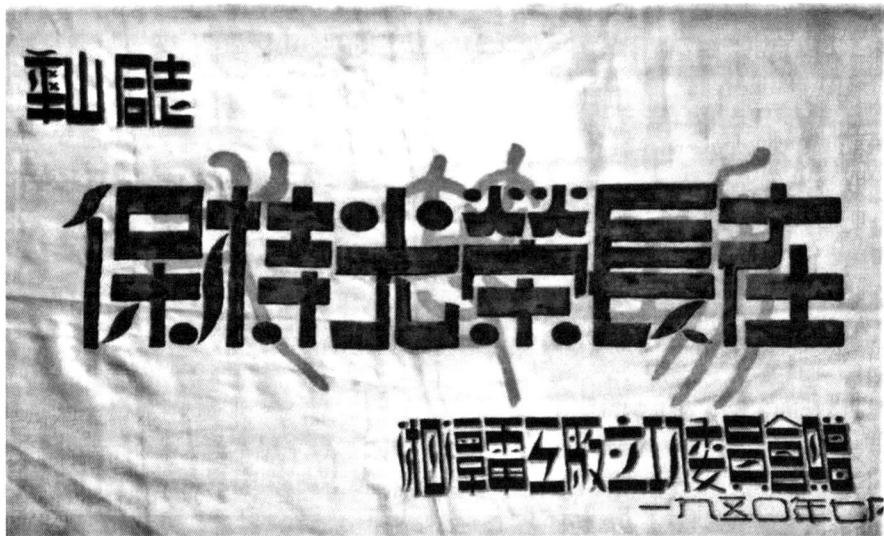

父亲获得的立功委员会颁发的一等功奖状(篆体背景字为"一等功")

他把奖状看得很重。无论在湘潭、北京,还是昆明,他都将奖状挂在卧室的墙壁上,直至逝世。

至于奖品,那是一批马列主义的经典著作和毛主席著作的单行本,记得其中有《共产党宣言》,恩格斯的《从猿到人》,列宁的《列宁文选》(上、下两卷)、《论国家》、《共产主义运动中的左派幼稚病》,毛主席的《论联合政府》《新民主主义论》,以及斯诺写的《毛泽东自传》。

不知从什么时候起,他萌生了争取入党的念头。于是他严格要求自己,并寻找入党介绍人。他找到了他的同乡,中国海员工会主席丘金①,恳请他当入党介绍人。丘金说:"像你

---

① 注:丘金是丘华山的老乡,海员出身,土地革命时期的老党员,曾任交通部上海海运局顾问、中国海员工会主席、中共七大候补代表、八大代表。

1987 年父亲(右一)去博山经北京时探访丘金(左一)及其夫人丁一(中)

这样的人,历史复杂,又没有经历革命战争的考验,不宜入党,做个党外的布尔什维克不也很好吗?"从此他断了入党的念头,有时还对人说:"我是党外的布尔什维克。"

与鲍国宝先生往来

抗日战争期间,在王平洋先生的撮合下,父亲和鲍国宝先生的侄女成婚,成为鲍的侄婿。而在 1958 年前,他和鲍的接触并不多。

调往北京后,他和鲍同居一座城市。鲍居城东,他居城西,中间有一条长安街连通,交往逐渐多了起来。1959 年元旦,全家第一次去拜访鲍先生,那是我印象最深的一次。在鲍的家里,我见到了刚从瑞士回国的高压开关专家甘澄泽①先生夫妇和两个活泼可爱的孩子。有一个孩子为大家唱了一支德文歌。甘是应鲍的邀请回国效力的。

从此两家有了来往。鲍时常到家中探望。他每一次来,我的外婆都很高兴,并多次对他说:"你为我挑选的女婿,待我很好,我很满意,我过得很好。"每听到这样的评价,鲍总是微笑地点头。在父亲调往昆明的前夕,鲍也到家送行。

调到昆明后,两人时有书信往来。即使在"文化大革命"时期,书信也没有断过。"文化大革命"结束后,1977 年,鲍将余昌菊先生编的、鲍国宝先生审定的《英汉电工词汇》一书赠给父亲,衬页上的题词为"赠华山贤侄"。

---

① 注:甘澄泽,壮族。高压开关专家,广西宁明人。1935 年他毕业于交通大学电机系,曾任广州西门子公司、广州市电力管理处工程师,历任水利电力部电力科学研究院高压输电研究所副所长,水电部科学技术情报所高级工程师,长期从事高压开关研究工作。

关键时刻救人

"文化大革命"期间,父亲受到冲击,戴"白袖套",挨批斗,被下放到铸工车间打铁。

一日,他见到一位同事在工作中被电击伤,卧倒在地,昏迷不醒,立即上去施心肺复苏术(CPR)。他有没有学过心肺复苏,我不知道。只知道结果是,在他和另一位戴"白袖套"的同事林汉湘的施救下,此人慢慢苏醒,被送到厂医院治疗。事后,听到有人说:"这丘华山是在找死。如果此人没有醒来,岂不成了他的一大罪状?"此人在"文化大革命"后离厂到广州工作,但常来昆明探望,有时还和家人同来。

2007年,父亲去世了。父亲所救的人得知这个消息后,打电话过来说:"他是个好人。如果不是他和林汉湘,我不会活到今天。"

退 休 生 活

父亲1975年退休后,先被中学聘为英语教师,教英语一年。后受总工程师刘屏楚之托,翻译出口到塞拉利昂的水轮发电机组说明书。该项工作完成后,他再没有做具体工作了。此后他便外出旅游,先携夫人去桂林,后携同伴张振东到峨眉山,不幸跌破了头,经包扎后继续游玩。返昆明后,他又在家人的陪伴下先后去北京、博山、成都、重庆、西安、武汉、上海、南京、杭州、苏州、镇江、常州、大理等地游山玩水、探亲访友。

1986年去香港探亲,他受到乡亲们的热情接待。这是他阔别家乡37年后第一次探亲。他对乡亲们说:"我这次到香港来,不是来玩的,而是来看望你们的。只要大家都好,我就心

丘华山(中)与陶炜(左一)、葛祖辉(左二)、张弘夏(右一)、张弘夏夫人许女士(右二)游西山时合影

丘华山(左二)与苏兆久(右一)等在云南石林合影

安了。"他在乡间住了半年后返昆。之后几年,他每年都要寄贺年卡给乡亲们。

同年,父亲应邀参加了湘潭电机厂建厂 50 周年厂庆庆典。

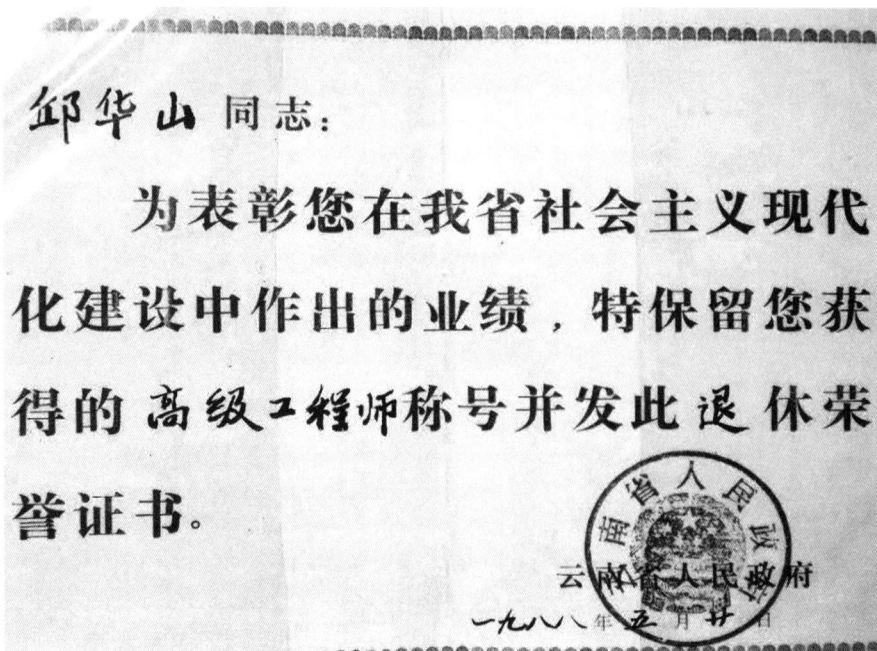

父亲的退休荣誉证书

父亲退休后和以前桂林厂的同事、后来的知名学者余耀南先生恢复了联系。"文化大革命"结束后,余回国访问,打听到父亲在昆明,遂来信告知近况。他说,他在加拿大多伦多大学教书,带研究生,其中有湖南大学的。于是两人开始通信,他还寄来过精美的贺年卡。

80 岁时,家人为他做了生日和金婚纪念。此时他已患糖尿病,但精神很好。自写诗一首,题名《闲吟》。诗曰:

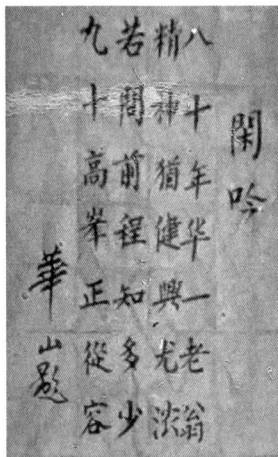

八十年华一老翁,
精神犹健兴尤浓。
若问前程知多少,
九十高峰正从容。

此后,因糖尿病发展,并发青光眼,治疗不及时,致双目全盲。之后的十多年内他在黑暗中,在家人的照料下度过。陪伴他的是一台微型的半导体收音机。他平静地接受了这个无情的打击。

父亲八十岁作诗《闲吟》

他于 2007 年 10 月 27 日逝于夕阳红医院,享年 93 岁。

二十四、怀念敬爱的朱仁堪伯伯

陶喜群

2020 年

2010 年 10 月 11 日晚,东方电机厂教授级高级工程师朱仁堪伯伯因病医治无效离开了我们,享年 96 岁。我们深切怀念这位可亲可敬的老人家。

朱伯伯是江苏苏州人,1936 年毕业于交通大学电机工程学院,获学士学位,在校期间是学业最优秀的学员之一。从交通大学的档案中我们知道,1933 年 10 月 4 日,学校决定"奖励上学期成绩在 90 分以上兼品行端纯者",受奖者有"机三钱学森、土四张光斗、电四钱钟韩、科三袁祥、机二钱学榘、电一朱仁堪"。大学毕业后,他就从事电机制造事业,先在私营华成电器厂工作,后进入资源委员会中央电工器材厂工作。

1939 年 10 月,开工兴建在四川龙溪河上的下清渊硐水电站,拟定装机容量为 3 000 千瓦。当时正值第二次世界大战期间,从英国、美国采购来的水电机组滞留越南海防,电站所需设备只好由自己解决。当时宜宾电厂有一台闲置的(50 赫兹/60 赫兹)变频机,容量为 1940 千伏安,朱伯伯等人将其改装为 1 550 千瓦的发电机,与由另一位水轮机工程师吴震寰主持设计的,由重庆民生机器厂制造的两台 1 000 马力的水轮机组成一套卧式水轮发电机组,于 1944 年 1 月安装完毕,投入运行。这比从抗日战争胜利后从越南海防运回的美国机组提前 4 年时间发电。

1944 年,朱伯伯受资源委员会委派前往美国,先后在通用电气公司和西屋公司实习。他于 1946 年至 1947 年在美国麻省理工学院研究生院进修,并获电机工程硕士学位。

太平洋战争后,随着抗日战争局势的好转,一些美国公司开始计划对中国进行投资。1944 年 8 月,美国西屋公司提出技术合作意向,同中国资源委员会协商,以期抢先占领中国的战后电器市场。资源委员会决定派恽震先生做全面考察,并与西屋公司直接谈判技术合作,1945 年 7 月正式签订了合同。朱伯伯当时正在美国,作为代表团成员,参加了考察与谈判。技术合作的主要内容包括西屋公司向我方提供汽轮机、发电机、电动机、变压器、开关设备、电表仪器等产品的设计制造资料,设计能制造以上产品的厂房和培训技术人员。根据技术合作合同,资源委员会在湖南湘潭建设电机厂。

朱伯伯回国后,就被派往湘潭,以中央电工器材厂湘潭工程处副主任的身份,主持电机新厂建设。1948 年元旦,湘潭电机新厂举行开工典礼,并于 1948 年 5 月制造出首批电动机产品。

由于内战,资源委员会与西屋公司的技术合作未能按计划全面实施,但这次合作经验以及西屋公司与中国电器工业的技术渊源,为 20 世纪 80 年代中国大型火电机组技术引进准备了条件。

1949 年后,国家首先进行东北建设,朱伯伯受命调东北电工局电工四厂(后更名为哈尔滨电机厂)任副总工程师,是新中国电机制造业的创业者之一。1958 年 5 月,第一机械工业部大电机研究所成立,负责全国大电机、水轮机的行业工作,以及承担哈尔滨电机厂的产品科研、设计、生产和服务,朱伯伯是第一任总工程师。在哈尔滨工作期间,朱伯伯曾组织当时国内单机容量最大的新安江 7.25 万千瓦水轮发电机组的研制工作。

他曾任哈尔滨市人民委员会委员、哈尔滨市科学技术协会副主席。

之后朱伯伯调北京一机部电工局工作,德阳建厂后,他奉命到东方电机厂的前身德阳水力发电设备厂任副总工程师,主持了乌江渡 20 万千瓦水电机组、葛洲坝 17 万千瓦水轮发电机组、30 万千瓦水氢氢内冷型汽轮发电机、汽轮发电机用 75 千伏安稀土钴永磁副励磁机等一大批重点科研项目的研制。其中,葛洲坝机组获国家科技进步特等奖,30 万千瓦汽轮发电机获国家产品质量金质奖,75 千伏安稀土钴永磁副励磁机获国家科技进步二等奖。朱伯伯全程参加了三峡水电站的技术论证和前期设计工作。他还主持研究了汽轮发电机定子铁心隔振结构及绕组端部电屏蔽等新技术,解决了电机发热和振动等问题,为嫁接引进技术独立自主开发 30 万千瓦汽轮发电机创造了有利条件。

朱伯伯是中国电机工程学会第一、第二届理事,第三、第四届常务理事,终身荣誉会员,中国电工技术学会第一届理事,中国旋转电机标准委员会委员、顾问,机械工业委员会电工技术委员会委员。1984 年,他被电气和电子工程师学会(IEEE)接纳为高级会员,1983 年,他被聘为教授级高级工程师,1985 年退休后被聘为东方电机厂顾问,1990 年被国务院批准为享受政府特殊津贴专家。

朱伯伯以优异学业毕业后,为振兴中华留学海外,作为电机专家参加与西屋公司技术引进的谈判,并接受西屋公司技术培训。回国后,他先后在湘潭、沈阳、哈尔滨、北京和德阳担任重要的技术领导工作,他是电机界德高望重的老前辈,是我们学习的好榜样。特别是在德阳,他经历了建厂初期的艰辛、经济困难时期的窘迫。由于留学海外和从事技术领导工作的关系,他在"文化大革命"中最先遭受被"打倒"的非人待遇,积劳成疾,患上了严重的疾病,而他坚强地挺过来了。朱伯伯 70 多年来的技术生涯为祖国的电机制造事业做出了卓越的贡献。

现在朱伯伯培养的年轻人正实现着他早年的愿望。20 世纪 40 年代他改装了 1 550 千瓦的发电机,而现在我国发电设备科技人员正在研制 175 万千瓦的核电发电机、100 万千瓦汽轮发电机和 100 万千瓦水轮发电机组,朱伯伯早年工业兴国的梦想正在实现,一个繁荣富强的中华民族正在崛起,他的在天之灵可以得到安慰了。

二十五、我的父亲杨锦山

杨小平

2022 年

爸爸走了,熟悉的背影,渐行渐远……然而,那张弘毅刚韧的脸,他那慈祥可亲的音容笑貌,在我们的眼前越来越清晰。

全 家 福

童年的记忆里,爸爸仿佛是家庭中最陌生的成员,不是经常见到,却经常带来能使我惊喜的小玩意儿,给童年增添了盎然的生趣和欢乐。

20 世纪 60 年代初,全家搬到上海。每个星期六,爸爸会和司机老于伯伯来接我。记得我会请求爸爸,去买那些妈妈不会买的零食,每次爸爸都会满足我。因为当时父亲每个星期才回来一次,所以小时候我一直以为闵行是很遥远的地方。

后来才知道那段时间,正是爸爸在筹办一机部上海汽轮机锅炉研究所(简称汽锅所)的时间。汽锅所创业的时期,筚路蓝缕,夜以继日。听我姐姐说,爸爸为了新中国第一台 6 000 千瓦火电机组的技术攻关和设备制造,曾将姐姐和哥哥寄养在领导和朋友的家中。

在始于 1966 年的"文化大革命"中,爸爸受到了巨大的冲击,从"反动技术权威"到"走资本主义道路"的"当权派",他都首当其冲,被隔离审查了很久,受尽折磨。当我再次看到父亲时,我的身高已经超过了他,以至于他见到我时把我当作了我哥哥。这期间他所创办的

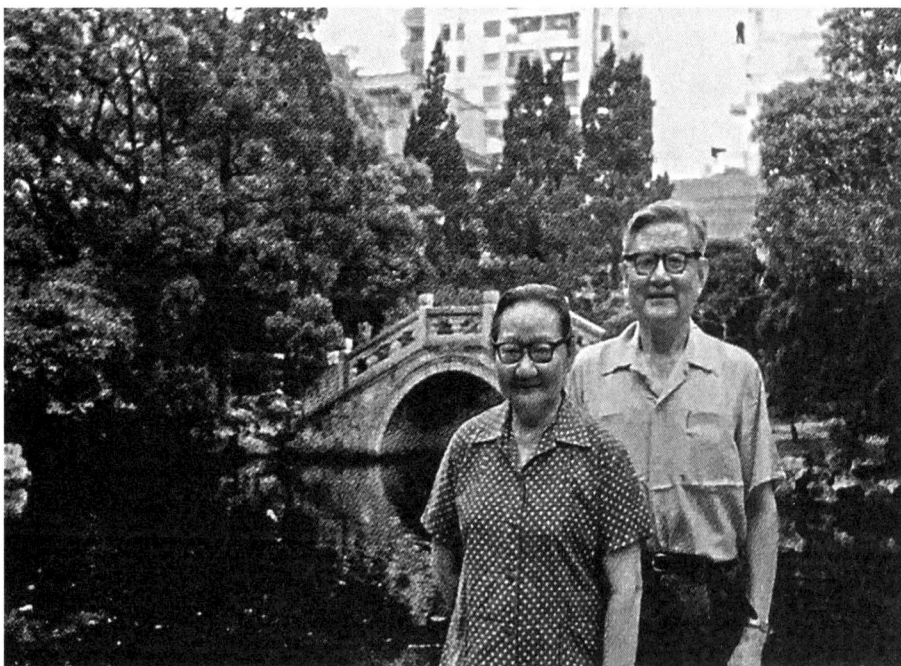

杨锦山、沈栋臣夫妻(两人都是交通大学校友)

汽锅所也被强行解散。回来以后他最痛心的,不是命运对他的不公,而是汽锅所的无奈解散。当爸爸恢复工作后,坚持要重建汽锅所,要将那些老汽锅所培养出来的人才再聚集起来,继续实现他的理想。这期间他经常到北京出差,殚精竭虑,绞尽脑汁,动用他一切可以动用的人脉。当他拿着有数位国务院副总理圈阅的恢复重建汽锅所(更名为上海发电设备成套设计研究院,Shanghai Power Equipment Research Institute, SPERI)的红头文件回来的时候,是那么高兴,第一次招呼我陪他喝酒。

在 20 世纪 80 年代中期,爸爸离休了。但是他并没有停止工作,我也没有意识到他已离休。直到很久以后,我才知道他已经离休了。这期间,爸爸依然在为中国电力工业的发展操心着,忙碌着。为了 SPERI 的发展,爸爸做了他能做的一切。在离休后的 20 多年中,爸爸为了他的事业,一如既往,坚持不懈地努力着。

2008 年,爸爸身体检查出患了癌症,在病魔面前,爸爸没有退缩。他以科学的态度面对病魔、面对死亡。在生病期间,爸爸最盼望的是院里的同志来看他。每次谈话的内容都离不开 SPERI 的发展。爸爸总是把自己的生命和 SPERI 的发展紧紧联系在一起。

SPERI 成立 50 周年庆祝大会,爸爸渴望了很久。由于病情的突然恶化,没能参加这次庆祝大会,成为他终生的遗憾。那时他刚动完第二次手术,我想去病房和他讨论代替他到场发言的内容。可医生不允许,认为这样对他的身体恢复很不利。他对医生说,这个大会,这个发言,对他来说比他的生命更重要。最后医生也被他的精神所感动,允许了我们的讨论。为了简短的发言稿,我去了三次医院,和父亲讨论了几个钟头才最后定稿。

喜 得 孙 子

　　这次病危的时候,他对我说,希望他离开这个世界的时候,院里的领导能来给他送行。我明白他的意思,在这生命的最后时刻他在将自己未竟的事业,以这种方式做一个郑重的托付,希望这个事业有一个很好的传承。很感谢院里的领导,在爸爸离开的时候,能在他身边送行,让他安心祥和地离开。

　　让我比较深刻地感受到父爱的是在恢复高考的那一年。当消息传来后,我开始了准备。由于我小学和中学时代都是在"文化大革命"中度过的,很多课程都没有上过。在爸爸的帮助下,我补上了那些没有读完的课程。那时候,正是爸爸着手准备恢复重建汽锅所的时期,记得每天晚上,我准备功课,爸爸准备资料,我们都要到深夜,有时要到凌晨才睡觉。每当我有问题时,就去请教爸爸。有时凌晨两三点,我也会敲爸爸的门请教他。我非常惊叹父亲的知识功底,几十年前学到的知识仍然记得那么清楚。每次找他的时候,爸爸都会放下手里的工作,和我讨论我提出的问题。当我考进他的母校交通大学时,我有幸第一次得到了爸爸的赞许。

　　我记忆中的爸爸,是一个淡泊名利的人,是一个鞠躬尽瘁的人,尽管他一辈子没有做过一把手,但我从未感到他有所介意。只要有能够工作的环境,他就孜孜不倦、兢兢业业地为实现自己的理想、抱负而工作。我也从未感觉到他会为自己家人利用手中的权力和人脉。我哥哥的专业和父亲的工作是同一个行业,哥哥的很多同学,也是在 SPERI 工作的,但是当汽锅所恢复重建的时候,在外地工作的哥哥,却没有机会到父亲的身边工作。我读书的时候,当时我的系主任是爸爸的大学同学,而且是相当好的朋友,一直到我毕业,我的系主任也不知道我是杨锦山的儿子。我们都已习惯了爸爸的处事原则，从心里敬重爸爸的为人，所以我和哥哥都觉得这是理所当然的事情。

爸爸一生都在追求自己的理想，实现自己的抱负，直至生命的最后一刻。在物质生活上，爸爸没有什么过度的嗜好和太多追求。他是一个很有原则的人，公平地对己对人，是爸爸最大的特点。他不善用语言来表达自己的情感，而是用行动来告诉别人自己的为人和情感。在我的记忆中，爸爸从来没有对我说过该干什么和不该干什么，而是用他的行动告诉我该怎么做人。

黯然销魂者，唯别而已矣。现在，爸爸永远地离开了我们，留给我的是一生都享用不尽的精神财富。安息吧，亲爱的爸爸。您永远都活在我的心中，永远活在爱戴您、尊敬您的人们的心中。

夕阳无限好

· 二十六、父亲俞炳元的一生 ·

俞增平　俞爱平　俞增力
2022 年

1943 年在桂林

父亲出身于江苏常熟书香之家。因受父母影响,从小立志要工业救国。他中学时即离家求学,踏上了一条求学图强救国之路。一生漂泊在外。他从江南到上海、湖南、昆明、美国,再回上海、赴沈阳、迁哈尔滨,为中国现代电力工业献出了一生。仅以此简文追忆其生平。

其父俞启汉(名可师)是清末秀才,宣统元年己酉科拔贡,地方开明企业家。经营俞恒泰粮行,曾任民营常熟电气公司董事、总经理,江苏省电业联合会执监会委员等职。

祖父在经营电气公司期间,与交通大学紧密合作,为教学实践做出了一定的贡献,并得到了张廷金、钟兆琳、支秉渊等教授、工程师的大力帮助,为电厂的升级换代及引进国外先进发电机进行指导。他对交通大学的办学质量极为信任和推崇,培养和嘱咐诸子女要学有专长,报考大学要首选交通大学。故才有父亲四兄妹同期就读交通大学之佳话。还出资协助夫人宗秀松兴办常熟市立女校。

求 学 之 路

父亲毕业于江苏常熟县市立女子小学(常熟学前女校,1927 年)。因其母亲为校长,要管理学校,因此父亲就成了小学里唯一的男生。常熟县立初中(1930 年)毕业后,父亲考上了当时著名的江苏江阴南箐中学。1933 年高中毕业后,父亲遵照我们祖父的愿望考取了交通大学电机工程学院电机系。

1935 年 3 月在校期间,父亲与电机系四个同学沈家桢、徐明甫、魏重庆和沈嘉英,五人共同发起、创办"一社"学生团社。后改名为"建设事业励进社",宗旨是"发展实业,改善民生,亲若兄弟,患难与共"。社友由初期电机系的 20 多名学生发展到 200 多人,大多是学习工程、农业、医学、财经的,职业是工程师、教授、科学家、医生等,大多去国外留学。后来多数成为所在行业的专家或带头人。他们聘请钱昌照、恽震、顾毓琇、庄智焕为顾问。同时为普及科学知识,他们创办了《科学大众》月刊,1949 年后由上海国营单位接管,仍以《科学大众》为名出版。因他是唯一留在大陆的发起人,1949 年后受到各种审查和限制,为此吃尽苦头。这在后来的"文化大革命"中还成为一大罪状。

1937 年春,父亲负责并与电机工程学院四年级同学沈家桢、徐明甫、魏重庆、沈嘉英、王炳宇利用课余时间翻译技术书集,用获得的稿费设计了一个高电流的单相发电机。电压为3伏,电流为300安,转速为3000转/分,可作蓄电池充电、电化、电镀及精校各种电气仪器之用。经钟兆琳、马就云、周琪等先生审查后决定自行制造,放在了电机系实验室里。

祖父看到其四个子女在交通大学校园标志性建筑物前的合影后,其欢愉之情溢于言表,曾赋诗一首寄以深切期望:

春树荫成绿满郊,呢喃雏燕贺新巢。

蜂知酿蜜探花蕊,雁序团沙似漆胶。

累叶书香几书种,一堂同学四同胞。

毋忘母校童蒙日,风雨鸡窗阿母敲。

四兄妹同时在交通大学

(左起依次为:炳元、德华、炳昌、炳良)

初 道 社 会

1937年大学毕业后,父亲在上海闸北水电厂任工务员。后遵循"一社"宗旨"发展实业,改善民生",他曾致力于推广社办小企业,并于湖南创办了一个修理和安装发电设备的公司。不久他转入资源委员会湘江电厂任工务员。1939年5月,他任湖南祁阳新中工程公司工程师;1943年至1944年任资源委员会水力发电勘测总队副工程师、中央电工器材四厂工程师。

在昆明电工四厂时,父亲开始了水轮机的研制工作。从那时起,他就把水轮机事业定为终生奋斗的目标。在西南看到我国的水力资源很丰富,觉得很有发展希望,虽然是学电机专业的,但当四厂调他去研制水轮机时,父亲欣然接受了这个挑战。由于以前没有学过水轮机,而国内做过这项工作的人也不多,大学也无此专业,他自己摸索前行,找书本收集国外资料,走上这条科技探险之路。

留 美 学 习

1945 年在摩根史密斯公司办公室

1945 年,由资源委员会恽震先生亲自指派,我们的父亲去美国摩根史密斯公司学习设计、生产水轮机的技术。父亲经过刻苦努力,掌握了当时国内还没有的成套水轮机设计和制造技术。

父亲于 1945 年 8 月到美国学习整体水轮机系统设计,很快就赢得了公司老板的信任,并争取到两个实习名额。1947 年与后期到达的两位同事王述羲、陶炜会合,他们好学苦干,老板史密斯(Smith)亲自考察后,十分满意。于是老板安排了几位技术老手,带着他们到有关项目现场勘察,研究水利工程结构,根据不同的水头和流量,设计不同形式的具有最佳可能性的水轮机成套系统;同时教授他们在制造上的材料选择、铸造焊接和机加工的工艺方法,把他们训练成了知识全面的工程人才。史密斯十分赞赏他们三人的好学苦干和吸收知识的能力,把他们当作公司的自己人看待。公司对他们敞开了历年的设计图纸和资料,听凭他们查阅和复制带回中国。史密斯曾说:"他们已经在公司里经受了考验,具体参加过研究、勘察和设计的工作,都能胜任。回去后,都可以做负责的工作,尤其是俞炳元,成绩更为突出。"

1948 年年底,父亲在将离美回国的时候,得知政府想请美国专家设计上硐水电站,装一台当时国内最大的 3 000 千瓦的水轮机,并且要向美国购买。虽然当时国内还没有做过这么大的水轮机,但父亲认为完全可以在国内做。于是他尽了最大的努力,说服了政府的水电建设负责人,并在那个以金钱为第一的社会里,争取美国朋友的友谊,经过种种艰苦努力,争取到了有力的帮助。在美国工厂指导下,他们进行设计,并把图纸带了回来,同时经他多方奔走,筹集资金,终于在美国买到了一个大轴。他谢绝了美国公司的高薪聘请,怀着为国建立水轮机工业而奋斗终生的目标回到了上海。1950 年,父亲亲自去香港接收这个大轴,并将其运回了内地。其他部件则在国内制造,并把它装配起来,用于上硐水电站机组,1953 年建成发电。

1946 年 8 月在摩根史密斯公司办公室

1947 年 1 月在美国朋友家做客

归国服务，大展宏图

1948 年 11 月，父亲回到上海。可是当时国民党政府正处于土崩瓦解日暮途穷之时，没有可能进行经济建设。为争取制造中国自己的水电机组，父亲从云南到华中到处奔走呼号，奔走了一年，一事无成，一切都成泡影。1949 后，他出任华东工业部电工器材厂工程师、华东工业部上海电机厂工程师。1950 年，国家重工业部将其由上海调往东北参加水轮机建设事业。父亲到东北沈阳，任东北工业部电工局工程师，沈阳高压开关厂工程师。后随电工局北迁哈尔滨。在 1949 年四川解放前夕，四川龙溪河下硐水电站三台发电机组被四川军阀杨森部队用几吨炸药炸毁。国家领导十分重视，周恩来总理亲自布置东北电工局抢制800 千瓦水轮发电机组，迅速恢复发电。父亲带领三名技术人员，克服了经验少、设备能力不足的困难，仅用两个月时间就完成了新中国第一台 800 千瓦立式水轮机的设计。此机组的诞生，填补了中国还不能制造较大型发电机组的空白。这是中国电机工业发展史上的一

800 千瓦立式水轮发电机组

次大飞跃。2010年,它在持续安全运行60年后终于完成了历史使命,光荣退休,于2020年入选中央企业工业文化遗产(机械制造行业)。

1951年之后,他又带领哈尔滨电机厂技术人员参与设计了3 000千瓦到22.5万千瓦水轮机。他先后主持了官厅、新安江、云峰、青铜峡、刘家峡等水电站水轮机的设计工作,使中国水轮机制造业由小到大,从仿制走上独立开发的阶段,使我国单机容量迅速接近当时世界先进水平。上硐3 000千瓦水电机组,在1952年中国科学院在长春召开的科技成果大会上,被列为国家重要成果之一。根据我国水力资源极为丰富而又复杂、部分河流含沙量较大的情况,父亲极力主张水轮机要多品种发展,并亲自主持设计生产出冲击式、斜流式、混流式、转桨式和贯流式等水轮机,及时指引水轮机科研设计的方向,为发展全国水轮机品种奠定了基础。

1958年父亲(左三)与专家在新安江水电站施工现场

由于多年战争破坏,新中国工业基础极其薄弱,一切从头开始,艰难起步。钱塘江上游的新安江水电站是我国第一座自主设计、自制设备、自行施工的大型水电站,被誉为"长江三峡试验田",拉开了中国现代水电建设的序幕。哈尔滨电机厂为其提供了核心的水电机组及辅助设备,1960年4月首台机组安装投运。1961年1月,国家组织有关水电专家在电站召开了机组鉴定会,他带领哈尔滨电机厂科技人员前去参加,大会对新安江机组的性能和质量给予了充分肯定。周恩来总理视察后的一句题词概括了它的全部意义:"为我国第一座自己设计和自制设备的大型水力发电站的胜利建设而欢呼。"在会后的庆功酒会上,父亲喝醉了。哈尔滨电机厂成功地为新安江水电站生产了5台7.25万千瓦和4台7.5万千瓦共9台水电机组。这是哈尔滨电机厂综合及整体设计制造能力的大跨越,同时也是我国水电事业发展的一次大跨越。

1961 年 1 月国家新安江机组鉴定会与会人员合影
（前排右五为俞炳元）

　　1956 年,哈尔滨工业大学开设水力机械专业,校长李昌发聘书任命父亲为水力机械教研室主任。后来水力机械专业搬迁到东北重型机械学院,他仍然兼任教研室主任。他亲自授课,参与拟定教学大纲,指导毕业设计并主持毕业设计答辩等。他为国家培养了大批水轮机专业人才,这些专业人才成为中国现代水力发电事业的栋梁。

　　父亲时刻关心国内外水轮机的发展趋势,善于学习国外先进经验,结合实际吸收运用。为学习苏联先进经验,刻苦学习俄文,译有《水力透平》,校译《水轮机结构及零件计算》等书。他发现国外制造的新安江水电站水轮机转轮严重汽蚀时,便积极组织力量分析研究,突破束缚,进行改型,终于设计出优于原型的转轮。

　　父亲十分重视科研基地建设。当还在进行中小型水轮机设计和生产的时候,他就以敏锐的洞察力,意识到为了在不久的将来赶超世界先进水平,要建造大型及超大型的水轮机。"我们一定要在理论和数据上下大功夫,用理论与试验数据来证明设计的准确性,这样才能保证产品的可靠性,不做劳民伤财之事。"为此他多次向一机部、电工局领导建议,建立中国自己的水轮机科研基地,为水轮机科研、设计和生产提供最可靠的理论数据,并使其运用到实际产品中。部、局领导采纳了他的建议。当时科研基地仅有的资料是一张父亲从美国带回的水轮机试验室照片。经过 5 年的艰苦努力和建设,在他领导下创建的哈尔滨大电机研究所水轮机试验室成为中国第一座水轮机科研试验基地,1963 年投入运行,并通过由部、局、水电部门及高等学校代表参加的鉴定验收,为中国水轮机科研奠定了基础,并为研制大型水轮机创造了必要条件。这个科研试验基地为后续设计各水电站如云峰、刘家峡、葛洲

中国首届水轮机专业大学毕业生

（前排右三为父亲）

坝乃至三峡水电站提供了有效的试验数据，成为水轮机科研、设计和制造过程中不可缺少的一环。后来国内兄弟单位及研究所、大学以其为样板，建立了自己的水力试验室。

1958年，国家把长江三峡水电建设提到突出位置。与全国许多专家一起，他参加了一系列三峡水利枢纽科研会议，并担任水轮机科研方面的召集人，参与领导论证制造特大机组的可行性。与其他专家一起联合中国科学院机械研究所，完成了《三峡枢纽水力机组容量论证初步意见》，提出了30万千瓦、45万千瓦、60万千瓦、80万千瓦和100万千瓦五个方案的机组设计参数和结构等建议。初步意见提出时，世界上最大机组未超过20万千瓦，我国7.25万千瓦新安江机组尚未运行。通过这些活动，他将水轮机的生产技术带入科研领域，与科学院、高校方面建立了广泛的联系，并在中国透平锅炉学会（后改称中国动力工程学会）年会上发表了《水轮机科学技术的发展》论文。

父亲曾多次跟随周恩来总理去三门峡水电站考察，对电工行业制定技术政策起了重要作用。云峰水电站三台苏联没有提供的10万千瓦水轮机在父亲主持下，成功进行了研制，质量超过苏制的水轮机。经过十几年电站运行考验，于1980年获得中华人民共和国国家质量奖银质奖章。

含 冤 去 世

1966年"文化大革命"开始后，父亲被打成"反动技术权威"，并被冠以多项莫须有的罪名,受到迫害。那时,刘家峡水电站22.5万千瓦水轮发电机组经过七八年的前期准备刚刚完成设计工作,开始投入生产,他已在为刘家峡新品种的30万千瓦双水内冷水轮发电机组做准备了,并去国家科委争取,获得批准试制一台。同时,周建南部长和曹维廉局长还嘱咐他一定要抓好22.5万千瓦机组的后续生产和科研工作。回来后,他开始了研制工作。由于所谓"掺砂子"运动,他被剥夺了技术领导的位置,靠边站,这使工厂在后来一段时间内的设计工作走了一些不应有的弯路。但他并没有因此而放弃对事业的责任感,继续参与其他项目。1967年,云南以礼河水电站出问题,父亲从哈尔滨赶去查看,还特地去贵阳看望了恽震先生,清谈一夜。回哈尔滨后,他讲这大概是他最后一次出差了。

1968年8月15上午,父亲突然在一人的押送下回家拿行李,去大电机研究所隔离审查,却再也没能回来。两个星期后,父亲的身体变得很弱,已不能去车间劳动。一个月后,被升级到厂部管理,逼供更是变本加厉。1968的12月13日,正在铸铁车间下放"劳动改造"的母亲,被叫去告知父亲已于12日去世了,从此我们失去了亲爱的父亲。

平 反 昭 雪

父亲去世时年仅53岁。在中国水轮机事业最需要他的时候,在他踌躇满志准备为中国水力发电工业做出更大贡献的时刻,他却不幸含冤去世。1978年12月14日,经哈尔滨市政府同意,以哈尔滨科学技术协会的名义为俞炳元和吴天霖同时举行追悼会及平反昭雪,恢复名誉。国家科委,一机部及各局,中国机械工程学会,中国电机工程学会,中国科学院电工所,黑龙江省、哈尔滨市各有关部门,生前友好的及相关单位、工厂代表一千多人参加了追悼会。

父亲和吴天霖的追悼会会场
[左起依次为:俞增力、俞增平、刘灿南(夫人)、俞爱平]

安息吧,父亲母亲

父亲去世后,骨灰被放在哈尔滨黄山嘴子火葬场的一间房子里。每年12月12日,我们冒着零下20多度的寒冷天气,坐2个小时的公交车到黄山嘴子去看他。哈尔滨是父亲把他的毕生精力都献给了共和国水电事业的地方。但是,哈尔滨还是太冷了,不是他长久居住的地方。父亲平反后,妈妈把他带回了老家常熟,安葬在了风景秀丽的虞山公墓。每次我们去江南出差和见朋友,都会买几束鲜花去常熟虞山公墓,把父亲墓地附近的杂草清理一下,把墓碑打扫干净。

后来我们全家到了美国。母亲在去世的前几天,提出希望同父亲合葬在一起,并且嘱咐我们把父亲也接过来。2013 年,增平和爱平回到老家常熟,遵循母亲遗嘱把父亲接到了美国。2015 年夏天,父亲百年诞辰之时我们把父亲和母亲合葬在一起。父亲、母亲:我们兄妹和我们的下一代会在每一个纪念日来看望你们。愿你们安安静静地休息吧。

点 滴 回 忆

父亲酷爱古典音乐,在 1948 年回国时,他带回来一台落地式收音机。当时是一件很奢侈的消遣品。落地收音机的上层是接收放大机,中层是留声机,下层是一个低音喇叭和两个高音喇叭。落地收音机有一个自动转盘和自动换唱片的电唱机,他带回了整套的贝多芬交响乐唱片。这些唱片加在一起有一二十斤重。看书累了以后,他就开始把唱片放进留声机,一边饮着非常浓的红茶,闭了眼睛,跷着二郎腿,悠闲自在地欣赏音乐。父亲每天听完新闻联播后,就开始阅读技术书籍和杂志,十几年从不中断。我们家房子用了很好的硬木地板,有时在房间里,他边走边听着贝多芬的交响乐思考问题,在地板上走出了一条深深的路沟。大型水电站大坝有一百到几百米高,水轮机的机坑也有几十米到几百米深,高高的水头产生了巨大的压力,推动几十吨上百吨的转轮,发出了几万千瓦到百万千瓦的电力。那轰轰隆隆的机器振动声音,就是一场雄伟的交响乐。是啊,父亲他们建设的是一件多么伟大的工程呀。每当水电站大坝第一次向水轮发电机组放水,是他们把水轮发电机组成功与失败的重担放在了自己的肩膀上,那需要多少智慧和魄力呀。贝多芬交响乐成为一种精神食粮来激励他勇往直前。那无比雄伟的乐章,成为他创建伟大工程的重要组成部分。

1967 年,"文化大革命"升级了,"造反派"下令让我们搬出住了十几年的 40 多平方米的套房,被要求在几天内搬到另一栋楼房中只有 15 平方米的小房间里。可 5 个人怎么挤在这么小的房间里呢? 我们当年都是睡铁架子床,在工厂老师傅的帮助下,父亲把两个单人床拉到了焊接车间,请了当时在当扫地工的哈尔滨电机厂焊接权威 L 工程师帮忙,在铁床架子上焊了几根铁管子,两个单人床可以架起和拆下来,这样解决了床的问题。这是父亲为家里所做的最后一件事,不到一年后父亲就含冤离开了他那温暖的家庭和贡献了终生的水力发电事业。因为我们一家人挤在一间 15 平方米的小房子里,实在容不下更多的东西,父母只得把家里所有的唱片和父亲毕生积累下来的外文技术书籍和杂志,放在一个很大的木箱里运到了大电机研究所,托付研究所的图书馆保存。"文化大革命"后,我们去大电机研究所寻找父亲的遗物,可是没有人知道一大箱子书和唱片的去向。母亲讲,只要这些书和唱片可以为电机厂做一些贡献就可以了。

父亲非常喜欢照相。只要出门,不管是去开会还是去工地,他大都会带上相机。可惜的是,大部分珍贵的照片都在"文化大革命"中被毁掉了。父亲在大学时就喜欢打桥牌,在哈尔滨又恰逢牌友,张弘夏、吴天霖、叶自仪和父亲四人只要不出差,每逢周日下午就到叶自仪家打上几圈。他们桥牌水平很高,打牌时都是用英文对话,他们酷爱桥牌的乐趣也传给了我们下一代。

当年苏联专家设计的职工宿舍,用四座楼围起一个大院。大院的中心盖了一个小亭子,1958年"大跃进"时小亭子就成了一个公共食堂。三年困难时期,小亭子旁边的空地,被大家分来种地。我们家那块,约有30平方米。母亲在这块地上种了玉米和黄豆。黄豆的收获很好,我们还晒了很多毛豆干,父亲喝通化葡萄酒时,用毛豆干做下酒菜打牙祭。父母后来还利用午休时间在厂里的空地开荒种黄豆来贴补家里。

历 史 评 价

新中国成立前,我国工业基础极其薄弱,尤其是全国的水电发展更加缓慢,而且是作坊式生产,没有形成工业体系。截至1949年年底,全国水电装机仅36万千瓦。根据当时国内外形势,1950年国家决定在东北建立发电设备及配套的工业基地。就这样,一批由原资源委员会员工派去美国学习后实习归来的工程师们,响应国家号召,从上海、江南、昆明、湘潭各地奔赴冰天雪地的东北。他们先到沈阳,后迁哈尔滨,就这样,中国现代水电、火电工业体系诞生了。哈尔滨电机厂成为中国第一个具有科研、设计,以及成套生产水轮机、水轮发电机能力的基地和摇篮。父亲是全国所有水电机组生产规划、具体现场勘察和调查的带队人之一。

父亲负责水轮机,吴天霖负责水轮发电机。他们二人利用从美国学到的技术,领导自己的工程团队从无到有,先后设计了800千瓦、3000千瓦、22.5万千瓦水轮发电机组。直到两人含冤去世(俞炳元于1968年、吴天霖于1969年),先后主持了下硐、上硐、古田、官厅、新安江、云峰、青铜峡、刘家峡等电站水轮机、水轮发电机的设计工作,使中国水电设备制造业由小到大、从仿制走上独立开发的阶段,使我国单机容量迅速接近当时世界先进水平。鉴于俞炳元、吴天霖两人对国家做出的贡献,他们曾同时当选为第三届全国人民代表大会代表。

中国水利水电工程专家和工程教育家张光斗先生曾讲:"俞炳元是我交通大学先后同学,他在我国水轮机设计和制造事业中发挥了很大作用,做出了巨大贡献,我深为钦佩。"

父亲去世后,恽震先生做了最精辟的评价和总结:"电工器材厂第四厂的俞炳元搞水轮机组最有成就。新中国成立前有成就的是王守泰、颜耀秋,当时搞得不超过一两百千瓦,俞炳元是新中国成立后最有成就的,主持搞成许多大水轮机(几万千瓦)。"恽震先生赋诗以示悼念:

悼念俞炳元侄(节选)
1981年4月21日

水力头功俞炳元,西方学艺得根源。

勘察设计兼制造,攻关常记握全盘。

英雄喜有用武地,锋芒初试新安江。

黄河上游刘家坝,卅万千瓦亦寻常。

· 二十七、怀念父亲游善良 ·

游　宏　游　明

2022 年

父亲出生于苏北农村,他凭着自己的努力考取了扬州中学,又凭着自己的成绩考入了交通大学电机系。后来他还考取了公派留学生名额,去英国实习。

新中国诞生了,父亲抱着建设祖国北疆的雄心大志,放弃了上海较为优越的生活条件,于 1955 年来到东北,到了哈尔滨电机厂。那时的东北人烟稀少,气候寒冷,条件十分艰苦。他把全部的智慧和精力都献给了新中国的电机制造事业,献给了哈尔滨电机厂的发展和建设。可谓"一生情系富强国,百世深藏赤子心"。

在哈尔滨电机厂,父亲曾组织研制成功我国首台 10 900 千伏安同步电动机、6 万千伏安同步调相机;主持设计了 2.5 万千瓦、5 万千瓦、10 万千瓦、20 万千瓦的汽轮发电机,参加了当时我国最大容量的刘家峡水电站 22.5 万千瓦水轮发电机的设计工作。

"文化大革命"期间,父亲被打成"反动技术权威""现行反革命分子",身心受到很大打击。父亲坦然地接受了这一切,以顽强的毅力和平和的心态走了过来。"文化大革命"结束后,他又满腔热忱地投入工作之中。

"文化大革命"后,父亲对电机的噪声做了专题研究,他与郑世刚工程师共同撰写的《大型电机的气动噪声及其屏蔽》发表在《大电机》杂志 1973 年第 5 期上。文章全面地叙述了大型电机各种形式的气动噪声及其屏蔽方法,介绍了有关计算公式及部分试验数据,作为今后大型电机防噪设计的参考。

父亲与他的同事们积极提议研制永磁副励磁机,在国内一所大学的协作下,大功率稀土钴永磁发电机于 1982 年年底研制成功,并进行了全面试验,性能良好。1983 年,父亲代表哈尔滨电机厂参加了在北京召开的国标稀土学会年会,宣读了论文,回答了外国专家感兴趣的提问,受到与会者的瞩目和赞扬。

父亲主编了《电机工程手册》中的《同步电机》篇,该篇有 50 余万字。年近古稀的父亲,不辞辛苦、兢兢业业地努力工作着。该手册被评为 1982 年全国优秀图书一等奖。

1988 年,他退出了领导岗位,但仍然担任工厂的技术顾问,并参与《大电机》杂志的编审工作,经常逐字逐句地修改已经通过评审待发表的稿件,以保证《大电机》杂志的质量。父亲的事业心很强,他干事业从不讲价钱,经常是夜以继日。他很少考虑自己的利益,他追求的是新中国日新月异的变化,他踌躇满志于新中国电机事业的发展。

父亲待人谦和,从不以势压人。对年轻的技术人员都很尊重。一向都是以平等的地位、商量的口气、谦虚的态度与别人讨论问题,很少发脾气。即使对待自己的子女也很少呵斥、责骂。年青一代深感:"切切帮扶中肯意,殷殷教诲暖祥音"。

父亲个人生活简朴,对生活的要求不高,粗茶淡饭、布衣简履足矣。

父亲的博学、勤奋、宽厚、正直、低调,永远留在我们的心里!

我们永远怀念我们的父亲!

· 二十八、管敦信先生披荆斩棘的一生 ·

管大勇

2022 年

父亲管敦信是山东青岛人,1942 年毕业于重庆中央大学机械系,1944 年赴美攻读研究生,1945 年在美国西屋公司实习电机专业,1948 年春回国后去了湘潭中央电工器材厂。

奔 赴 东 北

1950 年 1 月,中央人民政府重工业部在北京召开第一次全国电机工业会议,会议决定重点在东北建立我国的电机工业基地。父亲立即响应号召,奔赴东北,到东北电工局技术处工作。6 月朝鲜战争爆发,从安全角度考虑,中共中央不得不考虑对东北工业布局进行调整。周恩来总理当年曾就此表态:东北的工业半数在南部,都在敌人轰炸威胁的范围之内;如果美帝打到鸭绿江边,我们怎么能安定生产? 中共中央指示东北人民政府,立即疏散沈阳的工业,东北重工业部电工局立即开会,研究落实搬迁规划,其中确定将定名为东北电工四厂的沈阳重型电机厂迁往哈尔滨,并委派电工五厂厂长白杨担任搬迁工作组组长,指挥搬迁和建厂工作。包括父亲在内的首批 172 名创业者从湖南出发,经沈阳,落脚在哈尔滨顾乡屯原本是个农具厂和粮食仓库的康安二道街 6 号。当时产品设计与工艺由东北电工局技术处负责。厂内设制造技术科,管敦信担任科长。当时技术负责人还有主任工程师赵硕颐、电机组组长朱仁堪、车间负责人李广儒等。他们历经艰苦会战,电工四厂的开关车间、绝缘车间相继投入生产,铸铁件、工模具等也陆续生产出来。他们很快利用原有厂房生产

全家福(1960 年,德阳)

出第一批小型交直流电机。

1951 年 6 月,哈尔滨电机厂正式在新厂址破土动工,父亲此时担任副总工程师。到 1951 年年底,哈尔滨电机厂与沈阳另外的两家工厂联合设计制造出中国第一台 800 千瓦立式水轮发电机组,开创了新中国制造发电设备的历史。1951 年,哈尔滨电机厂全年总产值达到 176 万元,职工队伍也发展到了 849 人。哈尔滨电机厂的故事很动人,也很壮观,父亲也是最早的创业者之一。

统一建设动力基地

因哈尔滨三大动力厂(电机厂、汽轮机厂、锅炉厂)相继开工,建设全面铺开,规模甚大,对各种设备的安装提出了更高的要求。原来的安装队伍显得技术力量薄弱,需要增强,父亲又奉调到哈尔滨机电设备安装公司工作,任总工程师,负责主持三厂重大设备的安装。父亲是新中国东北建设的先驱者之一。

“建设三线”东方电机

1958 年,四川德阳水力发电设备厂(后更名为东方电机厂)开工建设,1960 年父亲和朱仁堪、陶炜等一批在哈尔滨工作过的老同志带领一部分技术人员和管理人员调到四川德阳。父亲先后担任工厂技术科科长、工艺科科长、副总工程师、总工艺师等。他们历尽艰辛,终于使东方电机厂成为全国发电设备领域的一支新的生力军,正如他在东方电机厂建厂 30 周年时撰写的纪念文章《坎坷的道路,光辉的前程》中叙述的那样,刚到德阳就逢国家经济困难,工厂几上几下,已经采购的设备,特别是国宝级的进口设备还在陆续进厂,作为技术科科长的父亲带领技术人员集思广益,采取各种能够想到的措施,避免了库存设备的损坏,使得 1964 年重新上马的东方电机厂在设备安装后,所生产的产品精度得以维持到说明书规定的水平,为东方电机厂正常生产创造了必要的条件。

“文化大革命”对企业生产经营造成重大破坏,更使曾经有去美国学习经历的父亲不可避免地受到重大冲击。曾经有一次,造反派深更半夜来抄家,打开家里的收音机,因为当时中央人民广播电台已经停止播音,收音机里传出断续不清楚的杂音,造反派硬说是懂外语的父亲在偷听敌台,把收音机抄走,结果第二天上班时间他们打开收音机,正是中央人民广播电台的广播。但造反派不甘心,明知他无辜,仍广为宣传查到了管敦信在家里偷听敌台的重大战果。

父亲母亲坚信乌云总会过去,总有重见光明的那一天。终于“四人帮”倒台了,工厂秩序逐渐恢复正常。父亲重新担任企业的技术领导工作。他先后承担和主持了中国多台重大发电设备的制造工艺工作。在他的领导下,东方电机厂的工艺技术取得了一系列重大成果,使东方电机厂的产品质量比肩老大哥哈尔滨和上海两大发电设备基地。可以说,父亲是中国现代发电设备制造工艺的领军人物之一。

水电机组出口美国

改革开放后,他致力于将中国发电设备打入国际市场的开拓工作,为中国机电产品走向世界做出了重要贡献。

1980年,东方电机厂获得美国加利福尼亚州奥克兰市东海湾区的卡曼奇电站的三套4 200马力水轮发电机组订货合同。父亲担任项目团队总负责人。这三套机组虽然小,但意义重大。获取合同难,执行合同更难。招标文件都是英文的,采用国际通用标准,而我们手里没有。当时的通信技术尚处在传真机之前的电传机时代,国际电话的中转难于上青天,最重要的是没有人,既没有几个人懂英语,特别是技术英语,也没有几个人懂国际贸易,更没人懂项目管理。作为总负责人,父亲的难度可想而知。但是他挺过来了。在他的直接领导下,形成了一个有力的项目团队,他们不会就学、不懂就问。

陶炜伯伯的儿子陶喜群是卡曼奇水轮机的设计员,也在这个项目团队中。他说过,当时我父亲真的是够难的。那时大家的水平和经验都不高,比如英文招标书上的字都能认识,就是不知道啥意思,外国人审批回来图纸上签的意见也弄不明白,都只好去请教他。中国厂家习惯的国内标准与招标书规定的国际标准常有不统一的地方,经常会遇到国产材料代替招标书规定型号材料的代用问题,这些都还是只能问父亲,那时候工厂项目管理和质量控制制度还不健全,大量的生产管理和技术问题需要处理,他的办公室里总是挤满了找他的人。走一条没有前人走过的路,真是不易。

父亲曾经接待过一位名叫卡博的卡曼奇项目驻厂监制代表,他是个美国焊接工程师。这是东方电机厂第一次接触到"项目监制"这个角色。卡博的监制很严格,一切问题都按合同文件说话,不好商量,大家都不习惯,背地里叫他"卡脖"。可父亲不这样看,他觉得要融入国际市场,就要这样被别人逼着一步步提高。事实上,东方电机厂的团队从卡博那里学到了一些技术和管理的知识。质量控制和企业管理也从他那里得到有益的启发。精通英语和技术的父亲也和卡博夫妇成了好朋友。通过卡曼奇项目,东方电机厂懂得了如何与用户多方沟通协商,尽可能满足招标文件的合理要求,生产出来的机组质量有了保证,初步在国外建立了信誉。国内项目也得到了启迪和进步。

1983年,同样位于加州的远西营电站也由东方电机厂中标,为该电站制造一套单机容量7 158千伏安混流式水电机组。这次也是由父亲担任项目总负责人。通过这两个项目,东方电机厂逐渐培养出一批懂英语、懂技术、了解市场规则的专家团队,为东方电机厂的国际贸易打开了窗口。

20世纪70年代末期,因为油价高涨,利用已有水利设施去发电,不失为良策,所以当时的美国小水电复兴了。旅美华人、父亲的学弟、美国东方工程供应公司总裁曾安生博士对《时代报》记者称:"中国制造的这种小型水轮发电机,在美国市场潜力很大,因为这种小型水轮发电机不仅用途广,而且实效大。美国现小型水坝逾56 000个,如果平均每个水坝可以装机1 000千瓦,总共就有5 600万千瓦能量。"曾安生博士具有敏锐的头脑,抓住了商机,通过东方电机厂、哈尔滨电机厂做成了很多笔生意,对早期我国水电产品进入美洲市场起了良好的带动作用。东方电机厂早期供货的卡曼奇、远西营机组从1982起在加州投产后,一直在正常商业运行。

管敦信在美国小水电工地

管敦信(后右)、陶炜(前左)等与美国专家
在东方电机厂

正是通过父亲等东方电机厂领导、员工和曾安生先生开创性的共同努力,中国的水电产品才开始陆续在世界各地得到了应用。

坚持走向世界

水电机组的出口使东方电机厂在工艺、标准化和质量控制体系等方面得到提升和淬炼。尽管父亲他们老一辈已经退出了第一线,东方电机厂仍坚持走出去的发展战略,出口机组容量逐渐增大,曾获得了叙利亚迪什林水电站 6 套 10 万千瓦轴流式水电机组、越南同奈 17 万千瓦混流式水电机组的建造合同。2008 年 3 月,签订了巴西杰瑞水电站 22 台 7.5 万千瓦贯流式机组的订货合同,这是世界最大的贯流式水电站,机组制造难度大,被誉为南美的"三峡电站",于 2016 年 11 月 18 日全部成功投运。同年,埃塞俄比亚吉布 3 电站的 10 套 18.7 万千瓦水轮发电机组,也全部成功投运,实现了由中国制造到中国创造的飞跃。东方电机厂逐步走向世界的时候,我们无法忘怀开拓者之一的父亲。

纵观父亲一生的几个关键时间节点,青年时求学,出国实习,回国报效祖国;南厂北迁担当重任,支援东北电工基地,协调建设动力之乡;中年投入三线建设和发展,使东方电机厂挤入发电设备三甲;改革开放后努力开拓国际市场,使中国的产品遍及世界。他总是在关键的时刻奔赴祖国最需要的地方,披荆斩棘,开拓进取,勇于拼搏。父亲管敦信一生追求真理,刻苦学习,努力工作,无论遇到什么困难,都勇往直前,披荆斩棘,为国效力。他的工作也得到各方面的肯定。父亲离开我们已经快 20 年了,他的音容笑貌永远留在我们心中。

· 二十九、我们的父亲吴天霖 ·

吴祚潭　吴祚源　吴祚滨
2022 年

吴天霖,江苏省镇江人,生于 1916 年 11 月 3 日,1940 年国立交通大学电机系毕业。1946 年,他到美国西屋公司实习,1947 年年底回国。中华人民共和国成立后,他历任东北电工局工程师,哈尔滨电机厂总设计师,哈尔滨电机厂、哈尔滨大电机研究所和东北电力机械制造公司副总工程师。他先后主持了我国第一台 800 千瓦立式水轮发电机和此后多种类型水轮发电机的设计与研制工作。1964 年,他当选为第三届全国人大代表。

吴天霖 1935 年从南京金陵中学考入交通大学物理系,当时社会上正倡导工业救国,交通大学电机系是学校里最热门的专业,他又十分喜欢电机制造这门学科,梦想用自己学到的知识,给机械带来动力,给人民带来光明,为改变国家落后面貌做出贡献。于是他怀着一颗报国之心,于第二年重新报考了交通大学电机系,以高分被录取,实现了自己的愿望。

1940 年,吴天霖大学毕业后,曾在上海益中机电公司当技术员,后因工厂在抗日战争中遭到严重破坏,于 1941 年离开上海,去了资源委员会中央电工器材厂桂林第四厂,做助理工程师、设计股长。1945 年 1 月,桂林电工第四厂并入重庆电工第四厂,他担任电机组组长。

1945 年,中央电工器材厂与美国西屋公司签订技术引进、工厂设计和人员培训的合同,开创了中国电工发展史上大规模出国培训的先河。1946 年,吴天霖在重庆参加考试,以第一名的优异成绩入选,派往美国西屋公司实习。在实习期间,他主修水轮发电机,国外的先进技术使他开阔了眼界,学习了当时最先进的设计和制造技术,为他以后的工作奠定了雄厚的基础。1947 年年底,他完成实习任务回国,被安排到资源委员会当时拟建的大型电机制造厂湘潭电机厂任副工程师、规划股股长。

新中国成立后,百业待兴。没有电,工业、农业得不到发展,人民生活得不到改善,而中国的电机制造工业当时还是一片空白。国家决定把大中型电机制造纳入重点建设项目,在东北建厂。1950 年 9 月,吴天霖与一批从美国西屋公司回来的工程师作为技术骨干被派到沈阳东北电工局,开始筹建重型电机厂。10 月,抗美援朝战争爆发,沈阳变成了战争的前线,电机厂的筹建人员北撤到哈尔滨,并决定在哈尔滨建厂。

主持设计制造"100"号线圈

1951 年,丰满水电站国外制造的 7 万千瓦水轮发电机的三个高压线圈被击穿,机组被迫停运。此时,接到上级命令,限 7 月底以前修复,以确保抗美援朝军需生产供应的需要。军令如山,东北电工局局长周建南指示,无论如何必须按期完成,设计由吴天霖主持,并确定此项任务代号为"100 号"。

可是当时中国只能生产电压为 6 000 伏的线圈,没有制造 1.05 万伏高压线圈的技术。在这种情况下,吴天霖知难而上,组织技术人员和工人日夜奋战,半年时间就试制成功"100号"线圈,使机组得以修复发电,并为以后生产高压绝缘线圈积累了经验。该线圈作为我国一项重要技术成果,在莱比锡国际博览会上展出。

主持设计制造我国第一台 800 千瓦水轮发电机

1949 年,新中国刚刚诞生,解放战争的硝烟尚未散尽。11 月,四川龙溪河下硐水电站 3 台发电机组被四川军阀杨森部队用几吨炸药炸毁。中央领导十分重视此事,周恩来指示:为使被国民党军阀炸毁的四川下硐水电站尽快恢复发电,要抢制一台 800 千瓦立式水轮发电机组。接到命令,哈尔滨电机厂立即行动。俗话说,头三脚难踢。这第一脚对于新生的"共和国电机长子"来说,绝非易事。但他们义无反顾,知难而上,投入了设计制造中国第一台 800 千瓦立式水轮发电机组的工作中。工厂委派吴天霖负责水轮发电机设计,他与其他技术人员一起,参照从美国带回的部分技术资料,克服了重重困难,自行设计制造了 800 千瓦、总重 5.04 吨的立式水轮发电机。需要一提的是,在总装前,要进行转子按飞逸转速作超速试验,这是一项极具危险性的试验。通常情况下,试验要在地坑中进行,以避免万一出现转子结构断裂等事故时部件飞出伤人,可是哈尔滨、沈阳两地都没有这样的地坑。大家集思广益,在车间试验台上电机的外围堆起了一圈一米多厚、两米多高的沙袋墙做保护。1951 年 12 月下旬的一天,试验按西屋公司的技术规范如期开始。此时,担任主任设计师的吴天霖健步走进沙袋围墙,登上了发电机的顶端,他要在上面亲自查看运转情况,亲自测量转速。试验开始,他全神贯注地查看运转状况,全然不顾一切危险,周围的人屏住了呼吸,都为他捏着一把汗,试验平稳、安全、成功地完成了。这台机组安装在四川下硐电站,后来被迁到四川苏雄水电站。

下硐机组是新中国发电设备的"长子",实现了我国立式水轮发电机组自行设计制造"零"的突破,在 1952 年投运后的近 60 年间,机组运行稳定,在西南地区经济发展方面发挥了重要作用。哈尔滨电机厂向新中国交出了第一份合格的答卷。2020 年 9 月 28 日,国务院国有资产监督管理委员会举办中央企业工业文化遗产(机械制造业)名录发布仪式,新中国第一台水轮发电机组——苏雄(下硐)机组——正式入选为国家工业遗产。

作为技术负责人相继主持设计制造一批水轮发电机

新中国成立后,全国掀起了大兴水利电力设施的高潮,一批大中型水电站相继投入建设,水轮发电机组的研制排到了重要的议事日程。吴天霖相继主持设计制造了官厅水电站 1 万千瓦、青铜峡 3.6 万千瓦、新安江 7.25 万千瓦、云峰 10 万千瓦和刘家峡 22.5 万千瓦等一批水轮发电机。

1959 年,哈尔滨电机厂制造的 7.25 万千瓦水轮发电机组安装在浙江省建德县(现为建德市)新安江水电站。国务院总理周恩来为新安江水电站亲笔题词:"为我国第一座自己设计和自制设备的大型水力发电站的胜利建设而欢呼!"

20 世纪 60 年代初,中国和朝鲜在两国边界鸭绿江上合建云峰水电站。两国协议向苏联订制全部 4 台机组,但在交付 1 台机组后,由于中苏关系突然恶化,苏方撕毁合同,不再提供剩余的 3 台机组,使电站建设陷入了困局。当时的"哈电"人响应国家"自力更生,奋发图强"的号召,积极请求承担云峰机组的制造任务。吴天霖等工程技术人员联名上书周恩来总理,请求将云峰水电厂急需的 3 台 10 万千瓦机组制造任务交给哈尔滨电机厂,并保证其质量不低于苏联的产品。该请求得到了周恩来总理和国务院的批准和支持。为确保质量,吴天霖主持制定了行之有效的《云峰机组质量保证三十条》。在毫无外援的情况下,他们精心设计制造,终于在 1964 年年底,按时完成了云峰机组的制造任务,并带动全厂的产品质量达到了新的水平。当时云峰机组成为我国大型水电机组的质量样板,于 1980 年获国家质量银奖,是当时我国发电设备产品所荣获的唯一的也是最高级别的奖励。

刘家峡水电站是我国第一座完全自己设计、制造、安装和调试设备的百万千瓦级大型水电站。1965 年,吴天霖主持设计的刘家峡水电站 22.5 万千瓦水轮发电机,采用了许多新技术,解决了一些关键结构问题。这一年,一机部和水电部在哈尔滨召开了刘家峡机组的设计审查会,会议上确定了机组的设计方案和技术参数。

为三峡工程论证做出贡献

1958 年,吴天霖等老一辈工程师,与中国科学院机械研究所等单位共同完成了《三峡枢纽水力机组容量论证初步意见》,提出了 30 万千瓦、45 万千瓦、60 万千瓦、80 万千瓦、100 万千瓦五个方案的机组设计参数和结构等。后来受国内经济情况与国际形势的影响,国家放慢了三峡工程的建设进程,直到 1983 年重新提出《长江三峡水利枢纽可行性研究报告》。

吴天霖在哈尔滨电机厂工作期间,曾担任总设计师兼水轮发电机设计组组长、电机设备科科长。该厂自 1951 年成立以后,随着大电机、水轮机产品的发展,逐步建立了一支强大的科技队伍,拥有一定规模的试验研究基地开展自主开发,成为哈尔滨电机厂发展的一项主要工作内容。经上级部门批准,1958 年 5 月,一机部第八局批准成立附设在哈尔滨电机厂内的大电机研究所。1959 年 1 月 31 日,哈尔滨电机厂任命了研究所领导班子,厂长邢子陶兼任大电机研究所所长,俞宗瑞任副所长,朱仁堪任总工程师,吴天霖任副总工程师。

吴天霖曾多次去苏联参加国际会议和学术研讨。1958 年 10 月 27 日,在列宁格勒(现为圣彼得堡)电力工厂召开的大型发电机冷却技术会议上,根据领导指示,他在大会上宣布了中国已制成功率为 1.2 万千瓦、转速为 3 000 转/分的双水内冷汽轮发电机的消息,引起到会代表的震惊。

吴天霖在工作中善于不断学习、钻研和总结,主持编写了《水轮发电机的电磁计算》《机械计算》《通风冷却计算公式》等设计计算手册,1963 年经技术标准出版社出版,并被一机部指定为水轮发电机行业指导性文件。他热爱中国共产党,热爱社会主义,努力学习政治理论,曾担任哈尔滨电机厂工程师政治理论学习组组长,该组多次被评为厂和哈尔滨市的先进学习小组。此外,他还非常注意培养年轻的技术人才,从学术到生活都给予热诚的帮助和关心,其中不少人成为全国各水电设备制造厂的技术骨干。

短短的十几年时间,我国的水轮发电机制造克服重重困难,从无到有,从小到大。吴天霖主持的每一台机组的研制成功,都缩小了与国际先进水平的差距,跨越了一个新的里程碑,刘家峡机组在当时已迈进了国际先进行列。

由于工作出色,吴天霖被选为黑龙江省人民代表大会代表、第三届全国人民代表大会代表,多次荣幸登上天安门观礼台,参加"五一""十一"庆祝活动的观礼。他还作为培养对象被选送到中央社会主义学院学习培训。通过系统学习,他更加深了对党的领导的认识,更坚定了为祖国和人民服务的理念。1965年年初,他调到上级管理部门——东北电力机械制造公司——担任副总工程师,负责组织协调管理各厂的技术工作。

正当吴天霖以他充沛的精力和满腔热忱为国家电机制造工业赶超世界先进水平而积极工作时,却遭遇了人生的不幸坎坷,在"文化大革命"中,被当成"反动学术权威"隔离审查批斗。1969年9月30日在强迫劳动中,他意外受伤,含冤去世,终年53岁。经中共哈尔滨市委、市政府决定,于1978年12月14日在哈尔滨电机厂举行了追悼会,为其平反恢复名誉。悼词中给予他高度评价:吴天霖同志是我国老一辈的科学技术工作者,十几年来,为我国的水轮发电机制造工业做出了应有的贡献,是我国现代水轮发电机设计制造的奠基人之一,他的逝世是我国电机工业战线的一个重大损失。

· 三十、忆老前辈吴天霖 ·

曲述增

1981 年

在欢庆建厂 30 周年之际，回顾我厂水电机组生产从无到有、从简单到复杂的过程，不禁使我想起我们的老前辈吴天霖。如今，他已经离开我们 12 年了。但是，他对我厂和我国水电事业发展所做的重大贡献，是永远值得我们怀念的。吴天霖生前是哈尔滨电机厂的副总工程师、东北电力机械制造公司的副总工程师，是我国电工行业的知名人士。

他早年曾赴美学习。新中国成立后，出于对党和人民的热爱，1950 年他响应号召来到了东北，投身于社会主义工业建设。到沈阳后，吴天霖立即开始组织设计我国第一台 800 千瓦水轮发电机。由于当时我们没有经验，吴天霖同志便组织技术人员分析参考他从美国带回的资料。他带头夜以继日地拉计算尺作电磁计算，俯在画图桌上画结构方案，并经常参加一些试验，了解第一手资料，进行分析比较，终于使我国第一台水轮发电机顺利完成设计和投产，并且安装后一次启动成功。他不仅为工厂、为电工行业培养了第一批水轮发电机的设计和工艺队伍，而且为彻底摘掉我国过去只能修理电动机、不能设计生产发电设备的落后帽子，开创我国能自行设计生产水轮发电机的新纪元发挥了重大作用。

1952 年后，吴天霖又领导设计了 3 000 千瓦、6 000 千瓦、1 万千瓦、7.25 万千瓦、10 万千瓦和 22.5 万千瓦的水轮发电机，为我厂生产更大容量的水轮发电机打下了坚实基础。吴天霖为人谦虚谨慎、亲切平和，毫无保留地将自己的所学传授给身边的同事，我就是他学生中的一员。吴天霖严谨的工作作风，永远是我们学习的榜样。

吴天霖对产品质量一向很重视。例如，在加工推力轴承镜板时，他常说推力轴承是水电机组安全运行的保障，而镜板又是推力轴承的关键部件。他还给我们出示美国西屋公司镜板加工的样本图样，并提出明确要求：镜板加工后的光洁度要达到镜子的程度，能照出人来。在他的严格要求下，通过技术人员和操作者的共同努力，终于使镜板加工达到了要求，其光洁度达到甚至超过国外水平。又如他经常向线圈车间工人宣传线圈绝缘对电机安全发电的重要性。他经常要求工人在包扎线圈绝缘的过程中，一定要防止灰尘落在绝缘上，因为这会降低绝缘质量。他还多次强调，一个线圈的接地绝缘，一定要一次包完，切忌包到一半就下班，否则会使线圈在不知不觉中降低了质量。在他的严格要求下，工厂于 1952 年成功试制了 10.5 千伏高压定子线圈（当时被称作"100 号"线圈），为以后生产大电机的高压线圈打下了基础。

吴天霖对工作一贯认真负责，一丝不苟。尽管身为技术领导，平时工作很忙，但他在审阅图纸时，几乎每一张图、每一个计算都一字不漏地细心审阅。遇到问题时，他总是先倾听别人的想法，然后再阐明自己的观点，有理有据，令同志们心悦诚服、获益匪浅。在负责大电机研究所科研工作时,他对每一个重大课题都亲自审查。在审查过程中,由于他不断地提出一些"为什么",使我们感到许多在审查前没想到的问题,通过审查也搞清楚了。他还经常对我们说,要经常对自己多问几个为什么,会使我们考虑问题和分析问题逐步深入。他的思想方法和工作方法,给我们留下了深刻的印象。

吴天霖十分重视培养人才。他身居技术领导岗位,不仅自己在技术上钻研不懈、把关定向,还特别注重有计划地培养新人、造就新一代技术人才。20 世纪 50 年代初期,吴天霖领导的水轮发电机设计组人员较少。为了迅速提高大家的设计工作能力,诸如电磁设计、结构设计、励磁设计等设计工作,他引导大家边干边学,放手让每个人都有机会学习和实践。通过工作中的培养和实践,他所领导的技术人员都很快具备了独立承担新产品开发的主任设计能力。

1960 年以后,苏联将专家撤走,要在技术上对我们"卡脖子",当时云峰水电站的四台机组已向苏联订购。但是,吴天霖以极大的爱国主义热情,同沈从龙、俞炳元一起联名上书周恩来总理,建议将云峰水电站剩下的 3 台机组由我国自己制造,并且保证在质量上一定能够做到比苏联机组质量还好。这个建议获得上级批准,并在厂党委的领导和组织下,很快地在工厂里设计制造出质量超过苏联的机组。

距离哈尔滨电机厂成立已经过去了 30 年。在这 30 年中,我们在水电机组生产上,用了不到 30 年的时间走过了许多工业发达国家用 50 年走过的道路。我厂的水电队伍不断壮大,水电产品的品种不断增加,单机容量不断增大,产品质量逐步提高,这些都是我厂 30 年来的宝贵经验。当我们总结这些经验的时候,我们永远不会忘记我国水电发展的先驱吴天霖。我们一定要传承他的精神,努力攀登世界科学技术高峰,为早日实现我国"四个现代化"贡献我们的力量。

(注:曲述增曾任哈尔滨电机厂、大电机研究所副总工程师,此文在 1981 年发表于《哈尔滨电机厂三十年征文选集》。)

三十一、怀念父亲朱维衡

朱道一

2016 年

惊悉家父走了,走得非常平静。与 12 年前家母走时一样,都是在睡梦中善终。家母走时 78 岁,早了些,未能享受更多美好人生,亦未能如愿看到孙子孙女们大学毕业。家父终年 97 岁。他亲眼看到四个孙子孙女不仅均已走出高等学府,且个个事业有成,尊敬老人。他的晚年开心快乐,走时无憾无悔。

朱维衡、孙华善夫妻

祖父朱光焘自日本留学归来后,获得清末宣统元年(1909 年)新式科举的殿试第一,被授予工科进士。祖父开创江浙乃至全中国的丝绸机纺之先,并在杭州参与开办浙江大学前身之一的高等工业学校,所以在丝绸机纺界桃李满天下。他亦曾率领中国的丝绸代表团访问美国,对美国工业和社会留下深刻印象。

家父生于民国之初,是家中的大少爷。家父幼时虽然家境富裕,却没有封建的高低贵贱观念。他喜欢自己动手,整理园林,研究印染丝绸,不惧脏累。后来中学上物理课时,他又迷恋上电学中螺线管概念,幻想着未来的飞车。再以后在大学,更是自行设计了梦想的飞车。

然而,父亲成长于内忧外患的年代。那时,到处军阀混战,更受到日本帝国主义的侵略。小学毕业(1931 年)后,赶上了一二八事变,日本侵略军向上海 19 路军进攻,全国人民支援 19 路军抗战。杭州遭难,他随家迁居上海避难。上大学时(1937 年),他赶上了淞沪会战,日寇在上海发起全面进攻。父亲跟随逃难人群,千里跋涉赴重庆。后又受挚友重托,返回上海,协助其亲人等辗转赶到重庆。国难当头,一切美好的梦想只能停留在那里,深深地埋藏着。

家族合影

［前排左起：祖母关亭玉，祖父朱光焘（谋先）；中排左起：小干娘朱绮（绮明），叔叔朱维
继（钧仲），五干娘朱纯（温如）；后排左起：家父朱维衡（钧伯），六干娘朱澍（澍生）］

在重庆的日子里，家父投考自费留学美国成功。赴美路过印度时，他们看到了当时印度远超中国的工业化程度。留学生们感叹，学成后回国，要将自己祖国也建设成这般工业化程度该多好。这个事情，我小时候多次听长辈们说过。

家父向往光明、进步、公平、正义。1949 年在香港时受赴美留学同船同学、老朋友、地下党员、后来二机部的副总工程师、数学家秦元勋的影响，他毫不犹豫地踏上了北上之路，并作为留学生代表队成员之一，参加了中华人民共和国的开国大典。他被毛主席在天安门城头上庄严宣布的"中央人民政府成立了"深深鼓舞，很快奔赴东北，参加祖国建设。新中国成立十周年的时候，中国的工业化程度已经有了很大进步。这是那一代科技人员引以为傲并深爱社会主义祖国的重要原因。

在东北电工局第四设计分局时，作为修复丰满电站"100 号"线圈项目技术负责人，家父克服缺乏关键配件和专业技术人员等重重困难，深入现场调研，提出替代方案，成功修复当时闻名全国的小丰满水电站，为东北工业的恢复和建设做出重要贡献。再后来，在他任职中国科学院自动化研究所期间，他在微电机上的设计拯救了北京微电机厂（该厂技术科人员语）。他的另一项特殊设计是被中国的第一颗人造卫星"东方红一号"用来进行卫星旋转定位的力矩电机。（该卫星正常工作 28 天，比预先设计超过 8 天后失去通信联系，迄今仍然在轨道上运行。）

"文化大革命"后，家父恢复人身自由，立即奔波于中国科学院自动化研究所图书馆和科学院的图书馆资料室，开始如饥似渴地学习研究。大约在 1971 年 3—4 月，他将直线电机（也称线性电机）的概念，消化整理写成了一本小册子，开始在中国科学院内部传阅，成为中国大地上第一份有关直线电机的技术资料文件。45 年后的今天，直线电机已经在中国遍地开花结果。

家父转调中国科学院电工研究所后,第一个直线电机的设计就是应用在自动绘图仪上。这一成功,极大地提高了制图效率和精准度,将数以万计的绘图员从繁重的手工劳动中解放出来。这个设计后来获得科学院科研成果一等奖、国家科学技术进步二等奖。当时能够获得国家科学奖的科研项目全国屈指可数。因此,加之以后在核磁共振方面坚持不懈的努力,对磁悬浮事业坚定不移的支持,家父获得了"中国磁悬浮之父"的美誉。

父亲喜欢玩时髦的东西,对新鲜时尚事物兴趣盎然,这贯穿了他的一生。我的摄影技术就是父亲在我还是小孩子时手把手教的。我年轻时自己冲洗胶卷照片,他也跟着学,还帮着我出点子,自制放大机。

父亲是个能工巧匠。家里任何东西用坏了,到他手里,总能神奇地修复。当年家具不容易买到,父亲就亲自动手做实用的家具。自制的凉橱、自建的洗澡房等都给生活带来方便。

父亲在危急关头,也是个勇敢的人。大约是1959年夏秋之际,父母单位一层楼的大食堂失火,我跑到那里,看见父亲居然站在起火的食堂房顶,手持灭火器,冲在最前面灭火。那个高大形象深深印在我的脑海里,至今清晰如昨。

依旧清楚记得幼时依偎在父亲肩头,躲避沈阳冬天的严寒。父亲抱着我,从住所红楼踏雪步行到南市区中兴街三段一里一号的设计院托儿所。他是我最放心的靠山。

五岁半我开始去沈阳音专附小学钢琴时,每晚父亲都会在睡前给我读音乐家的故事。巴哈、肖邦、莫扎特、舒伯特、贝多芬、德彪西、柴可夫斯基等音乐大家的名字深深印入我的脑海。可惜我太贪玩,受不了每天一个小时练琴的约束,不肯用心学习,最后只好退学。但父亲没有为此责备我。父母那次的教育让我心服口服。从此上学校,我再也没有逃过一堂课。

六岁半时,我依靠在门边,看着父亲忙着拉计算尺工作的背影,突然问:"爸爸,中国有多少人?"父亲头也不回地答道:"六万万五千万人。"我从此成为同龄人中少数明确知道中国人口数的孩子。

父亲开始教我写字的时候是在小田字格的笔记本最上面写:"我是中国人""我爱中国""我长大要当科学家""中华人民共和国万岁",等等。然后他让我认字,并照着一笔一画填写满下面的所有空格。这是潜移默化的影响。在二年级的某一天,课堂上有同学不认真听课,班主任王桂荣老师怒而点名每个学生回答为谁学习时,我选择了"为祖国学习"。

小学三年级上学期,父亲送给我一块小黑板,买来一本《抗日儿童团的故事》,让我每次读一个故事后,将故事的中心意思写到小黑板上。很快他又扩大到借来《红旗飘飘》《星火燎原》《王孝和在狱中》《西游记》《水浒传》《钢铁是怎样炼成的》等小说阅读。他锻炼我逐渐学会了从文章中找出重点,同时也教会我做个正直的人。

"文化大革命"中的1969年年初,我从青海回北京,在自动化所专案组的安排下,去见了失去自由的父亲。当着专案组组长的面,我只能说些冠冕堂皇的套话。父亲也是用类似时髭的语言回应。专案组组长一走,父亲立即抬眼仔细看我,我也仔细看父亲。曾经漆黑的头发,如今现出灰白,面容消瘦,衰老得几乎认不出。心里好痛!但我立刻坚定了信念:父亲一定是好人。专案组的人在胡说八道,栽赃陷害。

父亲对兄弟姐妹、多年好友的情义之重,给我留下深刻印象。即便在政治高压下,他依然深埋自己的情感,一有机会,就陆陆续续地悄悄告诉我必须牢记的亲人。

1971年年底回到家,我告诉父亲,在挨整最绝望的时候,曾经动过出国的念头。父亲这才一五一十地把曾祖父以降的家族亲人的信息告诉我,原来朱家门的亲友们在中国近现代史上也算辉煌。我自此昂首挺胸,不再自卑。

父亲从来不逼迫我做不喜欢的事。他积极工作,以身作则,并且不断引导,鼓励我攀登科学的高峰。我事业上的每一点成绩,都能引来父亲欢欣的微笑。这成为我不断进取的动力。

家父的心态比较好,与世无争,是位慈祥的老人。他不是聪明绝顶的人,却是老实巴交、踏实认真的人。晚年在美国生活时,他和善热心,赢得了朋友和老年公寓内人们的尊重和拥戴,人缘儿好极了。

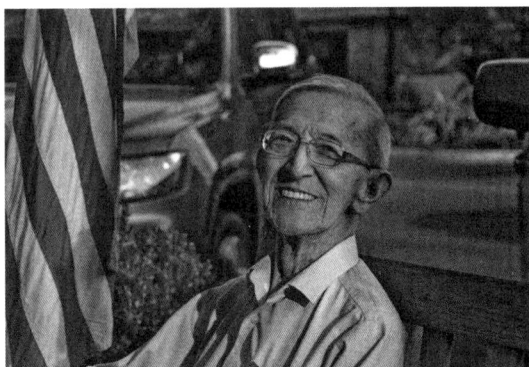

家父(摄于 2015 年 10 月)

父亲平静地走了。可我总觉得,父亲还在我们身边……他永远活在我心中!

朱维衡赴美养老时与家人合影

· 三十二、追思赵硕顾先生

陈圣琳　　陈明燕
2022 年

赵硕顾与夫人陈圣琳

深厚的技术功底

1940 年,赵硕顾从交通大学机械系毕业后,政府开始放松对出国留学的限制,留学国家也不再限于英国和美国。他考取了教育部公派留学资格,1943 年教育部送其去印度留学,同行的还有甘其绥等 10 名留学生,出国留学人员达到战时高峰。相关学科日益丰富,留学生群体迅速壮大。

中央电工器材厂总经理恽震先生于 1944 年 8 月到印度加尔各答,参观了印度利用美国技术办的商营钢铁厂,约见了正在该厂学习汽轮机技术的赵硕顾,并鼓励其去美国参加实习。

1945 年,恽震赴美国与西屋公司商谈技术贸易之后,与昆明的代总经理张承祜往返函商,慎选优秀技术人员(包括部分财会、经营管理人员)分批派去美国实习。恽震先生在印度约好的硕顾,应约到美国西屋公司,与国内的几十位工程师精英在西屋公司汇聚,刻苦学习。他在汽轮机厂实习,一起在汽轮机厂实习的还有原纽约办事处工作的王兆华,他们都是后来创建哈尔滨汽轮机厂最出色的工程师。

硕顾 1947 年完成实习、回归祖国后,在上海负责对外经济贸易的输出入管理委员会供职。

建设新中国的动力基地——哈尔滨汽轮机厂

1950 年,在周恩来总理的关怀下,大批曾在西屋公司实习的人员齐聚东北,建设新中国的动力基地。硕颀奔赴东北,先期在沈阳东北工业部电工局工作,后来到哈尔滨电机厂工作,当哈尔滨汽轮机厂(以下简称"哈汽")开始兴建后,他立刻加入建厂的队伍。

硕颀在哈汽担任副总工程师,领导和参加了汽轮机系列产品的研发和生产。哈汽历经的四个变革阶段,翔实地记录了其发展路径,每一步都留下了他的脚印和汗水。

建厂初期,哈汽引进苏联的设计制造技术,在苏联专家的帮助下,哈汽员工掌握了基础的汽轮机前沿技术,制造出了我国第一批 2.5 万千瓦和 5 万千瓦汽轮机。

在研发初期,苏联只提供了 2.5 万千瓦机组的技术资料,副厂长兼总工程师黄毅诚等提出用一年的时间制造出 5 万千瓦的汽轮机,按当时的条件这比登天还难。但是,对党的忠诚,被这些时代儿女用热血与奉献诠释着,奇迹一次次地出现。

1959 年 11 月,我国第一台高温高压 5 万千瓦汽轮机试车成功,从而在国内闯出了一条如何对国外资料进行消化吸收的路子。汽轮机转子的照片上了《人民日报》的头版,大长了中国人民的志气。

后来由于苏联专家的撤出,反而使哈汽能够突破苏联的设计模式。1960 年 3 月 8 日,哈汽开发出我国首台 10 万千瓦汽轮机,继而当年 7 月又研制出三缸两排汽 20 万千瓦汽轮机。尤其是 1983 年出口巴基斯坦的三缸两排汽 21 万千瓦机组更是震惊了世界,该类机组荣获了国家发电设备行业当时唯一的质量金牌。

1973 年,哈汽又研制出单缸 10 万千瓦汽轮机。这种机型的研发成功,不仅大大提高了工厂的研究、设计和制造水平,也使中国发电设备水平前进了一大步。

硕颀于 1971 年至 1975 年在北京一机部工作,继续参与组织和领导汽轮机工业的发展。

1972 年,一机部水电部成立联合办公室,计划自行设计制造 60 万千瓦机组,主任是当时任机械研究院院长的周建南,副主任是水电部副部长毛鹤年。赵硕颀任汽轮机设计小组组长,部里主管此事的是七八局局长何效宁,丁舜年院士除参加领导外,还担任电机组和自动化组两个组的组长。后来国家决定引进国外技术在国内制造,停止了自行设计制造任务,但通过这一阶段的研究设计,对今后消化国外先进技术和创新,起了重要作用。

开拓工业汽轮机产品的新战场

杭州汽轮机厂制造的工业汽轮机是指除电站汽轮机和船舶推进汽轮机以外的各种类型汽轮机。它们是现代工业不可或缺的动力设备,广泛应用于石油、化工、冶金、电力、军工等各个国民生产领域。杭州汽轮机厂于 1958 年建厂,1973 年,经过 15 年艰苦创业的工厂进行了扩建,1975 年又进行了第二期扩建。当时周恩来总理亲自做了批示,国家决定从联邦德国的西门子公司引进先进的三系列工业汽轮机设计制造技术,1975 年硕颀调入杭州汽轮机厂,任副厂长兼总工程师,指导了扩建工程。之后他立即投身于领导工业汽轮机新产品的引进、试制、国产化和全厂的技术领导工作。从西门子公司引进了全套反动式工业汽轮机制造技术,并通过自身的吸收、转化和创新,至今已生产了将近4 000台(套)的工业驱动汽轮机产品,广泛应用于石油、化工、冶金、电力、军工等生产领域,并成功返销欧美等发达国家。

肩负更大责任

在杭州汽轮机厂工作之后,他又调任浙江省机械工业厅任副厅长兼总工程师,肩负更重要的领导责任。联手多年的好伙伴张弘夏先生也调任浙江省机械工业厅任副总工程师、高级工程师。1989年1月,杭州汽轮机厂"七五"CAD攻关演示会召开,他作为省机械厅负责人到会指导。这一年,他已经70高龄。

社 会 贡 献

硕顾热心社会活动,做出了许多令人称羡的贡献:1954年任哈尔滨市科普协会副主任;1956年,任中华全国科学技术普及协会黑龙江省分会及哈尔滨市支会常委、主席。1958年,省科协第一届会员代表大会上,通过了他做的《黑龙江省暨哈尔滨市科学技术普及协会的会务工作报告》,并通过了《关于建立黑龙江省科学技术协会的决议》,黑龙江省科技协会就此成立。

1954年,他在哈尔滨市第一届人民代表大会二次会议上当选为市人民委员会委员;1952年担任哈尔滨市政协第三届常务委员,1962年任市政协第四届委员会副主席;后来任中国机械工程学会动力工程学会第三届理事会理事和副秘书长(1983年);任交通大学校友会杭州分会的第一届理事会(1984年)和第二届理事会(1986年)副会长、第三届理事会(1989年)会长、第五届理事会(1996年)的名誉会长;任浙江省工程技术人员高级职务评审委员会的评审委员。

硕顾对于科技法规和专利制度的建立和推广十分热心,除进行领导外,还身体力行,申请了许多专利,例如1986年授权的发明专利"液压传动装置中的轴向配流机构"。还有如:变量液压机械和无级变速液压传动装置专利,在共享媒体网络中对时间敏感的应用提供低接入延迟的系统、装置和方法,柱塞式内曲线水泵,基板和制造该基板的方法,液压抽油机,柱塞式液压机械的一种滚轮机构的制作方法,组合式配流轴的制作方法,液压传动内燃机的制作方法,液压机械的反向机构专利,等等。

如今,哈尔滨汽轮机厂新型高效百万千瓦超超临界汽轮机已经在九江电厂等处运转,杭州汽轮机厂已经跻身工业汽轮机制造领域世界第一梯队。在回顾我国动力工业的这些成就的同时,我们永远怀念为汽轮机工业做出重大贡献的前辈!

※ 三十三、父亲吴国城的一生 ※

吴大群

2006 年 6 月

今天是父亲节,父亲已经年过八旬,我也早为人父,儿子也参加工作独立于社会了。父亲是我攀登的梯子,他支持我一步步登上社会舞台;父亲是我前进的动力,我每一步跨越都离不开他的鼓励;父亲是一株参天大树,他给我遮风挡雨,给我遮阳蔽日,给我以呵护。但今天父亲老了,他不再风光,不再年轻,他像个小孩,他变得需要呵护,需要哄劝……我谨以此文献给父亲,回忆他的一生。

年青时代的父亲

父亲幼时在厦门鼓浪屿读书,他所就读的学校的全部课用英语讲课,采用的课本全部是英语课本,所以父亲的英语底子非常好。他不光学习好,体育上也非常活跃,足球、滑冰、游泳都是强项。我曾陪父亲在湘江游泳,他那标准的自由泳,常常把我丢下一长截。

父亲告诉我,他原来报考大学时的第一志愿是学医,因为我的祖父就是医生;第二是学工,后来他考上了中央大学电机专业,就是现在的专业;第三是学农,学习园艺。

抗日战争胜利以后,湘潭建设中央电工厂,资源委员会选派他们几十名刚毕业的大学生到美国西屋公司学习企业管理和技术。三年后回国。那时候的父亲年轻,又没有成家,比较活跃。在美国买了一台"柯达"相机,还买了收音机、电唱机。父亲喜欢摄影和体育运动,在他们几十位出国人员的合影中,父亲还挂着他心爱的相机。回国后正逢湖南和平解放,电工厂交由军代表管理,他积极参加宣传活动,把美国带回的收音机、电唱机搬到军代表的宣传卡车上,他负责更换唱片,宣传新中国。遇到周六的舞会,他都会将电唱机、收音机拉到会场为大家服务。

那台电唱机可以放一叠唱片,不用管就可放几个小时的音乐。在当时可谓时髦至极,何况父亲还从国外带回来许多贝多芬、施特劳斯的交响乐、舞曲唱片。周末家里会经常举办幻灯晚会,父亲把从美国拍回的彩色照片制成幻灯片用幻灯机放出来,我们几个儿女就是这样对尼亚加拉瀑布、金门大桥留下了深刻的印象。

受到冲击的父亲

父亲在"文化大革命"中也无例外地受到了冲击。父亲的主要问题是在学生时代参加过国民党下属的青年组织"三青团",那是抗日战争时期,父亲的学校从南京迁移到重庆,后又转到昆明。父亲在班上成绩好,又活跃,就被拉进了"三青团",还被推为支队长,所以后来受到的冲击可想而知。

　　1968 年 12 月，"文化大革命"的武斗已处于尾期，父亲被"造反派"捆绑去，集中到"牛棚"里。每天要戴着"白袖套"强迫劳动，晚上还要挨批判。那时我和我的弟弟妹妹只能在他们路过的马路上远远地眺望，父亲也只能远远地看我们一眼。我和弟弟妹妹也不敢和邻居家小孩玩，不然小孩之间一有矛盾，就会招来一阵"反革命崽子"的臭骂。

　　记得我在 1969 年元月准备上山下乡时，被允许去看望被关在"牛棚"里的父亲，我要出去工作了，要自己走向社会了，父亲非常激动，握着才 16 岁的我的手说，没有什么送给我，他从怀里拿出一本《毛主席语录》交到我手中，叮嘱我好好劳动，去大有作为。我是提着妈妈读中学时用过的柳条箱，揣着父亲改造学习时看过的《毛主席语录》，到了远离家乡的茶陵农村。父亲的教诲一直是激励我前进的动力。我相信需要知识的时代会到来。于是我利用一切闲暇时间自学。因此得益不少。

　　后来父亲被派到冷锻车间拖板车，冷锻车间最苦最累最脏的活是清理切割毛刺和铸件毛坯，他每天都默默地清理完每一件工件并用板车拖到相应的工位。他勤勤恳恳、任劳任怨，被工人师傅们誉为最勤快的清理工、装卸工。在车间劳动时他还不忘运用自己的知识和技术改造设备，冷锻车间的钢板切割量大且切割工人劳动强度大，他就建议车间运用数控技术改造切割机，并和车间的技术员们一起设计、绘图，终于制作出电机厂第一台数控切割机。父亲的言行也感动了工人师傅们，所以经常会有师傅到我家做客，他们尊敬地称父亲为"吴老"。就这样，父亲在车间一直干到 1979 年。

贡献才智的父亲

　　1979 年父亲恢复了工作，被安排到工艺处当处长，并担任厂里的总工艺师。为了国家工业的发展，他被派到比利时学习轻轨机车技术和矿山用百吨车技术。

1981 年我的父亲在布鲁塞尔的我国驻比利时大使馆门前

父亲仿佛再次焕发了青春,他在工厂、工地没日没夜地工作,优化他的设计。他趴在所有能见到的国外和国内的机车、汽车里面认真研究过。不久他亲自主持设计制作的工矿用电力机车问世了,我国第一台百吨电动轮自卸车问世了,供北京和平壤使用的地铁车也问世了。父亲被国家命名为"有杰出贡献的专家",并颁发了证书。他是连续三届的省政协委员。不畏劳累的父亲干到 65 岁才退休。

父亲在百吨电动轮自卸车上　　　　父亲和第一台"韶山"电力机车

风流潇洒的父亲

记忆比较深刻的是父亲送我去学校读书。那时我考取了我们市排名第一的市一中。因为家里离学校较远,只能在学校寄宿,父亲用自行车帮我驮着行李,送我到学校报到。父亲帮我办完手续,安置完住宿,又骑着自行车离开学校。望着远去的父亲的身影,许多同学问我,这是你的父亲? 你父亲多潇洒呀,油亮整齐的头发,蚊子上去都会打滑哦! 你父亲多讲究哦,笔挺的西服,裤子上的两条笔挺的折印,多像华侨哟! 其实父亲确实是留过洋的。

对父亲年轻时风流倜傥的这些记忆,见过我父亲的许多同学都曾经提起。那些西装一直都被他珍爱着,十几年都保存得完好如新。可惜在"文化大革命"时期,社会上到处破"四旧"、烧"奇装异服"。胆小的妈妈把父亲的一些西装给我们改成大衣或外套,把领带拆开做成袜底,把礼帽裁剪成鞋垫。父亲也害怕"红卫兵"抄家,借着夜色把那些照片都烧掉了。最可惜的是那一大堆唱片,全部作为废胶木卖给了废品收购店。

勤劳节俭的父亲

父亲既勤劳又节俭。记得在经济困难时期,没有吃的,城市里许多市民响应政府号召,利用路边、房边自己种菜。父亲到杂货店买回一些农具,一下子开出了十几块小菜地,我们家种上了花生、红薯、豆角、辣椒、茄子、苦瓜、南瓜、芋头等。他买来许多有关培植蔬菜的书,什么《黄芽白》《茄子》《马铃薯》《辣椒》《南瓜》《冬瓜》,还有《葡萄栽培》《果树培育》等。记得那时父亲下班后就用铁丝在家里房子的后面搭一个棚子,然后种了两棵葡萄树,不久就葡萄满园,硕果累累。那时父亲还经常带着我们淋菜、松土。记得那时我和父亲抬着一大桶粪,我走前面,父亲总是把桶移到他那一边,保护着我一起把粪桶抬到菜地里。我也是从此知道了粮蔬的来之不易。

为了生计,父亲业余时间里俨然像个农民。挖土、播种、间苗、施肥、扯草、收获。每一种农活他都非常熟练。每当收获时,全家都沉浸在喜悦中。那时家中的蔬菜自给有余,还把多余的菜送到隔壁的食堂,和大家一起享受丰收的愉悦。

毕竟是经济困难时期,父亲也得下了许多病,什么腰痛病、肺气肿等。父亲那时得了水肿病,手指压在腿上,窝下去就是一个坑,好久好久不会起来。当时工厂对工程师有些特别的关照。他得了水肿病,可以照顾性地给一些黄豆、菜油、猪肉。可父亲舍不得自己吃,总留给我们小孩儿吃。

步入晚年的父亲

今天是父亲节。我的父亲已86岁。饱经沧桑的父亲再也没有了当年的风流和潇洒,他已是步履蹒跚。前几年,他多年的肺气肿病又复发了。他到医院住院治疗,做了一大堆的检查,还怀疑肺部有癌症,搞得全家心神不定。

去年底又发生了一次肠梗阻,去省里请了教授会诊,做了一大堆检查,认为是直肠癌,要手术治疗。这又把全家吓坏了。等到阻梗排除后,到一家大医院做直肠镜检查,排除了癌症,才知道虚惊一场。望着病床上的父亲,我感觉父亲确实是老了,他已是弱不禁风,风光已去,不再是当年能够为我们遮阴挡日的大树了。我轻轻对父亲说:父亲,让我来呵护您了!

三十四、故乡行——回忆父亲吴国城

吴大群

2009 年 06 月 20 日

父亲老了,86 岁了,但他的头脑非常清醒。他总喜欢怀念过去的事情;叔叔来个电话,他会乐得几天睡不好觉;姑妈从家乡寄来贺卡,他会反复端详;他的学生和徒弟们来串门,常常就拖住别人,舍不得人家走,一谈就是一两个小时。有人说,树老根多,人老话多,年纪越大,越喜欢怀旧,怀念家乡。看到父亲的恋乡情节,2006 年春节,我们全家陪着父亲母亲一起回到父亲的老家——厦门鼓浪屿。我祖父是台湾台南人,所以父亲的籍贯应该是台湾,而祖母是福建厦门鼓浪屿人,祖父过早去世,父亲他们兄弟姐妹几人从小就跟随祖母在厦门鼓浪屿生活,所以父亲在后来的学习和工作中,籍贯都是填的福建厦门。

父亲和母亲在厦门港留影

我们到了厦门,直奔鼓浪屿。乘了轮渡,出了码头,父亲就像天真的小孩,高兴得不得了。这里摸摸,那里看看,似曾相识,又很新鲜。姑妈姑爹都是八九十岁的老人,知道父亲到来,一家都出来迎接我们,数十年不见,悲喜交加,激动万分。姑妈是教师,姑爹是当地著名的书法家,现在刻在鼓浪屿上的"日光岩"几个大字就出自他的手笔。

为了追寻旧时的回忆,我们首先去菽庄花园。菽庄花园原是台湾富绅林尔嘉的私家花园,后献给政府辟为公园。菽庄依海建园,海藏园中,傍山依海,垒石补山,与远处山光水色互为衬托,浑然一体,不大的一湾坡地,创造出无限的空间,能把四周可看到的景物全部纳入花园怀抱。园内楼台亭榭,矮桥低栏。园内看海,波浪拍岸,倚栏远眺,山海尽收眼底。菽庄花园边有一大片洁白的沙滩,现在开辟为海滨浴场。虽然已是冬季,但厦门的气温还能游泳,今天浴场游泳的人还不少。父亲告诉我,他小时候每天放学后,都在这里游泳,是鼓浪屿的阳光和海水锻炼了父亲,使他能够经风雨受磨难。"文化大革命"期间,他被下放时能胜任拖板车这样的重体力劳动,以及现在他八十多岁还能出游,都得益于那时的锻炼。

日光岩俗称"晃岩",位于鼓浪屿中部偏南的龙头山顶端,海拔为 92.68 米,为鼓浪屿最高峰。有人说,"游厦门不游鼓浪屿就不算来厦门",亦有人说,"游鼓浪屿不登日光岩就不算来鼓浪屿"。从日光岩往下看,鼓浪屿像一艘彩船,停泊于万顷碧波之中,时浮时沉,波光闪烁;也可以想象成一座盆景,放在翡翠盘里,错落有致,玩赏不尽;同时又像一个睡美人,侧卧于青纱帐里,风姿绰约,娇态万千。父亲因为年纪大,脚力不支,没有上到日光岩顶,只在山下留了个影。父亲说,年少时,他每天要到岩上跑几个来回,而现在年纪大了,上去要费点劲了!

父亲执意要到毓园看看。毓园是厦门市政府为纪念鼓浪屿的优秀女儿、人民医学家林巧稚大夫修建的。毓园的"毓",就是培育养育的意思,所以纪念园取名毓园。林巧稚大夫1901 年出生在鼓浪屿,是我国现代妇产科医学的奠基人。她虽然终身未婚,没有儿女,但她一生中亲自接生了数万个婴儿,因而她又是世界上最伟大的母亲,被誉为"万婴之母"。父亲过去经常给我们提起他的这位老乡,要求我们学习林大夫忠于祖国、热爱人民、勤勉勤奋、无私奉献的精神。父亲也一直是用这样朴素的人生信仰指导自己、教诲子女。父亲曾多次出国,却义无反顾地选择为祖国服务。他深知人没有钱不行,但他却决不取不义之财。新中国刚成立时,驻厂军代表让他去香港取费用,既不是共产党员又不是领导干部而仅仅

父亲和母亲在鼓浪屿留影

是一名专业技术人员的父亲,冒着生命危险只身带回来的一箱金条分文不少。父亲的这些无声的行动在我们的心头打下深刻的烙印,以至影响我们的终生以及我们的后代。现在的父亲走得很累,他在母亲的陪伴下静静地坐在毓园的石凳上休息,他很满足!

陪父亲走在鼓浪屿的小路上,我们可以听见脚步声在寂静中回响,这是我们三代人的脚步。鼓浪屿没有机动车,空气无与伦比的洁净,微微的风吹在身上,带有黏黏的海水的味道,我们尽力去寻找当年祖辈的踪影。

在鼓浪屿西边的鼓声路旁的海滩上屹立着一奇异的岩石,中间有一个能钻得进人的岩洞,潮涨潮落,海浪拍打这个岩洞时,发出咚咚声响,犹如击鼓,人们就称它"鼓浪石","鼓浪屿"也因此而得名。父亲踏立在鼓声路上,遥望着海的那边。沙滩上,一个浪,一个浪,无休止地摩肩而来,接踵而去,拥挤着,喧哗着,摇晃着,到这里也许是疲倦了,才有了如此美丽的小憩之所;父亲在看什么,想什么呢? 是在遥看台湾,想念远在他乡的弟弟;还是在感受胸中那无名的乡愁? 这时候我心中喃喃念起了台湾诗人余光中的《乡愁》。

也许父亲的心情和鼓浪屿畔的大海一样,是平静的。只是因为风的缘故,才有了喧嚣与躁动。对故土的眷恋可以说是人类共同而永恒的情感。远离故乡的游子,即使在耄耋之年,也希望能叶落归根。

这几年为了使父母晚年生活更愉快,我陪他们到厦门、岳阳、武汉、井冈山、韶山、长沙等地旅游,每次旅游父母都像小孩子一样高兴。我也感觉为报答父母做了一点小小的事,心里感到无名的舒慰!

衷心祝愿普天下所有的父亲母亲健康长寿!

——谨以此文献给逝去一年多的父亲

· 三十五、忆父亲王述羲 ·

王景安　　王景云　　王景慈　　王景东

2019 年

　　父亲于 1921 年 7 月 10 日出生于北平,祖籍浙江绍兴。他先后入读红庙小学、师大附小和师大附中。父亲名字中的"羲"字常常被误写成"义",甚至是"曦"字。

　　1937 年七七事变后,日本帝国主义者全面侵华。7 月 29 日天津沦陷,7 月 30 日北平沦陷。为能继续求学,1938 年父亲 17 周岁离家,与高中同学结伴离开沦陷的北平赴昆明赶考。一路从天津乘船经香港,再到越南的海防市,由海防市乘火车抵达昆明。由于北平沦陷,他未能完成北师大附中的高中课程,没有获得毕业证书。云南省教育厅为使从战区转来的中小学生能继续求学,为这部分学生出具了肄业证书。据此父亲参加了西南联合大学的招生考试,并考取了该校工学院的机械系,成为西南联合大学成立后在昆明招收的第一届学生。

云南省教育厅登记战区中小学生合格证明书

　　西南联合大学工学院设在昆明城东南,拓东路北相邻的三座会馆里,中间迤西会馆改建成教学区,西邻的全蜀会馆为实验区,东邻的四川会馆为学生宿舍区,同时学校还在附近租赁了不少民宅作为教师家属住宅、单身教职工宿舍和学生宿舍。虽然条件艰苦,但能继续读书,大家也乐在其中。在这里,父亲度过了四年的大学求学生活。

　　由于战争,家在沦陷区,父亲成为没有经济来源的穷学生,此后靠吃贷金,还曾与同学到附近的庙里混吃过免费的斋饭。在校学习期间,他曾患阑尾炎无钱医治,幸亏表兄毛鹤年(父亲二姨妈的儿子,当时是云南大学的教授)得知后,及时将其送入医院手术并垫付了医疗费用。

1942年,他大学毕业后到资源委员会的四川綦江电化冶炼厂做设计工作,曾任技术员、助理工程师。1944年11月,他赴重庆参加了经济部的租借法案赴美培训人员考试,并被录取。1945年,抗日战争胜利了,为了探望父兄,他北上返回北平,并短暂在石景山钢铁厂工作,任助理工程师。

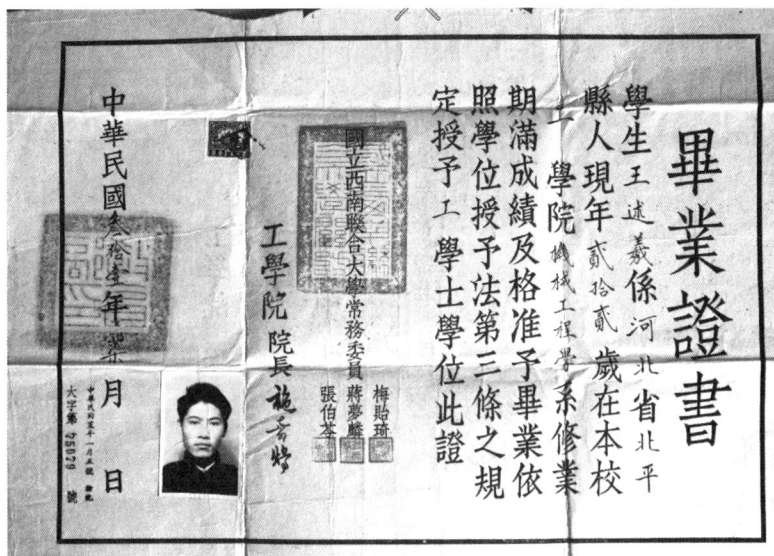

毕业证书上方原有民国时期的国旗,"文化大革命"时期为避免麻烦将上方裁掉了

西南联合大学机械系 **1942** 级毕业合影

(第三排右一为王述羲)

1947 年夏,他赴美国,应褚应璜先生的邀请,前往美国东海岸约克(York)城的摩根史密斯水轮机公司实习,学习水轮机设计。在此他结识了俞炳元、陶炜。回国后,他们成为同行和同事。

1949 年年初,新中国即将成立,父亲由美国乘船赶回上海,与陶炜、俞炳元三人均留用在上海电机厂。原计划他们是为湘潭电机厂培养的,但此时由于战争,无法赴湖南湘潭就任。

1949 年,东北电工局将东北境内的所有电工企业重组为 13 个电工厂,其中生产水轮发电机组、交直流电机和发电设备辅机的工厂定为东北电工四厂,原拟建在沈阳,但由于朝鲜战争爆发,电工四厂迁往哈尔滨(1953 年 7 月改为哈尔滨电机厂,现为哈尔滨电机厂有限责任公司)。

1948 年美国约克城新闻报道:中国资源委员会派遣工程师到摩根史密斯公司学习建造水力发电厂和制造电气设备。他们将返回中国,在中国中南部建立电力项目和工业
(前排左二为杨锦山、右一为沈宝书,后排左二为王述羲、左五手指地球仪的是俞炳元)

1950 年 10 月,父亲北上哈尔滨,由于水轮机车间尚未建好,不久又返回沈阳,曾在东北工业部电工局和沈阳高压开关厂工作。东北电工四厂的水轮机车间建成后,即与陶炜、俞炳元等赴哈尔滨,家属仍留在沈阳。

1950 年时国家一穷二白,用电紧张。四川解放前夕,龙溪河下硐水电站 3 台发电机组又被四川军阀杨森部队用几吨炸药炸毁。为保障用电,1951 年年初,正在从沈阳迁往哈尔滨的东北电工四厂时接到尽快恢复四川下硐水电站发电,赶制一台 800 千瓦立式水轮发电机组的任务。为此这些从美国学习归来的工程技术人员在艰苦的条件下开始设计制造工作,吴天霖工程师负责水轮发电机设计,俞炳元工程师和我父亲负责水轮机设计,陶炜工程

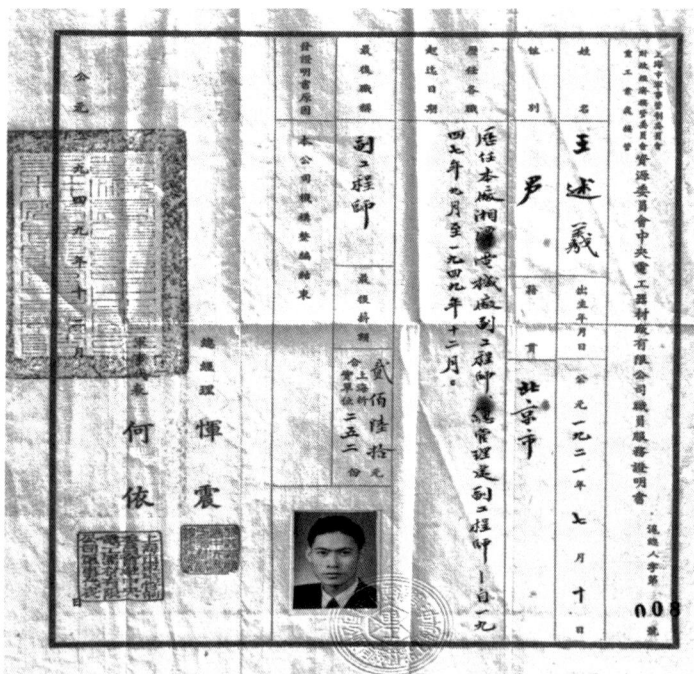

资源委员会中央电工器材厂有限公司职员服务证明书

师负责机组制造,卢堃工程师和李基昌工程师分别负责水轮机和发电机的工艺。1952 年,该机组安装在四川龙溪河下硐电站,1959 年迁至四川苏雄电站。直至 2010 年,该机组因所在河流上游兴建瀑布沟水电站而停运。其从 1952 年投入运行后的 60 年间持续发电,为西南地区经济发展发挥了重要作用。这也是东北电工四厂(哈尔滨电机厂)自行设计生产的第一台水轮发电机组。

1957 年秋至 1958 年年初,父亲被派到苏联学习半年。

多年来他参加过官厅 1 万千瓦混流式、百丈漈 1.25 万千瓦冲击式、青铜峡 3.6 万千瓦转桨式等水轮机设计制造工作,并主持研制、设计多项国家重点工程,如新安江 7.25 万千瓦、云峰 10 万千瓦、三门峡 5 万千瓦、刘家峡 22.5 万千瓦和 30 万千瓦、白山 30 万千瓦水轮机。特别是 20 世纪 70 年代中期起,他又为葛洲坝 12.5 万千瓦机组的设计开展了大量的科研工作,并领导该机组的设计制造工作。1981 年秋,他亲临葛洲坝电厂安装现场,负责哈尔滨电机厂的机组安装指挥,为了保证二江电厂的 5 台机组都一次启动成功,他坚守在工地,常常彻夜不眠,高度的紧张和劳累为他日后的疾病埋下了伏笔。为适应我国水电建设事业发展的需要,80 年代初,他又主持建立了中国第一座高水头水力机械试验台,进一步推动了我国水电设备的研究和开发。

父亲亲手迎接了哈尔滨电机厂的诞生,也在这里走完了他的后半生。其间他历任水轮机设计科科长、副总设计师、副总工程师、大电机研究所副所长兼总设计师等职,任中国水力发电工程学会第一届理事。

1956 年 7 月官厅电厂前合影

（前排左二为王述羲）

1980 年新安江水电站前合影

（左一为王述羲）

1975 年 7 月于哈尔滨电机厂办公楼前合影

（左起：叶自仪，王述羲，张弘夏，沈从龙，游善良，梁维燕）

　　父亲非常和蔼可亲,酷爱古典音乐。回国时,一箱子古典音乐唱片便是他省吃俭用置下的全部家当。可惜它们在"文化大革命"抄家时全部被抄走。待后期退还抄家物品时,退还的却是一堆碎片及零星几张完整的唱片,对此他很是心疼。

　　记得 1959 年末,他在水轮机设计科担任科长,科里的技术人员大多是从南方来的单身青年,周末父亲有时跟他们一起打篮球,还时常请他们来家里听古典音乐、吃饭。

　　父亲从未打骂过我们,我们也从未听过他高声吼叫过,正如别人说的那样,爸爸是我们的大朋友。我们小的时候,周末只要在家,他都会打开留声机听古典音乐,边听嘴里还吹着口哨,手打着拍子,笑眯眯地看着我们,我们都快活极了。有时他会带我们去松花江划船、游泳,冬天他会带我们一起去冰场溜冰。

　　"文化大革命"前父亲已经非常忙了。他经常出差甚至节假日都在外面,只要有水电站的地方就会有他的身影。他几乎没有时间陪伴我们了。父亲很辛苦,晚饭后还经常要去工厂,有时他回来时饭还没做好,为了加快速度他会跑进厨房帮忙,听我们指挥,厨房是三家公用的,不大的厨房里挤着三家人,有时他会诙谐地说这里是世界上人口密度最大的地方。父亲经常早上四五点钟就起来了,起床后他去户外跑步,然后为我们准备早点。

　　"文化大革命"期间父母陆续被关进了"牛棚",这个家也四分五散了。"文化大革命"后期,父亲从"牛棚"出来后,由于教育中断多年,国家正值"青黄不接"时,他的工作更繁忙了。当时我们家就住在工厂的对面,他经常是匆匆忙忙回家吃完晚饭后又去厂里工作,直至九十点钟甚至更晚才回家。如果工厂车间出现紧急情况,即使是半夜三更也会将他从家中叫走。平时出差也是临出发前回家取上行李匆匆离去,待出差返回后从不休息,放下行李立即奔向工厂。长期的紧张劳累,尤其是葛洲坝工地的长时间日夜奋战摧毁了他的健康,自1989 年后他就疾病缠身,彻底丧失了健康。他将自己的毕生精力贡献给了我国的水力发电事业。

三十六、我的师傅苏兆久

顾庆维口述　丘尚初记录

2019 年

1970 年,我 15 岁,进入昆明电机厂当了一名学工,跟着苏兆久师傅学车工。当时正值"文化大革命"期间,他戴"白袖套",属批斗对象。

他衣着朴素,言谈谨慎,提前上班,准时下班。上班时他聚精会神,埋头工作,从不和人闲聊。下班前,他将车床擦得干干净净,一尘不染。他的这种敬业精神感染了我,我立志向他学习。

他是钳工出身,钳工技术很好,但车工技术同样高超,且从不保留,愿将他的技术毫无保留地传授给我,为我日后的深入钻研打下了坚实的基础。出师之后,在他的精神鼓舞下,经过刻苦钻研,我也成了一名技术尖子和革新能手。1977 年,我在昆明市车工比赛中夺得铜牌。我搞的技术革新有 20 多项,解决了不少产品的加工难题。

他热情地传授给我技术,但从不谈他的经历,也不谈他的贡献。然而,我从旁人的口中,了解到他的经历和业绩的一鳞半爪。兹就我所知,叙述如下。

年轻时,他曾在中央电工器材四厂(昆明电机厂的前身)当学徒工,学钳工。在此期间,他设计和制作了方孔钻夹具,提高了生产效率。由于这项革新,他受到了上级的欣赏,学徒工还没转正,就被派往美国西屋公司实习一年。

回国后,他先后在湘潭电机厂、哈尔滨电机厂和昆明电机厂工作。在昆明电机厂任工具车间主任,其间的主要业绩是:

组织开发了正弦磁力台,在此基础上形成精密成型磨削工艺,使之前的模具手工制造进入机械化制造的行列,极大地提高了模具制造的效率和质量。这项技术在全国轰动一时,国内很多电机厂派专人来厂参观学习,推动了国内电机行业模具制造技术的发展。

他将电火花加工技术首次应用于生产,组织开发了国内第一台电火花加工机床。这项技术引起了同行业的兴趣,逐渐在国内得到推广应用。

他组织开发了国内第一台线切割机床。

他组织开发的半自动线棒热压模,在国内处于领先地位,年年有人来厂观摩学习。

以上是"文化大革命"前他取得的业绩。"文化大革命"后他被提升为昆明电机厂副厂长,地位提高了,还经常下车间劳动,做调查研究,不忘工人本色。

他是个低调的人,因此他的业绩很少有人知道。但他爱岗敬业的精神和艰苦奋斗的精神,我时刻铭记在心,鼓舞着我在人生旅途上奋进。

(注:顾庆维是云南省著名国画家。)

三十七、深切怀念敬爱的蔼然长辈阿雄叔叔

沈　昆

2022 年 6 月

陈俊雄叔叔，没有高等教育学历，全凭在实践中摸索体会与自学，从徒工成长为正高级工程师，在中国当属凤毛麟角，一生经历富有传奇色彩。

陈家与我家，在湘潭、沈阳和北京曾三度是紧邻。陈俊雄叔叔与我母亲在昆明电工厂时还曾与另外八位同事结为结义兄弟姐妹，两家孩子的相互走动自然很频繁。我那时随着母亲讲一口上海话，"雄"与"颙（yóng）"不分，亲切地叫他"阿颙叔叔"。在我眼里，阿雄叔叔是个慈祥和蔼、喜欢孩子的长辈，从不呵斥小孩。阿雄叔叔的长女兆乐仅比我姐大一天，同在昆明电工厂的医院出生。概由此，阿雄叔叔对我姐像对自己女儿一样。我姐小时候，每次见到，他都会亲切地抱抱。

阿雄叔叔虽然身材不高，却是昆明电工厂篮球队的主力队员之一。想必他年轻时身手不凡，喜爱体育运动。我们在沈阳清华街为邻时，他曾几次带我们一帮孩子去八院看三大球比赛，我第一次见识排球比赛，就是阿雄叔叔带我们去的。阿雄叔叔和我们这些孩子在一起时，总是那么和蔼且很有耐心，说来奇怪，我们这些孩子反而少了几分平时的散漫。

阿雄叔叔和陈妈妈蔡自强（1921.10.19—2008.5.12，陈俊雄夫人）都是热心人，常有八院的年轻人来陈家做客。阿雄叔叔和陈妈妈知道我沈媢姑姑年近 30 还无男友后，主动做红娘，撮合了在八院工作的陈宏儒和姑姑。后来我见到姑父时，感觉似曾见过，回想起来一定

陈俊雄与夫人蔡自强

是住在沈阳时在陈家见过。

1962年,在北京工作的阿雄叔叔一家搬离庆云大院,迁居八院在和平里新建的宿舍楼,结束了与我家紧邻的历史。1963年,我姑姑和姑父也从牛街搬到和平里,就住在阿雄叔叔家的楼上。1965年,母亲搬家去哈尔滨与父亲团聚,结束了我家在京居住史。8月,我到清华读书,此后几年的周末和节假日,我常去和平里看望姑姑、姑父,也往往顺便看望阿雄叔一家。1968年秋天,我最后一次到和平里陈家,当时陈家老大兆乐姐已从北京医学院毕业去了辽宁,老二小雄兄也已毕业,正为离家报到忙活着;老三小强前一年已经去了内蒙古插队,但常回家,那天正好在家;老四小滨则已去了黑龙江的兵团农场。小雄兄深得其父遗传,实践能力特强且见解通透,"文化大革命"派斗,他自逍遥,练得一手漂亮的木匠活,当时正忙着为姐妹弟弟做木箱。阿雄叔叔与陈妈妈对孩子们的出路,似乎是顺其自然,处之泰然。大概这也是他们教育子女的重要原则之一。后来陈家的老三、老四、老五兄妹三人,分别被招收为大学工农兵学员。当年像陈家这样的多子女家庭,全部子女都获得高等教育的,极其罕见。

1987年夏,我出国前到北京办理护照签证事宜,母亲嘱我代为看望阿雄叔叔。我抽空去农机学院找到陈家,见到阿雄叔叔和陈妈妈,兆乐姐和兆音小妹也在,我探望了阿雄叔叔、陈妈妈,并招呼过兆乐姐、兆音小妹之后,又很笨拙而直白地加了一句:"妈妈让我来看看你们。"言辞犀利的兆乐姐立即接了话茬:"你妈妈没让你来,你就不来了?"我正觉得尴尬,一向善良宽宏的陈小妹止住了姐姐,为我打了圆场。阿雄叔叔和陈妈妈一直带着他们惯有的微笑祥和地看着我们这三个早已成年的"孩子"。几十年来,这一场景依然铭刻在我脑中。

孰料那次匆匆一别,竟成永诀。现在想来,若是我1999年第一次回国时变通一下路线,就有机会再次拜见阿雄叔叔和陈妈妈。如今只能以此小文寄托我深深的怀念。

参 考 文 献

［1］中国电机工业发展史编写组. 中国电机工业发展史：百年回顾与展望［M］. 北京：机械工业出版社，2011.

［2］中国电器工业发展史编辑委员会. 中国电器工业发展史［M］. 机械工业出版社，1989.

［3］霍有光，顾利民. 南洋公学：交通大学年谱［M］. 西安：陕西人民出版社，2002.

［4］机械工程手册电机工程手册编委会. 电机工程手册［M］. 2版. 机械工业出版社，1996.

［5］中国电气工程高等教育 100 周年纪念委员会. 百年回眸：中国电气工程高等教育 100 周年［M］. 西安：西安交通大学出版社，2008.

［6］恽震等. 扬子江上游水力发电勘测报告和开发计划［R］. 南京：中国工程师学会工程学报，1933(2/3).

［7］张柏春. 民国时期机电技术［M］. 长沙：湖南教育出版社，2009.

［8］薛毅. 国民政府资源委员会研究［M］. 北京：社会科学文献出版社，2005

［9］台北"国史馆"编. 资源委员会档案史料初编（上，下）［M］. 台北：台湾商务印书馆. 1984.

［10］程玉凤，程玉凰. 资源委员会技术人员赴美实习史料：民国三十一年会派［M］. 台北：台北"国史馆"，1988.

［11］吴布林. 资源委员会与美国的技术贸易（1932—1949 年）［D/OL］. 广西师范大学，2005. https://www.doc88.com/p-9055928767358.html.

［12］赖滔整理. 抗战前后的中央电工器材厂［M/OL］. 昆明：昆明市政协文史资料研究委员会，1956. https://www.docin.com/p-307855119.html.

［13］中央电工器材厂. 资源委员会中央电工器材厂十年纪念册［M］. 南京：中央电工器材厂，1946.

［14］湘潭电机厂志编纂委员会. 湘潭电机厂厂史（1936—1986）［M］. 湘潭：湘潭电机厂，1986.

［15］卜保怡. 寻访昆明抗战旧址［M］. 昆明：云南教育出版社，2012.

［16］狮子滩水力发电总厂. 狮子滩水力发电总厂发展史［M］. 重庆：狮子滩水力发电总厂，2000.

［17］陈家兴等. 抗战时期的清华大学无线电研究所［J］. 哈尔滨：哈尔滨工业大学学报(社科

版),2008,10(6):1-6.

[18] 傅琳.留美科协成立始末[J].北京:北京党史研究,1998(2):40-45.

[19] 上海总工会编写组.上海电机厂工人运动史[M].北京:中共党史出版社,1994.

[20] 沈阳变压器厂志编纂委员会.沈阳变压器厂志(1938—1984):第1卷[M].沈阳:沈阳变压器厂志编纂委员会,1986.

[21] 沈阳高压开关厂志编纂委员会.沈阳高压开关厂志(1937—1985)[M].沈阳:沈阳高压开关厂志编纂委员会,1986.

[22] 倪妙章.电机工业的明珠:上海电机厂发展史(1949—1994)[M].北京:改革出版社,1994.

[23] 哈电集团哈尔滨电机厂有限责任公司.辉煌巨变60年:哈电集团哈尔滨电机厂有限责任公司发展历程[N/OL].北京:中国工业报社,2009-9-17.http://www.gkong.com/item/news/2009/09/40167.html.

[24] 中国人民政治协商会议黑龙江省委员会文史和学习委员会.黑龙江省老工业基地[M].哈尔滨:黑龙江人民出版社,2004.

[25] 西安电力机械制造公司志编辑部.西安电力机械制造公司志(1953—1986)[M].西安:西安电力机械制造公司,1998.

[26] 东方电机编辑部.东方电机有限公司:东方电机五十周年[J].东方电机,2008.

[27] 黄源芳.葛洲坝17万千瓦机组诞生始末[J].中国三峡(人文版),2004(11):51-54/60.

[28] 孙果达.抗战初期上海民营工厂的内迁[J].近代史研究,1985(4).

[29] 孟庆元.上海电机厂产品发展三十年[J].大电机技术,1979(3):9-22.

[30] 孟庆元.我当上海电机厂总工程师三十二年[J].电气应用,1989(2):29-32.

[31] 汪耕.我参与双水内冷汽轮发电机研制的经历[J].上海党史与党建,2009(9):27-28.

[32] 上海发电设备成套设计研究院.杨锦山传记[M].上海:上海发电设备成套设计研究院,2010.

[33] 冯新为.生命在于奉献:纪念冯勤为同志逝世五周年专辑[M].西安:西安电力电容器厂,1993.

[34] 胡治安.我亲历的中央专案组"石油案"[J].中国新闻周刊,2015(13).

[35] 美国宾州约克县图书馆丽贝卡霍夫曼致王景安的回函:1948年约克郡报关于中国留学生的两则新闻报道[Z].美国宾州:约克县图书馆,2018.

[36] 朱维衡.飞车梦[M].北京:汽车工业出版社,2005.

[37] 钱伟长,石元春等.20世纪中国知名科学家学术成就概览:能源与矿业工程卷:动力和电气技术与工程[M].北京:科学出版社,2014.

[38] 王宗光.上海交通大学电气工程系志(1908—2008)[M].上海:上海交通大学出版社,2008.

[39] 戴庆忠. 电机史话[M]. 北京:清华大学出版社,2016.

[40] 谭邦治. 蔡金涛院士传记[M]. 北京:中国宇航出版社,2015.

[41] 怀念蒋葆增同志文集编辑组. 怀念蒋葆增同志文集[Z]. 杭州:杭州电子科技大学,1988.

[42] 刘未鸣,韩淑芳. 南京,我的1949[M]. 北京:中国文史出版社,2021.

[43] 单雪明,单雪康,单雪珊. 怀念父亲单宗肃[J]. 电子世界,2010(7):57-59.

[44] 吴祖垲. 我的回忆(资深院士回忆录)[M]. 上海:上海科技教育出版社,2003.

[45] 胡西园. 追忆商海往事前尘(胡西园回忆录)[M]. 北京:中国文史出版社,2015.

[46] 王传善. 记我国无线电事业的先驱者朱其清[J]. 中国无线电,2013(5):25-27.

[47] 刘婷婷,宋雪峰. 中国实验物理学奠基人:颜任光[J]. 少儿科教,2020(5):13-14.

[48] 蔡葩,颜任光. 一位几乎被遗忘的大师[N]. 海口:海南日报,2010-6-28(11-12).

[49] 杨照德,熊延岭. 杨嘉墀院士传记[M]. 北京:中国宇航出版社出版,2014.

[50] 肖博仁,杨嘉墀. 将生命化为银河中的一颗星[Z]. 北京:学习时报,2022-07-27(6).

[51] 赵永良,张海保. 无锡名人辞典[G]. 上海:上海科学技术文献出版社,1994.

[52] 徐友春. 民国人物大辞典[G]. 石家庄:河北人民出版社,1991.

[53] 变压器杂志编辑部. 我国变压器行业资深的著名设计制造专家方福林逝世[J]. 变压器,2002(12):34.

[54] 胡行仁. 情系电源:记我国著名化学电源专家潘福莹[J]. 电池,1991(3):35-38.

[55] 毕道治. 难忘的学长,学习的典范:悼念魏彦章同志[J/OL]. 电池,2000(5). https://mall. cnki. net/magazine/Article/DACI200005018. htm.

[56] 吴寿松. 忆彦章同志[J]. 电池,2000(5). https://mall. cnshoki. net/magazine/article/DACI200005019. htm.

[57] 夏雷. 怀念高嵩同志[J]. 电池,1989(1):42-43.

[58] 许照. 许应期教授生平[J]. 电工教学:电气电子教学学报,1997(1):88.

[59] 宜兴市政协文史资料委员会. 宜兴文史资料[Z]. 宜兴:宜兴市政协文史资料委员会,1997.

[60] 林信惠,陈艳荣. 鲍国宝:中国电力工业先驱[J]. 首都师范大学学报,2015(6):40-46.

[61] 翁学渊. 沉痛悼念我的恩师和学长黄乃良同志[J/OL]. 浙大校友,2004(下). http://zuaa2011. zju. edu. cn/publication/article?id=780.

[62] 邓素莲. 五十年心血写春秋:记著名电瓷专家殷向午[J]. 硅酸盐通报,1990(3):72-75.

[63] 刘九如,唐静. 中国工程院院士传记:罗沛霖传[M]. 北京:高等教育出版社,2013.

后 记 和 致 谢

  2018 年 2 月我们的微信群建立,成员为中国电气工业先驱和前辈们的后代。在褚启勤大姐的倡议及各位的响应下,开始策划组稿联系出版事宜。经过近百名作者五年来的多方辛苦努力,在上海交通大学和上海交通大学出版社的帮助下,我们终于完成了书稿。以此纪念为中国电气工业做出杰出贡献的先驱和前辈们,纪念中国共产党建党百年。

  电气、电力、电子业界发展史实类出版物,往往仅见零星个人传记,鲜见对全行业整体历史重大事件的记载,及直接参与的专家们以群体式记叙、描绘的作品,本书填补了这个空白。此书稿中很多关联性极强的内容与资料是首次面世,具有史料性。如《中国电机工业发展史——百年回顾与展望》(机械工业出版社 2011 版)是一部系统探究中国电机工业生产力和生产关系的百年发展历程和演进规律的传记性行业发展史。该著作因主旨及篇幅所限,虽亦提及"高教育人,培养电机工程技术骨干""旧中国战火洗礼中电机工业先辈们的业绩""西屋培训,造就一批技术领军人物"等,但对史实进程中相关行业所涉先辈专家群体之记载多做留白。本书稿恰能对行业发展史发挥叙事实证、添补空白、充实添彩之作用;对行业先驱的历史贡献则是一份真诚记录、一曲赞美颂歌;为当代青年,尤其是有志投身于相关行业的专业继承者,树立了人生标杆和事业偶像。

  本书稿既有电气行业先驱恽震、褚应璜等多人的遗作,又有先驱的后代倾注心血情感的缅怀与回忆作品。相关史料真实、情感表达真挚,作者们多年多地合作,反复斟酌,成果得之实为不易。

  因篇幅所限,本书未及描述中国电气工业的许多领导,他们与我们的父辈共同创业奋斗,在各方面给予父辈们极大的支持与关怀。如周建南、曹维廉两位领导是我国电机工业的开拓者,功勋卓著,为祖国电机工业的艰苦创业、创新发展做出了杰出贡献。还有众多电工界老领导无法在本书中细述。本书也没有提到许多默默无闻、无私奉献的工程技术人员、管理人员和工人们,没有篇幅描绘培育前辈的师长们,深表歉意,在此谨向他们致以崇高的敬意!

  交通大学创办了中国最早的电机专科,毕业生遍布我国电气工程行业,为我国电机、电信事业的发展开疆辟土,贡献卓越。本书稿所叙述的前辈中与交通大学直接相关的占 60%以上,提及的七位院士褚应璜、丁舜年、蔡金涛、杨嘉墀、罗沛霖、吴祖垲、毛鹤年中前六人受教于交通大学。

我们的先驱与前辈中有些在新中国成立前就参加了中国共产党,部分人的入党时间如葛和林 1931 年 12 月、蓝毓钟 1938 年 5 月、张大奇 1938 年、陶炜 1949 年 3 月、杨锦山 1949年 3 月、卢荣光 1949 年 3 月。还有恽震、王平洋、吴世英、鲍国宝等在 1993 年被中央组织部与统战部确定为 1948 年参加革命,按中共地下党员待遇。还有大批人员在新中国成立后实现了加入共产党的夙愿,如丁舜年 1951 年、陈俊雄 1955 年、罗沛霖 1956 年、严筱钧 1956年、毛鹤年 1957 年、汤明奇 1958 年、张均 1960 年、许声潮 1980 年 10 月、杨嘉墀 1980 年 12月、王平洋 1984 年、褚应璜 1985 年 3 月、娄尔康 1990 年 12 月加入中国共产党,以及周茂培、刘隆士、黄祖干、吴履梯、苏兆久等二十余位共产党员。也有大批爱党、爱国、爱人民的民主党派、无党派人士等仁人志士。他们的精神和业绩永远鼓舞着后人奋发努力。

我们衷心感谢上海交通大学对于出版本书的支持和赞助! 感谢上海交通大学校史、党史研究室的各位领导、老师们的支持和努力! 感谢上海交通大学出版社对书稿完善所做的努力! 感谢《穿越西东》一书的各位评审专家!

我们感谢机械工业部电工局前局长周鹤良先生,他在 90 岁高龄时十分热情地为本书撰写了序言,对我们努力编写本书给予了很大的鼓励! 同时也感谢上海交通大学的前党委书记、校史编委会主任王宗光教授在百忙之中为本书撰写了序言。

感谢哈尔滨电气集团在党的百年诞辰纪念活动中对电气工业先驱为国家所做贡献的缅怀。

感谢交通大学的学长王寿泰教授、周耐德先生、刘瑜伉俪、万翱先生以及其他交大老校友学长们,他们为本书的出版献计献策,奔走联系,不遗余力。

本书作者共有 88 人,编写组由 9 位成员组成(详见文前页)。编写组负责将各位作者编写的初稿收集整理并编辑合成,形成初稿,并根据专家的意见对书稿进行完善,终成定稿。书稿共分四章,编辑整理主要负责人分工如下:第一章五之 3、五之 4、八之 2 为沈昆;六之1、2、3、4 为俞增平、俞增力;六之 5 为王景慈;十为陶喜群;其他为周泽昆;第二章、第四章由各位作者撰写;第三章为前辈的著作。在编辑整理此书的最后一年多,陶喜群、俞增力帮助我做了许多工作,十分辛苦认真,特别予以感谢。

本书稿的完成是团队全体共同努力的结果,谢谢大家! 在此谨对积极参与团队建设和对编写书稿做出很大贡献的褚启勤、温咏棠、陈明燕、孙亦玲、王晓光、张乃琛、丁梵林、恽诚之、沈骞、沈昆、李蓉香、葛洪生、葛树祥、葛袁静、娄燕雄、娄明珠、张元雄、张昆、俞增力、俞增平、俞爱平、陶喜群、王景云、王景慈、朱道一等表示敬意! 对积极参加与上海交通大学沟通的杨小平、沈一、周泽云等表示感激！对提供信息或照片者致谢，包括朱昌谦、贺心颖、张元雄、张昆、张建新、叶凡、刘红五、万绍鸿、陈小滨等。

对本书编写期间不幸逝世的陈圣琳、姚晓明、张朝杰、恽璐、沈骞、张琳、张燕、葛洪生、李迎香、俞天行等表示深切哀悼！

最后，衷心感谢本群体全体成员在古稀之年的辛勤付出，没有大家的鼎力相助，我们不可能完成如此艰巨的任务。

本书所存在的问题和不足还望读者诸君不吝赐教，是为至盼。

周泽昆　谨记

2023 年 5 月

中央电工厂匹兹堡西屋公司实习人员欢迎恽震之 36 人合影（1947.8）（恽震之孙恽诚之提供）

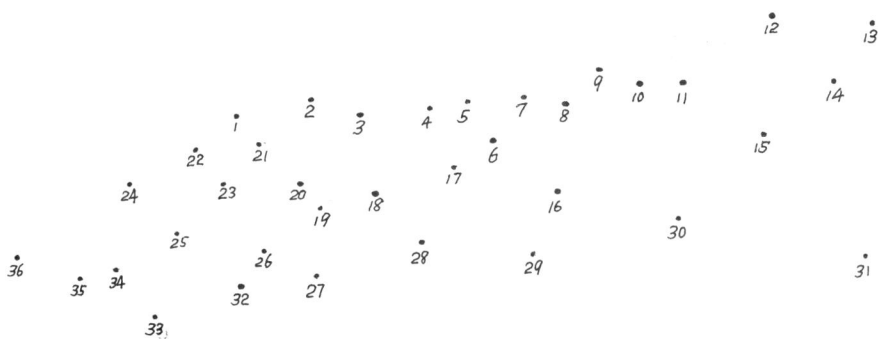

1.邵廷庆　2.姚诵尧　3.祝宗寿　4.丁舜年　5.苏兆久　6.卢荣光　7.何时雨　8.刘隆士
9.郭一平　10.谢应洪　11.章守华　12.姒六谦　13.周茂培　14.张銮　15.陈俊雄　16.陈康杰
17.吴天霖　18.林世让　19.温建中　20.刘埙　21.蓝毓钟　22.吴楚芳　23.郑纯涛　24.艾维超
25.杨锦山　26.邱伟　27.周杰铭　28.许声潮　29.蒋家荣　30.朱维衡　31.沈从龙　32.恽震
33.顾谷同　34.褚应璜　35.邹时祺　36.吴国城

西屋公司实习 36 人合影位置标识

1946 年年底西屋公司实习 17 人在美合影（温建中之子温世范提供）

[前排左起依次为赵硕颀，林世让，（未知名），殷向午，温建中；中排左起依次为彭俊甫，李子白，张大奇，林海宗，朱维衡，黎几泮；后排左起依次为张弘夏，艾维超，陆鸣嘉，沈从龙，游恩溥，叶自仪]

西屋公司实习 17 人合影（沈从龙之子沈昆提供）

[1946 年 10 月 7 日，立者右起依次为褚应璜，卢荣光，（未知名），孟庆元，陈良杰，朱仁堪，贺天枢，张弘夏，李国泮；前排蹲者右起依次为张均，吴天霖，管敦信，张大奇，姒六谦，陈俊雄，王金仁，沈从龙]

1944 年 12 月于昆明合影(沈从龙之子沈昆提供)

（后排左起依次为沈从龙,郭一平,葛和林,温建中,叶自仪,毛安民,彭俊甫;前排左起依次为李子白,吴维正,孙瑞珩,张承祜,俞炳元,王文铮）

五人合影(孙瑞珩之子孙亦玲提供)

（右起依次为孙瑞珩,褚应璜,吴世英,丁舜年,姚诵尧）(1948 年 3 月 7 日)

1945年抗日战争胜利前昆明电工一厂人员的合影留念（李杜之子李兆钟提供）

［二排左一吴世英，左三陈好生，左四娄尔康，左五张承祐，左六李杜，右一俞德明，右三毛安民；三排左一王锡敏（娄尔宝丈夫），左二章务本太太陆琼若，左四张惠黎，左五章务本；四排左四郑攀玉；六排左一王荣培］

葛和林与电缆所同事的合影（葛和林之子葛洪生提供）

（前排左五葛和林，左二林必樑，左三毛安民，左七沈康，左八吴维正，左九胡懋书；二排左一项鹤寿，左三余为豹）

20 世纪 80 年代初上海展览馆前老专家合影(孙瑞珩之子孙亦玲提供)

(左起依次为褚应璜,姚诵尧,张承祜,陆鸣嘉,孙瑞珩,沈从龙,孟庆元)